Schriften zum Recht der Digitalisierung

Herausgegeben von

Florian Möslein, Sebastian Omlor und Martin Will

34

Tokenized Finance

Tokenisierung und Finanzmarkt (ToFi)

Herausgegeben von

Sebastian Omlor und Julia Lübke

Mohr Siebeck

Sebastian Omlor ist Professor für Bürgerliches Recht, Handels- und Wirtschaftsrecht, Bankrecht und Rechtsvergleichung sowie Gründungsdirektor des Instituts für das Recht der Digitalisierung (IRDi) an der Philipps-Universität Marburg.

Julia Lübke ist Professorin für Bürgerliches Recht und Gesellschaftsrecht an der Friedrich-Schiller-Universität Jena.
orcid.org/0000-0003-1904-1673

Diese Publikation wurde durch den Open-Access-Publikationsfonds der Philipps-Universität Marburg gefördert.

ISBN 978-3-16-163997-5 / eISBN 978-3-16-163998-2
DOI 10.1628/978-3-16-163998-2

ISSN 2700-1288 / eISSN 2700-1296 (Schriften zum Recht der Digitalisierung)

Die Deutsche Nationalbibliothek verzeichnet diese Publikation in der Deutschen Nationalbibliographie; detaillierte bibliographische Daten sind über https://dnb.dnb.de abrufbar.

Publiziert von Mohr Siebeck Tübingen 2025. www.mohrsiebeck.com

Das Buch wurde von Laupp & Göbel in Gomaringen aus der Stempel Garamond gesetzt, dort auf alterungsbeständiges Werkdruckpapier gedruckt und von der Buchbinderei Nädele in Nehren gebunden.

Printed in Germany.

Vorwort

Die Tokenisierung, die rechtssichere Verknüpfung von Vermögenswerten mit digitalen Token, hat das Potenzial, die Finanzmärkte grundlegend umzugestalten. Mit einer dadurch entstehenden „Tokenized Finance (ToFi)“ lassen sich im Prinzip Vermögenswerte aller Art – etwa Anleihen, Gesellschaftsanteile, Kredite und Immobilien bis hin zu Gemälden und Oldtimern – in kleine Einheiten aufteilen und so einem breiten Investorenkreis zugänglich machen. Erfolgt die Tokenisierung, wie derzeit üblich, unter Einsatz der Blockchain-Technologie oder einer anderen Distributed Ledger Technology, so ist damit zugleich eine Dezentralisierung verbunden. Die Berechtigung an den Token und die Übertragung der Token wird durch eine Vielzahl von Systembetreibern, beispielsweise Blockchain-Nutzern, kontrolliert und gespeichert. Die Einträge können nachträglich so gut wie nicht mehr verändert werden. Intermediäre, die herkömmlicherweise auf den Finanzmärkten die Durchführung von Transaktionen zwischen einander unbekannten Marktteilnehmern gewährleisten, werden dadurch entbehrlich, Transaktionen kostengünstiger. Die Tokenisierung verspricht nichts weniger als die Demokratisierung und Disintermediation der Finanzmärkte.

Die Regulierung solcher Vorgänge unter Berücksichtigung des ökonomisch Sinnvollen und technisch Realisierbaren und die juristisch verlässliche Einordnung digitaler Token stecken indes noch in den Anfängen. Zu einzelnen Aspekten, insbesondere zur Einführung elektronischer Inhaberschuldverschreibungen durch das eWpG im Jahre 2021 und zur Ende 2023 erfolgten Erstreckung des eWpG auf elektronische Aktien durch das Zukunftsfinanzierungsgesetz, ist schon einiges gesagt – auf die Sammelbände „Elektronische Wertpapiere“ (hrsg. von Omlor/Möslein/Grundmann, Mohr Siebeck 2021) und „Kryptoaktien“ (hrsg. von Möslein/Omlor, Mohr Siebeck 2024) sei hier verwiesen. Viele andere Fragen der rechtlichen Einordnung, sei es ins allgemeine Zivilrecht, ins Gesellschafts- und Kapitalmarktrecht, ins Kartellrecht oder ins Insolvenzrecht, sind dagegen noch nicht hinreichend geklärt.

Wir haben es uns in der Projektgruppe „Tokenisierung und Finanzmarkt (ToFi)“ des hessischen Zentrums verantwortungsbewusste Digitalisierung (ZEVEDI) zur Aufgabe gemacht, diese Fragen im Zusammenhang und aus einer interdisziplinären Perspektive zu betrachten. Die Teilnehmenden kamen aus der Wirtschaftsinformatik, der Soziologie und den Rechtswissenschaften. Begleitet wurde die Projektgruppenarbeit durch ein ZEVEDI-Fellowship-Programm, das grenzüberschreitende Forschungsaufenthalte aus Deutschland hinaus und nach Deutschland herein ermöglicht und so dazu beigetragen hat, Antworten auf die Rechtsfragen, die die Tokenisierung aufwirft, auch international zu finden.

Die Ergebnisse dieser anderthalb Jahre umspannenden Projektarbeit bildet der vorliegende Band in fünfzehn Beiträgen ab. Den Auftakt machen als erster Teil die Überlegungen von *Vincent Gramlich*, *Laura Grobe* und *Nils Urbach* zu Blockchain-basierten Kryptowertpapierregistern, die die rechtlichen Anforderungen an solche Register aus technischer Sicht untersuchen und die durch das eWpG eröffneten Gestaltungsspielräume aufzeigen. Dem schließt sich als zweiter Teil des Sammelbands die Einordnung der Tokenisierung in den deutschen und unionsrechtlichen Rechtsrahmen an. *Sebastian Omlor* nimmt eine umfassende juristische Analyse der durch das Zukunftsfinanzierungsgesetz neu eingeführten elektronischen Aktien vor, die das Aktien- und das Wertpapierrecht ebenso einschließt wie das allgemeine Zivilrecht und auch das Recht der Schweiz und Liechtensteins einbezieht. Im Beitrag von *Florian Möslein* und *Daniel Ostrovski* richtet sich der Blick auf Token im weiteren Sinne und ihre schuldrechtliche Behandlung insbesondere in §§ 327 ff. BGB. *Julia Lübke* und *Zoe Kuhzarani* wenden sich dem Unionsrecht zu und loten die kartellrechtliche Zulässigkeit und die kartellrechtlichen Grenzen des Einsatzes der Blockchain-Technologie aus. Auch die Analyse von *Dominik Skauradszun* und *Clara Wrede* zur dogmatischen Verankerung des durch die Verordnung über Märkte für Kryptowerte (MiCAR) sektorspezifisch eingeführten Sanierungs- und Rücktauschplans im europäischen und nationalen Sanierungs- und Insolvenzrecht wählt einen grenzüberschreitenden Beurteilungsmaßstab.

Der dritte Teil des Sammelbands ist als Ergebnis des ZEVEDI-Fellowship-Programms der Analyse anderer nationaler Rechtsordnungen sowie der Rechtsvergleichung gewidmet. *Benedikt Bartylla* und *Johannes Meier* betrachten mit der Rechtsnatur und dem zivilrechtlichen Schutz von Kryptowerten in Deutschland und Singapur grundlegende Fragen der privatrechtlichen Einordnung. Die Frage nach dem absoluten Schutz von Kryptowerten ist aus deutscher Perspektive eng mit der Sachnatur und damit der Eigentumsfähigkeit von Kryptowerten verbunden. Diese Problematik greifen *Tim Blöcher* und *Jannik Heine* im nächsten Beitrag auf, in dem sie den Einsatz von Kryptowerten als Kreditsicherheit nach deutschem und portugiesischem Recht untersuchen und insbesondere die unterschiedliche Reichweite des Sachbegriffs in den beiden Rechtsordnungen herausarbeiten. *Madalena Perestrelo de Oliveira* erörtert mit Blick auf das portugiesische Recht und das Unionsrecht die Möglichkeit und die Bedingungen einer Tokenisierung von Insolvenzforderungen. Im dritten Beitrag zum portugiesischen Recht nehmen *Derwis Dilek* und *Alexander Schneider*, nun wieder im Vergleich mit dem deutschen Recht, die Behandlung tokenisierter Wertpapiere im Zivil-, Aufsichts- und Gesellschaftsrecht in den Blick. Es folgen drei Beiträge zur Tokenisierung von Gesellschaftsanteilen. Zur Tokenisierung von Aktien und Geschäftsanteilen nach polnischem Recht nimmt *Anne-Marie Weber* kritisch Stellung; mit Blick auf die Behandlung derselben Thematik im österreichischen Recht mahnt *Fabian Aubrunner* gesetzgeberische Schritte an. *Anjuli von Hülst* und *Kira Franke* analysieren die Entscheidung des italienischen Gesetzgebers, einen Rechtsrahmen für Equity Crowdfunding zu schaffen und so die Tokenisierung von GmbH-Anteilen zu ermöglichen. Ebenfalls mit Blick auf das italienische Recht untersucht *Silvia Corso* die Regelungen zur Anwendung der unionsrechtlichen DLT-Pilotregelung, des DLT Pilot Regime, die Finanzdienstleistern eine Testphase zum Einstieg in den Handel mit DLT-Finanzinstrumenten ermöglichen soll. Mit dem Beitrag von *Daniel Ostrovski* und *Leander Bücken* erweitert sich die Perspektive wieder über die EU hinaus auf Möglichkeiten der Tokenisierung von Gesellschaftsanteilen nach US-amerikanischem Gesellschaftsrecht. *Leona Becker* und *Aurelia Birne* schließlich vergleichen die Regelung der Insolvenz von Kryptowertedienstleistern und DAOs in den USA und Deutschland.

Wir danken den anderen Mitgliedern der ZEVEDI-Projektgruppe „Tokenisierung und Finanzmarkt (ToFi)“ – Barbara Brandl, Florian Möslein, Dominik Skauradszun, Nils Urbach und Carola Westermeier – für die bereichernde und engagierte Zusammenarbeit. Dem ZEVEDI selbst, in dessen Rahmen das Forschungsprojekt realisiert wurde, sind wir für die finanzielle und organisatorische Unterstützung des Projekts zu Dank verpflichtet. Und schließlich gilt unser Dank – jeweils stellvertretend für das gesamte Team – Dr. Aurelia Birne für die Koordination der Projektgruppe und Zoe Kuhzarani für die redaktionelle Betreuung dieses Sammelbands.

Sebastian Omlor/Julia Lübke Marburg/Jena, im November 2024

Inhaltsverzeichnis

Geleitwort

Technologischer Wandel und Digitalisierung verändern Wirtschaft und Gesellschaft. Dies gilt auch für die Finanzbranche, wo die Digitalisierung zu einem Innovationsbooster geworden ist. Von dezentralisierten Finanztransaktionen und neuen Geldanlagen bis zum „digitalen Euro" reicht die Spanne der aktuellen Diskussionen. „FinTech" ist das Schlagwort für eine ganze Branche technologiebasierter Finanzanwendungen, die neue Möglichkeiten für Zahlungssysteme und Geldanlagen schaffen. Für Hessen als Heimat des weltweit führenden Finanzplatzes Frankfurt am Main, wo FinTech-Unternehmen innovative neue Geschäftsmodelle erproben, sind dies hoch relevante Fragestellungen.

Dieser Sammelband befasst sich mit Tokenisierung, also der Abbildung von Werten in dezentralisierten Transaktionsregistern. Dadurch entstehen neue Möglichkeiten für Finanztransaktionen, die Verifikation von Identitäten, das Tätigen von Investitionen oder den Handel mit digitalen Gütern ohne Intermediäre. Damit behandelt der Band ein aktuelles Thema von großer Bedeutung für die Finanzindustrie. Die Autorinnen und Autoren schlagen außerdem eine wichtige Brücke zwischen technologischer Innovation und ihren rechtlichen Rahmenbedingungen. Denn die Einführung neuer Technologien ist zum einen eine große Chance für Wertschöpfung, neue Geschäftsmodelle und einen besseren Zugang zum Finanzsystem für breitere Bevölkerungsschichten. Zum anderen muss dieser Wandel in ein bestehendes Rechtssystem eingebettet und klug politisch begleitet werden. Hierfür ist die wissenschaftliche Expertise der an diesem Band beteiligten Forscherinnen und Forscher von sehr großem Wert.

Verantwortungsbewusste Innovation erfordert einen rechtlichen Rahmen. Gerade auf Finanzmärkten ist Vertrauen ein besonders wichtiges Gut. Tokens auf Basis der Blockchain-Technologie können ein wichtiges Instrument werden, um Eigentumsrechte abzusichern und das Vertrauen in neue Finanzdienstleistungen sicherzustellen. Auf diese Weise tragen Blockchains und Tokenisierung zu vielfältigen Weiterentwicklungen im Finanzwesen bei. Gleichzeitig eröffnen sich dadurch neue Möglichkeiten zur Weiterentwicklung der Rechtslandschaft. Durch konstruktiven Dialog zwischen Politik, Wirtschaft und Wissenschaft kann das Potenzial der Technologie für mehr Sicherheit, Effizienz und Transparenz auf sich verändernden Finanzmärkten erkannt und ausgeschöpft werden.

Das Thema Innovation auf Finanzmärkten ist von besonderer Bedeutung für Hessen. Die Hessische Landesregierung hat seit 2018 mit dem Digital Hub FinTech und weiteren Initiativen in Frankfurt am Main ein lebendiges, innovatives Ökosystem aufgebaut. Flankiert wird all dies von einer starken Digitalwirtschaft und einer leistungsfähigen digitalen Infrastruktur. 30 Prozent aller deutschen Rechenzentrumskapazitäten befinden sich in Hessen, darunter auch der wichtige Internetknotenpunkt DE-CIX. Dies sichert nicht nur Arbeitsplätze, sondern ermöglicht auch rechenintensive Geschäftsmodelle und Innovationspfade – so auch für Blockchain-Anwendungen. FinTech ist eines der zentralen Themen des Digital-Gipfels 2024 der Bundesregierung in Frankfurt am Main. Besucherinnen und Besucher öffentlicher Einrichtungen und Unternehmen aus ganz Deutschland können sich von der Dynamik und der Innovationsfähigkeit unseres digitalen Ökosystems überzeugen.

Hessen, einschließlich des Finanzplatzes Frankfurt, hat mit gezielten Förderungsmaßnahmen und attraktiven Rahmenbedingungen eine internationale Vorreiterrolle in der digitalen Finanzwelt erworben und baut diese weiter aus. Hierbei gilt es Augenmaß zu wahren: Wir wollen Innovation und sind offen für neue Technologie. Gleichzeitig sollen die aus gutem Grund hohen Standards der Finanzmarktregulierung dadurch nicht ausgehöhlt werden.

Ganz besonders freue ich mich, dass dieser Sammelband aus einer Projektgruppe des Zentrums verantwortungsbewusste Digitalisierung (ZEVEDI) hervorgegangen ist. ZEVEDI wurde 2019 vom Land Hessen gegründet, um die wissenschaftliche Expertise an hessischen Hochschulen zur verantwortungsbewussten Gestaltung der Digitalisierung zusammenzubringen. Seitdem wurden im Rahmen von ZEVEDI eine Vielzahl konkreter, anwendungsnaher Projekte durchgeführt, deren Ergebnisse für die Politik, die Wirtschaft und die Gesellschaft Hessens (und darüber hinaus) von großer Bedeutung sind.

Dieser Sammelband ist ein hervorragendes Beispiel für die Art von Forschung, die durch ZEVEDI ermöglicht wird. Beteiligte von einer Vielzahl hessischer Hochschulen untersuchen darin relevante und anwendungsbezogene Fragestellungen, z.B. zur technischen Umsetzung von Blockchain-basierten Wertpapierregistern oder zu kartell- und insolvenzrechtlichen Herausforderungen. Internationale Fachleute ergänzen globale Perspektiven auf die Tokenisierung von Vermögenswerten, indem Beiträge zu Rechtsordnungen verschiedener Staaten wie Deutschland, USA, Polen, Portugal, Österreich, Italien und Singapur zusammengetragen werden, um gemeinsame Entwicklungen und regulatorische Besonderheiten in anderen Rechtssystemen zu ermitteln.

Bei allen Beteiligten und insbesondere den Sprecherinnen und Sprechern der Projektgruppe „Tokenisierung und Finanzmarkt“, Professor Sebastian Omlor und Professorin Julia Lübke, bedanke ich mich für ihr großes Engagement. Sie haben einen Sammelband zusammengestellt, der wichtige Impulse für die Innovation des Finanzwesens liefert. Ich wünsche diesem Sammelband die gebührende Aufmerksamkeit, damit diese Impulse weitere Ideen anregen.

Prof. Dr. Kristina Sinemus,
Hessische Ministerin für Digitalisierung und Innovation

Teil 1 – Technische Grundlagen

Gestaltung von Blockchain-basierten Kryptowertpapierregistern

Technische Umsetzung der Anforderungen des eWpG, des ZuFinG und der eWpRV

Vincent Gramlich, Laura Grobe und Nils Urbach

I. Einleitung

Die Verwahrung und Übertragung von physischen Wertpapieren ist ein aufwendiger Prozess verbunden mit logistischen Aufwänden und zeitlichen Verzögerungen für Transaktionsparteien und Intermediäre. Aus diesem Grund haben sich Zentralverwahrer und das Konzept der Girosammelverwahrung etabliert, bei der die Wertpapiere physisch gesammelt und der Besitz und Handel dieser innerhalb der digitalen Zentralregister und ohne den Bedarf für eine physische Eigenverwahrung und Übertragung der Wertpapiere ermöglicht wird.[1] Diese durch die Girosammelverwahrung hervorgerufene Entwicklung, bei der die Abbildung der endgültigen Besitzverhältnisse und die Übertragung von Wertpapieren zunehmend losgelöst von dem physischen Wertpapier erfolgt, wird nun durch das Gesetz über elektronische Wertpapiere (eWpG) fortgesetzt, indem die rein digitale Begebung von Wertpapieren möglich gemacht wird. Hierbei sind neben zentral geführten digitalen Registern (Zentralregisterwertpapieren) auch Kryptowertpapierregister vorgesehen, die auf einem Aufzeichnungs-

[1] *Reidel*, in: Brühl/Dorschel (Hrsg.), Praxishandbuch Digital Banking, 2017, 142f.

system[2], also einem System zur dezentralen Datenverarbeitung und -speicherung, basieren. Durch die Etablierung von Kryptowertpapieren im Rahmen des eWpG wird einer der zentralen Punkte der Blockchain-Strategie der Bundesregierung umgesetzt.[3] Die von der Bundesregierung identifizierte Nachzüglerrolle Deutschlands im Bereich der Dematerialisierung und Digitalisierung des Wertpapiersystems soll somit aufgehoben und die Attraktivität des Finanzstandorts Deutschland erhöht werden.[4] Mit dem eWpG wird der Handel von Kryptowertpapieren (insb. Inhaberschuldverschreibungen) ermöglicht, was mittels automatisierter und digitalisierter Prozesse entlang der gesamten Wertschöpfungskette zu einem schnelleren und kosteneffizienteren Kapitalmarkt führen soll.[5]

Die große Neuerung der Kryptowertpapierregister, in welches die Kryptowertpapiere eingetragen sind, ist das Konzept der dezentral aufgezeichneten Wertpapierregister die stark im Kontrast zu allen anderen Formen der Wertpapierregister stehen, die stets auf einem zentralen Informationssystem aufgezeichnet werden. Das eWpG wurde zwar technikneutral gestaltet, jedoch weist der Konsens der Literatur und auch die praktische Evidenz daraufhin, dass für das Aufzeichnungssystem des Kryptowertpapierregisters vor allem die Distributed-Ledger-Technolog (DLT) bzw. genauer die Blockchain-Technologie infrage kommt.[6] Da jedoch das eWpG erst am 03.06.2021 verabschiedet und mit dem Zukunftsfinanzierungsgesetz (ZuFinG) sogar erst am 15.12.2023 um die Begebung von Kryptoaktien erweitert wurde, gibt es zwar schon erste Tests mit Kryptowertpapieren, aber eine große Adaption hat bisher nicht stattgefunden. Dies zeigt sich auch anhand der von der BaFin geführten Liste aller Kryptowertpapiere.[7] Diese offenbart nicht nur die bisher geringe Anzahl von 79 begebenen Wertpapieren zum Stand 13.03.2024, sondern auch die noch viel kleinere Zahl der registerführenden Stellen, die eine zentrale Rolle in der Begebung und dem Betrieb von Kryptowertpapierregistern spielen. Mitunter ein Grund dafür ist sicherlich die Unklarheit über die technischen Gestaltungsmöglichkeiten, die sich aus den gesetzlichen Anforderungen ergeben. Hierzu sind nahezu keine detaillierteren Informationen zu den wenigen Realbeispielen bekannt, und auch

---

[2] Das Aufzeichnungszeichnungssystem wird definiert in § 4 Abs. 11 eWpG als „dezentraler Zusammenschluss, in dem die Kontrollrechte zwischen den das jeweilige System betreibenden Einheiten nach einem im Vorhinein festgelegten Muster verteilt sind".

[3] *Heise*, Jetzt auch elektronisch: Wertpapiere (unter https://www.bafin.de/SharedDocs/Veroeffentlichungen/DE/Fachartikel/2021/fa_bj_2107_eWpG.html). Diese und alle im Folgenden zitierten Internetseiten wurden am 29.03.2024 zuletzt abgerufen.

[4] RegE. vom 11.09.2023, Gesetz zur Finanzierung von zukunftssichernden Investitionen (ZuFinG), BT-Drs. 20/8292, 58 f.

[5] Conreder/Meier eWpG/*Reiter*, 2023, § 16 Rn. 1 f.

[6] *Linardatos*, ZBB 32 (2020), 329, 330; *Lehmann*, in: Omlor/Möslein/Grundmann (Hrsg.), Elektronische Wertpapiere, 2021, 60; Conreder/Meier eWpG/*Reiter*, 2023, § 16 Rn. 1.

[7] BaFin, Kryptowertpapierliste nach eWpG, 29.03.2024 (unter https://www.bafin.de/DE/PublikationenDaten/Datenbanken/Kryptowertpapiere/kryptowerte_node.html).

in der Fachliteratur existierten bislang nur einige wenige Abhandlung zu den Kryptowertpapierregistern, die zudem aufgrund ihres klaren rechtswissenschaftlichen Fokus die technischen Aspekte nicht in der Tiefe behandeln.[8]

Mit dieser Arbeit werden die rechtlichen Anforderungen an das Aufzeichnungssystem in einem Kryptowertpapierregister aus einem technischen Blickwinkel beleuchtet und aufgezeigt, welche Gestaltungsmöglichkeiten für eine Blockchain aus den aufgegriffenen Anforderungen resultieren. Ziel ist es damit, mehr technische Kompetenz und Klarheit zu schaffen und somit eine breitere Adaption der Kryptowertpapiere und insbesondere der kommenden Kryptoaktien zu ermöglichen.

Um ein Verständnis über die zugrundeliegende Technologie zu schaffen, wird zunächst auf die Grundlagen der Blockchain-Datenstruktur, des Blockchain-Netzwerks sowie Tokenisierung und Smart Contracts eingegangen. Im Anschluss werden die für die Ausgestaltung der Blockchain relevanten rechtlichen Anforderungen an das Kryptowertpapierregister aufgeführt und daraus entstehende Anforderungen an die Blockchain abgeleitet und vorgestellt, welche Gestaltungsmöglichkeiten diese Anforderungen erfüllen können. Dieser Teil ist dabei gegliedert in die technische Grundstruktur des Registers, die enthaltenen Informationen im Register und die Registeränderungen. Abschließend wird ein Fazit zu den im gesetzlichen Rahmen möglichen Gestaltungen und ihren Vor- und Nachteilen gezogen, noch offenstehende Fragen thematisiert und ein Ausblick auf weitere Entwicklungen geworfen.

II. Blockchain-Grundlagen

1. Grundlagen der Datenstruktur

Die Blockchain stellt ein verteiltes Kontenbuch dar, dessen Transaktionen in Blöcken aggregiert sind. Neben einer geordneten Liste der Transaktionen enthalten die Blöcke jeweils einen Verweis[9] auf den vorherigen Block. Dadurch sind Blöcke kryptographisch verkettet, und die Datenstruktur stellt somit eine chronologische Reihenfolge dar und verhindert rückwirkende Veränderungen,

---

[8] Conreder/Meier (Hrsg.), eWpG, 2023; Omlor/Möslein/Grundmann (Hrsg.), Elektronische Wertpapiere, 2021; *Linardatos*, ZBB 32 (2020), 329 ff.

[9] Der Verweis wird Hash(-wert) genannt. Er ist das Ergebnis einer Hashfunktion, die Zeichenfolgen beliebiger Länge auf eine Zeichenfolge einer bestimmten Länge abbildet. Hashfunktionen sind Einwegfunktionen, d. h. es ist nicht möglich (bzw. extrem rechenaufwendig) vom Ergebnis der Hashfunktion auf die Eingabe zurückzuschließen und kollisionsresistent, d. h. es ist sehr schwer zwei Eingaben zu finden, die das gleiche Ergebnis haben. Siehe dazu etwa *Schlatt/Schweizer/Urbach/Fridgen*, Blockchain: Grundlagen, Anwendungen und Potenziale, 2016.

da diese zu Unstimmigkeiten in der Hash-Verkettung führen würden.[10] Die Signatur der Transaktionen mittels eines Schlüsselpaares, bestehend aus einem privaten und einem öffentlich bekannten Schlüssel, ermöglicht zusätzlich die Überprüfung ihrer Authentizität und Integrität, während die Speicherung der gesamten Transaktionsliste die Korrektheit neuer Transaktionen kontrollierbar macht. Aus diesen Gründen gelten Blockchains allgemein als verifizierbare und fälschungssichere Systeme.[11]

2. *Grundlagen des Netzwerks*

Eine Blockchain basiert auf der Distributed-Ledger-Technologie. DLT steht dabei für eine Datenbank, bei der eine Replikation des „Ledgers" auf mehreren Entitäten (Nodes) dezentral gespeichert ist. Diese Nodes bilden das *Peer-to-Peer*-Netzwerk (P2P), indem sie neue Transaktionen im Netzwerk verteilen, um die Inklusion in einen neuen Block zu ermöglichen und neu entstandene Blöcke wieder im Netzwerk verteilen, um jedem Teilnehmer zu ermöglichen, seine lokale Version des Ledgers aktuell zu halten. Die einzelnen Netzwerkteilnehmer stellen dabei die Hardware-Ressourcen zur Bereitstellung von Inhalten und Leistungen des Netzwerks zur Verfügung. Aus Effizienzgründen berechnen die *Nodes* gemeinsam den globalen Zustand, indem alle vorherigen Änderungen laufend zusammengeführt werden.[12] Da es in diesem dezentralen System keine zentrale Autoritäts- oder Koordinationsstelle gibt, wird ein Konsensmechanismus benötigt, um ein einheitliches Verständnis über den aktuellen Stand des Netzwerks, also die Inklusion von neuen Transaktionen und deren Reihenfolge, zu erhalten. Dieser beruht auf einer Kombination von kryptographischen Verfahren und wirtschaftlichen oder sozialen Anreizmechanismen.[13]

Die Gestaltung der Blockchain-Governance bestimmt, wer am System teilnehmen darf. Bei der allgemeinen Teilnahme wird zwischen *public* und *private* Blockchains unterschieden. Bei *public* Blockchains darf jeder die Blockchain einsehen und speichern sowie Transaktionen einreichen und weiterleiten, wo-

[10] Theoretisch ist diese Veränderung mit genug Rechenaufwand möglich, der benötigte Rechenaufwand übersteigt allerdings aktuell mögliche Rechenkapazitäten um mehrere Größenordnungen. Siehe dazu *Butijn/Tamburri/van den Heuvel*, ACM Computing Surveys 53 (2021), 1; *Nofer/Gomber/Hinz/Schiereck*, Business & Information Systems Engineering 59 (2017), 183.

[11] Für eine detailliertere Einführung zur Blockchain-Technologie siehe zum Beispiel *Schlatt/Schweizer/Urbach/Fridgen*, Blockchain: Grundlagen, Anwendungen und Potenziale, 2016.

[12] *Beck/Avital/Rossi/Thatcher*, Business & Information Systems Engineering 59 (2017), 381; *Nakamoto*, Bitcoin: A Peer-to-Peer Electronic Cash System (abrufbar unter https://bitcoin.org/en/bitcoin-paper).

[13] *Nakamoto*, Bitcoin: A Peer-to-Peer Electronic Cash System (abrufbar unter https://bitcoin.org/en/bitcoin-paper); *Beck/Avital/Rossi/Thatcher*, Business & Information Systems Engineering 13 (2017), 381; *Schlatt/Guggenberger/Schmid/Urbach*, International Journal of Information Management 68 (2023).

hingegen die genannten Aktionen bei *private* Blockchains beschränkten Gruppen vorenthalten ist. Bezüglich der Verteilung der Stimmrechte beziehungsweise dem Zugang zum Konsensmechanismus existieren *permissionless* und *permissioned* Blockchains. *Permissionless* Blockchains sind jene, bei denen alle Teilnehmer am Konsensmechanismus teilnehmen dürfen. Bei *permissioned* Systemen hingegen können nur konkret zugelassene Teilnehmer sich am Konsensmechanismus beteiligen. Daraus kann abgeleitet werden, dass die private Eigenschaft automatisch bedeutet, dass es sich um eine *permissioned* Blockchain handelt, wohingegen eine *public* Blockchain *permissioned* oder *permissionless* sein kann.

Während bei *permissioned* Blockchains traditionelle, demokratische Konsensmechanismen wie zum Beispiel „eine Person – eine Stimme" verwendet werden können, ist dies in *permissionless* Systemen aufgrund von „Sybil-Attacks" [14], bei denen sich einzelne Teilnehmer als eine große Menge von Teilnehmern ausgeben, nicht möglich. Um Sybil Attacken, die darauf basieren, dass einzelne Teilnehmer neue „digitale Accounts" ohne zusätzliche Kosten erstellen können, entgegenzuwirken, muss das Stimmrecht in Konsensmechanismen von *permissionless* Netzwerken an eine knappe und digital verifizierbare Ressource gekoppelt werden. Die aktuell verbreitetsten Konsensmechanismen in *permissionless* Blockchains sind *Proof-of-Work* (PoW) und *Proof-of-Stake* (PoS). Dabei ist beim PoW-Konsensmechanismus das Stimmrecht an aufgewendete Rechenleistung gekoppelt, während die Teilnehmer beim PoS-Konsensmechanismus Kapital in Form der nativen Kryptowährung der jeweiligen Blockchain hinterlegen müssen.[15]

3. Tokenisierung und Smart Contracts

Bei Smart Contracts handelt es sich um einen Programmcode, der von Teilnehmern auf einer Blockchain gespeichert wird und mit dem andere Teilnehmer dann interagieren können. Dadurch wird die Funktionalität der Blockchain von einfachen Zahlungen zur Abwicklung von komplexen Programmen, zum Beispiel zur Abbildung von Geschäftslogiken (z.B. Verträge), erweitert. Smart Contracts funktionieren, indem unter einer vereinbarten Adresse in der Blockchain der Code mit der vereinbarten Logik („Vertragsdetails") gespeichert und somit für jeden Teilnehmer zu jeder Zeit für einen Abruf verfügbar gemacht wird. Mit dem Smart Contract und seinen Regeln und Funktionen können Teil-

---

[14] Bei Sybil Attacken handelt es sich um die Erstellung falscher Identitäten, um überproportional großen Einfluss auf das P2P-Netzwerk zu erlangen. Siehe dazu etwa *Douceur*, in: Druschel/Kaashoek/Rowstron (Hrsg.), Peer-to-Peer Systems: First International Workshop, 2002, 251 ff.

[15] Für nähere Erklärungen der beiden Konsensmechanismen und einen ausführlichen Vergleich ihrer kryptographischen Sicherheit siehe zum Beispiel *Álvarez/Gramlich/Sedlmeir*, ACM/SIGAPP Symposium on Applied Computing 39 (2024).

nehmer dann interagieren, indem Sie Transaktionen an die Blockchain-Adresse des Smart-Contracts senden.[16]

Ein Hauptanwendungsfall von Smart Contracts ist die Tokenisierung, die im Allgemeinen die digitale Abbildung eines Vermögenswertes auf einem Distributed Ledger wie einer Blockchain beschreibt. Dabei beinhaltet der Begriff auch die durch den Vermögenswert enthaltenen Regeln und Möglichkeiten. Diese werden in einem Smart Contract zu dem Vermögenswert festgehalten. Die Emittierung eines Tokens geschieht also durch das Erstellen und Instanziieren des dazugehörigen Token Smart Contract. Er verwaltet die Eigentumsverhältnisse und legt die Funktionen fest, die man mit dem Token durchführen kann. Beispiele für Tokenfunktionen sind *transfer*, das Transferieren von Token von der einen zur anderen Adresse, *freeze*, das Deaktivieren der Transferfunktion, oder *burn*, das Löschen von Token einer bestimmten Adresse.

Die Berechtigung, eine Smart-Contract-Funktion zu nutzen, kann durch sogenannte Modifier eingeschränkt sein. Modifier sind Funktionsparameter, die spezifizieren, wer diese Funktion aufrufen darf. Beispiele für Funktionsmodifier sind *OnlyOwner* oder *Internal* Modifier, bei denen die Funktion nur vom Eigentümer des Smart Contracts bzw. nur vom Smart Contract selbst aufgerufen werden kann. Auch möglich ist es, mit einem *OnlyWhitelisted* Modifier festzulegen, dass der Aufruf der Funktion auf eine Gruppe von Personen bzw. Blockchain-Adressen begrenzt ist, die in einer in dem Smart Contract hinterlegten und z.B. durch den *OnlyOwner* Modifier abänderbare *Whitelist* enthalten sind. Modifier spielen auch im Kontext der Tokenisierung eine wichtige Rolle, da häufig gewissen Token-Funktionen nicht von allen, sondern nur einzelnen, klar definierten Netzwerkteilnehmern aufrufbar sein sollten. So werden zum Beispiel die *burn* oder *freeze* Funktion mit dem *OnlyOwner* Modifier versehen, damit nur die Entität, die den Smart Contract auf der Blockchain gespeichert hat und somit meist der Ausgeber der Token ist, die Berechtigung besitzt, Token auf anderen Adressen zu verbrennen und einzufrieren.

III. Rechtlicher Rahmen – Anforderungen und Möglichkeiten

Der folgende Abschnitt geht auf die gesetzlichen Anforderungen an Kryptowertpapierregister, die sich aus dem eWpG und ZuFinG sowie der eWpRV ergeben, ein. Dazu werden die schon in der Fachliteratur vereinzelt existierenden Einschätzungen zu diesen Anforderungen und ihrer Bedeutung für die praktische Umsetzung aufgeführt. Dadurch wird aufbauend auf den direkt aus den

[16] *Gramlich/Principato/Schellinger/Sedlmeir/Amend/Stramm/Zwede/Strücker/Urbach*, Decentralized Finance (DeFi), 2022; *Grigo/Hansen/Patz/Wachter*, Decentralized Finance (DeFi) – A new Fintech Revolution?, 2020.

Gesetzestexten und Verordnungen hervorgehenden Anforderungen und der Kommentierung dieser in der bestehenden Fachliteratur eine gesamtheitliche Übersicht zu den technischen Anforderungen an Kryptowertpapierregister geschaffen. Untergliedert wird nach den Anforderungen an die technische Grundstruktur des Registers, den Inhalt des Registers und den Registeränderungen. Die Unterkapitel stellen jeweils die Anforderungen aus den Gesetzestexten vor, welche dann in einer Tabelle zusammengefasst werden. Hierbei wird keine vollständige Auflistung aller sich auf elektronische Wertpapiere im Allgemeinen oder Kryptowertpapiere im Speziellen beziehenden Paragraphen angeführt, sondern eine Beschränkung auf die die technische Gestaltung betreffenden Paragraphen vorgenommen. Im Anschluss werden die sich aus den Gesetzestexten ergebenden Konsequenzen für technische Designmöglichkeiten eines Kryptowertpapierregister diskutiert, um die Einschätzung aus der bestehenden Literatur ergänzt und abschließend ein Fazit über mögliche und nicht mögliche Designentscheidungen von Kryptowertpapierregistern gezogen.

1. Anforderungen an die technische Grundstruktur des Registers

Im Folgenden werden die Anforderungen an die technische Grundstruktur aus den Gesetzestexten vorgestellt, welche in Tabelle 1 zusammengefasst sind. In § 4 Abs. 11 eWpG wird das Aufzeichnungssystem, auf dem das Kryptowertpapierregister geführt werden soll, definiert. Es soll sich dabei um einen dezentralen Zusammenschluss handeln, in dem die Kontrollrechte zwischen den das jeweilige System betreibenden Einheiten nach einem im Vorhinein festgelegten Muster verteilt sind. Grundlegende Anforderungen an die technische Grundstruktur von elektronischen Wertpapieren werden in § 7 eWpG gestellt. Dabei umfasst § 7 Abs. 1 eWpG die Gewährleistung von Vertraulichkeit, Integrität und Authentizität der Daten. § 7 Abs. 3 eWpG legt zudem fest, dass über die gesamte Dauer, für die das elektronische Wertpapier eingetragen ist, kein Datenverlust oder unbefugte Datenveränderung passieren darf. Außerdem soll der Gesamtbestand, der vom Emittenten jeweils elektronisch begebenen Wertpapiere, durch Eintragungen und Umtragungen nicht verändert werden können. In § 16 Abs. 1 eWpG werden weiter die Anforderungen an das Aufzeichnungssystem von Kryptowertpapierregistern spezifiziert: „Ein Kryptowertpapierregister muss auf einem fälschungssicheren Aufzeichnungssystem geführt werden, in dem Daten in der Zeitfolge protokolliert und gegen unbefugte Löschung sowie nachträgliche Veränderung geschützt gespeichert werden.“ § 10 Abs. 2 eWpG beschreibt zudem, dass jeder, der ein berechtigtes Interesse darlegt, Einsicht in das elektronische Wertpapierregister erlangen muss.

§ 4 Abs. 11 eWpG Allgemein für elektronische Wertpapierregister	Ein Kryptowertpapierregister soll auf einem Aufzeichnungssystem (dezentraler Zusammenschluss, mit klar definierten Kontrollrechten) geführt werden. In diesem sind die Kontrollrechte zwischen den das jeweilige System betreibenden Einheiten nach einem im Vorhinein festgelegten Muster verteilt.
§ 7 Abs. 1 eWpG Allgemein für elektronische Wertpapierregister	Vertraulichkeit, Integrität und Authentizität der Daten müssen sichergestellt werden.
§ 7 Abs. 3 eWpG Allgemein für elektronische Wertpapierregister	Es darf kein Datenverlust oder unbefugte Datenveränderung passieren. Der Gesamtbestand der von Emittenten elektronisch begebenen Wertpapiere darf durch Ein- und Umtragungen nicht verändert werden.
§ 16 Abs. 1 eWpG Spezifisch für Kryptowertpapierregister	Ein Kryptowertpapierregister muss auf einem fälschungssicheren Aufzeichnungssystem geführt werden. Die Daten müssen in dem Aufzeichnungssystem chronologisch protokolliert und gegen unbefugte Löschung sowie nachträgliche Veränderung geschützt gespeichert werden.
§ 10 Abs. 2 eWpG Allgemein für elektronische Wertpapierregister	Jede(r) mit berechtigtem Interesse erlangt elektronische Einsicht in das elektronische Wertpapierregister.

Tabelle 1: Zusammenfassung der Anforderungen an die technische Grundstruktur des Registers, die sich aus den Gesetzestexten ergeben

Die Formulierungen im Gesetzestext sind zwar technikneutral, jedoch passen die Anforderungen, v.a. die Definition eines Aufzeichnungssystems in § 4 Abs. 11 eWpG, sehr gut auf die grundlegenden Eigenschaften, die durch eine Blockchain erreicht werden sollen. Es ist somit zwar nicht auszuschließen, dass auch andere DLT-Ansätze oder gänzlich andere technische Konzepte für Kryptowertpapierregister in Frage kommen, jedoch lässt sich festhalten, dass die Blockchain-Technologie eine valide Möglichkeit für die technische Grundstruktur eines Kryptowertpapierregisters darstellt. Die Sicherstellung der in § 7 Abs. 1 eWpG genannten Anforderungen an die Daten, d.h. Vertraulichkeit, Integrität und Authentizität, kann durch die Blockchain-Technologie und die in ihr verwendeten kryptographischen Mittel sichergestellt werden und bedarf keiner weiteren regulierende Instanz oder Publizität.[17] Zu ergänzen ist allerdings, dass Vertraulichkeit in der Regel in einem Blockchain-System bedeutet, dass die Transaktionsdaten von allen zugangsberechtigten Parteien, also bei einer *public* Blockchain von der gesamten Öffentlichkeit, bei einer *private* Blockchain von einem fest definierten Teilnehmerkreis, eingesehen werden können. Es ist zunächst unklar, ob diese transparente Einsehbarkeit für die gesamte Öffentlichkeit (*public*) oder für einen festgelegten Kreis (*private*) die Vertraulichkeit der Daten verletzen würde und ob dementsprechend Verschlüsselungsmethoden zum Schutz der Daten verwendet werden müssten. In diesem Kontext spricht der Gesetzgeber in § 16 Abs. 1 eWpRV, in dem beschrieben wird, dass alle verwendeten kryptographischen Verfahren dem technischen Standard entsprechen müssen, auch von „kryptographischen Verfahren und sonstigen Methoden zur Transformation von Daten, um deren semantischen Inhalt zu verbergen". Aus diesem Gesetzesabschnitt geht allerdings nur hervor, dass, falls diese verwendet werden, sie den technischen Standards entsprechen müssen, nicht aber, dass solche Verfahren prinzipiell und in allen Fällen zu verwenden seien. Es ist allerdings denkbar, dass die öffentliche Einsehbarkeit bei *public* Blockchains dem Vertraulichkeitsverständnis des Gesetzgebers widersprechen könnte und daher Privatsphäre schützende Maßnahmen implementiert werden müssten. Hierbei insbesondere zu erwähnen sind sogenannte Zero-Knowledge Proofs[18], kryptographische Verfahren, die im Blockchain-Kontext den Beweis der Richtigkeit von Transaktionen ermöglichen, ohne die Transaktionsdaten selbst offenlegen zu müssen. Ob dies aber bei *public* Blockchains wirklich verpflichtend ist und inwiefern die Zugangsbeschränktheit von *private* Blockchains eine ausreichende Wahrung der Vertraulichkeit darstellt oder ob auch hier Privatsphäre schützende Verfahren verwendet werden müssen, ist nicht klar.

Bei den in § 7 Abs. 3 eWpG beschriebenen nachträglichen Änderungen geht es vor allem um den Inhaberwechsel von Kryptowertpapieren und die damit verbundenen Veränderungen der entsprechenden Daten. Diese Unveränderbarkeit, genau wie die in § 16 Abs. 1 eWpG genannte Fälschungssicherheit, kann ein Blockchain-basiertes Aufzeichnungssystem prinzipiell gewährleisten, da sich wegen der chronologischen Verkettung der Datenblöcke und der verteilten Speicherung Blockchain-Transaktionsdaten nur sehr schwer fälschen lassen und Veränderungen dieser leicht nachvollziehbar sind. Die Anforderung aus § 10 Abs. 2 eWpG, durch die Einsicht an Personen mit berechtigtem Interesse ge-

---

[17] *Linardatos*, ZBB 32 (2020), 332; *Lehmann*, BKR 2020, 431, 437 f.; Conreder/Meier eWpG/*Reiter*, 2023, § 16 Rn. 27.

[18] Für genauere Details, wie Zero-Knowledge Proofs verwendet werden können, um sensible Daten auf der Blockchain zu schützen, siehe *Sedlmeir/Lautenschlager/Fridgen/Urbach*, Electronic Markets 32 (2022), 1779; *Schellinger/Völter/Urbach/Sedlmeir*, Hawaii International Conference on System Sciences 55 (2022).

währt werden soll, lässt sich sowohl durch *public* als auch *private* Blockchains erfüllen. Bei *public* Blockchains ist die Einsehbarkeit sowieso für alle gewährt, bei *private* Blockchains könnten Personen nach Begründung ihres berechtigten Interesses in den Kreis der Zugangsberechtigten aufgenommen werden und dadurch Einsicht erhalten.

Aus den Anforderungen an die technische Grundstruktur des Registers ergeben sich also keine direkten Einschränkungen für die Designmöglichkeiten eines Blockchain-basierten Kryptowertpapierregisters. Lediglich zur Erfüllung der Vertraulichkeit der Registerinformationen könnte insbesondere für *public*, aber eventuell auch für *private* Blockchains, die Verwendung von Privatsphäre schützenden Maßnahmen, insbesondere Zero-Knowledge Proofs, nötig sein. Dies stellt allerdings keine Einschränkung an die Gesamtgestaltung der Blockchain dar, sondern lässt sich mit einer zusätzlichen Verschlüsselung realisieren, mit der ein Blockchain-Design ergänzt werden kann.

2. *Anforderungen an die enthaltenen Informationen des Registers*

Dieser Abschnitt befasst sich mit den Anforderungen an die enthaltenen Informationen im Kryptowertpapierregister. Die im Register zu enthaltenen Angaben werden durch § 17 Abs. 1 eWpG und § 8 Abs. 1 eWpRV spezifiziert und in Tabelle 2 zusammengefasst. Hierbei handelt es sich um klassische Informationen im Kontext von Wertpapieren, wie z. B. das Emissionsvolumen, der Nennbetrag bzw. die Zahl bei Stückaktien oder der Emittent. Zu vermerken ist auch, ob das Wertpapier in Einzel- oder Sammeleintragung gehalten wird, da beide Eintragungsformen bei elektronischen Wertpapieren gemäß § 8 Abs. 1 eWpG zugelassen sind. Zudem können Einzeleintragungen in Sammeleintragungen umgewandelt werden. Aus § 1 Nr. 3 eWpG lässt sich hinzufügen, dass für Krypto-Aktien in Einzeleintragung jedoch nur Namens- und keine Inhaberaktien vorgesehen sind.

Allgemein dienen die Angaben für ein eingetragenes Kryptowertpapier „der sachenrechtlichen Bestimmbarkeit des Kryptowertpapiers und gewährleisten, dass dieses […] hinreichend individualisierbar und identifizierbar ist".[19] Die Speicherung dieser Informationen auf der Blockchain ist dabei kein Problem und stellt keine weiteren, spezifischeren Anforderungen an ihren Aufbau. Falls zur Verwaltung des Kryptowertpapierregisters ein Smart Contract verwendet würde, könnten die Informationen direkt in diesem gespeichert werden, andernfalls könnten sie mittels einfacher Transaktionen auf die Blockchain selbst geschrieben werden.

[19] Conreder/Meier eWpG/*Büttner*, 2023, § 17 Rn. 10.

§ 17 eWpG Spezifisch für Kryptowertpapierregister **+ § 8 Abs. 1 eWpRV** Allgemein für elektronische Wertpapierregister	Das Kryptowertpapierregister muss festgelegte Angaben über das eingetragene Kryptowertpapier enthalten.
§ 8 Abs. 1 eWpG Allgemein für elektronische Wertpapierregister	Als Inhaber von elektronischen Wertpapieren kann eingetragen werden: eine Wertpapiersammelbank oder ein Verwahrer (Sammeleintragung), eine natürliche oder juristische Person oder rechtsfähige Personengesellschaft (Einzeleintragung). Einzeleintragungen können auf Antrag des Inhabers in eine Sammeleintragung umgewandelt werden.
§ 1 Nr. 3 eWpG Allgemein für elektronische Wertpapierregister	Für Kryptoaktien in Einzeleintragung sind nur Namens- und keine Inhaberaktien vorgesehen.

Tabelle 2: Zusammenfassung der Anforderungen an den Inhalt des Registers, die sich aus den Gesetzestexten ergeben

Auf Veranlassung des Emittenten kann nach § 8 Abs. 1 eWpG eine Sammel- oder Einzeleintragung für das Kryptowertpapier erfolgen. Zudem können nach § 8 Abs. 2 eWpG Einzeleintragungen auf Antrag des Inhabers in Sammeleintragung umgewandelt werden und erfolgen pseudonymisiert. Prinzipiell sind im eWpG sowohl für Zentralregisterwertpapiere als auch für Kryptowertpapiere Sammel- und Einzeleintragungen möglich. Sammeleintragungen spielen jedoch für die weitere Betrachtung eine untergeordnete Rolle, da die Sammelverwahrung von Kryptowertpapieren der bestehenden Girosammelverwahrung beziehungsweise den elektronischen zentralverwahrten Wertpapieren ähnelt und sich lediglich der Speicherort des Zentralregisters ändert. Dem stimmt auch die Fachliteratur zu, denn laut Reiter kann davon ausgegangen werden, dass Kryptowertpapiere zu Beginn vor allem von Einzelpersonen im Sinne von Privatplatzierungen genutzt werden.[20] Lehmann schätzt zudem, dass Einzeleintragungen daher voraussichtlich die Regel sein werden, da das P2P-Netzwerk gerade dazu dient, einzelne Berechtigungen von Teilnehmer zu Teilnehmer zu übertragen.[21] Aus diesem Grund wird der Fokus im Weiteren und vor allem in Hinblick auf die Gestaltungsmöglichkeiten einer Blockchain auf der Einzeleintragung von Kryptowertpapieren liegen. Sammeleintragungen können in diesem Kontext

[20] Conreder/Meier eWpG/*Reiter*, 2023, § 16 Rn. 3.
[21] *Lehmann*, BKR 2020, 431, 434 f.

auch als Spezialfall von Einzeleintragungen mit nur einem Anteilseigner, der über eigene, vom Kryptowertpapierregister losgelöste Kanäle Anweisungen der Eigentümer erhält, betrachtet werden. Des Weiteren spricht die Literatur davon, dass Verfügungen über die Kryptowertpapiere durch direkte und intermediärslose Umtragungen im Register in Form von Transaktionen auf der Blockchain und damit *on-chain* sichtbar und nachvollziehbar erfolgen sollen.[22] Inwieweit dieses Ziel allerdings auch im regulatorischen Rahmen technisch möglich ist, wird im Folgenden diskutiert.

Nach § 1 Nr. 3 eWpG werden für Kryptoaktien in Einzeleintragung nur Namens- und keine Inhaberaktien ermöglicht. Durch die Beschränkung auf Namensaktien bei Kryptoaktien soll sichergestellt werden, dass keine Geldwäsche oder Terrorismusfinanzierung stattfinden kann. Bei Kryptoaktien soll dieser Aspekt besondere Relevanz haben, da sie „nicht auf intermediärsgeführten Depotkonten verbucht werden müssen".[23] Diese Begründung lässt jedoch außen vor, dass die registerführende Stelle alle Teilnehmer des Kryptowertpapierregisters, wie im nächsten Abschnitt gezeigt wird, identifizieren muss, d.h. zu bestehenden KYC-Verfahren[24] vergleichbare Identifizierungsverfahren auch bei Kryptowertpapieren vorgenommen werden müssen. Kryptoinhaberaktien würden somit kein größeres Risiko darstellen in Bezug auf Geldwäsche oder Terrorismusfinanzierung. Im Gegenteil könnten hier entsprechende Regeln sogar direkt in die Blockchain implementiert und so durch die Blockchain automatisiert und nicht nur die zuständige Finanzinstitution durchgesetzt werden. Eine Beschränkung der Kryptoaktien in Einzeleintragung auf ausschließlich Namensaktien ist somit unbegründet.

Auch die gesetzlichen Anforderungen an den Inhalt des Registers lassen sich von grundlegenden Blockchain-Eigenschaften erfüllen und stellen somit keine Einschränkung in den Design-Möglichkeiten dar. Die vom Gesetzgeber vorgenommene Beschränkung der Kryptoaktien auf Inhaberaktien ist allerdings unbegründet, da diese keine höheren, vielleicht sogar geringere Risiken in Bezug auf Geldwäsche oder Terrorismusfinanzierung mit sich bringen als traditionelle Inhaberaktien. Zudem ist anzumerken, dass die Literatur im Kontext von Einzel- und Sammeleintragungen dafür plädiert, dass der Nutzen von Kryptowertpapierregistern durch das Ermöglichen von Wertpapierübertragungen (und damit verbundenen Registeränderungen) auf der Blockchain direkt durch den Einzelanleger und der Nutzung eines dezentralen Konsenses, um sich von elektronischen Zentralregistern abzugrenzen, maximiert würde. Inwiefern beson-

---

[22] Conreder/Meier eWpG/*Reiter*, 2023, § 16 Rn 1.

[23] RegE. vom 11.09.2023, Gesetz zur Finanzierung von zukunftssichernden Investitionen (ZuFinG), BT-Drs. 20/8292, 107.

[24] Das Know-Your-Customer-Verfahren dient zur Identifizierung von Neukunden von insb. Kreditinstituten. Man versteht darunter die Prüfung der persönlichen Daten und Geschäftsdaten zur Prävention vor Geldwäsche und Terrorismusfinanzierung.

ders diese durch den Inhaber direkt auf der Blockchain vorgenommenen Wertpapierübertragungen jedoch mit den Gesetzesanforderungen bezüglich der Registeränderungen vereinbar ist, wird im Folgenden diskutiert.

3. Anforderungen bezüglich der Registeränderungen

Im Folgenden wird auf die technischen Anforderungen bezüglich der Änderungen von Kryptowertpapierregistern eingegangen. Diese werden hauptsächlich in § 18 eWpG festgelegt und sind in Tabelle 3 zusammengefasst. Das eWpG weist dabei die Verantwortung für alle Änderungen und den damit verbundenen Prozessen und Informationen der registerführenden Stelle zu.[25] Darüber hinaus darf laut § 18 Abs. 1 eWpG eine Änderung der Angaben sowie die Löschung des eingetragenen Kryptowertpapiers nur aufgrund einer Weisung einer nach Satz 1 berechtigten Person erfolgen. Dabei handelt es sich bei der berechtigten Person entweder um den Inhaber oder eine andere z. B. durch Gesetz oder gerichtliche Entscheidung berechtigte Person oder Stelle. Die Weisungen müssen zudem nach Satz 5 mittels eines geeigneten Authentifizierungsinstruments erteilt werden. § 11 Abs. 6 eWpRV ergänzt dabei, dass das verwendete Authentifizierungsinstrument der weisenden Person zuverlässig zugeordnet werden muss, damit dadurch eine Identifikation dieser stattfinden kann. § 18 Abs. 3 eWpG setzt weiter voraus, dass Änderungen des Registerinhalts in der Reihenfolge passieren müssen, in der die Weisungen bei der registerführenden Stelle eintreffen (Prioritätsprinzip). Außerdem muss nach § 18 Abs. 4 eWpG sichergestellt werden, „dass Umtragungen eindeutig sind, innerhalb einer angemessenen Zeit erfolgen und die Transaktion nicht wieder ungültig werden kann". § 18 Abs. 5 eWpG besagt des Weiteren, dass die registerführende Stelle Änderungen des Registerinhalts, die ohne eine Weisung nach Abs. 1 oder ohne die Zustimmung des Emittenten nach Abs. 2 erfolgt sind, sofort rückgängig machen können muss. Dabei spezifiziert § 15 eWpRV, dass der Inhalt und Zeitpunkt der Änderungen nachvollziehbar sein müssen. Zusätzlich geht § 12 Abs. 2 eWpRV darauf ein, dass einmal gültige Ein- oder Umtragungen auch zu jedem späteren Zeitpunkt gültig bleiben müssen.

[25] Vgl. hierzu alle Absätze des § 18 eWpG, die jeweils alle mit „[...] die registerführende Stelle" darf, stellt sicher, muss sicherstellen oder muss rückgängig machen beginnen.

§ 18 eWpG Spezifisch für Kryptowertpapierregister	Allgemein ist die registerführende Stelle für das Vornehmen der Änderungen des Registerinhalts verantwortlich.
§ 18 Abs. 1 eWpG Spezifisch für Kryptowertpapierregister	Änderungen der Registerangaben oder die Löschung eines Kryptowertpapiers dürfen nur erfolgen aufgrund einer Weisung durch den Eigentümer, eine andere berechtigte Person oder Stelle.
§ 18 Abs. 1 eWpG Spezifisch für Kryptowertpapierregister **+ § 11 Abs. 6 eWpRV** Spezifisch für Kryptowertpapierregister	Eine Weisung muss mittels eines geeigneten Authentifizierungsinstruments erteilt werden. Eine kryptographische Signatur oder ein vergleichbares Authentifizierungsinstrument muss der weisenden Person zuverlässig zugeordnet werden können.
§ 18 Abs. 5 eWpG Spezifisch für Kryptowertpapierregister **+ § 15 eWpRV** Spezifisch für Kryptowertpapierregister	Änderungen des Registerinhalts müssen unverzüglich rückgängig gemacht werden können. Inhalt und Zeitpunkt der Änderungen müssen nachvollziehbar sein.
§ 18 Abs. 3–4 eWpG Spezifisch für Kryptowertpapierregister **+ § 12 Abs. 1 eWpRV** Spezifisch für Kryptowertpapierregister	Die Änderungen müssen in der Reihenfolge, in der die Weisungen dazu eintreffen, vorgenommen werden (Prioritätsprinzip). Umtragungen müssen innerhalb eines angemessenen Zeitraumes erfolgen, den die registerführende Stelle den Teilnehmern mitzuteilen hat.
§ 18 Abs. 4 eWpG Spezifisch für Kryptowertpapierregister **+ § 12 Abs. 2 eWpRV** Spezifisch für Kryptowertpapierregister	Transaktionen auf dem Aufzeichnungssystem dürfen nicht ungültig werden. Eine einmal gültige Ein- oder Umtragung muss auch zu jedem späteren Zeitpunkt gültig bleiben.

Tabelle 3: Zusammenfassung der Anforderungen bzgl. der Registeränderungen im Register, die sich aus den Gesetzestexten ergeben

§ 18 eWpG handelt von den Änderungen des Inhalts im Kryptowertpapierregister. Hierbei wird durchgehend von Änderungen durch die registerführende Stelle gesprochen. Dafür werden Formulierungen wie zum Beispiel „die registerführende Stelle darf Änderungen […] vornehmen“ oder „die registerführende Stelle muss sicherstellen“ verwendet. Hierbei ist ein gewisses Grundverständnis von der Durchführung von Registeränderungen zu erkennen, welche sich auch in den im Gesetz festgelegten Anforderungen widerspiegelt: Die registerführende Stelle ist hauptverantwortlich für Registeränderung und muss in irgendeiner Weise Kontrolle über die Änderungen haben. Grundsätzlich sind im Kontext von Registeränderungen und Weisungen für Registeränderungen drei grundlegende Gestaltungsmodelle denkbar, die der registerführenden Stelle einen gewissen Mindestgrad an Kontrolle über Registeränderungen zuschreiben. Diese sind in Abbildung 1 dargestellt und werden im Folgenden genauer erläutert:

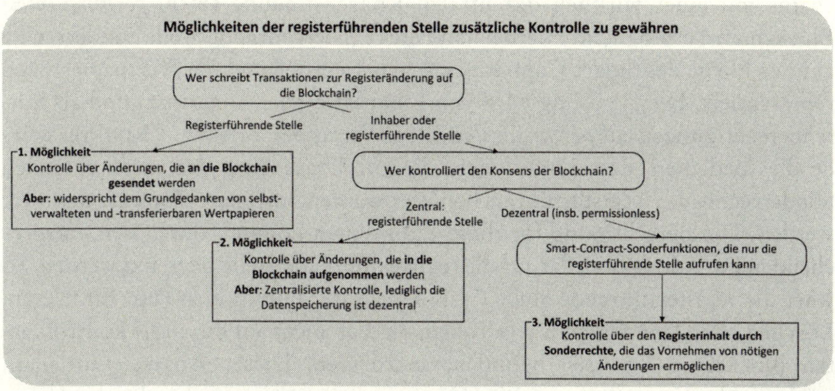

Abbildung 1: Drei grundlegende Gestaltungsmodelle, wie sich eine zusätzliche Kontrolle durch die registerführenden Stelle ermöglichen ließe.

Die erste grundlegende Frage ist, welche Partei die Transaktionen zur Registeränderung auf die Blockchain schreibt. Wenn dies nur durch den Registerführer geschieht, resultiert daraus die erste Möglichkeit, dass Weisungen bilateral vom Inhaber oder einer anderen Stelle an den Registerführer gesendet werden, also außerhalb der Blockchain. Die registerführende Stelle wäre dann die einzige Partei, die mit dem Register und den damit verbundenen Token auf der Blockchain selbst interagieren würde. Dies widerspricht allerdings der zuvor beschriebenen Vorstellung der Literatur von direkter Kontrolle der Eigentümer über ihre Wertpapiertoken und der Transferierbarkeit von Token direkt zwischen Inhabern.[26]

Wenn Inhaber aber eigenständig Transaktionen zur Registeränderung auf die Blockchain schreiben können sollen, bedeutet dies, dass die Wertpapiertoken sich wirklich in den von den Inhabern kontrollierten Blockchain-Adressen befinden. Die zweite Möglichkeit, um auch hier die Kontrolle des Registerführers sicherzustellen, ist die Verwendung einer *permissioned* Blockchain, in der die registerführende Stelle die Kontrolle über den Konsensmechanismus und damit

[26] Siehe Abschnitt 2 (Anforderungen an die enthaltenen Informationen des Registers).

die Transaktionsinklusion und -reihenfolge hat.[27] Damit läge die Konsenskontrolle allerdings in der Hand einer zentralen Partei der registerführenden Stelle. In Bezug auf die Systemkontrolle würde es damit stärker einem zentral geführten elektronischen Wertpapierregister ähneln mit dem einzigen Unterschied, dass die Datenspeicherung weiterhin dezentral wäre. Dafür könnten Weisungen auf Änderung allerdings direkt als Transaktionen auf der Blockchain gestellt und verarbeitet werden.

Es gäbe allerdings auch eine letzte Möglichkeit, die die direkte Abwicklung von Weisungen auf der Blockchain und gleichzeitig die Nutzung von Blockchains mit einer wirklich dezentralen Konsensfindung (insb. *permissionless* Blockchains) ermöglicht. Hierbei hätte die registerführende Stelle Sonderrechte auf der Ebene des Smart Contracts, der das Register und die Wertpapiertoken repräsentiert. Diese Lösung wird von Linardatos auch angerissen und als Stufenberechtigungen auf *permissionless* Blockchains beschrieben.[28] Konkret würde dies bedeuten, dass Funktionen, die zur Umsetzung der verpflichtenden Sonderrechte des Registerführers benötigt werden, im Smart Contract definiert werden. Die Berechtigung für diese Funktionen könnten durch den entsprechenden Funktionsmodifier auf die registerführende Stelle begrenzt werden. So wäre die registerführende Stelle dazu berechtigt, Funktionen zum Einfrieren, Löschen oder Transferieren von Token, die sich nicht auf durch sie kontrollierten Blockchain-Adressen befinden, aufzurufen. Dieser Ansatz würde am stärksten der Vorstellung der Literatur beziehungsweise den beschriebenen, zu präferierenden Konzepten von durch den Inhaber direkt auf der Blockchain durchführbaren Übertragungen entsprechen.

Inwiefern diese verschiedenen Möglichkeiten auch die spezifischen Anforderungen bezüglich der Registeränderung in § 18 des eWpG und anderen Gesetzesabschnitten erfüllen können, wird im Folgenden erörtert:

Die Weisung durch den Inhaber nach § 18 Abs. 1 eWpG und § 11 Abs. 6 eWpRV lässt sich mit allen drei Möglichkeiten vereinbaren. Die Weisung könnte entweder bilateral, also abseits der Blockchain zwischen Inhaber und registerführender Stelle ausgetauscht und durch die registerführende Stelle dann auf die Blockchain geschrieben werden (Möglichkeit 1), als auch direkt durch den Inhaber als Blockchain-Transaktion, die die entsprechende Änderung anstößt, vorgenommen werden (Möglichkeit 2 oder 3). Auch die Weisung durch eine andere berechtigte Person lässt sich mit allen drei Möglichkeiten umsetzen. Dadurch wird aber verdeutlicht, wieso bei den Abwicklungen von Weisungen zu Registeränderungen direkt auf der Blockchain (Möglichkeit 2 und 3) die registerführende Stelle weitere Sonderrechte, entweder im Konsensmechanismus

---

[27] *Habersack*, in: Omlor/Möslein/Grundmann (Hrsg.), Elektronische Wertpapiere, 2021, § 4.

[28] *Linardatos,* ZBB 2020, 329, 346.

oder im Smart Contract, benötigt. Dieser Ansatz würde nämlich grundlegend bedeuten, dass sich die Token auf der Blockchain-Adresse des Inhabers und damit prinzipiell unter seiner Kontrolle befinden. Um an diese Token, zum Beispiel im Falle einer Pfändung, trotzdem heran zu kommen, müsste die registerführende Stelle ihre Macht im Konsensmechanismus oder die zusätzlichen Berechtigungen im Smart Contract nutzen, um Token von einer nicht durch sie kontrollierten Adresse zu bewegen oder einfrieren zu können.

Die Gestaltung des in § 18 Abs. 1 eWpG und § 11 Abs. 6 eWpRV beschriebenen geeigneten Authentifizierungsinstruments ist auch abhängig von der Frage, ob Transaktionen nur von der registerführenden Stelle oder auch von den Inhabern vorgenommen werden können. Bei Ersterem könnte die Authentifizierung über alle klassischen Authentifizierungsverfahren, zum Beispiel Zugangsdaten, bestehend aus Nutzername und Passwort, erfolgen. Bei Letzterem würden die Transaktionen auf die Blockchain geschrieben, wofür der die jeweilige Blockchain-Adresse kontrollierende *private key* verwendet werden würde.[29] In beiden Fällen wäre auch eine eindeutige Zuordnung nötig. Bei Zugangsdaten wäre diese sowieso vorhanden, bei der Verwendung von Blockchain-Transaktionen und *private keys* könnte die registerführende Stelle ein vorheriges KYC-Verfahren verwenden, um die hinter dem *private key* befindliche Entität zu identifizieren. Mithilfe einer auf der Blockchain hinterlegten *Whitelist* aller der registerführenden Stelle bekannten Blockchain-Adressen und einem entsprechenden Funktionsmodifier könnte sie zusätzlich sicherstellen, dass nur ihr bekannte Entitäten Token halten und die Funktionen des Token Smart Contract nutzen können.

Auch die in § 18 Abs. 5 eWpG beschriebene Rückgängigmachung von Änderungen durch die registerführende Stelle ist in allen Fällen möglich. Der Ablauf hierbei ist analog zu der oben beschriebenen Registeränderung auf Weisung anderer berechtigter Personen nach § 18 Abs. 1 eWpG. Die in § 15 eWpRV beschriebene Nachvollziehbarkeit von Inhalt und Zeitpunkt der Änderungen bzw. der Rückgängigmachung wäre auch in allen Fällen gegeben, da diese durch eine auf der Blockchain festgehaltene Transaktion vorgenommen würde.

Die in § 18 Abs. 3 und 4 eWpG sowie § 12 Abs. 1 eWpRV beschriebenen Anforderungen an die Reihenfolge und die Zeit zur Verarbeitung von Registeränderungen stellen im Blockchain-Kontext allerdings eine gewisse Herausforderung dar. Generell können Blockchain-Blöcke immer nur eine bestimmte Anzahl an Transaktionen enthalten. In Situationen, in denen mehr Nutzer Transaktionen durchführen wollen als die Blockchain verarbeiten kann, wird die Reihenfolge der Transaktionen in der Regel durch die gezahlten Transaktionsgebühren bestimmt. Die meistzahlenden Transaktionen werden also in der Regel zuerst inkludiert. Im Allgemeinen hat allerdings der Konsensteilnehmer,

---

[29] *Lehmann*, BKR 2020, 431, 435; Conreder/Meier eWpG/*Reiter*, 2023, § 16 Rn 8.

der den nächsten Block erstellen darf, freie Verfügungsgewalt, welche Transaktionen und in welcher Reihenfolge er diese in seinen Block aufnehmen möchte. In den Fällen, in denen nur die registerführende Stelle Transaktionen sendet (Möglichkeit 1) oder sie den Konsensmechanismus und damit die Blockerstellung kontrolliert (Möglichkeit 2), stellt die Anforderung, dass Änderungen des Registerinhalts in der Reihenfolge passieren müssen, in der die Weisungen bei der registerführenden Stelle eintreffen, keine Herausforderung dar. Dieses Prioritätsprinzip widerspricht allerdings Möglichkeit 3, da hier die registerführende Stelle keine Kontrolle über die Transaktions- und damit die Registeränderungsreihenfolge hat, da die Kontrolle über Transaktionsinklusion und -reihenfolge in den Händen des Konsensmechanismus liegt.[30] Die einzige Möglichkeit, diesem Prioritätsprinzip streng zu folgen, wäre, dass jedes Mal, wenn die durch den Blockchain-Konsens festgelegte Transaktionsreihenfolge nicht mit der Reihenfolge übereinstimmt, in der die Weisungen bei der registerführenden Stelle eingegangen sind, diese ihre im Smart Contract vorgesehenen Zusatzrechte nutzt, um die Änderungen zuerst rückgängig zu machen und dann in korrekter Reihenfolge zu wiederholen. Die Durchführung von Weisungen direkt auf der Blockchain und die gleichzeitige Nutzung einer Blockchain mit dezentralem Konsens steht also im gewissen Widerspruch zu § 18 Abs. 3 und 4 eWpG beziehungsweise lässt sich nur eventuell und mit zusätzlichem Aufwand erfüllen.

Zuletzt spezifizieren § 18 Abs. 4 eWpG und § 12 Abs. 2 eWpRV, dass Transaktionen und einmal gültige Ein- und Umtragungen auch zu jedem späteren Zeitpunkt gültig bleiben müssen. Dies wird in allen Fällen durch die Abwicklungen der Änderungen auf der Blockchain und ihre Unveränderbarkeit sichergestellt.

Zu Beginn dieses Unterkapitels wurden drei grundlegende Möglichkeiten aufgezeigt, wie der registerführenden Stelle zusätzliche Kontrolle gewährt werden kann, die der Gesetzgeber vorsieht und auch fordert. Allerdings stößt die dritte theoretische Möglichkeit, die versucht, das direkte Vornehmen von Wertpapierübertragungen auf der Blockchain durch den Inhaber zu ermöglichen und gleichzeitig eine Blockchain mit dezentralem Konsensmechanismus als Grundlage für das Kryptowertpapierregister zu verwenden, an ihre Grenzen, wenn es um die in § 18 Abs. 3 und 4 eWpG beschriebene Einhaltung der Weisungsreihenfolge geht. Diese lässt sich eventuell noch ermöglichen, wenn die

---

[30] Eine permissionless Blockchain, in der Transaktionen immer genau in der Reihenfolge inkludiert werden, in der sie abgeschickt wurden, ist in der Praxis nicht möglich, da die „korrekte" Transaktionsreihenfolge nicht eindeutig bestimmbar ist und von den Nodes im P2P Netzwerk unterschiedlich wahrgenommen werden kann (z. B. kann Node A zuerst Transaktion X und dann Transaktion Y sehen, Node B könnten die Transaktionen aber in umgekehrter Reihenfolge erreichen). Außerdem kann schwer (beziehungsweise nahezu unmöglich) nachgewiesen werden, in welcher Reihenfolge Transaktionen einen gewissen Netzwerkteilnehmer (z. B. dem für die Erstellung des nächsten Blockes Verantwortlichen) erreicht haben. Weitergehend zu „fairer" Transaktionsanordnung in Blockchains siehe zum Beispiel *Kursawe*, Proceedings of the 2nd ACM Conference on Advances in Financial Technologies, 2020.

registerführende Stelle zusätzlich für die Einhaltung der Transaktionsreihenfolge nach der Reihenfolge, in der die Weisungen eintreffen, verantwortlich wäre. Es ist allerdings unklar, ob dies wirklich eine angemessene Erfüllung der Gesetzesanforderung ist und welche prozessualen Aufwände und Kosten dadurch entstehen könnten.

IV. Diskussion und Fazit

Die gesetzlichen Anforderungen an elektronische Wertpapiere aus eWpG sowie eWpRV sind im Allgemeinen und auch im speziellen Bezug auf Kryptowertpapiere offen formuliert. Insbesondere sind sie sogar so technologieagnostisch formuliert, dass nicht auszuschließen ist, dass es neben Blockchain oder DLTs im Allgemeinen nicht auch andere Technologien zur Umsetzung von Kryptowertpapierregistern in Frage kommen könnten. Klar ist allerdings, dass die Blockchain-Technologie und ihre grundlegenden Eigenschaften sehr gut zu den im Gesetz befindlichen Anforderungen bezüglich der technischen Grundstruktur passen. Auch die Gesetzesanforderungen bezüglich des Inhalts der Kryptowertpapierregister lassen sich auf Blockchains problemlos abbilden und führen zu keinen Einschränkungen in den Gestaltungsmöglichkeiten der Technologie.

Die rechtlichen Anforderungen zu Registeränderungen hingegen basieren sehr klar auf dem Konzept, dass es eine kontrollierende und damit auch verantwortliche Instanz in der Form der registerführenden Stelle gibt. Das hat den Grund, dass die registerführende Stelle in der Lage sein muss, Änderungen auf die Weisung einer berechtigten Person vornehmen oder auch unrechtmäßige Änderungen rückgängig machen zu können. Die Kontrolle, die die registerführende Stelle im Blockchain-Netzwerk deshalb erhalten muss, widerspricht jedoch der standardmäßigen Verwendung einer Blockchain, bei der alle Teilnehmenden über ihre eigenen Token verfügen und diese kontrollieren. Sonderrechte, die die registerführende Stelle dafür bräuchte, können, wie im vorherigen Kapitel gezeigt wurde, auf verschiedenen Ebenen eingeräumt werden und schränken dadurch die Gestaltung des Kryptowertpapierregisters unterschiedlich stark ein. Die Literatur jedoch sieht es als klaren Vorteil, wenn die Inhaber unmittelbar auf der Blockchain Änderungen durchführen können. Mit der Begebung der bisher größten Anleihe durch die Siemens AG sowie aller Kryptowertpapiere, die auf dem Register einer Tochterfirma der Nyala AG geführt werden, wird ein signifikanter Teil der bisher emittierten Kryptowertpapiere auf *public permissionless* Blockchains geführt und damit die Einschätzung der Literatur auch durch empirische Evidenz belegt.[31] Ausgehend von der Literatur

[31] BaFin, Kryptowertpapierliste nach eWpG, 29.03.2024 (abrufbar unter https://www.ba

und Praxis wird also ein eher dezentrales Design des Kryptowertpapierregisters, d.h. die 3. Möglichkeit, bei der die registerführende Stelle Sonderrechte durch einen *Smart Contract* erhält, präferiert. Dabei ist jedoch nicht sicher, ob die Einhaltung der Weisungsreihenfolge bei den Registeränderungen und der angemessenen Zeit entsprechend den gesetzlichen Anforderungen sichergestellt werden kann.

Ein Nachteil von Kryptowertpapieren ist, dass sie zum jetzigen Stand nicht für den börslichen, sondern nur für den außerbörslichen Handel zugelassen sind. Kryptowertpapiere können demnach derzeit nicht multilateral, sondern nur bilateral gehandelt werden, da sie nicht zur Abwicklung im Effektengiroverkehr einer Wertpapiersammelbank erfasst werden. Die fehlende börsliche Handelbarkeit ist laut Waschbusch[32] insbesondere im Hinblick auf den Anlegerschutz kritisch zu sehen, da außerbörslich gehandelte Wertpapiere weniger strikte Regulierungsvorschriften sowie geringere Anforderungen hinsichtlich Transparenz und Integrität erfüllen müssen. Dies könnte bei einer zunehmenden Marktdurchdringung von Kryptowertpapieren zu einer Beeinträchtigung der Funktionsfähigkeit des Finanzmarkts führen. Einige Unternehmen arbeiten bereits an einem digitalen Marktplatz für Kryptowertpapiere, welcher im Rahmen des *DLT Pilot Regimes*[33] in einer sogenannten *Regulatory Sandbox* der EU erprobt werden kann. Die EU schafft damit einen Rahmen, der es Unternehmen ermöglicht, innovative Anwendungen, die auf Blockchain-Technologie basieren, in einem überwachten und kontrollierten Umfeld zu testen und weiterzuentwickeln, indem Unternehmen eine Lizenz für den Betrieb von multilateralen Handelssystemen beantragen können. Somit ist es aufgrund der Bestrebungen auf europäischer Ebene denkbar, dass in Zukunft nicht nur die Wertpapierregister, sondern auch der Handel und das Settlement von Wertpapieren Blockchain-basiert abgewickelt werden können. Dadurch können die Effizienzvorteile gegenüber den bestehenden Ansätzen und Prozessen, also gegenüber traditionell verbrieften Wertpapieren beziehungsweise klassischen Handel und Settlement-Systemen, maximiert werden. Insbesondere sind hierbei die Automatisierbarkeit von Prozessen, die Effizienzgewinne bezüglich Zeit und Kosten durch den Wegfall von Intermediären sowie die Nachvollziehbarkeit und Verifizierbarkeit von Finanzdaten zu nennen. Somit können die Vorteile

fin.de/DE/PublikationenDaten/Datenbanken/Kryptowertpapiere/kryptowerte_node.html); zum Kryptowertpapierregister der Smart Registry GmbH von Nyala unter https://www.nyala.de/elektronische-wertpapiere/; siehe auch Siemens AG, Siemens begibt erstes elektronisches Wertpapier auf der Blockchain (abrufbar unter https://press.siemens.com/global/de/pressemitteilung/siemens-begibt-erstes-elektronisches-wertpapier-auf-der-blockchain).

[32] *Waschbusch/Burr/Kiszka*, Blockchain in der Bankenbranche, 2022, 98.

[33] Für mehr Informationen zum DLT Pilot Regime siehe Europäische Kommission, Launch of the European Blockchain Regulatory Sandbox, 14.02.2023 (abrufbar unter https://digital-strategy.ec.europa.eu/en/news/launch-european-blockchain-regulatory-sandbox).

der Blockchain-Technologie für den Finanzmarkt genutzt werden, die bereits zur Entstehung neuer Geschäftsmodelle oder ganzer Finanzsysteme wie „Decentralized Finance“ (DeFi) geführt haben.[34] Außerdem lassen sich durch die Umstellung der Finanzinfrastruktur weitere Vorteile insbesondere in der Finanzverwaltung heben. So würde dies zum Beispiel regelbasierte und automatisierte Steuerabführungen auf Zinszahlungen ermöglichen und Steuergestaltungen im Rahmen der Kapitalertragssteuer regelbasiert verhindern beziehungsweise bei der Beschaffung von verifizierbaren Informationen unterstützen.[35]

Mit dem eWpG, ZuFinG und dem eWpRV nimmt Deutschland eine Vorreiterrolle in Blockchain-basierten Wertpapieren ein. Die Einführung des DLT Pilot Regimes durch die EU bestätigt die Relevanz der Neuerungen durch die Gesetze. Das Gesetz inkludiert jedoch auch noch Einschränkungen, bezüglich der möglichen Vielfalt von Wertpapieren in Form der Beschränkung auf Namensaktien bei Kryptoaktien, die hinterfragt werden müssen. Außerdem ist es abschließend nicht klar, ob der von Industrie und Literatur angestrebte Grundgedanken mittels Kryptowertpapieren den Inhabern die eigenständige Übertragung von Wertpapieren direkt auf der Blockchain zu ermöglichen, auch mit der Gesetzgebung, insbesondere mit dem in § 18 Abs. 3 eWpG formulierten Prioritätsprinzip vereinbar ist. Diese und andere Unklarheiten, wie zum Beispiel die Auslegung von Vertraulichkeit der Daten im Kontext von *public* und *private* Blockchains, gilt es aus dem Weg zu räumen, um die Potentiale der geschaffenen Gesetzgebung vollkommen nutzen zu können. Weiterhin gilt es, mit deutscher und europäischer Regulatorik, wie zum Beispiel dem DLT Pilot Regime, den Rahmen zur Erprobung neuer Konzepte und von Einsatzmöglichkeiten der Blockchain-Technologie zu schaffen, um die deutsche und europäische, regulatorische Vorreiterrolle, die auch in Bezug auf Blockchain-basierte Finanzinstrumente und -systeme durch die MiFiD II und die MiCAR geschaffen wurde, beibehalten zu können.

---

[34] Für eine detaillierte Erklärung von DeFi und welche Vorteile und Herausforderungen diese neue dezentrale, Blockchain-basierte Finanzsystem mit sich bringt siehe *Gramlich/Guggenberger/Principato/Schellinger/Urbach*, Electronic Markets 33 (2023).

[35] Mehr hierzu in der in Zukunft erscheinenden Studie des BMF „Untersuchung zur Eignung der Blockchain-Technologie als Mittel gegen Gestaltungen zur Umgehung der Besteuerung von Dividendenzahlungen“.

Teil 2 – Deutschland und EU

Elektronische Aktien nach dem Zukunftsfinanzierungsgesetz*

Sebastian Omlor

I. Zukunftsfinanzierungsgesetz

Mit dem Inkrafttreten des Zukunftsfinanzierungsgesetzes (ZuFinG)[1] sind elektronische Aktien in der legislativen Gegenwart angekommen.[2] Der deutsche Gesetzgeber hatte sich bereits bei der Schaffung des eWpG dessen Erweiterung um Aktien auf die Agenda gesetzt. In der Gesetzesbegründung wurde das Abwarten zu elektronischen Aktien mit den „erhebliche(n) gesellschaftsrechtliche(n) Auswirkungen"[3] begründet. Verwiesen wurde namentlich auf die Gesellschaftsgründung, Kapitalmaßnahmen, die Information des Aktionärs durch die Gesellschaft und die Einberufung der Hauptversammlung. Insofern überrascht es, dass sich die Änderungen im Aktiengesetz zur Einführung der elektronischen Aktie auf sehr punktuelle Ergänzungen in Einzelvorschriften (§§ 10, 13, 67 AktG) beschränken. Der kodifikatorische Schwerpunkt liegt zweifelsfrei im eWpG und damit nicht im Gesellschaftsrecht. Sonderregeln zur Gesellschaftsgründung, zu Kapitalmaßnahmen oder zur Einberufung der Hauptversammlung finden sich keine. Immerhin erscheint die damalige These zutreffend, wonach die Einbeziehung von elektronischen Aktien „rechtsetzungstechnisch problemlos"[4] erfolgen könne.

Im folgenden Beitrag[5] sollen zunächst die neue Typenvielfalt der elektronischen Aktien vorgestellt (sub III.) und deren Rechtsnatur beleuchtet (sub IV.) werden. Sodann wird auf ihre Entstehung (sub V.) und Übertragung (sub VI.) eingegangen. Der Dualismus von elektronischem Wertpapierregister und Aktienregister im Transparenzgefüge der elektronischen Aktien wird austariert (sub VII.). Es folgt die Neuerung im Depotrecht zur Internationalisierung des inländischen Effektengiroverkehrs (sub VIII.), bevor ein weiterer Reformbedarf aufgezeigt (sub IX.) und eine thesenartige Zusammenfassung (sub X.) formuliert wird.

II. Zeitlicher Anwendungsbereich

Die Neuregelungen zur elektronischen Aktie im AktG, eWpG und DepotG sind ohne Übergangszeit am Tag nach ihrer Verkündung (15.12.2023) in Kraft getreten (Art. 32 Abs. 1 ZuFinG). Anders als für die Mehrstimmrechtsaktien

[*] Aktualisierter Zweitabdruck von *Omlor,* RDi 2024, 19–26 mit freundlicher Genehmigung des Verlags C.H. Beck.

[1] BGBl. 2023 I Nr. 354.

[2] Zu den Regelungsanliegen im Überblick *Krolop*, in: Möslein/Omlor (Hrsg.), Kryptoaktien, 2024, 3, 15 ff.

[3] BT-Drs. 19/26925, 38.

[4] BT-Drs. 19/26925, 38.

[5] Zu den kapitalmarktrechtlichen Implikationen vgl. hingegen *Poelzig*, in: Möslein/Omlor (Hrsg.), Kryptoaktien, 2024, 75 ff.

(§ 5 Abs. 1–2 EGAktG) und den Verzicht auf die Veröffentlichung im Bundesanzeiger (Art. 32 Abs. 3 ZuFinG) existieren keine Sonderregeln, die ein späteres Inkrafttreten vorsehen würden. Damit können seit dem 15.12.2023 elektronische Aktien ausgegeben werden.

III. Typenvielfalt

Die „elektronische Aktie" fungiert lediglich als weiter Oberbegriff für verschiedene Ausgestaltungsformen, die zwar auf einer einheitlichen Grundregelung ohne Schaffung einer neuen Aktienart aufbauen, aber in Teilbereichen unterschiedlichen Sondervorschriften unterliegen können. Die nachfolgenden Parameter sind lediglich zu Vereinfachungszwecken jeweils als Gegensatzpaare aufgebaut. Untereinander sind hingegen auch multiple Kombinationen möglich. Somit entsteht eine komplexe Typen- und Regelungsmatrix.[6]

1. Verbriefte versus unverbriefte Aktien

Aktien müssen nicht notwendigerweise in wertpapiermäßig verbriefter Form vorliegen.[7] Die Mitgliedschaft in der Aktiengesellschaft entsteht auch vollwertig, wenn auf eine solche Verbriefung verzichtet wird. Das Aktiengesetz äußert sich nicht explizit dazu, jedoch lässt sich aus § 214 Abs. 4 AktG ableiten, dass auch unverbriefte Aktien existieren müssen.[8] Eine aktienrechtliche Pflicht der Gesellschaft zur Verbriefung besteht daher nicht.[9] Die Einführung von elektronischen Aktien hat daran nichts geändert. Die Bandbreite der Verbriefungsoptionen wurde lediglich erweitert.

Ungeachtet der fehlenden Pflicht der Gesellschaft, eigeninitiativ eine Verbriefung herbeizuführen, kann die Gesellschaft einem Anspruch auf Verbriefung ausgesetzt sein. Jeder einzelne Aktionär hat einen mitgliedschaftlichen Anspruch auf Verbriefung.[10] Zwar ist dieser Anspruch nicht ausdrücklich im (Aktien-)Gesetz geregelt, kann aber aus einem Umkehrschluss zu § 10 Abs. 5 AktG

---

6 Vgl. auch die Übersicht bei *Meier*, WM 2023, 2035, 2038 Rn. 10ff.; *Lübke*, in: Möslein/Omlor (Hrsg.), Kryptoaktien, 2024, 39, 45ff.; weiterführend *Möslein*, in: Möslein/Omlor (Hrsg.), Kryptoaktien, 2024, 93, 100ff.

7 S. schon RGZ 34, 110, 115; BGHZ 122, 180, 194; Grigoleit/*Vedder* AktG, 2. Aufl. 2020, § 10 Rn. 1; MüKoAktG/*Heider*, 6. Aufl. 2024, § 10 Rn. 6.

8 BeckOGK/*Vatter*, 01.10.2024, AktG § 10 Rn. 36.

9 RGZ 31, 17, 22; BeckOGK/*Vatter*, 01.10.2024, AktG § 10 Rn. 37; s.a. den Praxisfall einer unverbrieften AG in BGH, NZG 2002, 333.

10 Ganz h.M., stellvertretend RGZ 94, 61, 64; *Koch*, AktG, 18. Aufl. 2024, § 10 Rn. 3; Hölters/Weber/*Solveen*, 4. Aufl. 2022, AktG § 10 Rn. 5; Grigoleit/*Vedder* AktG, 2. Aufl. 2020, § 10 Rn. 3; Henssler/Strohn/*Wöstmann*, 6. Aufl. 2024, AktG § 10 Rn. 15; Kölner Komm AktG/*Dauner-Lieb*, 4. Aufl. 2020, § 10 Rn. 10; Happ AktR/*Gätsch*, 5. Aufl. 2019, Kap. 4.01 Rn. 1.1.

abgeleitet werden. Der teleologische Hintergrund liegt darin, dass erst durch die Verbriefung eine umfassende Verkehrsfähigkeit einschließlich eines gutgläubigen Erwerbs gesichert werden kann.[11] Bei einer Abtretung der Mitgliedschaft nach §§ 413, 398 BGB wird der gutgläubige Erwerber nicht geschützt.[12] Die Schutzvorschriften der §§ 413, 407–410 BGB vermögen keinen vergleichbaren Verkehrsschutz zu gewähren. Allerdings kann die Verkehrsfähigkeit von Aktien seit dem Zukunftsfinanzierungsgesetz auch durch eine funktionelle Verbriefung nach dem eWpG erreicht werden. Bei einer Einzeleintragung erfolgt ein gutgläubiger Erwerb nach § 26 eWpG, bei einer Sammeleintragung nach §§ 929 ff. BGB (vgl. § 9b DepotG). Der durch § 26 eWpG gewährte Gutglaubensschutz bleibt nicht hinter dem durch §§ 932 ff. BGB gewährten Schutzniveau zurück. Zu verweisen ist zunächst auf die gleichen Anforderungen an die Gutgläubigkeit (§ 932 Abs. 2 BGB, § 26 Satz 1 eWpG). Zudem wird auch ein gutgläubig lastenfreier Erwerb eröffnet, soweit eintragungsfähige Rechte Dritter (§§ 13 Abs. 2 Satz 1 Nr. 2, § 17 Abs. 2 Satz 1 Nr. 2 eWpG) betroffen sind.[13] Das elektronische Wertpapierregister als künstlicher Rechtsscheinträger dürfte schließlich eine höhere Richtigkeitsgewähr als der Besitz (bzw. die Besitzverschaffungsmacht) des Mobiliarsachenrechts aufweisen.

Angesichts der funktionellen Gleichwertigkeit des Verkehrsschutzes für in gegenständlichen Urkunden verbriefte (= urkundliche) und als elektronische Wertpapiere ausgegebene Aktien muss sich der mitgliedschaftliche Verbriefungsanspruch des Aktionärs seit dem Inkrafttreten des Zukunftsfinanzierungsgesetzes nicht mehr ausschließlich auf eine urkundliche Verbriefung i. S. d. § 10 Abs. 5 AktG richten. Sofern die satzungsmäßigen Voraussetzungen vorliegen und insbesondere die urkundliche Verbriefung nach § 10 Abs. 5 und 6 Satz 1 AktG ausgeschlossen ist, können die Aktionäre auch eine Ausgabe von elektronischen Aktien verlangen. Für einen Anspruch auf Ausgabe von Kryptowertpapieren („Kryptoaktien“) bedarf es einer ausdrücklichen Zulassung durch die Satzung (§ 10 Abs. 6 Satz 2 AktG). Fehlt eine solche, richtet sich der Anspruch nur auf die Ausgabe von Zentralregisterwertpapieren. Damit kann der mitgliedschaftliche Verbriefungsanspruch je nach Satzungsinhalt zwei unterschiedliche Inhalte haben: auf urkundliche Verbriefung (i. S. d. § 10 Abs. 5 und 6 Satz 1 AktG) oder auf elektronische Verbriefung (i. S. d. § 2 eWpG), sofern die Satzung eine solche zulässt (§ 10 Abs. 1 Satz 1 Nr. 3, Abs. 6 AktG).

2. *Urkundliche versus elektronische Aktien*

Die elektronische Aktie tritt nicht an die Stelle der in einer Urkunde verbrieften Aktie, sondern bildet lediglich eine zusätzliche Alternative. Die Gesetzesbe-

---

[11] Grigoleit/*Vedder* AktG, 2. Aufl. 2020, § 10 Rn. 3.

[12] BGHZ 122, 180, 196.

[13] *Omlor*, RDi 2021, 371 Rn. 26; Müller/Pieper eWpG/*Müller*, 2022, § 26 Rn. 21.

gründung[14] spricht gleichbedeutend von „herkömmlicher" oder „verbriefter" Aktie, die der elektronischen Aktie gegenübergestellt wird. Dem liegt ein enges Verständnis der Verbriefung zugrunde, wie es auch in § 10 Abs. 5 und Abs. 6 Satz 1 AktG niedergelegt ist. Als Bezugsgegenstand einer solchen Verbriefung kommt lediglich ein körperliches Objekt in Betracht, namentlich eine Urkunde aus Papier.

Funktionell kann eine wertpapierrechtliche Verbriefung allerdings auch ohne eine körperliche Urkunde erfolgen. Augenscheinlich wird die konzeptionelle Möglichkeit und positivrechtliche Existenz einer Verbriefung im funktionellen und damit weiten Sinn durch die Anordnung in § 2 Abs. 2 eWpG. Danach kommen elektronischen und urkundlichen Wertpapieren die gleichen Rechtswirkungen zu, sofern das eWpG keine Sonderregeln enthält. Auch elektronische Wertpapiere verbriefen daher, allerdings nicht in einer körperlichen Urkunde. Terminologisch vorzugswürdig erscheint es daher, am Wortlaut von § 2 Abs. 2 eWpG anzuknüpfen und von urkundlichen („mittels Urkunde begeben") Aktien zu sprechen. Verbrieft im wertpapierrechtlichen Sinn wird die Mitgliedschaft in der Aktiengesellschaft sowohl bei urkundlicher als auch bei elektronischer Begebung. Die aktienrechtliche Terminologie aus § 10 Abs. 5 und Abs. 6 Satz 1 AktG mit ihrem engen (körperlichen) Verbriefungsbegriff ist hingegen seit dem Zukunftsfinanzierungsgesetz normativ überholt.

3. Namens- versus Stückaktie

Von der Einführung der elektronischen Aktie unberührt bleibt die aktienrechtliche Unterscheidung zwischen Namens- und Stückaktien. Weiterhin besteht eine grundsätzliche Wahlfreiheit der Gesellschaft.[15] Dennoch bildet die Namensaktie nach § 10 Abs. 1 Satz 1 AktG den normativen Regelfall, weil für Inhaberaktien die besonderen Voraussetzungen nach § 10 Abs. 1 Satz 2 AktG erfüllt sein müssen.[16] Beide Ausgestaltungsformen sind aktienrechtlich gleichwertig und gewähren eine identische Position in der Gesellschaft.[17]

Das Zukunftsfinanzierungsgesetz baut auf diesem aktienrechtlichen Grundgerüst auf. Zugelassen werden elektronische Namens- und Inhaberaktien. § 10 Abs. 6 Satz 1 AktG differenziert nicht nach Namens- und Inhaberaktien, sondern gilt für beide Formen. Eine Beschränkung gilt lediglich für Inhaberaktien, die nicht als Kryptowertpapiere ausgegeben werden dürfen. Dieser Ausschluss findet sowohl eine aktien- (§ 10 Abs. 1 Satz 2 Nr. 3 AktG) als auch wertpapierrechtliche (§ 1 Nr. 3 eWpG) Grundlage. Der Ausschluss von Kryptoinhaberak-

---

[14] BT-Drs. 20/8292, 106.

[15] Zu den Ausnahmen BeckOGK/*Vatter*, 01.10.2024, AktG § 10 Rn. 25ff.; Grigoleit/*Vedder* AktG, 2. Aufl. 2020, § 10 Rn. 8.

[16] Grigoleit/*Vedder* AktG, 2. Aufl. 2020, § 10 Rn. 6.

[17] *Koch*, AktG, 18. Aufl. 2024, § 11 Rn. 7; Hölters/Weber/*Solveen*, 4. Aufl. 2022, AktG § 10 Rn. 6.

tien ist *de lege lata* hinzunehmen, rechtspolitisch aber abzulehnen.[18] Die vom Gesetzgeber[19] vorgebrachten geldwäscherechtlichen Bedenken greifen nicht durch. Ein Anspruch auf Einzelverbriefung besteht bei elektronischen Aktien generell nicht (§ 6 Abs. 1 Satz 1 AktG). Vor allem gewährt das elektronische Wertpapierregister bei Einzeleintragung eine umfangreiche und durch das Zukunftsfinanzierungsgesetz nochmals erweiterte Transparenz (§ 13 Abs. 1 Nr. 8, § 17 Abs. 1 Nr. 8 eWpG). Den zuständigen Aufsichtsbehörden stehen umfangreiche Einsichtsrechte zu (§ 10 Abs. 2 und 4 eWpG). Auch bei einer Sammelverwahrung lässt sich über die Eintragung des regulierten (§ 1 Abs. 1a Satz 1 Nr. 6 KWG) Kryptoverwahrers und die sich anschließende depotrechtliche Kette eine Rückverfolgung sicherstellen.[20] Nach der Finalisierung der EU-Geldwäscheverordnung[21] soll erfreulicherweise eine Überprüfung erfolgen, ob auch Kryptoinhaberaktien zugelassen werden.[22]

4. Zentralregister- versus Kryptowertpapier

Mit der Zweiteilung des elektronischen Wertpapierregisters in seine beiden Unterformen des zentralen Registers und des Kryptowertpapierregisters (vgl. § 4 Abs. 1 eWpG) geht auch eine korrespondierende Dichotomie von Zentralregister- und Kryptowertpapieren (vgl. § 4 Abs. 2–3 eWpG) einher. Systematisch unterwirft das eWpG jegliche Anwendungsfälle des elektronischen Wertpapiers nach § 1 eWpG und damit auch elektronische Aktien diesem Regelungsrahmen. Eine Einschränkung gilt nach § 1 Nr. 3 eWpG (und § 10 Abs. 1 Satz 2 Nr. 3 AktG) lediglich für Inhaberaktien, die generell nicht in ein Kryptowertpapierregister eingetragen werden dürfen. Daher existieren keine Kryptoinhaberaktien, sondern nur Kryptonamensaktien. Zentralregisteraktien können hingegen als Namens- oder Stückaktien ausgegeben werden.

5. Einzel- versus Sammeleintragung

Anders als bei Kryptowertpapieren besteht keine Einschränkung für die Form der Eintragung von elektronischen Aktien. Die wertpapierrechtliche Unterscheidung zwischen Einzel- und Sammeleintragung (§ 8 Abs. 1 eWpG) betrifft jegliche Formen von elektronischen Aktien gleichermaßen. Daher können sowohl Namens- als auch Stückaktien in Einzel- oder Sammeleintragung durch die Gesellschaft emittiert werden. Ein bedeutender Unterschied liegt darin,

---

[18] Ebenso bereits *Eisenschmidt*, NZG 2023, 825, 829 ff.; *Meier*, WM 2023, 2035, 2039 Rn. 18 ff.; *Lübke*, in: Möslein/Omlor (Hrsg.), Kryptoaktien, 2024, 39, 48 ff.

[19] BT-Drs. 20/8292, 60; vgl. auch *Krolop*, in: Möslein/Omlor (Hrsg.), Kryptoaktien, 2024, 3, 15.

[20] *Casper*, ZHR 187 (2023) 5, 39 f.

[21] Dazu zuletzt Report des Europäischen Parlaments vom 14.04.2023, A9-0151/2023.

[22] BT-Drs. 20/8292, 60.

dass die Sondervorschriften zur Verfügungstransparenz, zur Übertragung und zum gutgläubigen Erwerb nach §§ 24 ff. eWpG nur für elektronische Aktien in Einzeleintragung gelten.

IV. Rechtsnatur

1. Aktienrecht

Die elektronische Aktie ist eine (voll- und gleichwertige) Aktie im Sinne des Aktienrechts, ohne eine neue Aktienart zu erschaffen.[23] Das AktG verwendet dabei den Begriff der Aktie nicht einheitlich. Vielmehr steht „Aktie" für die Mitgliedschaft in der Aktiengesellschaft, das sie verbriefende Wertpapier und die durch sie vermittelte Beteiligungsquote.[24] Auch die elektronische Aktie lässt sich terminologisch aus diesen drei Blickwinkeln beleuchten. Aus Sicht des Zukunftsfinanzierungsgesetzes befinden sich jedoch die wertpapiermäßige Verbriefung im Vordergrund. Entgegen dem klassischen Modell stehen nunmehr die urkundliche und die elektronische Verbriefung gleichwertig zur Auswahl. Auch bei einer elektronischen Verbriefung spricht das Gesetz unterschiedslos von einer Aktie (vgl. beispielhaft § 10 Abs. 6 Satz 1, § 13 Satz 4 AktG, § 5 Abs. 5, § 6 Abs. 5 und Abschnitt 6 eWpG).

2. Wertpapierrecht

a) eWpG

Elektronische Aktien stellen Wertpapiere dar (§ 2 Abs. 1 Satz 1 eWpG). Damit unterliegen sie wie urkundliche Aktien dem allgemeinen Wertpapierrecht, namentlich dem Wertpapierzivilrecht. Als elektronische Wertpapiere (§ 1 Nr. 2–3 eWpG) kommt elektronischen Aktien ebenfalls die Anordnung der wertpapierrechtlichen Funktionsäquivalenz aus § 2 Abs. 2 eWpG zugute: Sie entfalten die gleichen Rechtswirkungen wie eine urkundliche Aktie, soweit das eWpG – namentlich in §§ 24–27 eWpG – keine spezielleren Sonderregeln aufstellt.

b) (Allgemeines) Zivilrecht

Elektronische Aktien werden urkundlichen Aktien insofern zivilrechtlich gleichgestellt, als die Aktie in beiden Fällen als Sache i. S. d. § 90 BGB behandelt wird. Die wertpapierrechtliche Sachfiktion des § 2 Abs. 3 eWpG findet auch auf elektronische Aktien Anwendung. Als Sache unterfällt die elektronische Aktie

---

[23] BT-Drs. 20/8292, 106; zustimmend *Reger*, in: Möslein/Omlor (Hrsg.), Kryptoaktien, 2024, 125, 126.

[24] *Koch*, AktG, 18. Aufl. 2024, § 1 Rn. 13; Hölters/Weber/*Solveen*, 4. Aufl. 2022, AktG § 1 Rn. 26.

dem Eigentumsschutz nach § 823 Abs. 1 BGB,[25] ohne dass es auf eine Einordnung als sonstiges Recht ankäme. Beeinträchtigungen können über die allgemeine Nichtleistungskondiktion in Gestalt der Eingriffskondiktion (§ 812 Abs. 1 Satz 1 Alt. 2 BGB) abgewehrt werden, weil dem (Sach-)Eigentum der erforderliche Zuweisungsgehalt zukommt.[26] Innerhalb der sachenrechtlichen Typologie sind elektronische Aktien ebenso wie sonstige elektronische Wertpapiere als elektronische Sachen sui generis einzuordnen.[27]

Auch in ihrem auf elektronische Aktien erweiterten Anwendungsbereich begegnet die Sachfiktion rechtspolitischen Bedenken. Innerhalb des Zivil- und Sachenrechts entstehen Friktionen, die durch einen Systemwechsel zum Wertrecht nach dem Vorbild der Schweiz[28] hätten vermieden werden können.[29] Das Sachenrecht bedarf einer Rematerialisierung, das Wertpapierrecht hingegen einer Dematerialisierung.[30]

V. Entstehung

1. Begebung

Für die Begebung von elektronischen Aktien gelten gegenüber sonstigen elektronischen Wertpapieren keine Besonderheiten, da § 2 Abs. 1 Satz 2 eWpG nicht zwischen beiden Fällen unterscheidet. Damit bedarf es zur Begebung von elektronischen Aktien ebenfalls einer Eintragung in das elektronische Wertpapierregister.[31] Anders als bei sonstigen elektronischen Wertpapieren ist die Niederlegung der Emissionsbedingungen bei der registerführenden Stelle jedoch typischerweise entbehrlich, da solche – neben der Satzung – im empirischen Regelfall nicht vorhanden sind. Die Satzung als solche muss auch nicht niedergelegt werden (§ 5 Abs. 5 eWpG), da sie bereits aus dem Handelsregister für jedermann ersichtlich ist.[32]

---

[25] Allgemein zu elektronischen Wertpapieren Müller/Pieper eWpG/*Müller* § 2 Rn. 20.

[26] Differenzierend hingegen bei Blockchain-Token außerhalb des eWpG *Omlor*, in: Omlor/Link (Hrsg.), Handbuch Kryptowährungen und Token, 2. Aufl. 2023, Kap. 6 Rn. 43 m. w. N.

[27] *Omlor*, RDi 2021, 371 Rn. 12; für eine bewegliche Sache, Conreder/Meier eWpG/*Bartlitz*, 2023, § 2 Rn. 39; *Meier*, MMR 2021, 381, 384.

[28] Dazu *Topp*, Elektronische Aktien, 2022, 56 f.; zum DLT-Gesetz vgl. *Weber*, RDi 2021, 186 ff.

[29] *Lahusen*, RDi 2021, 161 Rn. 25 ff., 32; *Omlor/Wilke/Blöcher*, MMR 2022, 1044, 1047; zustimmend *Eisenschmidt*, NZG 2023, 825, 828.

[30] *Omlor*, RDi 2021, 236 Rn. 15 ff.; ähnlich *Möslein*, in: Möslein/Omlor (Hrsg.), Kryptoaktien, 2024, 93, 105 ff.

[31] Einzelheiten dazu bei Conreder/Meier eWpG/*Bartlitz*, 2023, § 2 Rn. 21 ff.; *Wieneke/Kunz*, NZG 2021, 316, 318.

[32] BT-Drs. 20/8292, 125.

2. Wechsel von (und zu) urkundlichen Aktien

a) Ersetzung von urkundlichen Aktien

Das Zukunftsfinanzierungsgesetz hat keine Zwangsumwandlung von urkundlichen in elektronische Aktien vorgenommen, wie sie beispielsweise im polnischen Recht im Jahr 2021 für Aktienurkunden erfolgt war.[33] Urkundliche Aktien können vielmehr durch die Gesellschaft unter bestimmten Voraussetzungen in elektronische Aktien überführt werden. Der Gesetzgeber differenziert zwischen einer privilegierten Ersetzungsbefugnis bei bestimmten Aktien, die in Zentralregisteraktien überführt werden (§ 6 Abs. 3 eWpG), und einem Auffangtatbestand für alle anderen Fälle (§ 6 Abs. 4 eWpG), der namentlich die Ersetzung durch Kryptoaktien erfasst. Die gesetzgeberische Skepsis[34] gegenüber dem Kryptowertpapierregister und den Kryptoaktien im Hinblick auf die Neuheit der Technologie vermag rechtspolitisch nicht zu überzeugen,[35] so dass *de lege ferenda* eine Gleichbehandlung von Zentralregister- und Kryptoaktien geboten ist.

Im privilegierten Verfahren nach § 6 Abs. 3 eWpG werden die Interessen und Belange der Aktionäre allenfalls geringfügig tangiert, weil elektronische Aktien in Sammeleintragung als Wertpapiersammelbestand gelten (§ 9 Abs. 1 Satz 1 eWpG).[36] Anders als bei sonstigen elektronischen Wertpapieren werden sie auch nicht durch den Ausschluss der Einzelverbriefung (§ 6 Abs. 1 Satz 1 eWpG) belastet, weil das Bestehen eines solchen bereits eine weitere Voraussetzung für die Ersetzungsbefugnis ist (§ 6 Abs. 5 Satz 2 eWpG). Insofern handelt es sich um eine wertpapierrechtliche Parallelregelung zu § 10 Abs. 6 Satz 1 AktG für den Sonderfall der Ersetzung durch die Gesellschaft. Vor diesem Hintergrund verzichtet § 6 Abs. 3 Satz 1 eWpG auf eine Zustimmung der betroffenen Aktionäre. Eine Ausnahme gilt nur dann, wenn die Satzung eine solche Zustimmung erforderlich macht (§ 6 Abs. 3 Satz 1 Nr. 3 lit. b eWpG). Die Gesellschaft hat die Ersetzung durch elektronische Aktien im elektronischen Wertpapierregister kenntlich zu machen und die betroffenen Aktionäre zu informieren (§ 9 Abs. 3 eWpRV).

Liegt kein privilegierter Fall des § 6 Abs. 3 eWpG vor, bedarf es der ausdrücklichen Zustimmung der betroffenen Aktionäre (§ 6 Abs. 4 Satz 1 eWpG). Eine besondere Form für die Zustimmung sieht das eWpG nicht vor. Jedoch verlangt § 9 Abs. 4 Nr. 1 eWpRV eine solche Dokumentation der Zustimmung, dass ihre Erteilung und ihr Zugang durch den Aktionär und die BaFin nachträglich überprüft werden können. Die Ersetzung mit Zustimmung der betroffenen Aktio-

---

33 *Lübke*, in: Möslein/Omlor (Hrsg.), Kryptoaktien, 2024, 39, 44.

34 BT-Drs. 19/26925, 48.

35 *Eisenschmidt*, NZG 2023, 825, 829; Conreder/Meier eWpG/*Siadat*/*Izzo-Wagner*, 2023, § 6 Rn. 18.

36 Vgl. Conreder/Meier eWpG/*Siadat*/*Izzo-Wagner*, 2023, § 6 Rn. 15.

näre erlaubt auch eine Überführung in Kryptoaktien. Die Schaffung von Kryptoaktien setzt jedoch nicht nur den Ausschluss der Verbriefung in der Satzung voraus (§ 6 Abs. 5 Satz 2 eWpG), sondern auch zusätzlich die ausdrückliche Zulassung von Kryptoaktien durch die Satzung (§ 10 Abs. 6 Satz 2 AktG).

b) Ersetzung von elektronischen Aktien

Elektronische Aktien können umgekehrt auch in urkundliche Aktien überführt werden, sofern die betroffenen Aktionäre zustimmen oder die Satzung ausdrücklich eine solche Zustimmung für entbehrlich erklärt (§ 6 Abs. 2 Satz 1 eWpG).[37] Ebenso wie bei der Zustimmung nach § 6 Abs. 4 eWpG bedarf es auch in diesem Fall einer hinreichenden Dokumentation der Erklärung und ihres Zugangs (§ 9 Abs. 1 eWpRV). Hervorzuheben ist, dass eine Überführung in urkundliche Aktien natürlich ausscheidet, sofern die urkundliche Verbriefung durch die Satzung ausgeschlossen ist (§ 6 Abs. 5 Satz 1 eWpG).

c) Mischbestände

Die Überführung nach § 6 Abs. 2–4 eWpG muss nicht zwingend dazu führen, dass alle Aktien einer Gesellschaft entweder urkundlich oder elektronisch verbrieft sind. Zulässig sind auch Mischbestände, bei denen ein Teil der Aktien einer Gesellschaft urkundlich und ein anderer Teil elektronisch niedergelegt werden.[38] Betroffen ist davon nicht nur der Fall, dass die Satzung nur für einen Teil der Aktien die urkundliche Verbriefung ausschließt.[39] Ebenso kann nur ein Teil der Aktionäre die nach § 6 Abs. 4 Satz 1 eWpG erforderliche Zustimmung erteilen. Auch können die übrigen satzungsmäßigen Erfordernisse für eine Überführung nur für einen Teil der Aktien vorliegen.

VI. Übertragung

Während die Übertragung von elektronischen Aktien in Einzeleintragung im eWpG gesondert geregelt ist (§§ 24–27 eWpG), greifen bei einer Sammeleintragung die depotrechtlichen Vorschriften ein (§ 9 Abs. 1 Satz 1, § 9b Abs. 1 DepotG).

---

[37] Im Einzelnen bereits Müller/Pieper eWpG/*Pieper* § 6 Rn. 10.
[38] *Lübke*, in: Möslein/Omlor (Hrsg.), Kryptoaktien, 2024, 39, 50 f.
[39] BT-Drs. 20/8292, 125.

1. *Einzeleintragung*

a) Zweigleisigkeit

Die elektronische Aktie in Einzeleintragung kann im Ergebnis auf zwei Wegen übertragen werden: Verfügung über die elektronische Aktie nach § 25 eWpG und Abtretung der Mitgliedschaft nach §§ 413, 398 BGB.[40] Nur für die Übertragung der elektronischen Aktie, d.h. des als Sache fingierten Wertpapiers, formuliert § 25 eWpG eine abschließende und das allgemeine Privatrecht verdrängende Sonderregelung. Daneben bleibt die Abtretung der Mitgliedschaft eröffnet. Den Transparenzanforderungen aus § 24 eWpG kann bei einer Abtretung der Mitgliedschaft dadurch Rechnung getragen werden, dass die Registereintragung als eine § 398 BGB ergänzende Wirksamkeitsanforderungen dinglicher Art eingeordnet wird.[41] Das Eigentum an der elektronischen Aktie folgt bei einer Abtretung ipso iure nach § 2 Abs. 2 eWpG i. V. m. § 952 Abs. 2 BGB nach: Das Eigentum an der elektronischen Aktie folgt dem (Mitgliedschafts-)Recht aus der elektronischen Aktie.[42]

b) Eintragung im Aktienregister

Das elektronische Wertpapierregister und das Aktienregister sind rechtlich eigenständig. Beide unterliegen gesonderten Regeln und verfolgen unterschiedliche Ziele. Deutlich wird diese Trennung u.a. in § 25 Abs. 2 Satz 2 und § 30a Satz 1 eWpG. Wären beide Register inhaltlich und rechtlich identisch, bedürfte es dieser Regelungen nicht. Ganz im Gegenteil sollen die Rechtswirkungen einer Eintragung im Aktienregister (§ 67 Abs. 2 Satz 1 AktG) von der Umtragung im elektronischen Wertpapierregister „unberührt" (§ 25 Abs. 2 Satz 2 eWpG) bleiben. Die aktienrechtliche Anordnung zur relativen Gesellschafterstellung in § 67 Abs. 2 Satz 1 AktG wird durch § 25 eWpG nicht verdrängt, sondern besteht mit eigenem Regelungsbereich daneben fort.[43] Die Übertragung nach § 25 eWpG begründet als solche noch keine Gesellschafterstellung des Erwerbers gegenüber der Gesellschaft. Vielmehr bedarf es hierzu noch ergänzend einer Antragung im Aktienregister.

---

[40] *Meier*, WM 2023, 2073 Rn. 58; *Reger*, in: Möslein/Omlor (Hrsg.), Kryptoaktien, 2024, 125, 146 f.; ebenso allgemein für elektronische Wertpapiere BT-Drs. 19/26925, 66; *Omlor*, RDi 2021, 371 Rn. 21; Müller/Pieper eWpG/*Müller*, 2022, § 24 Rn. 8; a. A. *Linardatos*, ZBB 2020, 329, 333.

[41] *Omlor*, in: Omlor/Möslein/Grundmann (Hrsg.), Elektronische Wertpapiere, 2021, 143 f.

[42] *Reger*, in: Möslein/Omlor (Hrsg.), Kryptoaktien, 2024, 125, 147.

[43] BT-Drs. 20/8292, 127 („lex specialis"); ablehnend zur methodischen Einordnung als lex specialis *Möslein*, in: Möslein/Omlor (Hrsg.), Kryptoaktien, 2024, 93, 119.

c) Vinkulierung

Elektronische Namensaktien können nach § 68 Abs. 2 AktG vinkuliert werden. Zur Sicherung der Richtigkeitsgewähr des Registers verbietet es § 25 Abs. 3 Satz 1 eWpG der registerführenden Stelle, die Umtragung im Register vor der erforderlichen Zustimmung der Gesellschaft vorzunehmen. Systematisch liegt darin eine besondere Ausprägung der allgemeinen Pflicht aus § 7 Abs. 2 Satz 1 eWpG, Umtragungen ordnungsgemäß durchzuführen. Von der Vinkulierung erlangt die registerführende Stelle dadurch Kenntnis, dass es sich um eine eintragungspflichtige Tatsache handelt (§§ 13/17 Abs. 1 Nr. 8 lit. g eWpG). Verletzt die registerführende Stelle diese Pflicht, trifft sie eine Schadensersatzhaftung nach § 7 Abs. 2 Satz 2 eWpG.

Die Zielsetzung des Umtragungsverbots vor Erteilung der Zustimmung liegt nicht in der Absicherung der Vinkulierungswirkung. Die Vinkulierung wirkt dinglich und führt dazu, dass ohne eine Zustimmung der Gesellschaft die Verfügung schwebend unwirksam ist.[44] Erfolgt daher eine Umtragung einer vinkulierten Namensaktie, obwohl die Zustimmung noch fehlt, wird das Register inhaltlich falsch. Dennoch heilt die Umtragung nicht den Mangel der fehlenden Zustimmung, so dass es bei der schwebenden Unwirksamkeit der Übertragung bleibt. Zum Schutz der Vinkulierungswirkung bedarf es daher des Umtragungsverbots aus § 25 Abs. 3 Satz 1 eWpG nicht,[45] vielmehr wird das elektronische Wertpapierregister vor unzutreffenden Eintragungen geschützt. Diese gesetzliche Konzeption weist den Nachteil auf, die ex tunc-Wirkung der Genehmigung (§ 184 Abs. 1 BGB)[46] im Register nicht abbilden zu können, da die Umtragung erst mit Erteilung der Genehmigung erfolgen darf.

d) Keine Übertragung durch Indossament

Entgegen § 68 Abs. 1 Satz 1 AktG können elektronische Namensaktien nicht durch Indossament übertragen werden. § 25 Abs. 3 Satz 2 eWpG ordnet insofern die Nichtanwendbarkeit von § 68 Abs. 1 Satz 1 AktG an. Der teleologische Hintergrund besteht darin, dass ein Indossament mangels Urkunde bei einer elektronischen Aktie rein tatsächlich nicht angebracht werden kann.[47] Entsprechend formuliert § 25 Abs. 3 Satz 2 eWpG eher empirisch beschreibend („nicht möglich") als normativ anordnend.

---

[44] BeckOGK/*Cahn*, 01.10.2024, AktG § 68 Rn. 71; Grigoleit/*Grigoleit/Rachlitz* AktG, 2. Aufl. 2020, § 68 Rn. 38.

[45] A.A. unter Verweis auf einen gutgläubigen Erwerb nach § 26 eWpG *Lübke*, in: Möslein/Omlor (Hrsg.), Kryptoaktien, 2024, 39, 53. Der gute Glaube an die Vinkulierungsfreiheit wird jedoch nicht geschützt (*Möslein*, in: Möslein/Omlor [Hrsg.], Kryptoaktien, 2024, 93, 119).

[46] MüKoAktG/*Bayer*, 6. Aufl. 2024, § 68 Rn. 96; Grigoleit/*Grigoleit/Rachlitz* AktG, 2. Aufl. 2020, § 68 Rn. 38.

[47] BT-Drs. 20/8292, 127 f.; zustimmend *Meier*, WM 2023, 2073 Rn. 60.

2. Sammeleintragung

Elektronische Aktien in Sammeleintragung werden nicht nach §§ 24–27 eWpG übertragen. Für sie gelten die depotrechtlichen Regelungen, weil sie infolge einer Neufassung von § 1 Abs. 1 Satz 3 und § 9b DepotG zugleich als Wertpapiere i.S.d. DepotG gelten. Insofern gelten die gleichen Übertragungsregeln wie für sonstige elektronische Wertpapiere in Sammeleintragung, die gesetzlich als Wertpapiersammelbestand gelten (§ 9 Abs. 1 Satz 1 eWpG).[48] Nach vorzugswürdiger Ansicht genügt eine dingliche Einigung ohne Übergabe oder -surrogat.[49]

VII. Publizität

1. Elektronisches Wertpapierregister

Als registerführende Stelle kann bei zentralen Registern nur eine Wertpapiersammelbank und ein Verwahrer agieren (§ 12 Abs. 2 eWpG).[50] Im Fall eines Kryptowertpapierregisters könnte auch die Gesellschaft selbst die Aufgabe der Registerführung übernehmen (arg. ex § 16 Abs. 2 Satz 2 eWpG). Gegenüber dem Standardprogramm sind die Eintragungspflichten bei elektronischen Aktien erweitert worden, um aktienspezifische Umstände transparent machen zu können.[51] Ansonsten sah der Gesetzgeber das Ziel, „auf einen Blick alle für den Rechtsverkehr wesentlichen Kennzeichen des Wertpapiers"[52] erfassen zu können, als gefährdet an.

Diese Übersichtlichkeit wird durch die Fortführung der weitgehenden Doppelnormierungen in §§ 13, 17 eWpG kodifikatorisch hingegen nicht gefördert. Die Einfügung von § 13 Abs. 1 Nr. 8 und § 17 Abs. 1 Nr. 8 eWpG ist bis auf ein Detail zu Inhaberaktien identisch. Da keine Kryptoinhaberaktien zugelassen werden, muss bei Kryptoaktien zwingend ihre Eigenschaft als Namensaktie in das Register eingetragen werden (§ 17 Abs. 1 Nr. 8 lit. a eWpG). Auch Teilleistungen i.S.d. § 10 Abs. 2 Satz 2 AktG, die „in der Aktie anzugeben" sind, werden bei elektronischen Aktien im Register vermerkt (§§ 13/17 Abs. 1 Nr. 8 lit. b eWpG). Soweit Vorzugsaktien nach § 12 Abs. 1 Satz 2 AktG ohne Stimmrecht ausgegeben werden, bedarf es ebenfalls eines entsprechenden Registervermerks

---

48 Dazu im Einzelnen *Maume*, BKR 2023, 282, 283; *Lehmann*, BKR 2020, 431, 433; *Casper*, BKR 2019, 209, 211; Müller/Pieper eWpG/*Pieper*, 2022, § 9 Rn. 6 ff.

49 *Omlor*, RDi 2021, 371 Rn. 30; für eine Übertragung durch bloße Einigung siehe auch *Canaris*, BankVertrR II, Rn. 2125; a.A. *Segna*, WM 2020, 2301, 2308; a.A. mit rechtspolitischer Kritik *Lübke*, in: Möslein/Omlor (Hrsg.), Kryptoaktien, 2024, 39, 57.

50 Conreder/Meier eWpG/*Dieckmann*, 2023, § 12 Rn. 9 f.

51 Überblick bei *Lübke*, in: Möslein/Omlor (Hrsg.), Kryptoaktien, 2024, 39, 58 ff.; kritisch zum Inhalt *Möslein*, in: Möslein/Omlor (Hrsg.), Kryptoaktien, 2024, 93, 118.

52 BT-Drs. 20/8292, 125.

(§§ 13/17 Abs. 1 Nr. 8 lit. f eWpG). Schließlich ist auch eine Vinkulierung von Namensaktien nach § 68 Abs. 2 Satz 1 AktG eintragungspflichtig (§§ 13/17 Abs. 1 Nr. 8 lit. g eWpG), zumal damit auch besondere Pflichten für die registerführende Stelle bei einer Übertragung verbunden sind (§ 25 Abs. 3 Satz 1 eWpG).

2. *Aktienregister*

Die Abgrenzung zwischen elektronischem Wertpapierregister und Aktienregister wird nur bei elektronischen Namensaktien virulent. Da beide rechtlich unabhängig voneinander sind und der Gesetzgeber des Zukunftsfinanzierungsgesetz auf eine Anpassung des Aktienregisters für elektronische Namensaktien verzichtet hat, kann es zu inhaltlichen Überschneidungen kommen. Angesichts der nicht deckungsgleichen Ziele beider Register nimmt das Gesetz solche Friktionen hin. Eine Erleichterung greift jedoch insofern, als die beiden Register von derselben Stelle geführt werden dürfen (§ 30a Satz 1 eWpG).[53] Eine solche gemeinsame Registerführung ändert aber nichts an der rechtlichen Eigenständigkeit beider Register und der zugehörigen Pflichten. Davon ist namentlich das unterschiedlich ausgestaltete Einsichtsrecht betroffen.[54]

VIII. Internationalisierung durch Depotrecht

1. *Depotrechtliche Einbeziehung ausländischer Wertpapiere*

Zur Stärkung des Finanzplatzes Deutschland im internationalen Wettbewerb öffnet das Zukunftsfinanzierungsgesetz das deutsche DepotG auch für nach ausländischem Recht begebene dematerialisierte Wertpapiere.[55] Nach § 9c Abs. 1 Satz 2 DepotG finden die depotrechtlichen Vorschriften zur Sammelverwahrung und zu Sammelbestandteilen im Wesentlichen entsprechende Anwendung, sofern die Wertpapiere vertretbar und von einer Wertpapiersammelbank zur Sammelverwahrung zugelassen sind. Für die depotrechtlichen Zwecke wird die Sacheigenschaft dieser ausländischen Wertpapiere fingiert, wie § 9c Abs. 1 Satz 2 eWpG mittelbar zum Ausdruck bringt. Damit sollen ausländische Wertpapiere einen Zugang zum inländischen Effektengiroverkehr erhalten.[56]

---

[53] Rechtspolitisch kritisch *Lübke*, in: Möslein/Omlor (Hrsg.), Kryptoaktien, 2024, 39, 61 f.
[54] *Lübke*, in: Möslein/Omlor (Hrsg.), Kryptoaktien, 2024, 39, 60.
[55] BT-Drs. 20/8292, 124.
[56] BT-Drs. 20/8292, 124.

2. Sachlicher Anwendungsbereich von § 9c DepotG

a) Begriff des elektronischen Wertpapiers

Auch wenn die finanzmarktpolitische Zielsetzung überzeugt, bleibt doch vage, was unter einem elektronischen Wertpapier i. S. d. § 9c DepotG zu verstehen ist. Das Tatbestandsmerkmal einer elektronischen Begebung definiert das Depotrecht nicht. Auch die Gesetzesmaterialien äußern sich hierzu nicht.[57] Zurückgegriffen werden kann lediglich auf das wertpapierrechtliche Verständnis aus § 2 eWpG. Danach muss erstens die Eintragung in ein Wertpapierregister nach § 4 Abs. 1 eWpG unter Verzicht auf eine urkundliche Verbriefung erfolgen (§ 2 Abs. 1 Satz 1 eWpG). Zweitens besteht eine funktionelle Gleichwertigkeit zu urkundlichen Wertpapieren (§ 2 Abs. 2 eWpG).

b) Anforderungen an ausländische Wertpapierregister

aa) Wesensmerkmale

Allerdings werden Wertpapiere, die nach ausländischem Recht begeben werden, typischerweise nicht in ein deutsches Wertpapierregister i. S. d. § 4 Abs. 1 eWpG eingetragen. Insofern besteht eine Parallele zur Kollisionsregel aus § 32 Abs. 1 eWpG.[58] Zum Erfordernis der Registerführung und -eintragung nach § 32 Abs. 1 eWpG wird angenommen, im Wege teleologischer Reduktion sei bei ausländischen Wertpapieren die schlichte Existenz (irgend-)eines Registers und einer registerführenden Stelle ausreichend.[59] In der Tat kann sinnhafterweise nicht eine Eintragung in ein elektronisches Wertpapierregister im Anwendungsbereich des deutschen eWpG gemeint sein. Der Anwendungsbereich der Kollisionsregel wäre kaum existent. Ausdrücklich stellt der Wortlaut von § 32 Abs. 1 eWpG auf das Recht eines jeden Staates ab, der die registerführende Stelle beaufsichtigt. Wäre damit lediglich Deutschland gemeint, wäre eine andere Formulierung geboten gewesen.

Ebenso wie in § 32 Abs. 1 eWpG kann es bei § 9c Abs. 1 Satz 1 DepotG nur darauf ankommen, dass ein Register existiert, das seinem Wesen nach dem elektronischen Wertpapierregister in seinen prägenden Merkmalen vergleichbar ist. Dazu zählen namentlich: 1. die Herstellung von Transparenz über die wesentlichen Merkmale der erfassten Wertpapiere, wozu (abgestufte) Einsichtsrechte der Öffentlichkeit und von Aufsichtsbehörden gehören; 2. die Funktion der Registereintragung als Wirksamkeitserfordernis für a) die Wahrnehmung von Rechten aus dem Wertpapier (vgl. § 2 Abs. 2 eWpG) und b) bedeutende Rechtsänderungen am Wertpapier (z. B. Vollrechtsübertragungen, § 24 eWpG).

---

[57] BT-Drs. 20/8292, 124.

[58] Dazu Conreder/Meier eWpG/*Saive*, 2023, § 32 Rn. 12 ff.; Müller/Pieper eWpG/*Müller*, 2022, § 32 Rn. 15 ff.

[59] Conreder/Meier eWpG/*Saive*, 2023, § 32 Rn. 13.

bb) Praxisbeispiele

Ein Positivbeispiel für ein anknüpfungsfähiges Register bildet das schweizerische Wertrechteregister, das Registerwertrechte erfasst.[60] Nach Art. 622 Abs. 1 Schweizer Obligationenrecht (OR) können Aktien als Wertrechte oder als Bucheffekten ausgegeben werden. Die Anforderungen an die Registerführung und die rechtliche Bedeutung der Registereintragung gestalten Art. 973d-973f OR hinreichend vergleichbar aus. Unter anderem muss der Inhalt der Registerwertrechte im Register festgehalten werden (Art. 973d Abs. 2 Nr. 3 OR), besteht ein Einsichtsrecht der Gläubiger (Art. 973d Abs. 2 Nr. 4 OR) und braucht der Schuldner nur an den aus dem Register ersichtlichen Gläubiger zu leisten (Art. 973e Abs. 1 OR). Noch weitergehend ermöglicht das Vertrauen auf den Registerinhalt sogar einen gutgläubigen Erwerb (Art. 973 Abs. 3 OR).

Abweichend gestaltet sich hingegen die Rechtslage zu Token nach dem liechtensteinischen Gesetz über Token und VT-Dienstleister (TVTG).[61] Insofern fehlt es an einem für § 9c DepotG tauglichen Register. Ein Register existiert lediglich für VT-Dienstleister (Art. 23 TVTG),[62] nicht aber für die Token. Die sog. VT-Systeme, über die Token erfasst und übertragen werden (Art. 2 Abs. 1 lit. b und c TVTG), taugen nicht als Äquivalent zum elektronischen Wertpapierregister. Zwar hängt die Verfügung über Token und tokenisierte Rechte von deren Erfassung im VT-System ab (Art. 6–8 TVTG). Auch ein Erwerb vom Nichtberechtigten wird zugelassen (Art. 9 TVTG). Allerdings verharrt das VT-System trotz dieser wertpapierzivilrechtlichen Wirkungen im Übrigen im Bereich einer technischen Transaktionsplattform, die gesetzlich nicht hinreichend dem Transparenzgedanken verpflichtet ist.

c) Anforderungen an die Art der Verbriefung

Weiterhin handelt es sich nur dann um ein elektronisches Wertpapier i. S. d. § 9c DepotG, wenn es für eine Übertragung nach sachenrechtlichen Grundsätzen offen ist. Gegen eine Einbeziehung von schweizerischen Registerwertrechten spricht daher, dass ihnen als Wertrechte jeglicher Verbriefungsbezug fehlt, wie ihn aber § 2 eWpG voraussetzt. Elektronische Wertpapiere sind weiterhin Wertpapiere, aber „ohne Papier". Durch den Verzicht auf eine Urkunde werden sie, wie § 2 Abs. 3 eWpG nochmals unterstreicht, nicht zu einem Wertrecht. Ihre Übertragung kann daher nicht nach sachenrechtlichen Grundsätzen erfolgen. Maßgeblich ist allein die Eintragung im ausländischen (z. B. schweizerischen) Register. Diese Divergenz überbrücken auch nicht die Fiktionen aus § 9c Abs. 1 DepotG, da sie ohne Auswirkungen auf die Eigentümerstellung nach dem maß-

---

[60] Ebenso zu § 32 eWpG Conreder/Meier eWpG/*Saive*, 2023, § 32 Rn. 14.

[61] Ebenso zu § 32 eWpG Conreder/Meier eWpG/*Saive*, 2023, § 32 Rn. 17.

[62] Dazu *Sild*, in: dies. (Hrsg.), Grundsatzfragen des liechtensteinischen TVTG, 2021, 69, 86 f.

geblichen ausländischen Recht sind. Wertrechte nach ausländischem Recht unterfallen daher § 9c DepotG nicht.

IX. Weiterer Reformbedarf

Bereits im Gesetzgebungsverfahren zum eWpG waren eine Evaluation des Gesetzes spätestens nach fünf Jahren[63] und eine perspektivische Erweiterung um Aktien[64] in Aussicht gestellt worden. Die Einbeziehung von Aktien ist nunmehr erfolgt, die Gesamtevaluation steht noch aus. Die Gesetzesbegründung zum Zukunftsfinanzierungsgesetz erkennt ausdrücklich einen umfassenden Reformbedarf im deutschen Wertpapier- und Depotrecht an. Geprüft werden solle, ob „die Behandlung von Wertpapieren als Sachen dauerhaft sinnvoll“[65] sei; dies ist zweifelsfrei und nachdrücklich zu verneinen. Die sachenrechtlich durchtränkte Dogmatik des eWpG taugt lediglich als Interimslösung. Der deutsche Gesetzgeber sollte sich an der Schweiz orientieren und den Übergang zu einem System der (DLT-)Wertrechte vollziehen. Eine solche dematerialisierte Aktie nach schweizerischem Recht braucht keine Sachfiktion, um sachgerechte und rechtssichere Regeln zur Übertragung, zum absoluten Schutz und zur Absicherung gegen den Insolvenzfall zu erreichen. Zudem sollte das Kryptowertpapierregister auch für Inhaberaktien geöffnet werden.

X. Zusammenfassung

1) Terminologisch ist der auf eine urkundliche Verbriefung beschränkte Verbriefungsbegriff des Aktienrechts (vgl. § 10 Abs. 5 AktG) durch die Einführung von elektronischen Aktien überholt, da die elektronische Verbriefung wertpapierrechtlich gleichwertig ist (§ 2 Abs. 2 eWpG). Unterschieden werden sollte vielmehr zwischen der urkundlichen (i.S.d. § 10 Abs. 5 AktG) und der elektronischen Verbriefung.
2) Der mitgliedschaftliche Anspruch des Aktionärs auf Verbriefung kann sich nicht mehr nur auf eine urkundliche Verbriefung richten. Sofern die satzungsmäßigen Voraussetzungen vorliegen, richtet sich der Anspruch auch auf elektronische Verbriefung nach dem eWpG.
3) Der Ausschluss von Kryptoinhaberaktien überzeugt rechtspolitisch nicht und sollte korrigiert werden.

---

[63] BT-Drs. 19/26925, 37, 81.
[64] BT-Drs. 19/26925, 38.
[65] BT-Drs. 20/8292, 124.

4) Elektronische Aktien begründen keine neue Aktienart, sondern sind den urkundlichen Aktien aktien- und wertpapierrechtlich gleichgestellt.
5) Die Gesellschaft kann entweder elektronische Aktien von vornherein als solche ausgeben oder urkundliche Aktien in elektronische Aktien überführen. Bei einer solchen Ersetzung durch elektronische Aktien werden Zentralregisteraktien in Sammeleintragung gegenüber Kryptoaktien privilegiert; rechtspolitisch überzeugt diese Unterscheidung nicht.
6) In einer Gesellschaft kann ein Mischbestand von urkundlichen und elektronischen Aktien bestehen.
7) Rechtlich und inhaltlich bestehen das Aktienregister und das elektronische Wertpapierregister eigenständig nebeneinander. Lediglich die organisatorische Zuständigkeit zur Registerführung kann zusammengeführt werden.
8) Die Öffnung des deutschen Effektengiroverkehrs für ausländische elektronische Wertpapiere ist finanzmarktpolitisch zu begrüßen, ist aber kodifikatorisch nur teilweise gelungen. Der praktische Anwendungsbereich erscheint gering, da die wertpapierrechtliche Konstruktion des eWpG einen deutschen Sonderweg bildet.
9) Die Gesetzesbegründung erkennt einen weiteren und umfassenden Reformbedarf des Wertpapier- und Depotrechts an. In der Tat ist ein Übergang in ein System digitaler Wertrechte lange überfällig.

Token als digitale Produkte

Zur Erfassung von Token durch §§ 327 ff. BGB

*Florian Möslein und Daniel Ostrovski**

I. Problemstellung

Token eröffnen die Möglichkeit, Rechtspositionen auf neuartige, digitale Weise zu „verbriefen". Weil sich Vermögenswerte durch eine digitale Abbildung auf Blockchain- oder allgemeiner auf Distributed-Ledger-Netzwerken handelbar machen lassen, lässt sich Tokenisierung als Fortentwicklung des Wertpapierrechts verstehen, durch die Wertpapiere im funktionalen Sinne entste-

* Der Beitrag ist mit freundlicher Genehmigung des Verlags Mohr Siebeck bereits in JZ 2024, 593 erschienen.

hen.[1] Während mit der europäischen Verordnung über Märkte für Kryptowerte (MiCAR)[2] der aufsichtsrechtliche Rahmen von Kryptowerten und -dienstleistungen umfassend reguliert worden ist und mit den Vorschriften des Gesetzes über elektronische Wertpapiere (eWpG) zumindest punktuelle, jüngst erweiterte Möglichkeiten der wertpapier- und damit sachenrechtlichen Erfassung bestimmter Token eröffnet worden sind,[3] fehlt es in Deutschland trotz gründlicher wissenschaftlicher Vorarbeiten nach wie vor an einem allgemeinen Token-Privatrecht.[4] Zu den Kernelementen eines solchen Token-Privatrechts zählen neben den bereits breit diskutierten sachenrechtlichen Fragestellungen rund um Sachqualifikation, Eigentumsfähigkeit und Übertragungsmöglichkeiten auch Fragen der schuldvertragsrechtlichen Einordnung von Token. Diese Dimension ist bislang noch kaum ausgeleuchtet.[5] Ungeklärt ist insbesondere, ob bzw. unter welchen Voraussetzungen Token als digitale Produkte zu qualifizieren sind und damit den Regelungen der §§ 327 ff. BGB unterfallen. Dieser Fragestellung spürt der folgende Beitrag nach, indem er auf Grundlage einführender Überlegungen zur rechtstatsächlichen Gestaltungsvielfalt von Token (unter II.) und zu den Vertragsbeziehungen beim Token-Erwerb (III.) einerseits den Anwendungsbereich (IV.) und andererseits die Rechtsfolgen der §§ 327 ff. BGB (V.) in den Blick nimmt.

II. Rechtstatsächliche Grundlagen

Als Grundlage der schuldvertragsrechtlichen Einordnung von Token bedarf es zunächst eines zumindest kurzen Überblicks über deren technische Funktionsweise und Taxonomie.[6]

---

[1] S. etwa *Omlor*, ZRP 2021, 169, 169.

[2] Verordnung (EU) 2023/1114 des Europäischen Parlaments und des Rates vom 31.05.2023 über Märkte für Kryptowerte, ABl. L 150 S. 40.

[3] Zur sachenrechtlichen Einordnung vgl. *Lahusen*, RDi 2021, 161; *Omlor*, RDi 2021, 236; zu wertpapierrechtlichen Fragen der mit dem Zukunftsfinanzierungsgesetz erfolgten Ausweitung auf Aktien *Maume*, BKR 2023, 282, 285 f.; *Möslein*, in: Möslein/Omlor (Hrsg.), Kryptoaktien, 2024, 93.

[4] I.d.S. *Omlor*, NJW 2024, 335; vgl. dazu außerdem die Beiträge von *Omlor*, *Birne* und *von Hülst*, in: Omlor/Möslein (Hrsg.), Blockchain und Recht, 2024, 3, 29 bzw. 57.

[5] Erste Annäherungen bei *Wengert*, in: Omlor/Möslein (Hrsg.), Blockchain und Recht, 2024, 103 (Fokus auf Kryptowährungen); *Becker*, in: Omlor/Möslein (Hrsg.), Blockchain und Recht, 2024, 129 (Verbraucherschutz); *Maume*, RDi 2023, 493 (Widerrufsrecht).

[6] Detaillierte Ausführungen bei *Fill/Härer/Meier*, in: Fill/Meier (Hrsg.), Blockchain, Grundlagen, Anwendungsszenarien und Nutzungspotentiale, 2020, 3 *ff.*; *Fromberger/Zimmermann*, in: Maume/Maute (Hrsg.), Rechtshandbuch Kryptowerte, 2020, § 1 Rn. 1 *ff.*; *Antonopoulos*, Mastering Bitcoin, 2017, 1 *ff.*; *Antonopoulos*, Mastering Ethereum, 2018, 1 ff.

1. Begriff und Zuordnung

Token versteht man gemeinhin als „digitalisierte, auf einer Blockchain dezentral gespeicherte Abbildung von Vermögenswerten".[7] Als Grundlage dient mithin die sog. Blockchain,[8] die sich ihrerseits als „digitales, chronologisch aufgebautes, dezentrales, verteiltes und nahezu fälschungssicheres Register, ähnlich einer Datenbank" beschreiben lässt.[9] Die Aufzeichnung dieser Datenbank erfolgt im Gegensatz zu herkömmlichen Datenbanken nicht zentral auf einem Server, sondern verteilt auf zahlreichen, von den Teilnehmern betriebenen, Knotenpunkten (sog. Nodes).[10] Technisch handelt es sich bei Token somit um digitale Einträge auf einer Blockchain, die konkreten Teilnehmern einen Wert zuordnen.[11] Transaktionen werden durch eine Veränderung der Zuordnung des jeweiligen Werts bewirkt.[12]

Die Art und Weise der Zuordnung kann sich zwischen Blockchain-Konzeptionen unterscheiden, sodass die technische Darstellung von Token unterschiedlich ausfallen kann.[13] Kontenbasierte Modelle wie z. B. Ethereum führen bankähnlich ein Kontobuch, in dem jedem Kontoinhaber ein Token-Guthaben zugeordnet wird und sich Token-Transaktionen als Veränderungen dieser Guthaben darstellen lassen.[14] Im Gegensatz dazu werden bei sog. „UTXO"[15]-ba-

---

[7] BaFin vom 16.08.2019, Merkblatt, Zweites Hinweisschreiben zu Prospekt- und Erlaubnispflichten im Zusammenhang mit der Ausgabe sogenannter Krypto-Token, GZ: WA 51-Wp 7100-2019/0011, 1; Token werden ähnlich (als Kryptowerte bezeichnet) auch in Art. 3 Abs. 1 Nr. 5 MiCAR definiert; ähnlich *Antonopoulos,* Mastering Ethereum, 2018, 106.

[8] Häufig wird auch von der „Distributed Ledger Technologie" gesprochen. Blockchains stellen die am weitesten verbreitete Unterform einer Distributed Ledger dar, sodass im Folgenden der Begriff Blockchain verwendet wird.

[9] *Fromberger/Zimmermann,* in: Maume/Maute (Hrsg.), Rechtshandbuch Kryptowerte, 2020, § 1 Rn. 1; vgl. auch *Fill/Härer/Meier,* in: Fill/Meier (Hrsg.), Blockchain, Grundlagen, Anwendungsszenarien und Nutzungspotentiale, 2020, 3; zu den einzelnen Eigenschaften einer Blockchain auch *Kaulartz,* in: Möslein/Omlor (Hrsg.), FinTech-Handbuch, 3. Aufl. 2024, § 5 Rn. 37.

[10] Diese Knotenpunkte können verschiedene Funktionalitäten aufweisen, etwa die Validierung und Verbreitung von Transaktionen sowie die Speicherung einer Kopie der gesamten Datenbank; vgl. *Antonopoulos,* Mastering Bitcoin, 2017, 172; *Fromberger/Zimmermann,* in: Maume/Maute (Hrsg.), Rechtshandbuch Kryptowerte, 2020, § 1 Rn. 7 ff.

[11] *Kaulartz/Matzke,* NJW 2018, 3278; *Kleinert/Mayer,* EuZW 2019, 857, 858; ähnlich *Siedler,* in: Möslein/Omlor (Hrsg.), FinTech-Handbuch, 3. Aufl. 2024, § 7 Rn. 18.

[12] *Formberger/Zimmermann,* in: Maume/Maute (Hrsg.), Rechtshandbuch Kryptowerte, 2020, § 1 Rn. 19; *Kaulartz/Matzke,* NJW 2018, 3278.

[13] Die Ausführungen beziehen sich zur Vereinfachung auf die Token, die einer konkreten Blockchain inhärent sind („native Token"). Durch Smart Contracts gebildete Token funktionieren im Wesentlichen entsprechend dem Konto-basierten Modell, wobei die Wertzuordnung durch den Smart Contract erfolgt, dessen Zustand wiederum in der Blockchain aufgezeichnet wird, vgl. dazu auch *Kaulartz/Matzke,* NJW 2018, 3278, 3279.

[14] *Antonopoulos,* Mastering Ethereum, 2018, 84, 92.

[15] „UTXO" steht für *unspent transaction outputs.* Damit sind die Token-Eingänge bei einem jeweiligen Teilnehmer gemeint, die dieser dann wiederum weiterübertragen kann, vgl. *Antonopoulos,* Mastering Bitcoin, 2017, 121 ff.

sierten Modellen wie der Bitcoin keine Kontoguthaben aufgezeichnet, sondern jede Transaktion als Status der Blockchain erfasst.[16] Überträgt ein Teilnehmer Token auf andere Teilnehmer, referenziert die Blockchain kein Kontoguthaben, sondern vorher eingegangene Transaktionen des sendenden Teilnehmers.[17] Technisch sind Token somit die Historie aller sich referenzierenden Transaktionen.[18] Bei dieser Art der Zuordnung lassen sich konkrete Token daher samt ihrer Transaktionshistorie individualisieren,[19] anders als bei der kontenbasierten Zuordnung, wo eine solche Individualisierung nur ausnahmsweise möglich ist, nämlich im Fall sog. „non fungible Token" („NFT"), die mit einer individuellen Kennung versehen sind.[20]

2. *Taxonomie*

Die rechtliche Einordnung von Token hängt mit ihren konkreten, vielfältigen Einsatzformen zusammen. Fälschungssicherheit und Verkehrsfähigkeit ermöglichen die Nutzung von Token als Werteinheit, die sich ohne Intermediäre auf andere Personen übertragen und damit sowohl als Zahlungsmittel als auch Verkörperung anderer Rechte oder Gegenstände nutzen lassen.[21] Token eignen sich daher, wie einst von *Nakamoto*[22] im Bitcoin-Whitepaper vorgesehen,[23] als Zahlungsmittel bzw. „virtuelle Währung".[24] Neben solchen sog. Currency Token gibt es jedoch auch Utility und Investment bzw. Asset Token, die ihrerseits mit Rechten oder mit außerhalb der Blockchain liegenden Werten verknüpft sind.[25] Utility Token ermöglichen dem Inhaber, eine Leistung vom Emittenten des To-

---

[16] Vgl. *Antonopoulos,* Mastering Bitcoin, 2017, 114.

[17] *Antonopoulos,* Mastering Bitcoin, 2017, 121ff.; *Kaulartz,* CR 2016, 474, 475f.

[18] Vgl. *Fromberger/Zimmermann,* in: Maume/Maute (Hrsg.), Rechtshandbuch Kryptowerte, 2020, § 1 Fn. 55, jedoch ohne Unterscheidung zu den Token auf Konto-Modell Basis.

[19] Vgl. auch *Antonopoulos,* Mastering Ethereum, 2018, 107, 128.

[20] *Antonopoulos,* Mastering Ethereum, 2018, 128.

[21] *Nakamoto,* Bitcoin: A Peer-to-Peer Electronic Cash System, 2008, 1; vgl. auch *Kaulartz,* in: Möslein/Omlor (Hrsg.), FinTech-Handbuch, 3. Aufl. 2024, § 5 Rn. 69.

[22] *Satoshi Nakamoto* ist das Pseudonym der Person oder der Gruppe von Personen, die das Bitcoin-Whitepaper veröffentlicht und später das Bitcoin-Netzwerk gestartet haben. Wer hinter dem Pseudonym steckt, ist bis heute unklar.

[23] *Nakamoto,* Bitcoin: A Peer-to-Peer Electronic Cash System, 2008, 1.

[24] Vgl. *Fromberger/Zimmermann,* in: Maume/Maute (Hrsg.), Rechtshandbuch Kryptowerte, 2020, § 1 Rn. 70; BaFin vom 16.08.2019, Merkblatt, Zweites Hinweisschreiben zu Prospekt- und Erlaubnispflichten im Zusammenhang mit der Ausgabe sogenannter Krypto-Token, GZ: WA 51-Wp 7100-2019/0011, 6.

[25] Im Einzelnen unterscheiden sich die Bezeichnungen bei Asset-Token, die Klassifizierung erfolgt aber im Großen und Ganzen parallel; vgl. BaFin vom 16.08.2019, Merkblatt, Zweites Hinweisschreiben zu Prospekt- und Erlaubnispflichten im Zusammenhang mit der Ausgabe sogenannter Krypto-Token, GZ: WA 51-Wp 7100-2019/0011, 5f.; ähnlich *Fromberger/Zimmermann,* in: Maume/Maute (Hrsg.), Rechtshandbuch Kryptowerte, 2020, § 1 Rn. 70ff.

kens zu verlangen bzw. Zugang zu einer Leistung zu erhalten,[26] ähnlich einem digitalen Gutschein oder einer digitalen Eintrittskarte.[27] Investment Token repräsentieren dagegen „mitgliedschaftliche Rechte oder schuldrechtliche Ansprüche vermögenswerten Inhalts“,[28] entsprechen also insbesondere Aktien oder Anleihen.[29] Insbesondere zählen Kryptowertpapiere nach dem eWpG als Investment Token.[30] Investment Token können jedoch auch physische Objekte „tokenisieren“, etwa Kunstgegenstände.[31] In diesem Fall spricht man spezieller von asset-backed Token. Während das entscheidende Merkmal darin besteht, dass Investment Token Anlagezwecken dienen,[32] können sich die unterschiedlichen Gestaltungsvarianten auch überschneiden und in hybrider Form auftreten.[33] Während diese funktionsbezogene Klassifizierung von Token vor allem für Zwecke des Aufsichtsrechts Bedeutung hat,[34] erscheint aus privatrechtlicher Perspektive der materiell-rechtliche Gehalt von Token wichtiger,[35] namentlich die Unterscheidung zwischen einerseits autonomen bzw. intrinsischen Token, die aus sich heraus bestehen und keinerlei Verknüpfung außerhalb der Blockchain aufweisen, und andererseits aufgeladenen bzw. extrinsischen Token, die gleichsam als Container fungieren, der mit außerhalb der Blockchain liegenden

---

[26] *Fromberger/Zimmermann,* in: Maume/Maute (Hrsg.), Rechtshandbuch Kryptowerte, 2020, § 1 Rn. 73; BaFin vom 16.08.2019, Merkblatt, Zweites Hinweisschreiben zu Prospekt- und Erlaubnispflichten im Zusammenhang mit der Ausgabe sogenannter Krypto-Token, GZ: WA 51-Wp 7100-2019/0011, 5.

[27] BaFin vom 16.08.2019, Merkblatt, Zweites Hinweisschreiben zu Prospekt- und Erlaubnispflichten im Zusammenhang mit der Ausgabe sogenannter Krypto-Token, GZ: WA 51-Wp 7100-2019/0011, 5; *Fromberger/Zimmermann,* in: Maume/Maute (Hrsg.), Rechtshandbuch Kryptowerte, 2020, § 1 Rn. 73.

[28] BaFin vom 16.08.2019, Merkblatt, Zweites Hinweisschreiben zu Prospekt- und Erlaubnispflichten im Zusammenhang mit der Ausgabe sogenannter Krypto-Token, GZ: WA 51-Wp 7100-2019/0011, 6; vgl. auch *Fromberger/Zimmermann,* in: Maume/Maute (Hrsg.), Rechtshandbuch Kryptowerte, 2020, § 1 Rn. 71.

[29] BaFin vom 16.08.2019, Merkblatt, Zweites Hinweisschreiben zu Prospekt- und Erlaubnispflichten im Zusammenhang mit der Ausgabe sogenannter Krypto-Token, GZ: WA 51-Wp 7100-2019/0011, 6.

[30] Conreder/Meier eWpG/*Bartlitz*, 2022, § 2 Rn. 21.

[31] Vgl. *Omlor,* in: Omlor/Link (Hrsg.), Kryptowährungen und Token, 2. Aufl. 2023, Kap. 6 Rn. 19; ähnlich *Fromberger/Zimmermann,* in: Maume/Maute (Hrsg.), Rechtshandbuch Kryptowerte, 2020, § 1 Rn. 75: „Asset-Backed-Token“.

[32] *Fromberger/Zimmermann,* in: Maume/Maute (Hrsg.), Rechtshandbuch Kryptowerte, 2020, § 1 Rn. 71.

[33] *Fromberger/Zimmermann,* in: Maume/Maute (Hrsg.), Rechtshandbuch Kryptowerte, 2020, § 1 Rn. 74.

[34] *Omlor/Möslein,* in: Ellenberger/Bunte (Hrsg.), Bankrechts-Handbuch, 6. Aufl. 2022, § 34 Rn. 37.

[35] *Omlor,* ZVglRWiss 19 (2020), 41, 44; *Omlor,* in: Omlor/Link (Hrsg.), Kryptowährungen und Token, 2. Aufl. 2023, Kap. 6 Rn. 24 ff.; *Omlor/Möslein,* in: Ellenberger/Bunte (Hrsg.), Bankrechts-Handbuch, 6. Aufl. 2022, § 34 Rn. 38; auch *Möllenkamp,* in: Hoeren/Sieber/Holznagel (Hrsg.), Handbuch Multimedia-Recht, 62. EL 2024, Teil 13.6 Rn. 39.

Vermögenswerten verknüpft und damit aufgeladen ist.[36] Jene funktionelle und diese inhaltliche Betrachtung sind letztlich jedoch zwei Seiten ein- und derselben Medaille. Während das Schutzkonzept des Zivilrechts auf Wesenseigenschaften basiert, unterscheidet das Aufsichtsrecht naturgemäß nach Funktionen im und für den Finanzmarkt.[37]

III. Schuldvertragliche Rechtsbeziehungen beim Token-Erwerb

Die privatrechtlich geprägte Unterscheidung zwischen intrinsischen und extrinsischen Token spielt auch für die schuldvertragsrechtliche Einordnung der Vertragsbeziehungen beim Token-Erwerb eine wichtige Rolle. Da der Anwendungsbereich verbraucherschützender Normen wie der §§ 327 ff. BGB regelmäßig an den Vertragstyp anknüpft, bedarf es vorab einiger kurzer Überlegungen zu den wesentlichen Vertragskonstellationen beim Token-Erwerb.

1. Intrinsische Token

Intrinsische Token, die als natives Token einer Blockchain fungieren, werden insbesondere als Belohnung für die Validierung von Transaktionen an Blockchain-Teilnehmer ausgeschüttet.[38] Dieser Ausschüttung liegt nach allg. Meinung kein Vertragsverhältnis zugrunde.[39] Eine vertragliche Beziehung liegt dem Ersterwerb intrinsischer Token jedoch zugrunde, wenn die Token nicht durch die Blockchain generiert, sondern durch Emittenten geschaffen und ausgegeben werden.[40] In diesem Fall verpflichtet sich der Emittent gegenüber dem Ersterwerber zur Übertragung der Token, als Gegenleistung schuldet der Erwerber typischerweise eine Zahlung.[41]

Besteht die Leistungspflicht des Erwerbers in der Zahlung von (Fiat-)Geld, handelt es sich um einen Kaufvertrag i. S. d. §§ 433 ff. BGB. Da es sich bei Token nach ganz h. M. nicht um Sachen i. S. v. § 90 BGB handelt,[42] wird das Kaufrecht

[36] *Omlor,* in: Omlor/Link (Hrsg.), Kryptowährungen und Token, 2. Aufl. 2023, Kap. 6 Rn. 25; *Omlor/Möslein,* in: Ellenberger/Bunte (Hrsg.), Bankrechts-Handbuch, 6. Aufl. 2022, § 34 Rn. 38.

[37] *Omlor,* in: Omlor/Link (Hrsg.), Kryptowährungen und Token, 2. Aufl. 2023, Kap. 6 Rn. 17, 24.

[38] Sog. „Mining“, vgl. *Kaulartz/Matzke,* NJW 2018, 3278.

[39] Die konkrete Einordnung ist umstritten, ein Vertragsverhältnis liegt aber wohl nach keiner Ansicht vor, vgl. *Foerster,* in: Maume/Maute (Hrsg.), Rechtshandbuch Kryptowerte, 2020, § 9 Rn. 8 ff.

[40] Sog. „Minting“, meist im Rahmen eines „Initial Coin Offerings“, vgl. Details bei *Kaulartz/Matzke,* NJW 2018, 3278, 3278 f.

[41] *Maute,* in: Maume/Maute (Hrsg.), Rechtshandbuch Kryptowerte, 2020, § 6 Rn. 121.

[42] Vgl. *Omlor,* RDi 2021, 236, Rn. 9 m. w. N.

über den Umweg des § 453 Abs. 1 S. 1 Alt. 2 BGB zur Anwendung gebracht.[43] Besteht die Leistungspflicht des Erwerbers in der Zahlung eines (anderen) Currency Token, handelt es sich hingegen um einen Tauschvertrag gem. § 480 BGB, weil solche Token nicht als Geld im zivilrechtlichen Sinne zu qualifizieren sind.[44]

2. *Extrinsische Token*

Bei extrinsischen Token, mit denen ein Recht oder Gegenstand außerhalb der Blockchain verknüpft wird, ist hinsichtlich der schuldrechtlichen Abbildung dieser Verknüpfung zusätzlich zwischen Erst- und Zweiterwerb zu unterscheiden.

a) *Ersterwerb*

Bereits bei Emission bzw. Ersterwerb bedarf es bei extrinsischen Token definitionsgemäß einer Verknüpfung von Token und Recht, die jenseits der Kryptowertpapiere nach eWpG *de lege lata* nicht sachen-, sondern nur schuldrechtlich erreichbar ist.[45] Diese schuldrechtliche Verknüpfung wird durch Abschluss zweier Verträge zwischen Emittenten und (Erst-)Erwerbern erreicht: Zum einen wird ein Ausgabevertrag als (bereicherungsrechtlicher) Rechtsgrund für die Übertragung des Tokens geschlossen; wie beim intrinsischen Token handelt es sich dabei um einen Kauf- oder Tauschvertrag.[46] Das im extrinsischen Token verkörperte Recht entsteht zum anderen durch den Abschluss eines Begebungsvertrags.[47] Bei Utility Token richtet sich der Begebungsvertrag auf ein Recht zum Abschluss eines Hauptvertrags, der erst die eigentliche Leistung beinhaltet. Je nachdem, ob die Konditionen des Hauptvertrags bei Abschluss des Begebungsvertrags feststehen oder noch variabel sind, ist der Begebungsvertrag als Optionsvertrag oder als Vorvertrag zu qualifizieren.[48] Der Vertragstypus des Hauptvertrags, der durch Einsatz des Utility Tokens zur Entstehung gebracht wird, hängt vom Leistungsinhalt ab.

---

[43] *Maute,* in: Maume/Maute (Hrsg.), Rechtshandbuch Kryptowerte, 2020, § 6 Rn. 122 m. w. N.

[44] *Maute,* in: Maume/Maute (Hrsg.), Rechtshandbuch Kryptowerte, 2020, § 6 Rn. 140.

[45] *Omlor,* in: Omlor/Link (Hrsg.), Kryptowährungen und Token, 2. Aufl. 2023, Kap. 6 Rn. 102 ff.

[46] *Maute,* in: Maume/Maute (Hrsg.), Rechtshandbuch Kryptowerte, 2020, § 6 Rn. 163.

[47] *Maute,* in: Maume/Maute (Hrsg.), Rechtshandbuch Kryptowerte, 2020, § 6 Rn. 160; *Omlor,* in: Omlor/Link (Hrsg.), Kryptowährungen und Token, 2. Aufl. 2023, Kap. 6 Rn. 104; eine andere Ausgestaltung ersetzt den Begebungs- und auch Hauptvertrag durch eine Auslobung i. S. v. §§ 657 ff. BGB, vgl. *Kaulartz/Hirzle/Holl,* RDi 2022, 324, Rn. 18 ff.; weiterhin ließe sich anstelle des Begebungsvertrags eine *offerta ad incertas personas* setzen, die auf den Abschluss des Hauptvertrags gerichtet ist, vgl. dazu auch *Maute,* in: Maume/Maute (Hrsg.), Rechtshandbuch Kryptowerte, 2020, § 1 Rn. 162.

[48] *Maute,* in: Maume/Maute (Hrsg.), Rechtshandbuch Kryptowerte, 2020, § 6 Rn. 169.

b) Zweiterwerb

Der Zweiterwerb eines extrinsischen Tokens vollzieht sich nach ähnlichen Grundsätzen wie der Erwerb intrinsischer Token. Es liegt mithin ein Kauf- oder Tauschvertrag vor. Anders als beim Erwerb eines intrinsischen Tokens erstreckt sich dieser jedoch nicht nur auf den Erwerb des Token, sondern auch auf den Erwerb des verkörperten Rechts bzw. Gegenstandes, so dass zwei unterschiedliche Vertragsgegenstände vorliegen.[49]

Beim Zweiterwerb extrinsischer wie auch intrinsischer Token kennen sich Veräußerer und Erwerber oft nicht persönlich. Vielmehr werden entsprechende Transaktionen auf Handelsplattformen abgewickelt.[50] Je nach plattformspezifischer Ausgestaltung agiert die Plattform entweder selbst als Vertragspartei oder führt lediglich Vertragsparteien zusammen.[51] Für die schuldvertragliche Einordnung und besonders für die Beurteilung des Token-Erwerbs im Rahmen der §§ 327 ff. BGB ist diese Unterscheidung jedoch nur punktuell von Bedeutung.

IV. Anwendungsbereich der §§ 327 ff. BGB

Ein zentrales Problem stellt die Frage dar, ob Token vom Anwendungsbereich der §§ 327 ff. BGB erfasst werden. Auch wenn der umfassende Begriff der „digitalen Produkte" eine Erfassung von Token nahelegt, scheint der Richtlinien- und Umsetzungsgesetzgeber deren Einbeziehung übersehen oder jedenfalls nicht hinreichend durchdacht zu haben.

1. Verbrauchervertrag

Weil sich der Handel von Token charakteristisch vom Kauf digitaler Verbrauchsgüter unterscheidet, stellen sich erste Anwendungsfragen bereits im Hinblick auf den persönlichen Anwendungsbereich der §§ 327 ff. BGB, dessen Eröffnung gem. § 327 Abs. 1 BGB einen Vertrag zwischen einem Unternehmer i. S. v. § 14 BGB und einem Verbraucher i. S. v. § 13 BGB voraussetzt. Der Beweis, dass ein solcher Vertrag vorliegt, stellt Verbraucher infolge der Eigenheiten von Tokentransaktionen vor besondere Herausforderungen.[52]

Beim Ersterwerb sind diese Schwierigkeiten noch gering: Der Emittent verfolgt mit der Emission des Tokens regelmäßig einen unternehmerischen Zweck

---

49 *Maute*, in: Maume/Maute (Hrsg.), Rechtshandbuch Kryptowerte, 2020, § 6 Rn. 181.

50 *Hoch*, in: Maume/Maute (Hrsg.), Rechtshandbuch Kryptowerte, 2020, § 7 Rn. 1.

51 *Kirschbaum/Stepanova*, BKR 2019, 286, 287; *Hoch*, in: Maume/Maute (Hrsg.), Rechtshandbuch Kryptowerte, 2020, § 7 Rn. 21, 26 ff.; vgl. auch RegBegr. BT-Drs. 19/27653, 38.

52 Dazu ausf. *Maume*, in: Maume/Maute (Hrsg.), Rechtshandbuch Kryptowerte, 2020, § 8 Rn. 8 ff.

i.S.v. § 14 Abs. 1 BGB; er wird dem Erwerber im Regelfall auch bekannt sein.[53] Unproblematisch ist auch der Zweiterwerb auf den typischen Trading-Plattformen, die als Kryptowechselstellen oder als Kryptobörsen den Tausch zwischen herkömmlichen Währungen und Token bzw. zwischen unterschiedlichen Token ermöglichen.[54] Die betreffenden Transaktionen ähneln der Abwicklung herkömmlicher Börsengeschäfte, bei denen aus vertragsrechtlicher Perspektive die Besonderheit besteht, dass Käufer und Verkäufer nicht unmittelbar miteinander kontrahieren, sondern zentrale Kontrahenten eingeschaltet sind. Gleichermaßen werden Trading-Plattformen Vertragspartner einer uneigentlichen Kommission gem. §§ 406 Abs. 1 S. 1, 383 ff. HGB.[55] Die Handelsplattformen, mit denen der Vertragsschluss des Erwerbers erfolgt, verfolgen regelmäßig unternehmerische Zwecke.

Schwierigkeiten bereitet jedoch der Peer-to-Peer Zweiterwerb, bei dem die Übertragung des Tokens von einer „Adresse"[56] zur anderen erfolgt. Diese Adressen sind nämlich pseudonym, sodass die Identität des Inhabers einer Adresse dem Vertragspartner im Regelfall nicht bekannt ist.[57] Die Anwendung der für den Verbraucher günstigen Verbraucherschutznormen setzt jedoch voraus, dass dieser die Unternehmerstellung seines Vertragspartners gem. § 14 BGB beweist.[58] Im Zweifel nimmt die Rechtsprechung nämlich auch zulasten des beweispflichtigen Verbrauchers an, dass der Vertragspartner ebenfalls Verbraucher ist.[59] Weist die öffentliche Adresse des Vertragspartners häufige Transaktionen mit hohem Volumen auf, mag dies zwar Indiz für unternehmerische Tätigkeit sein,[60] beweist aber noch nicht ein hinreichendes Maß an Organisation und planvollem Geschäftsbetrieb.[61] Auch private Vermögensverwaltung dient selbst bei hohem Transaktionsvolumen privaten Zwecken, sofern der erforderliche Grad an Organisation fehlt.[62] Zudem können Veräußerer verschiedene öffentliche Adressen nutzen, um ihre Unternehmerstellung zu verdecken. Um vergleichbare Transparenz- und Anonymitätsprobleme auf der Plattform

---

[53] Vgl. *Maume,* in: Maume/Maute (Hrsg.), Rechtshandbuch Kryptowerte, 2020, § 8 Rn. 20 ff.

[54] *Denga,* in: Möslein/Omlor (Hrsg.), FinTech-Handbuch, 3. Aufl. 2024, § 13 Rn. 30; ausf. *Hoch,* in: Maume/Maute (Hrsg.), Rechtshandbuch Kryptowerte, 2020, § 7 Rn. 17–30.

[55] I.d.S. *Denga,* in: Möslein/Omlor (Hrsg.), FinTech-Handbuch, 3. Aufl. 2024, § 13 Rn. 33.

[56] Die Adresse wird vom öffentlichen Schlüssel des jeweiligen Inhabers hergeleitet und entspricht funktionell einer Art Kontonummer, vgl. dazu *Antonopoulos,* Mastering Bitcoin, 2017, 64 ff.

[57] Ähnlich *Maume,* in: Maume/Maute (Hrsg.), Rechtshandbuch Kryptowerte, 2020, § 8 Rn. 13.

[58] Vgl. insofern BeckOGK BGB/*Alexander*, 01.11.2024, § 14 Rn. 233; vgl. auch *Maume,* in: Maume/Maute (Hrsg.), Rechtshandbuch Kryptowerte, 2020, § 8 Rn. 36.

[59] Vgl. BGH, NJW 2021, 2281, 2289 Rn. 84; 2013, 2107 Rn. 18; 2009, 3780, 3781 Rn. 10.

[60] Vgl. BeckOGK BGB/*Alexander*, 01.11.2024, § 13 Rn. 363.

[61] Vgl. BeckOGK BGB/*Alexander*, 01.11.2024, § 14 Rn. 137.

[62] Vgl. BGH NJOZ 2012, 887, 889 Rn. 25; NJW 2002, 368, 369; vgl. auch BeckOGK BGB/*Alexander*, 01.11.2024, § 13 Rn. 363.

eBay aufzulösen, gesteht die sog. „Powerseller"-Rechtsprechung dem Verbraucher eine Beweislastumkehr zu, weil nur Verkäufer mit bestimmten monatlichen Umsätzen und Verkaufszahlen einen solchen Status erreichen.[63] Weil beim Zweiterwerb von Token regelmäßig ein dem „Powerseller"-Status vergleichbarer Rechtschein jedoch fehlt, lassen sich die Beweisschwierigkeiten nicht auf gleiche Weise auflösen.[64]

2. *Sachlicher Anwendungsbereich gem. § 327 Abs. 1 BGB*

Ist die Hürde des Beweises eines Verbrauchervertrags überwunden, stellt sich die Frage der Eröffnung des sachlichen Anwendungsbereichs der §§ 327 ff. BGB. Während es an einer ausdrücklichen Äußerung von Richtlinien- und Umsetzungsgesetzgeber fehlt, finden sich Stimmen im Schrifttum, die von einer Erfassung von Token ausgehen, meist allerdings ohne nähere Begründung.[65] Die Eröffnung des sachlichen Anwendungsbereichs setzt voraus, dass die Leistung des Unternehmers in der Bereitstellung eines digitalen Produkts besteht, § 327 Abs. 1 BGB. Sie kann in zwei Formen erfolgen, als digitaler Inhalt (§ 327 Abs. 2 S. 1 BGB) oder als digitale Dienstleistung (§ 327 Abs. 2 S. 2 BGB).

a) Digitaler Inhalt

Digitale Inhalte sind Daten, die in digitaler Form erstellt und bereitgestellt werden, § 327 Abs. 2 S. 1 BGB. Diese Legaldefinition entspricht Art. 2 Nr. 1 DIRL[66], fand sich aber fast wortgleich bereits in § 312f Abs. 3 BGB a. F. Bei Daten handelt es sich nach allgemeiner Auffassung um maschinenlesbare codierte Informationen.[67] Anders gesagt geht es somit um Zeichenfolgen, die speziell für die

---

[63] Vgl. OLG Koblenz NJW 2006, 1438; OLG Frankfurt a. M. NJOZ 2008, 836; MMR 2007, 378; NJW 2005, 1438; GRUR 2004, 1042.

[64] So auch *Maume,* in: Maume/Maute (Hrsg.), Rechtshandbuch Kryptowerte, 2020, § 8 Rn. 36.

[65] *Spindler,* MMR 2023, 907, 910 zu NFTs; *Guntermann,* RDi 2022, 200, Rn. 30; *Kaulartz/Schmid/Müller-Eising,* RDi 2022, 521, Rn. 22; *Wegge,* SpuRt 2022, 354, 356; Staudinger BGB/*Steinrötter,* 31.08.2024, § 327 Rn. 47 zu NFTs; wohl auch Erman BGB/*Bernzen/Specht-Riemenschneider,* 17. Aufl. 2023, § 327 Rn. 17: „virtuelle Gegenstände"; ähnlich auch *Denga,* BKR 2022, 288 Fn. 31; unklar BeckOGK BGB/*Fries,* 01.05.2024, § 327 Rn. 8; auch außerhalb Deutschlands, vgl. *Goanta,* in: Lehavi/Levine-Schnur (Hrsg.), Disruptive Technology, Legal Innovation, and the Future of Real Estate, 2020, 139, 147; *Stazi,* in: Smart Contracts, NFT trading and weaker party protection, 2023 (unter https://papers.ssrn.com/sol3/papers.cfm?-abstract_id=4345678); a. A. *Maume,* in: Maume/Maute (Hrsg.), Rechtshandbuch Kryptowerte, 2020, § 8 Rn. 43 ff.

[66] Richtlinie (EU) 2019/770 des Europäischen Parlaments und des Rates vom 20. Mai 2019 über bestimmte vertragsrechtliche Aspekte der Bereitstellung digitaler Inhalte und digitaler Dienstleistungen, ABl. L 136 S. 1.

[67] MüKoBGB/*Metzger,* 9. Aufl. 2022, § 327 Rn. 7; Erman BGB/*Bernzen/Specht-Riemenschneider,* 17. Aufl. 2023, § 327 Rn. 16; *Gansmeier/Kochendörfer,* ZfPW 2022, 1, 6; *Zech,* Informationen als Schutzgegenstand, 2012, S. 32.

Lesbarkeit durch eine Maschine codiert wurden.[68] Weil Token Datenbankeinträge auf der Blockchain sind, die durch die angeschlossenen Computer verarbeitet werden können, handelt es sich um für Maschinen lesbare Informationen über Zuweisungen und Transaktionen, also um Daten.[69]

Gegen eine Subsumtion von Token unter den Begriff des digitalen Inhalts gem. § 327 Abs. 2 S. 1 BGB wird allerdings vorgebracht, ein Token habe – anders als Daten, die z. B. ein Video oder ein Bild repräsentieren – keinen „Inhalt".[70] Diesem Argument liegt ein alltagssprachliches Verständnis des Begriffs zu Grunde, das zwischen Daten und Information unterscheidet.[71] So identifiziert *Zech* drei verschiedene Ebenen von Informationen, nämlich strukturelle, syntaktische und semantische Informationen.[72] Während strukturelle Informationen den (körperlichen) Träger in Bezug nehmen,[73] sind syntaktische Informationen solche, die „durch eine Menge von Zeichen und deren Beziehung zueinander" bestimmt werden, ohne dass es auf ihre Bedeutung ankommt.[74] Einzig die semantische Ebene entspricht dem Bedeutungsgehalt, der alltagssprachlich als „Inhalt" betitelt wird.[75] *Zech* selbst ordnet Daten nicht auf der semantischen, sondern auf der syntaktischen Ebene ein.[76] Wenn gefordert wird, Daten müssten „unmittelbar Inhalte verkörpern",[77] so findet dieses Erfordernis der Verkörperung jedoch weder in § 327 Abs. 2 S. 1 BGB noch in der DIRL eine Stütze.[78] Zwar benennt Erwägungsgrund 19 DIRL ausschließlich Beispiele digitaler Inhalte, die eine semantische Ebene haben.[79] Auch wenn dieser Aufzählung ein hoher Stellenwert für die Auslegung zukommt,[80] ist sie nicht als teleologisches Leitbild zu verstehen, weil der Richtliniengeber, anders als noch im ersten Kommissionsentwurf vorgesehen, sie nicht in den Normtext, sondern lediglich in die Erwägungsgründe aufgenommen hat.[81] Im Richtlinientext findet sich

---

[68] Ähnlich *Zech,* Informationen als Schutzgegenstand, 2012, S. 32 Fn. 91.

[69] Siehe im Übrigen auch LG Karlsruhe MMR 2017, 51, 52 Rn. 41 zu einer Computerspielwährung, die in gleicher Weise als Datenbankeintrag geführt wird; a. A. *Kaulartz/Schmid/Müller-Eising,* RDi 2022, 521, 524, die dennoch §§ 327 ff. BGB über eine Analogie zur Anwendung bringen.

[70] *Maume,* in: Maume/Maute (Hrsg.), Rechtshandbuch Kryptowerte, 2020, § 8 Rn. 43 (zu § 312f Abs. 3 BGB a. F.).

[71] In diese Richtung auch *Mischau,* EuCML 2022, 6, 8.

[72] *Zech,* Informationen als Schutzgegenstand, 2012, S. 35 ff.

[73] *Zech*, Informationen als Schutzgegenstand, 2012, S. 41.

[74] *Zech*, Informationen als Schutzgegenstand, 2012, S. 38.

[75] *Zech*, Informationen als Schutzgegenstand, 2012, S. 37.

[76] *Zech*, Informationen als Schutzgegenstand, 2012, S. 39.

[77] *Maume,* in: Maume/Maute (Hrsg.), Rechtshandbuch Kryptowerte, 2020, § 8 Rn. 43.

[78] Vgl. *Mischau,* EuCML 2022, 6, 8; *Sattler,* CR 2020, 145, 148.

[79] Dazu *Maume,* in: Maume/Maute (Hrsg.), Rechtshandbuch Kryptowerte, 2020, § 8 Rn. 43.

[80] Als sog. „indirekte Zielbestimmung" des Richtliniengebers, vgl. *Gumpp,* ZfPW 2022, 446, 459.

[81] Vgl. COM(2015) 634 final, S. 27.

auch sonst keinerlei Hinweis auf eine semantische Dimension.[82] Der technologieneutrale Ansatz der DIRL (vgl. Erwägungsgrund Nr. 10 DIRL) und der auf technologische Entwicklungen ausgerichtete Definitionsansatz (Erwägungsgrund Nr. 19 DIRL) sprechen ebenfalls für eine möglichst weite Auslegung von § 327 Abs. 2 S. 1 BGB.[83] Nicht zuletzt legte der deutsche Gesetzgeber ein breites Verständnis zugrunde. Die Regierungsbegründung führt nämlich explizit aus, „[o]b die Daten einen Inhalt haben und was dieser Inhalt gegebenenfalls ist", sei „nicht ausschlaggebend".[84]

Bejaht man das Vorliegen von Daten, ist gem. § 327 Abs. 2 S. 1 BGB noch zu prüfen, ob Token in digitaler Form erstellt und bereitgestellt werden. Eine Blockchain existiert lediglich in digitaler Form. Die darauf basierenden Token werden daher ebenfalls digital erstellt. Ob Token automatisch durch Smart Contracts erstellt werden, ist unbeachtlich, weil die Definition auch maschinengenerierte Daten erfasst.[85] Neben der digitalen Erstellung bedarf es der digitalen Bereitstellung, die ihrerseits in § 327b Abs. 3 BGB legaldefiniert ist. Die Norm sieht vor, dass entweder der digitale Inhalt selbst oder die Mittel für den Zugang zur Verfügung gestellt werden oder dieser Inhalt herunterladbar ist. Sobald ein Token der öffentlichen Adresse des Erwerbers zugeordnet wird, kann dieser frei über diesen Token verfügen. Eine Bereitstellung liegt somit vor; auf die Art und Weise des Zugangs kommt es nach der Richtlinienvorgabe nicht an (vgl. Erwägungsgrund Nr. 19 DIRL). Die Zuordnung des Tokens erfolgt jedenfalls in digitaler Form, sodass eine digitale Bereitstellung i. S. v. § 327 Abs. 2 S. 1 BGB zu bejahen ist.

b) Digitale Dienstleistungen

Nimmt man demnach an, dass Token als digitale Inhalte zu qualifizieren sind, schließt dies eine Subsumtion unter den Begriff der digitalen Dienstleistung nicht notwendig aus, weil sich die Definitionen in ihrer Anwendung überschneiden können. Im Gegensatz zur Legaldefinition digitaler Inhalte stellt § 327 Abs. 2 S. 2 BGB für digitale Dienstleistungen jedoch auf konkrete Funktionalitäten und Einsatzmöglichkeiten ab. Während namentlich Utility Token im Einzelfall durchaus Zugang zu entsprechenden Dienstleistungen eröffnen können, lassen sich diese Voraussetzungen nicht pauschal für Token aller Art bejahen. Ob Token nicht nur als digitale Inhalte, sondern zusätzlich auch als digitale Dienstleistungen zu qualifizieren sind, ist daher eine Frage des Einzelfalls.

---

[82] *Mischau*, EuCML 2022, 446, 459.

[83] Ähnlich *Kaulartz/Schmid/Müller-Eising*, RDi 2022, 521, 524.

[84] RegBegr. BT-Drs. 19/27653, 38; anknüpfend auch MüKoBGB/*Metzger*, 9. Aufl. 2022, § 327 Rn. 7; BeckOGK BGB/*Fries*, 01.05.2024, § 327 Rn. 7; BeckOK BGB/*Wendland/Soritz*, 01.05.2023, § 327 Rn. 39; Erman BGB/*Bernzen/Specht-Riemenschneider*, 17. Aufl. 2023, § 327 Rn. 16.

[85] MüKoBGB/*Metzger*, 9. Aufl. 2022, § 327 Rn. 7; RegBegr. BT-Drs. 19/27653, 38.

c) Zahlungsmittel als Leistung und Gegenleistung?

Die Vorschrift des § 327 Abs. 1 S. 2 BGB und die Erwägungsgründe der DIRL lassen vermuten, dass Richtlinien- und Umsetzungsgesetzgeber Token zumindest punktuell im Blick hatten. Die Gegenleistung des Verbrauchers, die gem. § 327 Abs. 1 S. 1 BGB in der Zahlung eines Preises besteht, kann gem. § 327 Abs. 1 S. 2 BGB nämlich auch die digitale Darstellung eines Werts zum Gegenstand haben. Die Parallelen zwischen obiger, untechnischer Definition von Token („digitalisierte, auf einer Blockchain dezentral gespeicherte Abbildung von Vermögenswerten") und dieser Umschreibung liegt auf der Hand. Laut Erwägungsgrund Nr. 23 DIRL sollen „virtuelle Währungen", also Currency Token, als Gegenleistung des Verbrauchers Anerkennung finden. Diesem Willen des Richtliniengebers hat der deutsche Gesetzgeber mit der Formulierung des § 327 Abs. 1 S. 2 BGB entsprochen, zumal er mit der Formulierung der digitalen Darstellung eines Wertes die Umschreibung des § 1 Abs. 11 S. 4 KWG aufgreift, der Kryptowerte definiert (die § 1 Abs. 11 S. 1 Nr. 10 KWG als Finanzinstrumente anerkennt).[86]

Dass (Currency) Token demnach nicht nur auf Leistungs-, sondern auch auf Gegenleistungsseite erfasst sind, erscheint allerdings überraschend und aus Perspektive der schuldrechtlichen Systematik problematisch, weil Leistung des Unternehmers und Gegenleistung des Verbrauchers verwischen. Der Richtliniengeber hat diese Problematik offenbar erkannt: Er stellt in Erwägungsgrund Nr. 23 DIRL fest, dass digitale Darstellungen eines Werts, die lediglich als Zahlungsmethode dienen, nicht zugleich auch als digitales Produkt angesehen werden sollen.

Diese Feststellung dogmatisch sauber zu erfassen, bereitet allerdings Schwierigkeiten, weil eine entsprechend einschränkende Auslegung im Wortlaut der Norm keine Stütze findet: Nach der Definition digitaler Inhalte in § 327 Abs. 2 S. 1 BGB sind Token vorbehaltslos erfasst. Weil Erwägungsgründe nicht zum verfügenden Teil der Richtlinie gehören und daher keine selbständige Rechtsquelle darstellen, sondern im Rang unter dem eigentlichen Normtext stehen,[87] können sie keine dem Wortlaut entgegenstehende Auslegung begründen.[88] Erwägungsgründe bilden jedoch ein Auslegungselement und können daher ein Argument auch für eine teleologische Reduktion liefern.[89] Die „begründungserwägungskonforme" Auslegung des Richtlinientexts gilt sogar als striktes Ge-

---

[86] BeckOK BGB/*Wendland/Soritz*, 01.05.2023, § 327 Rn. 62; krit. zu diesem Kriterium zudem Staudinger BGB/*Steinrötter*, 31.08.2024, § 327 Rn. 46.

[87] *Gumpp,* ZfPW 2022, 446, 454; vgl. außerdem *Köndgen/Mörsdorf*, in: Riesenhuber (Hrsg.), Europäische Methodenlehre, 4. Aufl. 2021, § 6 Rn. 75 f.

[88] *Gumpp,* ZfPW 2022, 446, 448.

[89] *Gumpp,* ZfPW 2022, 446, 463.

bot für den Rechtsanwender.[90] Angesichts der Pflicht zur richtlinienkonformen Auslegung des deutschen Rechts[91] erscheint eine teleologische Reduktion des § 327 Abs. 2 S. 1 BGB nicht lediglich zulässig, sondern erforderlich.[92] Der in der Begründungserwägung manifestierte Wille des Richtliniengebers erhält wegen der in Art. 4 DIRL vorgesehenen vollharmonisierenden Wirkung der Richtlinie zusätzlich an Gewicht, weil der Anwendungsbereich der §§ 327 ff. BGB ohne teleologische Reduktion weiter reichen würde als vom Richtliniengeber vorgesehen. Ein weiteres Argument für die teleologische Reduktion liefert § 327 Abs. 6 Nr. 5 BGB, der Finanzdienstleistungen, zu denen gem. § 312 Abs. 5 S. 1 BGB auch bestimmte zahlungsbezogene Dienstleistungen zählen, aus dem Anwendungsbereich der §§ 327 ff. BGB ausnimmt (hierzu sogleich). Obwohl Currency Token nicht unter diese Bereichsausnahme fallen, weil ihr Erwerb regelmäßig keine Dienstleistung des Veräußerers darstellt,[93] sprechen Gründe der Gleichbehandlung mit anderen elektronischen Zahlungsmitteln sowie der technologieneutrale Ansatz der DIRL (Erwägungsgrund Nr. 10 DIRL) dafür, sie gleichermaßen vom Anwendungsbereich auszunehmen.

Neben Currency Token kann sich die teleologische Reduktion auch auf Utility Token erstrecken, die ausschließlich als Zahlungsmittel fungieren und eine Art Gutschein darstellen.[94] Auch solche Gutscheine gelten nämlich gem. Erwägungsgrund Nr. 23 DIRL als digitale Darstellung eines Werts. Schutzlücken stehen nicht zu befürchten, weil der Hauptvertrag an §§ 327 ff. BGB zu messen ist. Die teleologische Reduktion führt insoweit vielmehr zu einem Gleichlauf mit § 327a Abs. 1 BGB, der bei hybriden Verträgen („Paketverträgen") die Regelungen zu digitalen Produkten nur für diejenigen Bestandteile des Vertrags zur Anwendung bringt, die solche Produkte betreffen.

3. Hybride Verträge i. S. v. § 327a BGB

Auch wenn Token (mit Ausnahme von Currency Token und bestimmten Utility Token) vom Anwendungsbereich der §§ 327 ff. BGB erfasst sind, ist beim Erwerb extrinsischer Token zu bedenken, dass es dabei tatsächlich um mehrere Vertragsgegenstände geht, nicht nur um Token, sondern auch um die damit ver-

---

[90] *Köndgen/Mörsdorf*, in: Riesenhuber (Hrsg.), Europäische Methodenlehre, 4. Aufl. 2021, § 6 Rn. 78.

[91] Vgl. statt aller BGHZ 179, 27 = NJW 2009, 427, 428; *Nettesheim*, in: Grabitz/Hilf/Nettesheim (Hrsg.), Das Recht der Europäischen Union, 82. EL Mai 2024, AEUV Art. 288 Rn. 133 ff.; *Gumpp*, ZfPW 2022, 446, 461.

[92] So im Erg. auch *Wegge*, SpuRt 2022, 354, Fn. 43; *Sénéchal*, in: Schulze/Staudenmayer (Hrsg.), EU Digital Law, 2020, Richtlinie (EU) 2019/770 Art. 2 Rn. 8.

[93] Anders wohl MüKoBGB/*Metzger*, 9. Aufl. 2022, § 327 Rn. 26; *Spindler/Sein*, MMR 2019, 415, 419.

[94] A.A. *Spindler/Sein*, MMR 2019, 415, 419.

knüpften Rechte. Weil § 327a BGB den Anwendungsbereich der §§ 327 ff. BGB für Verträge mit mehreren bzw. gemischten Vertragsgegenständen einschränkt, ist zu prüfen, ob es sich bei Verträgen über den Erwerb extrinsischer Token um Paketverträge i. S. v. § 327a Abs. 1 BGB handelt.

Da der Erwerb des Tokens die Bereitstellung eines digitalen Produkts darstellt, würde ein Paketvertrag gem. § 327a Abs. 1 S. 1 BGB voraussetzen, dass der zeitgleiche Erwerb des verkörperten Rechts die Bereitstellung einer Sache oder einer Dienstleistung darstellt. In Betracht kommt alleine die Bereitstellung einer Dienstleistung. Während eine solche Bereitstellung mit Blick auf § 611 BGB fern liegt, ist der für § 327a Abs. 1 BGB maßgebliche europäische Dienstleistungsbegriff weiter.[95] Mangels einer sekundärrechtlichen Legaldefinition wird er unter Rückgriff auf gewöhnlichen Sprachgebrach, Systematik und Zweck der jeweils einschlägigen Vorschrift[96] gemeinhin so verstanden, dass jede entgeltliche, unternehmerische Leistung erfasst ist, die keinen Kaufvertrag über Waren darstellt.[97] Der Erwerb von Rechten wäre lediglich ausgeschlossen, wenn man Dienstleistungen mit dem BGH auf tätigkeitsbezogene Leistungen beschränkt.[98] Das europäische Vertragsrecht operiert dagegen mit dem Begriffspaar „Waren und Dienstleistungen", um unternehmerische Leistungen als Regulierungsobjekt zu erfassen.[99] In Anlehnung an die Regelungslogik der Grundfreiheiten, die Dienstleistungen negativ in Abgrenzung zu Waren verstehen (vgl. Art. 57 Abs. 1 AEUV), lässt sich daher jedes Vertragsobjekt entweder dem Begriff der Ware oder demjenigen der Dienstleistung zuordnen.[100] Auch im Lichte von Erwägungsgrund Nr. 33 DIRL besteht der Zweck des auf Art. 3 Abs. 6 DIRL basierenden § 327a Abs. 1 BGB darin, jeden Vertragsbestandteil dem jeweils sachnäheren Recht zuzuordnen und dadurch die Erfassung (partieller) digitaler Gestaltungen sicherzustellen.[101] Folglich gelten für die als digitale Inhalte qualifizierten Token die Vorgaben der §§ 327 ff. BGB, während der mit dem Tokenerwerb einhergehende Rechtserwerb gem. § 327a Abs. 1 S. 2 BGB diesen Vorschriften nicht unterliegt, sondern den Regeln über den Rechtskauf oder sonst einschlägigen Normen.

---

[95] Vgl. BGH, NJW-RR 2017, 368, 371 Rn. 37; BeckOGK BGB/*Fries*, 01.05.2024, § 327a Rn. 4.

[96] Vgl. EuGH v. 10.03.2005 – C-336/03, *easyCar UK Ltd/Office of Fair Traiding*, Slg. I 2005, 188 Rn. 21; BGH, NJW-RR 2017, 368, 371 Rn. 36.

[97] Erman BGB/*Bernzen/Specht-Riemenschneider*, 17. Aufl. 2023, § 327a Rn. 7; MüKoBGB/*Wendehorst*, 9. Aufl. 2022, 312 Rn. 23.

[98] BGH, NJW-RR 2017, 368, 371 Rn. 37.

[99] Vgl. dazu *Wendland*, ZVglRWiss 118 (2019), 191, 200.

[100] Ähnlich *Maume*, in: Maume/Maute (Hrsg.), Rechtshandbuch Kryptowerte, 2020, § 8 Rn. 50.

[101] Dahingehend *Gansmeier/Kochendörfer*, ZfDR 2022, 261, 263.

4. Bereichsausnahme für Finanzdienstleistungen gem. § 327 Abs. 6 Nr. 5 BGB

Angesichts der funktionalen Vergleichbarkeit von Token und Wertpapieren[102] drängt sich die Frage auf, ob Token der Bereichsausnahme für Finanzdienstleistungen in § 327 Abs. 6 Nr. 5 BGB unterfallen. Zu den Finanzdienstleistungen zählt die bereichsübergreifende Legaldefinition in § 312 Abs. 5 S. 1 BGB „Vertragsverhältnisse[n] über Bankdienstleistungen sowie Dienstleistungen im Zusammenhang mit einer Kreditgewährung, Versicherung, Altersversorgung von Einzelpersonen, Geldanlage oder Zahlung". In dieser Definition (und im Definiendum) findet zwar wiederum der Dienstleistungsbegriff Verwendung. Dabei kommt es wiederum nicht auf das Verständnis des § 611 BGB an. Im Übrigen liegt dieser Norm jedoch ein ganz anderes Verständnis zugrunde als § 327a Abs. 1 BGB: Anstelle der Gegenüberstellung von Waren und Dienstleistungen liegt der Schwerpunkt auf einem eng umrissenen Katalog von Geschäftsfeldern, dem sich die fraglichen (Finanz-)Dienstleistungen zuordnen lassen müssen. Die Bereichsausnahme nimmt Dienstleistungen vom Anwendungsbereich aus, die bereits sektoralen Bestimmungen für Finanzdienstleistungen unterliegen.[103] Finanzdienstleistungen lassen sich insofern als Leistungen verstehen, die durch spezielleres Finanzdienstleistungsrecht geregelt werden, unabhängig davon, ob die dort vorgesehenen Schutzmechanismen für Verbraucher denjenigen der §§ 327 ff. BGB inhaltlich entsprechen.[104] Weil die Bereichsausnahme auf der Richtlinienvorgabe basiert, sind alleine europäische Vorgaben zu Finanzdienstleistungen maßgeblich, nicht autonomes mitgliedstaatliches Recht.[105] Bedeutung hat (bislang) besonders die MiFID II:[106] Verträge, die sich auf von dieser Richtlinie erfasste Finanzinstrumente beziehen, lassen sich unabhängig von ihrer vertragstypologischen Einordnung – bei Kommissionsgeschäft oder Eigenhandel als Kaufvertrag –[107] regelmäßig als Finanzdienstleistung qualifizieren, weil sie dem Zweck der Geldanlage i. S. v. § 312 Abs. 5 S. 1 BGB dienen. Erfasst sind daher auch Geschäfte mit Asset Token,[108] während andere Token, namentlich Utility Token und Currency Token, regelmäßig nicht als Finanzin-

---

[102] Vgl. *Omlor*, ZRP 2021, 169, 169.

[103] I.d.S. Erwägungsgrund Nr. 30 DIRL; ähnlich in verbraucherrechtlichem Zusammenhang Erwägungsgrund Nr. 32 Verbraucherrechte-RL.

[104] Vgl. MüKoBGB/*Wendehorst*, 9. Aufl. 2022, § 312 Rn. 129.

[105] *Kirschbaum/Stepanova*, BKR 2019, 286, 288; *Maume*, in: Maume/Maute (Hrsg.), Rechtshandbuch Kryptowerte, 2020, § 8 Rn. 38; ähnlich BeckOGK BGB/*Busch*, 01.07.2023, § 312 Rn. 93; allg. vgl. EuGH BKR 2020, 403 Rn. 24.

[106] Richtlinie 2014/65/EU des Europäischen Parlaments und des Rates vom 15. Mai 2014 über Märkte für Finanzinstrumente sowie zur Änderung der Richtlinien 2002/92/EG und 2011/61/EU, ABl. L 173 S. 349.

[107] Vgl. ausdrücklich *Seiler/Geier*, in: Ellenberger/Bunte (Hrsg.), Bankrechts-Handbuch, 6. Aufl. 2022, § 84 Rn. 4 ff.; *Maume*, in: Maume/Maute (Hrsg.), Rechtshandbuch Kryptowerte, 2020, § 8 Rn. 39; in diese Richtung auch MüKoBGB/*Wendehorst*, 9. Aufl. 2022, § 312 Rn. 143; Staudinger BGB/*Thüsing*, Neubearbeitung 2024, § 312 Rn. 78.

[108] *Maume*, in: Maume/Maute (Hrsg.), Rechtshandbuch Kryptowerte, 2020, § 8 Rn. 38.

strument gelten und somit nicht der MiFID II unterliegen. Weil jene anderen Token nach bisheriger Rechtslage nicht vom Finanzmarktrecht erfasst waren, ließen sich einschlägige Geschäfte nicht als Finanzdienstleistungen qualifizieren und unterlagen daher nicht der Bereichsausnahme des § 327 Abs. 6 Nr. 5 BGB. Ob sie als Rechnungseinheit i. S. d. § 1 Abs. 11 S. 1 Nr. 7 Alt. 2 KWG oder als Kryptowert i. S. d. § 1 Abs. 11 S. 1 Nr. 10 KWG zu subsumieren waren,[109] spielte keine Rolle, weil es sich bei diesen beiden Tatbeständen um genuin deutsches, nicht um europäisches Recht handelte.[110]

Diese Bewertung könnte sich allerdings mit Inkrafttreten der 2023 verabschiedeten europäischen Verordnung über Märkte für Kryptowerte (MiCAR)[111] ändern bzw. geändert haben. Sachlich erfasst diese Verordnung gem. Art. 2 Abs. 1 MiCAR Kryptowerte und damit Token aller Art; ausgenommen sind lediglich bestimmte Token, die bereits durch andere europäische Gesetzgebungsakte erfasst sind. Diese Ausnahme betrifft vor allem MiFID II-Finanzinstrumente (Art. 2 Abs. 4 lit. a MiCAR), somit insbesondere Asset bzw. Investment Token. Überdies sieht Art. 2 Abs. 3 MiCAR – auch ohne spezifische einschlägige EU-Regulierung –eine Ausnahme von NFTs vor. Die europäischen Rechtsregeln zu Kryptowerten und Finanzinstrumenten sind mithin durch die MiCAR eng miteinander verschränkt. Zudem sieht diese Verordnung Regelungsinstrumente und -konzepte vor, die dem klassischen Bankaufsichts- sowie Kapitalmarktrecht entlehnt sind, insbesondere der E-Geld-RL sowie der MiFID II.[112] Vor diesem Hintergrund spricht viel dafür, die MiCAR als sektoral spezifisches Finanzdienstleistungsrecht zu qualifizieren, das von der Bereichsausnahme des § 327 Abs. 6 Nr. 5 BGB erfasst ist. Gegen diese Überlegung sprechen allerdings der Wortlaut, weil die MiCAR im Gegensatz zur MiFID II gerade nicht als finanzbezogene Regelung bezeichnet ist, und auch die Systematik, die das Recht der Kryptowerte und das Recht der Finanzinstrumente als zwei separate, trennscharf voneinander unterschiedene Rechtsmaterien konzipiert. Während Geschäfte mit Finanzinstrumenten neben der MiFID II noch zusätzlichen, spezifisch vertragsrechtlichen Regelungen wie der Verbraucherkreditrichtlinie unterliegen, ist die MiCAR zudem primär aufsichtsrechtlicher Natur. Ob die Bereichsausnahme Anwendung finden soll, obwohl die MiCAR keinerlei Regeln beispielsweise zu Mängeln von Token enthält, lässt sich daher

---

[109] Vgl. *Schäfer,* in:. Fischer/Schulte-Mattler, KWG, CRR-VO, 6. Aufl. 2023, KWG § 1 Rn. 287 und Rn. 300c m. w. N.

[110] Der Tatbestand des „Kryptowerts" folgt zwar aus der 5. Geldwäsche-RL der EU, bezog sich aber eben nur auf das Geldwäscherecht. Die überschießende Umsetzung im KWG war insofern ein deutscher Sonderweg.

[111] Verordnung (EU) 2023/1114 des Europäischen Parlaments und des Rates vom 31. Mai 2023 über Märkte für Kryptowerte und zur Änderung der Verordnungen (EU) Nr. 1093/2010 und (EU) Nr. 1095/2010 sowie der Richtlinien 2013/37/EU und (EU) 2019/1937, ABl. L 150 S. 40.

[112] S. *Maume,* RDi 2022, 461, 462; *Omlor,* ZHR 187 (2023), 635, 637.

aus teleologischer Perspektive hinterfragen. Mit dem Widerrufsrecht gem. Art. 13 MiCAR enthält die Verordnung trotz ihres aufsichtsrechtlichen Charakters jedoch zumindest auch verbraucherschützende Instrumente.[113] Zudem zählt Deckungsgleichheit im Schutzniveau nicht zu den Anwendungsvoraussetzungen der Bereichsausnahme des § 327 Abs. 6 BGB.[114]

Maßgeblich dürfte letztlich sein, welche konkrete Dienstleistung in Rede steht. Die MiCAR unterscheidet einerseits hinsichtlich der Tokenarten zwischen vermögenswertereferenzierten Token, E-Geld-Token und sonstigen Token. Andererseits regelt sie neben der Ausgabe von Kryptowerten auch die Dienstleistungen von Kryptowerte-Dienstleistern, die in Titel V nach dem Vorbild entsprechender Regeln für Finanzdienstleister ausgestaltet sind. Während die Subsumtion von Verbraucherverträgen mit Kryptowerte-Dienstleistern unter die Bereichsausnahme des § 327 Abs. 6 BGB nahe liegt, ist bei Angebot bzw. Ausgabe von Token genauer und differenziert nach Token-Arten zu prüfen, ob es sich um eine Dienstleistung handelt. Bei E-Geld-Token und vermögenswertereferenzierten Token i. S. d. Titel III und IV MiCAR bestehen offensichtlich Parallelen zu den Zahlungsdienstleistungen von E-Geld-Emittenten, die ihrerseits unstreitig von § 312 Abs. 5 S. 1 BGB erfasst sind.[115] Die Pflicht zur fortlaufenden Stabilisierung durch eine Vermögenswertreserve i. S. d. Art. 36 ff. MiCAR bzw. Kundengeldsicherung i. S. v. Art. 48 Abs. 3 i. V. m. Art. 54 MiCAR i. V. m. Art. 7 E-Geld-RL verleiht der Emission zudem Dienstleistungscharakter. Indessen dienen E-Geld- und vermögenswertereferenzierte Token Zahlungszwecken und sind daher nach hier vertretener Auffassung ohnehin nicht vom Tatbestand des § 327 Abs. 1 S. 1 BGB erfasst (vgl. oben, IV.2.c). Ob das Angebot sonstiger Token eine Finanzdienstleistung darstellt, erscheint dagegen zweifelhaft. Im Gegensatz zu E-Geld- und vermögenswertereferenzierten Token unterliegen solche Token weder einem Erlaubnisvorbehalt noch laufenden aufsichtsrechtlichen Pflichten; Emittenten müssen lediglich ein Whitepaper veröffentlichen (zum Whitepaper sogleich Abschn. V. 2.). Diese Publizitätspflicht ähnelt der Prospektpflicht bei Finanzinstrumenten, deren Emission und Direktvertrieb ihrerseits in der Regel nicht als Finanzdienstleistung erfasst ist.[116] Auch dürfte eine tätigkeitsbezogene Leistung fehlen, die der BGH für Dienstleistungen voraussetzt.[117] Vor allem wollte der europäische Gesetzgeber reine Emissionen nicht als Finanzdienstleistung erfasst wissen. Eine Aufzählung von Finanzdienstleistungen, die in einer Vorgängerregelung zur Verbraucherrech-

---

113 Dazu näher *Maume*, RDi 2023, 493.

114 S. Nachw. Fn. 104.

115 Vgl. zu diesen Dienstleistungen *Omlor*, ZHR 187 (2023), 635, 637; *Omlor*, ZdiW 2023, 131.

116 I.d.S. wohl MüKoBGB/*Wendehorst*, 9. Aufl. 2022, § 312 Rn. 142 f.

117 Vgl. BGH, NJW-RR 2017, 368, 371 Rn. 36.

te-RL (vgl. Art. 3 Abs. 1 i. V. m. Anhang II Fernabsatz-RL) enthalten war,[118] verwies gerade nicht auf prospektrechtliche Regelungen.[119] Die Ersetzung dieser Aufzählung durch die genannte Definition diente lediglich der Vereinfachung, sollte den Kreis der Finanzdienstleistungen aber nicht erweitern.[120] Wenn schon die Emission von Finanzinstrumenten nicht als Finanzdienstleistung zu verstehen ist,[121] dürfte auch das Angebot sonstiger Token nicht von der Bereichsausnahme erfasst sein. Gleiches gilt für Direktveräußerung von Token, soweit diese nicht als Kryptowerte-Dienstleistung zählt (vgl. jedoch Art. 3 Abs. 1 Nr. 16 lit. c und d MiCAR).[122] Der Direkterwerb von Currency Token wie Bitcoin oder Ether ist daher nicht von der Bereichsausnahme erfasst,[123] fällt allerdings ohnehin nicht in den Anwendungsbereich der §§ 327 ff. BGB, sofern man den Begriff der digitalen Produkte aufgrund der genannten Argumente teleologisch reduziert. Das Angebot von Utility Token fällt demgegenüber in den Anwendungsbereich und ist ebenfalls nicht von der Bereichsausnahme umfasst, so dass §§ 327 ff. BGB grundsätzlich anwendbar sind. Weil der Richtliniengeber die Ausnahme mit Blick auf den Wirkungsumfang von Finanzdienstleistungen weit verstanden wissen wollte, kann allerdings etwas anderes gelten, sofern Utility Token „mit Finanzdienstleistungen in Verbindung stehen" oder mit ihnen „Zugang zu Finanzdienstleistungen gewährt wird" (Erwägungsgrund Nr. 30 DIRL). Selbst wenn der Richtliniengeber bei dieser Formulierung primär an Banking-Apps gedacht haben mag, über die Finanzdienstleister ihre Leistungen anbieten, lässt sich ganz ähnlich bei Utility Token argumentieren, dass diese den gleichen Rechtsregeln unterworfen sein sollen wie Finanzdienstleistungen, sofern sie mit diesen in direktem Zusammenhang stehen oder Zugang zu diesen eröffnen.[124]

---

[118] Richtlinie 97/7/EG des Europäischen Parlaments und des Rates vom 20. Mai 1997 über den Verbraucherschutz bei Vertragsabschlüssen im Fernabsatz, ABl. L 144 S. 19.

[119] Seinerzeit galt die Verkaufsprospekt-RL, einer Vorgängerregelung zur heutigen Prospekt-VO: Richtlinie 89/298/EWG des Rates vom 17. April 1989 zur Koordinierung der Bedingungen für die Erstellung, Kontrolle und Verbreitung des Prospekts, der im Falle öffentlicher Angebote von Wertpapieren zu veröffentlichen ist, ABl. L 124 S. 8.

[120] Vgl. Staudinger BGB/*Thüsing*, Neubearbeitung 2024, § 312 Rn. 68.

[121] Dafür spricht auch die ausführliche Liste im Kommissionsvorschlag für die Finanzdienstleistungs-Fernabsatz-RL, die Dienstleistungen in Bezug auf die Emission nannte, nicht aber die Emission von Finanzinstrumenten selbst, s. KOM(1998) 468 endg.; vgl. auch MüKoBGB/*Wendehorst*, 9. Aufl. 2022, § 312 Rn. 129 und Fn. 146.

[122] Vgl. auch *Maume*, in: Maume/Maute (Hrsg.), Rechtshandbuch Kryptowerte, 2020, § 8 Rn. 39.

[123] A.A. Staudinger BGB/*Steinrötter*, 31.08.2024, § 327 Rn. 76; MüKoBGB/*Metzger*, 9. Aufl. 2022, § 327 Rn. 26; unklar *Spindler/Sein*, MMR 2019, 415, 419.

[124] Ähnlich MüKoBGB/*Wendehorst*, 9. Aufl. 2022, § 312 Rn. 20 zu elektronischen Gutscheinen, die entsprechend dem Recht zu behandeln seien, das sie verbriefen; daran anknüpfend zu Utility Token *Maume*, in: Maume/Maute (Hrsg.), Rechtshandbuch Kryptowerte, 2020, § 8 Rn. 45.

V. Anwendungsfragen

Auch wenn Token somit (teilweise) in den Anwendungsbereich der Regelungen zu digitalen Produkten gem. §§ 327 ff. BGB fallen können, scheinen Richtlinien- und Umsetzungsgesetzgeber deren Eigenheiten bei Erlass dieser Vorschriften nicht hinreichend vor Augen gehabt zu haben. Die Anwendung der Normen insbesondere zu digitalen Inhalten wirft vielfältige Fragen auf, so dass sich konkrete Rechtsfolgen teils schwer ermitteln lassen.

1. Zeitpunkt der Bereitstellung (§ 327b BGB)

Kommt ein Vertrag über digitale Produkte zustande, besteht die primäre Leistungspflicht des Unternehmers gem. § 327b Abs. 1 S. 1 BGB in deren Bereitstellung. Was den Zeitpunkt dieser Bereitstellung angeht, legt § 327b Abs. 2 BGB grundsätzlich unverzügliche Fälligkeit fest.[125] Bei Verträgen über Token fragt sich, zu welchem Zeitpunkt die Bereitstellung erfolgt. Für digitale Inhalte spezifiziert die Vorschrift des § 327b Abs. 3 BGB, dass deren Bereitstellung erfolgt, „sobald der digitale Inhalt oder die geeigneten Mittel für den Zugang zu diesem oder das Herunterladen des digitalen Inhalts dem Verbraucher unmittelbar oder mittels einer von ihm hierzu bestimmten Einrichtung zur Verfügung gestellt oder zugänglich gemacht worden ist“. Entsprechend soll es darauf ankommen, wann digitale Inhalte „in einem dezentral organisierten Peer-to-Peer-Netzwerk übermittelt“ werden.[126]

Eine solche Übermittlung kann auf zwei unterschiedliche Arten erfolgen, die man als off- und on-chain-Transaktionen bezeichnet.[127] Im Fall einer off-chain-Transaktion eröffnet der Schuldner dem Gläubiger durch Übermittlung eines sog. Private Key den Zugriff auf eine Wallet, in der sich die geschuldeten Token befinden.[128] Die Bereitstellung erfolgt daher in dem Zeitpunkt, in dem der Gläubiger Zugriff auf den Private Key bekommt. Um auszuschließen, dass der Schuldner durch Kenntnis des Private Key weiterhin auch selbst Zugriffsmöglichkeiten auf die geschuldeten Token behält, schalten die Parteien in der Regel einen vertrauenswürdigen Intermediär zwischen.[129] In diesem Fall erfolgt die Bereitstellung, sobald dieser Intermediär dem Gläubiger den Zugriff gewährt.

---

[125] Näher zum allgemeinen Normzusammenhang *Möslein*, in: Martini/Möslein/Rostalski (Hrsg.), Recht der Digitalisierung, 2024, § 6 Rn. 18 f.; *Stürner*, JURA 2022, 32, 36.

[126] BeckOGK BGB/*Fries*, 01.05.2024, § 327b Rn. 7.

[127] S. etwa *Denga*, in: Möslein/Omlor (Hrsg.), FinTech-Handbuch, 3. Aufl. 2024, § 13 Rn. 31; *Fromberger/Zimmermann*, in: Maume/Maute (Hrsg.), Rechtshandbuch Kryptowerte, 2020, § 1 Rn. 94–96.

[128] Prägnant *Fromberger/Zimmermann*, in: Maume/Maute (Hrsg.), Rechtshandbuch Kryptowerte, 2020, § 1 Rn. 96: „Anpassung [lediglich] auf Buchungsebene“.

[129] *Pesch*, Cryptocoin-Schulden, 2017, S. 139; *Maute*, in: Maume/Maute (Hrsg.), Rechtshandbuch Kryptowerte, 2020, § 6 Rn. 61.

Alternativ kann die Übermittlung erfolgen, indem dem Gläubiger Zugriff auf die Token durch Zuordnung unmittelbar auf der Blockchain an dessen sog. Public Key gewährt wird. Bei solchen sog. On-Chain-Transaktionen ist der Zeitpunkt der Bereitstellung ungleich schwieriger zu ermitteln. Je nach technischer Darstellung der Token lässt sich entweder auf den Eintrag im Kontobuch (bei kontenbasierten Modellen) oder auf die Fortschreibung der Transaktionshistorie (bei UTXO-basierten Modellen) abstellen.[130] Indessen erscheint keineswegs zweifelsfrei, ob eine solche Umschreibung, die neben der nach der Architektur der jeweiligen Blockchain erforderlichen Bestätigung durch eines der üblichen Verifizierungverfahren (proof of work, proof of stake oder proof of importance) die darauf basierende Hinzufügung eines neuen Blocks voraussetzt,[131] für die Bereitstellung des Token iSv § 327b Abs. 3 BGB bereits ausreicht. Transaktionen gelten nämlich gemeinhin erst nach Hinzufügung weiterer Blöcke als wirklich unumkehrbar, weil zuvor noch das Risiko sog. Forks besteht, d.h. der Aufspaltung der jeweiligen Blockchain durch Entstehen mehrerer konkurrierender Blöcke, bei denen anschließend nur die längere Kette fortgeführt wird.[132] Erst nach Hinzufügung einer bestimmten Anzahl weiterer Blöcke sinkt die Wahrscheinlichkeit des Durchsetzens einer kürzeren Kette signifikant ab, ohne jedoch ganz ausgeschlossen zu sein; im Falle von Bitcoin-Token geht man beispielsweise erst ab sechs nachfolgenden Blöcken davon aus, dass die fragliche Transaktion hinreichend sicher verbürgt ist.[133] Entsprechend soll die Erfüllung einer Token-Schuld im Rahmen der §§ 362 ff. BGB vorbehaltlicher abweichender Abreden erst eintreten, wenn die Transaktion durch Hinzufügung weiterer Blöcke ausreichend bestätigt worden ist.[134] Die gleichen Erwägungen müssen hinsichtlich der Bereitstellung digitaler Produkte gelten: Der insoweit erforderliche Zugriff auf den Vertragsgegenstand lässt sich erst dann bejahen, wenn der Transaktionserfolg hinreichend sicher, die Möglichkeit eines Forks also nahezu ausgeschlossen erscheint. Allerdings besteht ein Spannungsfeld zwischen diesem in § 327b Abs. 3 BGB normierten Erfordernis der Verfügbarkeit bzw. Zugänglichkeit der Token und der in § 327b Abs. 2 BGB statuierten Pflicht der unverzüglichen Bereitstellung: Je sicherer die Bereitstellung verbürgt sein soll, desto mehr Zeit nimmt sie in Anspruch. Das Spannungsfeld lässt sich jedoch im Rahmen der Auslegung des Begriffs „unverzüglich" auflösen, der sich terminologisch von der „sofortigen" Fälligkeit iSv § 271 Abs. 1 BGB unterscheidet und nach der Legaldefinition des § 121 Abs. 1 S. 1 BGB lediglich ohne schuldhaftes

---

130 Zu beiden Modellen bereits oben bei Fn. 14 ff.

131 Näher zu solchen Verifizierungsverfahren *Kuntz,* AcP 220 (2020), 51, 60 ff. m. w. N.

132 Vgl. *Fromberger/Zimmermann,* in: Maume/Maute (Hrsg.), Rechtshandbuch Kryptowerte, 2020, § 1 Rn. 29.

133 *Omlor,* ZHR 183 (2019), 294, 325.

134 *Maute,* in: Maume/Maute (Hrsg.), Rechtshandbuch Kryptowerte, 2020, § 6 Rn. 60.

Zögern bedeutet.[135] Die Funktionsweise der Blockchain und das Risiko von Forks fällt zweifelsohne nicht in den Verantwortungsbereich des Unternehmers und vermag daher kein entsprechendes Verschulden zu begründen. Die Auslegungszuständigkeit für den Begriff der Unverzüglichkeit liegt allerdings aufgrund der gleichlautenden Vorgabe des Art. 5 Abs. 2 DIRL beim EuGH, für den die Legaldefinition im Allgemeinen Teil des deutschen BGB nicht maßgeblich ist.[136] An der Wertung dürfte sich indessen auch auf europäischer Ebene nichts ändern, weil die anderen Sprachfassungen („without undue delay" bzw. „sans retard injustifié") sowie die Entstehungsgeschichte der Richtlinie nahelegen, „dass der europäische Gesetzgeber die Haftung des Unternehmers für die schuldhaft verursachte Verzögerungen einschränken wollte".[137]

2. Produktmängel (§ 327e BGB)

Auch bei den Vorschriften zur verschuldensunabhängigen Haftung des Unternehmers für Mängel, die als „Herzstück" der Regelungen zu digitalen Produkten gelten,[138] stellen sich für Token schwierige Anwendungsfragen. Bei Produktmängeln unterscheidet § 327e BGB zwischen subjektiven und objektiven Anforderungen sowie Anforderungen an die Integration.[139]

Ähnlich wie im Kaufrecht fallen bei den subjektiven Anforderungen vor allem die vereinbarte Beschaffenheit sowie die nach dem Vertrag vorausgesetzte Verwendung ins Gewicht (§ 327e Abs. 2 S. 1 Nr. 1 BGB); ergänzend treten Vereinbarungen über Zubehör, Anleitungen und Kundendienst sowie über Aktualisierungen hinzu (§ 327e Abs. 2 S. 1 Nr. 2 und 3 BGB). Die Annahme subjektiver Anforderungen setzt in jedem Fall voraus, dass die Parteien eine entsprechende vertragliche Vereinbarung getroffen haben. Da Token-Transaktionen typischerweise auf Handelsplattformen erfolgen, auf denen Verträge nicht unmittelbar zwischen Käufer und Verkäufer zustande kommen, sondern die Plattform Vertragspartner wird,[140] kommt es auf die Erklärungen an, die die Plattform abgibt oder sich zumindest zu eigen macht. Einerseits kommen die Allgemeinen Geschäftsbedingungen der Handelsplattformen in Betracht, die als Nutzungsbedingungen jedoch nicht die Eigenschaften der gehandelten Token, sondern die Handelsmodalitäten regeln.[141] Trotz ihrer Ausstrahlung auf

135 Vgl. *Möslein*, in: Martini/Möslein/Rostalski (Hrsg.), Recht der Digitalisierung, 2024, § 6 Rn. 18.

136 *Stürner*, JURA 2022, 32, 36; Jauernig BGB/*Kern*, 19. Aufl. 2023, § 327b BGB Rn. 2; ausf. MüKoBGB/*Metzger*, 9. Aufl. 2022, § 327b Rn. 3.

137 MüKoBGB/*Metzger*, 9. Aufl. 2022, § 327b Rn. 3 m. w. N.

138 *Wendehorst*, NJW 2021, 2913, 2917.

139 Näher *Möslein*, in: Martini/Möslein/Rostalski (Hrsg.), Recht der Digitalisierung, 2024, § 6 Rn. 20.

140 S. dazu bereits oben, unter IV.1.

141 Dazu im Einzelnen *Hoch*, in: Maume/Maute (Hrsg.), Rechtshandbuch Kryptowerte, 2020, § 7 Rn. 54–56.

die einzelnen Kaufverträge bilden diese Bedingungen deshalb inhaltlich keinen tauglichen Anknüpfungspunkt subjektiver Anforderungen gem. § 327e Abs. 2 BGB. Andererseits kann man an das bei Tokenemissionen übliche, inzwischen in der MiCAR positivrechtlich normierte und inhaltlich standardisierte Whitepaper anknüpfen, das gem. Art. 6 Abs. 1 lit. f) MiCAR unter anderem „Informationen über den Kryptowert" enthält und sich daher inhaltlich als Vereinbarung iSv § 327e Abs. 2 S. 1 BGB deuten lässt.[142] Ähnlich wie Prospekte bei Börsengeschäften zeichnen sich Token-Whitepaper zwar durch ein hohes Maß an Standardisierung aus, das individuelle Vereinbarungen etwa über Beschaffenheit oder Verwendungszwecke grundsätzlich ausschließt. Subjektive Anforderungen sind jedoch auch in standardisierter Form denkbar. Weil beispielsweise auch einseitige Nutzungsbedingungen und Leistungsbeschreibungen von Anbietern digitaler Produkte als Grundlage subjektiver Anforderungen anerkannt sind (vgl. Erwägungsgrund 42 DIRL),[143] spricht viel dafür, die Angaben im Whitepaper ebenfalls als Vereinbarung i.S.v § 327e Abs. 2 S. 1 BGB zu deuten.

Neben der Standardisierung besteht allerdings eine weitere Besonderheit darin, dass die fragliche Information regelmäßig nicht von der Handelsplattform als Vertragspartner, sondern vom Emittenten als Dritten veröffentlicht wird. Insoweit bestehen Ähnlichkeiten zur kaufrechtlichen Haftung des Verkäufers für Herstellerangaben, die eine Beschaffenheitsvereinbarung begründen, soweit sich der Verkäufer diese zu eigen macht, unter den Voraussetzungen des § 434 Abs. 3 S. 1 Nr. 2 b) i. V. m. S. 3 BGB jedoch auch die objektiven Anforderungen bestimmen können.[144] Ähnlich wie für Herstellerangaben im Kaufrecht ist vorrangig zu prüfen, ob die Informationen im Kryptowerte-Whitepaper eine konkludente Beschaffenheitsvereinbarung begründen.[145] Dass Token großvolumig standardisiert sind und Plattformbetreiber zudem in das von der MiCAR spezifisch regulierte Verfahren der Whitepaper-Erstellung und Veröffentlichung eingebunden sind, spricht zwar dafür, dass sich diese den Inhalt des Whitepapers infolge der daraus resultierenden gründlichen Prüfung zu eigen machen.[146] Gegen eine Beschaffenheitsvereinbarung mit der Plattform spricht allerdings, dass Whitepaper infolge der aufsichtsrechtlichen Vorgabe in Art. 6 Abs. 3 MiCAR auf ihrer ersten Seite die „eindeutige und deutlich erkennbare Erklärung" enthalten (müssen), dass der Anbieter des Kryptowerts „die alleinige Verantwortung für den Inhalt dieses Kryptowerte-Whitepapers" trägt. Auch

---

142 Näher zur Pflicht zur Erstellung eines Whitepapers *Buck-Heeb*, BKR 2023, 689, 689 f.

143 Vgl. dazu MüKoBGB/*Metzger*, 9. Aufl. 2022, § 327e Rn. 20.

144 S. etwa Jauernig BGB/*Berger*, 19. Aufl. 2023, § 434 Rn. 17; vgl. ferner, MüKoBGB/*Westermann*, 9. Aufl. 2024, § 434 Rn. 60f.

145 Zu den (strengen) Anforderungen vgl. BGH, NJW 2008, 1517, Rn. 13; BGH, NJW 2017, 2817, Rn. 13; BGH, NJW 2018, 146, Rn. 18; BGH, NJW 2021, 2958 Rn. 61.

146 Nach dem Willen des Verordnungsgebers dienen die Informationen über die Merkmale, Funktionen und Risiken der Kryptowerte zudem dem Schutz der potenziellen Kryptowerte-Kleinanleger, die sie zu kaufen beabsichtigen, vgl. Erwägungsgrund 24.

wenn diese Erklärung auf einer aufsichtsrechtlichen Vorgabe basiert, dürfte sie regelmäßig einer Vertragsauslegung gem. §§ 133, 157 BGB entgegenstehen, die stattdessen den Betreiber der Handelsplattform für den Inhalt des Whitepapers in die Pflicht nimmt. Etwas anderes gilt selbstverständlich in Fällen, in denen dieser Betreiber das Whitepaper erstellt und die entsprechende Erklärung abgibt (vgl. Art. 6 Abs. 3 S. 3 Alt. 2 MiCAR). Ob sich Plattformbetreiber den Inhalt eines vom Anbieter oder von einer anderen Person erstellten Whitepapers zu eigen gemacht haben, ist angesichts der skizzierten, widerstreitenden Argumente letztlich eine Frage der Vertragsauslegung im konkreten Einzelfall. Für Marketing-Mitteilungen des Anbieters gelten grundsätzlich zwar ähnliche Erwägungen, spricht aber die in Art. 7 MiCAR statuierte geringere verfahrensmäßige Einbindung der Plattform bei gleichlautender Erklärung der Verantwortungsübernahme noch stärker dagegen, dass sich die Plattform diese Erklärungen des Anbieters zu eigen macht.[147]

Selbst bei Ablehnung einer entsprechenden Vereinbarung ist jedoch keineswegs ausgeschlossen, statt subjektiver immerhin objektive Anforderungen gem. § 327e Abs. 3 BGB aus dem Kryptowerte-Whitepaper und selbst den Marketing-Mitteilungen abzuleiten. Ähnlich wie das Kaufrecht statuiert nämlich auch diese Norm in S. 2 eine Sonderregel zu öffentlichen Äußerungen „einer anderen Person in vorhergehenden Gliedern der Vertriebskette".[148] Der Token-Anbieter, mit dem die Plattform infolge der uneigentlichen Kommission gem. §§ 406 Abs. 1 S. 1, 383 ff. HGB ebenfalls in vertraglicher Beziehung steht,[149] lässt sich als ein solches Glied qualifizieren.[150] Ob sich ein Token für die gewöhnliche Verwendung eignet und ob er die übliche und erwartbare Beschaffenheit aufweist, ist daher in Rückgriff auf die genannten Informationsdokumente zu ermitteln. Schon weil diese nach den Regelungen der MiCAR veröffentlicht sind, wird der Plattform der gem. § 327e Abs. 3 S. 3 BGB zulässige Gegenbeweis in aller Regel zumindest nicht unter Berufung auf mangelnde Kenntnis gelingen.[151] Die Informationen in Whitepaper und Marketing-Mitteilungen zur Grundlage der objektiven Anforderungen zu machen, erscheint auch deshalb sachgerecht, weil sich solche Anforderungen bei so innovativen Produkten wie Token, bei denen sich aufgrund ihrer Neuheit noch keine allgemeine Verkehrserwartung herausgebildet hat, anders meist nicht sinnvoll feststellen lassen.[152] Inhaltlich können die objektiven Anforderungen insbesondere

---

[147] Vgl. dazu *Maume*, RDi 2023, 493, 499: keine Überfrachtung der Marketing-Mitteilungen.

[148] Näher MüKoBGB/*Metzger*, 9. Aufl. 2022, § 327e Rn. 43; zur kaufrechtlichen Parallelvorschrift vgl. Nachw. Fn. 144.

[149] S. oben, bei Fn. 56.

[150] I.d.S. auch Erwägungsgrund 21 DIRL (auch Hersteller des Produkts); vgl. MüKoBGB/*Metzger*, 9. Aufl. 2022, § 327e Rn. 43.

[151] Dazu allgemein MüKoBGB/*Metzger*, 9. Aufl. 2022, § 327e Rn. 44.

[152] I.d.S. *Kirchhefer-Lauber*, JuS 2021, 1125, 1128.

Eigenschaften der Funktionalität, Kompatibilität und Interoperabilität von Token adressieren.[153] Bezugspunkt kann beispielsweise die Interoperabilität von Token zwischen verschiedenen Plattformen sein, die zumindest auf der gleichen Blockchain betrieben werden.[154] Auch die den Token zugrunde liegenden Technologien oder deren umweltbezogene nachteilige Auswirkungen, die in Art. 6 Abs. 1 S. 1 lit. h) bzw. j) MiCAR explizit als Gegenstände der Pflichtpublizität benannt sind, können zu den objektiven Anforderungen zählen.

3. Aktualisierungspflicht (§ 327f BGB)

Nach der Regelung des § 327f Abs. 1 BGB, die als zentrale Neuerung der jüngsten Reform gilt,[155] hat der Unternehmer sicherzustellen, dass Verbraucher Aktualisierungen, die für den Erhalt der Vertragsmäßigkeit des digitalen Produkts erforderlich sind oder derer es zur Gewährleistung der Sicherheit des digitalen Produkts bedarf, bereitgestellt bekommen und über diese Aktualisierungen auch informiert werden. Weil typische digitale Produkte die Eigenheit haben, sich fortwährend dynamisch zu verändern, setzt die Funktionsfähigkeit und Sicherheit dieser Produkte nämlich immer wieder neue Aktualisierungen voraus, die deshalb gem. § 327e Abs. 2 Nr. 3 BGB zu den objektiven Anforderungen digitaler Produkte zählen.[156] Weil jedoch nur solche Aktualisierungen geschuldet sind, die für den Erhalt oder die Herstellung der vertragsmäßig geschuldeten Hauptleistung erforderlich sind, fragt sich bei DLT-basierten Token, ob auch diese ein regelmäßiges Update brauchen. Die charakteristische Eigenheit solcher Token besteht nämlich gerade darin, dass sie nicht einseitig, auch nicht vom Hersteller, verändert werden können: Man spricht auch von „Unveränderlichkeit by design".[157] Im Rahmen des § 327f BGB ist anerkannt, dass es digitale Inhalte geben kann, bei denen keine Aktualisierungen zu erwarten sind und daher keine Aktualisierungspflicht besteht.[158] Wenn als Beispiel digitale Fotografien genannt werden,[159] liegen Parallelen zu NFTs auf der Hand, lässt sich der Grundgedanke jedoch auch auf andere Token übertragen: Token sind digi-

---

[153] So für Produkte mit IT-Bestandteilen: *Borges*, in: Borges/Keil (Hrsg), Rechtshandbuch Big Data, 2024, § 7 Rn. 83.

[154] Ähnlich etwa für NFTs im Metaverse: *Kaulartz/Schmid/Müller-Eising*, RDi 2022, 521, 523 f.

[155] BT-Drs. 19/27653, 58; ähnlich *Hessel/Potel*, RDi 2022, 25; *Spindler*, MMR 2021, 451, 455; *Stürner*, JURA 2022, 32, 39; *Wendehorst*, NJW 2021, 2913, 2917 („Durchbruch für den Verbraucherschutz").

[156] *Möslein*, in: Martini/Möslein/Rostalski (Hrsg.), Recht der Digitalisierung, 2024, § 6 Rn. 21.

[157] I.d.S. *Siegel*, in: Omlor/Link (Hrsg.), Kryptowährungen und Token, 2. Aufl. 2023, 76, 85.

[158] Erman BGB/*Bernzen/Specht-Riemenschneider*, 17. Aufl. 2023, § 327f Rn. 16 m.w.H.

[159] Vgl. nochmals Erman BGB/*Bernzen/Specht-Riemenschneider*, 17. Aufl. 2023, § 327f Rn. 16.

tale Produkte, denen es jedoch infolge ihrer Unveränderlichkeit an einer charakteristischen Eigenheit solcher Produkte fehlt und die deshalb regelmäßig keiner Aktualisierungspflicht unterliegen.

4. Rechtsmängel (§ 327g BGB)

Vertragsmäßigkeit erfordert, dass der Unternehmer das digitale Produkt nicht nur frei von Produkt-, sondern auch frei von Rechtsmängeln i. S. d. § 327g BGB bereitstellt. Nach dieser Vorschrift müssen Verbraucher das Produkt nach den subjektiven oder objektiven Anforderungen gem. § 327e Abs. 2 und 3 nutzen können, ohne Rechte Dritter zu verletzen.[160] Im Zusammenhang mit Token als digitalen Produkten ist in dieser Hinsicht vor allem die weitgehend ungeklärte Rechtsnatur von Token problematisch: Mangels Sachqualität kann jenseits des eWpG Eigentum an Token nicht erworben werden.[161] Fehlt jedoch die eigentumsrechtliche Zuordnung, erscheint auch die von § 327g BGB geforderte rechtssichere Nutzungseinräumung problematisch. Allerdings steht die fehlende Sachqualität von Token umgekehrt auch einem Erwerb dinglicher Rechte durch Dritte entgegen. Nutzungsbeschränkungen durch entgegenstehende Rechte Dritter sind daher nicht denkbar.[162] Die Rechtsunsicherheit, die allgemein aus der fehlenden Sachqualität resultiert, stellt daher grundsätzlich keinen Rechtsmangel i. S. d. § 327g BGB dar. Wenn jedoch NFTs digitale Kunst abbilden, ohne urheberrechtlich abgesichert zu sein, leiden sie durchaus unter einem Rechtsmangel. Ein solcher Mangel ist ebenfalls denkbar, wenn Token von Strafverfolgungsbehörden auch bei Dritten beschlagnahmt oder eingezogen werden können, weil sie aus illegalen Vorgängen stammen.[163]

VI. Ergebnis

Ein allgemeines Privatrecht für Token tut Not. Während die rechtswissenschaftliche Debatte bislang vor allem um die Rechtsnatur und sachenrechtliche Einordnung von Token kreist, stellen sich auch im jüngst reformierten Schuldrecht Qualifikationsfragen, insbesondere hinsichtlich der – begrifflich keineswegs fernliegenden – Frage, ob Token digitale Produkte i. S. d. §§ 327 ff. BGB sind. Der Beitrag hat gezeigt, dass sich Token grundsätzlich entsprechend subsumieren lassen; im Regelfall handelt es sich bei Token um digitale Inhalte. Lediglich Token, die ausschließlich Zahlungszwecken dienen (insbesondere Cur-

---

[160] Ausf. *Stürner,* JURA 2022, 32, 38 f.

[161] Vgl. dazu statt aller *Omlor,* NJW 2024, 335, 335 f.

[162] I.d.S. mit Blick auf § 435 BGB: *Maute,* in: Maume/Maute (Hrsg.), Rechtshandbuch Kryptowerte, 2020, § 6 Rn. 126.

[163] S. nochmals *Maute,* in: Maume/Maute (Hrsg.), Rechtshandbuch Kryptowerte, 2020, § 6 Rn. 126; ferner *Pesch,* Cryptocoin-Schulden, 2017, S. 151.

rency Token und Stablecoins), sind im Wege einer teleologischen Reduktion vom Tatbestand auszunehmen, weil sie als Gegenleistung des Verbrauchers i.S.v. § 327 Abs. 1 S. 2 BGB zu qualifizieren sind. Gleiches gilt für als Gutscheine emittierte Utility Token. Sonstige Utility Token sowie Investment Token fallen dagegen grundsätzlich in den Anwendungsbereich der §§ 327 ff. BGB. Eine partielle Ausnahme gilt lediglich, soweit der Erwerb der Token im Rahmen einer Finanzdienstleistung gem. § 327 Abs. 6 Nr. 5 BGB erfolgt. Klassische NFTs fallen demgegenüber stets in den Anwendungsbereich der §§ 327 ff. BGB. Gleichwohl scheinen Richtlinien- und Umsetzungsgesetzgeber die Eigenheiten von Token nicht hinreichend vor Augen gehabt zu haben, weil die Anwendung dieser Vorschriften auf Token vielfältige Fragen aufwirft und sich konkrete Rechtsfolgen nicht leicht ermitteln lassen. Besonders augenfällig zeigt sich dies am Beispiel der Aktualisierungspflicht gem. § 327f BGB, die als Herzstück der Regelungen zu digitalen Produkten gilt: Infolge ihrer Unveränderlichkeit fehlt es Token an einer charakteristischen Eigenheit digitaler Produkte, so dass sie regelmäßig keiner Aktualisierungspflicht unterliegen.

Blockchain-Token als Herausforderung an das Kartellrecht

Julia Lübke und Zoe Kuhzarani

I. Grundzüge der Blockchain-Technologie und kartellrechtliche Fragestellungen

Die Tokenisierung, die rechtssichere Verknüpfung von Vermögenswerten mit Blockchain-Token,[1] hat das Potenzial, die Finanzmärkte grundlegend zu verändern. Die Abbildung von Vermögenswerten auf Blockchains kann einen dezentralen Handel der entstehenden Token unter Verzicht auf Intermediäre ermöglichen und dadurch den Handel schneller und kostengünstiger machen.[2] Je nach Gestaltungsform oder Einsatzbereich kann die Blockchain-Technologie zwar

[1] S. https://zevedi.de/themen/tofi/. Diese und alle im Folgenden zitierten Internetseiten wurden am 02.08.2024 zuletzt abgerufen.

[2] S. nur OECD, Blockchain Technology and Competition Policy (DAF/COMP/WD(2018)47), 08.06.2018, Nr. 5 (unter https://one.oecd.org/document/DAF/COMP/WD(2018)47/en/pdf).

variieren. Die technischen Grundzüge sind jedoch schon 2008 im Bitcoin Whitepaper[3] beschrieben worden, und hinsichtlich der Kernmerkmale besteht Einigkeit.[4]

Blockchains lassen sich als dezentrale Datenbanken beschreiben, die auf einem Peer-to-Peer-System gründen. Die in der Blockchain gespeicherten Informationen werden auf den Computern der Blockchain-Nutzer, der „Nodes“ (Knotenpunkte) – gewissermaßen einem dezentral organisierten Server –, gespeichert und fortlaufend aktualisiert.[5] Transaktionen, die auf der Blockchain vorgenommen werden, werden von den Nutzern in Daten-„Blöcken“, die sich aus dem Transaktionsteil und dem Block Header zusammensetzen, gebündelt, validiert und an die vorhandene Blockchain angereiht.[6] Dabei erhält der Block Header einen Zeitstempel und zwei mit digitalen Fingerabdrücken vergleichbare[7] kryptografische Prüfsummen, sog. „Hashes“, von denen einer auf die im jeweils vorangegangen Block enthaltenen Informationen Bezug nimmt und der zweite die im aktuellen Block enthaltenen Daten widerspiegelt.[8] Die Validierung und damit die Fortschreibung der Blockchain erfordert den Konsens jedenfalls einer Mehrheit der zur Überprüfung berechtigten Nutzer, der „Full Nodes“, über die Gültigkeit des anzuhängenden Blocks.[9] Die Nutzer handeln dabei, wie stets auf der Blockchain, unter einem „Public Key“, einem Pseudonym ähnlich einer Kontonummer.[10] Eine nachträgliche Änderung oder Manipulation von Daten in bereits angehängten Blöcken ist nach dem Stand der Technik aufgrund des einzusetzenden Rechenaufwands praktisch unmöglich.[11] Eine Blockchain speichert Transaktionen also dezentral, chronologisch, praktisch unveränderlich und zudem für alle Nutzer einsehbar und rückverfolg-

---

[3] *Nakamoto*, Bitcoin: A Peer-To-Peer Electronic Cash System, 2008 (unter https://bitcoin.org/bitcoin.pdf).

[4] Zu verschiedenen Definitionsansätzen und Ausprägungen von Blockchain-Systemen z.B. *Schlatt/Schweizer/Urbach/Fridgen*, Blockchain: Grundlagen, Anwendungen und Potenziale, 2016, S. 7ff.; zu den Kernmerkmalen einer Blockchain z.B. *Kaulartz*, in: Möslein/Omlor (Hrsg.), FinTech-Handbuch, 3. Aufl. 2024, § 5 Rn. 37ff.; anschaulich OECD, OECD Blockchain Primer, 2018 (unter https://web-archive.oecd.org/2018-10-25/492841-OECD Blockchain-Primer.pdf).

[5] *Louven*, InTeR 4/2018, 176, 177.

[6] *Fromberger/Zimmermann*, in: Maume/Maute (Hrsg.), Rechtshandbuch Kryptowerte, 2020, § 1 Rn. 13f.

[7] *De Filippi/Wright*, Blockchain and the Law, 2018, S. 22.

[8] *Martini/Weinzierl*, NVwZ 2017, 1251, 1255 Fn. 48 und Glossar a. E.

[9] *Louven/Saive*, NZKart 2018, 348, 350; MüKoWettbR/*Paschke*, 4. Aufl. 2023, Art. 101 AEUV Rn. 188.

[10] *Sorge/Krohn-Grimberghe*, DuD 2012, 479, 480; *Boehm/Pesch*, MMR 2014, 75, 76.

[11] *Kusserow*, WM 2020, 586, 589; *Lewis*, A gentle introduction to immutability of blockchains, 29.02.2016 (unter https://bitsonblocks.net/2016/02/29/a-gentle-introduction-to-immutability-of-blockchains/); zur theoretischen Möglichkeit einer nachträglichen Veränderung *Gramlich/Grobe/Urbach* (in diesem Band), unter II. 2. Fn. 11 m. w. N.

bar.[12] Die Aufteilung der Kontrollrechte auf eine Vielzahl von Systembetreibern, die der Fortschreibung der Kette im Zuge der Validierung zustimmen müssen, soll zudem die Authentizität und Fälschungssicherheit der Blockchain-Eintragungen sicherstellen.[13]

Die Dezentralität der Blockchain, verbunden mit ihrer Unveränderlichkeit und Transparenz, schafft damit mittelbar auch Vertrauen auf anonymisierten Märkten, auf denen die Parteien ihre künftigen Vertragspartner nicht kennen und deren Integrität nicht beurteilen können. Die Maximierung des technischen Vertrauens in das Blockchain-System senkt die notwendigen Vertrauensanforderungen an andere Teilnehmer, also potenzielle Transaktionspartner, vereinfacht so die Durchführung von Transaktionen mithilfe festgelegter Protokolle[14] und sichert die Funktionsfähigkeit von Transaktionsmärkten.[15] Damit erfüllt die Blockchain Funktionen, die bei Transaktionen zwischen einander unbekannten Finanzmarktakteuren herkömmlicherweise durch die Zwischenschaltung etablierter und staatlich regulierter Intermediäre erfüllt werden.[16] Blockchains sind deswegen für einen Einsatz auf den Finanzmärkten[17] in besonderem Maße geeignet. Der erste große Anwendungsfall der Blockchain war die Kryptowährung Bitcoin, die inzwischen durch eine Vielzahl weiterer Blockchain-Währungen[18] und spezieller Stablecoins[19] ergänzt wird. Auch ande-

---

[12] Eingehend zu den Charakteristika einer Blockchain *De Filippi/Wright*, Blockchain and the Law, 2018, S. 33ff.

[13] Vgl., selbst skeptisch, *Topp*, Elektronische Aktien, 2022, 133f.; eingehend zu technisch bedingten Sicherheitsrisiken der Blockchain *Spindler*, ZGR 2020, 707, 714ff. m.w.N. und *Denga*, JZ 2021, 227, 229f.

[14] *De Filippi/Mannan/Reijers*, Technology in Society 62 (2020) 101284, 6ff. (unter https://doi.org/10.1016/j.techsoc.2020.101284); zur Blockchain als Wegbereiterin für „trustless trust" *Werbach*, Summary: Blockchain, The Rise of Trustless Trust?, 20.09.2019 (unter https://repository.upenn.edu/server/api/core/bitstreams/ec88d936-9c9c-4605-b3a7-5ee6796ca6b3/content); s. auch *Hoffer/Mirtchev*, NZKart 2019, 239, 240: „öffentliches Vertrauen"; weitergehend – Entbehrlichkeit des Vertrauens in die anderen Beteiligten der Blockchain – *Lennartz*, DNotZ 2022, 886, 887.

[15] *Lübke*, in: Möslein/Omlor (Hrsg.), Kryptoaktien, 2024, 39, 40.

[16] Zur durch die Blockchain ermöglichten Disintermediation als zentralem Charakteristikum der Digitalisierung des Finanzsektors *Möslein/Omlor*, in: dies. (Hrsg.), FinTech-Handbuch, 3. Aufl. 2024, § 1 Rn. 4.

[17] Zu Blockchain-Kooperationen in anderen Bereichen s. *Reimers/Brack/Modest*, WuW 2020, 64 (Einsatz im Bereich Supply Chain); *Schäfer*, K&R 2020, Beiheft 1, 31 (Einsatz als Beweismittel im Bereich des gewerblichen Rechtsschutzes); *Saive*, RdTW 2018, 85 (zur Anwendung in der Transportwirtschaft); *Bauer/Fiedler/Friehoff*, VersR 2023, 1141 (zur Anwendung in der Versicherungswirtschaft); *Hinerasky/Kurschildgen*, DB 2016, Beilage 4, 35 (zur Anwendung in der Besteuerungspraxis); *Linardatos*, CR 2022, 571 (als Lösungsansatz für intelligente Medizinprodukte); *Laschewski*, WPg 2017, 359 (Einsatz in der Buchführung).

[18] Die britische Financial Conduct Authority (FCA) schätzte die Zahl der verschiedenen Kryptowährungen Anfang 2023 auf über zwanzigtausend, wobei viele dieser Währungen keine signifikante Marktkapitalisierung vorweisen, s. FCA, Crypto: The Basics (unter https://www.fca.org.uk/investsmart/crypto-basics).

[19] Zu diesem Sonderfall einer Kryptowährung, bei dem der Wert an andere Vermögens-

re Finanzprodukte lassen sich auf einer Blockchain abbilden, etwa Kredite,[20] Derivate[21] und tokenisierte Immobilien.[22] Seit kurzem können deutsche Aktiengesellschaften auch Kryptoaktien ausgeben, wenngleich diese noch nicht börsenfähig sind.[23]

Die Dezentralität der Blockchain wird zugleich als Argument dafür angeführt, dass Blockchains regelmäßig keine kartellrechtlichen Probleme aufwürfen, sondern gar dieselben Ziele verfolgten wie das Kartellrecht.[24] Das Kartellrecht wirke nämlich Zentralisierungstendenzen entgegen, um einen funktionierenden Wettbewerb zwischen unabhängigen Marktteilnehmern sicherzustellen.[25] In der Tat ist der Einsatz von Blockchains, z.B. im Finanzmarkt, grundsätzlich geeignet, Marktmacht zu begrenzen und den Wettbewerb zu erweitern.[26] So ist beispielsweise die alleinige Stellung der Clearstream Banking AG als Wertpapiersammelbank[27] seit der Einführung elektronischer Aktien beendet, weil das Wertpapierregister für solche Aktien von jeder Depotbank geführt werden kann und im Falle von Kryptoaktien sogar dezentral unter der Verantwortung jeder beliebigen Stelle geführt wird.[28]

Gegen Zentralisierungstendenzen richten sich im Kartellrecht indes vor allem Art. 102 AEUV[29] und die Fusionskontrolle. Das Kartellverbot in Art. 101 AEUV nimmt Vereinbarungen und Verhaltensabstimmungen zwischen verschiedenen, „dezentral" handelnden Unternehmen in den Blick, die auch über eine Blockchain erfolgen können. Es ist zudem nicht ausgeschlossen, dass ein Unternehmen innerhalb einer Blockchain eine marktbeherrschende Stellung erlangt oder dass in der Blockchain zusammenwirkende Unternehmen dort ge-

---

werte, etwa Fiatwährungen oder Rohstoffe, oder auch andere Kryptowährungen gebunden werden kann, *Omlor*, ZHR 187 (2023), 635.

[20] *Omlor/Franke*, BKR 2022, 679, 680f.

[21] Zu deren Mechanismen näher *Schär*, Federal Reserve Bank of St. Louis Review 2021, 153, 166ff.

[22] S. *Wellerdt*, WM 2021, 2379, 2380f. und zur ggf. fehlenden Börsenfähigkeit 2381ff.

[23] Näher *Lübke*, in: Möslein/Omlor (Hrsg.), Kryptoaktien, 2024, 39, 45 und passim; s. auch den Beitrag von *Omlor* (in diesem Band), unter VII. 1.

[24] So insbes. *Schrepel*, Blockchain + Antitrust, 2021, S. 67ff.; *ders./Buterin*, Berkeley Technology Law Journal 2021, 1, 7f.; ferner *Miller*, Washington Lee Law Review Online 2021, 387, 402; *ders.*, Columbia Science and Technology Law Review 2022, 106, 111 („antitrust self-regulation" von Blockchains).

[25] *Schrepel*, Blockchain + Antitrust, 2021, S. 67ff. (zur ratio des Sherman Act).

[26] S. *Catalini/Tucker*, Antitrust Law Journal 2019, 861, 865ff. zur Begrenzung der Machtposition von Online-Plattformen.

[27] Schulz/Neumann/*Lendermann/Nemeczek*, eWpG, 2023, § 4 Rn. 61 (auch zur EZB als weiterer, gesetzlicher Wertpapiersammelbank mit Befugnis zur Schuldbuchführung).

[28] Näher *Lübke*, in: Möslein/Omlor (Hrsg.), Kryptoaktien, 2024, 39, 40, 45 sowie *Omlor* (in diesem Band), unter VII. 1.

[29] Der Beitrag unterstellt, dass Blockchain-Anwendungen im Finanzsektor spürbare Auswirkungen auf den Handel zwischen den Mitgliedstaaten i.S.d. Zwischenstaatlichkeitsklausel der Art. 101, 102 AEUV entfalten und somit dem Unionskartellrecht unterfallen.

meinsam eine solche Stellung erlangen und Art. 102 AEUV dann auch im Kontext der Blockchain Anwendung findet.

Kartellrechtliche Fragen des Blockchain-Einsatzes reihen sich daher ein in die Herausforderungen, vor die die besonderen Strukturen[30] und die rasante Entwicklung der Digitalökonomie das Kartellrecht[31] und verwandte Bereiche der Regulierung[32] stellen. Gerade Plattformen im Technologiesektor profitieren in besonderem Maße von Skaleneffekten sowie Null-Grenzkosten und ihren häufig mit anderen Diensten koppelbaren, modularen Produkten.[33] Dadurch entstehen von monopolistischen oder oligopolistischen Strukturen, „Lock-in-Effekten" und Marktzutrittshürden geprägte „Winner-takes-it-all"-Märkte mit der Besonderheit, dass die prägenden Anbieter ihre Aktivitäten vergleichsweise leicht auf weitere Märkte ausweiten und so digitale Ökosysteme errichten können, die für Wettbewerber schwer angreifbar und für Nutzer teils alternativlos sind.[34]

Die European Securities and Markets Authority (ESMA) hat schon 2017, die Organization for Economic Co-operation and Development (OECD) 2018 beispielhaft mögliche Kartellverstöße unter Einsatz einer Blockchain hervorgehoben, etwa durch den Gebrauch der Blockchain zur Verhaltensabstimmung, durch die Verweigerung des Zugangs zu einer Blockchain durch ein marktbeherrschendes – oder mehrere kollektiv marktbeherrschende – Unternehmen oder durch die Verweigerung des Zugangs zum für die Errichtung einer neuen Blockchain erforderlichen geistigen Eigentum, etwa im Falle der Verweigerung von Lizenzen durch Patentinhaber.[35] Die Beobachtung der Auswirkungen, die die Blockchain-Technologie auf den Wettbewerb entfaltet, und die Entwicklung geeigneter Eingriffsmechanismen im Falle drohender Wettbewerbsbeschränkungen sind auch weiterhin Teil der Agenda von Kartellbehörden weltweit.[36]

---

[30] S. z.B. zur Plattformökonomie *Louven*, Kartellrechtliche Innovationstheorie für digitale Plattformen, 2021, S. 33f.; zur Notwendigkeit der Plattformregulierung s. *Podszun*, Gutachten F zum 73. Deutschen Juristentag München 2020/Bonn 2022, F 60ff.

[31] Grundlegend schon Monopolkommission, Wettbewerbspolitik: Herausforderung digitale Märkte, Sondergutachten 68, 2015; speziell zur Verwendung von Algorithmen Monopolkommission, Wettbewerb 2018, XXII. Hauptgutachten, 2018, 62ff. (Algorithmen und Kollusion), BT-Drucks. 19/3300, Rn. 165; s. etwa die Einführung von § 19a GWB durch die 10. GWB-Novelle (GWB-Digitalisierungsgesetz) v. 18.01.2021 BGBl. I, 2.

[32] S. als Beispiele für eine Regulierung außerhalb des Kartellrechts den Digital Markets Act, VO (EU) 2022/1925, den Digital Services Act, VO (EU) 2022/2065 und die Platform-to-Business-Verordnung (Fairness und Transparenz), VO (EU) 2019/1150.

[33] *Podszun*, in: ders. (Hrsg.), Digital Markets Act, 2023, Einleitung Rn. 2.

[34] *Kumkar*, ZEuP 2022, 530, 536.

[35] ESMA, Report on The Distributed Ledger Technology Applied to Securities Markets (ESMA50-1121423017-285), 07.02.2017, Nr. 37f.; OECD, Blockchain Technology and Competition Policy (DAF/COMP/WD(2018)47), 08.06.2018, Nr. 17–20 (unter https://one.oecd.org/document/DAF/COMP/WD(2018)47/en/pdf).

[36] S. etwa das Digital Competition Communiqué des G7 Competition Authorities and

Im Zusammenhang mit dem Einsatz der Blockchain-Technologie im Finanzmarkt sind auch bereits wettbewerbsrechtliche Verfahren geführt worden. So hat die EU im Jahre 2019 eine Untersuchung zu wettbewerbsrechtlichen Aspekten der damals von Meta beabsichtigten Einführung der Kryptowährung *Libra* eingeleitet,[37] diese Untersuchung nach Aufgabe des Projekts aber ohne Ergebnis beendet. Schon vor der Einleitung eines Verfahrens erledigt haben sich kartellrechtliche Bedenken angesichts der im November 2022 angekündigten Übernahme der finanziell angeschlagenen Kryptobörse FTX durch den Konkurrenten Binance, die einen Tag nach ihrer Ankündigung wieder abgesagt wurde.[38] Auch in Gerichtsverfahren kam es bislang nicht zu Aussagen über kartellrechtliche Fragen der Blockchain, z.B. weil die behauptete wettbewerbsbeschränkende Absprache – etwa: das Bitcoin-Cash-Netzwerk zu „hijacken"[39] – nicht nachgewiesen werden konnte. Derzeit anhängig ist eine Klage beim UK Competition Appeal Tribunal gegen sechs Kryptobörsen, mit der Investoren im Wege kollektiven Rechtsschutzes Schadensersatz fordern, weil die Beklagten durch die Entfernung der Kryptowährung Bitcoin Satoshi Vision von ihren Plattformen gegen Art. 101 AEUV verstoßen hätten.[40]

Daher sind zu den kartellrechtlichen Risiken, die die Tokenisierung und insbesondere der Einsatz von Blockchains auf den Finanzmärkten birgt, immer noch viele Fragen offen, auch wenn sich dem Schrifttum[41] erste Lösungsansätze entnehmen lassen. Einige dieser Risiken sollen im Folgenden näher untersucht werden. Dabei wird es zum einen um die (bloße) Errichtung einer Blockchain

Policymakers' Summit, 08.11.2023, Nr. 7ff. (z.B. unter https://www.jftc.go.jp/en/pressreleases/yearly-2023/November/231108G7_result1EN.pdf).

[37] FAZ v. 21.08.2019 (abrufbar unter https://www.faz.net/pro/d-economy/eu-hat-bedenken-bei-libra-bitcoin-kurs-faellt-16344116.html).

[38] Wirtschaftswoche v. 10.11.2022 (abrufbar unter https://www.wiwo.de/finanzen/geldanlage/kryptowaehrungen-mega-uebernahme-geplatzt-kryptoboerse-binance-schluckt-ftx-doch-nicht/28796724.html).

[39] S. United American Corporation v. Bitmain, Inc., 530f. Supp. 3d 1241 (S.D. Fla. 2021).

[40] UK Competition Appeal Tribunal, Rs. 1523/7/7/22 (unter https://www.catribunal.org.uk/cases/15237722-bsv-claims-limited). Die Klage wurde im Juli 2024 zugelassen.

[41] *Louven*, InTer 4/2018, 176ff.; *Louven/Saive*, NZKart 2018, 349ff.; *Zetsche/Buckley/Arner*, University of Illinois Law Review 2018, 1361ff.; *Schrepel*, Georgetown Law Technology Review 2019, 281ff.; *ders.*, Harvard Journal of Law and Technology 2019, 117ff.; *Hoffer/Mirtchev*, NZKart 2019, 239ff.; *Nazzini*, King's College London Law School Research Paper No. 2019-20 (unter https://papers.ssrn.com/sol3/papers.cfm?abstract_id=3256728); *Massarotto*, Notre Dame Journal on Emerging Technologies 2020, 252ff.; *Reimers/Brack/Modest*, WuW 2020, 64ff.; *Thomas/Julian*, Competition (Journal of the Antitrust and Unfair Competition Law Section of the California Lawyers Association), Fall 2020, 17ff.; *Treacy/Latham*, European Competition Law Review 2020, 602ff.; *Arcelus/Yenikomshian/Nocera*, Harvard Journal of Law and Technology, Digest Spring 2021, 1ff.; *Schrepel*, Blockchain + Antitrust, 2021; *Davilla*, Journal of European Competition Law & Practice 2022, 387ff.; *Miller*, Columbia Science and Technology Law Review 2022, 106ff.; *Serafimova/Salaschek/Stadler*, WuW 2022, 62ff.; *Seeliger/Rump*, in: Omlor/Link, Kryptowährungen und Token, 2. Aufl. 2023, Kap. 15.

und den Beitritt weiterer Nutzer zu dieser Blockchain, also um die Frage möglicher Kartellverstöße durch die Blockchain-Technologie als solche (sogleich II.), gehen und zum anderen um die spätere Nutzung der Blockchain (unten III.).[42]

II. Kartellverstoß durch die Blockchain-Technologie als solche

Art. 101 AEUV steht bestimmten Arten der Kooperation entgegen, insbesondere Vereinbarungen und aufeinander abgestimmten Verhaltensweisen zwischen Unternehmen, die eine Verhinderung, Einschränkung oder Verfälschung des Wettbewerbs bezwecken oder bewirken. Das Kartellverbot des Art. 101 AEUV erfasst also konzertiertes Verhalten mehrerer beteiligter Unternehmen.[43] Eine Vereinbarung ist eine Willensübereinstimmung zwischen mindestens zwei Unternehmen, sich auf dem Markt in einer bestimmten Weise zu verhalten.[44] Ob diese Vereinbarung rechtsverbindlich ist, ist aus Sicht des Kartellrechts unbeachtlich (s. Art. 101 Abs. 2 AEUV).[45] Der Auffangtatbestand der aufeinander abgestimmten Verhaltensweisen wiederum erfasst jede Koordinierung, die „bewußt eine praktische Zusammenarbeit an die Stelle des mit Risiken verbundenen Wettbewerbs treten lässt"[46] und dadurch dem Selbständigkeitspostulat, das den Wettbewerbsregeln zugrunde liegt, zuwiderläuft.[47] Die Fühlungnahme, d. h. die Abstimmung, ist kartellrechtswidrig, wenn die Unternehmen sich aufgrund der Abstimmung anschließend am Markt in einer der Abstimmung entsprechenden Weise verhalten.[48] Der Kausalzusammenhang zwischen der Abstimmung und dem entsprechenden Marktverhalten wird da-

[42] Ebenso die Unterteilung bei *Seeliger/Rump*, in: Omlor/Link, Kryptowährungen und Token, 2. Aufl. 2023, Kap. 15 Rn. 29ff., 40ff.

[43] MüKoWettbR/*Paschke*, 4. Aufl. 2023, Art. 101 EUV Rn. 77; *Louven/Saive*, NZKart 2018, 348.

[44] Z.B. EuGH v. 15.07.1970, Rs. 41/69 (ACF Chemiefarma/Kommission), ECLI:EU:C:1970:71 Rn. 110/114; EuG v. 26.10.2000, Rs. T-41/96 (Bayer/Kommission), ECLI:EU:T:2000:242 Rn. 67, 69, bestätigt in EuGH v. 06.01.2004, verb. Rs. C-2/01 P und C-3/01 P (Bundesverband der Arzneimittelimporteure und Kommission/Bayer), ECLI:EU:C:2004:2 Rn. 97.

[45] Z.B. EuGH v. 15.07.1970, Rs. 41/69 (ACF Chemiefarma/Kommission), ECLI:EU:C:1970:71 Rn. 110/114; EuG v. 26.10.2000, Rs. T-41/96 (Bayer/Kommission), ECLI:EU:T:2000:242 Rn. 68f.

[46] Grundlegend EuGH v. 14.07.1972, Rs. C-48/69 (Imperial Chemical Industries), ECLI:EU:C:1972:70 Rn. 64/67; st. Rspr., zuletzt EuGH v. 14.01.2021, Rs. C-450/19 (Eltel), ECLI:EU:C:2021:10 Rn. 22; aufgegriffen von der Kommission in ihren Horizontalleitlinien, zuletzt ABl. 2023 C 259/01 Rn. 14.

[47] S. EuGH v. 16.12.1975, verb. Rs. 40/73 u.a. (Suiker Unie), ECLI:EU:C:1975:174 Rn. 173/174.

[48] EuGH v. 08.07.1999, Rs. C-49/92 P (Kommission/Anic Partecipazioni), ECLI:EU:C:1999:356 Rn. 118.

bei vermutet.[49] Kartellrechtlich zulässig ist dagegen ein bloßes – auch bewusstes – Parallelverhalten, bei dem Unternehmen sich dem beobachteten Verhalten von Wettbewerben „mit wachem Sinn" anpassen, ohne dass eine Fühlungnahme erfolgt.[50] Die Ökonomie spricht hier von stillschweigender Kollusion („tacit collusion").[51] In beiden Fällen des Art. 101 AEUV, ob bei Vereinbarungen oder einem abgestimmten Verhalten, werden sowohl horizontale Kooperationen zwischen Wettbewerbern als auch vertikale Kooperationen in der Lieferkette erfasst.[52]

Die Blockchain wiederum ist auf Konsens ausgerichtet. Schon im ersten Schritt vereinbaren die Gründer eine bestimmte Ausgestaltung der Blockchain. Zudem willigt jeder weitere Nutzer ein, die technologisch festgelegten Regeln der Blockchain gelten zu lassen, dies in dem Bewusstsein, dass alle anderen Nutzer der Blockchain dasselbe tun. Im zweiten Schritt wird die Blockchain, wie oben (I.) ausgeführt, unter Nutzung eines (weiteren) Konsensmechanismus durch die zur Validierung berechtigten Nodes fortgeschrieben.

Dass die Funktionsfähigkeit der Blockchain darauf beruht, dass weitere Nutzer beitreten und somit in die geltenden Regeln einwilligen, ist den Gründern bewusst. Die Entscheidung, eine bestimmte Blockchain zu errichten oder zu nutzen, zielt also stets auf eine Vereinbarung ab, selbst wenn eine Person die Blockchain allein errichtet.[53] Diese Vereinbarung erfolgt zwar nicht unmittelbar zwischen den Nutzern, sondern nur mittelbar über die Blockchain. Das Kartellrecht stellt solche mittelbaren Kooperationen – seien es sog. Sternverträge verschiedener Unternehmen mit jeweils demselben Dritten,[54] sei es durch einen Informationsaustausch über eine dritte Mittelsperson in einem sog. „Hub-and-Spoke"-Kartell[55] – einer unmittelbaren Abrede bzw. Abstimmung aber gleich. Die Mittelsperson kann dabei auch ein Algorithmus sein,[56] so dass z.B. die Zustimmung, die durch die Registrierung als Nutzer erteilt wird, oder ein Informationsaustausch über die Blockchain ein Kartell begründen könnte.

Ein Informationsaustausch ist der Blockchain schon deswegen immanent, weil die Transaktionen in Blöcken dezentral bei den Nutzern, den Nodes, ge-

---

[49] EuGH v. 04.06.2009, Rs. C-8/08 (T-Mobile Netherlands), ECLI:EU:C:2009:343 Rn. 51 f.

[50] EuGH v. 16.12.1975, verb. Rs. 40/73 u. a. (Suiker Unie), ECLI:EU:C:1975:174 Rn. 173/174.

[51] Hierzu näher und m. w. N. *Lübke*, ZHR 185 (2021), 723, 733 ff.

[52] S. *Dreher/Kulka*, Wettbewerbs- und Kartellrecht, 12. Aufl. 2023, Rn. 949 ff., 956 ff.; s. ferner die Horizontalleitlinien der Kommission, ABl. 2023 C 259/01, z. B. Rn. 368, 370 (zum Informationsaustausch).

[53] S. auch *Seeliger/Rump*, in: Omlor/Link, Kryptowährungen und Token, 2. Aufl. 2023, Kap. 15 Rn. 30.

[54] BGH v. 19.06.1975, KVR 2/74 (Zementverkauf Niedersachsen), BGHZ 65, 30; näher *Kling/Thomas*, Kartellrecht, 2. Aufl. 2016, § 19 Rn. 122.

[55] *Kling/Thomas*, Kartellrecht, 2. Aufl. 2016, § 19 Rn. 123.

[56] *Wolf*, NZKart 2019, 2, 3; *Thomas*, ZHR 184 (2020), 222, 242 ff.; a. A. wohl *Louven/Saive*, NZKArt 2018, 348, 350 f. (Wegfall der Mittelsperson); hierzu noch unten III. 2. b) bb).

speichert und zu diesem Zweck von einem Nutzer an die anderen übermittelt werden. Selbst wenn nicht alle Nutzer als sog. Full Nodes an der Speicherung der Transaktionen beteiligt sind,[57] kommt es doch jedenfalls zwischen den voll Berechtigten zum Datenaustausch. Eine Verhaltensabstimmung i.S.d. Kartellverbots in Art. 101 AEUV setzt allerdings – neben der Unternehmenseigenschaft der Beteiligten, die für die Gründer und Nutzer hier und im Folgenden unterstellt werden soll – voraus, dass sie auf den Austausch bestimmter Informationen gerichtet ist, nämlich von strategischen Informationen, die das künftige Marktverhalten der Beteiligten betreffen.[58] Zu solchen „sensiblen Geschäftsinformationen" zählen beispielsweise Informationen über die Preisgestaltung, Produktionskapazitäten, Kunden und Ähnliches.[59]

Die bloße Einigung auf die Nutzung der Blockchain-Technologie ist damit kartellrechtlich unproblematisch.[60] Ihr wohnt keine Vereinbarung zum künftigen Marktverhalten der Nutzer inne, die neben der Blockchain weitere Technologien verwenden und die Nutzung der Blockchain auch ohne Sanktionen jederzeit wieder beenden können. Sie führt auch nicht zu einer kartellrechtswidrigen Verhaltensabstimmung. Für das Kartellrecht kommt es vielmehr darauf an, welche Funktionen die Blockchain im Einzelfall erfüllt bzw. welcher Art die ausgetauschten Informationen sind. Kartellverstöße geschehen also allenfalls durch die Nutzung der Blockchain (dazu unten III.). Daher ist auch der zweite Schritt, die Fortführung der Blockchain im Konsensmechanismus, für sich genommen kartellrechtlich unbedenklich. Zwar erfordert der Konsensmechanismus zur Aufnahme neuer Informationen in den Datensatz das Zusammenwirken jedenfalls der Mehrheit der zuständigen Nodes.[61] Auch hier kommt es aber darauf an, welche Transaktionen dabei validiert werden, ob sich der Konsens also überhaupt auf ein Marktverhalten bezieht. Ein Einsatz der Blockchain-Technologie, sei es als Gründer oder sonstiger Nutzer einer Blockchain, erfüllt als solcher schon nicht das Tatbestandsmerkmal der Vereinbarung oder Verhaltensabstimmung i.S.d. Art. 101 AEUV.[62]

---

[57] Zu sog. *permissioned* Blockchains, bei denen nicht alle Teilnehmer dieselben Rechte haben, *Fromberger/Zimmermann*, in: Maume/Maute (Hrsg.), Rechtshandbuch Kryptowerte, 2020, § 1 Rn. 7ff.

[58] S. die Nachw. o. Fn. 44; zu grundlegenden wettbewerbsrechtlichen Bedenken in diesem Fall s. die Horizontalleitlinien der Kommission, ABl. 2023 C 259/01 Rn. 377ff.

[59] Horizontalleitlinien der Kommission, ABl. 2023 C 259/01 Rn. 385.

[60] *Schrepel*, Blockchain + Antitrust, 2021, S. 142ff.

[61] Nochmals: *Louven/Saive*, NZKart 2018, 348, 350; MüKoWettbR/*Paschke*, 4. Aufl. 2023, Art. 101 AEUV Rn. 188.

[62] So wohl auch *Louven*, DSRITB 2019, 703, 707, der ein Rechtsbruchrisiko (erst) im Falle tatsächlich ausgetauschter Informationen identifiziert; a.A. *Reimers/Brack/Modest*, WuW 2020, 64, 69, die zumindest in der Transaktionsöffentlichkeit von öffentlichen Blockchain-Anwendungen einen indirekten Datenaustausch i.S.d. Art. 101 AEUV sehen; nur i.E. wie hier (wegen fehlender Wettbewerbsbeschränkung) *Seeliger/Rump*, in: Omlor/Link (Hrsg.), Kryptowährungen und Token, 2. Aufl. 2023, Kap. 15 Rn. 34f.

III. Kartellverstöße bei Nutzung der Blockchain-Technologie

Zu Recht stellen Regulierungsbehörden und internationale Organisationen daher nicht auf die Blockchain-Technologie als solche ab, wenn es um mögliche Kartellverstöße geht, sondern auf konkrete Einsatzbeispiele, etwa auf die Nutzung der Blockchain zur Abstimmung des künftigen Marktverhaltens oder auf die Verweigerung des Zugangs zur Blockchain.[63] Unterteilen lassen sich diese möglichen Kartellverstöße in solche, die innerhalb der Blockchain bleiben (sogleich 1.), und solche, die sich auf einen Markt außerhalb der Blockchain auswirken (unter 2.).

1. Absprachen und Machtmissbrauch innerhalb der Blockchain

Eine erste Möglichkeit für Kartellverstöße bei Nutzung der Blockchain bilden Absprachen zwischen den zur Validierung berechtigten Nodes zu Lasten der (übrigen) Nutzer, beispielsweise mit dem Ziel, höhere Transaktionsgebühren durchzusetzen. Die zur Validierung berechtigten Nutzer, die Full Nodes, entscheiden selbst, welche Transaktionen sie bündeln und damit vollziehen wollen.[64] Verweigern sie die Validierung von Transaktionen mit niedrigen Gewinnmargen, können sie die Preise möglicherweise in die Höhe treiben.[65] Solche Absprachen mögen fernliegen, wenn die Blockchain „permissionless" ist, wenn also alle Nutzer dieselben Teilhaberechte haben, damit allesamt zur Validierung berechtigt sind und die Absprache somit unter einer Vielzahl pseudonym handelnder Akteure getroffen und umgesetzt werden müsste.[66] Wird die Blockchain dagegen „permissioned" betrieben, ist also nur eine begrenzte Zahl von Full Nodes zur Teilnahme am Konsensmechanismus und damit zur Validierung berechtigt, oder hat eine „permissionless" Blockchain tatsächlich nur einen überschaubaren Nutzerkreis, so kommt eine Absprache und damit eine nach Art. 101 AEUV verbotene Vereinbarung eher in Betracht.[67] Gänzlich auszuschließen sind Absprachen aber auch nicht bei „permissionless" Blockchains mit einer Vielzahl von Nutzern.[68]

---

[63] S.o. bei und in Fn. 35.

[64] *Fromberger/Zimmermann*, in: Maume/Maute (Hrsg.), Rechtshandbuch Kryptowerte, 2020, § 1 Rn. 35.

[65] S. die Überlegung bei *Pike/Capobianco*, Antitrust and the Trust Machine, 2020, S. 8f. (unter https://web-archive.oecd.org/2020-11-04/568616-antitrust-and-the-trust-machine-2020.pdf).

[66] Zur Einteilung der Blockchains in „permissionless" und „permissioned" s. auch *Gramlich/Grobe/Urbach* (in diesem Band), unter II. 2.

[67] *Pike/Capobianco*, Antitrust and the Trust Machine, 2020, S. 9 (unter https://web-archive.oecd.org/2020-11-04/568616-antitrust-and-the-trust-machine-2020.pdf).

[68] S. nochmals o. Fn. 39 zum Vorwurf eines „hijackings" des Bitcoin-Cash-Netzwerks, bei dem sich eine wettbewerbsbeschränkende Absprache allerdings nicht nachweisen ließ.

Ist sogar nur ein Nutzer als Full Node zur Validierung berechtigt oder hat ein Full Node, allein oder gemeinsam mit anderen,[69] innerhalb der Blockchain eine beherrschende Stellung, ist auch ein Verstoß gegen Art. 102 AEUV denkbar, etwa wenn der Nutzer unangemessene Transaktionsgebühren erzwingt oder manche Nutzer bei der Validierung schlechter behandelt als andere (s. die Fallgruppen in Art. 102 UAbs. 2 lit. a, c AEUV).[70] Eine Machtkonzentration kommt insbesondere in Betracht, wenn neue Blöcke nach dem Proof-of-work-Mechanismus erstellt werden. Bei diesem sog. „Mining", das z. B. der Bitcoin-Blockchain zugrunde liegt und bei dem jeder Miner technisch gleich berechtigt ist, erstellt derjenige Nutzer den neuen Block und erhält dafür als Belohnung u. a. einen neuen Token, der als erster eine kryptografische Rechenaufgabe löst.[71] Die Wahrscheinlichkeit, hierbei zum Zuge zu kommen und das Wettrennen zu gewinnen, steigt mit der eingesetzten Rechenleistung, so dass Nutzer mit großen Rechenkapazitäten und Nutzer, die in „Mining Pools" zusammenarbeiten, im Vorteil sind. [72] Eine solche Zusammenarbeit kann sowohl gegen Art. 101 AEUV verstoßen als auch eine Machtkonzentration i. S. d. Art. 102 AEUV begründen.[73] Nutzt die Blockchain dagegen, wie beispielsweise Ethereum, einen Proof-of-stake-Mechanismus, so wählt der Algorithmus Nutzer zufallsbasiert zur Fortschreibung der Kette durch Anteilsnachweis, dem sog. „Minting", aus, wobei die Wahrscheinlichkeit, ausgewählt zu werden und die Belohnung für die Blockerstellung, in diesem Fall nur die Gebühren für die validierten Transaktionen, zu erhalten, mit der Anzahl der eingesetzten bzw. hinterlegten („staked") Token steigt.[74] Weil also auch hier mehr Token die Chancen auf den Erhalt der Gebühren steigern, kommt es auch hier zur Zusammenarbeit und Bündelung der Token in „Staking Pools",[75] so dass sich kartellrechtlich dieselben Fragen stellen.[76]

---

[69] Zu den Voraussetzungen einer kollektiven Marktbeherrschung *Mestmäcker/Schweitzer*, Europäisches Wettbewerbsrecht, 3. Aufl. 2014, § 17 Rn. 55 ff.

[70] S. auch, allerdings zu Unrecht mit Blick auf einen Machtmissbrauch „der Blockchain", *Pike/Capobianco*, Antitrust and the Trust Machine, 2020, S. 10 (unter https://web-archive.oecd.org/2020-11-04/568616-antitrust-and-the-trust-machine-2020.pdf).

[71] Näher *Baur/Brügmann/Sedlmeir/Urbach*, in: Leupold/Wiebe/Glossner (Hrsg.), IT-Recht, 4. Aufl. 2021, Teil 16.1 Rn. 14 ff.

[72] *Schrepel*, Blockchain + Antitrust, 2021, S. 149 f.

[73] Zur Idealkonkurrenz der beiden Vorschriften *Mestmäcker/Schweitzer*, Europäisches Wettbewerbsrecht, 3. Aufl. 2014, § 16 Rn. 24 ff.

[74] *Fromberger/Zimmermann*, in: Maume/Maute (Hrsg.), Rechtshandbuch Kryptowerte, 2020, § 1 Rn. 8 f., 58 ff.

[75] S. *Schrepel*, Blockchain + Antitrust, 2021, S. 150 Fn. 64. Die dort genannte Website https://etherscan.io wies auch beim Abruf am 02.05.2024 im Wesentlichen drei Namen als Gebührenempfänger auf. Zum Spannungsverhältnis zwischen der Verantwortlichkeit weniger leistungsstarker Pools für den Großteil der Transaktionen und dem Dezentralitätsgedanken von Blockchains schon *Schrepel*, Harvard Journal of Law and Technology 2019, 117, 135.

[76] A.A. („it appears more complicated") ohne nähere Begründung *Schrepel*, Blockchain + Antitrust, 2021, S. 150.

Ein Verstoß gegen Art. 102 AEUV setzt allerdings eine Machtkonzentration in Form einer marktbeherrschenden Stellung voraus. Eine Machtposition innerhalb einer Blockchain erfüllt dieses Kriterium nur, wenn die Blockchain einen eigenen Markt bildet, wenn also die dort angebotenen Leistungen „sich aufgrund ihrer Merkmale zur Befriedigung eines gleichbleibenden Bedarfs besonders eignen und [...] mit anderen Erzeugnissen oder Dienstleistungen nur wenig austauschbar sind."[77] Weil es bei der Marktabgrenzung darum geht festzustellen, ob sich ein Unternehmen gegenüber Wettbewerbern oder anderen Unternehmen in der Lieferkette „in nennenswertem Umfang unabhängig [...] verhalten [kann]", müssen bei der Prüfung „auch die Wettbewerbsbedingungen sowie die Struktur der Nachfrage und des Angebots auf dem Markt in Betracht gezogen werden".[78] Eine Blockchain bildet danach einen eigenen Markt, wenn sie eine einzigartige Leistung anbietet. Sie tut dies außerdem, wenn ein Wechsel zu einer konkurrierenden Blockchain aufgrund von Netzwerkeffekten oder sonstigen Wechselkosten für die Nutzer nicht in Betracht kommt, auch nicht, wenn die Transaktionskosten der Blockchain moderat steigen;[79] dann besteht ein „Lock-in-Effekt".[80] Ist etwa eine Kryptowährung, wie jedenfalls zeitweise und möglicherweise immer noch Bitcoin, aufgrund ihres herausragenden Bekanntheitsgrads und ihrer Akzeptanz als Online-Zahlungsmittel für bestimmte Nutzerkreise nicht ersetzbar, bildet die zugehörige Blockchain einen eigenen Markt. Wie sich die Besonderheiten von Blockchains bei der Berechnung der Marktanteile berücksichtigen lassen, ist ebenfalls Gegenstand aktueller Diskussionen.[81]

2. *Die Blockchain als Instrument von Wettbewerbsbeschränkungen auf anderen Märkten*

Die Nutzung der Blockchain kann auch Wettbewerbsbeschränkungen auf anderen Märkten zur Folge haben. Wie in den bisher besprochenen Fällen steht auch hier nicht ein Verhalten „der Blockchain" auf dem kartellrechtlichen Prüfstand, sondern das Verhalten ihrer Nutzer, sofern sie Unternehmen im Sinne des Kartellrechts sind. Eine Blockchain selbst ist aufgrund ihrer dezentralen Struktur nicht als „eine wirtschaftliche Tätigkeit ausübende Einheit"[82] mit „einer einheitlichen Organisation persönlicher, materieller oder immaterieller Mittel"[83] einzustufen und somit kein Unternehmen i. S. d. Art. 101 f. AEUV. Sie

[77] EuG v. 17.12.2003, Rs. T-219/99 (British Airways), ECLI:EU:T:2003:343 Rn. 91.

[78] A.a.O.

[79] So der verbreitet angewandte SSNIP-Test zur Ermittlung der Kreuzpreiselastizität, s. *Dreher/Kulka*, Wettbewerbs- und Kartellrecht, 12. Aufl. 2023, Rn. 842.

[80] Vgl. eingehend – zu den Lock-in-Effekten eines sozialen Netzwerks – BKartA v. 02.05.2022, B 6-27/21 (Meta) Rn. 189 ff.

[81] Diskussion verschiedener Ansätze bei *Schrepel*, Blockchain + Antitrust, 2021, 189 ff.; zu Kryptowährungen *Seeliger*, RdZ 2022, 73.

[82] EuGH v. 23.04.1991, Rs. C-41/90 (Höfner und Elser), ECLI:EU:C:1991:161 Rn. 21.

[83] EuG v. 10.03.1992, Rs. T-11/89 (Shell), ECLI:EU:T:1992:33 Rn. 311.

ist damit nicht Adressatin des Kartellrechts.[84] Versuche, im Kontext der Blockchain neuartige Adressaten zu konstruieren, etwa einen „nucleus" als lose Gruppe gemeinsam kartellrechtswidrig handelnder Blockchain-Nutzer,[85] sind *de lege lata* nicht zu begründen und versprechen, soweit ersichtlich, auch keinen Mehrwert. Das Phänomen eines gemeinsamen Handelns mehrerer Unternehmen erfasst das Kartellrecht bereits in Art. 101 AEUV sowie im Falle der kollektiven Marktbeherrschung[86] in Art. 102 AEUV.

a) Verweigerung des Zugangs zur Blockchain

Sollte die Nutzung einer Blockchain unabdingbar sein, um am Wettbewerb auf einem nachgelagerten Markt teilzunehmen, so kann die Verweigerung des Zugangs zur Blockchain, also der Ausschluss bestimmter Nutzer(gruppen), ausnahmsweise gegen Art. 102 AEUV verstoßen.[87] Technisch möglich ist die Zugangsverweigerung, wenn die Blockchain nicht öffentlich („public"), also für jedermann einsehbar und zugänglich, sondern, wie bei der Blockchain-Nutzung auf dem Finanzmarkt häufig,[88] privat („private"), also auf zugelassene Nutzer beschränkt ist.[89] Für die Blockchain gilt dann nichts anderes als für andere algorithmische oder auch nicht-algorithmische Einrichtungen. Eine Zugangsverweigerung verstößt daher nach der Essential-Facilities-Doktrin gegen Art. 102 AEUV, wenn sie geeignet ist, jeglichen Wettbewerb auf einem nachgelagerten Markt durch denjenigen, der den Zugang begehrt, auszuschalten, wenn sie nicht objektiv zu rechtfertigen ist und wenn kein tatsächlicher oder potentieller Ersatz für den begehrten Blockchain-Zugang besteht.[90] Könnte ein Unternehmen beispielsweise elektronische Aktien aus rechtlichen oder tatsächlichen Gründen nur emittieren, wenn es die Einlage in Bitcoin entgegennimmt, so könnte im Ausschluss dieses Unternehmens vom Bitcoin-Netzwerk – wäre er technisch möglich – der Missbrauch einer marktbeherrschenden Stellung i. S. d. Vorschrift liegen. Die Adressaten des Missbrauchsverbots sind diejenigen Nut-

---

84 *Hoffer/Mirtchev*, NZKart 2019, 239, 245; *Seeliger/Rump*, in: Omlor/Link (Hrsg.), Kryptowährungen und Token, 2. Aufl. 2023, Kap. 15 Rn. 25.

85 So in Anwendung seiner „theory of granularity" *Schrepel*, Blockchain + Antitrust, 2021, S. 125 ff.; eher ablehnend *Hoffer/Mirtchev*, NZKart 2019, 239, 242.

86 Zu deren Voraussetzungen *Mestmäcker/Schweitzer*, Europäisches Wettbewerbsrecht, 3. Aufl. 2014, § 17 Rn. 55 ff.

87 Überlegungen hierzu und zu verwandten Phänomenen auch bei *Pike/Capobianco*, Antitrust and the Trust Machine, 2020, S. 10 (unter https://web-archive.oecd.org/2020-11-04/568616-antitrust-and-the-trust-machine-2020.pdf).

88 S. *Kurt/Kurt*, Digitale Assets und Tokenisierung, 2022, S. 26 f.

89 Zu dieser Unterscheidung *Gramlich/Grobe/Urbach* (in diesem Band), unter II. 2. m. w. N.

90 Zu diesen Kriterien der Essential-Facilities-Doktrin EuGH v. 26.11.1998, Rs. C-7/97 (Bronner), ECLI:EU:C:1998:569 Rn. 41.

zer der Blockchain, die aufgrund ihrer individuellen Machtposition innerhalb der Blockchain oder als kollektiv Handelnde[91] den Zugang verweigern.

Denkbar ist im Übrigen auch eine Zugangsverweigerung, die sich umgekehrt gegen die Blockchain – genauer: gegen Gründer oder Nutzer einer Blockchain – richtet. Sollte etwa aus regulatorischen Gründen, beispielsweise wegen der gesetzlichen Anforderungen an ein Kryptowertpapierregister,[92] eine bestimmte Ausgestaltung der Blockchain erforderlich sein und sollte diese Ausgestaltung die Nutzung von Immaterialgüterrechten erfordern, so kann die Lizenzverweigerung durch den Rechteinhaber nach der Essential-Facilities-Doktrin einen Rechtsmissbrauch zu Lasten möglicher Gründer darstellen.[93]

b) Vereinbarungen und Verhaltensabstimmung über die Blockchain

Die Blockchain kann auch als Mittel für Vereinbarungen oder eine Verhaltensabstimmung genutzt werden, durch die es zu Wettbewerbsbeschränkungen auf anderen Märkten kommt. In diesem Fall steht ein Verstoß gegen Art. 101 AEUV im Raum. Auch für die Anwendung von Art. 101 AEUV können – unter Berücksichtigung der Besonderheiten der Blockchain – Erkenntnisse zur kartellrechtlichen Beurteilung anderer Arten algorithmischen Handelns herangezogen werden. Daher bietet es sich an, danach zu unterscheiden, ob die Blockchain nur zur Vorbereitung oder Umsetzung einer Vereinbarung oder Verhaltensabstimmung, die außerhalb der Blockchain erfolgt, verwendet wird (sogleich aa)), oder ob die Vereinbarung oder Abstimmung über die Blockchain selbst erfolgt (unten bb)).[94] Im Besonderen stellt sich, wie auch bei anderen Algorithmen,[95] die Frage, ob die Blockchain die Kollusionswahrscheinlichkeit maßgeblich erhöht (unten cc)). Dass die weiteren Voraussetzungen eines Verstoßes gegen Art. 101 AEUV, also neben der Unternehmenseigenschaft der Blockchain-Nutzer etwa das Vorliegen einer spürbaren Wettbewerbsbeschränkung und das Nichtvorliegen einer Ausnahme nach Abs. 3,[96] erfüllt sind, wird im Folgenden unterstellt.

---

[91] Zur möglichen parallelen Anwendbarkeit von Art. 101 AEUV in einem solchen Fall *Mestmäcker/Schweitzer*, Europäisches Wettbewerbsrecht, 3. Aufl. 2014, § 16 Rn. 24 ff.

[92] Hierzu und zur technischen Umsetzung der Anforderungen *Gramlich/Grobe/Urbach* (in diesem Band), unter III.

[93] Zu den Fällen der Lizenzverweigerung näher Calliess/Ruffert/*Weiß*, AEUV/AEUV, 6. Aufl. 2022, Art. 102 AEUV Rn. 39 ff.

[94] Vgl. zu einer solchen Einteilung schon *Lübke*, ZHR 185 (2021), 725, 738 ff.

[95] Zu – statischen oder auch selbstlernenden – Preisalgorithmen *Lübke*, ZHR 185 (2021), 725, 743 ff.

[96] Zur Anwendung von Art. 101 Abs. 3 AEUV auf den Informationsaustausch via Blockchain *Serafimova/Salaschek/Stadler*, WuW 2022, 62, 65 f.

aa) Die Blockchain als bloßes Werkzeug der Vorbereitung und Umsetzung

Die Blockchain – oder ein in die Blockchain implementierter Smart Contract[97] – kann erstens genutzt werden, um eine kartellrechtlich relevante Vereinbarung oder Verhaltensabstimmung vorzubereiten oder umzusetzen. Smart Contracts sind selbstausführende Computerprogramme, die Vereinbarungen nach dem Wenn-Dann-Prinzip algorithmisch ausführen, durchsetzen, verifizieren oder hemmen, also (menschliche) Interaktionen automatisieren.[98] Sie sind nur faktisch verbindlich[99] und trotz ihrer Bezeichnung selbst keine Verträge im Rechtssinne.[100] Smart Contracts bilden vielmehr einen zugrundeliegenden Vertrag oder eine sonstige Absprache ab und können den Ausgangspunkt für die Ermittlung des rechtlich erheblichen Vertragsinhalts bilden.[101] Was rechtswirksam vereinbart ist, richtet sich nach den allgemeinen Regeln der Rechtsgeschäftslehre.[102]

Mithilfe von Smart Contracts können beispielsweise bei Erfüllung bestimmter Voraussetzungen Belohnungen ausgegeben oder Sanktionen verhängt werden. Haben Wettbewerber eine Preissetzungsstrategie vereinbart, so kann ein Smart Contract die (Online-)Preissetzung der Beteiligten kontrollieren und bei Verstößen gegen die vereinbarte Strategie finanzielle Sanktionen verhängen, z. B. die Transaktionsgebühren der Betreffenden erhöhen, oder die Abweichler von der Blockchain ausschließen.[103] Auf diese Weise können Smart Contracts die Einhaltung der Vereinbarung überwachen und Anreize für ein vereinbarungsgemäßes Verhalten setzen, also die Stabilität des Kartells steigern.[104] Das kartellrechtlich verbotene Verhalten, die Vereinbarung, findet in solchen Fällen

[97] Die juristisch irreführende (dazu sogl. im Text) Bezeichnung geht zurück auf *Szabo*, First Monday, Vol. 2, No. 9 v. 01.09.1997 (unter https://firstmonday.org/ojs/index.php/fm/article/view/548).

[98] *Swanson*, Great Chain of Numbers, 2014, S. 15 (unter https://s3-us-west-2.amazonaws.com/chainbook/Great+Chain+of+Numbers+A+Guide+to+Smart+Contracts%2C+Smart+Property+and+Trustless+Asset+Management+-+Tim+Swanson.pdf).

[99] *Glatz*, in: Breidenbach/Glatz (Hrsg.), Rechtshandbuch Legal Tech, 2. Aufl. 2021, Kap. 5.3 Rn. 12.

[100] *Kaulartz/Heckmann*, CR 2016, 618, 621 ff.; *Schrey/Thalhofer*, NJW 2017, 1431, 1431; *Paulus/Matzke*, ZfpW 2018, 431, 433 f.; *Kipker/Birreck/Niewöhner/Schnorr*, MMR 2020, 509, 509 f.; *Möllenkamp*, in: Hoeren/Sieber/Holznagel (Hrsg.), Handbuch Multimedia-Recht, 60. EL Oktober 2023, Teil 13.6 Rn. 92; kritischer *Djazayeri*, jurisPR-BKR, 12/2016, Anm. 1; differenzierend *Glatz*, in: Breidenbach/Glatz (Hrsg.), Rechtshandbuch Legal Tech, 2. Aufl. 2021, Kap. 5.3 Rn. 14 ff.

[101] *Riehm*, in: Braegelmann/Kaulartz (Hrsg.), Rechtshandbuch Smart Contracts, Kap. 9 Rn. 2.

[102] *Möslein*, in: Braegelmann/Kaulartz (Hrsg.), Rechtshandbuch Smart Contracts, 2019, Kap. 8 Rn. 2.

[103] S. das Fallbeispiel bei *Schrepel*, Harvard Journal of Law and Technology 2019, 117, 154 f.

[104] Ausführlich *Schrepel*, Blockchain + Antitrust, 2021, 163 ff.; ferner *Hoffer/Mirtchev*, NZKart 2019, 239, 242; *Serafimova/Salaschek/Stadler*, WuW 2022, 62, 64 f.; *Kumkar*, in: BeckOK Informations- und Medienrecht, Stand: 01.11.2023, Art. 101 AEUV Rn. 132.

aber außerhalb der Blockchain statt. Die Blockchain – oder der in die Blockchain implementierte Smart Contract – ist bloßes Werkzeug zur Umsetzung der außerhalb der Blockchain getroffenen Vereinbarung.

Eine solche Konstellation stellt das materielle Kartellrecht nicht vor besondere Herausforderungen.[105] Gegenstand der kartellrechtlichen Beurteilung ist das Verhalten außerhalb der Blockchain. Verboten ist also im genannten Beispiel die Vereinbarung zwischen Wettbewerbern, ihre Preise in bestimmter Weise festzusetzen, oder auch eine sonstige Koordinierung der Preispolitik. Als bewusstes Parallelverhalten zulässig ist dagegen die Beobachtung der Preispolitik eines Wettbewerbers und eine Anpassung der eigenen Marktpreise. Ob das jeweilige Verhalten über eine Blockchain vorbereitet wird, z. B. durch die Sammlung strategisch relevanter Informationen über das Marktverhalten anderer Unternehmer, oder ob, wie im Beispiel, die Umsetzung einer Vereinbarung über eine Blockchain überwacht und Abweichungen mithilfe von Smart Contracts automatisch sanktioniert werden, ist für das Vorliegen eines Kartellverstoßes unbeachtlich.

bb) Die Blockchain als Mittel der Verhaltenskoordination: Hub-and-Spoke-Konstellationen

Die Vereinbarung oder Verhaltensabstimmung kann allerdings auch auf der Blockchain selbst oder auf den dort implementierten Smart Contracts erfolgen. Denkbar ist, dass über eine Blockchain Erklärungen ausgetauscht werden, die zu einer Vereinbarung i. S. d. Art. 101 AEUV führen. Der Abschluss einer Vereinbarung mittels eines Smart Contract kommt dagegen nicht in Betracht, weil Smart Contracts nach dem Wenn-Dann-Prinzip funktionieren, d. h. beim Eintritt bestimmter Voraussetzungen bestimmte Transaktionen automatisch durchführen. Die für den Abschluss der Vereinbarung maßgeblichen Erklärungen sind also mit der Zustimmung zum Smart Contract bereits – aufschiebend bedingt – abgegeben worden, wohl über die Blockchain.[106] Wiederum denkbar ist aber, dass über einen Smart Contract oder die Blockchain selbst das Marktverhalten der Nutzer, beispielsweise ihre Preissetzung, koordiniert und so eine Verhaltensabstimmung i. S. d. Art. 101 AEUV herbeigeführt wird.

Gegenstand der kartellrechtlichen Beurteilung sind in diesen Fällen die Transaktionen, die auf der Blockchain einschließlich der Smart Contracts ab-

---

[105] Vgl. allgemein zu Algorithmen als bloßem Werkzeug einer Preisabsprache *Lübke*, ZHR 185 (2021), 725, 738; ferner *Ezrachi/Stucke*, Virtual Competition, 2016, S. 39 und *dies.*, University of Illinois Law Review 2017, 1775, 1782, 1784 zu dort so genannten „messenger-Algorithmen"; *Ylinen*, NZKart 2018, 19, 20; *Gal*, Berkeley Technology Law Journal 2019, 67, 105.

[106] Vgl. zum vorgelagerten Anknüpfungspunkt kollusiven Verhaltens bereits bei Programmierung des Algorithmus zur Umsetzung der Absprache *Serafimova/Salaschek/Stadler*, WuW 2022, 62, 64.

laufen; das Vehikel einer Absprache oder Fühlungnahme[107] ist für die Anwendung des Kartellrechts nämlich unbeachtlich. Eine algorithmische Verhaltenskoordination wird kartellrechtlich genauso behandelt wie dieselbe Verhaltenskoordination durch menschliche Akteure. Der Gedanke, dass sich Unternehmen ihrer kartellrechtlichen Verantwortung nicht entziehen können, indem sie sich hinter einem Algorithmus verstecken,[108] ist mittlerweile unionsrechtliches Gemeingut. Erst recht unbeachtlich ist, auf welcher technischen Ebene ein Verstoß genau geschieht, ob auf einer Ebene der Blockchain[109] oder durch einen Smart Contract. Erst eine etwaige Abstellungsverfügung wird das abzustellende Verhalten und damit die maßgebliche Ebene bezeichnen müssen.

Unbeachtlich ist zudem, dies sei noch einmal hervorgehoben, das Fehlen eines direkten Kontakts zwischen den Kartellbeteiligten. Wie bereits angesprochen,[110] kann eine (horizontale) Vereinbarung oder Verhaltensabstimmung zwischen Wettbewerbern auch mittelbar über einen marktfremden Dritten, und zwar auch mittelbar über einen Algorithmus, zustande kommen, über den Erklärungen oder das Marktverhalten betreffende Informationen ausgetauscht werden. Die dritte Mittelsperson, etwa der Algorithmus, stellt in solchen „Hub-and-Spoke"-Kartellen, die das Bild eines Rades bemühen, den „hub" (Radnabe) dar, der jeweils in Beziehung zu den einzelnen Wettbewerbern als „spokes" (Speichen) steht.[111] Tatsächlich sind Hub-and-Spoke-Kartelle gerade durch das Aufkommen von Online-Plattformen, die eine Koordination zwischen Nutzern vereinfachen, wieder vermehrt in den Fokus der Kartellbehörden gerückt.[112] Ein Hub-and-Spoke-Kartell kommt aber auch in Betracht, wenn Wettbewerber außerhalb einer Onlineplattform ihr Marktverhalten durch Nutzung desselben Algorithmus koordinieren.[113] Ob Blockchains Plattformen sind[114] oder nicht,[115] spielt aus Sicht des Kartellrechts also keine Rolle. Damit ist der Weg frei für eine Anwendung des Kartellverbots auf Absprachen und Fühlungnahmen, die über das Medium der Blockchain erfolgen. Meist wird es dabei

---

[107] S. zu diesen beiden Fallgruppen des Art. 101 AEUV bereits o. bei Fn. 44–50.

[108] So, vielfach zitiert, die damalige Wettbewerbskommissarin *Vestager* in ihrem Vortrag bei der 18. Internationalen Kartellkonferenz des BKartA, 16.03.2017: „[...] we need to make it very clear that companies can't escape responsibility for collusion by hiding behind a computer program".

[109] S. die Einteilung der Blockchain-Ebenen bei *Schrepel*, Blockchain + Antitrust, 2021, S. 59ff.

[110] S.o. bei Fn. 54–56 sowie die Horizontalleitlinien der Kommission, ABl. 2023 C 259/01 Rn. 401ff.

[111] *Kling/Thomas*, Kartellrecht, 2. Aufl. 2016, § 19 Rn. 123.

[112] MüKoWettbR/*Wagner-von Papp*, 4. Aufl. 2023, Art. 101 AEUV Rn. 298ff.

[113] *Lübke*, ZHR 185 (2021), 723, 728f., 739ff.

[114] *Pike/Capobianco*, Antitrust and the Trust Machine, 2020, S. 6 (unter https://web-archive.oecd.org/2020-11-04/568616-antitrust-and-the-trust-machine-2020.pdf); *Hoffer/Mirtchev*, NZKart 2019, 239, 241.

[115] S. die ergänzende Überlegung zur Einordnung als Software bei *Hoffer/Mirtchev*, NZKart 2019, 239, 241.

um Fälle der aufeinander abgestimmten Verhaltensweisen i.S.d. Art. 101 Abs. 1 Var. 3 AEUV gehen.

Sieht das Protokoll der Blockchain eine direkte Koordination des Marktverhaltens der Nutzer vor, so kommt es unmittelbar durch die Nutzung der Blockchain zu einer Verhaltensabstimmung. Das ist beispielsweise der Fall, wenn die Blockchain selbst die Preissetzung für mehrere Wettbewerber einheitlich vornimmt oder jedenfalls direkten Einfluss auf die Preisstrategie nimmt.[116] Es reicht auch aus, dass Wettbewerber über die Blockchain sensible Geschäftsinformationen, d.h. strategische Informationen z.B. über beabsichtigte Preisänderungen,[117] austauschen. Denn ein solcher Informationsaustausch unterläuft den „mit Risiken verbundenen Wettbewer[b]" und widerspricht dem kartellrechtlichen Postulat eines selbständigen Marktverhaltens jedes Wettbewerbers.[118] Kommt es daraufhin zu einem der Abstimmung entsprechenden Marktverhalten, liegt eine abgestimmte Verhaltensweise i.S.d. Art. 101 AEUV vor.[119] Zudem genügt bereits die einseitige Weitergabe strategischer Informationen, also z.B. wiederum über beabsichtigte Preisänderungen, wenn die Empfänger der Information diese zur Kenntnis nehmen oder zwangsläufig kennen müssen und sich von der erhaltenen Information nicht hinreichend distanzieren. Die EU-Rechtsprechung vermutet in diesem Fall, dass ein Empfänger seine eigene Marktstrategie an dieser Information (mit) ausrichtet.[120] Dass ein Unternehmen die Adressaten seiner Mitteilungen nicht kennt, steht der Annahme eines Kartells dabei nicht entgegen.[121] Die Pseudonymität der Blockchain[122] hindert eine Verhaltensabstimmung durch den Austausch oder auch die einseitige Weitergabe sensibler Geschäftsinformationen also nicht,[123] jedenfalls solange die Nutzer solche sensiblen Informationen den Urhebern dennoch zuordnen oder die Informationen auch ohne eine solche Zuordnung für eine Verhaltensabstimmung

---

[116] Vgl. den – nicht in einer Blockchain enthaltenen – Algorithmus, den der EuGH in seiner Entscheidung v. 21.01.2016, Rs. C-74/14 (Eturas), ECLI:EU:C:2016:42 zu beurteilen hatte und der es den das System nutzenden Wettbewerbern (im Fall: Reisebüros) technisch erschwerte, Rabatte von über 3 Prozent zu gewähren.

[117] S.o. vor und in Fn. 59.

[118] S. nochmals EuGH v. 16.12.1975, verb. Rs. 40/73 u.a. (Suiker Unie), ECLI:EU:C:1975:174 Rn. 173/174.

[119] Nochmals: EuGH v. 08.07.1999, Rs. C-49/92 P (Kommission/Anic Partecipazioni), ECLI:EU:C:1999:356 Rn. 118.

[120] EuG v. 15.03.2000, verb. Rs. T-25/95 u.a. (Cimenteries u.a.), ECLI:EU:T:2000:77 Rn. 1849; EuG v. 12.01.2001, verb. Rs. T-202/09 u.a. (Tate & Lyle u.a./Kommission), ECLI:EU:T:2001:185 Rn. 54 ff.; s. auch die Horizontalleitlinien der Kommission, ABl. 2023 C 259/01 Rn. 396 f.

[121] EuGH v. 21.01.2016, Rs. C-74/14 (Eturas), ECLI:EU:C:2016:42 Rn. 47 a.E.

[122] S.o. vor Fn. 10.

[123] Ebenso *Louven*, InTeR 4/2018, 176, 179; *Brauneck*, WM 2023, 159, 163; a.A. *Schwintowski/Klausmann/Kadgien*, NJOZ 2018, 1401, 1402 Fn. 14, die allerdings nicht zwischen Pseudo- und Anonymität differenzieren, und für eine öffentliche Blockchain ablehnend *Serafimova/Salaschek/Stadler*, WuW 2022, 62, 65.

nutzen können. Andernfalls wären Umgehungen auch sehr einfach möglich: Den Nutzern der Blockchain steht es frei, einander ihre Pseudonyme, die Public Keys, mitzuteilen. Ein Austausch oder eine sonstige Weitergabe sensibler Geschäftsinformationen wird im Übrigen eher auf einer privaten, also nicht für alle einsehbaren Blockchain zu erwarten sein.[124] Aber auch die Weitergabe über eine öffentliche Blockchain kann ausnahmsweise zu einem Verstoß gegen Art. 101 AEUV führen, wenn sie als Signal gegenüber den Wettbewerbern dient;[125] hierauf wird noch einzugehen sein (sogleich unter cc)).

In seiner *Eturas*-Entscheidung hat der EuGH die Anforderungen an eine Distanzierung der Empfänger von strategischen Informationen ihrer Wettbewerber, die zu ihrer Kenntnis gelangt sind, abgemildert. Hatte die Rechtsprechung zuvor verlangt, dass ein Empfänger sich offen, also den übrigen Teilnehmern des Informationssystems gegenüber, von der Verhaltensabstimmung distanziert oder diese bei den Behörden anzeigt, um dem Vorwurf einer passiven Kartellbeteiligung zu entgehen,[126] so ließ der EuGH nun bei einem algorithmisch vermittelten Hub-and-Spoke-Kartell eine Widerlegung der Kartellbeteiligung auch auf andere Weise zu. In Betracht komme beispielsweise der Nachweis, dass der Betreffende der Abstimmung systematisch zuwidergehandelt habe.[127] Ob danach auch Blockchain-Nutzern eine hinreichende Distanzierung von einseitig weitergegebenen Informationen ihrer Wettbewerber möglich ist, hängt von der Ausgestaltung der Blockchain und den auf ihr implementierten Smart Contracts ab. Erfolgt auf der Blockchain unmittelbar eine Koordination des Marktverhaltens, kommt eine Distanzierung weder rechtlich noch technisch in Betracht; der einzelne Nutzer kann das Protokoll der Blockchain und die Funktionen eines laufenden Smart Contract nicht verändern. Beschränkt sich die Funktion der Blockchain oder des Smart Contract dagegen auf den Austausch oder die einseitige Weitergabe sensibler Geschäftsinformationen, so hat der einzelne Blockchain-Nutzer die Wahl, ob er sein Marktverhalten an diesen Informationen ausrichtet – also: am Kartell teilnimmt – oder ein systematisch nicht der Abstimmung entsprechendes Marktverhalten wählt.

cc) Zur Abgrenzung zwischen zulässigem Parallelverhalten und kartellrechtswidrigem Signalling im Besonderen

Die öffentliche, einseitige Wiedergabe sensibler Geschäftsinformationen stellt allerdings, anders als die Weitergabe nur an die Wettbewerber, nicht in jedem Fall eine kartellrechtswidrige Fühlungnahme dar. Die öffentliche Mitteilung

---

[124] S. *Schrepel*, Blockchain + Antitrust, 2021, S. 145 f.; *Serafimova/Salaschek/Stadler*, WuW 2022, 62, 65.

[125] Horizontalleitlinien der Kommission, ABl. 2023 C 259/01 Rn. 398.

[126] Grundlegend EuGH v. 08.07.1999, Rs. C-199/92 P (Hüls), ECLI:EU:C:1999:358 Rn. 155 und Rs. C-49/92 P (Anic Partecipazioni), ECLI:EU:C:1999:356 Rn. 96.

[127] EuGH v. 21.01.2016, Rs. C-74/14 (Eturas), ECLI:EU:C:2016:42 Rn. 47 ff.

einer vorgenommenen oder auch nur verbindlich geplanten Preisänderung über eine „public“ Blockchain beispielsweise kann auch der Information der eigenen Kunden, also der Marktgegenseite dienen, die sich dann auf die künftigen Preise einstellen können – einmal unterstellt, dass mit der Nutzung derselben Blockchain durch die Kunden zu rechnen ist. Selbst wenn Wettbewerber diese Preisänderung oder deren Ankündigung beobachten und ihr eigenes Marktverhalten „mit wachem Sinn“ daran ausrichten,[128] also eine entsprechende Änderung ihrer eigenen Preise vornehmen, mag dies nur einem rationalen Marktverhalten entsprechen und als bloßes – bewusstes – Parallelverhalten kartellrechtlich zulässig sein.[129] Es führt in nicht-digitalen Märkten auch nur dann mit hinreichender Wahrscheinlichkeit zu einem kollusiven Ergebnis, also zu Preisen oberhalb des Wettbewerbsniveaus, wenn eine ganze Reihe struktureller Voraussetzungen erfüllt ist, insbesondere ein enges Oligopol vorliegt.[130] Unzulässig ist dagegen neben der nicht-öffentlichen Weitergabe sensibler Informationen an Wettbewerber das sogenannte „Signalling“.[131] Ein Beispiel hierfür wäre die öffentliche, unverbindliche Ankündigung einer künftigen Preisänderung mit dem Ziel, zunächst einmal die Reaktionen der Wettbewerber zu beobachten und daraufhin die eigene Preisstrategie noch einmal anzupassen, d.h. die angekündigte Änderung möglicherweise doch nicht (so) vorzunehmen.[132] Ein solches Vorgehen dient allein der Verhaltensabstimmung und hat keinen Nutzen für die Kunden, die sich auf solche unverbindlichen Ankündigungen nicht einstellen können.[133]

In digitalen Märkten allerdings kann auch ein bloß bewusstes Parallelverhalten leichter zu einem kollusiven und damit kartellrechtlich problematischen Ergebnis führen. Das gilt nicht nur für die Ankündigung z.B. von Preisänderungen, sondern auch für die unmittelbare Vornahme solcher Änderungen. Denn der Einsatz von Algorithmen steigert die Markttransparenz und die Reaktionsgeschwindigkeit. Bei einer Bekanntgabe über eine (öffentliche) Blockchain ist die Transparenz für Wettbewerber sogar noch höher als bei einer sonstigen Online-Bekanntgabe,[134] weil die Änderung die übrigen Blockchain-Nutzer erreicht, ohne dass diese gezielt Suchalgorithmen einsetzen müssten. Denkbar ist,

---

[128] S. nochmals EuGH v. 16.12.1975, verb. Rs. 40/73 u.a. (Suiker Unie), ECLI:EU:C:1975:174 Rn. 173/174.

[129] Näher *Thomas*, Journal of Competition Law & Economics 2019, 159, 188f.

[130] Zur Herleitung *Lübke*, ZHR 185 (2021), 723, 733f.

[131] Dazu Monopolkommission, Algorithmen und Kollusion, XXII. Hauptgutachten: Wettbewerb 2018, BT-Drucks. 19/3300, Tz. 165; ferner *Müller-Graff*, in: FS für Kronke, 2020, S. 1145, 1152f.

[132] Näher hierzu *Lübke*, ZHR 185 (2021), 723, 747 am Beispiel Container-Shipping-Entscheidung der Kommission (AT.39850 v. 07.07.2016, ABl. 2016 C 327/4).

[133] S. die Argumentation in den Horizontalleitlinien der Kommission, ABl. 2023 C 259/01 Rn. 400.

[134] Vgl. *Kumkar*, in: BeckOK Informations- und Medienrecht, Stand: 01.11.2023, Art. 101 AEUV Rn. 132.

dass mehrere miteinander im Wettbewerb stehende Blockchain-Nutzer Preisalgorithmen einsetzen, die die Preisänderungen der anderen beobachten und ggf. in Sekundenschnelle nachziehen oder, umgekehrt, selbst Preiserhöhungen vornehmen, die Reaktion der anderen abwarten und die Preiserhöhung dann, wenn die anderen nicht nachziehen, in Sekundenschnelle wieder zurücknehmen. Wenn die Reaktionsphasen so kurz gewählt sind, dass die Kunden auf Preisänderungen gar nicht reagieren können, ehe sich ein neuer Marktpreis einpendelt, liegt funktional keine echte Preiserhöhung vor, die mit dem Risiko einherginge, Kunden an Wettbewerber zu verlieren. Ein solches Verhalten hat für die Marktgegenseite keinerlei Wirkung, dient nur der Verhaltensabstimmung und ist daher ebenfalls als Signalling einzustufen.[135]

Kartellrechtlich problematisch sind in diesem Beispiel allerdings eher die von den einzelnen Wettbewerbern eingesetzten Preisalgorithmen[136] und weniger die (gemeinsame) Blockchain, die nur als Kommunikationskanal dient. Erfolgt die Preissetzung wiederum auf der Blockchain selbst, etwa durch dort implementierte, gemeinsam genutzte Smart Contracts, so stellt sich die Frage nach der Abgrenzung zwischen zulässigem Parallelverhalten und kartellrechtswidrigem Signalling schon nicht.[137] Denn dann liegt ein Fall der – kartellrechtswidrigen – unmittelbaren Verhaltenskoordination und keine bloße Informationsweitergabe vor.

3. Zwischenfazit

Bei der Nutzung der Blockchain-Technologie kann es, anders als durch die bloße Einigung auf diese Nutzung (s.o. II.), zu Kartellverstößen kommen. Diese können sich nur innerhalb der Blockchain auswirken, z.B. wenn sich Full Nodes zu Lasten der übrigen Blockchain-Nutzer über Transaktionsgebühren oder eine sonstige Zusammenarbeit absprechen oder eine – allein oder gemeinsam mit anderen – die Blockchain beherrschende Stellung ausnutzen, um unangemessene Transaktionsgebühren durchzusetzen (s.o. 1.). Ist die Nutzung einer privaten Blockchain unabdingbar, um auf einem nachgelagerten Markt am Wettbewerb teilzunehmen, so kann die Verweigerung des Zugangs zu dieser Blockchain ebenfalls einen Machtmissbrauch i.S.d. Art. 102 AEUV darstellen (s.o. 2. a)). Schließlich kann die Blockchain zu einer Wettbewerbsbeschränkung auf einem nachgelagerten Markt führen, wenn es bei ihrer Nutzung zu einer Vereinbarung oder Verhaltensabstimmung i.S.d. Art. 101 AEUV kommt, wenn z.B. Wettbewerber ihr Marktverhalten über die Blockchain koordinieren, wenn sie über die Blockchain sensible Geschäftsinformationen austauschen oder wenn sie solche Informationen einseitig weitergeben und die Empfänger sich von den erhaltenen

---

135 Näher dazu *Lübke*, ZHR 185 (2021), 723, 747ff.

136 Zu diesen eingehend *Lübke*, ZHR 185 (2021), 723ff.

137 Anders *Hoffer/Mirtchev*, NZKart 2019, 239, 242.

Informationen nicht hinreichend distanzieren (s.o. 2. b) bb)). Weil das Kartellrecht eine solche Koordination unabhängig davon erfasst, auf welchem technischen Wege sie erfolgt, findet es in all diesen Fällen Anwendung. Ist die Blockchain dagegen bloßes Werkzeug der Vorbereitung oder Umsetzung einer anderweitig erfolgenden oder erfolgten Verhaltensabstimmung, ist Gegenstand der kartellrechtlichen Beurteilung ohnehin dieses anderweitige Verhalten und nicht das Transaktionsgeschehen auf der Blockchain (s.o. 2. b) aa), cc)).

IV. Besonderheiten der Kartellrechtsdurchsetzung in der Blockchain-Ökonomie

Die bisherigen Überlegungen haben gezeigt, dass sich das Marktverhalten von Unternehmen auch im Falle der Blockchain-Nutzung in die vorhandenen kartellrechtlichen Kategorien einordnen lässt. Die Durchsetzung des Kartellrechts in solchen Situationen weist aber einige Besonderheiten auf, die noch kurz skizziert werden sollen.

1. Bestimmung der kartellrechtlich Verantwortlichen

Dass sich Unternehmen ihrer kartellrechtlichen Verantwortung nicht entziehen können, indem sie sich hinter einem Algorithmus verstecken,[138] beantwortet noch nicht die Frage, welche Unternehmen genau für einen Kartellverstoß, der bei der Nutzung einer Blockchain auftritt, haften. In erster Linie kartellrechtlich verantwortlich sind die Nutzer der Blockchain, auf der der Kartellverstoß erfolgt, jedenfalls sofern sie Teil der Verhaltenskoordination sind. Gründer und Nutzer, die nicht Teil der Verhaltenskoordination und möglicherweise nicht einmal auf dem kartellbefangenen Markt tätig sind, wird man dagegen in Übertragung der für IT-Dienstleister und Plattformbetreiber entwickelten Grundsätze nur dann einer Haftung unterwerfen können, wenn sie in voller Kenntnis der Sachlage den Kartellrechtsverstoß bezwecken.[139] Gründer oder Entwickler, die eine Blockchain errichten oder einen Smart Contract programmieren, und Full Nodes, die Transaktionen validieren, haften also für Kartellverstöße, wenn die Blockchain bzw. der Smart Contract auf solche Verstöße, beispielsweise auf eine Preiskoordination, hin ausgerichtet ist. Man wird auch die Gründer und Entwickler einer selbstlernenden Blockchain in die kartellrechtliche Haftung nehmen können, wenn der Algorithmus keine hinreichenden Schutzvorkehrungen gegen seine kartellrechtswidrige Weiterentwicklung enthält.[140] Ist die

---

[138] S.o. vor Fn. 108.

[139] Vgl. EuGH v. 22.10.2015, Rs. C-194/14 P (AC-Treuhand II), ECLI:EU:C:2015:717 Rn. 38f. und dazu *Lübke*, ZHR 185 (2021), 723, 757f.

[140] Vgl. die Überlegungen bei *Lübke*, ZHR 185 (2021), 723, 751ff. Eine Überwachungs-

Blockchain bzw. der Smart Contract dagegen nicht selbstlernend und kartellrechtsneutral, z.B. auf (irgend-)einen Informationsaustausch hin, ausgerichtet und wird dann kartellrechtswidrig genutzt, z.B. für den Austausch sensibler Geschäftsinformationen, haften Gründer und Entwickler, die an dem konkreten Verstoß nicht beteiligt sind, ebenso wenig wie Full Nodes, die, ohne einen Kartellrechtsverstoß zu bezwecken, die problematischen Transaktionen validieren.[141]

2. Tatsächliche Grenzen der Kartellrechtsdurchsetzung

Wenn eine Kartellbehörde die Kartellwidrigkeit der Nutzung einer (oftmals privaten) Blockchain anhand der oben unter III. entfalteten Kriterien feststellen und die Verantwortlichen ausmachen, also hinreichenden Einblick in die Funktionsweise der Blockchain erlangen kann,[142] ist die Unveränderlichkeit der Blockchain (s.o. I.) von Vorteil. Die kartellrechtswidrigen Transaktionen sind dort fest gespeichert und lassen sich – ein hinreichendes Verständnis der Vorgänge vorausgesetzt – beweisen. Die Kartellbehörde steht aber vor dem Problem der Pseudonymität der Blockchain.[143] Die Verantwortlichen sind ihr in der Regel nur mit ihren Public Keys bekannt, an die eine Untersagungsverfügung oder gar ein Bußgeldbescheid nicht zugestellt werden kann. Zwar dürften sich bei einer privaten, also zugangsbeschränkten Blockchain die Klarnamen der Verantwortlichen jedenfalls in der Theorie häufig ermitteln lassen, weil sie von anderen, etwa den Gründern, zur Nutzung der Blockchain zugelassen worden sind.[144] In der Praxis mag dieses Vorgehen die Ressourcen einer Kartellbehörde aber übersteigen. Bei öffentlichen Blockchains kann ein für die Blockchain Verantwortlicher ausnahmsweise aus Gründen des Geldwäscherechts verpflichtet sein, die Identität der Nutzer zu kennen.[145]

Selbst wenn sich die Klarnamen der Verantwortlichen im Einzelfall ermitteln lassen, bereitet die Umsetzung der Untersagungsverfügung, also die Beendi-

---

pflicht bzgl. der einmal errichteten Blockchain wird allerdings, anders als dort für Preisalgorithmen vertreten, zu verneinen sein, weil der einzelne Entwickler die Blockchain nach dem Beitritt weiterer Nutzer nicht mehr außer Betrieb nehmen kann.

[141] So auch vorausgesetzt bei *Louven*, InTeR 4/2018, 176, 181 und *Seeliger/Rump*, in: Omlor/Link (Hrsg.), Kryptowährungen und Token, 2. Aufl. 2023, Kap. 15 Rn. 86; mit vergleichbarer Argumentation *Serafimova/Salaschek/Stadler*, WuW 2022, 62, 65.

[142] S. die Forderung nach einem Behördenzugang zu Blockchain-Netzwerken und einer besseren technischen Ausstattung der Kartellbehörden in OECD, Blockchain Technology and Competition Policy (DAF/COMP/WD(2018)47), 08.06.2018, Nr. 15f. (unter https://one.oecd.org/document/DAF/COMP/WD(2018)47/en/pdf).

[143] *Pike/Capobianco*, Antitrust and the Trust Machine, 2020, 4f., 8f. (unter https://web-archive.oecd.org/2020-11-04/568616-antitrust-and-the-trust-machine-2020.pdf).

[144] *Seeliger/Rump*, in: Omlor/Link (Hrsg.), Kryptowährungen und Token, 2. Aufl. 2023, Kap. 15 Rn. 84.

[145] S. zu Kryptowertpapierregistern *Lübke*, in: Möslein/Omlor (Hrsg.), Kryptoaktien, 2024, 39, 48.

gung des Kartellverstoßes, Schwierigkeiten. Ist die Blockchain nicht auf Kartellverstöße ausgerichtet, haften also nicht alle Full Nodes für den dennoch dort erfolgten Kartellverstoß, so können die Verantwortlichen ihn auf der Blockchain nicht beseitigen. Denn für die Validierung der erforderlichen Transaktion benötigen sie jedenfalls eine Mehrheit der Full Nodes, die aber in dieser Konstellation nicht Adressaten der behördlichen Verfügung sind. Und obgleich der internationale und potenziell globale Charakter einer Blockchain der Anwendung des Unionskartellrechts aus rechtlicher Sicht nicht entgegensteht, wenn sich die wettbewerbswidrigen Verhaltensweisen spürbar im Binnenmarkt auswirken,[146] ist die tatsächliche Durchsetzung einer Verfügung gegenüber in Drittstaaten ansässigen Akteuren erschwert oder gar unmöglich.[147]

Wie weit diese tatsächlichen Durchsetzungsschwierigkeiten einer effektiven Anwendung des Kartellrechts auf die Blockchain-Ökonomie entgegenstehen und ein kartellrechtswidriges Verhalten auf Blockchains begünstigen, bleibt abzuwarten. Immerhin besteht umgekehrt die Hoffnung, dass Kartellbehörden ihrerseits mithilfe von Blockchains ihre Verfügungen effizient und lückenlos umsetzen können.[148]

V. Zusammenfassung in Thesen

1) Wegen der fehlenden Fallpraxis sind viele der kartellrechtlichen Risiken, die der Einsatz von Blockchains auf den Finanzmärkten birgt, noch nicht hinreichend geklärt.
2) Weil das Kartellrecht mittelbare Vereinbarungen und einen mittelbaren Austausch sensibler Geschäftsinformationen einer unmittelbaren Kooperation gleichstellt, und zwar auch dann, wenn die Vereinbarung bzw. der Informationsaustausch über einen Algorithmus erfolgt, kann die Nutzung einer Blockchain zur Kartellbildung führen.
3) Die Blockchain-Technologie als solche ist kartellrechtlich unbedenklich. Ihr Einsatz als solcher erfüllt, obgleich sie auf einem Konsensmechanismus

---

[146] Zu diesem Auswirkungsprinzip z.B. EuGH v. 27.09.1988 Rs. 89/85 (Ahlström), ECLI:EU:C:1988:447 Rn. 32; allgemein *Mestmäcker/Schweitzer*, Europäisches Wettbewerbsrecht, 3. Aufl. 2014, § 7 Rn. 50ff. m. w. N.

[147] *Breu*, Journal of Entrepreneurial and Corporate Law 2018, 58, 59, der die zur Bestimmung der zuständigen Gerichtsbarkeit erforderliche Lokalisierung der Nodes und Transaktionen problematisiert, da diese gleichzeitig an verschiedenen Orten stattfinden können.

[148] Weiterführend hierzu OECD, Blockchain Technology and Competition Policy (DAF/COMP/WD(2018)47), 08.06.2018, Nr. 24 (unter https://one.oecd.org/document/DAF/COMP/WD(2018)47/en/pdf); *Massarotto*, University of Pennsylvania Journal of Business Law 2023, 657ff.; *Schrepel/Buterin*, Berkeley Technology Law Journal 2021, 1ff.; *Seeliger/Rump*, in: Omlor/Link (Hrsg.), Kryptowährungen und Token, 2. Aufl. 2023, Kap. 15 Rn. 79ff.

beruht, weder das Tatbestandsmerkmal der Vereinbarung noch das der Verhaltensabstimmung i. S. d. Art. 101 AEUV.

4) Bildet eine Blockchain einen eigenen Markt, so können Absprachen oder ein Machtmissbrauch innerhalb der Blockchain den Tatbestand des Art. 101 bzw. 102 AEUV erfüllen, z. B. wenn Nutzer sich absprechen, um höhere Transaktionsgebühren durchzusetzen, oder wenn ein Nutzer seine die Blockchain beherrschende Stellung nutzt, um ein solches Ziel zu erreichen.

5) Die Verweigerung des Zugangs zur Blockchain gegenüber einem potentiellen Nutzer kann nach den Kriterien der Essential-Facilities-Doktrin gegen Art. 102 AEUV verstoßen.

6) Ist die Blockchain oder ein in die Blockchain implementierter Smart Contract bloßes Werkzeug zur Vorbereitung oder Umsetzung einer außerhalb der Blockchain getroffenen Kartellabsprache, so ist dieses außerhalb der Blockchain liegende Verhalten Gegenstand der kartellrechtlichen Beurteilung. Eine Blockchain oder ein Smart Contract, die bzw. der selbst das Marktverhalten der Nutzer koordiniert oder dem Austausch sensibler Geschäftsinformationen dient, bewirkt eine kartellrechtswidrige Verhaltensabstimmung in Form eines Hub-and-Spoke-Kartells. Kartellrechtswidrig ist schon die einseitige Weitergabe sensibler Geschäftsinformationen, wenn sich der Informationsempfänger nicht hinreichend distanziert. Die öffentliche Information über erfolgte oder geplante Preiserhöhungen ist kartellrechtlich zwar in der Regel zulässig, nicht aber dann, wenn sie tatsächlich eine Preisabstimmung zwischen Wettbewerbern durch sog. Signalling zum Ziel hat.

7) Das Marktverhalten von Unternehmen lässt sich auch im Falle der Blockchain-Nutzung in die vorhandenen kartellrechtlichen Kategorien einordnen. Auch die kartellrechtlich Verantwortlichen lassen sich anhand der *lex lata* angemessen eingrenzen. Die tatsächliche Durchsetzung des Kartellrechts dürfte aber durch die Pseudonymität der Blockchain und die Notwendigkeit einer Mitwirkung jedenfalls einer Mehrheit der Full Nodes bei der Beseitigung von Kartellverstößen auf der Blockchain erschwert werden.

Die Einordnung des MiCAR-Sanierungs- und Rücktauschplans im europäischen und nationalen Sanierungs- und Insolvenzrecht

Dominik Skauradszun und Clara Wrede

I. Einleitung[1]

Mit der MiCAR[2] hat der Unionsgesetzgeber eine Verordnung über die Märkte für Kryptowerte geschaffen, die insbesondere einheitliche Anforderungen an die Emission von Kryptowerten am Finanzmarkt und Kryptowerte-Dienstleistungen in der Europäischen Union regelt.[3] Es handelt sich bei den Vorgaben vorwiegend um öffentlich-rechtliches *Finanzmarktaufsichtsrecht*, denn der Unionsgesetzgeber hat sich entschieden, dass die Emission von bestimmten Kryptowerten und bestimmte Dienstleistungen von den europäischen und nationalen Aufsichtsbehörden überwacht werden sollen.[4]

---

[1] Internetquellen wurden, sofern nicht anders gekennzeichnet, zuletzt am 11.11.2024 abgerufen.

[2] Verordnung (EU) 2023/1114 des Europäischen Parlaments und des Rates vom 31.05.2023 über Märkte für Kryptowerte und zur Änderung der Verordnungen (EU) Nr. 1093/2010 und (EU) Nr. 1095/2010 sowie der Richtlinien 2013/36/EU und (EU) 2019/1937 (ABl. L 150/40). In Deutschland wird an einem MiCAR-Durchführungsgesetz gearbeitet. Derzeit liegt die Beschlussempfehlung und der Bericht des Finanzausschusses (7. Ausschuss) zu dem Gesetzesentwurf der Bundesregierung über das Kryptomärkteaufsichtsgesetz (KMAG, hier KMAG i. d. F. der Beschlussempfehlung) vor, BT-Drs. 20/11178 (sog. FinmadiG i. d. F. der Beschlussempfehlung).

[3] Vgl. Art. 1 Abs. 1 MiCAR.

[4] *Maume*, ECFR 2023, 243, 251 beschreibt, dass die MiCAR eine Kopie bestehenden Finanzmarkt(aufsichts-)rechts darstelle – auf Seite 275 der Arbeit wird das Verhältnis wie folgt beschrieben: „The separate regimes for financial instruments and non-financial crypto-assets create a rift in the regulatory system [...]“. Der Autor weist aber auch darauf hin, dass die MiCAR echte zivilrechtliche Instrumente enthalte („Since MiCAR provides genuine civil law

Die gesetzgeberische Entscheidung, die Märkte für Kryptowerte primär im Aufsichtsrecht und nicht im Wirtschaftsprivatrecht zu regeln,[5] erklärt sich mitunter dadurch, dass aus Sicht des Gesetzgebers von den Geschäftsmodellen der Emittenten „eine ernsthafte Bedrohung für die Marktintegrität, die Finanzstabilität oder das reibungslose Funktionieren der Zahlungssysteme“[6] ausgehen kann.[7] Zum anderen sollen die Anleger geschützt werden.[8]

Eine besondere Bedrohung für öffentliche Interessen soll dabei von der Emission von Kryptowerten in Gestalt von *vermögenswertereferenzierten Token* i. S. v. Art. 3 Abs. 1 Nr. 6 MiCAR ausgehen.[9] Es handelt sich bei diesen speziellen

---

tools […]“); zu zwei Beispielen siehe etwa Art. 26 für eine zivilrechtliche Haftungsvorschrift und Art. 36 Abs. 2 MiCAR für eine haftungsrechtliche Regelung. *Omlor*, ZHR (187) 2023, 635, 662 äußert sich insoweit zurückhaltender: „Generell enthält die MiCAR kein in sich weit gehend geschlossenes Vertragsrecht, wie es die Zweite Zahlungsrichtlinie statuiert. Im Gegenteil finden sich vor allem Öffnungsklauseln für eine weitergehende Verantwortlichkeit nach den anwendbaren Zivilrechtsordnungen der Mitgliedstaaten (Art. 15 Abs. 6, 26 Abs. 5, 52 Abs. 5 MiCAR). Demgegenüber deutet der umfangreiche Befugniskatalog der Aufsichtsbehörden aus Art. 94 MiCAR auf eine sichtbare, wenn nicht sogar dominante aufsichtsrechtliche Prägung hin.“ *Krönke*, RDi 2024, 1, 2 versteht die MiCAR als „europäisches Krypto-Aufsichtsrecht“. Aufgabe der MiCAR sei es, „der möglichen Etablierung privater digitaler Währungssurrogate regulatorisch zu begegnen“. Es handle sich um „genuin kapitalmarktrechtliche[s], aber eben kryptospezifische[s] Aufsichtsrecht“. Der Autor stellt in der Arbeit dar, dass – je nachdem um welche Art von Token es sich handelt – die MiCAR unterschiedliche Regelungen enthält, die einen dominanteren oder weniger starken aufsichtsrechtlichen Anstrich haben können. Aus Sicht von Beck/Samm/Kokemoor Kreditwesengesetz mit CRR/*Alfes,* 235. Lieferung, 3/2024, MiCAR Rn. 1 enthält die MiCAR „ein umfassendes kapitalmarktrechtliches Regelungsregime für Kryptowerte […]“.

5 *Omlor*, ZHR (187) 2023, 635, 663 spricht hier von einer Entscheidung „[i]n weit gehender Ermangelung eines unionalen MiCAR-Vertragsrechts“. Zu sehen ist aber, dass die MiCAR auch Regeln enthält, die auf das allgemeine nationale Zivilrecht einwirken. So weist *Krönke*, RDi 2024, 1, 5 daraufhin, dass Art. 15 MiCAR „bemerkenswerterweise zu einer unmittelbar unionsrechtlich begründeten zivilrechtlichen Haftung [führe]“. Beck/Samm/Kokemoor Kreditwesengesetz mit CRR/*Alfes*, 235. Lieferung, 3/2024, MiCAR Rn. 45 ff. ist der Ansicht, dass die MiCAR weder zivilrechtliche Regelungen noch das Insolvenzrecht der Kryptowerte enthalte. Die MiCAR umfasse zwar keine Bestimmungen „von unmittelbar insolvenzrechtlicher Natur“, sie sehe aber Regelungen vor, die „im Zusammenhang mit oder für der Fall der Insolvenz eines Kryptowerte-Emittenten, eines Kryptowerte-Dienstleisters und insbesondere eines Kryptowerte-Verwahrers“ stünden.

6 Vgl. ErwGr 45 S. 1 MiCAR.

7 Siehe insoweit auch ErwGr 12 S. 1 und ErwGr 116 S. 1 MiCAR. In ErwGr 18 S. 1 MiCAR ist als Leitgedanke niedergelegt, dass je nachdem um welche Art von Kryptowert es sich handelt, unterschiedliche Risiken bestehen können und folglich unterschiedliche Anforderungen gelten sollen. Siehe zu den spill-over und systemischen Risiken auch *Milkau*, Decentralized Finance und Tokenisierung, 2023, 268. Hervorzuheben ist allerdings, dass jedenfalls im Jahr 2019 die EBA noch davon ausging, dass von Kryptotoken gegenwärtig kein Risiko für die europäische Finanzstabilität ausgehen (https://www.eba.europa.eu/sites/default/files/documents/10180/2545547/67493daa-85a8-4429-aa91-e9a5ed880684/EBA%20Report%20on%20crypto%20assets.pdf, S. 29 Rn. 71).

8 Vgl. mitunter ErwGr 5 S. 1, 54 S. 1, 2, 56 S. 1 und 73 MiCAR.

9 Siehe insbesondere ErwGr 5 S. 5, 40, 45 S. 1 MiCAR. Vermögenswertereferenzierte Token werden zudem auch in nicht signifikante und signifikante unterteilt. Für letztere sehen

Kryptowerten um *Stablecoins*, die sowohl aus Sicht des Unionsgesetzgebers als auch der künftigen Praxis in der Regel als Zahlungsmittel eingesetzt werden können.[10] In der Konsequenz werden die Emittenten vermögenswertereferenzierter Token besonderes umfangreich reguliert. Emittenten können nach Art. 16 Abs. 1 UAbs. 1 S. 1 lit. a und b MiCAR im Wesentlichen juristische Personen, andere Unternehmen oder Kreditinstitute sein.[11] Kreditinstitute werden bereits durch europäisches und nationales Finanzmarktaufsichtsrecht umfangreich reguliert, weshalb die MiCAR auch Vereinfachungen für diese vorsieht.[12]

Dabei ist das Herzstück der Regulierung die von den jeweiligen Emittenten zu bildende und aufrechtzuerhaltende *Vermögenswertreserve* (Art. 3 Abs. 1 Nr. 32, Art. 36 ff. MiCAR*)*. Für die Vermögenswertreserve enthält die MiCAR nicht nur allgemeine Regelungen betreffend deren Bildung und Erhaltung, sondern auch spezielle Regelungen für den Fall, dass die Vermögenswertreserve den geltenden Anforderungen nicht mehr entspricht oder der Emittent der vermögenswertereferenzierten Token in eine wirtschaftliche Krise fällt. Letztgenannte Bestimmungen finden sich in Art. 46 MiCAR (der *Sanierungsplan*) und in Art. 47 MiCAR (der *Rücktauschplan*) in Kapitel 6 des Titels III der MiCAR. Es handelt sich dabei um ein von der MiCAR neu eingeführtes *Sondersanierungs- und Sonderinsolvenzrecht.*[13]

Dieser Beitrag untersucht die dogmatische Verankerung des jungen Sonderrechts im bereits bestehenden europäischen und nationalen Sanierungs- und Insolvenzrecht für allgemeine und beaufsichtigte Unternehmen der Finanzbranche.

---

die Art. 43–45 MiCAR weitere strenge Anforderungen vor. Beck/Samm/Kokemoor Kreditwesengesetz mit CRR/*Alfes*, 235. Lieferung, 3/2024, MiCAR Rn. 33 m. w. N. weist darauf hin, dass die Marktkapitalisierungen für bestimmte vermögenswertereferenzierte Token bisweilen eher gering sind.

[10] „Stablecoin" ist kein von der MiCAR definierter Begriff, aber auch der Unionsgesetzgeber versteht vermögenswertereferenzierte Token als Stablecoins. Der Begriff („Stablecoin") wird in ErwGr 41 S. 2 MiCAR im Zusammenhang mit vermögenswertereferenzierten Token und E-Geld-Token ausdrücklich verwendet. Eine allgemeinere Beschreibung von Stablecoins bieten *Arner/Auer/Frost*, BIS Working Papers No. 905 v. 11.2020, 5 f. (unter https://www.bis.org/publ/work905.pdf). *Brühl*, WD 2021, 629, 630 nennt als Beispiele für Stablecoins den an den US-Dollar gekoppelten Stablecoin Tether (USDT), den an eine bestimmte Menge an Gold gekoppelten Stablecoin Digix Gold (DGX) und den durch Kryptowährungen besicherten Stablecoin Dai (DAI). Siehe ausführlich zu vermögenswertereferenzierten Token *Siadat*, RdZ 2023, 156, 157; *Omlor*, ZHR (187) 2023, 635, 649; *Read*, CF 2023, 211, 212.

[11] In Art. 3 Abs. 1 Nr. 10 MiCAR wird der Emittent als „eine natürliche oder juristische Person oder ein anderes Unternehmen, die bzw. das Kryptowerte emittiert", definiert. ErwGr 20 S. 2 MiCAR umschreibt Emittenten von Kryptowerten als „Rechtsträger, die die Kontrolle über die Schaffung von Kryptowerten ausüben". Kreditinstitute unterliegen bei der „Zulassung" geringeren Anforderungen.

[12] Siehe dazu ausführlicher Beck/Samm/Kokemoor Kreditwesengesetz mit CRR/*Alfes*, 235. Lieferung, 3/2024, MiCAR Rn. 77 f.

[13] Siehe vertiefend Maume MiCAR/*Skauradszun*, im Erscheinen, Art. 46 Rn. 6 und Art. 47 Rn. 6.

Im Ausgangspunkt wird das Konzept eines sektorspezifischen Sanierungs- und Insolvenzrechts dargestellt (unter II.). Die Grundidee, dass das allgemeine Sanierungs- und Insolvenzrecht in bestimmten Wirtschaftssektoren durch Sonderregeln ergänzt wird, bildet die Grundlage für die Einordnung von Art. 46 und Art. 47 MiCAR in das bereits bestehende europäische und nationale Sanierungs- und Insolvenzrecht.

Unter III. wird das dogmatische Fundament des Sanierungs- und Rücktauschplans erörtert. Es handelt sich dabei um die Vermögenswertreserve und das in Art. 39 Abs. 1 S. 1 MiCAR geregelte Recht auf jederzeitigen Rücktausch.

Unter IV. werden sodann der Sanierungsplan i. S. v. Art. 46 MiCAR und der Rücktauschplan i. S. v. Art. 47 MiCAR untersucht. Neben dem Sinn und Zweck wird knapp deren Funktionsweise skizziert.

Im Mittelpunkt der Untersuchung wird schließlich die Einordnung des neuen Sondersanierungs- und Sonderinsolvenzrechts in das bereits bestehende Sanierungs- und Insolvenzrecht stehen (unter V. und VI.). Art. 46 und Art. 47 MiCAR werden in einen Kontext zu anderen europäischen und nationalen Bestimmungen gesetzt, die als (Sonder-)Sanierungs- und (Sonder-)Insolvenzrecht möglicherweise parallel für die Emittenten vermögenswertereferenzierter Token gelten können.

II. Grundkonzept eines sektorspezifischen Sanierungs- und Insolvenzrechts

Um die dogmatische Verortung des in Art. 46 MiCAR geregelten Sanierungsplans als Sondersanierungsrecht und des in Art. 47 MiCAR geregelten Rücktauschplans als Sonderinsolvenzrecht zu verstehen, ist ein Überblick über die grundlegende rechtliche Verankerung des Sanierungs- und Insolvenzrechts im europäischen und deutschen Rechtsraum hilfreich.

1. Allgemeines Sanierungs- und Insolvenzrecht als Teil des Wirtschaftsprivatrechts

Das Sanierungs- und Insolvenzrecht bilden grundsätzlich einen Ausschnitt des Wirtschaftsprivatrechts.[14] Geraten (allgemeine) Unternehmen in eine wirtschaftliche Krise, dann obliegt die Entscheidung darüber, ob und wie das Unternehmen am Wettbewerb weiter teilnehmen soll (*Sanierung*) oder ob es aus dem Markt ausscheiden soll (*Liquidation*), generell dem Unternehmen (vgl.

[14] BT-Drs. 12/2443, 75. Aus deutscher Sicht gehören beide Gebiete ferner zum Zivilverfahrensrecht.

etwa § 1 StaRUG) bzw. den Marktteilnehmern (vgl. etwa § 157 InsO), die in einer Rechtsbeziehung zu dem Unternehmen stehen.[15]

Inhaltlich kommt es dabei zwischen dem Sanierungs- und Insolvenzrecht – jedenfalls innerhalb von nationalen und der europäischen Rechtsakten – teilweise zu Überschneidungen,[16] daher müssen die Begriffe des Insolvenz- und Sanierungs- bzw. Restrukturierungsrechts voneinander abgegrenzt werden. So ist originär geregeltes Sanierungsrecht, wie beispielsweise die RestruktRL und das StaRUG als das entsprechende deutsche Umsetzungsgesetz, nicht auf die Liquidation des Unternehmens gerichtet (vgl. § 29 Abs. 1 StaRUG). Die RestruktRL und das StaRUG beinhalten vielmehr Regelungen, die Schuldnern zur Verfügung stehen, bevor sie materiell insolvent werden. Sie zielen auf die Rettung des Unternehmens ab.[17] Die Rettung eines Unternehmens, also die Sanierung des Rechtsträgers, kann aber auch im Wege eines nationalen Insolvenzverfahrens erreicht werden, vgl. § 1 S. 1 Hs. 2 InsO.[18]

Wird in diesem Beitrag auf das Sanierungsrecht Bezug genommen, dann werden darunter grundsätzlich solche Verfahren und Instrumente gefasst, die die Rettung eines Unternehmens und die Abwendung von dessen Insolvenz vorsehen. Unter dem Begriff des „Insolvenzrechts“ werden hingegen dem Grunde nach solche Verfahren und Instrumente gefasst, die die Liquidation des Schuldnervermögens vorsehen.[19]

---

[15] BT-Drs. 12/2443, 75. Vgl. auch BeckOK StaRUG/*Kramer*, 14. Ed. 01.10.2024, StaRUG § 29 Rn. 49, wonach es sich bei dem Insolvenzverfahren um ein funktionales Entdeckungsverfahren handeln soll. Zu den Möglichkeiten, mit der Krise eines Unternehmens umzugehen, siehe K. Schmidt InsO/*Jungmann*, 20. Aufl. 2023, InsO § 157 Rn. 4.

[16] Siehe ErwGr 4 S. 5 der RL (EU) 2019/1023 des Europäischen Parlaments und des Rates v. 20.06.2019 über präventive Restrukturierungsrahmen, über Entschuldung und über Tätigkeitsverbote sowie über Maßnahmen zur Steigerung der Effizienz von Restrukturierungs-, Insolvenz- und Entschuldungsverfahren und zur Änderung der RL (EU) 2017/1132 (ABl. L 172/18) (Richtlinie über Restrukturierung und Insolvenz, sog. RestruktRL): „Zunehmend werden Verfahren bevorzugt, die im Gegensatz zum herkömmlichen Vorgehen, ein in finanzielle Schwierigkeiten geratenes Unternehmen zu liquidieren, auf die Sanierung des Unternehmens oder zumindest die Bewahrung seiner noch wirtschaftlich bestandsfähigen Geschäftsbereiche abzielen.“ Siehe auch *Madaus*, in: Ghio/Wood/Gant (Hrsg.), Re-examining Insolvency Law and Theory, 2023, 228, 229, der das Verhältnis des Insolvenz- und Restrukturierungsrechts als getrennte, aber einander überlappende Bereiche einordnet.

[17] Siehe dazu auch Europäische Kommission, Vorschlag für eine Richtlinie des Europäischen Parlaments und des Rates zur Harmonisierung bestimmter Aspekte des Insolvenzrechts, 2022/0408 (COD), 07.12.2022, 3.

[18] Vgl. ferner ErwGr 10 S. 1, 2 der VO (EU) 2015/848 des Europäischen Parlaments und des Rates v. 20.05.2015 über Insolvenzverfahren (ABl. L 141/19, ber. 2016 L 349/6), zuletzt geändert durch Art. 23 VO (EU) 2023/2844 v. 13.12.2023 (ABl. L 2023/2844) (nachfolgend: „EuInsVO“) und Art. 1 Abs. 1 UAbs. 1 EuInsVO, wonach Zweck eines Insolvenzverfahrens die „Rettung, Schuldenanpassung [und] Reorganisation“ sein kann. Siehe auch *Bork/Veder*, in: Bork/Veder (Hrsg.), Harmonisation of Transactions Avoidance Laws, 2022, Chapter 2 Rn. 2.2, 2.45.

[19] Europäische Kommission, Vorschlag für eine Richtlinie des Europäischen Parlaments und des Rates zur Harmonisierung bestimmter Aspekte des Insolvenzrechts, 2022/0408

Befindet sich ein Unternehmen in einer wirtschaftlichen Krise, dann kann die Entscheidung über den zukünftigen Verbleib am Markt aus Sicht des betroffenen Unternehmens mehr oder weniger frei getroffen werden. Dabei ist allgemein anerkannt, dass ein Insolvenzverfahren als Zivilverfahren[20] „die Marktgesetze nicht außer Kraft setzen oder durch hoheitliche Regelung überformen, sondern Marktprozesse stimulieren [soll]"[21]. Den wirtschaftlichen Zustand der (drohenden) Zahlungsunfähigkeit oder Überschuldung kann das Insolvenzrecht nicht abschaffen. Die Frage, ob ein Marktteilnehmer aus dem Wettbewerb ausscheiden soll, ob seine Erhaltung als Unternehmensträger oder die Übertragung seines Unternehmens auf einen anderen Träger den Wettbewerb fördert oder behindert, kann nicht allein durch Insolvenzverwalter oder die Insolvenzgerichte beantwortet werden. Dies ist vielmehr die Aufgabe der betroffenen Stakeholder, eingebettet in einen insolvenzrechtlichen Rechtsrahmen und beaufsichtigt durch ein Insolvenzgericht (vgl. etwa § 235 InsO). Nichts anderes gilt für Sanierungsverfahren, die gegen den Willen der Betroffenen Eingriffe in deren Rechtspositionen ermöglichen.

Die durch das StaRUG oder die InsO geregelten Sanierungsverfahren zeichnen sich dadurch aus, dass zwischen einer Vielzahl von Beteiligten eine Mehrheit für die Sanierung gefunden werden muss.[22] Der Mehrheitsentscheid richtet sich auf die Findung einer marktkonformen Lösung in Bezug auf die Zukunft des betroffenen Unternehmens im jeweiligen Einzelfall.[23] Ziel des Insolvenzverfahrens ist dabei, die Gläubiger des Unternehmens gemeinschaftlich (bestmöglich) zu befriedigen (§ 1 S. 1 InsO). Das StaRUG stellt in § 29 Abs. 1 hingegen das Interesse des Schuldners an der *Entschuldung* in den Vordergrund.[24]

Das allgemeine Sanierungs- und Insolvenzrecht hat eine *vorwiegend mikroökonomische Funktion*. Es geht insbesondere um die effiziente Haftungsver-

---

(COD), 07.12.2022, 6: „Insolvenzvorschriften stellen die geordnete Abwicklung von Unternehmen in finanzieller und wirtschaftlicher Notlage sicher. [...] sie [ermöglichen es], den endgültigen Verwertungswert einer Investition in insolvente Unternehmen zu ermitteln." Siehe dort auch Seite 14, wonach der Vorschlag „die drei wesentlichen Dimensionen des Insolvenzrechts ins Auge [fasst]: i) Verwertung der Vermögenswerte bei Liquidierung der Insolvenzmasse, ii) Effizienz der Verfahren und iii) Berechenbarkeit und gerechte Verteilung des zurückerlangten Werts unter den Gläubigern." Siehe auch ausführlich zur Abgrenzung von Insolvenz- und Restrukturierungsrecht *Madaus*, in: FS für Klaus Wimmer, 2017, 446, 455 ff., wonach Insolvenzrecht Liquidationsrecht darstellt. Siehe auch *Madaus*, in: Ghio/Wood/Gant (Hrsg.), Re-examining Insolvency Law and Theory, 2023, 228ff.

[20] *Madaus*, in: FS für Klaus Wimmer, 2017, 446, 448.

[21] BT-Drs. 12/2443, 75. Siehe auch *Paulus*, in: Festschrift Gehrlein, 2022, 425, 426, wonach der Insolvenzplan „der Sache nach nichts anderes als einen ordnenden Rahmen [darstellt], innerhalb dessen Schuldner und Gläubiger ihre Verhandlungen führen können und sollen. Materielle Inhalte werden dagegen nicht abverlangt oder aufoktroyiert. Hier beschränkt sich das Verfahrensrecht ganz bewusst auf eine rein dienende Funktion."

[22] Vgl. *Skauradszun*, KTS 2021, 1, 56 f.

[23] MüKoInsO/*Ganter*/*Bruns*, 4. Aufl. 2019, InsO § 1 Rn. 43, 45, 46.

[24] BeckOK StaRUG/*Kramer*, 14. Ed. 01.10.2024, StaRUG § 29 Rn. 51.

wirklichung des einzelnen Unternehmens gegenüber den beteiligten Marktteilnehmern.[25] Dieses Ziel gilt grundsätzlich unabhängig von den Auswirkungen der Sanierung oder Insolvenz auf andere Unternehmen oder die Gesamtwirtschaft.[26]

Sanierungs- und Insolvenzverfahren haben damit *keine vorwiegend makroökonomische Funktion.*[27] Die Frage, ob ein Unternehmen „gerettet" werden sollte, da eine Liquidation erhebliche Nachteile für die Gesamtwirtschaft haben könnte, ist kaum Gegenstand des allgemeinen Sanierungs- und Insolvenzrechts.[28] Demnach soll die Entscheidung über die Art und Weise der Verwertung der Insolvenzmasse – so findet es sich ausdrücklich in der deutschen Gesetzesbegründung der InsO – „allein den Geldgebern (Gläubigern und Eigenkapitalgebern) des Schuldners [vorbehalten sein]. [...] Interessen Außenstehender sind im Verfahren nicht zu repräsentieren"[29]. Nichts anderes gilt für Sanierungsverfahren, die ebenfalls zu den Zivilverfahren gehören.

2. *Grundsätzliches Bedürfnis nach einem sektorspezifischen Sondersanierungs- und Sonderinsolvenzrecht*

Die Blindheit des allgemeinen Sanierungs- und Insolvenzrechts für potenzielle makroökonomische Auswirkungen führt dazu, dass die grundlegende Entscheidung des europäischen und deutschen Gesetzgebers, die Insolvenzbewältigung den betroffenen Marktteilnehmern zu überlassen, in bestimmten Wirtschaftssektoren beschränkt oder modifiziert werden muss.[30]

---

[25] *Madaus*, in: FS für Klaus Wimmer, 2017, 446, 449; MüKoInsO/*Ganter/Bruns*, 4. Aufl. 2019, InsO § 1 Rn. 20; *Balthasar*, in: Kübler/Bork/Prütting (Hrsg.), HRI II, 4. Aufl. 2023, § 22 Rn. 86; *Thole*, in: Kübler/Bork/Prütting (Hrsg.), HRI II, 4. Aufl. 2023, § 48 Rn. 50 m. w. N. Dass die Haftungskaskade auch im Restrukturierungsplan erhalten bleibt, zeigt sich etwa anhand von § 9 Abs. 1 S. 2 StaRUG und den dortigen Gruppen und der Verteilung des Planwerts (§§ 26 Abs. 1 Nr. 2, 27 StaRUG).

[26] *Obermüller*, in: Gottwald/Haas (Hrsg.) Insolvenzrechts-Hdb, 6. Aufl. 2020, § 101 Rn. 8. Dies wird auch mit Blick auf ErwGr 71 S. 1 EuInsVO deutlich: Der Unionsgesetzgeber betont an dieser Stelle, dass bei Zahlungssystemen und Finanzmärkten ein besonderes Schutzbedürfnis bestehe. Es wird auf die Richtlinie 98/26/EG verwiesen, die Sondervorschriften enthalte, die den in der EuInsVO festgelegten allgemeinen Regelungen vorgehen sollten. *Thole*, in: Kübler/Bork/Prütting (Hrsg.), HRI II, 4. Aufl. 2023, § 48 Rn. 49 f. äußert sich kritisch zur Schuldnerfreundlichkeit des Restrukturierungsrechts mit Blick auf die dadurch möglicherweise entstehenden gesamtwirtschaftlichen Schwierigkeiten.

[27] *Eidenmüller*, EBOR 2023, 231. Vgl. exemplarisch zur gesamtwirtschaftlichen Analyse in der Makroökonomik *Woeckener*, Volkwirtschaftslehre, 3. Aufl. 2019, S. 142. Bei den hier diskutierten allgemeinen Sanierungs- und Insolvenzverfahren geht es hingegen um das einzelwirtschaftliche Entscheidungsverhalten der Marktteilnehmer.

[28] *Eidenmüller*, EBOR 2023, 231, 242 f. Umgekehrt ist die Frage, ob ein Unternehmen aus Sicht der Gesamtwirtschaft aus dem Markt ausscheiden sollte, im Regelfall nicht Gegenstand des (wirtschaftsprivatrechtlichen) Sanierungs- und Insolvenzrechts.

[29] BT-Drs. 12/2443, 80.

[30] *Madaus*, NZI 2024, 7, 12 hebt hervor, dass das Insolvenzrecht der InsO unfähig sei, „auf Interessen jenseits der Vermögensverwertung, etwa die Stabilität des Finanzsystems oder den

So werden insbesondere Kreditinstitute und bestimmte Wertpapierfirmen, die als Wirtschaftseinheiten grundsätzlich insolvenzfähig sind und über deren Vermögen Insolvenzverfahren eröffnet werden können (§ 11 InsO),[31] spezifischen Regeln unterworfen, wenn sie in wirtschaftliche Schwierigkeiten geraten.[32] Ein Beispiel dafür ist die Ermächtigungsgrundlage des § 46 KWG für Maßnahmen bei Gefahr, insbesondere für die Sicherheit der dem Institut anvertrauten Vermögenswerte. Diese Regelungen sind regelmäßig *lex specialis* zu den allgemeinen Regelungen des Wirtschaftsprivatrechts, also etwa der InsO.[33] Dies lässt sich etwa anschaulich anhand von § 46b KWG zeigen, der als speziellere Regelung den allgemeinen Eröffnungsantrag nach § 13 InsO modifiziert und der BaFin ein Antragsmonopol einräumt.[34]

Die Bankensanierung und -insolvenz soll gerade *nicht* dem freien Markt überlassen werden.[35] Die Insolvenz und das damit gerechtfertigte Insolvenzverfahren sollen durch Sonderrecht und eine präventive Aufsicht nach Möglichkeit verhindert werden.[36] Wenn ein Kreditinstitut also in eine wirtschaftliche Krise gerät, dann behält sich der Staat ein grundlegendes Mitspracherecht hinsichtlich der Entscheidung vor, ob es zur Liquidation oder Sanierung kommen soll.[37]

Erhalt wirtschaftlicher Strukturen in einer Pandemie, Rücksicht zu nehmen." Von der besonderen Regulierung bestimmter Wirtschaftssektoren sind dabei staatliche Maßnahmen abzugrenzen, die zum Schutz der Gesamtwirtschaft im Fall einer die gesamte Wirtschaft betreffende Krise vorgenommen werden, siehe dazu *Eidenmüller*, EBOR 2023, 231, 234 f.

[31] *Obermüller*, in: Gottwald/Haas (Hrsg.) Insolvenzrechts-Hdb, 6. Aufl. 2020, § 101 Rn. 3; Kölner Kommentar zur Insolvenzordnung/*Beth*, 2021, Vorbemerkung SAG Rn. 3. Dabei ist zu beachten, dass die EuInsVO gem. Art. 1 Abs. 2 nicht für Versicherungsunternehmen, Kreditinstitute, Wertpapierfirmen und andere Firmen, Einrichtungen und Unternehmen, soweit sie unter die Richtlinie 2001/24/EG fallen, oder Organismen für gemeinsame Anlagen gilt. Grund dafür ist nach ErwGr 19 EuInsVO, dass für diese Unternehmen besondere Vorschriften gelten und die nationalen Aufsichtsbehörden weitreichende Eingriffsbefugnisse haben.

[32] Zur historischen Entwicklung des Rechts der Bankensanierung und -abwicklung siehe *Benzing*, in: Binder/Glos/Riepe (Hrsg.), Hdb Bankenaufsichtsrecht, 2. Aufl. 2020, Teil III § 14 Rn. 1 ff.

[33] Siehe am Beispiel von § 46b KWG Beck/Samm/Kokemoor Kreditwesengesetz mit CRR/*Skauradszun*, 228. Lieferung, 11/2022, § 46b Rn. 1 f. Zur Ungeeignetheit des Insolvenzrechts zur Abwicklung systemrelevanter Banken siehe *Bauer/Hildner*, DZWIR 2015, 251, 252.

[34] Beck/Samm/Kokemoor Kreditwesengesetz mit CRR/*Skauradszun*, 228. Lieferung, 11/2022, § 46b Rn. 34.

[35] Siehe *Cichy*, in: Binder/Glos/Riepe (Hrsg.), Hdb Bankenaufsichtsrecht, 2. Aufl. 2020, Teil III § 15 Rn. 2. *Cichy* weist darauf hin, dass das allgemeine Insolvenzrecht „kein ausreichendes Instrumentarium für die Sanierung und Abwicklung systemrelevanter Institute" bereithalte.

[36] Vgl. *Bauer-Weiler/Struckmann*, in: Binder/Glos/Riepe (Hrsg.), Hdb Bankenaufsichtsrecht, 2. Aufl. 2020, Teil III § 16 Rn. 1 ff.; Beck/Samm/Kokemoor Kreditwesengesetz mit CRR/*Skauradszun*, 228. Lieferung, 11/2022, § 46 Rn. 1.

[37] *Binder*, Bankeninsolvenzen im Spannungsfeld zwischen Bankaufsichts- und Insolvenzrecht, 2003, 95. Eine Abwicklung notleidender Banken erschien in der Vergangenheit regelmäßig nicht durchführbar, „da zum einen die Gefahr einer Kettenreaktion innerhalb des Ban-

Dies wird etwa an dem genannten § 46b KWG deutlich, wonach nicht etwa das kriselnde Institut oder dessen Gläubiger über die Frage entscheiden dürfen, ob ein Antrag auf Eröffnung eines Insolvenzverfahrens gestellt wird, sondern allein die zuständige Aufsichtsbehörde. Ähnlich zeigt sich dies anhand von Art. 18 Abs. 6 SRM-VO[38], wonach der Einheitliche Abwicklungsausschuss (*Single Resolution Board*, Art. 1 UAbs. 2 S. 1 SRM-VO) entscheidet, welche Maßnahme für ein Unternehmen im Anwendungsbereich dieser Verordnung gewählt wird. Der Grund für die besonderen staatlichen Befugnisse der Aufsichtsbehörden zur Krisenabwehr im Stadium vor der Insolvenz ist, dass Krisen oder Insolvenzen von Kreditinstituten erhebliche Auswirkungen auf die Gesamtwirtschaft haben können.[39]

3. Spezifisches Sonderrecht der MiCAR für die Kryptomärkte

Lenkt man den Blick nun wieder auf die von der MiCAR regulierte Emission vermögenswertereferenzierter Token, dann zeichnet sich das folgende Bild ab: Bei den Vorschriften der MiCAR handelt es sich dem Grunde nach um Aufsichtsrecht. Die Verordnung enthält in der Regel keine privatrechtlichen Vorschriften, sondern ist primär dem öffentlichen Recht zuzuordnen.[40]

In Art. 46 und 47 MiCAR statuiert die Verordnung allerdings sanierungs- und insolvenzrechtliche Sonderregeln, die das Sanierungs- und Insolvenzrecht in der EU in bestimmten Aspekten harmonisieren.[41] Es handelt sich dabei – ähnlich wie im Bankaufsichtsrecht – um spezifisches, aufsichtsrechtliches Sonderrecht des Wirtschaftssektors der Kryptomärkte. Dessen Ziel ist einerseits die Eindämmung der Risiken für die Finanzstabilität des Finanzsystems und andererseits der Schutz der Anleger (ErwGr 6 S. 2 MiCAR), letzteres jedenfalls vereinzelt – wie beim Recht auf Rücktausch (vgl. Art. 39 Abs. 1 S. 1 MiCAR) – auch als Individualrecht.

---

kensektors und zum anderen ein Übergreifen auf die Realwirtschaft drohte", *Engelbach/Friedrich*, WM 2015, 662. Siehe ebenfalls *Hübner/Leunert*, ZIP 2015, 2259.

[38] VO (EU) Nr. 806/2014 des Europäischen Parlaments und des Rates v. 15.07.2014 zur Festlegung einheitlicher Vorschriften und eines einheitlichen Verfahrens für die Abwicklung von Kreditinstituten und bestimmten Wertpapierfirmen im Rahmen eines einheitlichen Abwicklungsmechanismus und eines einheitlichen Abwicklungsfonds sowie zur Änderung der VO (EU) Nr. 1093/2010 (ABl. L 225/1, ber. ABl. 2015 L 101/62), zuletzt geändert durch Art. 2 RL (EU) 2024/1174 v. 11.04.2024 (ABl. L 2024/1174).

[39] Dazu auch *Madaus*, NZI 2024, 7, 10. Siehe zu den Hintergründen der Finanzmarktkrise unter V.2.a).

[40] Zu den wichtigen Ausnahmen gehört etwa der oben erwähnte Art. 26 MiCAR.

[41] Siehe *Skauradszun/Wrede*, RDi 2024, 55, 57, wonach die MiCAR keine abschließenden Vorgaben enthält, wie sämtliche Rechtspositionen an Kryptowerten in der Insolvenz eines Emittenten oder Anbieters von Kryptowerten zu behandeln sind. Ähnlich auch Beck/Samm/Kokemoor Kreditwesengesetz mit CRR/*Alfes*, 235. Lieferung, 3/2024, MiCAR Rn. 47 ff.

III. Dogmatische Grundlagen des MiCAR-Sanierungs- und Rücktauschplans

Art. 46 und 47 sind in Kapitel 6 des Titels III der MiCAR geregelt. Es handelt sich um das letzte Kapitel des Titels III betreffend die vermögenswertereferenzierten Token. Systematisch folgt es auf Kapitel 5 zu den signifikanten vermögenswertereferenzierten Token.[42] Da Sanierungs- und Rücktauschpläne allerdings von allen Emittenten vermögenswertereferenzierter Token zu erstellen und aufrechtzuerhalten sind,[43] unabhängig davon, ob der Emittent signifikante oder nicht signifikante vermögenswertereferenzierte Token ausgibt, findet sich das dogmatische Fundament der Pläne im Wesentlichen in Kapitel 3 des Titels III der MiCAR betreffend die Vermögenswertreserve.

Originäre Aufgabe des Sanierungsplans ist nach Art. 46 Abs. 1 UAbs. 1 MiCAR, Maßnahmen vorzusehen, die der Emittent zu ergreifen hat, um die Einhaltung der für die Vermögenswertreserve geltenden Anforderungen wiederherzustellen, wenn der Emittent diese Anforderungen nicht einhält. Der Rücktauschplan soll nach Art. 47 Abs. 1 MiCAR den geordneten Rücktausch jedes vermögenswertereferenzierten Tokens unterstützen. Der Rücktausch soll gem. Art. 47 Abs. 2 UAbs. 2 MiCAR mit den Erlösen aus dem Verkauf des verbleibenden Reservevermögens ermöglicht werden. Diese Vorgaben verdeutlichen, dass sowohl für den Sanierungsplan als auch für den Rücktauschplan die Vermögenswertreserve und das Recht auf Rücktausch von wesentlicher Bedeutung sind. Im Folgenden werden die Vermögenswertreserve und das Recht auf Rücktausch dargestellt, deren Schutz die Aufgabe des Sanierungs- und Rücktauschplans ist.

1. Die Vermögenswertreserve

In Kapitel 3 des Titels III hat der Verordnungsgeber der Vermögenswertreserve einen eigenen Titel und eine besonders herausgehobene Stellung eingeräumt. Dies ist nicht überraschend, denn es handelt sich bei der Vermögenswertreserve

---

42 Hinsichtlich der Einstufung von vermögenswertereferenzierter Token und E-Geld-Token als signifikant siehe auch Delegierte Verordnung (EU) 2024/1506 der Kommission vom 22.2.2024 zur Ergänzung der Verordnung (EU) 2023/1114 des Europäischen Parlaments und des Rates durch Spezifizierung bestimmter Kriterien für die Einstufung vermögenswertereferenzierter Token und E-Geld-Token als signifikant (ABl. L 2024/1506).

43 Vgl. den Wortlaut von Art. 46 Abs. 1 UAbs. 1 MiCAR („Ein Emittent eines vermögenswertereferenzierten Token muss einen Sanierungsplan erstellen und aufrechterhalten […]") und Art. 47 Abs. 1 MiCAR („Ein Emittent eines vermögenswertereferenzierten Token muss einen operativen Plan zur Unterstützung des geordneten Rücktauschs jedes vermögenswertereferenzierten Token erstellen und aufrechterhalten […]").

um ein von der MiCAR eigens für die Emittenten vermögenswertereferenzierter Token eingeführtes Instrument.[44]

Die Anforderungen an die Vermögenswertreserve werden in den Art. 36–40 MiCAR geregelt. Grundlegende Bestimmungen hinsichtlich der Zusammensetzung, Verwaltung, Verwahrung und Anlage finden sich in Art. 36–38 MiCAR. Art. 39 MiCAR regelt das Recht auf Rücktausch, auf welches im Folgenden ebenfalls näher eingegangen wird. Art. 40 MiCAR regelt das Verbot der Gewährung von Zinsen.

a) Sinn und Zweck der Vermögenswertreserve

Der *Zweck* der Vermögenswertreserve lässt sich aus der MiCAR selbst entnehmen: Art. 3 Abs. 1 Nr. 32 MiCAR definiert die Vermögenswertreserve als den Korb mit Reservevermögen, mit dem die Forderung gegenüber dem Emittenten besichert wird. Näher beschrieben wird dies in ErwGr 54 S. 1, 2 MiCAR, wonach die Emittenten vermögenswertereferenzierter Token eine Vermögenswertreserve bilden und aufrechterhalten müssen, um die Haftung der Emittenten gegenüber den Inhabern vermögenswertereferenzierter Token zu decken. Die Vermögenswertreserve soll zugunsten der Inhaber der vermögenswertereferenzierten Token verwendet werden, wenn der Emittent – beispielsweise im Falle einer Insolvenz – nicht in der Lage ist, seine Verpflichtungen gegenüber den Inhabern zu erfüllen. In der Folge darf das Reservevermögen gem. Art. 37 Abs. 1 lit. a MiCAR weder belastet noch als „Finanzsicherheit" im Sinne von Art. 2 Abs. 1 lit. a Finanzsicherheiten-RL[45] verpfändet werden. Der Gesetzgeber schreibt den Emittenten vermögenswertereferenzierter Token damit vor, wie die Wertstabilisierung, die vermögenswertereferenzierte Token gerade auszeichnet, erreicht werden soll.[46]

Aus diesen Anforderungen kann abgeleitet werden, dass die Vermögenswertreserve funktional ein von den Emittenten zu bildendes und aufrechtzuerhaltendes *Sondervermögen* darstellt,[47] welches primär dem *Schutz der Anleger*

[44] Auch für Emittenten von E-Geld-Token sieht die MiCAR als funktionales Äquivalent eine Vermögenswertreserve vor. Diese bestimmt sich aber im Wesentlichen nach den Vorgaben der E-Geld-Richtlinie (RL 2009/110/EG) und den in Art. 54 MiCAR vorgesehenen Modifikationen, vgl. ausf. *Skauradszun/Wrede*, BKR 2024, 19.

[45] RL 2002/47/EG des Europäischen Parlaments und des Rates v. 06.06.2002 über Finanzsicherheiten (ABl. L 168/43), zuletzt geändert durch Art. 89 VO (EU) 2021/23 v. 16.12.2020 (ABl. 2021 L 22/1).

[46] Ausführlich *Omlor*, ZHR (187) 2023, 635, 662. Der Autor vertritt, dass es sich ohne eine solche Vermögenswertreserve nicht um vermögenswertereferenzierte Token, sondern andere Kryptowerte i. S. v. Titel II handeln solle. Die in der Vermögenswertreserve denkbar enthaltenen Vermögenswerte werden aus Art. 37 Abs. 6 UAbs. 1 S. 1 MiCAR ersichtlich, es kann sich um Geldbeträge, verwahrbare Finanzinstrumente, verwahrbare Kryptowerte oder – ganz allgemein – andere Vermögenswerte handeln.

[47] Ähnlich wohl *Omlor*, ZHR (187) 2023, 635, 662, der Autor spricht von einer „wertsichernde[n] Funktion" der Vermögenswertreserve.

dient. Durch den vorgeschriebenen Wertstabilisierungsmechanismus muss die Vermögenswertreserve aber auch auf eine solche Art und Weise verwaltet werden, dass nachteilige Auswirkungen auf die Märkte des Reservevermögens verhindert werden (vgl. ErwGr 54 S. 4 MiCAR).

b) Rechtsnatur der Vermögenswertreserve

Die *Rechtsnatur* der Vermögenswertreserve wird in der MiCAR nicht explizit geregelt. Art. 36 Abs. 2 MiCAR sieht aber vor, dass die Vermögenswertreserve im Interesse der Inhaber vermögenswertereferenzierter Token nach geltendem Recht vom Vermögen des Emittenten in einer Weise *rechtlich getrennt* wird, dass die (anderen) Gläubiger des Emittenten – insbesondere im Falle der Insolvenz – keinen Zugriff auf die Vermögenswertreserve haben. Die MiCAR ordnet die rechtliche, genauer gesagt *haftungsrechtliche*, Trennung der Vermögenswertreserve vom Vermögen des Emittenten dabei unmittelbar an. Durch die Formulierung *„nach geltendem Recht“* hat der Unionsgesetzgeber berücksichtigt, dass die haftungsrechtliche Trennung von Vermögensmassen in den verschiedenen Rechtsordnungen der Mitgliedstaaten möglicherweise dogmatisch unterschiedlich verortet sein wird. Die Mitgliedstaaten haben die Möglichkeit, die Figur der Vermögenswertreserve mithilfe von Durchführungsbestimmungen in ihr nationales Recht zu integrieren. Die (haftungs-)rechtliche Trennung der Vermögenswertreserve vom (sonstigen) Vermögen des Emittenten leitet sich allerdings direkt aus der europäischen Verordnung selbst ab.[48]

Es handelt sich bei der Vermögenswertreserve folglich um ein harmonisiertes europarechtliches Sondervermögen, welches wirtschaftlich und haftungsrechtlich den Inhabern der vermögenswertereferenzierten Token zugewiesen wird.

2. Das Recht auf jederzeitigen Rücktausch

a) Sinn und Zweck

Das Recht auf jederzeitigen Rücktausch ist mit der Vermögenswertreserve verbunden. Die Vermögenswertreserve soll das Rücktauschrecht absichern.[49] Dieses Recht ist in Art. 39 Abs. 1 S. 1 MiCAR geregelt und räumt den Inhabern vermögenswertereferenzierter Token ein jederzeitiges Recht auf Rücktausch des vermögenswertereferenzierten Token ein. Auf Wunsch der Inhaber muss der Emittent den Rücktausch entweder im Wege der Zahlung eines dem Markt-

---

[48] Ausf. *Skauradszun/Wrede*, RDi 2024, 55, 57 f. Beck/Samm/Kokemoor Kreditwesengesetz mit CRR/*Alfes*, 235. Lieferung, 3/2024, MiCAR Rn. 88 vertritt, dass sich aus der MiCAR keine konkreten Vorgaben entnehmen ließen, „in welcher Weise die Vermögenswerte rechtlich mit den Rücktauschrechten „verbunden“ werden sollen [...]“. Art. 36 Abs. 2 MiCAR ordne „[l]ediglich die insolvenzfeste Ausgestaltung im Falle der Insolvenz des Emittenten [an]“.

[49] So auch Beck/Samm/Kokemoor Kreditwesengesetz mit CRR/*Alfes*, 235. Lieferung, 3/2024, MiCAR Rn. 87.

wert der Vermögenswerte, auf die der Token Bezug nimmt, entsprechenden Geldbetrages oder durch Bereitstellung der entsprechenden Vermögenswerte, auf welche der Token Bezug nimmt, vornehmen (vgl. Art. 39 Abs. 2 S. 1 MiCAR).

Anspruchsgegner ist der *Emittent* der vermögenswertereferenzierten Token (Art. 39 Abs. 1 S. 1 Alt. 1 MiCAR). Darüber hinaus haben die Inhaber vermögenswertereferenzierter Token ein jederzeitiges Recht auf Rücktausch „in Bezug auf das Reservevermögen, wenn die Emittenten ihren in Kapitel 6 dieses Titels genannten Verpflichtungen nicht nachkommen können" (Art. 39 Abs. 1 S. 1 Alt. 2 MiCAR).

Das Recht auf Rücktausch stellt eine besonders starke Ausprägung des von der MiCAR intendierten Anlegerschutzes dar.[50] Denn anders als bei E-Geld-Token (vgl. Art. 49 Abs. 3 MiCAR)[51] sieht die MiCAR bei vermögenswertereferenzierten Token nicht explizit vor, dass der Emittent für die Ausgabe der Token zwingend ein Entgelt entgegennimmt. Aber selbst im Falle der unentgeltlichen Ausgabe von vermögenswertereferenzierten Token besteht der in Art. 39 MiCAR geregelte Rücktauschanspruch.[52]

b) Wechselwirkungen zwischen dem Recht auf Rücktausch und der Vermögenswertreserve

Besonders hervorzuheben ist das Verhältnis des in Art. 39 Abs. 1 S. 1 Alt. 1 MiCAR geregelten Rücktauschrechts gegenüber dem Emittenten und des Rücktauschrechts aus Art. 39 Abs. 1 S. 1 Alt. 2 MiCAR in Bezug auf das Reservevermögen.

Während das Recht gegenüber dem Emittenten dem Anleger *unbedingt* zusteht, wird das Recht in Bezug auf die Vermögenswertreserve als Sondervermögen unter die Bedingung gestellt, dass die Emittenten ihren in Kapitel 6 des Titels III genannten Verpflichtungen nicht nachkommen können.

Dabei ist allerdings zu sehen, dass das Verhältnis der Vermögenswertreserve zum Rücktauschrecht an verschiedenen Stellen in der MiCAR näher ausgestaltet wird. Zwischen dem Recht auf Rücktausch gegenüber dem Emittenten und der Vermögenswertreserve bestehen Wechselwirkungen:

1) Aus Art. 36 Abs. 6 S. 2 MiCAR ergibt sich, dass die Emittenten sicherstellen müssen, dass der Ausgabe und dem Rücktausch vermögenswerterefe-

---

[50] Siehe Beck/Samm/Kokemoor Kreditwesengesetz mit CRR/*Alfes*, 235. Lieferung, 3/2024, MiCAR Rn. 87. *Alfes* weist allerdings auch zu Recht darauf hin, dass ein Verlustrisiko durch die MiCAR nicht vollständig ausgeschlossen werde.

[51] Vgl. *Omlor*, ZHR (187) 2023, 635, 655.

[52] Ausführlich *Omlor*, ZHR (187) 2023, 635, 664 f. Der Unionsgesetzgeber geht aber davon aus, dass vermögenswertereferenzierte Token im Regelfall entgeltlich ausgegeben werden. Dies zeigt sich an Art. 39 Abs. 2 S. 3 MiCAR.

renzierter Token stets eine entsprechende *Erhöhung oder Verminderung der Vermögenswertreserve* gegenübersteht.

2) Art. 36 Abs. 8 S. 2 lit. d MiCAR regelt, dass die Emittenten über eine Strategie verfügen müssen, die eine Beschreibung des Verfahrens für die Emission und den Rücktausch der vermögenswertereferenzierten Token sowie des Verfahrens umfasst, nach dem die Emission oder der Rücktausch zu einer entsprechenden *Erhöhung oder Verminderung der Vermögenswertreserve* führt.
3) Nach Art. 36 Abs. 8 S. 2 lit. g MiCAR muss die Strategie auch eine Beschreibung des Verfahrens für den Kauf und Rücktausch der vermögenswertereferenzierten Token *gegen die Vermögenswertreserve* umfassen.
4) Aus Art. 37 Abs. 1 lit. c MiCAR ergibt sich, dass die Emittenten *„umgehend Zugang zum Reservevermögen* haben [müssen], um etwaige *Rücktauschforderungen* der Inhaber vermögenswertereferenzierter Token *bedienen zu können*".

Diese Vorschriften zeigen, dass das Recht auf Rücktausch gegenüber dem Emittenten Auswirkungen auf die Vermögenswertreserve hat und der Emittent die Rücktauschforderungen sogar aus dem Reservevermögen bedienen darf. Die Vermögenswertreserve ist dynamisch – und gewissermaßen *„akzessorisch"* – mit der weiteren Emission vermögenswertereferenzierter Token (dann ist eine Erhöhung der Vermögenswertreserve erforderlich) und dem Rücktausch dieser Token (dann ist eine Verminderung der Vermögenswertreserve möglich) verbunden.

c) Verhältnis von Art. 39 Abs. 1 S. 1 Alt. 1 MiCAR zu Art. 39 Abs. 1 S. 1 Alt. 2 MiCAR

Es stellt sich folglich die Frage, warum es ein Recht in Bezug auf die Vermögenswertreserve überhaupt bedarf, wenn der Emittent ohnehin auf die Vermögenswertreserve zugreifen darf, um die Rücktauschforderung zu erfüllen.

Durch die gewissermaßen „akzessorische" Verknüpfung könnte dem Recht aus Art. 39 Abs. 1 S. 1 Alt. 2 MiCAR in Bezug auf das Reservevermögen lediglich eine *deklaratorische Funktion* zukommen. Das Recht auf Rücktausch würde nach diesem Verständnis lediglich betont werden. Gegen eine solche deklaratorische Auslegung spricht allerdings, dass sich die beiden Rechte in Art. 39 Abs. 1 S. 1 MiCAR in ihren Tatbestandsvoraussetzungen unterscheiden. Folglich haben Anleger im Regelfall auch *kein Wahlrecht*, ob sie ihr Recht auf Rücktausch gegenüber dem Emittenten oder der Vermögenswertreserve ausüben.

Die systematische Stellung, der Wortlaut und der Zweck der Vermögenswertreserve, die Forderungen der Anleger auf Rücktausch zu sichern, sprechen vielmehr für eine *Subsidiarität* des Art. 39 Abs. 1 S. 1 Alt. 2 MiCAR. Dies hat zur Folge, dass das Rücktauschrecht gegenüber dem Emittenten den gesetzlichen Regelfall darstellt und das Recht in Bezug auf die Vermögenswertreserve als Sondervermögen in speziellen Fällen vorgesehen und damit subsidiärer Natur ist.[53]

Der Wortlaut des Art. 39 Abs. 1 S. 1 Alt. 2 MiCAR sieht vor, dass der Rücktausch in Bezug auf das Reservevermögen vorgenommen werden kann, wenn die Emittenten ihren in Kapitel 6 des Titels III genannten Verpflichtungen nicht nachkommen können. Es handelt sich dabei um die Verpflichtungen in Bezug auf den Sanierungs- und Rücktauschplan. Der Wortlaut ist vage. In Art. 46 und Art. 47 MiCAR werden verschiedene Verpflichtungen des Emittenten geregelt. Diese können formeller Natur sein, wie beispielsweise die Übermittlung des Sanierungs- und Rücktauschplans an die zuständige Behörde. Die Anforderungen können aber auch materieller Natur sein und die Fragen betreffen, wann die Pläne durchgeführt oder umgesetzt werden müssen, da der Emittent die Anforderungen an die Vermögenswertreserve nicht mehr einhält (vgl. Art. 46 Abs. 1 UAbs. 1, Abs. 3 MiCAR) oder seine Verpflichtungen nicht oder wahrscheinlich nicht erfüllen kann (Art. 47 Abs. 1 MiCAR).

Kommt ein Emittent lediglich bestimmten formellen Verpflichtungen nicht nach, erscheint es unverhältnismäßig, dass das an sich subsidiäre Rücktauschrecht in Bezug auf die Vermögenswertreserve begründet sein soll. Gerade ein Verstoß gegen formelle Verpflichtungen, wie die Übermittlungspflichten, entfaltet für sich genommen keine Aussagekraft darüber, ob ein Emittent seinen Verpflichtungen aus Art. 46 und 47 MiCAR tatsächlich nicht nachkommen kann.

Gerät der Emittent aber in eine wirtschaftliche Situation, in der er seine Verpflichtungen nicht oder wahrscheinlich nicht erfüllt, dann ist er gerade nicht mehr in der Lage, das Rücktauschrecht gegenüber den Anlegern selbst zu erfüllen. Genau in diesen Situationen wird ein Recht in Bezug auf die Vermögenswertreserve relevant. Dies können Fälle sein, in denen der Emittent in seiner Verwaltungs- und Verfügungsbefugnis – wie beispielsweise in der Insolvenz oder im Falle eines vorübergehenden Veräußerungs- und Zahlungsverbots nach § 43 Abs. 2 Nr. 2 KMAG i.d.F. der Beschlussempfehlung oder – soweit anwendbar – § 46 Abs. 1 S. 2 Nr. 4 KWG – kraft Gesetzes beschränkt wird. In diesen Fällen könnte ein Recht gegenüber dem Emittenten in seiner unmittelbaren Durchsetzbarkeit beeinträchtigt sein. Durch das direkte Recht aus Art. 39 Abs. 1 S. 1 Alt. 2 MiCAR in Bezug auf das Reservevermögen als Sondervermögen, welches haftungsrechtlich den Anlegern zugeordnet wird, kommt den Anlegern ein besonderer Schutz zu. Deren Rücktauschverlangen muss nun direkt durch das Reservevermögen bedient werden.

---

[53] Ähnlich wohl *Omlor*, ZHR (187) 2023, 635, 662, 666.

IV. Der Sanierungsplan nach Art. 46 MiCAR und der Rücktauschplan nach Art. 47 MiCAR

Ähnlich eng wie das Sanierungs- und das Insolvenzrecht zueinanderstehen, können der Sanierungs- und der Rücktauschplan hinsichtlich ihrer Aufgaben und Einsatzbereiche eng beieinander liegen. Gemeinsames Bindeglied ist die Vermögenswertreserve und das darauf bezogene Rücktauschrecht. Neben diesen Gemeinsamkeiten sind im Folgenden wichtige Trennlinien herauszuarbeiten.

1. Der Sanierungsplan

Die *Hauptaufgabe* des Sanierungsplans ist es, Maßnahmen vorzusehen, „die der Emittent zu ergreifen hat, um die Einhaltung der für die Vermögenswertreserve geltenden Anforderungen wiederherzustellen, wenn der Emittent diese Anforderungen nicht einhält"[54] (vgl. Art. 46 Abs. 1 UAbs. 1 MiCAR). Der Sanierungsplan soll vornehmlich die Vermögenswertreserve schützen.[55]

Bei dem Sanierungsplan handelt es sich um ein vom Emittenten zu erstellendes und aufrechtzuerhaltendes unternehmensinternes[56] Dokument (Art. 46 Abs. 1 UAbs. 1 MiCAR), welches im Wesentlichen präventive Maßnahmen enthalten soll, um die Einhaltung der für die Vermögenswertreserve geltenden Anforderungen wiederherzustellen. Dieses muss der zuständigen Behörde gem. Art. 46 Abs. 2 UAbs. 1 S. 1 MiCAR, in Deutschland voraussichtlich der BaFin (vgl. § 3 S. 1 KMAG i. d. F. der Beschlussempfehlung, zu beachten sind die Änderungen infolge Art. 2 Nr. 1 FinmadiG i. d. F. der Beschlussempfehlung, die gem. Art. 23 Abs. 3 FinmadiG am 30.12.2024 in Kraft treten sollen), innerhalb von sechs Monaten ab dem Tag der Zulassung oder innerhalb von sechs Monaten ab Genehmigung des Kryptowerte-Whitepapers übermittelt werden.

Art. 46 MiCAR gibt den Inhalt der Sanierungsmaßnahmen überblicksartig vor: Die Sanierungsmaßnahmen sollen primär dazu dienen, die Einhaltung der Anforderungen an die Vermögenswertreserve wiederherzustellen. Die Maßnahmen sollen nach Art. 46 Abs. 1 UAbs. 2 MiCAR erstens die Aufrechterhaltung der Dienstleistungen des Emittenten im Zusammenhang mit den vermögenswertereferenzierten Token, zweitens die rasche Sanierung des Geschäftsbetriebs und drittens die Erfüllung der Pflichten des Emittenten im Fall von

[54] Vgl. auch EBA/CP/2023/30 v. 08.11.2023, 6.

[55] Ausführlich zum Sanierungsplan Maume MiCAR/*Skauradszun*, im Erscheinen, Art. 46.

[56] Die Guidelines der EBA sehen allerdings vor, dass der Sanierungsplan auch einen Kommunikations- und Informationsplan enthalten soll, mit welchem sichergestellt werden soll, dass die Anleger und andere Stakeholder über die Umsetzung von Sanierungsmaßnahmen informiert werden, siehe EBA/GL/2024/07 v. 13.06.2024, 16.

Ereignissen, die ein beträchtliches Risiko einer Störung des Geschäftsbetriebs bergen, sicherstellen.

In Art. 46 Abs. 1 UAbs. 3 MiCAR werden als mögliche Sanierungsmaßnahmen die Einführung von Liquiditätsgebühren bei Rücktausch (lit. a), die Begrenzung der Menge der an einem Arbeitstag rücktauschbaren vermögenswertereferenzierten Token (lit. b) und die – zeitweise – Aussetzung des Rücktauschs (lit. c) konkretisiert. Diese Maßnahmen sind abstrakt, daher ist die EBA nach Konsultation mit der ESMA verpflichtet, Leitlinien zur Spezifizierung des Formats des Sanierungsplans und der Informationen, die in ihm gegeben werden müssen, herauszugeben (Art. 46 Abs. 6 MiCAR).[57]

Neben diesen Pflichten enthält Art. 46 MiCAR auch verschiedene Ermächtigungsgrundlagen, die es der zuständigen Behörde erlauben, Änderungen (Art. 46 Abs. 2 UAbs. 1 S. 2 MiCAR) und Aktualisierungen (Art. 46 Abs. 3 MiCAR) am Sanierungsplan zu verlangen und die Umsetzung von Sanierungsmaßnahmen anzuordnen (Art. 46 Abs. 3, 4 MiCAR). Verstöße gegen die Anforderungen des Art. 46 MiCAR können zu verwaltungsrechtlichen Sanktionen führen (vgl. Art. 111 Abs. 1 UAbs. 1 S. 1 lit. b Abs. 2 und Abs. 6 MiCAR und § 47 KMAG i. d. F. der Beschlussempfehlung, zu beachten sind die Änderungen infolge Art. 2 Nr. 24 FinmadiG, die gem. Art. 23 Abs. 3 FinmadiG am 30.12.2024 in Kraft treten sollen).

2. *Der Rücktauschplan*

Die *Hauptaufgabe* des Rücktauschplans ist es einerseits, das *Recht auf Rücktausch* aus Art. 39 Abs. 1 MiCAR abzusichern, und andererseits, *Chaos* bei umfangreichen Rücktauschverlangen zu vermeiden.[58] Der Plan soll umgesetzt werden, wenn die zuständige Behörde feststellt, dass der Emittent seine Verpflichtungen nicht oder wahrscheinlich nicht erfüllen kann. Dabei betont Art. 47 Abs. 1 MiCAR, dass dies auch im Fall einer Insolvenz oder einer etwaigen Abwicklung oder im Fall des Entzugs der Zulassung des Emittenten gelten soll.

Der Rücktauschplan stellt ebenfalls ein unternehmensinternes Dokument dar, welches vom Emittenten zu erstellen und, unter Wahrung der in Art. 47 Abs. 3 S. 1 MiCAR statuierten Fristen, der zuständigen Behörde zu übermitteln ist.

Dabei soll der Emittent nach Art. 47 Abs. 1, Abs. 2 UAbs. 1 MiCAR im Rücktauschplan darstellen, dass er zum Rücktausch jedes ausstehenden ausgegebenen vermögenswertereferenzierten Tokens in der Lage ist, ohne seinen Inhabern oder der Stabilität der Märkte des Reservevermögens unangemessenen wirtschaftlichen Schaden zuzufügen. Der Plan soll vertragliche Vereinbarun-

[57] Vgl. EBA/GL/2024/07 v. 13.06.2024.

[58] Ausführlich zum Rücktauschplan Maume MiCAR/*Skauradszun*, im Erscheinen, Art. 47.

gen, Verfahren und Systeme, einschließlich der Benennung eines vorläufigen Verwalters gemäß dem anwendbaren Recht enthalten, mit denen sichergestellt wird, dass alle Inhaber vermögenswertereferenzierter Token gerecht behandelt und die Erlöse aus dem Verkauf des verbleibenden Reservevermögens fristgerecht den Inhabern der vermögenswertereferenzierten Token ausgezahlt werden. Um sicherzustellen, dass diese Ziele erreicht werden können, soll der Emittent nach Art. 47 Abs. 2 UAbs. 3 MiCAR im Rücktauschplan zudem darstellen, dass die Kontinuität kritischer Tätigkeiten, die für den geordneten Rücktausch erforderlich sind, sichergestellt wird. Insbesondere der Inhalt des Rücktauschplans und die Elemente, durch die die Umsetzung des Rücktauschplans ausgelöst werden, sollen gem. Art. 47 Abs. 5 MiCAR durch Leitlinien der EBA näher konkretisiert werden.

Art. 47 Abs. 3 S. 2 MiCAR erteilt der zuständigen Behörde die Befugnis, Änderungen am Rücktauschplan zu verlangen. Die zuständige Behörde soll den Rücktauschplan nach Art. 47 Abs. 4 UAbs. 1 MiCAR gegebenenfalls an die für den jeweiligen Emittenten zuständigen Abwicklungs- und Aufsichtsbehörden übermitteln. Verstöße gegen Art. 47 MiCAR können ebenfalls zu verwaltungsrechtlichen Sanktionen führen (vgl. Art. 111 Abs. 1 UAbs. 1 S. 1 lit. b Abs. 2 und Abs. 6 MiCAR und § 47 KMAG i. d. F. der Beschlussempfehlung, zu beachten sind die Änderungen infolge Art. 2 Nr. 24 FinmadiG, die gem. Art. 23 Abs. 3 FinmadiG am 30.12.2024 in Kraft treten sollen).

V. Art. 46 MiCAR im Verhältnis zu anderen europäischen und nationalen Sanierungsplänen

Die folgende Untersuchung wird zeigen, dass Art. 46 MiCAR keine abschließende Regelung darstellt. Der MiCAR-Sanierungsplan steht vielmehr neben anderen europäischen oder nationalen Regelungen, die die Sanierung von (Sonder-)Vermögen von Rechtsträgern betreffen. Aus diesem Grund ist es denkbar, dass Emittenten verschiedene Sanierungspläne erstellen werden müssen. In der Folge stellt sich die Frage, inwieweit die Sanierungsmaßnahmen nach Art. 46 MiCAR auch in anderen Plänen enthalten sein können oder gar müssen.[59]

1. Überblick über Sanierungspläne im europäischen und nationalen Recht

Unter II. wurde bereits das Grundkonzept eines sektorspezifischen Sondersanierungsrechts dargestellt. Im Folgenden sollen die verschiedenen bereits bestehenden europäischen und nationalen „Sanierungspläne“ bzw. ähnliche Instru-

[59] Siehe dazu auch Maume MiCAR/*Skauradszun*, im Erscheinen, Art. 46 Rn. 19 ff.

mente im Verhältnis zum Sanierungsplan nach Art. 46 MiCAR dargestellt werden.

Zunächst werden die aufsichtsrechtlichen Sanierungspläne betrachtet, die u.a. in der SRM-VO und der BRRD[60] bzw. in Deutschland im SAG geregelt sind. Die dortigen Sanierungspläne gelten für CRR-Kreditinstitute. Es werden zudem die „Sanierungspläne" des KWG erläutert, die für alle Institute i.S.v. §1 Abs. 1b KWG Anwendung finden. Im Anschluss daran wird das Verhältnis der Sanierungspläne des Wirtschaftsprivatrechts zu Art. 46 MiCAR beleuchtet. Darunter fallen die Bestimmungen der EuInsVO, der InsO, der Restrukturierungsrichtlinie und des StaRUG.

2. Verhältnis des Art. 46 MiCAR zu aufsichtsrechtlichen Sanierungsplänen

a) Sanierungsplan nach Art. 2 Abs. 1 Nr. 32, Art. 5 ff. BRRD/§§ 12 ff. SAG

Auf europäischer Ebene enthalten die SRM-VO und die BRRD Sondersanierungs- und -abwicklungsrecht für bestimmte Unternehmen. In Deutschland gilt seit dem 01.01.2015 das Sanierungs- und Abwicklungsgesetz (SAG), welches die Ziele der BRRD umsetzt. Die BRRD bzw. deren Umsetzungsgesetze werden dabei teilweise durch die SRM-VO ergänzt und ersetzt.[61]

Die SRM-VO und die BRRD sind eine Reaktion auf die Finanzkrise (2007/2008) und die Staatsschuldenkrise (2010 bis 2013), aus welchen ersichtlich wurde, dass das allgemeine Insolvenzrecht keine geeigneten Maßnahmen zur Bewältigung von Bankeninsolvenzen bietet.[62] Um gesamtwirtschaftliche Schäden zu vermeiden, wurden Banken häufig mit öffentlichen Mitteln unterstützt, also auf Kosten der Allgemeinheit (sog. *Bail-out*).[63] Die Anteilsinhaber und Gläubiger wurden dabei vor Verlusten verschont.[64] Diese *„too interconnected to fail"*, *„too big to fail"* und *„too complex to fail"*-Problematik veranlasste den

---

[60] RL 2014/59/EU des Europäischen Parlaments und des Rates vom 15.05.2014 zur Festlegung eines Rahmens für die Sanierung und Abwicklung von Kreditinstituten und Wertpapierfirmen und zur Änderung der RL 82/891/EWG des Rates, der RL 2001/24/EG, 2002/47/EG, 2004/25/EG, 2005/56/EG, 2007/36/EG, 2011/35/EU, 2012/30/EU und 2013/36/EU sowie der VO (EU) Nr. 1093/2010 und (EU) Nr. 648/2012 des Europäischen Parlaments und des Rates (ABl. L 173/190), zuletzt geändert durch Art. 1 RL (EU) 2024/1174 v. 11.04.2024 (ABl. L 2024/1174).

[61] Zu dem komplexen Zusammenspiel zwischen der BRRD, SAG und der SRM-VO siehe *Wojcik*, in: Hopt/Binder/Böcking (Hrsg.), Hdb Corporate Governance von Banken und Versicherungen, 2. Aufl. 2020, §24 Rn. 17ff.; *Bauer-Weiler/Struckmann*, in: Binder/Glos/Riepe (Hrsg.), Hdb Bankenaufsichtsrecht, 2. Aufl. 2020, Teil III §16 Rn. 140ff. Siehe auch *Engelbach/Friedrich*, WM 2015, 662; Beck/Samm/Kokemoor Kreditwesengesetz mit CRR/*Skauradszun*, 228. Lieferung, 11/2022, §46b Rn. 1; Kölner Kommentar zur Insolvenzordnung/*Beth*, 2021, Vorbemerkung SAG Rn. 10.

[62] Ausf. *Kaufhold*, ZG 2017, 18, 20ff. Siehe auch ErwGr 1 S. 1 BRRD.

[63] Vgl. ErwGr 1 S. 3 BRRD.

[64] Vgl. *Engelbach/Friedrich*, WM 2015, 662 und *Hübner/Leunert*, ZIP 2015, 2259.

Unionsgesetzgeber dazu, für eine Bankenunion Regeln für einen einheitlichen Abwicklungsmechanismus zu schaffen.[65] Dabei besteht die Bankenunion aus dem Einheitlichen Aufsichtsmechanismus (Single Supervisory Mechanism, SSM), dem Einheitlichen Abwicklungsmechanismus (Single Resolution Mechanism, SRM) und dem Einheitlichen Abwicklungsfonds (Single Resolution Fund, SRF).

Der SRM setzt sich unter anderem aus der BRRD und der SRM-VO zusammen.[66] Die SRM-VO enthält die institutionellen Grundlagen und regelt insbesondere die Zuständigkeit des Einheitlichen Abwicklungsausschusses (Single Resolution Board, SRB).[67] Die BRRD gibt einen allgemeinen Rahmen für die Sanierungs- und Abwicklungsplanung vor.[68]

Die SRM-VO erwähnt einen Sanierungsplan in Art. 10 Abs. 2. Art. 2 Abs. 1 Nr. 32, Art. 5 ff. BRRD und §§ 12–21a SAG[69] regeln ebenfalls einen Sanierungsplan (im Folgenden: BRRD/SAG-Sanierungsplan). Dabei ist zu sehen, dass die SRM-VO – anders als das BRRD/SAG-Regime – keine näheren materiellen Anforderungen an diesen Sanierungsplan enthält.[70] Im Folgenden wird daher lediglich der Sanierungsplan i. S. d. BRRD/SAG näher erörtert.

Die Frage nach dem Verhältnis zwischen dem BRRD/SAG-Sanierungsplan und dem MiCAR-Sanierungsplan stellt sich, da ein Emittent vermögenswertereferenzierter Token, bei dem es sich um ein CRR-Kreditinstitut gem. Art. 3 Abs. 1 Nr. 28, Art. 16 Abs. 1 UAbs. 1 S. 1 lit. b MiCAR handelt, sowohl den Anforderungen der BRRD/SAG zum Sanierungsplan (vgl. Art. 1 Abs. 1 UAbs. 1 lit. a i. V. m. Art. 2 Abs. 1 Nr. 2 und Nr. 23 BRRD/§ 1 Abs. 1 S. 1 Nr. 1 SAG) als auch Art. 46 MiCAR unterfällt. Solche Emittenten müssen folglich zwei Sanierungspläne erstellen und aufrechterhalten.

Weder Art. 46 MiCAR noch dem BRRD/SAG-Regime ist eine explizite Aussage betreffend das Verhältnis der beiden Sanierungspläne zueinander zu entnehmen. Im Folgenden werden die beiden Pläne voneinander abgegrenzt und mögliche Überschneidungen dargestellt.

---

[65] Ausf. *Pannen*, Sanierung – Abwicklung – Insolvenz bei Kreditinstituten, 4. Aufl. 2021, 2. Kapitel Rn. 4.

[66] *Hübner/Leunert*, ZIP 2015, 2259.

[67] *Pannen*, Sanierung – Abwicklung – Insolvenz bei Kreditinstituten, 4. Aufl. 2021, 2. Kapitel Rn. 3.

[68] Zum Verhältnis zwischen dem BRRD/SAG Abwicklungsregime und den Vorschriften der SRM-VO siehe *Pannen*, Sanierung – Abwicklung – Insolvenz bei Kreditinstituten, 4. Aufl. 2021, 2. Kapitel Rn. 5.

[69] BT-Drs. 18/2575, 147 ff. (Begründung der einzelnen Vorschriften).

[70] Auch Art. 13 SRM-VO, welcher die Frühintervention regelt, verweist in Abs. 1 UAbs. 1 auf die Frühpräventionsmaßnahmen der BRRD.

aa) Unterschiedliche Zielsetzung des BRRD/SAG-Sanierungsplans und des MiCAR-Sanierungsplans

Bei dem Sanierungsplan i.S.d. BRRD/SAG handelt es sich um ein vorbeugendes Instrument, das dazu dient, eine Krise leichter zu bewältigen und eine Abwicklung zu vermeiden.[71] Es handelt sich um eine „abstrakte, nicht anlassbezogene Planung, insbesondere muss keine Krisensituation [...] vorliegen"[72]. Die Sanierungsplanung bewirkt zudem eine ständige Selbstüberwachung der wesentlichen Stabilitätskennziffern des Instituts.[73] Insoweit ähnelt dieser Plan dem Sanierungsplan i.S.v. Art. 46 MiCAR, denn auch bei letzterem geht es um die präventive Vorbereitung auf einen zukünftigen Krisenfall.

Der BRRD/SAG-Sanierungsplan wird – wie der MiCAR-Sanierungsplan – von dem beaufsichtigten Institut jährlich selbst erstellt oder bei Bedarf aktualisiert (Art. 5 Abs. 1 S. 1, Abs. 2 BRRD/§ 12 Abs.1, Abs. 4 S. 1 SAG) und der zuständigen Aufsichtsbehörde und Bundesbank übersendet (Art. 6 Abs. 1 BRRD/§ 12 Abs. 3 S. 3, Abs. 4 SAG). Die Aufsichtsbehörde legt den BRRD/SAG-Sanierungsplan der Abwicklungsbehörde vor (Art. 6 Abs. 4 S. 1 BRRD/§ 15 Abs. 1 S. 1 SAG). Emittenten vermögenswertereferenzierter Token müssen den Sanierungsplan der zuständigen Behörde und den etwaigen für sie zuständigen Abwicklungs- und Aufsichtsbehörden übermitteln (Art. 46 Abs. 2 UAbs. 1 S. 1 und UAbs. 2 MiCAR).

In ihrer *Zielsetzung* unterscheiden sich die Sanierungspläne allerdings:

Der MiCAR-Sanierungsplan dient primär der Wiederherstellung der Anforderungen an die Vermögenswertreserve. Um dieses Ziel zu erreichen, kann zwar die rasche Sanierung des Geschäftsbetriebs erforderlich und sinnvoll sein (siehe insoweit Art. 46 Abs. 1 UAbs. 2 MiCAR), die Aufgabe des MiCAR-Sanierungsplans ist aber nicht die Sanierung des Unternehmens des Emittenten. Diese stellt nur ein Teilziel bzw. ein Mittel zum Zweck der Wiederherstellung der Anforderungen an die Vermögenswertreserve dar.

Ziel des BRRD/SAG-Sanierungsplans ist es hingegen, „[...], die Optionen zu ermitteln, mit denen die Überlebensfähigkeit und die Finanzlage eines Instituts oder einer Gruppe in Stresssituationen aufrechterhalten oder wiederhergestellt werden kann."[74] Die vorgesehene Sanierung und Bestandssicherung wird dabei im Interesse des Finanzsystems insgesamt angestrebt.[75]

---

[71] *Hübner/Leunert*, ZIP 2015, 2259; *Cichy*, in: Binder/Glos/Riepe (Hrsg.), Hdb Bankenaufsichtsrecht, 2. Aufl. 2020, Teil III § 15 Rn. 5.

[72] BT-Drs. 18/2575, 147.

[73] *Pannen*, Sanierung – Abwicklung – Insolvenz bei Kreditinstituten, 4. Aufl. 2021, 2. Kapitel Rn. 14.

[74] Vgl. ErwGr 15 S. 1 Delegierte VO (EU) 2016/1075. Siehe auch Art. 5 Abs. 1 S. 1 BRRD, ErwGr 21 S. 1 BRRD. Für das SAG siehe BT-Drs. 18/2575, 147 f. Siehe dazu auch Beck/Samm/Kokemoor Kreditwesengesetz mit CRR/*Bornemann*, 195. Lieferung, 9/2017, SAG Rn. 1.

[75] *Cichy*, in: Binder/Glos/Riepe (Hrsg.), Hdb Bankenaufsichtsrecht, 2. Aufl. 2020, Teil III § 15 Rn. 10.

Somit unterschieden sich der MiCAR-Sanierungsplan und der BRRD/SAG-Sanierungsplan hinsichtlich ihrer Zielrichtung. Ersterer zielt auf den Erhalt der Vermögenswertreserve ab, letzterer hingegen direkt auf den Erhalt des Instituts. Der MiCAR-Sanierungsplan will dabei insbesondere den individuellen Anlegerschutz gewährleisten, indem das Rücktauschrecht aus Art. 39 Abs. 1 S. 1 MiCAR mittelbar geschützt wird. Der BRRD/SAG-Sanierungsplan will hingegen die finanzielle Stabilität des gesamten Instituts sichern bzw. wiederherstellen, um systemischen Risiken vorzubeugen.

bb) Ausgestaltung und Inhalt des BRRD/SAG-Sanierungsplans

Die Ausgestaltung des BRRD/SAG-Sanierungsplans ist detailliert geregelt. Neben diversen Vorgaben in Art. 5 ff. BRRD enthält insbesondere Abschnitt A des Anhangs zur BRRD Informationen, die im Sanierungsplan enthalten sein müssen. Im SAG werden diese Inhalte in § 13 SAG teilweise näher ausgeführt. § 13 Abs. 2 SAG verweist außerdem auf die Delegierten Verordnung (EU) 2016/1075, die ebenfalls Anforderungen an den Inhalt von Sanierungsplänen enthält. In dieser wird in Abschnitt II (Art. 3–15 Delegierten Verordnung (EU) 2016/1075) der Inhalt der Sanierungspläne weiter konkretisiert. Darüber hinaus finden sich weitere Mindestanforderungen in der Sanierungsplanmindestanforderungsverordnung (MaSanV).[76] Ein derart hoher Detaillierungsgrad besteht für den MiCAR-Sanierungsplan bisher noch nicht.[77]

Es ist erkennbar, dass sich die beiden Sanierungspläne teilweise überscheiden:

Art. 46 Abs. 1 UAbs. 2 MiCAR bestimmt, dass der Sanierungsplan auch die *Aufrechterhaltung der Dienstleistungen* des Emittenten im Zusammenhang mit dem vermögenswertereferenzierten Token, die *rasche Sanierung des Geschäftsbetriebs* und die Erfüllung der Pflichten des Emittenten im Fall von Ereignissen, die ein beträchtliches Risiko einer *Störung des Geschäftsbetriebs* bergen, umfassen soll. Es handelt sich um Teilziele, die dem Hauptziel, der Wiederherstellung der Anforderungen an die Vermögenswertreserve, untergeordnet

76 Die MaSanV setzt die EBA Leitlinien EBA/GL/2014/06 und EBA/GL/2015/02 in deutsches Recht um und konkretisiert die Regelungen der Delegierten Verordnung (EU) 2016/1075, siehe https://www.bafin.de/SharedDocs/Veroeffentlichungen/DE/Meldung/2020/meldung_2020_03_31_MaSanV.html. Das Merkblatt der BaFin zur Sanierungsplanung vom 31.03.2020 beschreibt die Struktur der Sanierungspläne, die sich in der Praxis bewährt hat, https://www.bafin.de/SharedDocs/Veroeffentlichungen/DE/Merkblatt/BA/Merkblatt_Sanierungsplanung.html. Die BaFin hat einen Muster-Sanierungsplan nach vereinfachten Anforderungen gem. § 19 SAG veröffentlicht (abrufbar unter den Anlagen https://www.bafin.de/DE/DieBaFin/Service/MVPportal/Sanierungsplanung/sanierungsplanung_node.html). Weitergehend *Pannen*, Sanierung – Abwicklung – Insolvenz bei Kreditinstituten, 4. Aufl. 2021, 2. Kapitel Rn. 16.

77 Die EBA hat zudem die Leitlinien betreffend Sanierungspläne nach Art. 46 und 55 MiCAR veröffentlicht EBA/GL/2024/07 v. 13.06.2024. Diese Leitlinien konkretisieren den Inhalt des MiCAR-Sanierungsplans (s. ab S. 7 ff.)

sind.[78] Der Sanierungsplan nach Art. 46 MiCAR kann Sanierungsmaßnahmen vorsehen, die diese Teilziele zum Gegenstand haben.

Der BRRD/SAG-Sanierungsplan kann ähnliche Maßnahmen vorsehen: So sieht Art. 9 Abs. 1 lit. d Alt. 2 Delegierten VO (EU) 2016/1075 Regelungen und Maßnahmen zur *Restrukturierung von Geschäftsbereichen* als Planinhalt vor. Art. 12 Delegierten VO (EU) 2016/1075 regelt die *Kontinuität der Geschäftstätigkeiten*. Die BRRD/SAG-Sanierungsmaßnahmen sind allerdings darauf gerichtet, einen Beitrag zur Aufrechterhaltung oder Wiederherstellung der *Existenzfähigkeit und der Finanzlage* des vom Sanierungsplan jeweils erfassten Unternehmens zu leisten.

Obwohl das BRRD/SAG-Regime detailliertere Bestimmungen betreffend die Ausgestaltung und den Inhalt des Sanierungsplans vorgibt, lassen sich keine konkreten Sanierungsmaßnahmen entnehmen. Die Maßnahmen werden vielmehr abstrakt umschrieben. Hierin liegt ein entscheidender Unterschied zum MiCAR-Sanierungsplan: Art. 46 Abs. 1 UAbs. 3 MiCAR nennt drei mögliche konkrete Sanierungsmaßnahmen. So wird in Art. 46 Abs. 1 UAbs. 3 lit. a MiCAR als Sanierungsmaßnahme beispielsweise die *Einführung von Liquiditätsgebühren bei Rücktausch* genannt. Diese Maßnahme stellt nicht nur ein konkretes Beispiel dar, sondern sie statuiert auch eine Ausnahme gegenüber der allgemeinen Bestimmung des Art. 39 Abs. 3 MiCAR, wonach der Rücktausch von vermögenswertereferenzierten Token nicht gebührenpflichtig ist.

Die Einführung von Gebühren wirkt sich nachteilig auf das Rücktauschrecht der Inhaber vermögenswertereferenzierter Token aus. Im Ergebnis wird der Wert der Rücktauschforderungen gekürzt, ohne dass den Inhabern der vermögenswertereferenzierten Token ein Zustimmungs- oder anderweitiges Mitspracherecht zusteht.

Eine vergleichbare Sanierungsmaßnahme findet sich in den Vorschriften zum BRRD/SAG-Sanierungsplan nicht. Vielmehr sind unfreiwillige Eingriffe in die Rechte von Investoren im Stadium des BRRD/SAG-Sanierungsplans nicht vorgesehen.[79]

Dies lässt sich an der Frühinterventionsmaßnahme nach Art. 27 Abs. 1 lit. e BRRD/§ 36 Abs. 1 S. 3 Nr. 1 lit. d SAG beispielhaft darstellen: Die zuständige Behörde kann danach anordnen, dass die Geschäftsleitung einen Plan für Verhandlungen über eine Umschuldung mit einigen oder allen Gläubigern erstellen muss. Diese Maßnahme wird nicht näher erläutert und es fehlen bislang praktische Erfahrungswerte.[80] Ohne eine nähere rechtliche Ausgestaltung kann diese Ermächtigungsgrundlage nur so verstanden werden, dass das Institut im Falle einer entsprechenden Anordnung eine Restrukturierung seiner Verbindlichkei-

---

[78] Ausführlich Maume MiCAR/*Skauradszun*, im Erscheinen, Art. 46 Rn. 32.

[79] „Eingriffe in die Rechte von Investoren sind in diesem Stadium noch nicht vorgesehen.", vgl. *Bauer/Hildner*, DZWIR 2015, 251, 255.

[80] EBA/REP/2021/12, 21.

ten im Rahmen einer freien, konsensualen Sanierung anstreben muss. Dabei ist zu sehen, dass insbesondere die Vorgaben der Restrukturierungsrichtlinie bzw. des StaRUG nicht für Institute gelten (vgl. Art. 1 Abs. 2 lit. b und c RestruktRL bzw. § 30 Abs. 2 StaRUG).

Der MiCAR-Sanierungsplan eröffnet dem Emittenten augenscheinlich Sanierungsmöglichkeiten, die tiefergehende Eingriffe in die Rechte der Inhaber vermögenswertereferenzierter Token erlauben als es Sanierungsmaßnahmen im Zusammenhang mit dem BRRD/SAG-Sanierungsplan ermöglichen würden.

cc) Überschneidungen und Unterschiede

Die bisherige Darstellung zeigt, dass sich die beiden Sanierungspläne in einem wesentlichen Punkt, ihrer Zielsetzung, unterscheiden. Es werden aber gerade mit Blick auf die möglichen Sanierungsmaßnahmen auch Ähnlichkeiten erkennbar, die zeigen, dass sich die beiden Pläne teilweise inhaltlich überschneiden können. Auch die EBA beschäftigt sich in ihren Leitlinien mit der Sonderkonstellation, dass ein Emittent den MiCAR-Sanierungsplan als auch den BRRD-Sanierungsplan erstellen muss. Diese Emittenten können im BRRD-Sanierungsplan einen Anhang aufnehmen, der alle in den EBA-Leitlinien zum MiCAR-Sanierungsplan genannten Informationen enthält, indem Querverweise auf die relevanten Abschnitte des BRRD-Sanierungsplans, die sich mit den Leitlinien überschneiden, aufgenommen werden. Machen die Emittenten von dieser Option Gebrauch, dann müssen sie den Sanierungsplan, der als Anhang zum BRRD-Sanierungsplan erstellt wurde, entsprechend den Anforderungen der MiCAR an die nach der MiCAR zuständige Behörde übermitteln. Zusätzlich hat der Emittent in einer Erklärung/einem Index die spezifischen Abschnitte und Seiten des BRRD-Sanierungsplans anzugeben, in denen die in den Leitlinien zum MiCAR-Sanierungsplan festgelegten Informationen enthalten sind.[81]

Aufgrund der thematischen Überschneidungen, aber unterschiedlichen Ziele, stellt sich insbesondere die Frage, ob die Pläne in einem hierarchischen *Verhältnis* zueinander stehen.

Es wäre beispielsweise denkbar, dass der BRRD/SAG-Sanierungsplan Maßnahmen vorsieht, die sich zwar positiv auf die finanzielle Stabilität des Instituts auswirken, aber möglicherweise nachteilig auf die Vermögenswertreserve. Der Schutz der Existenzfähigkeit eines Instituts sowie die Abwendung einer möglichen Systemgefährdung könnten den Schutz der Vermögenswertreserve und der Rücktauschrechte der Inhaber vermögenswertereferenzierter Token möglicherweise überlagern.

Eine solche Argumentation überzeugt allerdings aus diversen Gründen nicht: Einerseits finden sich für eine Vorrangigkeit der Bestimmungen des BRRD/

[81] EBA/GL/2024/07 v. 13.06.2024, 18.

SAG-Regimes keine rechtlichen Anhaltspunkte. Weder die MiCAR noch Leitlinien äußern sich zu einer etwaigen Vor- oder Nachrangigkeit.

Die haftungsrechtliche Zuweisung des Reservevermögens kann durch den BRRD/SAG-Plan folglich nicht zugunsten der Existenzsicherung des Instituts unterlaufen werden.[82] Denn die Vermögenswertreserve ist durch Art. 36 Abs. 2, Abs. 3 MiCAR gerade so ausgestaltet, dass sie rechtlich vom Vermögen des Emittenten getrennt ist und der Emittent die operative Trennung sicherstellen soll. Sanierungsmaßnahmen im BRRD/SAG-Sanierungsplan müssen auf die Wiederherstellung der finanziellen Stabilität des Instituts gerichtet sein. Die Wiederherstellung der finanziellen Stabilität des Instituts wird aber im Regelfall aufgrund dieser rechtlichen und operativen Trennung nicht mithilfe der Vermögenswertreserve erreicht werden können. Folglich besteht auch kein Bedürfnis, dass im BRRD/SAG-Sanierungsplan Maßnahmen enthalten sind, die unmittelbar und allein die Sanierung der Vermögenswertreserve betreffen.

Der MiCAR-Sanierungsplan muss umgekehrt nicht mit Maßnahmen überfrachtet werden, die sich allein auf die nachhaltige Sanierung des Emittenten richten. Die *rasche* Sanierung des Geschäftsbetriebs (Art. 46 Abs. 1 UAbs. 2 Fall 2 MiCAR) stellt zwar ein Teilziel des Sanierungsplans dar. Es ist aber ersichtlich, dass damit primär eine operative Sanierung gemeint ist, die dazu führen soll, dass der Emittent in die Lage versetzt wird, die Anforderungen an die Vermögenswertreserve wiederherzustellen.[83] Sieht der MiCAR-Sanierungsplan Maßnahmen für eine rasche Sanierung des Geschäftsbetriebs vor, dann dürfen diese Maßnahmen die Ziele des BRRD/SAG-Sanierungsplans ebenfalls nicht behindern. Es zeigt sich, dass der BRRD/SAG-Sanierungsplan und der MiCAR-Sanierungsplan gleichrangig nebeneinanderstehen.

Abzugrenzen von der Frage, ob zwischen den Plänen ein hierarchisches Verhältnis besteht, ist die Frage, ob der Geschäftsbereich des Instituts, der die Emission vermögenswertereferenzierter Token betrifft, in einem BRRD/SAG-Sanierungsplan gestaltet werden kann. Die Restrukturierung bestimmter Geschäftsbereiche eines Instituts kann im BRRD/SAG-Sanierungsplan grundsätzlich geregelt werden (vgl. Nr. 14 Abschnitt A des Anhangs zur BRRD). Die MiCAR äußert sich nicht explizit zu dieser Frage. Es ist aber zu sehen, dass in der MiCAR kein eigenes, in sich geschlossenes Sondersanierungsrecht betreffend die Sanierung des Geschäftsbereichs des Emittenten enthalten ist. Auch lässt sich insbesondere aus Art. 46 MiCAR nicht ableiten, dass eine Restruktu-

[82] Dieses Ergebnis wird durch Art. 47 Abs. 1 MiCAR unterstützt, wonach der Rücktauschplan auch unbeschadet der Ergreifung von Krisenpräventionsmaßnahmen i. S. v. Art. 2 Abs. 1 Nr. 101 BRRD, worunter auch die Anwendung von Frühinterventionsmaßnahmen nach Art. 27 BRRD fallen, umgesetzt werden soll. Dies zeigt, dass der BRRD/SAG-Sanierungsplan das MiCAR-Regime nicht untergräbt und der Schutz der Vermögenswertreserve und des Rücktauschrechts nicht gegenüber den Maßnahmen der BRRD nachrangig ist.

[83] Tiefergehend dazu Maume MiCAR/*Skauradszun*, im Erscheinen, Art. 46 Rn. 47f.

rierung des Geschäftsbereichs der Emission vermögenswertereferenzierter Token ausgeschlossen ist. Art. 46 Abs. 1 UAbs. 2 MiCAR sieht zwar vor, dass im Sanierungsplan die rasche Sanierung des Geschäftsbetriebs des Emittenten vorgesehen werden soll. Aus diesem Teilziel kann allerdings nicht abgeleitet werden, dass eine Sanierung des Geschäfts des Emittenten über den BRRD/SAG-Sanierungsplan ausgeschlossen sein soll. Eine Restrukturierung des Geschäfts des Emittenten über den BRRD/SAG-Sanierungsplan verfolgt andere Ziele als die in Art. 46 Abs. 1 UAbs. 2 MiCAR erwähnte Sanierung: Eine Restrukturierung nach Maßgabe des BRRD/SAG-Sanierungsplans hat immer die *Existenzsicherung des Instituts als Ganzes* im Blick. Die „rasche Sanierung des Geschäftsbetriebs" im Rahmen des MiCAR-Sanierungsplans soll hingegen im Wesentlichen das Hauptziel des Sanierungsplans, die Wiederherstellung der Anforderungen an die Vermögenswertreserve, unterstützen. Bereits der Wortlaut „rasch" macht deutlich, dass eine holistische und langfristige Sanierung des Emittenten und seines Geschäftsbereichs im MiCAR-Sanierungsplan nicht vorgesehen wird. Folglich ist es möglich, im BRRD/SAG-Sanierungsplan Maßnahmen vorzusehen, die eine Restrukturierung des MiCAR-Geschäftsbereichs des Instituts betreffen. Kommt der BRRD/SAG-Sanierungsplan schließlich zur Anwendung und wird der Geschäftsbereich restrukturiert, dann muss der MiCAR-Sanierungsplan in der Regel aktualisiert werden (Art. 46 Abs. 2 UAbs. 1 S. 4 MiCAR).

Da keiner der beiden Pläne gegenüber dem anderen vorrangig ist, die Pläne vielmehr unterschiedliche Ziele verfolgen, müssen die Institute bei der Erstellung der beiden Pläne darauf achten, dass die möglichen Sanierungsmaßnahmen für jeden Sanierungsplan eigenständig zu ermitteln sind. Es ist denkbar, dass dieselbe Maßnahme sowohl die Anforderungen an die Vermögenswertreserve als auch die finanzielle Stabilität des Instituts wiederherstellen kann.[84] Umgekehrt ist bei der Ausarbeitung der beiden Sanierungspläne insbesondere zu beachten, dass sich die in den jeweiligen Sanierungsplänen enthaltenen Sanierungsmaßnahmen nicht widersprechen oder einander torpedieren dürfen. Auch dürfen die konkreten Sanierungsmaßnahmen, die in Art. 46 Abs. 1 UAbs. 3 MiCAR erwähnt werden, nicht zweckentfremdet werden: Sieht ein Sanierungsplan nach Art. 46 MiCAR als Sanierungsmaßnahme beispielsweise Liquiditätsgebühren beim Rücktausch vor, dann dürfen diese Gebühren nur zur Wiederherstellung der Anforderungen an die Vermögenswertreserve verwendet werden. Sie dürfen hingegen nicht verwendet werden, um den Emittenten selbst finanziell zu stabilisieren. Die Gebühren dürfen dementsprechend etwa nicht dazu verwendet werden, um andere Gläubiger des Emittenten zu befriedigen.

Es zeigt sich, dass der BRRD/SAG-Sanierungsplan und Art. 46 MiCAR aufgrund ihrer Gleichrangigkeit in einem Spannungsverhältnis zueinanderstehen.

---

[84] Vgl. auch EBA/GL/2024/07 v. 13.06.2024, 18.

Folglich müssen sowohl die zur Erstellung der beiden Pläne verpflichteten Institute als auch die zuständigen Behörden beide Sanierungspläne miteinander abgleichen und gegebenenfalls aktualisieren, damit Friktionen vermieden werden. Die zuständigen Behörden müssen dieses Spannungsverhältnis bei der Anordnung von Maßnahmen nach Art. 46 Abs. 3, 4 MiCAR oder bei der Anordnung von Frühpräventionsmaßnahmen ebenfalls im Einzelfall beachten.

b) Sanierung im Wege der Abwicklungsplanung und Abwicklung nach SRM-VO/BRRD/SAG

Ein Emittent vermögenswertereferenzierter Token kann möglicherweise auch von dem europäisch harmonisierten Abwicklungsplan und der Abwicklung nach der SRM-VO oder BRRD/SAG erfasst sein.[85] Die Terminologie der *Abwicklung* entstammt dem Einheitlichen Abwicklungsmechanismus, der in der SRM-VO und der BRRD bzw. in Deutschland im SAG geregelt wurde.[86] Diese Rechtsakte sowie verschiedene Durchführungsrechtsakte und delegierte Rechtsakte der Kommission bzw. des Rates bilden den rechtlichen Rahmen betreffend die Abwicklung von Kreditinstituten.[87]

Der Abwicklungsplan i.S.v. Art. 8 ff. SRM-VO wird vom SRB nach Anhörung der EZB gem. Art. 8 Abs. 1, 2 SRM-VO für die in Art. 1 Abs. 1, Art. 2 SRM-VO genannten Unternehmen erstellt. Für Unternehmen, die gem. Art. 1 Abs. 1 UAbs. 1 BRRD/§ 1 Abs. 1 SAG vom Anwendungsbereich der BRRD/SAG erfasst werden, wird der Abwicklungsplan von der zuständigen Abwicklungsbehörde erstellt (Art. 10 Abs. 1 S. 1 BRRD/§ 40 Abs. 1 S. 1 SAG).[88] Bei diesen Abwicklungsplänen handelt es sich wie bei dem BRRD/SAG-Sanierungsplan um präventive Pläne, die vor Eintritt der Abwicklungsvoraussetzungen erstellt werden.[89]

Die eigentliche Abwicklung ist in Art. 14 ff. SRM-VO bzw. Art. 31 ff. BRRD/§§ 62 ff. SAG geregelt. Die Abwicklung ist der Sanierungs- und Abwicklungsplanung sowie den Frühinterventionsmaßnahmen i.S.v. Art. 13 SRM-VO/

---

85 Auf Institute, die von der SRM-VO erfasst werden, findet das BRRD/SAG-Regime keine Anwendung. Dies ergibt sich explizit aus Art. 1 Abs. 3 BRRD/§ 1 Abs. 1 S. 1 SAG. Siehe dazu Kölner Kommentar zur Insolvenzordnung/*Beth*, 2021, Vorbemerkung SAG Rn. 6.

86 Abwicklung wird in Art. 2 Abs. 1 Nr. 1 BRRD als die „Anwendung eines Abwicklungsinstruments [...], um ein oder mehrere Abwicklungsziele [...] zu erreichen", siehe *Wojcik*, in: Hopt/Binder/Böcking (Hrsg.), Hdb Corporate Governance von Banken und Versicherungen, 2. Aufl. 2020, § 24 Rn. 27.

87 Zu dem komplexen Zusammenspiel zwischen der BRRD, SAG und der SRM-VO siehe etwa *Wojcik*, in: Hopt/Binder/Böcking (Hrsg.), Hdb Corporate Governance von Banken und Versicherungen, 2. Aufl. 2020, § 24 Rn. 9 f.

88 Zur Überlagerung des BRRD/SAG-Regimes durch die SRM-VO siehe Beck/Samm/Kokemoor Kreditwesengesetz mit CRR/*Bornemann*, 195. Lieferung, 9/2017, SAG Rn. 8 f.

89 *Hübner/Leunert*, ZIP 2015, 2259.

Art. 27 ff. BRRD/§§ 36 ff. SAG nachgelagert und kommt dann in Betracht, wenn die Frühinterventionsmaßnahmen ohne Erfolg bleiben.[90]

Bestimmte Unternehmen, insbesondere CRR-Kreditinstitute,[91] können sowohl unter das SRM-VO- bzw. BRRD/SAG-Regime als auch als Emittenten vermögenswertereferenzierter Token unter das MiCAR-Regime fallen. Folglich ist es möglich, dass für solche Institute einerseits ein Abwicklungsplan erstellt und aufrechterhalten wird und die Möglichkeit der Abwicklung besteht und andererseits ein Sanierungsplan nach Art. 46 MiCAR erstellt und aufrechterhalten werden muss. Ähnlich wie beim BRRD/SAG-Sanierungsplan stellt sich die Frage, ob sich der Abwicklungsplan, die Abwicklung und Art. 46 MiCAR überschneiden können.

Der Beitrag wird sich im Folgenden auf die *Abwicklung* konzentrieren, die sich nach der Vorstellung des Unionsgesetzgebers, bereits aus dem Abwicklungsplan ergeben soll.

aa) Grundlegende Möglichkeiten der Sanierung des Instituts im Wege der Abwicklung

Die Abwicklung stellt eine Alternative[92] zum allgemeinen Insolvenzverfahren dar.[93] Darunter ist nicht der zwingende Marktaustritt bzw. die Liquidation des Instituts zu verstehen.[94] Aus der Legaldefinition in Art. 2 Abs. 1 Nr. 1 BRRD ist vielmehr ersichtlich, dass Abwicklung zunächst nur die Anwendung eines Ab-

---

[90] *Thole*, ZBB 2016, 57, 58.

[91] *Skauradszun/Herz*, DZWIR 2016, 501, 502.

[92] Zu sehen ist allerdings, dass die unionsrechtlich harmonisierten Bestimmungen zur Abwicklung unter dem verbleibenden Anwendungsbereich des Insolvenzrechts lediglich die verfahrensförmige Liquidation verstehen. Die insolvenzrechtliche Sanierung im Wege eines Insolvenzplans oder die Eigenverwaltung werden von der Abwicklung ausgeblendet. Solche insolvenzrechtlichen Sanierungsverfahren stehen Kreditinstituten, die von dem Einheitlichen Abwicklungsmechanismus erfasst werden, nicht zur Verfügung, siehe ausf. *Binder*, ZHR 179 (2015), 83, 94. Dies ist u. a. auch Art. 32b BRRD zu entnehmen: Danach müssen die Mitgliedstaaten sicherstellen, dass ein Institut, das die Abwicklungsvoraussetzungen grundsätzlich erfüllt, aber eine Abwicklungsmaßnahme nicht im öffentlichen Interesse nach Art. 32 Abs. 1 lit. c, Abs. 5 BRRD liegt, nach nationalem Recht geordnet liquidiert wird.

[93] Vgl. *Binder*, ZHR 179 (2015), 83, 88 ff., 93 f.; *Wojcik*, in: Hopt/Binder/Böcking (Hrsg.), Hdb Corporate Governance von Banken und Versicherungen, 2. Aufl. 2020, § 24 Rn. 28 m. w. N.

[94] *Engelbach/Friedrich*, WM 2015, 662 663; *Thole*, ZBB 2016, 57, 58; *Lackhoff/Yoo/Bauerfeind*, WM 2019, 1677.

wicklungsinstruments[95] zur Erreichung eines oder mehrerer Abwicklungsziele[96] meint.

Aus dieser Definition lässt sich mithin keine Aussage darüber entnehmen, ob das entsprechende Institut infolge der Abwicklung aus dem Markt austreten oder dort verbleiben soll. Die Abwicklung kann zum Marktaustritt des Instituts führen,[97] dies ist aber nicht zwingend. Die Abwicklung ist vielmehr ein „offener Prozess“[98], bei dem es lediglich um die *Beseitigung der Systemgefährdung* geht.[99] Damit ist das Verfahren anders als das allgemeine Insolvenzverfahren makroökonomisch ausgerichtet und die Abwicklung nimmt dogmatisch eine Zwitterstellung ein: Es kann sich bei der Abwicklung je nach der konkreten Ausgestaltung um Sondersanierungsrecht oder um Sonderinsolvenzrecht handeln. Während die Abwicklungsziele mannigfaltig sind und gleichrangig nebeneinanderstehen, verfolgt der MiCAR-Sanierungsplan hauptsächlich das Ziel, die Vermögenswertreserve zu schützen.

bb) Bail-in-Instrument und Reorganisations- bzw. Restrukturierungsplan

Liegen die Abwicklungsvoraussetzungen in Gestalt einer Bestandsgefährdung vor bzw. ist der Ausfall des Instituts zumindest wahrscheinlich und ist ein Abwicklungsinstrument erforderlich und verhältnismäßig im engeren Sinne,[100] dann wird ein Abwicklungskonzept erstellt, welches die Abwicklung des betreffenden Instituts bewirkt.[101]

Das prominenteste Beispiel für eine Sanierung eines Instituts im Wege der Abwicklung ist das *Bail-in-Instrument* (Art. 27 SRM-VO/Art. 43 ff. BRRD und §§ 89 ff. SAG[102]).

---

[95] Die Abwicklungsinstrumente sind in Art. 3 Abs. 1 Nr. 30, 31, 32, 33, Art. 22 Abs. 2, Art. 24 ff. SRM-VO/Art. 2 Abs. 1 Nr. 55, 57, 58, 60, Art. 37 Abs. 3, Art. 38 ff. BRRD/§ 2 Abs. 3 Nr. 4, § 77 Abs. 1 Nr. 1, §§ 89, 90, 107 ff. SAG geregelt und umfassen im Wesentlichen das Instrument der Unternehmensveräußerung, des Brückeninstituts, der Ausgliederung von Vermögenswerten und das Bail-in-Instrument.

[96] Die Abwicklungsziele sind in Art. 14 Abs. 2 UAbs. 1 SRM-VO/Art. 31 Abs. 2 UAbs. 1 BRRD/§ 67 Abs. 1 SAG geregelt. Ziele der Abwicklung sind dabei die Sicherstellung der Kontinuität kritischer Funktionen, die Vermeidung erheblicher negativer Auswirkungen auf die Finanzstabilität, der Schutz öffentlicher Mittel, der Schutz bestimmter Anleger und der Schutz der Gelder und Vermögenswerte der Kunden.

[97] Vgl. die Übersicht bei *Lackhoff/Yoo/Bauerfeind*, WM 2019, 1677, 1688, danach sollen die Instrumente der Unternehmensveräußerung und des Brückeninstituts einer übertragenden Sanierung und das Instrument der Ausgliederung von Vermögenswerten einer insolvenzverfahrensrechtlichen Stillung ähneln. Auch *Binder*, ZHR 179 (2015), 83, 98.

[98] *Thole*, ZBB 2016, 57, 58.

[99] *Thole*, ZBB 2016, 57, 58.

[100] *Thole*, ZBB 2016, 57, 58.

[101] *Zagouras*, in: Ellenberger/Bunte (Hrsg.), Bankrechts-Hdb, 6. Aufl. 2022, § 109 Rn. 84 ff.

[102] Hier wird das Instrument als Instrument der Gläubigerbeteiligung bezeichnet.

Das Bail-in-Instrument wird verwendet, um die Verbindlichkeiten des Instituts in Anteile oder andere Instrumente des harten Kernkapitals umzuwandeln oder zwangsweise herabzuschreiben.[103] Es kann auf die Wiederherstellung der finanziellen Stabilität unter Wahrung der Integrität des die Abwicklungsvoraussetzungen erfüllenden Instituts ausgerichtet sein (vgl. Art. 43 Abs. 2 lit. a BRRD/§ 95 Nr. 1 SAG). Regelmäßig wird der Bail-in dabei von einem Reorganisations- bzw. Restrukturierungsplan begleitet, der weitere Sanierungsmaßnahmen enthält (Art. 27 Abs. 1 UAbs. 2 lit. c, Abs. 2 UAbs. 1, Abs. 16 SRM-VO[104] i. V. m. Art. 52 BRRD/Art. 43 Abs. 3 UAbs. 1, 52 BRRD[105]/§§ 102 ff. SAG[106]).[107] Dieser Reorganisations- bzw. Restrukturierungsplan muss vom SRB bzw. den zuständigen nationalen Abwicklungs- und Aufsichtsbehörden bewertet und genehmigt werden (Art. 27 Abs. 16 UAbs. 2, UAbs. 3 SRM-VO/ Art. 52 Abs. 7 BRRD/§ 104 Abs. 1 SAG). Im Anschluss ist der Reorganisations- bzw. Restrukturierungsplan vom Institut umzusetzen (Art. 52 Abs. 10 BRRD/§ 105 Abs. 1 SAG).

cc) Verhältnis zwischen der Sanierung über das Bail-in-Instrument und dem MiCAR-Sanierungsplan

Es zeigt sich, dass ein Institut, das unter das SRM-VO bzw. das BRRD/ SAG-Regime fällt, im Fall einer Abwicklung durch das Bail-in-Instrument saniert werden kann. Es stellt sich daher auch hier die Frage, in welchem Verhältnis die Sanierung über das Bail-in-Instrument und der Sanierungsplan nach Art. 46 MiCAR zueinanderstehen.

Zunächst ist erkennbar, dass das Bail-in-Instrument und Art. 46 MiCAR unterschiedliche Ziele verfolgen: Ähnlich wie beim BRRD/SAG-Sanierungsplan kann das Bail-in-Instrument auf die Wiederherstellung der Bestandsfähigkeit des Instituts gerichtet sein. Demgegenüber verfolgt der MiCAR-Sanierungsplan die Wiederherstellung der Anforderungen an die Vermögenswertreserve.

Im Gegensatz zum BRRD/SAG-Sanierungsplan stellt sich bei Durchführung der Abwicklung aber bereits die Frage, ob der MiCAR-Sanierungsplan überhaupt noch zur Anwendung gelangen kann, da möglicherweise der Rücktauschplan nach Art. 47 MiCAR umgesetzt werden muss. Es steht deshalb in Frage, ob der Sanierungsplan nach Art. 46 MiCAR noch von Bedeutung ist, weil der Rücktausch dazu führt, dass die verbliebene Vermögenswertreserve verkauft wird und die Erlöse an die Inhaber der vermögenswertereferenzierten Token ausgezahlt werden. Wird der Rücktauschplan umgesetzt, dann erscheint

103 *Skauradszun/Herz*, DZWIR 2016, 501, 502 f.

104 In der SRM-VO wird die Terminologie des Reorganisationsplans verwendet.

105 In der BRRD wird die Terminologie des Reorganisationsplans verwendet.

106 Im SAG wird die Terminologie des Restrukturierungsplans verwendet.

107 *Thole*, ZBB 2016, 57, 61.

kein Raum mehr für eine Wiederherstellung der Anforderungen an die Vermögenswertreserve, sollten diese Anforderungen unterschritten sein.

Art. 47 Abs. 1 MiCAR ist zu entnehmen, dass der Rücktauschplan umzusetzen ist, wenn die zuständige Behörde feststellt, dass der Emittent seine Verpflichtungen nicht oder wahrscheinlich nicht erfüllen kann. Dabei kann dies „auch im Fall [...] einer etwaigen Abwicklung [...]" möglich sein. Aus dem Normtext ist abzuleiten, dass ein Rücktauschplan auch im Fall einer Abwicklung umgesetzt werden können soll. Dem Wortlaut lässt sich hingegen nicht entnehmen, ob die Abwicklung eines Instituts, das vermögenswertereferenzierte Token emittiert, zwingend zur Umsetzung des Rücktauschplans führt.

Es ist vielmehr denkbar, dass das Institut seine Verpflichtungen in Bezug auf die Vermögenswertreserve weiter erfüllen kann, obwohl die Abwicklungsvoraussetzungen vorliegen und Abwicklungsmaßnahmen angeordnet wurden. Wenn Art. 47 Abs. 1 MiCAR von der (wahrscheinlichen) Nichterfüllung der Pflichten des Emittenten spricht, dann sind darunter nicht alle oder irgendwelche Pflichten des Emittenten erfasst. Vielmehr sind die Pflichten betreffend die Vermögenswertreserve gemeint, welche einen Rücktausch nach Art. 39 MiCAR auch in Extremlagen des Emittenten ermöglichen soll.[108] Da die Vermögenswertreserve rechtlich vom Vermögen des Emittenten getrennt ist und operativ von diesem getrennt werden muss, erscheint es möglich, dass die Abwicklungsvoraussetzungen bei einem Institut zwar vorliegen, die Vermögenswertreserve aber weiterhin finanziell stabil und das emittierende Institut mithin weiter in der Lage ist, die Rücktauschrechte zu erfüllen.

Es ist daher denkbar, dass simultan ein Institut im Wege der Abwicklung nach der SRM-VO bzw. BRRD/SAG und die MiCAR-Vermögenswertreserve über Art. 46 MiCAR saniert werden. In der Folge drängt sich die Frage auf, ob die Rücktauschforderungen i. S. v. Art. 39 Abs. 1 MiCAR über das Bail-in-Instrument herabgesetzt oder umgestaltet werden können. Denn sollten die Rücktauschforderungen herabgeschrieben werden können, dann würde dies auch Auswirkungen auf die Vermögenswertreserve haben: Verringert sich die Höhe der Rücktauschforderungen, dann verringert sich auch das zur Sicherung der Forderungen erforderliche Reservevermögen.[109]

Grundsätzlich kann das Bail-in-Instrument auf *alle Verbindlichkeiten eines Instituts* angewendet werden, soweit sie nicht vom Anwendungsbereich ausgeschlossen sind (siehe Art. 44 Abs. 1 BRRD/§ 91 Abs. 1 SAG).[110] Fraglich ist daher, ob die in Art. 39 Abs. 1 S. 1 MiCAR geregelten Rücktauschforderungen

[108] Ausführlich zum Rücktauschplan Maume MiCAR/*Skauradszun*, im Erscheinen, Art. 47 Rn. 24.

[109] Zu den Wechselwirkungen zwischen dem Recht auf Rücktausch und der Vermögenswertreserve siehe unter III.1.b).

[110] *Binder*, in: Binder/Glos/Riepe (Hrsg.), Hdb Bankenaufsichtsrecht, 2. Aufl. 2020, Teil III § 18 Rn. 87.

bail-in-fähige Verbindlichkeiten i.S.v. Art. 3 Abs. 1 Nr. 49 SRM-VO/Art. 2 Abs. 1 Nr. 71 BRRD/§ 91 Abs. 1 SAG darstellen. Nach Art. 27 Abs. 3 UAbs. 1 lit. b SRM-VO/Art. 44 Abs. 2 UAbs. 1 lit. b BRRD/§ 91 Abs. 2 Nr. 2 SAG sind *besicherte Verbindlichkeiten* vom Anwendungsbereich des Bail-in-Instruments ausgeschlossen. Das in Art. 39 Abs. 1 MiCAR geregelte Recht auf Rücktausch der Inhaber vermögenswertereferenzierter Token wird durch die Vermögenswertreserve besichert (vgl. Art. 3 Abs. 1 Nr. 32 MiCAR). Bei dem Recht auf Rücktausch dürfte es sich folglich um eine besicherte Verbindlichkeit im Sinne des SRM-VO- bzw. BRRD/SAG-Regimes handeln, die nicht über das Bail-in-Instrument gestaltet werden kann.

Wie bereits beim BRRD/SAG-Sanierungsplan zeigt sich auch bei der Sanierung über das Bail-in-Instrument, dass der MiCAR-Sanierungsplan von den genannten Instrumenten zu trennen ist, da sowohl die Zielsetzung als auch die Anknüpfungspunkte andere sind: Die Abwicklung in der Bankenunion sieht zum Zwecke der Vermeidung einer Systemgefährdung in bestimmten Fällen die Sanierung eines Instituts vor. Anknüpfungspunkt für die Sanierung ist dabei das Institut selbst bzw. dessen Vermögen. Der MiCAR-Sanierungsplan zielt hingegen primär auf die Wiederherstellung der Anforderungen an die Vermögenswertreserve ab. Anknüpfungspunkt ist dabei die Vermögenswertreserve, die rechtlich und operativ vom Vermögen des Instituts getrennt ist und ein europäisch harmonisiertes Sondervermögen darstellt. Aufgrund dieser Unterschiede stehen das SRM-VO/BRRD/SAG-Regime und der Art. 46 MiCAR-Sanierungsplan gleichrangig nebeneinander. Bei möglichen Überschneidungen, die beispielsweise die konkrete Gestaltung der Sanierungsmaßnahmen betreffen, dürfen sich die beiden Regime nicht unterlaufen.

c) Sanierungsplan nach § 45 Abs. 2 Nr. 13 KWG

Auf nationaler Ebene enthält § 45 KWG verschiedene Frühinterventionsmaßnahmen, die die BaFin ergreifen kann, wenn sich die Eigenmittelausstattung oder Liquidität eines Instituts verschlechtern.[111] Adressaten des § 45 KWG sind Institute i.S.v. § 1 Abs. 1b KWG. Diese können nach Art. 16 Abs. 1 UAbs. 1 S. 1 lit. a oder lit. b MiCAR grundsätzlich auch Emittenten vermögenswertereferenzierter Token sein. Daher ist es möglich, dass ein Institut sowohl Adressat der KWG-Maßnahmen als auch des Art. 46 MiCAR ist.

Dabei wird § 45 KWG zukünftig auch nicht durch § 41 KMAG i.d.F. der Beschlussempfehlung vollständig verdrängt werden (zu beachten sind die Änderungen infolge Art. 2 Nr. 20, die gem. Art. 23 Abs. 3 S. 2 FinmadiG am 30.12.2024 in Kraft treten sollen). § 41 KMAG i.d.F. der Beschlussempfehlung soll u.a. Maßnahmen zur Verbesserung der Eigenmittelausstattung i.S.v. Art. 35

[111] FSM-KWG/*Lindemann*, 6. Aufl. 2023, KWG § 45 Rn. 1; *Glos*, in: Binder/Glos/Riepe (Hrsg.), Hdb Bankenaufsichtsrecht, 2. Aufl. 2020, Teil II § 13 Rn. 140ff.

MiCAR vorsehen. Die Vorschrift adressiert Institute i.S.d. §2 Abs.4 KMAG i.d.F. der Beschlussempfehlung. Darunter fallen alle Emittenten vermögenswertereferenzierter Token (§2 Abs.4 Nr.1 KMAG). §41 KMAG i.d.F. der Beschlussempfehlung orientiert sich dabei an §45 KWG.[112] Das zukünftige Gesetz soll aber wohl §45 KWG nicht verdrängen.[113] Auf vermögenswertereferenzierte Token emittierende CRR-Kreditinstitute sind die Bestimmungen des KWG weiter anwendbar,[114] soweit sie nicht durch Sonderrecht des SRM-VO- bzw. BRRD/SAG-Regimes verdrängt werden. § 41 KMAG i.d.F. der Beschlussempfehlung und Art. 35 MiCAR sind auf solche Emittenten hingegen nicht anwendbar, da Art. 17 Abs. 4 MiCAR vorsieht, dass Kreditinstitute, die vermögenswertereferenzierte Token emittieren, Art. 35 MiCAR nicht unterliegen.

Es stellt sich die Frage, ob der MiCAR-Sanierungsplan und §45 Abs.2 Nr.13 KWG voneinander abzugrenzen sind. §45 Abs.2 Nr.13 KWG sieht vor, dass die BaFin anordnen kann, dass das betroffene Institut eine oder mehrere Handlungsoptionen aus einem Sanierungsplan nach §13 SAG umsetzt. Bereits aus dem Wortlaut wird ersichtlich, dass die Anordnung *keine eigenen materiellen Bestimmungen* für einen Sanierungsplan enthält. Die BaFin wird lediglich ermächtigt, Maßnahmen aus dem bereits erörterten SAG-Sanierungsplan anzuordnen.[115] Dies kann nur für solche Institute gelten, die vom Anwendungsbereich des SAG erfasst werden (§1 SAG). Das Verhältnis zwischen dem SAG-Sanierungsplan und Art.46 MiCAR wurde bereits dargestellt.

d) Restrukturierungsplan nach §45 Abs.2 Nr.12, Abs.3 KWG

Auch wenn §45 Abs.2 Nr.13 KWG keine eigenen materiellen Vorgaben an einen Sanierungsplan enthält, ist zu sehen, dass §45 Abs.2 Nr.12, Abs.3 KWG Vorgaben an einen „Restrukturierungsplan“ stellt.[116] Im Restrukturierungsplan soll das Institut darlegen, wie und in welchem Zeitraum die Anforderungen nach §45 Abs.1 KWG nachhaltig wieder erfüllt werden können. In §45

[112] Siehe BT-Drs. 20/10280, 153.

[113] Siehe BT-Drs. 20/10280, 153.

[114] §1 Abs.3d S.1 a.E. KWG statuiert, dass CRR-Kreditinstitute auch Kreditinstitute i.S.d. KWG sind. Kreditinstitute sind in §1 Abs.1 S.1 KWG definiert und sind gem. §1 Abs.1b KWG „Institute“. §45 Abs.1 und Abs.2 KWG adressiert Institute i.S.d. KWG.

[115] Siehe auch Maume MiCAR/*Skauradszun*, im Erscheinen, Art.46 Rn.25; zur Historie des §45 Abs.2 Nr.13 KWG siehe FSM-KWG/*Lindemann*, 6. Aufl. 2023, KWG §45 Rn.130f.

[116] Sollte für ein von der Vorschrift erfasstes Institut bereits das BRRD/SAG-Regime Anwendung finden, dann sollte §45 Abs.2 Nr.13 KWG vorrangig Anwendung finden, siehe dazu überzeugend FSM-KWG/*Lindemann*, 6. Aufl. 2023, KWG §45 Rn.129. CRR-Kreditinstitute werden von dem KWG-Restrukturierungsplan folglich regelmäßig nicht erfasst werden, da für diese bereits das BRRD/SAG-Regime gilt, wie sich aus dem Anwendungsbereich von Art.1 Abs.1 UAbs.1 lit.a, Art.2 Abs.1 Nr.2, Nr.23 BRRD/§1 Abs.1 S.1 Nr.1 SAG ergibt. Folglich kommt eine Überschneidung von §45 Abs.2 Nr.12, Abs.3 KWG mit Art.46 MiCAR nur bei solchen Unternehmen in Betracht, die Institut i.S.d. KWG sind, zugleich aber nicht vom Anwendungsbereich des BRRD/SAG-Sanierungsplans erfasst sind.

Abs. 3 KWG wird der Restrukturierungsplan näher ausgestaltet. Der Restrukturierungsplan wird – anders als der MiCAR-Sanierungsplan – nicht präventiv erstellt, sondern erst dann, wenn das Institut die aufsichtsrechtlichen Anforderungen nicht oder voraussichtlich nicht erfüllen wird und die BaFin die Erstellung des Restrukturierungsplans anordnet.

Der KWG-Restrukturierungsplan und der MiCAR-Sanierungsplan könnten sich überschneiden. Es ist aber zu sehen, dass die beiden Pläne unterschiedliche Ziele verfolgen: Während § 45 Abs. 2 KWG Maßnahmen der Frühprävention statuiert, die auf die Wiederherstellung der Eigenmittel- und Liquiditätsanforderungen von Instituten gerichtet sind, verfolgt der MiCAR-Sanierungsplan hauptsächlich das Ziel, die Anforderungen an die Vermögenswertreserve zu sichern bzw. wiederherzustellen. Damit ähnelt der KWG-Restrukturierungsplan dem BRRD/SAG-Sanierungsplan.[117]

Daher gibt es auch keinen vernünftigen Grund, warum der KWG-Restrukturierungsplan Maßnahmen enthalten sollte, die unmittelbar die Gestaltung der Vermögenswertreserve betreffen, da die Vermögenswertreserve nicht dazu bestimmt ist, die finanzielle Stabilität des Emittenten selbst wiederherzustellen. Umgekehrt verbleibt für den KWG-Restrukturierungsplan nach wie vor ein Anwendungsbereich: Die holistische Restrukturierung des Instituts und in dem Zuge möglicherweise auch die Restrukturierung des von der MiCAR regulierten Geschäftsbereichs kann im Restrukturierungsplan vorgesehen werden. Der MiCAR-Sanierungsplan dient schließlich nicht dazu, die Eigenmittelanforderungen des Instituts und dessen nachhaltige Stabilität wiederherzustellen. Sieht der MiCAR-Sanierungsplan Maßnahmen vor, die auf die *rasche Sanierung des Geschäftsbetriebs* des vermögenswertereferenzierte Token emittierenden Instituts gerichtet sind, dann dient eine solche Sanierung primär der Wiederherstellung der Anforderungen an die Vermögenswertreserve.

Wie bereits beim BRRD/SAG-Sanierungsplan muss auch beim KWG-Restrukturierungsplan darauf geachtet werden, dass die vorgesehenen Restrukturierungsmaßnahmen nicht im Widerspruch zu den Maßnahmen im MiCAR-Sanierungsplan stehen. Dies gilt umgekehrt auch für die im MiCAR-Sanierungsplan vorgesehenen Maßnahmen.

3. Verhältnis des Art. 46 MiCAR zu wirtschaftsprivatrechtlichen Sanierungsplänen

a) Sanierungsplan im Sinne der EuInsVO

Die Europäische Insolvenzordnung (EuInsVO) erwähnt an diversen Stellen den Begriff des Sanierungsplans (ErwGr 11 S. 2, 44 ff., Art. 41 Abs. 2 lit. b, Art. 47, Art. 56 Abs. 2 UAbs. 1 lit. c, Art. 60 Abs. 1 lit. b Var. i EuInsVO). Grundsätzlich

[117] FSM-KWG/*Lindemann*, 6. Aufl. 2023, KWG § 45 Rn. 129.

würde sich daher die Frage nach dem Verhältnis zum MiCAR-Sanierungsplan stellen. Allerdings enthält die EuInsVO keine materiell-rechtlichen Regelungen betreffend einen Sanierungsplan. Sie beschäftigt sich vielmehr primär mit Fragen des Internationalen Zivilverfahrensrechts (vgl. etwa Art. 3–6, Art. 19ff. EuInsVO) und des Internationalen Privatrechts (vgl. etwa Art. 7–18 EuInsVO). Folglich ist eine Abgrenzung des in der EuInsVO erwähnten Sanierungsplans und des MiCAR-Sanierungsplans nicht erforderlich.[118]

b) Insolvenzplan im Sinne der §§ 217ff. InsO

Das deutsche Insolvenzrecht hingegen enthält materielle Bestimmungen zum insolvenzrechtlichen Sanierungsplan. In den §§ 217ff. InsO ist der Insolvenzplan geregelt, der den Beteiligten eines Insolvenzverfahrens eine Alternative zur Regelinsolvenz bietet (vgl. §§ 1 S. 1 Hs. 2, 217 Abs. 1 S. 1 InsO). Dabei wird der Insolvenzplan regelmäßig als *Sanierungsplan* ausgestaltet, der die Sanierung des insolventen Rechtsträgers vorsieht. Ein Insolvenzplan erlaubt eine finanzielle und operative Sanierung des Unternehmens. Maßgeblich für den Erfolg einer solchen Sanierung ist aber die Mitwirkung der Gläubiger und anderer Beteiligter.[119]

Emittenten vermögenswertereferenzierter Token, für die nicht bereits das hier diskutierte Sondersanierungsrecht gilt, unterfallen grundsätzlich dem allgemeinen Sanierungs- und Insolvenzrecht, einschließlich der §§ 217ff. InsO.[120] Wenn die Bestimmungen der §§ 217ff. InsO anwendbar sind, dann stellt sich die Frage, in welchem Verhältnis der Insolvenzplan und der MiCAR-Sanierungsplan zueinanderstehen.

aa) Grundlegende Unterschiede

Der auf eine Sanierung gerichtete Insolvenzplan und der MiCAR-Sanierungsplan unterscheiden sich in ihrer dogmatischen Verortung: Bei dem auf eine Sanierung gerichteten Insolvenzplan handelt es sich um allgemeines Sanierungsrecht, welches im Wirtschaftsprivatrecht und Zivilverfahrensrecht verankert ist. Der Insolvenzplan hat dabei einen rechtsgeschäftlichen und privatrechtlichen Kern. Der MiCAR-Sanierungsplan stellt hingegen ein aufsichtsrechtliches – mithin öffentlich-rechtliches – Sondersanierungsrecht dar.

Anders als der MiCAR-Sanierungsplan wird der auf eine Sanierung gerichtete Insolvenzplan nicht rein präventiv erstellt, er wird vielmehr erst dann ausge-

---

[118] Ausführlich dazu Maume MiCAR/*Skauradszun*, im Erscheinen, Art. 46 Rn. 27.

[119] Aus § 157 S. 1 InsO ergibt sich bereits, dass die Gläubigerversammlung in der Regel die vorläufige Fortführung beschließen muss.

[120] Für Emittenten, für die aufsichtsrechtliches Sondersanierungsrecht Anwendung findet, muss hingegen genau geprüft werden, ob die Bestimmungen der §§ 217ff. InsO noch anwendbar sind. Siehe dazu auch Fn. 90.

arbeitet, wenn die wirtschaftliche Krise, in Gestalt eines Insolvenzeröffnungsgrundes (§§ 17–19 InsO), eingetreten ist.

Anders als der MiCAR-Sanierungsplan kann ein auf eine Sanierung gerichteter Insolvenzplan entweder vom Insolvenzverwalter (aus eigenem Recht oder infolge Beauftragung der Gläubigerversammlung) und/oder vom Schuldner erstellt und dem Insolvenzgericht vorgelegt werden (§ 218 InsO). Daher ist es im Rahmen eines Insolvenzplanverfahrens möglich, dass mehrere, konkurrierende Insolvenzpläne vorgelegt werden.[121] Ein solcher *Planwettbewerb* kommt beim MiCAR-Sanierungsplan indes nicht in Betracht.

Ein weiterer gewichtiger Unterschied ist die *Zielsetzung* der beiden Pläne: Der auf eine Sanierung gerichtete Insolvenzplan ist auf die Sanierung des Rechtsträgers des Emittenten und dessen Vermögen ausgerichtet. Dabei muss die Sanierung der gemeinschaftlichen (bestmöglichen) Befriedigung der Gläubiger dienen (§ 1 S. 1 InsO). Der MiCAR-Sanierungsplan ist hingegen auf die Wiederherstellung der Anforderungen an die Vermögenswertreserve gerichtet, welche dazu dient, die Rücktauschrechte der Inhaber der vermögenswertereferenzierten Token abzusichern. Die nachhaltige Wiederherstellung der Bestandsfähigkeit des Emittenten muss durch den MiCAR-Sanierungsplan nicht bewirkt werden.

bb) Gestaltungen der auf die Vermögenswertreserve bezogenen Rechte im Insolvenzplan?

Aufgrund dieser grundlegenden Unterschiede drängt sich die Frage auf, in welchem Verhältnis die Pläne zueinander stehen. Zunächst stellt sich die Frage, ob die Rechte in Bezug auf die Vermögenswertreserve über einen Insolvenzplan gestaltet werden können.

Gegen die Gestaltung der auf die MiCAR-Vermögenswertreserve bezogenen Rechte durch einen Insolvenzplan spricht, dass die Vermögenswertreserve nicht dazu dient, den Emittenten selbst nachhaltig zu sanieren. Demgegenüber ist Gegenstand eines auf eine Sanierung gerichteten Insolvenzplans gerade die Sanierung und nachhaltige Stabilisierung der Bestandsfähigkeit des Emittenten. Wenn jedoch die Vermögenswertreserve gem. Art. 36 Abs. 2, Abs. 3 MiCAR von demjenigen Vermögen rechtlich getrennt ist und operativ zu trennen ist, welches die Insolvenzmasse bildet, und über die Vermögenwertreserve als Sondervermögen nach den §§ 11 f. InsO kein Insolvenzverfahren eröffnet werden kann, dann spricht viel dafür, dass die Rechte in Bezug auf die Vermögenswertreserve durch einen Insolvenzplan nicht gestaltbar sind. Denn sowohl Insolvenzforderungen als auch Absonderungsrechte beziehen sich auf die Insolvenz-

[121] Dazu BeckOK InsR/*Geiwitz/von Danckelmann*, 36. Ed. 15.01.2023, InsO § 218 Rn. 21; Braun InsO/*Braun/Frank*, 10. Aufl. 2024, InsO § 218 Rn. 12; K. Schmidt InsO/*Spliedt*, 20. Aufl. 2023, InsO § 218 Rn. 12.

masse und zu selbiger gehört die Vermögenswertreserve nicht.[122] Die Vermögenswertreserve ist vielmehr auszusondern.[123]

cc) Gestaltungen durch einen Insolvenzplan als Sanierungsmaßnahmen im MiCAR-Sanierungsplan?

Es ist grundsätzlich denkbar, dass ein Emittent über einen Insolvenzplan saniert wird. Die Gestaltung der Vermögenswertreserve oder die sich auf diese beziehenden Rechte ist über einen Insolvenzplan zwar nicht zulässig, aber es stellt sich die Frage, ob Gestaltungen im Insolvenzplan (§§ 221 ff. InsO) auch Sanierungsmaßnahmen im Sinne des MiCAR-Sanierungsplans darstellen können.

So könnte der Emittent im MiCAR-Sanierungsplan beispielsweise vorsehen, dass Maßnahmen betreffend die „rasche Sanierung des Geschäftsbetriebs" über einen Insolvenzplan durchgeführt werden. Damit würden Gestaltungen des Insolvenzplans nicht nur die Sanierung des Emittenten und die gemeinschaftliche (bestmögliche) Befriedigung der Gläubiger (§ 1 S. 1 InsO) bewirken können, sondern zugleich auch Sanierungsmaßnahmen i. S. v. Art. 46 MiCAR darstellen.

Es ist allerdings fraglich, ob Gestaltungen in einem Insolvenzplan geeignete Sanierungsmaßnahmen i. S. v. Art. 46 MiCAR darstellen können. Einerseits kann der Emittent im rein präventiven Stadium keine sicheren Aussagen darüber treffen, welche verbindlichen Gestaltungen ein Insolvenzplan im Falle der Eröffnung eines Insolvenzverfahrens einmal vorsehen wird. Schließlich hängen die Gestaltungen in einem Insolvenzplan nicht lediglich vom Willen des Emittenten ab, sondern primär von der mehrheitlichen Annahme des Plans durch die stimmberechtigten Beteiligten (vgl. §§ 237 ff. InsO) und der gerichtlichen Planbestätigung (§§ 248 Abs. 1, 254 InsO). Andererseits können Insolvenzpläne auch bei Vorbereitung in einem Schutzschirmverfahren nach § 270d Abs. 1 InsO einige Wochen, gar Monate für die Erstellung und das Planverfahren in Anspruch nehmen (vgl. §§ 270d Abs. 1 S. 2, 232, 235 Abs. 1 S. 2, 248 InsO), was dem Zweck einer raschen Sanierung entgegensteht. Selbiges gilt für Blockademöglichkeiten dissentierender Planbetroffener, die im Wege der §§ 251, 253 InsO ausgespielt werden können (sog. Holdout-Problem).[124] Aus diesen Gründen

---

[122] Siehe *Skauradszun/Wrede*, RDi 2024, 55, 61; *Skauradszun*, Stellungnahme zu BT-Drs. 20/10280, 4, (unter https://www.bundestag.de/resource/blob/994296/dcb809cc517353952936c515797275e1/09-Prof-Dr-Skauradszun-Hochschule-Fulda.pdf). Ausführlicher zudem sogleich.

[123] Auch § 28 Abs. 8 S. 1 KMAG i. d. F. der Beschlussempfehlung geht davon aus, dass die Vermögenswertreserve nicht in die Insolvenzmasse fallen soll.

[124] Vgl. Jaeger InsO/*Kern*, 2019, InsO § 251 Rn. 6; MüKoInsO/*Sinz*, 4. Aufl. 2020, InsO § 253 Rn. 6.

scheinen Gestaltungen im Insolvenzplan im Regelfall nicht geeignet, um den Geschäftsbetrieb des Emittenten *rasch* zu sanieren.[125]

c) Restrukturierungsplan im Sinne der RestruktRL und des StaRUG

Befindet sich ein Unternehmen in einer finanziellen Krise und wird überlegt, ob und wie eine Sanierung auf dem privatrechtlichen Wege sinnvoll sein kann, dann wird zunehmend mehr der Einsatz eines Restrukturierungsplans geprüft. Der deutsche Gesetzgeber hat die Restrukturierungsrichtlinie durch das StaRUG umgesetzt. Anders als der aufsichtsrechtliche MiCAR-Sanierungsplan ist der StaRUG-Restrukturierungsplan im Wirtschaftsprivatrecht und Zivilverfahrensrecht verortet.[126] Der Restrukturierungsplan wird als Reaktion auf eine konkrete finanzielle Krise des Unternehmens erstellt und umgesetzt. Er ist auf die Abwendung der Insolvenz und Sicherstellung der Bestandsfähigkeit des Unternehmens gerichtet.[127]

Es stellt sich wieder die Frage, ob das Verhältnis zwischen dem Restrukturierungsplan i. S. d. RestruktRL bzw. StaRUG und dem MiCAR-Sanierungsplan zu untersuchen ist. Eine solche Analyse wird immer dann notwendig, wenn es denkbar ist, dass ein Emittent, der vermögenswertereferenzierte Token ausgibt, gleichzeitig in den Anwendungsbereich der RestruktRL bzw. des StaRUG fallen kann. Dies ist zweifelhaft, denn sowohl die RestruktRL als auch das StaRUG schließen diverse Unternehmen, die am Finanzmarkt tätig sind, regelmäßig vom jeweiligen persönlichen Anwendungsbereich aus.

Art. 1 Abs. 2 RestruktRL regelt eine Bereichsausnahme, unter welche u. a. CRR-Kreditinstitute fallen. Diese werden von der RestruktRL nicht erfasst (siehe Art. 1 Abs. 2 lit. b RestruktRL). Stehen also CRR-Kreditinstitute in Rede, die vermögenswertereferenzierte Token ausgeben (vgl. Art. 16 Abs. 1 UAbs. 1 S. 1 lit. b MiCAR), erübrigt sich die Frage nach dem Verhältnis zwischen RestruktRL und MiCAR-Sanierungsplan.

Allerdings schließt Art. 1 Abs. 2 RestruktRL nicht alle Unternehmen der Finanzbranche vom Anwendungsbereich der RestruktRL aus. Insbesondere werden Unternehmen, die vermögenswertereferenzierte Token ausgeben, nicht explizit vom Anwendungsbereich ausgeschlossen. Dies ist misslich, denn Art. 16 Abs. 1 UAbs. 1 S. 1 lit. a MiCAR gestaltet den persönlichen Anwendungsbereich hinsichtlich der potenziellen Emittenten denkbar weit: Emittent darf dem Grunde nach (jede) juristische Person oder ein anderes Unternehmen sein, die bzw. das in der Union niedergelassen ist und von der zuständigen Behörde ihres

---

125 Maume MiCAR/*Skauradszun*, im Erscheinen, Art. 46 Rn. 29 f.

126 Siehe ausf. zur Restrukturierungstheorie BeckOK StaRUG/*Skauradszun*, 14. Ed. 01.10. 2024, StaRUG Einleitung Rn. 11 ff.

127 In Hinblick auf die RestruktRL siehe Art. 1 lit. a und Art. 4 Abs. 1 RestruktRL; im Hinblick auf das StaRUG siehe BT-Drs. 19/24181, 1.

bzw. seines Herkunftsstaats gemäß Art. 21 MiCAR hierzu eine Zulassung erhalten hat.

Das deutsche Recht erscheint hier hingegen klarer: Unternehmen der Finanzbranche i. S. v. § 1 Abs. 19 KWG sind auf Grundlage der §§ 29 ff. StaRUG nicht restrukturierungsfähig.[128] Die geltende Fassung von § 1 Abs. 19 KWG erfasst dabei u. a. Kreditinstitute i. S. d. § 1 Abs. 1 KWG oder Finanzdienstleistungsinstitute i. S. d. § 1 Abs. 1a KWG. Das StaRUG ist folglich auf vermögenswertereferenzierte Token emittierende CRR-Kreditinstitute nicht anwendbar.[129] Überdies werden zukünftig aber wohl auch alle anderen Emittenten vermögenswertereferenzierter Token unter die Bereichsausnahme des § 30 Abs. 2 StaRUG fallen: Art. 3 Nr. 2 lit. c FinmadiG i. d. F. der Beschlussfassung sieht nämlich vor, dass in Art. 1 Abs. 19 Nr. 1 KWG auch Institute i. S. d. § 2 Abs. 4 KMAG i. d. F. der Beschlussempfehlung aufgenommen werden sollen. § 2 Abs. 4 Nr. 1 KMAG sieht wiederum vor, dass Institute im Sinne des KMAG Unternehmen sind, die nach Art. 16 oder Art. 17 MiCAR vermögenswertereferenzierte Token öffentlich anbieten oder deren Zulassung zum Handel beantragen. Zukünftig werden demnach alle Emittenten vermögenswertereferenzierter Token von § 1 Abs. 19 Nr. 1 KWG erfasst und folglich im Sinne des StaRUG nicht restrukturierungsfähig sein.

Eine weitere Abgrenzung zwischen dem MiCAR-Sanierungsplan und dem RestruktRL/StaRUG-Restrukturierungsplan kommt folglich nicht in Betracht.

4. *Zwischenergebnis*

Der Vergleich von Art. 46 MiCAR mit bereits bestehenden aufsichtsrechtlichen und wirtschaftsprivatrechtlichen Sanierungsplänen oder ähnlichen Instrumenten zeigt, dass Art. 46 MiCAR ein Novum darstellt: Der MiCAR-Sanierungsplan enthält ein Sondersanierungsrecht betreffend die Vermögenswertreserve. Zwar soll Art. 46 MiCAR auch die rasche Sanierung des Geschäftsbetriebs des Emittenten vermögenswertereferenzierter Token vorsehen, dies schließt jedoch nicht aus, dass auf den Emittenten darüber hinaus entweder das aufsichtsrechtliche Sondersanierungsrecht oder das wirtschaftsprivatrechtliche Sanierungsrecht weiterhin anwendbar ist.

Art. 46 MiCAR verdrängt das bereits bestehende (Sonder-)Sanierungsrecht nicht. Umgekehrt verdrängen die anderen sanierungsrechtlichen Instrumente Art. 46 MiCAR nicht. Diese Koexistenz lässt sich mit den unterschiedlichen Zielen der Pläne begründen. Die MiCAR hat die Voraussetzungen für eine Vermögenswertreserve als Sondermasse geschaffen und für diese ein Sondersanie-

---

[128] BeckOK StaRUG/*Kramer*, 14. Ed. 01.10.2024, StaRUG § 30 Rn. 64 f.

[129] Aus § 1 Abs. 3d S. 1 a. E. KWG ergibt sich, dass CRR-Kreditinstitute auch Kreditinstitute i. S. d. KWG sind. Siehe auch Fn. 114.

rungsrecht eingeführt. Die bisherigen Sanierungspläne oder ähnlichen Instrumente würden die Vermögenswertreserve nicht oder jedenfalls nicht ausreichend schützen können, da sie diese Sondermasse häufig schon nicht erfassen können. Umgekehrt enthält die MiCAR kein abschließendes (Sonder-)Sanierungsrecht, welches die Sanierung des Rechtsträgers des Emittenten gewährleisten soll.[130] Nimmt ein Unternehmen die Tätigkeit als Emittent vermögenswertereferenzierter Token auf, dann besteht weiterhin ein Bedarf, die Bestandsfähigkeit dieses Unternehmens mit Hilfe des bestehenden (Sonder-) Sanierungsrechts zu sichern.

Die bisherige Untersuchung zeigt, dass sich die im MiCAR-Sanierungsplan und in den anderen Instrumenten vorgesehenen Sanierungsmaßnahmen teilweise überschneiden können: Dabei ist denkbar, dass dieselbe Sanierungsmaßnahme sowohl die Sicherung der Bestandsfähigkeit des Emittenten selbst als auch die Sicherung der Anforderungen an die Vermögenswertreserve bewirken kann. Es ist daher nicht ausgeschlossen, dass sich im MiCAR-Sanierungsplan und anderweitigen Sanierungsplänen identische Sanierungsmaßnahmen finden können. Eine pauschale Übertragung von Sanierungsmaßnahmen aus dem MiCAR-Sanierungsplan auf einen anderen Sanierungsplan oder umgekehrt kommt hingegen kaum in Frage. Vielmehr muss bei Erstellung der jeweiligen Pläne beachtet werden, dass ein Plan den anderen nicht unterlaufen oder konterkarieren darf.

VI. Art. 47 MiCAR im Verhältnis zum bereits bestehenden europäischen und nationalen (Sonder-)Insolvenzrecht

Im Gegensatz zu Art. 46 MiCAR stellt Art. 47 MiCAR dogmatisch Sonderinsolvenzrecht dar, denn der Rücktauschplan regelt den Verkauf der verbleibenden Vermögenswertreserve und die Herausgabe des entsprechenden Erlöses an die Inhaber der vermögenswertereferenzierten Token in Extremlagen, insbesondere der Insolvenz des Emittenten. Damit ist die Liquidation der Vermögenswertreserve Gegenstand des Rücktauschplans. Die Durchführung des Rücktauschplans bedeutet auch die Beendigung der Emission vermögenswertereferenzierter Token (vgl. Art. 24 Abs. 1 S. 1 lit. e MiCAR in der englischen und

---

130 Die im KMAG i. d. F. der Beschlussempfehlung vorgesehenen Durchführungsbestimmungen in §§ 41 f. könnten allerdings zukünftig zumindest im weiteren Sinne Sondersanierungsrecht vorsehen. § 41 KMAG i. d. F. der Beschlussempfehlung i. d. F. der Beschlussempfehlung soll u. a. die Einhaltung der Eigenmittelanforderungen nach Art. 35 MiCAR sicherstellen und § 42 KMAG i. d. F. der Beschlussempfehlung soll die Einhaltung der Regelung zur Unternehmensführung nach Art. 34 MiCAR sicherstellen.

in weiteren Sprachfassungen, wonach die zuständige Behörde die Zulassung entziehen muss, wenn der Rücktauschplan umgesetzt wird[131]).

1. Überblick über europäisches und nationales (Sonder-)Insolvenzrecht

Im Folgenden soll Art. 47 MiCAR mit anderen (sonder-)insolvenzrechtlichen Instrumenten verglichen werden. Dabei stellt der Begriff des „Rücktauschplans" – im Gegensatz zum „Sanierungsplan" – ein Novum dar. In einem ersten Schritt wird Art. 47 MiCAR im Verhältnis zum aufsichtsrechtlichen Sonderinsolvenzrecht untersucht, welches u. a. im SRM-VO- bzw. BRRD/SAG-Regime und im KWG verortet ist. Sodann wird die Beziehung des MiCAR-Rücktauschplans zum wirtschaftsprivatrechtlichen Insolvenzrecht untersucht.

2. Verhältnis des Art. 47 MiCAR zum aufsichtsrechtlichen Sonderinsolvenzrecht

a) Abwicklungsplan und Abwicklung i. S. d. SRM-VO/BRRD/SAG

An anderer Stelle wurde bereits dargestellt, dass sich der SRM aus der SRM-VO und der BRRD/SAG zusammensetzt und Regelungen zur Abwicklungsplanung sowie zur tatsächlichen Abwicklung von Instituten enthält. Ein von diesen Vorgaben erfasstes Institut kann auch Emittent vermögenswertereferenzierter Token sein (vgl. Art. 16 Abs. 1 UAbs. 1 S. 1 MiCAR). Das Institut muss folglich auch einen Rücktauschplan erstellen und aufrechterhalten.

aa) Unterschiedliche Zielsetzung

Die Abwicklungsplanung und die Abwicklung nach Maßgabe der SRM-VO bzw. BRRD/SAG verfolgen andere Ziele als der Rücktauschplan: Das SRM-VO- bzw. BRRD/SAG-Regime dient insbesondere dazu, Gefahren für die Stabilität des Finanzsystems abzuwenden.[132] Ziel des Rücktauschplans ist hingegen die Absicherung des Rechts auf Rücktausch, also der Forderungen bestimmter Gläubiger, und die Vermeidung von Chaos bei umfangreichen Rücktauschverlangen. Dabei sieht der Rücktauschplan allerdings auch vor, dass die Stabilität der Märkte des Reservevermögens keinen unangemessenen wirtschaftlichen Schaden erleiden sollen (vgl. Art. 47 Abs. 2 UAbs. 1 MiCAR).

---

[131] Bei der deutschen Sprachfassung des Art. 24 Abs. 1 S. 1 lit. e MiCAR handelt es sich um ein Redaktionsversehen, siehe dazu BT-Drs. 20/10280, 138.

[132] Siehe etwa ErwGr 12, 24 SRM-VO und exemplarisch Beck/Samm/Kokemoor Kreditwesengesetz mit CRR/*Bornemann*, 195. Lieferung, 9/2017, SAG Rn. 1.

bb) Gleichlauf von Abwicklung und Rücktauschplan?

Aufgrund der unterschiedlichen Ziele stellt sich die Frage, in welchem Verhältnis der MiCAR-Rücktauschplan zum SRM-VO- bzw. BRRD/SAG-Regime steht. Das Verhältnis lässt sich Art. 47 Abs. 1 MiCAR entnehmen. Danach ist der Rücktauschplan umzusetzen, wenn die entsprechenden Voraussetzungen vorliegen, „auch im Fall einer etwaigen Abwicklung“. Es ist ersichtlich, dass der Rücktauschplan nicht im Abwicklungsfall verdrängt werden soll.

Die Abwicklung muss aber nicht zwingend zur Durchführung des Rücktauschplans führen: So begründet die Abwicklung nicht kraft Gesetzes den Entzug der Zulassung nach Art. 24 Abs. 1 MiCAR. Es ist vielmehr denkbar, dass die Voraussetzungen für die Abwicklung zwar vorliegen, das abzuwickelnde Institut aber weiter in der Lage ist, seine Verpflichtungen in Bezug auf die Vermögenswertreserve zu erfüllen. Da Art. 47 Abs. 1 MiCAR die Abwicklung aber explizit erwähnt, scheint der Unionsgesetzgeber davon auszugehen, dass ein Institut, welches abgewickelt wird, regelmäßig auch seine Verpflichtungen i. S. v. Art. 47 Abs. 1 MiCAR nicht erfüllen kann. Ordnet die zur Abwicklung zuständige Behörde beispielsweise an, dass alle Zahlungsverpflichtungen des Instituts ausgesetzt werden (Art. 69 BRRD/§ 82 SAG), dann fällt darunter wohl auch die Verpflichtung, dem Recht auf Rücktausch aus Art. 39 Abs. 1 S. 1 Alt. 1 MiCAR nachzukommen.[133] Stellt die zuständige Behörde fest, dass das Institut seine Verpflichtungen in der Folge nicht mehr erfüllen kann, dann ist der Rücktauschplan umzusetzen (Art. 47 MiCAR).

Umgekehrt begründen die Voraussetzungen, die die Umsetzung des Rücktauschplans bedingen, nicht zwingend die Abwicklung. Maßgeblich für die Umsetzung des Rücktauschplans ist, dass die zuständige Behörde feststellt, dass der Emittent seine Verpflichtungen nicht oder wahrscheinlich nicht erfüllen kann. Unter „Verpflichtungen“ sind solche gemeint, die sich auf die Vermögenswertreserve und Rücktauschrechte aus Art. 39 MiCAR beziehen. Die Voraussetzungen für die Abwicklung sind hingegen umfangreicher: Das Institut muss in seinem Bestand gefährdet, ferner die Anwendung der Abwicklungsinstrumente erforderlich und verhältnismäßig im engeren Sinne sein.[134]

[133] Dabei ist zu beachten, dass die Abwicklungsbehörden nach Art. 69 Abs. 5 UAbs. 1, UAbs. 2 S. 1 BRRD/§ 82 Abs. 1 S. 2, 3 SAG die möglichen Auswirkungen der Ausübung dieser Befugnis auf das ordnungsgemäße Funktionieren der Finanzmärkte berücksichtigen müssen. Der Umfang dieser Befugnis ist im jeweiligen Einzelfall zu bestimmen. Jedenfalls bei dieser Prüfung sollten die Abwicklungsbehörden das MiCAR-Regime und insbesondere Art. 47 MiCAR und den jeweiligen Rücktauschplan berücksichtigen.

[134] *Thole*, ZBB 2016, 57, 58.

cc) Spannungsverhältnis zwischen Abwicklung und Art. 47 MiCAR

Die Abwicklung und der Rücktauschplan verfolgen unterschiedliche Ziele und können in einem Spannungsverhältnis stehen. Dies wird aus Art. 47 Abs. 4 MiCAR ersichtlich: Danach übermittelt die zuständige Behörde den für den Emittenten zuständigen Abwicklungs- und Aufsichtsbehörden den Rücktauschplan (Art. 47 Abs. 4 UAbs. 1 MiCAR). Die Abwicklungsbehörde kann den Rücktauschplan prüfen, um Maßnahmen in dem Rücktauschplan zu ermitteln, die sich nachteilig auf die Abwicklungsfähigkeit des Emittenten auswirken können, und der zuständigen Behörde diesbezüglich Empfehlungen geben (Art. 47 Abs. 4 UAbs. 2 MiCAR).

Art. 47 Abs. 4 MiCAR ist aber nicht zu entnehmen, dass die Abwicklung des Instituts gegenüber der Umsetzung des Rücktauschplans vorrangig ist. Durch die Vorschrift kommt vielmehr zum Ausdruck, dass der Rücktauschplan die Abwicklung nicht beeinträchtigen darf. Umgekehrt darf die Abwicklung den Rücktausch nach dem Rücktauschplan nicht behindern.

Im Einzelfall kann dies zu schwierigen Abgrenzungen für die Rechtsanwender führen: So regelt Art. 47 MiCAR beispielsweise, dass der Emittent seine eigene Mitwirkung bei der Umsetzung des Rücktauschplans vorsehen kann. Im Rücktauschplan soll nach Art. 47 Abs. 2 UAbs. 3 MiCAR beispielsweise die Kontinuität kritischer Tätigkeiten sichergestellt werden. Diese Sicherstellung kann entweder durch den Emittenten selbst oder durch ein Drittunternehmen gewährleistet werden. Sieht der Emittent im Rücktauschplan die eigene Mitwirkung vor, dann sollte alternativ dazu allerdings auch die Einbeziehung eines Drittunternehmens geregelt werden, falls durch die Abwicklung die Mitwirkung des Emittenten erschwert werden sollte.

Im Gegenzug muss bei der Abwicklung des Instituts beachtet werden, dass die Vermögenswertreserve nicht zum Zwecke der Erreichung der Abwicklungsziele verwendet werden darf, denn die Vermögenswertreserve soll nicht dafür eingesetzt werden, die Bestandsfähigkeit des Emittenten zu sichern. Sie zielt vielmehr primär auf den Schutz der Anleger ab. Entsprechend wäre es sachfremd, die Vermögenswertreserve innerhalb eines anderen Aufsichtsregimes „umzuwidmen". Der Sinn und Zweck der Vermögenswertreserve würde dadurch verändert (vgl. dazu III.1.a).

b) Nationales Bankeninsolvenzrecht, §§ 46ff. KWG

Die §§ 46ff. KWG regeln das Sonderinsolvenzrecht[135] für alle unter das KWG fallenden Institute. Es handelt sich um Vorgaben, die das allgemeine Insolvenz-

[135] § 46 KWG muss zwar nicht zwingend zur Abwendung einer Insolvenz angewandt werden, ist aber trotzdem als insolvenznahe Eingriffsnorm anzusehen und kann deshalb auch zum Sonderinsolvenzrecht gezählt werden, vgl. Beck/Samm/Kokemoor Kreditwesengesetz mit CRR/*Skauradszun*, 229. Lieferung, 12/2022, § 46 Rn. 1.

recht ergänzen und modifizieren.[136] Es ist denkbar, dass ein Emittent vermögenswertereferenzierter Token neben dem in Art. 47 MiCAR geregelten Sonderinsolvenzrecht auch den §§ 46b ff. KWG unterfallen kann, einschließlich der Maßnahmen bei Gefahr nach § 46 KWG, also den vorinsolvenzlichen Maßnahmen.

aa) Spannungsverhältnis zwischen § 46 Abs. 1 KWG und Art. 47 MiCAR

§ 46 KWG stellt eine bedeutende Ermächtigungsgrundlage dar, welche es der BaFin erlaubt, auf eine Krise oder Missstände bei einem Institut reagieren zu können. Mit § 43 KMAG i. d. F. der Beschlussempfehlung (zu beachten sind die Änderungen infolge Art. 2 Nr. 22 FinmadiG, die gem. Art. 23 Abs. 3 S. 2 FinmadiG am 30.12.2024 in Kraft treten sollen) soll zukünftig eine ähnliche Eingriffsnorm geschaffen werden, die gegenüber Instituten i. S. d. § 2 Abs. 4 KMAG gelten soll.[137]

§ 46 Abs. 1 S. 1 KWG und Art. 47 MiCAR können sich möglicherweise in ihrem sachlichen Anwendungsbereich überschneiden: Tatbestandlich setzt § 46 Abs. 1 S. 1 KWG voraus, dass die Erfüllung der Verpflichtungen eines Instituts gegenüber seinen Gläubigern, insbesondere für die Sicherheit der ihm anvertrauten Vermögenswerte, gefährdet ist. Nach Art. 47 Abs. 1 MiCAR ist hingegen der Rücktauschplan umzusetzen, wenn die zuständige Behörde feststellt, dass der Emittent seine Verpflichtungen nicht oder wahrscheinlich nicht erfüllen kann. Die in § 46 Abs. 1 KWG genannten Verpflichtungen sind dabei weit zu verstehen[138] und erfassen auch diejenigen der MiCAR bzw. betreffend die Vermögenswertreserve. Ist damit der Rücktauschplan nach Art. 47 Abs. 1 MiCAR umzusetzen, dann ist es denkbar, dass die BaFin auch Maßnahmen nach § 46 KWG anordnen kann.

Ordnet die BaFin Maßnahmen nach § 46 Abs. 1 S. 1, 2 KWG an, dann dürfen diese nicht die Umsetzung des Rücktauschplans behindern. Der Katalog des § 46 Abs. 1 S. 2 KWG ist nicht abschließend. Vielmehr handelt es sich um Regelbeispiele („insbesondere"). Die BaFin dürfte aber nicht den Vollzug des Rücktauschplans untersagen. Der Rücktauschplan sollte schließlich die Kontinuität kritischer Tätigkeiten durch ein Drittunternehmen absichern. Dieses Ziel droht unerreichbar zu werden, sollte der Emittent durch Maßnahmen nach § 46 KWG an einer ordnungsgemäßen Umsetzung des Rücktauschplans gehindert sein.

---

[136] Dazu ausführlich *Skauradszun/Schröder/Kümpel*, ZInsO 2023, 1866, 1867.

[137] § 43 KMAG i. d. F. der Beschlussempfehlung soll hier nicht Gegenstand der Untersuchung sein, da der Gesetzgebungsprozess noch nicht abgeschlossen ist.

[138] Beck/Samm/Kokemoor Kreditwesengesetz mit CRR/*Skauradszun*, 229. Lieferung, 12/2022, § 46 Rn. 22; a. A. FSM-KWG/*Lindemann*, 6. Aufl. 2023, KWG § 46 Rn. 44.

bb) Spannungsverhältnis zwischen §§ 46b ff. KWG und Art. 47 MiCAR

Die §§ 46b ff. KWG sehen Regelungen vor, die die InsO modifizieren.[139] Neben diesem Sonderinsolvenzrecht soll aber im Übrigen das allgemeine Insolvenzrecht auch für Unternehmen der Finanzbranche Anwendung finden.[140] Art. 47 MiCAR kann während eines Insolvenzverfahrens zur Anwendung kommen, wie sogleich näher dargestellt wird.

3. Verhältnis des Art. 47 MiCAR zum wirtschaftsprivatrechtlichen Insolvenzrecht

Im Folgenden wird das Verhältnis zwischen dem Rücktauschplan und dem nationalen,[141] allgemeinen Insolvenzrecht untersucht. Insolvenzverfahren im ursprünglichen Sinne sehen die Liquidation der Insolvenzmasse vor. Das unzureichende schuldnerische Vermögen soll zum Zwecke der gemeinschaftlichen (bestmöglichen) Befriedigung der Gläubiger verwertet werden (§ 1 S. 1 InsO). Der Rücktauschplan i. S. v. Art. 47 MiCAR sieht hingegen die Liquidation der MiCAR-Vermögenswertreserve und nicht des gesamten Vermögens des Emittenten vor. Dabei soll Art. 47 MiCAR das Rücktauschrecht der Inhaber der vermögenswertereferenzierten Token schützen und Chaos bei umfangreichen Rücktauschverlangen vermeiden. Mithin schützt Art. 47 MiCAR vornehmlich bestimmte Gläubiger des Emittenten und die Stabilität der Märkte des Reservevermögens. Der Rücktauschplan berücksichtigt dabei – anders als das allgemeine Insolvenzrecht und Insolvenzverfahren – nicht nur mikroökonomische, sondern insbesondere auch makroökonomische Interessen. Der Rücktauschplan und das allgemeine Insolvenzverfahren verfolgen somit unterschiedliche Ziele.

a) Liquidation im Insolvenzverfahren als Auslöser für den Rücktauschplan

Wird über das Vermögen des Emittenten ein Insolvenzverfahren eröffnet, ist der Rechtsträger häufig kraft Gesetzes aufgelöst (vgl. etwa § 60 Abs. 1 Nr. 4 GmbHG und § 262 Abs. 1 Nr. 3 AktG). Die Gläubigerversammlung beschließt

[139] *Bauer/Hildner*, DZWIR 2015, 251, 260; Beck/Samm/Kokemoor Kreditwesengesetz mit CRR/*Skauradszun*, 228. Lieferung, 11/2022, § 46b Rn. 2. § 44 KMAG i. d. F. der Beschlussempfehlung soll zukünftig die Einbindung der BaFin in die Durchführung des Insolvenzverfahrens regeln. Die Norm ist an § 46b KWG angelehnt, siehe BT-Drs. 20/10280, 153.

[140] *Skauradszun/Kümpel/Schröder*, ZInsO 2023, 1866, 1867.

[141] Auf die EuInsVO wird an dieser Stelle nicht weiter eingegangen. Emittenten, die zugleich Kreditinstitut sind (Art. 16 Abs. 1 UAbs. 1 S. 1 lit. b MiCAR), sind vom Anwendungsbereich der EuInsVO ausgeschlossen (Art. 1 Abs. 2 lit. b EuInsVO). Vgl. im Übrigen die weiteren Fälle der Bereichsausnahme in Art. 1 Abs. 2 EuInsVO und für diese Unternehmen stattdessen die SanierungsRL (RL 2001/24/EG v. 04.04.2001 des Europäischen Parlaments und des Rates über die Sanierung und Liquidation von Kreditinstituten (ABl. L 125/15), zuletzt geändert durch Art. 117 ÄndRL 2014/59/EU v. 15.05.2014 (ABl. L 173/190)).

sodann im Berichtstermin, ob das Unternehmen des Schuldners stillgelegt oder vorläufig fortgeführt werden soll. Dies hat möglicherweise zur Folge, dass die zuständige Behörde die Zulassung nach Art. 24 Abs. 1 S. 1 lit. f MiCAR[142] entziehen muss und der Rücktauschplan nach Art. 24 Abs. 5 UAbs. 2 MiCAR umzusetzen ist.

Zu beachten ist aber, dass umgekehrt die Durchführung des Rücktauschplans nicht zwingend bedeutet, dass der Emittent auch ein auf Liquidation gerichtetes Insolvenzverfahren durchläuft. So ist es denkbar, dass die zuständige Behörde feststellt, dass ein Emittent seine Verpflichtungen i. S. v. Art. 47 Abs. 1 MiCAR nicht erfüllt oder wahrscheinlich nicht erfüllen wird, obwohl er solvent ist. Dies kann beispielsweise der Fall sein, wenn der Emittent infolge andauernder operativer Schwierigkeiten nicht mehr in der Lage ist, seine Verpflichtungen betreffend die Vermögenswertreserve zu erfüllen.

b) Spannungsverhältnis zwischen einem Insolvenzverfahren und Art. 47 MiCAR

Die Vermögenswertreserve stellt ein europäisch harmonisiertes Sondervermögen dar, das nicht in die Insolvenzmasse des Emittenten fällt.[143] Es ist davon auszugehen, dass der Insolvenzverwalter gem. § 47 InsO die Vermögenswertreserve an den Abwickler (vgl. §§ 13 Abs. 2 S. 4, 28 Abs. 3 KMAG i. d. F. der Beschlussempfehlung) aussondern muss.[144] Das Insolvenzverfahren und die Umsetzung des Rücktauschplans sind daher grundsätzlich voneinander getrennt. Ungeachtet dessen kann es zu Überschneidungen zwischen Insolvenzverfahren und Rücktauschplan kommen.

Art. 47 Abs. 2 UAbs. 3 MiCAR sieht beispielsweise vor, dass durch den Emittenten oder ein Drittunternehmen die Kontinuität kritischer Tätigkeiten gewährleistet wird. Die Kontinuität kritischer Tätigkeiten könnte unterlaufen werden, wenn die Gläubigerversammlung die sofortige Stilllegung des Unternehmens beschließen sollte (§ 157 Abs. 1 InsO) oder der Insolvenzverwalter das Unternehmen vor dem Berichtstermin gem. § 158 InsO stilllegen würde, obwohl die Durchführung des Rücktauschplans noch nicht beendet ist und eine Mitwirkung des Emittenten weiter erforderlich ist. Die Insolvenzordnung berücksichtigt dabei nicht, dass aufgrund des Rücktauschplans die Kontinuität bestimmter Tätigkeiten gewährleistet werden muss. Das deutsche Insolvenzrecht muss die unionsrechtlichen Bestimmungen des Rücktauschplans aller-

---

[142] Dabei ist zu sehen, dass Art. 24 Abs. 1 S. 1 lit. f MiCAR davon spricht, dass der Emittent beschlossen hat, seine Tätigkeiten einzustellen. Im Insolvenzverfahren trifft der Emittent die Entscheidung nicht selbst – es erscheint aber dennoch stimmig, dass Art. 24 Abs. 1 S. 1 lit. f MiCAR auch für diesen Fall einschlägig ist, denn auch die beschriebene Stilllegung führt im Ergebnis dazu, dass der Emittent seine Tätigkeit einstellen muss.

[143] Siehe § 28 Abs. 8 S. 1 KMAG i. d. F. der Beschlussempfehlung.

[144] Siehe *Skauradszun/Wrede*, RDi 2024, 55, 61.

dings respektieren. Die nationalen Bestimmungen betreffend die Stilllegung des Emittenten werden unionsrechtlich überformt, d.h. eine vollständige Stilllegung dürfte nicht in Betracht kommen, wenn nach den Bestimmungen des Rücktauschplans die Kontinuität bestimmter Tätigkeiten durch den Emittenten gewährleistet werden muss. Sieht der Rücktauschplan vor, dass die kritischen Tätigkeiten durch ein Drittunternehmen gewährleistet werden sollen, dann dürfen etwaige zwischen dem Drittunternehmen und dem Emittenten geschlossene Verträge, wie Geschäftsbesorgungsverträge, nicht infolge der Bestimmungen des Insolvenzrechts, wie beispielsweise §§ 115, 116 InsO, erlöschen. Ferner ist zu bedenken, dass Verträge unter das Insolvenzverwalterwahlrecht nach § 103 InsO fallen können, sodass deren Durchführung vorläufig oder bei Erfüllungsablehnung dauerhaft gesperrt sein kann. Die nationalen Durchführungsbestimmungen werden das Verhältnis zwischen der MiCAR und dem nationalen Insolvenzrecht zukünftig näher konturieren müssen, um Rechtssicherheit zu schaffen.

4. Zwischenfazit

Die bisherigen Untersuchungen zeigen, dass Art. 47 MiCAR ein Novum darstellt und grundsätzlich neben dem bereits existierenden (Sonder-)Insolvenzrecht steht. Diese ursprünglichen Regelungen zur Abwicklung und Insolvenz betreffen regelmäßig das Unternehmen selbst, Art. 47 MiCAR enthält hingegen lediglich Bestimmungen, die die Liquidation der Vermögenswertreserve betreffen.

Dennoch kann Art. 47 MiCAR nicht völlig losgelöst von den anderen (sonder-)insolvenzrechtlichen Regeln und Verfahren betrachtet werden. Der Rücktauschplan kann nämlich die Mitwirkung des Emittenten vorsehen. Sollte der Emittent aber selbst abgewickelt werden oder dessen Betrieb Gegenstand eines Insolvenzverfahrens sein, dann kann dessen Mitwirkung beim Rücktausch nach den Bestimmungen des Rücktauschplans aber möglicherweise gefährdet sein.

VII. Fazit und Ausblick

Die bereits existierenden Bestimmungen des (Sonder-)Sanierungs- und (Sonder-)Insolvenzrechts verfolgen andere Ziele als Art. 46 und Art. 47 MiCAR. Während das aufsichtsrechtliche Sondersanierungs- und Sonderinsolvenzrecht die Sicherung der Bestandsfähigkeit oder die Liquidation der betroffenen Unternehmen aufgrund makroökonomischer Erwägungen vorsieht, dienen die Art. 46, Art. 47 MiCAR nicht lediglich dem Schutz des Finanzsystems insgesamt: Die Systematik der Vermögenswertreserve zeigt vielmehr, dass den Inhabern vermögenswertereferenzierter Token ein besonderer Anlegerschutz zuteil wird. Die Art. 46, Art. 47 MiCAR verfolgen neben makroökonomischen Zielen auch den individuellen Anlegerschutz.

Die wirtschaftsprivatrechtlichen Bestimmungen, die Sanierungs- oder Insolvenzrecht regeln, verfolgen wiederum regelmäßig ausschließlich mikroökonomische Interessen. Es geht um das Schicksal des einzelnen Unternehmens, das in den Händen der beteiligten Stakeholder liegt. Die Art. 46 und Art. 47 MiCAR unterscheiden sich von den Instrumenten des Wirtschaftsprivatrechts, da die Vermögenswertreserve und die sie begleitenden Regeln, wie der Sanierungs- und Rücktauschplan, nicht allein dem Schutz bestimmter Anleger, sondern auch dem Schutz der Finanzmarktstabilität dienen. Dies zeigt sich insbesondere bei Art. 47 Abs. 2 UAbs. 1 MiCAR, wonach der Rücktausch so ausgestaltet werden soll, dass der Stabilität der Märkte des Reservevermögens kein unangemessener wirtschaftlicher Schaden zugefügt wird.

Infolge der unterschiedlichen Ziele werden Art. 46 und Art. 47 MiCAR nicht durch bestehendes (Sonder-)Sanierungs- oder (Sonder-)Insolvenzrecht verdrängt. Umgekehrt werden die bereits bestehenden Regeln und Instrumente nicht durch das neue Sonderrecht der MiCAR verdrängt.

Ungeachtet dieser grundsätzlichen Trennung zeigt die Untersuchung allerdings, dass sich sowohl Art. 46 MiCAR als auch Art. 47 MiCAR mit dem bestehenden (Sonder-)Sanierungs- und (Sonder-)Insolvenzrecht überschneiden können. Bei solchen Überschneidungen muss seitens des Emittenten oder der zuständigen Behörden darauf geachtet werden, dass die MiCAR-Sonderregeln nicht unterlaufen werden und umgekehrt die MiCAR-Sonderregeln das anderweitige (Sonder-)Sanierungs- oder (Sonder-)Insolvenzrecht nicht untergraben darf. Besondere Abgrenzungsschwierigkeiten zeigen sich beim Rücktauschplan und dem deutschen Insolvenzrecht: Da das Insolvenzrecht nicht auf den Schutz der MiCAR-Vermögenswertreserve ausgerichtet ist und primär die gemeinschaftliche (bestmögliche) Befriedigung der Gläubiger des Unternehmens vorsieht, sind Konstellationen denkbar, in denen die Umsetzung des Rücktauschplans, die auf die Mitwirkung des Emittenten angewiesen sein kann, erschwert oder unterlaufen werden kann.

Teil 3 – Internationale Entwicklungen und Rechtsvergleichung

Die Rechtsnatur und der zivilrechtliche Schutz von Kryptowerten in Deutschland und Singapur – Ein Rechtsvergleich

*Benedikt Bartylla und Johannes Meier**

I. Einleitung

In Singapur ist vieles anders als in Deutschland: Die Autos fahren auf der falschen Seite – die U-Bahnen fahren autonom. Singapur ist kleiner als Hamburg – liegt aber im neuesten Global Financial Centres Index 10 Plätze vor Frankfurt.[1] Und: Singapur war – anders als Deutschland oder auch die Europäische Union – schon früh ein globaler „hub“ für die Kryptoindustrie. An manche dieser frühen Krypto-Unternehmen möchte man in Singapur heute eher nicht mehr erinnert werden (*Three Arrows Capital*, *Terraform Labs*) – aber auch *Vitalik Buterin*, Entwickler von *Ethereum*, verbrachte früh viel Zeit in Singapur und nannte es 2022 sein „Zuhause“.[2] Singapur und Deutschland haben aber auch gemeinsame Probleme und um eines davon soll es hier gehen: den absoluten Schutz von Kryptowerten[3] *de lege lata*.

II. Die Rechtslage in Singapur

1. Das Rechtssystem Singapurs

Die Rechtsordnung Singapurs gehört zur Familie des *common law*. Das hat historische Gründe: Im frühen 19. Jahrhundert wurde Singapur Teil des Britischen Imperiums (als Teil der damals sog. Straits Settlements).[4] Vor der Kolonialisie-

---

* Der Beitrag entstand während eines Forschungsaufenthalts am Centre for Asian Legal Studies der National University of Singapore (NUS) im September 2023, gefördert durch das ToFi-Fellowship-Programm. Die Verfasser danken dem Centre und insbesondere *Christian Hofmann* für die Gastfreundschaft. Internetquellen wurden, sofern nicht anders gekennzeichnet, zuletzt am 28.03.2024 abgerufen.

[1] Singapur liegt auf Platz 3, Frankfurt auf Platz 13. Der Report zum Index ist abrufbar unter https://www.longfinance.net/media/documents/GFCI_35_Report_2024.03.21_v1.0.pdf.

[2] *Straits Times* v. 20.11.2022 (unter https://www.straitstimes.com/singapore/good-ways-and-bad-ways-to-deal-with-crypto-says-ethereum-founder-vitalik-buterin?ref=blockhead.co).

[3] Hier wird, in Anlehnung an die Markets-in-Crypto-Assets-Regulation (MiCAR) der Begriff des „Kryptowerts“ (Art. 3 Abs. 1 Nr. 5 MiCAR) und nicht, wie bisher üblich, der Begriff des „Tokens“ verwendet. Die Begriffe sind nicht deckungsgleich, weil der Begriff des „Kryptowerts“ anders als der weitere Begriff des Tokens voraussetzt, dass ein Wert oder Recht abgebildet werden muss (*Meier*, in: Meier [Hrsg.], Handbuch MiCAR, Kryptowerte in der europäischen Regulierung, Kapitel 2 Rn. 6 ff. [erscheint demnächst]). Praktisch geht es in der Diskussion sowohl in Deutschland als auch in Singapur nur um Kryptowerte. Inwiefern bspw. die *common law* Urteile für alle Token gelten, ist unklar (s. etwa Law Commission, Digital assets: Final report (2023), Ziffer 4.52, abrufbar unter https://s3-eu-west-2.amazonaws.com/cloud-platform-e218f50a4812967ba1215eaecede923f/uploads/sites/30/2023/06/Final-digital-assets-report-FOR-WEBSITE-2.pdf).

[4] Die Briten, in Person des *Sir Thomas Stamford Bingley Raffles*, erreichten Singapur im Jahr 1819. Im Jahr 1824 wurde Singapur durch einen Vertrag sowohl mit den zuvor herrschenden Niederländern als auch mit regionalen Herrschern, die teilweise von den Briten selbst eingesetzt worden waren, als Teil der Straits Settlements in die Hände der *British East India Company* gebracht. Später wurden die Straits Settlements Teil von British Raj. S. *Yihan Goh*,

rung durch Großbritannien galt in Singapur kein einheitliches Rechtssystem.[5] Durch die Second Charter of Justice von 1826 wurde das englische Recht formal nach Singapur importiert.[6] Nicht zuletzt aufgrund chaotischer Zustände in der Administration Singapurs durch Großbritannien blieb der Effekt dieser Regelung jedoch zunächst begrenzt.[7] Singapur war zu diesem Zeitpunkt keine eigenständige Kolonie. Die Gerichtsbarkeit wurde von Penang aus verwaltet – mit all den Problemen, die eine Herrschaft „aus der Ferne" mit sich brachte.[8] Erst im Jahr 1867, in Anerkennung seiner wirtschaftlichen Bedeutung, wurde Singapur, bzw. damals weiterhin die „Straits Settlements", als eigenständige Kolonie anerkannt, was auch den Aufbau einer eigenständigen Gerichtsbarkeit zur Folge hatte.[9] Nach dem Zweiten Weltkrieg wurde Singapur im Jahr 1963 unabhängig, zunächst jedoch als Teil von Malaysia. Die Ehe mit Malaysia war jedoch von kurzer Dauer – bereits 1965 wurde Singapur ein eigenständiger Staat. Bis heute orientiert sich allerdings das Recht Singapurs stark am englischen Recht, wenngleich in dem Bestreben, sich unabhängig weiterzuentwickeln (s. Sec. 3 des Application of English Law Act 1993).[10]

Singapurische Gerichte beziehen sich in ihren Urteilen heute immer häufiger auf andere Urteile aus Singapur.[11] Dennoch ist der britische Einfluss jederzeit spürbar. In Singapur wird hervorgehoben, dass heute, anders als noch im letzten Jahrhundert, der überwiegende Teil der singapurischen Juristen auch in Singapur ausgebildet wurde.[12] Es ist aber kaum zu übersehen, dass gerade in der aka-

---

in: Jack Tsen-Ta Lee/Gary Chan Kok Yew (Hrsg.), The Legal System of Singapore, 2015, Abschn. 1.24.

[5] *Yihan Goh*, in: Jack Tsen-Ta Lee/Gary Chan Kok Yew (Hrsg.), The Legal System of Singapore, 2015, Abschn. 1.20.

[6] *Yihan Goh*, in: Jack Tsen-Ta Lee/Gary Chan Kok Yew (Hrsg.), The Legal System of Singapore, 2015, Abschn. 1.15 f. Zuvor hatte *Thomas Raffles* bereits im Jahr 1823 eigenmächtig einen „Code" sog. „Singapore Local Laws" formuliert, der Rechtsregeln für Singapur enthielt, s. *Yihan Goh*, in: Jack Tsen-Ta Lee/Gary Chan Kok Yew (Hrsg.), The Legal System of Singapore, 2015, Abschn. 1.22.

[7] *Yihan Goh*, in: Jack Tsen-Ta Lee/Gary Chan Kok Yew (Hrsg.), The Legal System of Singapore, 2015, Abschn. 1.26 ff.

[8] So weigerte sich beispielsweise der erste zuständige *recorder*, *John Claridge*, nach Singapur zu reisen, um dort gerichtliche Verfahren durchzuführen. *Yihan Goh*, in: Jack Tsen-Ta Lee/Gary Chan Kok Yew (Hrsg.), The Legal System of Singapore, 2015, Abschn. 1.26.

[9] *Yihan Goh*, in: Jack Tsen-Ta Lee/Gary Chan Kok Yew (Hrsg.), The Legal System of Singapore, 2015, Abschn. 1.33.

[10] Vgl. *Yihan Goh*, in: Jack Tsen-Ta Lee/Gary Chan Kok Yew (Hrsg.), The Legal System of Singapore, 2015, Abschn. 1.18.

[11] Im Jahr 1991 war es im Schnitt noch ein zitiertes lokales Urteil pro Fall. Im Jahr 2013 waren es im Schnitt über sieben. S. *Yihan Goh*, in: Jack Tsen-Ta Lee/Gary Chan Kok Yew (Hrsg.), The Legal System of Singapore, 2015, Abschn. 1.78.

[12] *Yihan Goh*, in: Jack Tsen-Ta Lee/Gary Chan Kok Yew (Hrsg.), The Legal System of Singapore, 2015, Abschn. 1.82 m. w. N.

demischen Welt Singapurs eine englische (Zusatz-)Ausbildung einen überragenden Stellenwert genießt.[13]

2. *Eigentumsrechtliche Grundlagen des common law*

Um die hier besprochenen Entscheidungen zu verstehen, ist eine erste Einsicht essentiell: Der Begriff des *property* im *common law*[14] ist nicht gleichzusetzen mit dem Begriff des *Sacheigentums* im Sinne von § 903 S. 1 BGB. Der Begriff *property* ist vielmehr der Oberbegriff für alle Rechte an Gegenständen (*things*). *Property* lässt sich unterscheiden in Grundstückseigentum (*real property*) und sonstiges Eigentum (*personal property*). Das *personal property* wiederum wird traditionell in zwei Kategorien untergliedert: *choses in possession* und *choses in action*.

a) *Choses in possession*

Choses in possession (auch *tangible property*,[15] *goods* oder *chattels* genannt) sind alle körperlichen Güter, die in Besitz genommen werden können.[16] *Choses in possession* werden durch verschiedene Regelungen geschützt. Aus deutscher Sicht fällt dabei vor allem eine Leerstelle auf: Einen allgemein anerkannten dinglichen Herausgabeanspruch (nach Machart des § 985 BGB) kennt das *common law* bis heute nach traditioneller Ansicht nicht.[17] Unumstritten ist das aber nicht mehr.[18] Die Funktion des Herausgabeanspruchs wird klassischerweise durch das Deliktsrecht erfüllt. Das *common law* kennt eine ganze Reihe von

---

[13] Nur ein Beispiel: Alle vier Dean's der Law Faculty der National University of Singapore, die in diesem Jahrtausend im Amt waren, erwarben zuvor mindestens einen akademischen Abschluss in Cambridge oder Oxford (es steht 3:1 für Oxford). Einen US-amerikanischen (oder gar kontinental-europäischen) Abschluss erwarb kein einziger.

[14] „Das" *common law* gibt es heute nicht mehr. Die unterschiedlichen Rechtsordnungen innerhalb der *common law* Familie haben sich unterschiedlich entwickelt. Zugrundegelegt wird hier das für Singapur maßgebliche englische *common law*, soweit sich nicht das Recht Singapurs bereits weiterentwickelt hat.

[15] Wobei dieser Begriff – wenngleich weniger antiquiert – mit Vorsicht zu genießen ist, angesichts der begrifflichen Streitigkeiten rund um den Begriff „intangible property" und „choses in action". Dazu noch unter c).

[16] *Armstrong DLW GmbH v Winnington Networks Ltd* [2012] EWHC 10 Rn. 44.

[17] S. etwa *OBG Ltd v Allan* [2007] UKHL 21 Rn. 308 (Baroness Hale), *Bridge/Gullifer/Low/McMeel*, The Law of Personal Property, 3. Aufl. 2022, Abschn. 33-01. Ausführlich zur geschichtlichen Entwicklung *v. Bar*, Gemeineuropäisches Sachenrecht, Bd. 1, 2015, § 1 Rn. 29 ff.

[18] Auslöser der Debatte ist die Entscheidung *Foskett v McKeown* [2000] UKHL 29 in der sich das House of Lords zum Teil auf einen *proprieraty restitutionary claim* bezieht. Die Entscheidung bleibt aber umstritten, s. vertiefend *Virgo*, The Principles of the Law of Restitution, 3. Aufl. 2015, S. 559 ff.; *Burrows*, The Law of Restitution, 3. Aufl. 2010, S. 168 ff.; *Birks*, The Law of Unjust Enrichment, 2. Aufl. 2005, S. 36 f. & Chapter IV. Die Law Commission (England & Wales) will einen derartigen Anspruch jedenfalls für Kryptowerte anerkennen, s. Law Commission, Digital assets: Final report (Fn. 3), Ziffer 9.47 ff.

Deliktstatbeständen, die sich unter dem Titel *Interference with Goods* zusammenfassen lassen. In England wurde dieser Strauß an Tatbeständen durch den Torts (Interference with Goods) Act 1977 gestutzt und die Tatbestände umstrukturiert. In Singapur wurde diese Reform nicht übernommen.[19] Aus praktischer Sicht sind die Ergebnisse jedoch ähnlich. Der wichtigste Tatbestand ist das Delikt der *conversion*. Nimmt ein Nicht-Eigentümer *choses in possession* in Besitz, kann der Eigentümer[20] auf Grundlage dieses Delikts auf Schadensersatz klagen.[21] Das Delikt begeht auch, wer von einem anderen eine Sache erhält, an der ein Dritter Eigentum hat.[22] Das gilt freilich nicht, sofern derjenige, der die Sache erhält, hierdurch gleichzeitig das Eigentum (in deutscher Terminologie: vom Nichtberechtigten) erwirbt.[23] Der Tatbestand setzt kein Verschulden voraus. Der Schädiger muss nur die Absicht haben, die Sache in Besitz zu nehmen.[24] Ob er dies gutgläubig tut oder nicht, ist grundsätzlich unerheblich. Im englischen Recht kann der Berechtigte mittlerweile auch auf Grundlage von *conversion* auf Herausgabe klagen (Sec. 3(2) Torts (Interference with Goods) Act 1977). Die Anordnung der Herausgabe steht jedoch im Ermessen des Gerichts. (Sec. 3(3)(a) Torts (Interference with Goods) Act 1977). In Singapur ist diese Möglichkeit nicht eröffnet.[25] Dafür hält das singapurische Recht einen eigenständigen Tatbestand bereit, der in England mit der Reform der *conversion* abgeschafft wurde, die sog. *detinue* (s. Sec. 2 Torts (Interference with Goods) Act 1977). Danach kann der Berechtigte die Rückgabe der Sache von einer Person

[19] *Tat Seng Machine Movers Pte Ltd v Orix Leasing Singapore Ltd* [2009] SGCA 42 Rn. 44: „This sensible reform to the common law has yet to be adopted in Singapore." S. auch *Lee Pey Woan, in: Gary Chan/Lee Pey* Woan (Hrsg.), The Law of Torts in Singapore, 2. Aufl. 2015, Abschn. 11.001.

[20] Das Delikt steht nicht *nur* Eigentümern zur Verfügung. *Conversion* liegt grundsätzlich immer vor, wenn der Anspruchsteller einen höherwertigen Rang in Bezug auf die Sache einnimmt. Deshalb kann auch ein vorheriger Besitzer mit Recht zum Besitz klagen, sofern der Anspruchsgegner keinerlei Recht zum Besitz hat. S. *Deakin/Adams,* Markesinis and Deakin's Tort Law, 8. Aufl. 2019, S. 378 f. Insoweit ist das Delikt mit dem petitorischen Besitzschutz nach § 1007 BGB vergleichbar.

[21] Das *tort of conversion* gehört zur Gruppe der Delikte wegen *wrongful interference with goods,* zu der auch das verwandte Delikt des *trespasss* gehört, Die beiden Tatbestände haben überlappende Anwendungsbereiche, *conversion* ist aber der praktisch wichtigere Tatbestand. *Trespass* bezieht sich auf den Schutz des Besitzes. *Conversion* schützt das Recht auf den Besitz (insbesondere das Eigentum). S. *Deakin/Adams,* Markesinis and Deakin's Tort Law, 8. Aufl. 2019, S. 375 ff.

[22] *Goudkamp/Nolan,* Winfield and Jolovic on Tort, 20. Aufl. 2020, 18–15, sog. „third party recipient".

[23] S. *Goudkamp/Nolan,* Winfield and Jolovic on Tort, 20. Aufl. 2020, 18–40. Zu den Voraussetzungen eines solchen Erwerbs s. *Sheehan,* The Principles of Personal Property Law, 2011, S. 58 ff.

[24] S. Section 3(3)(b) Torts (Interference with Goods) Act 1977.

[25] *Lee Pey Woan, in: Gary Chan/Lee Pey* Woan (Hrsg.), The Law of Torts in Singapore, 2. Aufl. 2015, Ziffer 11.067; *Tan Yock Lin,* Personal Property Law, 2014, Ziffer 09.065.

verlangen, die die Sache unrechtmäßig in Besitz hält und sich weigert, sie herauszugeben.[26] Auch hier steht die Anordnung im Ermessen des Gerichts.[27]

Neben den Schutz durch das Deliktsrecht tritt der Schutz durch *equity*. Der Eigentümer hat hiernach die Möglichkeit, eine *injuction* zu beantragen. Die *injunction* ist eine gerichtliche Unterlassungsanordnung, die dem Antragsgegner den Umgang mit einer Sache untersagt.[28] Von praktischer Bedeutung ist vor allem die *interlocutory injuction* – die einstweilige Anordnung. Ein weiteres *equity*-Institut, das indirekt Eigentumsrechte schützt, ist der *constructive trust*. Das Institut des *trust* hat viele Gesichter – die deutschen Juristen bekanntlich oft fremd erscheinen.[29] Der *constructive trust* nimmt innerhalb des *trust*-Rechts eine Sonderrolle ein, weil er nicht auf dem Willen der Parteien beruht, sondern von Gesetzes wegen entsteht.[30] In Singapur wird zwischen dem *institutional* und dem *remedial constructive trust* unterschieden.[31] Theoretisch liegt der Unterschied darin, dass sich der *institutional contructive trust* aus den Tatsachen ergeben soll, der *remedial constructive trust* hingegen erst aus einer Anordnung des Gerichts; praktisch geht es darum, dass der *remedial constructive trust* im Ermessen des Gerichts steht, der *institutional constructive trust* hingegen nicht.[32] Insgesamt lässt sich der *constructive trust* heute kaum noch auf eine einheitliche theoretische Grundlage stützen.[33] Das Institut erfasst alle Fälle, in denen zwar eine Übertragung des Eigentumsrechts stattgefunden hat, es aber unzumutbar (*unconscionable*) wäre, die dadurch entstandene Eigentumslage

[26] *Lee Pey Woan, in: Gary Chan/Lee Pey* Woan (Hrsg.), The Law of Torts in Singapore, 2. Aufl. 2015, Ziffer 11.067.

[27] *Simgood Pte Ltd v MLC Shipbuilding Sdn Bhd and others* [2015] SGHC 303 Rn. 168; *General and Finance Facilities Ltd v Cooks Cars (Romford) Ltd* [1963] 1 WLR 644, 650; *Tan Yock Lin*, Personal Property Law, 2014, Ziffer 09.065.

[28] *Barr/Picton*, Pearce & Stevens' Trusts and Equitable Obligations, 8. Aufl. 2022, S. 87.

[29] Vgl. etwa den vielzitierten Ausspruch von *Otto v. Giercke* gegenüber dem englischen Juristen *Maitland*: „I can't understand your trust." Festgehalten in *Maitland*, Equity, Also the Forms of Action at Common Law; Two Courses of Lectures, 1909, S. 23. Für einen Überblick zum Institut s. *Omlor/Meier*, ZGR 2020, 586, 591 ff.

[30] *Penner*, The Law of Trusts, 12. Aufl. 2022, Ziffer 17.1. In Singapur wird zwischen dem *remedial* und dem *institutional constructive trust* unterschieden, s. jüngst *National Bank of Oman SAOG Dubai Branch v Bikash Dhamala* [2020] SGHC 199 Rn. 51 m. w. N. In England ist das umstritten, *Penner*, The Law of Trusts, 12. Aufl. 2022, Ziffer 17.51.

[31] *National Bank of Oman SAOG Dubai Branch v Bikash Dhamala* [2020] SGHC 199 Rn. 51 m. w. N. In England ist die Unterscheidung umstritten, *Penner*, The Law of Trusts, 12. Aufl. 2022, Ziffer 17.51.

[32] Vgl. *National Bank of Oman SAOG Dubai Branch v Bikash Dhamala* [2020] SGHC 199 Rn. 53 ff. m. w. N.; s. allgemein *Barr/Picton*, Pearce & Stevens' Trusts and Equitable Obligations, 8. Aufl. 2022, S. 254; *Penner*, The Law of Trusts, 12. Aufl. 2022, Ziffer 17.49; *Ying Khai Liew*, 75 Cambridge Law Journal 2016, 528.

[33] S. nur *Barr/Picton*, Pearce & Stevens' Trusts and Equitable Obligations, 8. Aufl. 2022, S. 240.

aufrechtzuerhalten.[34] Das Institut wird heute vorrangig über Fallgruppen erschlossen. So sind in Singapur sieben Faktoren anerkannt, die einen *institutional constructive trust* entstehen lassen.[35] Dazu gehören etwa Betrug oder die Verletzung einer treuhänderischen Pflicht. Der *remedial constructive trust* ist hingegen weniger scharf umrissen. Grundlage sei regelmäßig ein Verschuldens- und ein Wissenselement des *trustees*.[36] Der *constructive trust* gibt dem ehemals Berechtigten dann die Möglichkeit, Herausgabe und Rückübertragung des Eigentums zu fordern.[37]

b) Choses in action

Die Kategorie *choses in action* ist im Vergleich zu den *choses in possession* breit und unbestimmt. Herkömmlicherweise wurde als *chose in action* jedes persönliche Recht bezeichnet, das nicht durch Besitz durchgesetzt und genossen wird, sondern dadurch dass eine Handlung (*action*) gerichtlich erzwungen wird.[38] Der Begriff lässt sich bis ins Mittelalter zurückverfolgen.[39] Ursprünglich erfasste die Kategorie vorrangig Ansprüche aus Vertrag oder Delikt.[40] Zu diesem Zeitpunkt hatte der Begriff noch rechtliche Bedeutung: *Choses in action* konnten nicht übertragen werden (weder unter Lebenden als *assignment*, noch von Todes wegen als *will*) – anders als die sog. *incorporeal hereditaments*, die vererbbar waren.[41] Im Laufe der Jahrhunderte wurden allerdings stetig weitere Rechte als *choses in action* anerkannt – von Handelspapieren bis hin zum Urheberrecht.[42] Die Kategorie der *choses in action* entwickelte sich zur Auffangkategorie: Alles was als persönliches Eigentum angesehen wird und *nicht* in Besitz genommen werden kann, gehört zu den *choses of action*.[43]

Damit einher ging ein rechtlicher Bedeutungsverlust der Kategorie. Dadurch dass immer mehr heterogene Rechte in einer Kategorie zusammengefasst wur-

---

[34] S. den „leading case" *Westdeutsche Landesbank Girozentrale v Islington London Borough Council* [1996] A.C. 669, 705.

[35] *Low Heng Leon Andy v Low Kian Beng Lawrence (administrator of the estate of Tan Ah Kng, deceased)* [2011] SGHC 184 Rn. 53. Bestätigt in *National Bank of Oman SAOG Dubai Branch v Bikash Dhamala* [2020] SGHC 199 Rn. 52; *Guy Neale and others v Nine Squares Pty Ltd* [2013] SGHC 249 Rn. 141.

[36] *National Bank of Oman SAOG Dubai Branch v Bikash Dhamala* [2020] SGHC 199 Rn. 53.

[37] S. etwa den Urteilsspruch in *National Bank of Oman SAOG Dubai Branch v Bikash Dhamala* [2020] SGHC 199. Für die Herausgabe gelten die Regeln des sog. *tracing* und *following*, s. *Foskett v McKeown* [2000] UKHL 29 (Lord Millett).

[38] *Torkington v Magee* [1902] 2 K.B. 427, 430.

[39] Ausführlich *Holdsworth*, 33 Harvard L Rev 1920, 997, 1000ff.

[40] *Holdsworth*, 33 Harvard L Rev 1920, 997, 1003.

[41] *Holdsworth*, 33 Harvard L Rev 1920, 997, 1000, 1016.

[42] *Holdsworth*, 33 Harvard L Rev 1920, 997, 1011.

[43] So schon *Holdsworth*, 33 Harvard L Rev 1920, 997, 1014. S. auch Law Commission, Digital assets: Final report (Fn. 3), Ziffer 2.8.

den, nahmen die allgemeingültigen Aussagen, die sich anhand der bloßen Kategoriezugehörigkeit treffen ließen, ab.[44] Heute gibt es auch übertragbare *choses in action*.[45] Im Wesentlichen ist der Begriff deshalb heute *deskriptiv* zu verstehen.[46] Wie ein Recht durchgesetzt wird, ob es übertragbar ist, wie es geschützt wird – all diese Fragen hängen heute nicht mehr davon ab, ob ein Recht ein *chose in action* ist, sondern von den jeweiligen Regeln, die für das spezifische Recht gelten.[47]

c) Andere Formen des intangible property: Die tertium quid Debatte

Die Ausweitung des Begriffs der *choses in action* mündete in den berühmt gewordenen Sätzen von *Fry LJ* in *Colonial Bank v Whinney*: „All personal things are either in possession or in action. The law knows no *tertium quid* between the two."[48] Dieser Satz wird heute vermehrt in Frage gestellt. Kryptowerte sind jedoch nicht der erste Zankapfel in dieser Debatte. Noch bevor das Bitcoin-Whitepaper geschrieben wurde, gab es erste zaghafte Anzeichen für eine erneute Spaltung des Eigentumsbegriffs. In einer Reihe von Entscheidungen hatten sich Gerichte damit befasst, welche Rechte an verwaltungsrechtlichen Instrumenten bestehen. Der *leading case* in dieser Frage ist *Armstrong DLW GmbH v Winnington Networks Ltd*.[49] Darin entschied der England & Wales High Court, dass Zertifikate nach dem Europäischen Emissionshandelssystem Gegenstand eines Eigentumsrechts sein können.[50] Sie seien aber weder *choses in possession* noch *choses in action* im engeren Sinne, sondern *intangible property*. Die genaue Einordnung war jedoch nicht ergebnisrelevant.[51]

Im Anschluss an diese Entscheidungen hat sich eine Debatte um den Begriff der *choses in action* und des *intangible property* entwickelt, die ihren Niederschlag in der Debatte um Krypotwerte findet. Teile der Literatur und auch der Rechtsprechung sprechen sich dafür aus, mit *Fry LJ* zu brechen. Das *common law* kenne eine dritte Kategorie des Eigentums, die neben den *choses in action* und den *choses in possession* stehe. So hat es der England & Wales High Court für Kryptowerte entschieden.[52] Prominentester Fürsprecher hierfür ist neben

---

[44] Ausführlich *Holdsworth*, 33 Harvard L Rev 1920, 997, 1015ff. S.a. *Bridge/Gullifer/Low/McMeel*, The Law of Personal Property, 3. Aufl. 2022, Abschn. 4-002.

[45] *Holdsworth*, 33 Harvard L Rev 1920, 997, 1027. Zumal auch vertragliche oder deliktische Forderungen heute übertragbar sind.

[46] Einige wenige Gemeinsamkeiten verbleiben, s. *Bridge/Gullifer/Low/McMeel*, The Law of Personal Property, 3. Aufl. 2022, Abschn. 4-003.

[47] Prägnant *Holdsworth*, 33 Harvard L Rev 1920, 997, 998.

[48] (1885) 30 Ch. D. 261, 285 (Herv. im Original).

[49] [2012] EWHC 10. S.a. *In re Celtic Extraction Ltd.* [2001] Ch. 475; *Attorney General of Hong Kong v Nai-Keung* [1987] 1 W.L.R. 1339.

[50] [2012] EWHC 10 Rn. 50ff.

[51] [2012] EWHC 10 Rn. 61f.

[52] *AA v Persons Unknown* [2019] EWHC 3556 (Comm) Rn. 58ff.

dem High Court die Law Commission (England & Wales).[53] Die Law Commission liefert selbst keine endgültige Definition dieser Kategorie, sondern will sie der weiteren Entwicklung überlassen.[54] Sie umschreibt die Kategorie jedoch als Gegenstände, die einerseits nicht körperlich sind, andererseits aber existieren, ohne dass sie rechtlich durchgesetzt werden müssen; sie könnten genutzt und genossen werden, ohne dass hierfür rechtliche Mittel bedient werden müssten.[55] Im Februar 2024 hat die Law Commission einen Gesetzesentwurf vorgelegt, der diese dritte Eigentums-Kategorie offiziell einführen soll.[56]

Andere Teile der heutigen Literatur wenden sich gegen diese Aufspaltung des Eigentumsbegriffs. Sie plädieren dafür, weiterhin nur zwei Kategorien anzuerkennen. Um der Weiterentwicklung des Rechts Ausdruck zu verleihen, werden die Begriff des *tangible property*, den früheren *choses in possession*, und des *intangible property*, allen sonstigen Rechten, vorgeschlagen.[57]

3. Entwicklung der Rechtsprechung

Vor diesem Hintergrund haben die singapurischen Gerichte in den vergangenen Jahren gleich mehrfach dazu Stellung genommen, ob Krypotwerte *property* sind.

a) B2C2 Ltd v Quoine Pte Ltd

Die erste Entscheidung in dieser Frage erging 2019. Im Rechtsstreit *B2C2 Ltd v Quoine Pte Ltd*[58] stritten eine Handelsplattform, *Quoine Pte Ltd*, und ein Market Maker, *B2C2 Ltd*, vor dem Singapore International Commercial Court (SICC)[59]. Der Sachverhalt ist einigermaßen kompliziert. Zusammengefasst ging es in dem Fall darum, dass aufgrund eines Softwarefehlers auf Seiten der Plattform *Quoine* eine für *B2C2* enorm günstige Transaktion zustande kam: *B2C2* tauschte Ether (ETH) gegen Bitcoin (BTC) zu einem Kurs von 10 BTC zu 1 ETH – der tatsächliche Marktpreis lag bei 0,04 BTC zu 1 ETH. Die Handels-

[53] Law Commission, Digital assets: Final report (Fn. 3), Ziffer 3–32 ff. Hierzu ausführlich *Bartylla,* RDi 2024, 201.

[54] Law Commission, *Digital assets: Final report* (Fn. 3), Ziffer 3–67.

[55] Law Commission, Digital assets: Final report (Fn. 3), Ziffer 3–68.

[56] Law Commission, Digital assets as personal property – draft clauses (2024), unter https://lawcom.gov.uk/document/digital-assets-as-personal-property-draft-clauses/. S. hierzu *Bartylla,* RDi 2024, 201.

[57] *Bridge/Gullifer/Low/McMeel*, The Law of Personal Property, 3. Aufl. 2022, Abschn. 4-006 f., die gleichzeitig hervorheben, dass die Umbenennung der Kategorie nur terminologische Bedeutung hat.

[58] [2019] SGHC(I) 03.

[59] Der SICC ist nicht, wie der Name suggerieren könnte, ein institutionelles Schiedsgericht, sondern ein staatliches Gericht. Es handelt sich um eine besondere Abteilung des High Courts, die für internationale Handelssachen zuständig ist, s. Division 3 Supreme Court of Judicature Act 1969.

plattform machte die Transaktion später rückgängig.[60] *B2C2* wehrte sich dagegen, dass die Transaktion rückgängig gemacht wurde.

B2C2 berief sich unter anderem darauf, dass *Quoine* die Kryptowerte *on trust* für *B2C2* gehalten und durch die Rückbuchung Pflichten aus dem *trust*-Verhältnis verletzt hatte. Diese Argumentation setzte voraus, dass Kryptowerte überhaupt *on trust* gehalten werden können – dass sie also *property* sind. Der SICC entschied zu Gunsten von *B2C2*. Das Gericht berief sich hierfür auf den Fall *National Provincial Bank v Ainsworth*: Kryptowerte seien *property* im Sinne dieser Entscheidung.[61] Eine ausführliche Diskussion der Thematik lieferte das Urteil jedoch nicht. Schmale zwei Absätze werden der Frage in dem über 100 Seiten langen Urteil gewidmet.

Quoine legte hiergegen Berufung ein. Der Court of Appeals[62] wies die Berufung zum Teil zurück, gab ihr aber auch zum Teil statt: Der Court of Appeals schloss sich insbesondere der These, dass die Kryptowerte *on trust* gehalten wurden, ausdrücklich nicht an – sondern ließ die Frage offen.[63] Der Court of Appeals führte insoweit aus, dass zwar auch in anderen Urteilen und in der Literatur vertreten werde, dass Kryptowerte *property* seien.[64] Der Court of Appeals zeigte sich für diese Argumentation auch offen. Die Frage müsse jedoch im konkreten Fall nicht entschieden werden, weil es bereits an einer weiteren Voraussetzung des *trust*-Verhältnisses, der „intention to create a trust", fehle.[65] Die Frage nach der Eigentumsfähigkeit blieb damit offen. *B2C2* unterlag deshalb vor dem Court of Appeals in Bezug auf einen Anspruch aus *breach of trust*. Der SICC hatte *Quoine* jedoch auf Grundlage eines Anspruchs aus *breach of contract* verurteilt – diesen Anspruch bestätigte der Court of Appeals in einer Mehrheitsentscheidung.

b) CLM v CLN et al.

Der zweite Sachverhalt, der die Frage nach der Eigentumsfähigkeit erneut vor die Gerichte Singapurs brachte, war (jedenfalls im Ausgangspunkt) ungleich

---

[60] Hintergrund dafür war, dass das Guthaben, das *B2C2* gutgeschrieben wurde, auf den Konten der Transaktionspartner gar nicht vorhanden war. Dass die Transaktion trotzdem ausgeführt wurde, beruhte auf einem weiteren Fehler im System von *Quoine*. Die Plattform hatte offensichtlich befürchtet, auf dem Fehlbetrag sitzen zu bleiben.

[61] Dazu noch unter IV.1.

[62] Der Court of Appeals ist die höchste Instanz in der Zivilgerichtsbarkeit Singapurs. Der High Court und der Court of Appeals bilden zusammen den sog. Supreme Court of Singapore, vgl. Section 3 Supreme Court of Judicature Act 1969. Seit 1994 ist aus Singapur der Rechtsweg zum *Privy Council* nicht mehr eröffnet. S. zu den Hintergründen *Yihan Goh*, in: Jack Tsen-Ta Lee/Gary Chan Kok Yew (Hrsg.), The Legal System of Singapore, 2015, Abschn. 1.49ff.

[63] *Quoine Pte Ltd v B2C2 Ltd* [2020] SGCA(I) 02.

[64] [2020] SGCA(I) 02 Rn. 139ff.

[65] [2020] SGCA(I) 02 Rn. 144ff.

alltäglicher:[66] Eine Freundesgruppe verbrachte ein gemeinsames Wochenende in Mexiko. Ein Mitglied der Gruppe, der spätere Antragsteller, offenbarte einem anderen Mitglied der Gruppe per Telefon den Zugangscode zu seinem Hotelsafe – der Antragsteller hatte darum gebeten, Bargeld aus diesem Safe mitzubringen. Im Safe lagerten allerdings auch Passwörter, mit denen sich *wallets* des Antragstellers auf neuen Geräten wiederherstellen ließen (sog. *seeds*) und die es Dritten damit ermöglichten, auf das Guthaben des Antragstellers zuzugreifen. Im Laufe des Urlaubs wurden Kryptowerte von den Konten des Antragstellers abgebucht. Nicht ganz so alltäglich: Die Schadenssumme belief sich insgesamt auf über 7 Millionen USD. Der Antragsteller ging davon aus, dass ein Mitglied der Gruppe (nicht notwendigerweise die Person, mit der er telefoniert hat) den Safe geöffnet, die Passwörter entnommen und die Kryptowerte abgebucht hatte. Er beantrage deshalb im einstweiligen Rechtsschutz den Erlass einer *worldwide freezing order* gegen den unbekannten Dieb.[67]

Der Antrag hatte Erfolg. Der High Court entschied dabei allerdings nicht endgültig über die Eigentumsfähigkeit der Kryptowerte, sondern prüfte in rechtlicher Hinsicht nur, ob eine „ernsthafte" Möglichkeit bestehe, dass der Antragsteller ein Eigentumsrecht geltend machen kann („serious question to be tried"). Der High Court entschied, dass eine solche Möglichkeit bestand. Das Urteil bezieht sich dabei zunächst auf die Entscheidung in *B2C2 Ltd v Quoine Pte Ltd*. Darüber hinaus verwies das Gericht darauf, dass auch ein neuseeländisches Gericht[68] – wiederum unter Verweis auf den *Ainsworth*-Test – die Eigentumsfähigkeit von Kryptowerten bejaht hat. Das Gericht folgerte deshalb, dass eine ernsthafte Möglichkeit bestehe, dass der Antragsteller Eigentumsrechte an den Kryptowerten erworben hätte. Zu einem Urteil in der Hauptsache kam es jedoch – soweit öffentlich bekannt – nicht mehr.

c) *Janesh s/o Rajkumar v Unknown Person*

Der High Court musste jedoch nicht lange darauf warten, den Faden wieder aufzunehmen. Im Mai 2022 hatte derselbe Richter (Judge *Lee Seiu Kin*) über ein weiteres Verfahren im einstweiligen Rechtsschutz zu entscheiden, das ganz ähnliche Fragen aufwarf.[69] Der Sachverhalt spielte sich wieder tiefer im Dickicht der Krypto-Welt ab:[70] Der Antragsteller war Inhaber eines sog. Non-Fungible Tokens (NFT): „Bored Ape Yacht Club ID #2162".[71] Er verwendete diesen

[66] *CLM v CLN et al.* [2022] SGHC 46 Rn. 6ff.

[67] Die Entscheidung setzt sich deshalb auch ausführlich damit auseinander, ob und wie Anträge „gegen Unbekannt" möglich sind.

[68] *Ruscoe v Cryptopia Ltd (in liq)* [2020] 2 NZLR 809.

[69] *Janesh s/o Rajkumar v Unknown Person („CHEFPIERRE")* [2022] SGHC 264.

[70] Der Sachverhalt ist hier vereinfacht dargestellt.

[71] Das dazugehörende Kunstwerk lässt sich unter https://opensea.io/assets/ethereum/0xbc4ca0eda7647a8ab7c2061c2e118a18a936f13d/2162 bewundern.

Kryptowert als Sicherheit für Krypto-Darlehen, die er über die Plattform *NFTfi* aufnahm. Als er ein aufgenommenes Darlehen nicht bedienen konnte, löste der Darlehensgeber (Pseudonym: *chefpierre*) die Verwertungsoption der Plattform aus. Hierdurch wurde der NFT auf das Konto des Darlehensgebers übertragen. Anschließend stellte dieser den NFT auf der größten NFT-Handelsplattform weltweit, *OpenSea*, zum Verkauf ein. Der Antragsteller ging hiergegen im einstweiligen Rechtsschutz vor und beantragte, dem Antragsgegner einstweilig jeglichen Umgang mit dem NFT zu untersagen.

Auch dieser Antrag hatte Erfolg. Die Lektüre dieses zweiten Urteils aus der Feder von Richter *Lee* erweckt den Eindruck, dass das erste Verfahren in *CLM v CLN* auf richterlicher Seite einiges Interesse ausgelöst hat. Die Entscheidung behandelt nicht nur die Rechtslage deutlich ausführlicher als noch in der vorherigen Entscheidung. Auch das Phänomen NFT an sich wird anschaulich erläutert. Im Ergebnis wendet sich Richter Lee auch in diesem Urteil wieder dem *Ainsworth*-Test zu. Weil die Entscheidung wieder im Eilverfahren erging, wurde die Frage nach der Eigentumsfähigkeit jedoch wiederum nicht endgültig geklärt.

d) ByBit Fintech Ltd. v Ho Kai Xin and others

Im Juli 2023 stellte sich die Frage endlich in einem Hauptsacheverfahren: Der Fall *ByBit Fintech Ltd. v Ho Kai Xin and others*[72] behandelte wieder eine Art „Diebstahlsfall". Die Klägerin betrieb eine Krypto-Handelsplattform und bezahlte ihre Angestellten unter anderem mit Kryptowerten. Die Beklagte arbeitete für ein Unternehmen, das die Bezahlung der Angestellten für die Klägerin abwickelte. Die Beklagte konnte deshalb auf die Konten der Klägerin zugreifen. Zwischen Mai und August 2022 wurden insgesamt Kryptowerte im Wert von über 4 Mio. USD von Konten der Klägerin abgebucht. Die Klägerin trug vor, dass sich die Konten, auf die die Kryptowerte transferiert wurden, zur Beklagten zurückverfolgen ließen. Sie verlangte Entschädigung von der Beklagten.

Das Gericht erließ ein *summary judgment*[73] zu Gunsten der Klägerin. Das Urteil stützte sich darauf, dass zwischen den Parteien ein *constructive trust* zustande gekommen war. Die entwendeten Kryptowerte seien eigentumsfähig und damit mögliches Objekt eines *trusts*.[74] Das Urteil beruht auf mehreren Ar-

---

[72] [2023] SGHC 199.

[73] Ein *summary judgment* wird auf Antrag erlassen, wenn das Gericht bereits nach einem schriftlichen Vorverfahren davon überzeugt ist, dass der Beklagte keine durchgreifenden Verteidigungsmittel vorbringt. Das Verfahren kann so ohne weitere Beweiserhebung durchgeführt werden. Diese Möglichkeit, das Verfahren frühzeitig und ohne großen Aufwand zu Ende zu bringen, wirkt als Gegengewicht zu den Mühen des anglo-amerikanischen Zivilverfahrens (insbesondere zur *discovery* Phase und in den USA auch zum *jury trial*). S. vertiefend zum US-amerikanischen Recht *Martin/Kreidler*, RiW 2021, 701, insb. 705 ff.

[74] [2023] SGHC 199 Rn. 29 ff.

gumenten. Erneut wird (kurz) der *Ainsworth*-Test herangezogen, dessen Voraussetzungen nach Ansicht des Gerichts „mit Sicherheit“ erfüllt seien.[75] Das Gericht lässt sich aber erkennbar vor allem von der Lebenswirklichkeit bzw. der Verkehrserwartung leiten.[76] Nicht zuletzt verweist das Gericht auch auf die „Rules of Court“, eines delegierten Rechtsakts, der einen wesentlichen Teil des Zivilprozessrechts in Singapur ausmacht. Für Verfahren seit dem 01.04.2022 gelten die reformierten Rules of Court 2021. Diese Rules sehen „cryptocurrency or other digital currency“ für Zwecke der Zwangsvollstreckung ausdrücklich als „movable property“ an (ROC O 22 r 1(1)).

Der High Court äußerte sich in seiner Entscheidung auch dazu, *welcher Art* von *property* Kryptowerte zuzuordnen seien: den *choses in action*.[77] Schon in der Vorgängerentscheidung *Janesh s/o Rajkumar v Unknown Person* hatte der High Court ausführlich dargelegt, dass seiner Ansicht nach der Begriff *choses in action* heute jeden Gegenstand eines Eigentumsrechts erfasst, der nicht zu den *choses in possession* gehört.[78] Der High Court fasst nun zusammen: „[…] [T]he category of things in action is broad, flexible, and not closed.“[79] Der High Court will deshalb keine neue Eigentumskategorie anerkennen, sondern ordnet Kryptowerte in die Auffangkategorie der *choses in action* ein.

e) Cheong Jun Yoon v Three Arrows Capital and others

Für den High Court ist die Frage nach der Eigentumsfähigkeit damit geklärt. In einem Urteil aus dem Januar 2024 stellt der High Court das noch einmal ausdrücklich fest: „It cannot be seriously disputed that cryptoassets constitute property, the proprietary rights to which may be enforced in court [...].“[80]

4. Die Reaktionen der Literatur

Der High Court ist mit seiner Ansicht nicht allein – im Gegenteil sind sich die *common law* Gerichte bisher darin einig, dass Kryptowerte eigentumsfähig sind.[81] Die Linie des High Courts und der anderen Gerichte ist auch in der Literatur im Ergebnis auf weit überwiegende Zustimmung gestoßen.[82] Über die

---

[75] [2023] SGHC 199 Rn. 33.

[76] Näheres dazu noch unter IV.2.

[77] [2023] SGHC 199 Rn. 34 f.

[78] [2022] SGHC 264 Rn. 61 ff.

[79] [2023] SGHC 199 Rn. 35.

[80] *Cheong Jun Yoong v Three Arrows Capital Ltd and others* [2024] SGHC 21 Rn. 58. In diesem Urteil widmet sich der High Court ausführlich der kollisionsrechtlichen Problematik. Anwendbar sei das Recht des Staates, in dem die Person wohnhaft („residence“) sei, die die Kryptowerte „kontrolliere“, Rn. 57 ff.

[81] Vgl. zu weiteren Jurisdiktionen Law Commission, Digital assets: Final report (Fn. 3), Ziffer 3.40 ff. m. w. N.

[82] Vgl. *Kelvin F.K. Low*, Cryptoassets and the Renaissance of the Tertium Quid?, in: Chris

dogmatische Begründung und insbesondere über die Frage, ob Kryptowerte nun *choses in action* oder doch Teil einer neuen Kategorie (*intangible property*) sind, wird weiterhin erbittert gestritten.[83] Am praktischen Ergebnis zweifeln hingegen nur wenige.

Diejenigen, die die Rechtsprechung auch im Ergebnis ablehnen, bringen vor allem ein Kompetenzargument vor:[84] Weil Kryptowerte unter anderem auch zu unlauteren Zwecken genutzt werden und zum Teil für erhebliche Umweltkosten verantwortlich seien, sei nicht von vornherein klar, ob es gesellschaftlich wünschenswert ist, Eigentumsrechte an Kryptowerten anzuerkennen. Gerichte seien zum einen nicht in der Lage, derartige Abwägungen durchzuführen – und es sei auch nicht ihre Aufgabe. Deshalb sprechen sich manche Stimmen in der Literatur gegen die Entscheidungen aus; die Frage müsse der Gesetzgeber entscheiden. Diese Kritik wird auch durch den Gesetzesentwurf der Law Commission nicht substantiell aufgegriffen.

5. Zwischenfazit

Die Rechtslage in Singapur ist vorläufig eindeutig: Kryptowerte sind *property*; wer sie unrechtmäßig verliert, kann hiergegen gerichtlich vorgehen. Der singapurische High Court befindet sich mit dieser Ansicht innerhalb der *common law* Staaten in guter Gesellschaft. Kritik aus der Literatur an diesem Ergebnis gibt es – aber die Kritiker sind klar in der Minderheit. Die Entscheidungen des High Court sind für die dem High Court untergeordneten State Courts bindend. Der High Court selbst und der Court of Appeals sind an die Entscheidung nicht gebunden. Die Entscheidungen des High Court sind deshalb nicht notwendigerweise das Ende vom Lied: Der Court of Appeals kann die Sache noch kippen. Vorläufig scheint die Frage aber geklärt. Andere Folgefragen (etwa die Übertragung des *title* oder die möglichen Sicherungsrechte an Kryptowerten) sind hingegen noch offen. Hier wird die Entwicklung in Singapur vermutlich vor allem auch davon abhängen, wie sich das englische Recht weiterentwickelt.[85]

Bevan (Hrsg.), Edward Elgar Handbook on Property Law and Theory, Forthcoming: „largely uncontroversial“.

[83] S. insbesondere *Kelvin F.K. Low*, Cryptoassets and the Renaissance of the Tertium Quid?, in: Chris Bevan (Hrsg.), Edward Elgar Handbook on Property Law and Theory, Forthcoming.

[84] *Stevens*, 139 Law Quarterly Review 2023, 621; *Grower*, Better Left to the Legislature? Notes on a Nagging Doubt over the Legal Recognition of Cryptoassets, in: Chris Bevan (Hrsg.), Edward Elgar Handbook on Property Law and Theory, Forthcoming. S. auch *Green/Sales*, EuZW 2023, 205, 214.

[85] Dazu ausf. *Bartylla*, RDi 2024, 201 Rn. 11 ff.

III. Rechtliche Einordnung von Kryptowerten im deutschen Privatrecht

1. Problemstellung und Ausgangslage

Die Frage, ob und wie Kryptowerte nach deutschem Privatrecht geschützt sind, wurde bereits in der ersten Hälfte der 2010er Jahre aufgeworfen und wird seitdem diskutiert. Der deutsche Gesetzgeber hat die Frage bisher noch nicht geregelt, mit Ausnahme der Sachfiktion in § 2 Abs. 3 eWpG für elektronische Wertpapiere. In der Rechtsprechung hat die Frage bisher keine große Rolle gespielt. Es ist nur ein Urteil des *OLG Frankfurt am Main*[86] (dazu s. u.) bekannt, in dem die Frage nach der Einordnung und dem Eigentumsschutz von Kryptowerten überhaupt aufgeworfen wurde. Einer Klärung bedurfte diese Frage dort freilich nicht.[87]

Der methodische Ausgangspunkt, soviel sei vorausgeschickt, ist etwas anders als in Singapur: Der *numerus clausus* des deutschen Sachenrechts und des Immaterialgüterrechts (str.; s. u.) leitet und begrenzt die Diskussion. Ausnahmen von diesem Typenzwangprinzip sind lediglich in Bezug auf die (echte) Treuhand, das Anwartschaftsrecht sowie das Allgemeine Persönlichkeitsrecht als Resultate jahrzehntelanger Rechtsfortbildung der Rechtsprechung und der grundrechtsbezogenen Abwägung anerkannt. Die Schaffung einer neuen dinglichen Kategorie, etwa im Wege der Vertragsfreiheit, ist im deutschen „Recht der Dinge" grundsätzlich nicht möglich. Vielmehr ist dafür der deutsche Gesetzgeber zuständig, der aber bislang untätig geblieben ist. Deshalb ist die Debatte darauf beschränkt, ob sich Kryptowerte unter bereits anerkannte Rechte und Rechtsgüter subsumieren lassen oder diese Rechtspositionen durch Rechtsfortbildung auf Kryptowerte erstreckt werden können.

2. Schutz durch anerkannte Rechte

a) Das Sacheigentum

Das Sacheigentum ist als Urtyp der absoluten Rechte von zentraler Bedeutung für die Diskussion rund um den Schutz von Kryptowerten. Der materiell-rechtliche Inhalt des Eigentums ist im deutschen Recht in §§ 903 ff. BGB geregelt und durch Art. 14 GG verfassungsrechtlich abgesichert. Dabei geht der deutsche Gesetzgeber vom absoluten Grundsatz dahingehend aus, dass der Eigentümer einer Sache „mit der Sache nach Belieben verfahren und andere von jeder Einwirkung ausschließen kann" (§ 903 S. 1 BGB). Eigentum ist ein *umfassendes*

[86] Az.: 13 U 82/22 = BKR 2023, 460, m. Anm. *Birne*, RDi 2023, 345; *Meier*, JZ 2023, 669; *Omlor*, JuS 2023, 964; *Schultess*, BKR 2023, 463.

[87] So *Meier*, JZ 2023, 669, 671; a. A. *Birne*, RDi 2023, 345 f.

Herrschaftsrecht, das eine Person an einer Sache haben kann.[88] *Windscheid* beschrieb das Eigentum wie folgt:

> „Daß aber jemandem eine Sache nach dem Rechte eigen ist, will sagen, daß nach dem Rechte sein Wille für sie entscheidend ist in der Gesamtheit ihrer Beziehungen ... Das Eigentum ist die Fülle des Rechts an der Sache. ... Es ist die Negation der Beschränkung"[89].

Von diesem Ausgangspunkt her passt das Eigentum funktional auch zu Kryptowerten: Wie über Kryptowerte verfügt werden kann und wie sie genutzt werden können, hängt zwar faktisch von der technischen Ausgestaltung des jeweiligen DLT-Systems ab. Das ist aber bei Sachen, die ebenfalls faktischen Beschränkungen unterliegen, nicht anders. Funktion des Eigentums ist es gerade, zu gewährleisten, dass der Eigentümer mit seiner Sache alles tun kann, was faktisch möglich ist. Dieser Kerngehalt ließe sich auch bei Kryptowerten schützen.

Eine Rechtszuweisung als Eigentumsrecht (§ 903 BGB) setzt neben der grundsätzlichen Entscheidungsgewalt des Eigentümers nach deutschem Recht indes voraus, dass Kryptowerte als Sachen zu qualifizieren sind. Ausgangspunkt dafür ist § 90 BGB. Danach sind Sachen im Sinne des BGB nur körperliche Gegenstände. Gegenstände sind dabei alle individualisierbaren, vermögenswerten Objekte und Güter, über die Rechtsmacht im Sinne von Herrschafts- oder Nutzungsrechten ausgeübt werden kann.[90] Körperlich ist dieser Gegenstand aber nur, wenn er entweder angefasst oder aber jedenfalls sinnlich wahrgenommen und technisch beherrscht werden kann.[91] Nach überwiegender Auffassung ist das bei Kryptowerten nicht gegeben; sie seien deshalb keine Sachen im Sinne des § 90 BGB.[92]

Die überwiegende Auffassung in der Literatur bleibt jedoch nicht unangegriffen. *John*[93] und *von Hülst*[94] befürworten demgegenüber eine direkte An-

---

[88] *Wolff*, Sachenrecht, 9. Aufl. 1932, S. 134; vgl. dazu *Lehmann*, Sachherrschaft und Sozialbindung?, 2004, S. 45 ff.; *Meier*, Das subjektive System der Geschäftsführung ohne Auftrag, 2019, S. 157 f.

[89] *Windscheid*, Lehrbuch des Pandektenrechts, 6. Aufl. 1887, Bd. 1, § 167, S. 559–560. Vgl. auch die Ausführungen der 2. BGB-Kommission in *Mugdan* III, 1899, S. 578.

[90] Motive zu dem Entwurfe eines Bürgerlichen Gesetzbuches für das Deutsche Reich, Bd. III, 1888, S. 33; statt vieler MüKoBGB/*Stresemann*, 9. Aufl. 2021, § 90 Rn. 1.

[91] MüKoBGB/*Stresemann*, 9. Aufl. 2021, § 90 Rn. 1.

[92] *Möllenkamp*, in: Hoeren/Sieber/Holznagel (Hrsg.), Handbuch Multimedia-Recht, 58. EL 2022, Teil 13.6 Rn. 28; BeckOGK/*Klinck*, Stand 01.12.2023, BGB § 929 Rn. 19; Staudinger/*Heinze*, Neubearb. 2020, BGB § 929 Rn. 6a; *Omlor*, in: Omlor/Link (Hrsg.), Kryptowährungen und Token, 2. Aufl. 2023, Kap. 6 Rn. 34; *ders.*, JURA 2023, 661, 663 m.w.N; *Schwemmer*, IPRax 2022, 331, 333; *Richter*, NJW 2022, 3469 Rn. 32; *Meier*, RDi 2021, 504, 505; *Walter*, NJW 2019, 3609, 3611; *Borkert*, ITRB 2018, 91, 92; *Schlund/Pongratz*, DStR 2018, 598, 600; *Engelhardt/Klein*, MMR 2014, 355, 357; *Koch*, ZBB 2018, 359, 362 f.; *Kaulartz*, CR 2016, 474, 478; *Spindler/Biller*, WM 2014, 1357, 1359.

[93] BKR 2020, 76.

[94] Absoluter Schutz von Blockchain-Token, S. 98 ff., 219 ff., 530 f.

wendung des § 90 BGB auf Kryptowerte.[95] Entsprechend der juristischen Auslegungsregeln analysiert *von Hülst* den Wortlaut, Systematik, Historie und im Besonderen das Telos von § 90 BGB. Die für die Körperlichkeit erforderliche sinnliche Wahrnehmbarkeit legt *von Hülst* ein weites Verständnis zugrunde, wonach mit dieser auf „eine gewisse Ortsgebundenheit" abgezielt werde, da schließlich erst über die Ortsgebundenheit auch die Kontrolle über die Sache ausgeübt werden könne.[96] Es müsse ein semantisches Verständnis der Ortsgebundenheit zum Tragen kommen, nämlich als eine Ortsgebundenheit im digitalen Raum[97]. Ähnlich argumentiert auch *John*.[98] Eine ständige Wahrnehmbarkeit sei bei Kryptowerten nicht gegeben, freilich auch nicht erforderlich,[99] da es lediglich auf die Wahrnehmbarkeit auf Zuruf ankomme, was bei Kryptowerten ebenso vorliege.[100] Auch seien Kryptowerte abgrenzbar, da die Natur der Distributed Ledger Technology eine Erstzuordnung bzw. Neuzuordnung des jeweiligen Kryptowerts notwendigerweise erfordere.[101] Die Beherrschbarkeit sei mittels Autorisierung mit dem Private Key sichergestellt.[102] Insgesamt streitet diese „moderne" Wortlautauslegung für eine Abkehr von einem objektbezogenen Wortlaut.[103] Weder der Zweck des Sacheigentums, der in der Zuordnung von Sachen aus gesellschaftlicher (Freiheitssicherung)[104] und wirtschaftlicher (Verteilung von Ressourcen)[105] Perspektive bestehe, noch der Zweck der Körperlichkeit, der nicht in der Physis der Sache, sondern in ihren Nutzungsmöglichkeiten bedingt sei,[106] setzten eine Körperlichkeit „in einem räumlich-physischen Sinn" voraus.[107] Erforderlich sei daher ein gewandeltes, funktionales Sachbegriffsverständnis, welches Kryptowerte miteinschließe, ohne dabei die Grenze der Rechtsfortbildung zu überschreiten.[108]

b) Analogie zum Sacheigentum

Eine direkte Anwendung des Sachbegriffs nach § 90 BGB funktioniert damit bei Kryptowerten nach herrschender Auffassung in der deutschen Literatur nicht. Daher drängt sich als methodisches Instrument des deutschen Zivilrechts

---

[95] *John*, BKR 2020, 76, 78 ff.; *von Hülst*, Absoluter Schutz von Blockchain-Token, 2023, S. 98 ff., 219 ff., 530 f.
[96] *von Hülst*, Absoluter Schutz von Blockchain-Token, 2023, S. 103.
[97] *von Hülst*, Absoluter Schutz von Blockchain-Token, 2023, S. 104.
[98] BKR 2020, 76, 78 ff.
[99] *von Hülst*, Absoluter Schutz von Blockchain-Token, 2023, S. 105 f.
[100] *von Hülst*, Absoluter Schutz von Blockchain-Token, 2023, S. 106.
[101] *von Hülst*, Absoluter Schutz von Blockchain-Token, 2023, S. 108 f.
[102] *von Hülst*, Absoluter Schutz von Blockchain-Token, 2023, S. 111 f.
[103] *von Hülst*, Absoluter Schutz von Blockchain-Token, 2023, S. 112 f.
[104] *von Hülst*, Absoluter Schutz von Blockchain-Token, 2023, S. 123 f.
[105] *von Hülst*, Absoluter Schutz von Blockchain-Token, 2023, S. 124 f.
[106] *von Hülst*, Absoluter Schutz von Blockchain-Token, 2023, S. 126 f.
[107] *von Hülst*, Absoluter Schutz von Blockchain-Token, 2023, S. 128.
[108] *von Hülst*, Absoluter Schutz von Blockchain-Token, 2023, S. 130 f.

die Analogie auf. Die analoge Anwendung setzt im deutschen Recht (1) eine planwidrige Regelungslücke bei (2) vergleichbarer Interessenlage voraus. Einige Stimmen in der Literatur befürworten die analoge Anwendung der sachenrechtlichen Vorschriften auf Kryptowerte.[109] Hierfür wird insbesondere vorgebracht, dass Kryptowerte rival sind und für den Rechtsverkehr ähnliche Funktionen erfüllen wie Sachen und insbesondere Geld.[110] Vor diesem Hintergrund wird auch darauf verwiesen, dass Art. 14 Abs. 1 S. 1 GG einen Eigentumsschutz erfordere.[111] Der Analogie stehe der *numerus clausus* nicht entgegen, weil es nicht darum gehe, ein neues Eigentumsrecht zu schaffen, sondern nur darum ein bestehendes Eigentumsrecht auf ein neues technisches Phänomen auszuweiten.[112]

Andere in der Literatur lehnen die Analogie hingegen ab.[113] Vorgebracht wird hier vor allem, dass die Normen des Sachenrechts zwingend auf Körperlichkeit und Publizität aufbauen und damit nicht zu Kryptowerten passen würden.[114] Auch mit dem *numerus clausus* wird argumentiert.[115] Der Sachbegriff könne nur durch den Gesetzgeber erweitert werden.[116] Zudem wird mit jüngeren Aussagen des Gesetzgebers gegen die Analogie argumentiert: Erstens hat der Gesetzgeber in § 2 Abs. 3 eWpG bestimmte Kryptowerte, die Kryptowertpapiere, durch gesetzliche Fiktion zu Sachen gemacht hat.[117] Der Gesetzgeber hielt es ausdrücklich für erforderlich, § 2 Abs. 3 eWpG zu erlassen, damit das Sachenrecht Anwendung finden kann.[118] Zweitens hatte der Gesetzgeber zuvor bereits

---

[109] *Birne*, Das Allgemeines Privatrecht der Blockchain-Token, 2023, S. 62 ff.; *Arndt*, Bitcoin-Eigentum, 2020, S. 88 ff. (bezogen auf Bitcoin); *Walter*, NJW 2019, 3609, 3612 f. Für eine analoge Anwendung jedenfalls der §§ 929 ff. BGB *Koch*, ZBB 2018, 359, 362 f.; analoge Anwendung der §§ 873, 925 BGB; *Ammann*, CR 2018, 379 Rn. 22 ff.

[110] *Birne*, Das Allgemeines Privatrecht der Blockchain-Token, 2023, S. 69, 86; *Arndt*, Bitcoin-Eigentum, 2020, S. 89, 144 ff.; *Walter*, NJW 2019, 3609, 3613; *Koch*, ZBB 2018, 359, 363.

[111] Ausführlich *Arndt*, Bitcoin-Eigentum, 2020, S. 156 ff.; *Birne*, Das Allgemeines Privatrecht der Blockchain-Token, 2023, S. 70 ff.; *Walter*, NJW 2019, 3609, 3613.

[112] *Birne*, Das Allgemeines Privatrecht der Blockchain-Token, 2023, S. 64 f.; *Ammann*, CR 2018, 379 Rn. 25; *Koch*, ZBB 2018, 359, 364.

[113] BeckOGK/*Klinck*, Stand 01.12.2023, BGB § 929 Rn. 19; Staudinger/*Heinze*, Neubearb. 2020, BGB § 929 Rn. 6a; *Omlor*, in: Omlor/Link (Hrsg.), Kryptowährungen und Token, 2. Aufl. 2023, Kap. 6 Rn. 37; *Skauradszun*, AcP 221 (2021), 353, 361 ff.; *Kuhlmann*, CR 2014, 691, 696; *Engelhardt/Klein*, MMR 2014, 355, 357.

[114] BeckOGK/*Klinck*, Stand 01.12.2023, BGB § 929 Rn. 19; Staudinger/*Heinze*, Neubearb. 2020, BGB § 929 Rn. 6a; *Omlor*, in: Omlor/Link (Hrsg.), Kryptowährungen und Token, 2. Aufl. 2023, Kap. 6 Rn. 37; *Skauradszun*, AcP 221 (2021), 353, 362.

[115] *Möllenkamp*, in: Hoeren/Sieber/Holznagel (Hrsg.), Handbuch Multimedia-Recht, 58. EL 2022, Teil 13.6 Rn. 29.

[116] *Guntermann*, RDi 2022, 200 Rn. 17.

[117] *Möllenkamp*, in: Hoeren/Sieber/Holznagel (Hrsg.), Handbuch Multimedia-Recht, 58. EL 2022, Teil 13.6 Rn. 29; *Omlor*, in: Omlor/Link (Hrsg.), Kryptowährungen und Token, 2. Aufl. 2023, Kap. 6 Rn. 35; dagegen *Birne*, Das Allgemeines Privatrecht der Blockchain-Token, 2023, S. 67 f., die die Analogie trotzdem für zulässig hält.

[118] BT-Drs. 19/26925, S. 40.

den Begriff des Kryptowerts im KWG geregelt und in diesem Zuge ausdrücklich diskutiert, ein Recht an Kryptowerten zu normieren – das ist aber nie geschehen.[119] Dem lässt sich mittlerweile hinzufügen: Im ZuFinG hat der Gesetzgeber neue Regelungen zur Insolvenzsicherung von Kryptowerten erlassen (§§ 26b, 46i KWG) und dabei ausdrücklich darauf verwiesen, dass diese Regelungen nur für Kryptowerte notwendig sind, die *nicht* schon von § 2 Abs. 3 eWpG erfasst sind.[120] Umgekehrt hielt der Gesetzgeber die Regelung aber für alle anderen Kryptowerte für notwendig.

Weil die Rechtsprechung sich noch nicht substanziell zu der Frage geäußert hat und in der Literatur ein breites Meinungsspektrum vertreten wird, lässt sich mittlerweile kaum noch von einer „herrschenden" Meinung sprechen. Die Aussagen des Gesetzgebers zum eWpG und ZuFinG wiegen allerdings schwer. Es ist zu vermuten, dass jedenfalls deshalb Gerichte zurückhaltend mit der Analogie umgehen werden. Zumindest kann derzeit nicht davon gesprochen werden, dass die analoge Anwendung sachenrechtlicher Vorschriften auf Kryptowerte im deutschen Recht breit anerkannt ist.

c) Einordnung als relatives Recht (Forderung)

Wenn an Kryptowerten kein Eigentum besteht, könnten sie grundsätzlich als relatives Recht verstanden werden. Dabei handelt es sich um Ansprüche (vgl. Legaldefinition in § 194 BGB) sowie Gestaltungs- und Gegenrechte.[121] Gegen die Einordnung als relatives Recht spricht nach Auffassung in der Literatur allerdings bereits die Eigenart der Distributed-Ledger-Technologie und die ihr eigene Dezentralität. Diese Technologie bedingt, dass der Inhaber eines Kryptowerts keine unmittelbaren Beziehungen zu den einzelnen Knoten (nodes) hat.[122] Ein relatives Recht zeichnet sich dagegen gerade dadurch aus, dass es eine relative Rechtsbeziehung erfordert, demnach die Stellung eines Gläubigers und eines Schuldners notwendig macht.[123] Bei Kryptowerten existiert dagegen auch keine zentrale Ausgabestelle, von der die Leistung verlangt werden könnte.[124] Ein Inhaber von Currency Token (z. B. Bitcoin) kann etwa nicht von einem einzelnen Full-Node den Umtausch in eine Fiatwährung verlangen.[125] Das gilt selbst bei Utility Token, die grds. schuldrechtliche Verpflichtungen zu einer Dienstleistung oder den Zugang zu einer Ware abbilden (vgl. auch Art. 3 Abs. 1 Nr. 9 MiCAR). Zwischen dem Utility Token und dem verkörperten Anspruch

---

119 S. *Skauradszun*, AcP 221 (2021) 353, 362 f. zu den Hintergründen.

120 BT-Drs. 20/8292, S. 138.

121 *Maute*, in: Maume/Maute (Hrsg.), Rechtshandbuch Kryptowerte, § 4 Rn. 9.

122 *Maute*, in: Maume/Maute (Hrsg.), Rechtshandbuch Kryptowerte, § 4 Rn. 9.

123 Jauernig/*Mansel*, 19. Aufl. 2023, § 241 BGB Rn. 4.

124 *Langenbucher*, AcP 218 (2018), 385, 406; *Maute*, in: Maume/Maute (Hrsg.), Rechtshandbuch Kryptowerte, § 4 Rn. 9 f.

125 *Maute*, in: Maume/Maute (Hrsg.), Rechtshandbuch Kryptowerte, § 4 Rn. 10.

muss nämlich strikt unterschieden werden.[126] Der Utility Token selbst wird keineswegs zu einer Forderung. Der Emittent eines Utility Token hat lediglich das Versprechen tokenisiert, die geschuldete Leistung an den Token-Inhaber zu erbringen.[127] Die schuldrechtliche Forderung selbst existiert somit außerhalb der Blockchain. Kryptowerte erfüllen damit nach herrschender Auffassung in der deutschen Literatur i.d.R. nicht die Definition des relativen Rechts.[128]

d) *Urheberrechtlicher Schutz*

Kryptowerte sind nach Auffassung der deutschen Literatur zwar als ein immaterielles Gut, nicht aber als ein Immaterial*rechtsgut* einzuordnen.[129] Das Programm, auf dem die Blockchain basiert, ist zwar als urheberrechtlich geschütztes Werk zu qualifizieren (§§ 2 Abs. 1 Nr. 1, 69a UrhG).[130] Programmcodes zur Schaffung oder Darstellung des Kryptowerts können durchaus als persönliche, geistige Schöpfung nach § 2 Abs. 2 UrhG gelten, nicht aber der durch technische Zusammenhänge und durchlaufene Prozesse geschaffene Kryptowert selbst.[131] Diese stellen lediglich den automatisierten „Output" des Programms bzw. des auf seiner Grundlage geschaffenen Smart Contracts dar.[132] Auch der Einsatz von Rechenenergie und Strom können nicht als eine persönliche geistige Schöpfung i.S.d. § 2 Abs. 2 UrhG angesehen werden[133] Kryptowerte genießen damit keinen urheberrechtlichen Schutz.[134]

e) *Immaterialgüterrechtlicher Schutz sui generis*

Aufgrund des fehlenden deliktsrechtlichen und urheberrechtlichen Schutzes erwägen manche eine Einordnung der Kryptowerte als *Immaterialrechtsgut sui generis*.[135] Die Frage, ob auch im Immaterialgüterrecht das Typenzwangprinzip herrscht ist, anders als in der sachenrechtlichen Literatur, nicht unumstritten.

---

[126] *Maute*, in: Maume/Maute (Hrsg.), Rechtshandbuch Kryptowerte, § 4 Rn. 9.

[127] *Maute*, in: Maume/Maute (Hrsg.), Rechtshandbuch Kryptowerte, § 4 Rn. 47.

[128] *Langenbucher*, AcP 218 (2018), 385, 405 f.; MüKoBGB/*Grundmann*, 9. Aufl. 2022, § 245 Rn. 34; i. E. auch *Schwemmer*, IPRax 2022, 331, 333.

[129] *Deuber/Jahromi*, MMR 2020, 576, 578; *Schwemmer*, IPRax 2022, 331, 333.

[130] *Guntermann*, RDi 2022, 200 Rn. 19; *Maute*, in: Maume/Maute (Hrsg.), Rechtshandbuch Kryptowerte, § 4 Rn. 18.

[131] *Omlor/Wilke/Blöcher*, MMR 2022, 1044, *Maute*, in: Maume/Maute (Hrsg.), Rechtshandbuch Kryptowerte, § 4 Rn. 18.

[132] *Engelhardt/Klein*, MMR 2014, 355, 357; *Guntermann*, RDi 2022, 200 Rn. 19.

[133] *Engelhardt/Klein*, MMR 2014, 355, 357.

[134] *Birne*, Das Allgemeines Privatrecht der Blockchain-Token, 2023, S. 132; *Maute*, in: Maume/Maute (Hrsg.), Rechtshandbuch Kryptowerte, § 4 Rn. 18; *Möllenkamp*, in: Hoeren/Sieber/Holznagel (Hrsg.), Handbuch Multimedia-Recht, 58. EL 2022, Teil 13.6 Rn. 31; i. E. auch *Schlund/Pongratz*, DStR 2018, 598, 600; *Schwemmer*, IPRax 2022, 331, 333; *Shmatenko/Möllenkamp*, MMR 2018, 495, 497.

[135] *Engelhardt/Klein*, MMR 2014, 355, 357; *Omlor*, in: Omlor/Link (Hrsg.), Kryptowährungen und Token, 2. Aufl. 2023, Kap. 6 Rn. 46.

Ein Teil der Literatur beschränkt das Typenzwangprinzip lediglich auf das Sachenrecht:[136] „Diese Überlegung hat ihre Heimat im Sachenrecht...Für geistige Gegenstände ist die Situation anders."[137] Die überwiegende Literatur[138] und die Rechtsprechung[139] gehen hingegen grundsätzlich von einem *numerus clausus* aus. Neue Immaterialgüterrechte mit absoluter Wirkung können danach nur durch den Gesetzgeber kodifiziert werden. Ansonsten würde die Geltung einer privatrechtlichen Vereinbarung einen Vertrag zu Lasten Dritter bedeuten.[140] Andere befürworten grundsätzlich das Typenzwangprinzip, gehen aber davon aus, dass die Implementierung neuer Immaterialrechtsgüter nicht nur durch den Gesetzgeber erfolgen könne, sondern auch durch Gerichte etwa im Wege der Rechtsfortbildung oder „aufgrund der Grundrechte oder Zusammenschau einzelner gesetzlicher Wertungen".[141] Verwiesen wird dabei als Beispiel auf das durch Rechtsfortbildung gewachsene Allgemeine Persönlichkeitsrecht[142]. Die ältere Literatur, die sich gegen den *numerus clausus* ausspricht, verweist als Beweis etwa auf die Anerkennung des Anwartschaftsrechts[143]. Mehrheitlich wird bei Kryptowerten aufgrund des unüberbrückbaren *numerus clausus* indes keinerlei immaterialgüterrechtlicher Schutz angenommen und ein Recht sui generis abgelehnt.[144]

3. Indirekter Schutz durch sonstige Schutzsysteme

Es bestehen damit derzeit jedenfalls keine breit anerkannten Rechte an Kryptowerten im deutschen Recht. Das bedeutet aber noch nicht zwangsläufig, dass die faktischen Inhaber von Kryptowerten stets schutzlos gestellt werden, wenn ihre Kryptowerte gegen oder ohne ihren Willen entwendet werden. Das deutsche Recht enthält eine Reihe weiterer Schutztatbestände, die auch greifen können, wenn nicht in ein absolutes Recht eingegriffen wird. Mit diesen könnte jedenfalls ein indirekter Schutz von Kryptowerten erreicht werden.

---

136 *Forkel*, NJW 1993, 3181, 3183, ihm folgend *Koos*, MMR 2004, 359, 361.

137 *Forkel*, NJW 1993, 3181, 3183.

138 *Arndt*, Bitcoin-Eigentum, 2020, S. 79; *Engel*, GRUR 1982, 705, 706: „Für den Schutz geistiger Leistung gilt im Immaterialgüterrecht der Numerus clausus"; *Engelhardt/Klein*, MMR 2014, 355, 357.

139 BGH, MMR 2005, 685; OLG Köln, MMR 2006, 469, 471; vgl. auch OLG München, GRUR 2023, 1096, 1098.

140 *Schroeder*, Numerus Clausus der Immaterialgüterrechte?, 2017, S. 96; *Peukert*, in: Leible/Lehmann/Zech (Hrsg.), Unkörperliche Güter im Zivilrecht, 2011, 95, 120.

141 *Maute*, in: Maume/Maute (Hrsg.), Rechtshandbuch Kryptowerte, § 4 Rn. 21.

142 *Maute*, in: Maume/Maute (Hrsg.), Rechtshandbuch Kryptowerte, § 4 Rn. 21.

143 *Forkel*, NJW 1993, 3181, 3183.

144 *Omlor*, ZHR 183 (2019), 294, 308; *Omlor*, in: Omlor/Link (Hrsg.), Kryptowährungen und Token, 2. Aufl. 2023, Kap. 6 Rn. 46; vgl. *Maute*, in: Maume/Maute (Hrsg.), § 4 Rn. 22 ff.; *Weiss*, NJW 2022, 1343, 1344; *Engelhardt/Klein*, MMR 2014, 355, 357; i. E. auch *Birne*, Das Allgemeines Privatrecht der Blockchain-Token, 2023, 148; tendenziell a. A. *Koch*, ZBB 2018, 359, 364.

a) Deliktsrechtlicher Schutz

Das deutsche Deliktsrecht ist durch ein *trias* der deliktsrechtlichen Haftungstatbestände geprägt.[145] Daraus folgt, dass (anders als etwa in Frankreich, Art. 1240 Code Civile) nicht allgemein das Vermögen geschützt wird, sondern das deutsche Deliktsrecht nur eingreift, wenn (1) die abschließend im § 823 Abs. 1 BGB aufgezählten subjektiven Rechte und Rechtsgüter verletzt werden, (2) ein Schutzgesetz nach § 823 Abs. 2 BGB eingreift oder (3) jemand eine vorsätzliche und sittenwidrige Schädigung begeht (§ 826 BGB). Dieser vorsichtige Weg war jedoch stets mit der Gefahr verbunden, dass „einige Rechtspositionen von §§ 823, 826 nicht umfasst wurden, obwohl diese aufgrund ihrer Vergleichbarkeit mit den in § 823 Abs. 1 aufgezählten Rechtsgütern und Rechten schutzwürdig waren."[146] Einen innertatbestandlichen Ausweg aus dieser Misere sah der deutsche Gesetzgeber in der Aufnahme des Merkmals des „sonstigen Rechts" in § 823 Abs. 1 BGB vor – ein „‚Einfallstor', durch welches einige subjektive Rechte ihren Eingang in das sichere Haus des Deliktsrechts fanden".[147] Doch auch das „sonstige Recht" im Sinne von § 823 Abs. 1 BGB muss aber zumindest normativ eigentumsähnlich sein.[148]

aa) § 823 Abs. 1 BGB

Soweit teilweise die Sachqualität bzw. ein durch Analogie begründetes Eigentumsrecht für Kryptowerte befürwortet wird (s. o.), führt dies auch zu einem deliktsrechtlichen Schutz nach § 823 Abs. 1 BGB. Sieht man das aber anders, verbleibt im Tatbestand des § 823 Abs. 1 BGB nur die Einordnung als „sonstiges Recht". Dies würde materiell wiederum eine eigentumsähnliche Stellung des Schutzobjekts voraussetzen.[149] Ein dem Eigentum vergleichbares absolutes Recht kommt Kryptowerten aufgrund fehlender Körperlichkeit jedoch nach überwiegender Auffassung nicht zu.[150] Teilweise wird die Einstufung als sonstiges Recht für Kryptowerte aufgrund der Nähe zum Besitz befürwortet.[151] Auch mit dem bloßen Besitz lassen sich Kryptowerte nicht vergleichen, sofern man sie nicht für körperlich hält. Darüber hinaus ist ohnehin nur der berechtig-

---

[145] Dazu umfassend, *Meier*, Das subjektive System der Geschäftsführung ohne Auftrag, 2019, S. 207 ff.

[146] *Meier*, Das subjektive System der Geschäftsführung ohne Auftrag, 2019, S. 209.

[147] *Meier*, Das subjektive System der Geschäftsführung ohne Auftrag, 2019, S. 209.

[148] Das „sonstige Recht" orientiert sich am einzigen ausdrücklich genannten Recht im § 823 Abs. 1 BGB, nämlich am Eigentum, s. *Meier*, Das subjektive System der Geschäftsführung ohne Auftrag, 2019, S. 212 f. Andere Rechtspositionen (Leben, Freiheit, Gesundheit, Körper) sind *Rechtsgüter*; *Shmatenko/Möllenkamp*, MMR 2018, 495, 498: „eigentumsähnliches Verfügungsrecht".

[149] *Omlor*, JURA 2023, 661, 668; *Omlor*, RDi 2021, 236 Rn. 11; *Maute*, in: Maume/Maute (Hrsg.), Rechtshandbuch Kryptowerte, § 4 Rn. 41.

[150] *Spindler/Biller*, WM 2014, 1357, 1359 ff.; *Kaulartz*, CR 2016, 474, 478.

[151] *Paulus/Matzke*, ZfPW 2018, 431, 453.

te Besitz aufgrund seiner Eigentumsähnlichkeit[152] als „sonstiges Recht" anerkannt.[153]

Im Hinblick auf den Schutz von Kryptowerten wird zum Teil auch auf das Grundrecht auf Gewährleistung der Vertraulichkeit und Integrität informationstechnischer Systeme verwiesen.[154] Hiergegen wird allerdings eingewandt, dass sich dieses Grundrecht als Abwehrrecht nur gegen den Staat richtet.[155] Außerdem würde es sich, wenn überhaupt, um ein sog. Rahmenrecht handeln, das eine umfassende Güter- und Interessenabwägung voraussetzt, die nicht per se zu Gunsten des Geschädigten ausfallen muss.[156] Erwogen wird schließlich, Kryptowerte über das Allgemeine Persönlichkeitsrecht zu schützen, das seit jeher eine Anerkennung als „sonstiges Recht" findet.[157] Wegen fehlender individueller Komponenten, wie dies bereits beim Schöpfungsakt im Rahmen des urheberrechtlichen Schutzes notwendig wird, wird auch hier der deliktsrechtliche Schutz versagt.[158]

bb) Schutzgesetzverletzung (§ 823 Abs. 2 BGB)

Diese Lücke des deliktsrechtlichen Schutzes in § 823 Abs. 1 BGB wird aber zum Teil durch § 823 Abs. 2 BGB geschlossen:[159] Werden Kryptowerte „entwendet", können hierdurch die Strafnormen § 202a StGB (Ausspähen von Daten), § 303a StGB (rechtswidrige Datenveränderung), § 263a StGB (Computerbetrug), § 266 StGB (Untreue) verletzt werden. In diesen Fällen sind Schadensersatzansprüche möglich, die in ihrer Rechtsfolge auch die Rückführung der Kryptowerte auslösen können. Hierbei handelt es sich freilich um einen fragmentarischen Schutz.

cc) Vorsätzliche sittenwidrige Schädigung (§ 826 BGB)

Schutz bietet zudem § 826 BGB. Wegen des Vorsatzerfordernisses und der hohen Schwelle der Sittenwidrigkeit kommt der Norm zwar lediglich eine Neben-

---

152 *Spindler/Meyer*, MMR 2023, 907, 909.

153 *Omlor*, RDi 2021, 236 Rn. 11; *Birne*, Das Allgemeines Privatrecht der Blockchain-Token, 2023, S. 152; allgemein dazu: BGH NJW-RR 2022, 1386 Rn. 7; NJW 2019, 1669 Rn. 13; NJW 1998, 377; BeckOK/*Förster*, Stand 01.08.2023, BGB § 823 Rn. 156.

154 BVerfG NJW 2011, 385, 389; BeckOGK/*Spindler*, BGB, § 823 Rn. 162; *Spindler/Meyer*, MMR 2023, 907, 909.

155 *Omlor*, ZHR 183 (2019), 294, 311.

156 *Spindler/Meyer*, MMR 2023, 907, 909 im Hinblick auf NFT.

157 MüKoBGB/*Wagner*, 9. Aufl. 2024, § 823 Rn. 466 ff.; BeckOGK/*Specht-Riemenschneider*, BGB, § 823 Rn. 1170 ff.

158 *Omlor*, ZHR 183 (2019), 294, 311; *ders.*, ZVglRWiss 119 (2020), 41, 52; *Spindler/Meyer*, MMR 2023, 907, 909 f. in Bezug auf NFT.

159 Dazu im Einzelnen *von Hülst*, Absoluter Schutz von Blockchain-Token, 2023, S. 403 ff.; *Guntermann*, RDi 2022, 200 Rn. 10; eingehend auch *Paulus/Matzke*, ZfPW 2018, 431, 453.

rolle im Deliktsrecht der Kryptowerte zu,[160] die Norm kann aber bei unberechtigten Zugriffen auf Kryptowerten einschlägig sein.[161] Sie setzt weder Eigentum noch ein sonstiges Recht voraus. Die Schäden können am Vermögen und damit auch an Kryptowerten entstehen.

b) Bereicherungsrechtlicher Schutz

Das deutsche Bereicherungsrecht ist allgemein für die Rückabwicklung rechtsgrundloser bzw. fehlgeschlagener Vermögensverschiebungen zuständig.[162] Während die Leistungskondiktionen dem Vertragsrecht nahestehen, sind die Nichtleistungskondiktionen eng mit dem Deliktsrecht verwandt (geltende Trennungstheorie). Insbesondere die Nichtleistungskondiktionen können deshalb einen relevanten Schutz für Kryptowerte auch außerhalb von Vertragsbeziehungen leisten.

Das „Erlangte" im Sinne von § 812 BGB kann fast alles sein.[163] Diejenigen, die bereits Rechte an Kryptowerten anerkennen, können hier auf diese Rechte als Bereicherungsgegenstand zurückgreifen.[164] Die Gegenansicht muss hingegen einen alternativen Gegenstand des Bereicherungsanspruchs identifzieren. Guthaben auf einer DLT-wallet begründet (s.o.) keine Forderung, die Gegenstand des Bereicherungsanspruchs sein könnte.[165] Nach teilweiser Auffassung der Literatur kann der „Token" selbst ebenso wenig Bereicherungsgegenstand sein, da der Tokenbegriff bislang nicht allgemein definiert wurde, der Token nur die Übersetzung technischer Vorgänge innerhalb der DLT sei, weshalb dadurch die eigentliche rechtliche Fragestellung umgangen und über das „erlangte Etwas" wenig ausgesagt werde.[166] Als Ausweg schlagen *Weiss*[167] und andere Stimmen[168] vor, die *Blockchainposition i. S. d. technischen Berechtigung* als vermögenswerten Vorteil anzusehen. Hierbei handele es sich nicht um ein abstraktes Vermögenssaldo (Quantum), sondern vielmehr um einen konkreten Vermögensgegenstand (Position).[169] I. E. geht die deutsche Literatur von einem Berei-

---

160 *Omlor*, JURA 2023, 661, 668.

161 *Omlor*, in: Omlor/Link (Hrsg.), Kryptowährungen und Token, Kap. 6 Rn. 72; *Shmatenko/Möllenkamp*, MMR 2018, 495, 498.

162 *Wilburg*, Die Lehre von der ungerechtfertigten Bereicherung nach österreichischem und deutschem Recht, 1934, S. 7 ff.; *Larenz/Canaris*, Lehrbuch des Schuldrechts, 13. Aufl. 1994, S. 129.

163 S. nur Staudinger/*Lorenz*, Neubearb. 2007, BGB § 812 Rn. 65 m. w. N.

164 S. *von Hülst*, Absoluter Schutz von Blockchain-Token, 2023, S. 431.

165 *Weiss*, NJW 2022, 1343 Rn. 21.

166 *Weiss*, NJW 2022, 1343 Rn. 21.

167 *Weiss*, NJW 2022, 1343 Rn. 22 f.

168 *Omlor*, in: Omlor/Link (Hrsg.), Kryptowährungen und Token, 2. Aufl. 2023, Kap. 6 Rn. 72; *Kaulartz/Matzke*, NJW 2018, 3278, 3279; *Meier/Vormwald*, AcP 224 (2024), 98, 129.

169 *Weiss*, NJW 2022, 1343 Rn. 23.

cherungsgegenstand aus, auch wenn die rechtliche Einkleidung bislang nicht vollends geklärt ist.[170]

Sofern der Kryptowert durch eine bewusste und zweckgerichtete Mehrung fremden Vermögens (Erfüllung nach § 362 BGB) ohne rechtlichen Grund erfolgt ist, greift die Leistungskondiktion nach § 812 Abs. 1 S. 1 Alt. 1 BGB. Auf der Rechtsfolgenebene stellt sich die Frage, worin der Gegenstand der Herausgabe des Erlangten besteht (§ 818 Abs. 1 BGB). Technologisch wird bei einer Blockchain die Bildung eines neuen Blocks mit „umgekehrten Vorzeichen" gefordert.[171] *Weiss* verlangt konsequenterweise die Herausgabe der Berechtigung über die Blockchainposition[172] und für den Fall, dass diese verloren gegangen ist, einen Wertersatz nach § 818 Abs. 2 BGB.[173] *Von Hülst* verlangt entsprechend ihrer Grundannahme die Herausgabe des Eigentums bzw. des Besitzes.[174]

Für den bereicherungsrechtlichen Schutz der allgemeinen Eingriffskondiktion nach § 812 Abs. 1 S. 1 Alt. 2 BGB ist zudem erforderlich, dass in eine Rechtsposition eingegriffen wurde, deren Vorteile dem Bereicherungsgläubiger zugewiesen sind (sog. Zuweisungstheorie).[175] Maßgeblich für den Zuweisungsgehalt ist zudem, ob die Rechtsordnung eine marktfähige Verwertungsmöglichkeit gewährt.[176] Folglich ist es erforderlich, den konkreten Kryptowert mit einem Zuweisungsgehalt auszustatten. Auch wenn man kein Eigentum an Kryptowerten anerkennt, kann eine Zuweisungsrechtsposition durch andere Rechtsinstitute in Betracht kommen, wie etwa durch eine echte Treuhand. Die letztere stellt eine Ausnahme vom *numerus clausus* des deutschen Sachenrechts dar, an die wiederrum (hohe) quasi-dingliche Voraussetzungen[177] geknüpft werden und die nur in bestimmten Fallkonstellationen begründet ist[178]. Lässt sich aber eine solche Rechtsposition nicht begründen, scheidet nach bisheriger Dogmatik die Eingriffskondiktion für Kryptowerte aus.[179] Teile der Literatur wollen des-

---

170 *Omlor*, RDi 2021, 236 Rn. 12; *A. Varmaz/N. Varmaz/Günther/Poddig*, in: Omlor/Link, Kryptowährungen und Token, 2. Aufl. 2023, Kap. 1 Rn. 61; a. A. im Falle der Ablehnung des Sacheigentums bei Token, *von Hülst*, Absoluter Schutz von Blockchain-Token, 2023, S. 441.

171 *Weiss*, NJW 2022, 1343 Rn. 28.

172 *Weiss*, NJW 2022, 1343 Rn. 34.

173 *Weiss*, NJW 2022, 1343 Rn. 35; ebenso *von Hülst*, Absoluter Schutz von Blockchain-Token, 2023, S. 439 f.

174 *von Hülst*, Absoluter Schutz von Blockchain-Token, 2023, S. 439: „Der Token muss zurücktransferiert werden."

175 Die auf *Wilburg*, Die Lehre von der ungerechtfertigten Bereicherung nach österreichischem und deutschem Recht, 1934, S. 25 ff., zurückgehende Lehre von den sog. Rechtsfortwirkungsansprüchen; BGHZ 82, 299; 169, 340, 344; *Meier/Vormwald*, AcP 224 (2024), 98, 129.

176 *Omlor*, in: Omlor/Link (Hrsg.), Kryptowährungen und Token, 2. Aufl. 2023, Kap. 6 Rn. 42.

177 Dazu *Meier/Schneider/Schinerl*, RDi 2023, 257 ff.; *dies.*, BKR 2023, 365 ff.

178 *Omlor*, RDi 2021, 236 Rn. 12; *Meier/Vormwald*, AcP 224 (2024), 98, 130.

179 *Guntermann*, RDi 2022, 200 Rn. 30; *Omlor*, RDi 2021, 236 Rn. 12; *Omlor/Möslein/Urbach*, ZIP 2020, 2149, 2151 f.

wegen den Begriff des Zuweisungsgehalts weiter verstehen: Nach *Weiss* komme es nicht auf eine *Rechts*position an.[180] Es genüge, dass der Kryptowert *technisch* zugewiesen sei. Das bricht aber, anders als *Weiss* nahelegt, durchaus mit der bisherigen Dogmatik der Eingriffskondiktion die (sowohl nach der Rechtswidrigkeits- als auch nach der Zuweisungstheorie) gerade darauf beruht, Eingriffe rückabzuwickeln, die der *Rechts*ordnung widersprechen.[181]

c) Geschäftsführung ohne Auftrag

Sofern der indirekte Schutz durch die bereits behandelten Systeme versagt, greift die deutsche Rechtsprechung bevorzugt auf das Institut der Geschäftsführung ohne Auftrag in den §§ 677 ff. BGB zurück. Das *OLG Frankfurt am Main*[182] hatte über den Sachverhalt zu entscheiden, in dem die „seinerzeit eng befreundeten Parteien" vereinbarten, dass der mit dem Handel von Kryptowerten erfahrene Beklagte dem Kläger bei der Investition der klägerischen Ersparnisse in „Kryptowährungen" in der Weise behilflich sein sollte, dass er Investments in Kryptowerte vornehmen und dabei „freie Hand" haben sollte[183]. Als der Beklagte die Investitionen tätigte und insb. Wechsel- und Rückbuchungsprozesse durchführte, entgingen dem Kläger ca. 116 Ether (ETH), die er im Wege der Klage gegen den Beklagten geltend machte. Schwerpunkt des Falles war aus Sicht des OLG aber nicht die rechtliche Einordnung von Kryptowerten. Das OLG konzentrierte sich auf Ansprüche aus GoA,[184] für die die Einordnung nicht weiter relevant ist. Das Gericht beließ es deshalb bei der einfachen Feststellung, dass an „Krypto-Währungen" weder absolute, noch relative oder sonstige Rechte im Sinne von § 823 BGB bestünden.

Ein Ausgleich nach den Vorschriften zur GoA gem. §§ 677 ff. BGB ist für Kryptowerte offen. Dies ist dadurch bedingt, dass die obligationsbegründende Norm gem. § 677 HS. 1 BGB minimale Voraussetzungen aufstellt. Das fremde Geschäft umfasst grundsätzlich alle möglichen Gegenstände, sei die Geschäftsbesorgung rechtsgeschäftlicher, wirtschaftlicher oder tatsächlicher Art.[185] Kryptowerte werden damit zwar nicht selbst durch die GoA geschützt, auf sie bezogene Handlungen können aber Ansprüche nach den §§ 677 ff. BGB auslösen.[186] Insbesondere kommen Ansprüche auf Schadensersatz wegen echter, unberechtigter GoA nach § 678 BGB oder wegen angemaßter Fremdgeschäftsführung nach § 687 Abs. 2 S. 1 i. V. m. § 678 BGB in Betracht, wenn mit Kryptower-

---

180 NJW 2022, 2343 Rn. 27.

181 Vgl. nur MüKoBGB/*Schwab*, 9. Aufl. 2024, § 812 Rn. 288 ff. m. w. N.

182 Az.: 13 U 82/22 = BKR 2023, 460, m. Anm. v. *Birne*, RDi 2023, 345; *Meier*, JZ 2023, 669; *Omlor*, JuS 2023, 964; *Schultess*, BKR 2023, 463.

183 S. *Meier*, JZ 2023, 669.

184 Hierzu *Meier*, JZ 2023, 669.

185 MüKoBGB/*Schäfer*, 9. Aufl. 2023, § 677, Rn. 39; *Meier*, JZ 2023, 669.

186 *von Hülst*, Absoluter Schutz von Blockchain-Token, 2023, S. 449.

ten gegen den Willen des faktischen Inhabers verfahren wird. Im Fall der irrtümlichen Eigengeschäftsführung bietet die GoA allerdings keinen Schutz (§ 687 Abs. 1 BGB).

4. Zwischenfazit

Im Ergebnis bleibt im Hinblick auf das deutsche Recht festzuhalten, dass die methodischen Zwänge des deutschen Rechts bisher dazu geführt haben, dass keine Rechte an Kryptowerten anerkannt werden. Einen indirekten Schutz bieten die deliktsrechtlichen Tatbestände nach §§ 823 Abs. 2, 826 BGB, teilweise das Bereicherungsrecht (§§ 812 ff. BGB) und die Geschäftsführung ohne Auftrag (§§ 677 ff. BGB). Dieser Schutz ist in der Gesamtbetrachtung lückenhaft und durch rechtsgebietsbezogene Zwecke determiniert.

IV. Rechtsvergleichende Analyse

1. Ainsworth – ein offener Eigentumsbegriff?

In Singapur sind Kryptowerte *property* und damit rechtlich geschützt. In Deutschland sind hingegen noch keine Rechte an Kryptowerten anerkannt und sie sind infolgedessen nur in einigen Sonderfällen geschützt. Das *common law* (hier in der Ausprägung Singapurs) erweist sich damit im Ergebnis als flexibler bzw. als offener dafür, neue Vermögenswerte rechtlich anzuerkennen. Um daraus Lehren für das deutsche Recht zu ziehen, ist es allerdings wichtig, genau zu betrachten, woraus diese Flexibilität des *common law* fließt.

Um das zu verstehen, muss man die *Ainsworth*-Entscheidung genauer in Augenschein nehmen.[187] Diese Entscheidung ist der methodische Ausgangspunkt der Entscheidungen in Singapur. Auch andere *common law* Gerichte haben sich maßgeblich auf diese Entscheidung bezogen.[188] In der *Ainsworth*-Entscheidung ging es darum, ob *Mrs. Ainsworth* eine Bank daran hindern konnte, in das Grundstück zu vollstrecken, auf dem sie lebte, das aber ihrem (getrennt lebenden) Ehemann gehörte. Sie berief sich dafür gegenüber der Bank auf ein Wohnrecht, das ihr aus dem Eheverhältnis mit ihrem Mann zustand. Das House of Lords hatte zu entscheiden, ob dieses Wohnrecht ein *overriding interest* im Sinne von Sec. 70(1) des Land Registration Acts of 1925 ist. Dafür stellte sich das House of Lords die Frage, ob es sich dabei überhaupt um ein Eigentumsrecht handelt. Das Gericht entschied einstimmig zu Gunsten der Bank. Die Richter des House of Lords brachten hierfür eine Vielzahl von Argumenten und Be-

---

[187] *National Provincial Bank Ltd v Ainsworth* [1965] UKHL 1.

[188] S. insb. die englische Entscheidung *AA v Persons Unknown* [2019] EWHC 3556 (Comm) Rn. 59.

gründungen vor. Die heutigen Entscheidungen zu Kryptowerten beziehen sich nur auf eine isolierte Passage der Entscheidung aus der Rede von *Lord Upjohn*. Dort heißt es:

„On any division, then, which is to be made between property rights on the one hand, and personal rights on the other hand, however broad or penumbral the separating band between these two kinds of rights may be, there can be little doubt where the wife's rights fall. Before a right or an interest can be admitted into the category of property, or of a right affecting property, it must be definable, identifiable by third parties, capable in its nature of assumption by third parties, and have some degree of permanence or stability. The wife's right has none of these qualities, it is characterised by the reverse of them."[189]

Vergleicht man nun diese Passage mit den Entscheidungen aus Singapur, wird deutlich, dass die Entscheidungen keineswegs schlicht *Ainsworth* anwenden: In den Entscheidungen wird ausgeführt, dass Kryptowerte die vier Bedingungen aus *Ainsworth* erfüllten und deshalb *property* seien.[190] *Ainsworth* wird also dazu genutzt, *positiv zu begründen*, warum Kryptowerte eigentumsfähig sind. In der Originalentscheidung ging es aber darum, zu begründen, warum eine bestimmte Rechtsposition *kein property* ist. Die vier Kriterien der *Ainsworth*-Entscheidung waren damit ursprünglich nur als notwendige, nicht zwingend auch als hinreichende Bedingung gedacht.[191] Die Entscheidungen aus Singapur gehen deshalb über *Ainsworth* durchaus hinaus – was in der Literatur auch ausdrücklich kritisiert wird.[192]

Dass die Entscheidungen aus Singapur ein Ergebnis richterlicher Innovation sind, zeigt sich auch auf Rechtsfolgenseite. Der High Court stützte den Tenor in *ByBit Fintech Ltd. v Ho Kai Xin and others* darauf, dass zwischen den Parteien ein *constructive trust* zustande gekommen war.[193] Damit konnte das Gericht auf die üblichen Rechtsfolgen dieses Rechtsinstituts zurückgreifen. Auch darin steckt jedoch ein Akt richterlicher Innovation. Denn eigentlich ist der Fall des *constructive trust* auf Fälle begrenzt, in denen das Eigentumsrecht (der *title*) übergegangen ist, ein Gegenstand aber trotzdem *in equity* jemand anderem zusteht. Jedenfalls für körperliche Gegenstände gilt aber auch im *common law*: Der *title* geht nicht durch Diebstahl über. Für Fälle, in denen der *title* nicht übergegangen ist (also bspw. bei Diebstahl), gibt es eigentlich eine andere Lösung: das *tort of conversion* – aber das ist auf *choses in action* eigentlich nicht

---

[189] [1965] UKHL 1, 19.

[190] S. *ByBit Fintech Ltd. v Ho Kai Xin and others* [2023] SGHC 199 Rn. 33 ff.; *Janesh s/o Rajkumar v Unknown Person („CHEFPIERRE")* [2022] SGHC 264 Rn. 62 ff.

[191] *Stevens*, 139 Law Quarterly Review 2023, 615, 622.

[192] *Timothy Chan/Kelvin F.K. Low*, 86(5) Modern Law Review 2023, 1278, 1284; *Stevens*, 139 Law Quarterly Review 2023, 615; vgl. schon vor den Entscheidungen aus Singapur *Jeremiah Lau*, Lloyd's Maritime and Commercial Law Quarterly 2020, 378, 383.

[193] [2023] SGHC 199 Rn. 42 ff. Diese Lösung entspricht *Armstrong DLW GmbH v Winnington Networks Ltd* [2012] EWHC 10 Rn. 50 ff.

anwendbar.[194] In der Literatur zu den Entscheidungen aus Singapur wird deshalb kritisiert, dass sich das Gericht aus dem *constructive trust* etwas bastelt, das am Ende funktioniert wie *conversion* – nur für *choses in action*.[195]

Damit lässt sich festhalten: Dass das *common law* in Singapur Kryptowerte als *property* anerkennt, ist nicht Ausfluss von bewusst flexibel ausgestalteten Regeln des Privatrechts. Es gibt also in diesem Sinne keine *institutionalisierte Flexibilität*. Diese Art der Flexibilität will der Entwurf der Law Commission erst (in Grundzügen) schaffen.[196] Die Flexibilität des *common law*, die sich in den Entscheidungen widerspiegelt, ergibt sich umgekehrt daraus, dass der Eigentumsbegriff des *common law* notorisch unklar ist – und damit viel Freiraum für Rechtsentwicklung bleibt. Dass die Gerichte Singapurs sich in dieser Situation dazu berufen sehen, das Recht weiterzuentwickeln, entspricht wiederum der hervorgehobenen Rolle der Gerichte im *common law*. Insgesamt sind die Unterschiede zwischen *common law* und *civil law*, was die Rolle der Gerichte angeht, zwar bei weitem nicht so fundamental, wie früher teilweise angenommen wurde – auf beiden Seiten gibt es (zunehmend) Nuancen, Schattierungen und Graubereiche.[197] Trotzdem ist der Unterschied bisweilen deutlich spürbar[198] und so ist es hier. Die Flexibilität wird also durch die (in der Tendenz) unterschiedliche Aufgabenteilung zwischen Gesetzgeber und Gerichten ermöglicht – nicht durch spezifische Regeln des *common law* selbst. Dass auch im *common law* Schrifttum Kompetenzbedenken geltend gemacht werden, zeigt aber, dass die Rechtsentwicklung hier auch für *common law* Gerichte ein Drahtseilakt bleibt.

2. *Normative Begründungen für den Eigentumsschutz*

Wenn die Gerichte also nicht bloße Rechtsanwendung, sondern Rechtsentwicklung betreiben, stellt sich die Frage, welche normative Begründung die Gerichte dafür vorbringen, das Recht in dieser Form weiterzuentwickeln. Der High

---

194 OBG Ltd. v Allan [2007] UKHL 21 Rn. 94 ff. (per Lord Hoffmann), Lord Nicholls of Birkenhead, Baroness Hale of Richmond dissenting. S.a. *Environment Agency v Churngold Recycling Ltd* [2014] EWCA Civ 909 Rn. 16 ff. Es ist allerdings noch unklar, ob das auch in Singapur in jedem Fall gilt, vgl. *Alwie Handoyo v Tjong Very Sumito and another and another appeal* [2013] SGCA 44 Rn. 131; *Lee Pey Woan*, in: Gary Chan/Lee Pey Woan (Hrsg.), The Law of Torts in Singapore, 2. Aufl. 2015, Abschn. 11.044. Die Diskussion dreht sich dort aber v. a. um elektronische Wert- und Handelspapiere.

195 S. *Kelvin FK Low*, Third Thing or Sixth Sense? I See Ideational Objects?, in: Paul Babie/Mark Giancaspro (Hrsg.), Private Law and Digital Assets, im Erscheinen, dort auch zur parallelen Lösung in *Armstrong DLW GmbH v Winnington Networks Ltd* [2012] EWHC 10. Vgl. auch *Timothy Chan/Kelvin F.K. Low*, 86(5) Modern Law Review 2023, 1278, 1286.

196 S. *Bartylla*, RDi 2024, 201 Rn. 13.

197 S. etwa jüngst *Häcker*, ZEuP 2023, 10, 13 ff.; s. aber auch schon *Zweigert/Kötz*, Einführung in die Rechtsvergleichung, 3. Aufl. 1996, S. 253, 262 ff.

198 Vgl. *Häcker*, ZEuP 2023, 10, 15: „Keine echte Konvergenz“.

Court geht offen mit dieser Frage um. In *ByBit Fintech Ltd. v Ho Kai Xin and others* heißt es:

> „My conclusion is therefore that the holder of a crypto asset has in principle an incorporeal right of property [...]. While it might be said that this conclusion has an element of circularity [...], this type of reasoning is not strikingly different from how the law approaches other social constructs, such as money. It is only because people generally accept the exchange value of shells or beads or differently printed paper notes that they become currency. Money is accepted by virtue of a collective act of mutual faith. This is reflected in Lord Mansfield's famous observation in Miller v Race (1758) 1 Burr 452 at 457, that what is treated as money „by the general consent of mankind" is given „the credit and currency of money to all intents and purposes"."[199]

Hier zeigt sich, dass der High Court im Wesentlichen auf die soziale Anschauung abstellt. Kryptowerte sollen geschützt sein, weil der Rechtsverkehr sie wie Eigentum behandelt. Die (vom Gericht so empfundene) soziale Realität wird zur Rechtsregel erkoren. In den Worten von *Watts* und *Low*: „Cryptoassets themselves are a modern example of the law adding flesh to extra-legal bones."[200] Hinter den Entscheidungen steht deshalb das Leitbild: Das Recht sollte grundsätzlich so funktionieren, wie der Rechtsverkehr es sich vorstellt, es sei denn, es gibt gute Gründe, davon abzuweichen.[201] Derartige Gründe sieht der High Court offensichtlich nicht.

3. Rechtsvergleichende Perspektiven auf das deutsche Recht

Ein differenzierter Blick auf die Rechtsprechung in Singapur setzt die derzeitige Debatte im deutschen Recht in Perspektive: Die deutsche Debatte ist bisher – sieht man von der Ausnahmeentscheidung des OLG Frankfurt am Main ab – eine *rein akademische Debatte*. Das Klischee des „Elfenbeinturms" ist zwar meistens genau das: ein Klischee. Trotzdem ist es nicht unplausibel, dass für Gerichte das praktische Bedürfnis eines eigentumsähnlichen Schutzes von Kryptowerten schwerer wiegen wird als für akademische Kommentatorinnen und Kommentatoren. Der Rechtsverkehr wird in Deutschland nichts anderes erwarten als in Singapur – das wird auch einem deutschen Gericht klar sein. Eine deutsche Gerichtsentscheidung könnte deshalb durchaus anders aussehen, als es der Stand der rechtsdogmatischen Debatte derzeit nahelegt. Ausgemacht ist aber auch das natürlich nicht, insbesondere weil der Gesetzgeber den Weg zur Analogie (der wohl elegantesten Lösung des Problems) eventuell schon endgültig versperrt hat.

---

[199] [2023] SGHC 199 Rn. 36.

[200] *Watts/Kelvin F.K. Low*, The Case for Cryptoassets as Property, in: Agnew/Smith (Hrsg.), *Law at the Cutting Edge*, im Erscheinen.

[201] *Watts/Kelvin F.K. Low*, The Case for Cryptoassets as Property", in: Agnew/Smith (Hrsg.), *Law at the Cutting Edge*, im Erscheinen.

Aus Sicht des deutschen Rechtsverkehrs wäre es ohnehin am besten, wenn sich das Problem gar nicht mehr stellen würde. Der Gesetzgeber sollte handeln und das Privatrecht der Kryptowerte regeln.[202] Auch hier bietet die Rechtsvergleichung neue Einblicke: Der derzeit diskutierte Entwurf von *Omlor* behält die unterschiedliche Herangehensweise von *common law* und deutschem Recht bei: Es wird ein besonderes Recht für Kryptowerte eingeführt, gleichzeitig wird damit aber implizit bestätigt, dass der *numerus clausus* auch erzwingt, dass jedes Rechtsobjekt ausdrücklich einem absoluten Recht zugeordnet wird (und nicht nur, dass das Recht selbst geregelt wird). Der Entwurf ist deshalb minimalistisch.[203] Alternativ wäre es auch möglich, das System zu wechseln: Eine über Kryptowerte hinausgehende Reform könnte ein ausdrücklich geregeltes Recht an „unkörperlichen Gütern" insgesamt anerkennen.[204] Was genau ein „unkörperliches Recht" ist, wäre dann offen. Das würde in zukünftigen Fällen die Rechtsentwicklungsobliegenheit vom Gesetzgeber zu den Gerichten verlagern – und damit das deutsche Recht in dieser spezifischen Frage dem *common law* annähern. Die Rechtsprechung in Singapur und auch die Arbeiten der Law Commission (England & Wales) zeigen Chancen und Risiken einer solchen Regelung auf. Sie kann auf der einen Seite dafür sorgen, dass neue Vermögenswerte früh rechtlich anerkannt werden. Auf der anderen Seite tun sich Gerichte und Wissenschaft offensichtlich schwer damit, abstrakt zu definieren, was genau eigentumsfähige Vermögenswerte sein können – „I know it when I see it". Ein offener Eigentumsbegriff führt deshalb nicht zwingend zu mehr Rechtssicherheit oder Kohärenz.

V. Fazit

Das *common law* Singapurs erweist sich (nach derzeitigem Stand der deutschen Debatte) als die flexiblere Rechtsordnung: Kryptowerte werden von Gerichten als *property* anerkannt und entsprechend geschützt. Im deutschen Recht ist die Frage aber noch nicht endgültig geklärt und weitere Rechtsprechung ist mit Spannung zu erwarten – falls nicht der Gesetzgeber das Problem löst, bevor es das erste Mal entscheidungserheblich wird.

---

[202] S. *Meier/Vormwald*, AcP 224 (2024) 98, 142; *Omlor*, NJW 2024, 335; *Bartylla*, RDi 2024, 201 Rn. 33.

[203] *Bartylla*, RDi 2024, 201 Rn. 35.

[204] Auf halbem Weg zwischen diesen Möglichkeiten liegt das österreichische Recht, das zwar einen weiten Sachbegriff kennt (§ 285 ABGB), aber keine klaren Regeln für unkörperliche Sachen bereithält, s. *Dafinger*, RDi 2022, 17.

Der Einsatz von Kryptowerten als Kreditsicherungsmittel in Deutschland und Portugal

*Tim Blöcher und Jannik Heine**

* Besonderer Dank gilt António Garcia Rolo, LL.M. (Eur.) für die Versorgung mit wertvollen Materialien und Informationen zum portugiesischen Recht, ohne die diese Untersuchung nicht hätte entstehen können.

I. Einleitung

Die Verordnung über Märkte für Kryptowerte (MiCAR)[1] sowie die Verordnung über eine Pilotregelung für auf der Distributed-Ledger-Technologie basierende Marktinfrastrukturen (DLT-Pilot-Regime)[2] schaffen zumindest im Bereich des Aufsichtsrechts Rechtssicherheit und setzten neue Impulse für eine Ökonomie der Kryptowerte. Die Harmonisierung des aufsichtsrechtlichen Rahmens durch die MiCAR wird unweigerlich eine Zunahme von Kryptounternehmen im europäischen Binnenmarkt nach sich ziehen.[3]

Unternehmensgründungen gehen typischerweise mit einem hohen Kapitalbedarf einher. Vielfach befinden sich Unternehmen in der Lage, den Kapitalbedarf aus eigener Kraft, im Wege der sog. Innenfinanzierung zu decken.[4] Es ist allerdings abzusehen, dass auch externe Kapitalzuführung im Wege der Fremdfinanzierung erforderlich sein wird. Innerhalb der Fremdfinanzierung nimmt der Bankkredit traditionell eine zentrale Rolle ein.[5] Kreditinstitute werden allerdings nur dann zur Darlehensgewährung bereit sein, wenn sie darauf vertrauen können, ihr Geld, vermehrt um die geschuldeten Zinsen, zurückzubekommen. Die Besicherung eines Kredits gehört zum klassischen Instrumentarium von Banken, um Ausfallrisiken bei der Kreditvergabe zu minimieren.[6] Der Bundesgerichtshof ließ sich sogar einmal dazu hinreißen, die ungesicherte Kreditvergabe als Pflichtverletzung eines Bankenvorstandes einzuordnen, sofern keine vernünftigen wirtschaftlichen Gründe dafür sprechen würden, das „hohe Risiko eines Schadens" durch die unbesicherte Kreditvergabe dennoch einzugehen.[7] Sicherheiten, die dies auch bei Zahlungsunwilligkeit oder -unfähigkeit der Kreditnehmer*innen garantieren, ermöglichen regelmäßig erst die Darlehensvergabe.[8] Die Risiken aus dem Kreditverhältnis werden durch sie für

---

[1] Verordnung (EU) 2023/1114 des Europäischen Parlaments und des Rates vom 31. Mai 2023 über Märkte für Kryptowerte und zur Änderung der Verordnungen (EU) Nr. 1093/2010 und (EU) Nr. 1095/2010 sowie der Richtlinien 2013/36/EU und (EU) 2019/1937.

[2] Verordnung (EU) 2022/858 des Europäischen Parlaments und des Rates vom 30. Mai 2022 über eine Pilotregelung für auf Distributed-Ledger-Technologie basierende Marktinfrastrukturen und zur Änderung der Verordnungen (EU) Nr. 600/2014 und (EU) Nr. 909/2014 sowie der Richtlinie 2014/65/EU.

[3] Mit ähnlicher Einschätzung *Solbach*, AG 2024, 237, 237.

[4] *Brinkmann*, Kreditsicherheiten an beweglichen Sachen und Forderungen, 2011, S. 27, 105.

[5] *Brinkmann*, Kreditsicherheiten an beweglichen Sachen und Forderungen, 2011, S. 30; *Baums*, Recht der Unternehmensfinanzierung, 2017, S. 197 ff.

[6] *Eberlein*, Besicherung von Gläubigermehrheiten bei der Unternehmensfinanzierung, 2014, S. 56.

[7] BGH, WM 2005, 933, 934.

[8] Zur ökonomischen Relevanz von Sicherheiten bei der Entscheidung über eine Kreditvergabe siehe *Duttle*, Ökonomische Analyse dinglicher Sicherheiten, 1986, S. 85–112; *Adams*, Ökonomische Analyse der Sicherungsrechte, 1980, S. 47, S. 119 ff. und *Schuldbach*, BB 1983, 2129, 2133.

die Gläubiger*innen besser kalkulierbar; Schwankungen der Zahlungsfähigkeit der Schuldner*innen verlieren an Bedeutung.

Der Beitrag geht daher der Frage nach, ob Kryptowerte als Kreditsicherheit eingesetzt werden können. Dabei orientiert er sich am tradierten Leitbild der Kreditsicherung, wonach Kreditinstitute als Kapitalgeber*innen zur Absicherung des Kreditrisikos Sicherheiten verlangen.[9] Dies impliziert eine Beschränkung der Untersuchung auf solche Sicherheiten, die im Rahmen privatautonomer Vereinbarung bestellt werden können. Die nicht uninteressante Frage, ob Token Gegenstand gesetzlicher Sicherungsrechte, etwa des Vermieter*innenpfandrechts sein können, findet daher keine Berücksichtigung.

II. Anforderungsprofil von Kreditsicherheiten

1. Funktionen von Kreditsicherheiten

Der Begriff der Kreditsicherheit ist funktionsorientiert zu verstehen. Traditionell werden Kreditsicherheiten in Personal- und Sachsicherheiten ausdifferenziert.[10] Letztere räumen den Kreditgeber*innen Befriedigungsrechte an bestimmten Gegenständen ein. Anders als Personalsicherheiten schaffen Sachsicherheiten nicht zwingend zusätzliche Haftungsgegenstände, sondern nur, wenn die Sicherheit von einer dritten Person gewährt wird. Werden Sachsicherheiten von den persönlichen Schuldner*innen der Kreditforderung gewährt, findet keine Erweiterung des Haftungsumfangs statt, da in Einzel- und Gesamtvollstreckung mit dem gesamten Vermögen gehaftet wird.[11] Ihre wesentliche Funktion ist dann die durch die Sicherheit vermittelte Priorität bei der Befriedigung.

Es wäre allerdings verfehlt, Kreditsicherungsrechte auf diese Funktion zu reduzieren. Zwar dürfte ihre Eignung zur Reduktion des Ausfallrisikos bei der Kreditvergabe im Vordergrund stehen. Denn die Unterlegung eines Kredits mit Sicherheiten garantiert den Kreditgeber*innen die – zumindest partielle – Deckung von Verlusten, sollten die Kreditnehmer*innen nicht in der Lage sein, die fälligen Verbindlichkeiten zu tilgen. Technisch reduziert die Besicherung damit

---

[9] Vgl. *Ferling*, Digitale Information als Kreditsicherheit, 2023, S. 3.

[10] Allgemein dazu *Ganter*, in: Ellenberger/Bunte (Hrsg.), Bankrechts-Handbuch, 6. Aufl. 2022, § 69 Rn. 70 ff. Zudem findet die Unterscheidung in geborene Sicherheiten als gesetzliche, akzessorische Rechte (z. B. die Hypothek) und gekorene Sicherheiten, die aufgrund der Bedürfnisse des Wirtschaftsverkehrs außerhalb des Gesetzes geschaffen wurden (z. B. die Sicherungsübereignung), statt. Dazu *Wittig*, in: Gehrlein/Graewe/Wittig (Hrsg.), Das Recht der Kreditsicherung, 11. Aufl. 2023, § 1 Rn. 5 ff.

[11] Zum deutschen Recht *Eberlein*, Besicherung von Gläubigermehrheiten bei der Unternehmensfinanzierung, 2014, S. 58; Zum portugiesischen Recht *Barraca*, Código da Insolvência e da Recuperação de Empresas, 9. Aufl. 2022, S. 3; *Rosário Epifânio*, Manual de Direito da Insolvência, 8. Aufl. 2022, S. 5.

die maximale Verlustquote beim Ausfall der Schuldner*innen.[12] Die Beschränkung auf diesen Aspekt würde aber weitere positive Effekte unterschlagen, welche die Kreditsicherung für einzelne Gläubiger*innen haben kann. Zusätzlich kann die Gewährung von Kreditsicherheiten einen Anreiz für ein adäquat risikoaverses Verhalten der Kreditnehmer*innen schaffen und damit die Wahrscheinlichkeit eines Zahlungsausfalls von vorneherein reduzieren (*Incentive Effect*).[13] Sofern die Sicherungsnehmer*innen nach den rechtlichen Rahmenbedingungen bei Ausfall des Kredits schnell und effektiv auf die Sicherungsgegenstände zugreifen können, riskieren die Sicherungsgeber*innen bei Zahlungsausfall den unmittelbaren Verlust teilweise notwendiger Betriebsgegenstände. Der Anreiz zu risikoadäquatem Verhalten steigt entsprechend mit dem Umfang des als Sicherheit eingesetzten Vermögens. Zudem kann die Besicherung (zumindest teilweise) die Analyse und Kontrolle der Kreditwürdigkeit der Sicherungsgeber*innen substituieren (*Signaling Effect*).[14] Das folgt einerseits aus der Reduzierung der potentiellen Maximalverlustquote und andererseits aus zumindest teilweisen Vermögensauskünften. So können Kreditgeber*innen aus der Fähigkeit der Schuldner*innen, bestimmte Gegenstände als Sicherheit anzubieten, auf einen bestimmten Bestand an verwertbarem Vermögen schließen.

Empirisch lassen sich vor allem positive Effekte für die Kapitalkosten der Kapitalnehmer*innen nachweisen. Der risikominimierende Effekt von Sicherheiten führt vor allem zu besseren Finanzierungskonditionen und/oder einem breiteren Zugang zu Finanzierungsmöglichkeiten.[15] Eine positive Korrelation zwischen der Absicherung eines Kredits und den Kreditkosten konnte bereits mehrfach nachgewiesen werden.[16] Die Besicherung eines Kredits führt zu geringeren Risikoaufschlägen und zu einem breiteren Zugang zu den Kapitalmärkten. Es verringern sich die Kosten der externen Fremdfinanzierung und

[12] Siehe z.B. *Harpering*, Die Übertragung akzessorisch besicherter Forderungen im Rahmen von syndicated loans, 2002, S. 25.

[13] Bank für Internationalen Zahlungsausgleich, Committee on the Global Financial System, Collateral in wholesale financial markets: recent trends, risk management and market dynamics (2001), S. 18; *Coco*, Journal of Economic Surveys 14 (2000), 191 ff.; vgl. auch *Perridon/Steiner/Rathgeber*, Finanzwirtschaft der Unternehmung, 18. Aufl. 2022, S. 387, 538 ff. zum Effekt, wenn die Sicherheiten durch den beschränkt haftenden Gesellschafter bestellt werden.

[14] Bank für Internationalen Zahlungsausgleich, Committee on the Global Financial System, Collateral in wholesale financial markets: recent trends, risk management and market dynamics (2001), S. 18. Informationsasymmetrien werden ferner durch Veräußerungsbeschränkungen ausgeglichen, die regelmäßig mit der dinglichen Belastung des Sicherungsguts verbunden sind, vgl. *Perridon/Steiner/Rathgeber*, Finanzwirtschaft der Unternehmung, 18. Aufl. 2022, S. 387.

[15] *Eberlein*, Besicherung von Gläubigermehrheiten bei der Unternehmensfinanzierung, 2014, S. 60.

[16] *Benmelech/Bergman*, Journal of Financial Economics 91 (2009), 339 ff.; *John/Lynch/Puri*, Journal of Business 76 (2003), 371 ff.; *Berger/Udell*, Journal of Monetary Economics 25 (1990), 21 ff.

der Zugang zu Fremdkapital verbessert sich nachweisbar. Für den Finanzmarkt belegen dies auch Studien der Bank für Internationalen Zahlungsausgleich, welche die Besicherung von Krediten als eines der wichtigsten und am weitest verbreiteten Instrumente des Risikomanagements der Finanzmärkte qualifiziert.[17] Empirische Abhängigkeiten lassen sich außerdem zwischen der Kreditwürdigkeit der Schuldner*innen und dem Vorhandensein von Sicherheiten herstellen. Verschiedene Studien zeigen, dass Schuldner*innen mit geringerer Kreditwürdigkeit statistisch häufiger und umfangreicher Kreditsicherheiten stellen, als zahlungskräftige Schuldner*innen.[18] Insofern ermöglicht die Besicherung oftmals auch Schuldner*innen den Zugang zu Fremdkapital, das unter anderen Umständen nicht oder nur beschränkt verfügbar gewesen wäre.[19]

2. Abstrakte und konkrete Eignung als Kreditsicherheit

Soll eine Kreditforderung mit Sicherheiten unterlegt werden, stellen sich vorab zwei Fragen. Erstens, welche Vermögensgegenstände überhaupt für die Unterlegung des Kredits zur Verfügung stehen. Aus diesem Grund wird zunächst die theoretische Eignung von Kryptowerten als Sicherheit untersucht. In einem zweiten Schritt ist dann zu klären, ob für die theoretisch als brauchbar identifizierten Vermögensgegenstände rechtlichen Mechanismen zur Verfügung stehen, um das Vermögen als Kreditsicherheit einzusetzen. Den oben skizzierten Wirkungsweisen von Kreditsicherheiten entsprechend hängt die rechtliche Eignung von Kryptowerten als Kreditsicherheit vor allem davon ab, ob das jeweils anwendbare Rechtssystem[20] entsprechende Vorschriften enthält, die im Sicherungsfall die Kreditrisikominimierung durch Zugriffsmöglichkeiten der Gläubiger*innen realisieren.

III. Die theoretische Eignung als Kreditsicherheit

Die Auswahl der Vermögengegenstände richtet sich vornehmlich nach faktischer Gegebenheit, wobei es den Kapitalgeber*innen primär darum gehen wird, werthaltige und faktisch verwertbare Gegenstände zu fordern, ohne dabei einen

---

[17] Bank für Internationalen Zahlungsausgleich, Committee on the Global Financial System, Collateral in wholesale financial markets: recent trends, risk management and market dynamics, 2001, S. 19, S. 5.

[18] *Jimenez/Salas/Saurina*, Journal of Financial Economics 81 (2006), 255 ff.; *Harhoff/Korting*, Journal of Banking and Finance 22 (1998), 1317 ff.; *Berger/Udell*, Journal of Business 68 (1995), 351 ff.; *Hester*, Journal of Money, Credit and Banking 11 (1979), 349 ff.

[19] Bank für Internationalen Zahlungsausgleich, Committee on the Global Financial System, Collateral in wholesale financial markets: recent trends, risk management and market dynamics, 2001, S. 19; vgl. auch *Benjamin*, Financial Law, 2007, Rn. 17.45.

[20] Zum internationalen Geltungsbereich siehe *Wendelstein,* RabelsZ 86 (2022), 644 ff.

übermäßigen Verwaltungsaufwand zu produzieren. Obwohl ein monetärer Wert keine zwingende Voraussetzung für die Eigenschaft als Kreditsicherheit ist – schließlich ist es den Parteien auch möglich, wertlose Güter als Kreditsicherheit zu bestellen -, wird die Präponderanz der Kreditgeber*innen ein wertloses Gut nicht akzeptieren, da diese jedenfalls die Primärfunktion, die Reduktion des Ausfallrisikos, nicht erfüllen kann.[21] Das Kryptowerte einen enormen wirtschaftlichen Wert haben, dürfte kaum ernsthaft bestritten werden, werden diese doch permanent in Fiat-Währungen umgetauscht.[22] Zwar werden – anders als in der Schweiz – die Referenzkurse der wichtigsten Kryptowährungen nicht täglich in amtlichen Veröffentlichungen nachgewiesen.[23] Es können aber die entsprechenden Tageskurse von Kryptohandelsplätzen, wie etwa dem Stuttgart Digital Exchance (BSDEX) – einem Marktplatz der Börse Stuttgart, herangezogen werden, um den Marktwert der entsprechenden Werte intersubjektiv vermittelbar zu bestimmen.[24]

Die Eignung als Kreditsicherheit könnte allerdings in Zweifel gezogen werden, da Kryptowerte zum Teil äußert volatil sind.[25] Öffentliche Ankündigungen über Zulassung oder Verbot als Zahlungsmittel beeinflussen die Kurse gegenüber Fiat-Währungen in hohem Maße. Dabei gehen die Ausschläge sowohl in die positive wie in die negative Richtung.[26] Die Entwicklung ist kaum vorhersehbar, da Kursschwankungen u.a. von individuellen Meinungsäußerungen in sozialen Medien ausgehen.[27] Neben spezifischer Volatilität konnte inzwischen für einzelne Kryptowerte auch nachgewiesen werden, dass diese stärker von makroökonomischen Schwankungen beeinflusst werden als andere Aktiva, die – im Gegensatz zu rein elektronischen Kryptowerten – über einen Nutzwert im betrieblichen Prozess verfügen.[28] Es kann daher zwischen dem Zeitpunkt der Sicherheitenbestellung und der vollständigen Rückführung des Darlehens zu erheblichen Wertabfällen oder -Steigerungen kommen. Um das Risiko zu minimieren, dass eine Untersicherung der offenen Kreditsumme eintritt, empfiehlt es sich daher, bei der Sicherheitenhöhe eine „Sicherheitsmarge“[29] vorzuse-

[21] *Ferling*, Digitale Information als Kreditsicherheit, 2023, S. 48.

[22] Vgl. *Behringer/Follert/Gleißner,* DStR 2023, 720, 723.

[23] Vgl. https://www.ictax.admin.ch/extern/de.html#/ratelist/2022 (zuletzt abgerufen am 31.03.2024).

[24] *Solbach,* AG 2024, 237, 239.

[25] Vgl. *Michel,* BaFinJournal 09/2020, 20, 23.

[26] *Behringer/Follert/Gleißner,* DStR 2023, 720, 723.

[27] Für Bitcoin konnte eine bis zu 40-prozentige Korrelation mit der Linie der positiven und negativen Tweets zur Rolle des Bitcoins festgestellt werden. Ebenso konnte empirisch gezeigt werden, dass die Google-Suchanfragen nach drei Tagen den größten Einfluss auf die Kursbewegungen haben, vgl. *Lunesu/Matta/Marchesi,* in: IC3K 2015: Knowledge Discovery, Knowledge Engineering and Knowledge Management, 2016, 155, 166.

[28] *Hönig*, ICO und Kryptowährungen, 2020, S. 108.

[29] Für eine Sicherheitsmarge bei der Verwendung als Einlage bei einer Kapitalgesellschaft siehe *Solbach,* AG 2024, 237, 239f.

hen, also von vornherein einen wertmäßig deutlich höheren Betrag als die Darlehenssumme anzusetzen.

Vor dem Hintergrund der möglichen Untersicherung ist vor allem der Einsatz von Stablecoins zu erwägen, deren Wert auf anerkannte gesetzliche Zahlungsmittel wie den Euro und den US-Dollar oder auf andere physische Vermögenswerte wie Gold bezogen ist. Bei diesen sollte die extreme Volatilität zumindest theoretisch vermieden werden.[30] Kryptowerte stellen damit theoretisch brauchbare Kreditsicherheiten dar.

IV. Das Entstehen des Sicherungsverhältnisses

Um die Möglichkeit des Einsatzes von Kryptowerten als Kreditsicherungsmittel adäquat vergleichen zu können, muss zunächst untersucht werden, inwieweit diese Designat rechtlicher Regelungen sind. Relevanz entfaltet dabei insbesondere die Frage der Sacheigenschaft[31] hinsichtlich des Einsatzes als Realsicherheit, da schuldrechtliche Sicherungskonstrukte in den Grenzen der Privatautonomie stets eröffnet sind. Die dabei gewonnenen Erkenntnisse erlauben sodann, die erforderlichen Rechtsgeschäfte zur Übertragung von Token und ihrer Bestellung als Sicherungsmittel zu erfassen.

1. Kurzeinordnung von Kryptowerten

Kryptowerte sind abstrakt bezeichnet Abschnitte einer Datenkette wie z. B. der Blockchain, welche einer entsprechenden dispositionsberechtigten Systemadresse zugeordnet sind.[32] Einzelne Transaktionen umfassen somit keinen physischen Speicherortswechsel, sondern eine Berechtigungsneuzuordnung zwischen Adressen. Mangels einer einheitlichen Nomenklatur existiert eine Vielzahl von Bezeichnungen, wie Investment Token, Currency Token oder Utility Token.[33] Insbesondere durch das weite amerikanische begriffliche Verständnis von Wertpapieren bzw. Wertanlagen als „Securities“ prägte sich zudem die Bezeichnung Security Token als Unterfall der Investment Token heraus.[34]

---

30 Vgl. Mitteilung der BaFin vom 29.11.2023, „Bitcoin, Ether und Co.: Anlagen in Kryptowerte sind riskant“ (unter https://ottosc.hm/C3xtX, zuletzt abgerufen am 31.03.2024).

31 Das Sacheigentum kann in allen kontinentaleuropäischen Rechtsordnungen als Prototyp subjektiver Rechte bezeichnet werden.

32 Innerhalb von Blockchains etwa mittels Public-Key-Infrastructure dargestellt, als Nutzung von Schlüsselpaaren aus Public Key und Private Key sowie einer davon abgeleiteten Public Adress, vgl. *Terlau*, in: Ellenberger/Bunte (Hrsg.), Bankrechts-Handbuch, 6. Aufl. 2022, § 35 Rn. 183 ff.

33 *Assmann/Schütze/Buck-Heeb*, KapAnlR-HdB, 6. Aufl. 2024, § 17 Kryptowerte, Kryptowährungen und Kryptowertpapiere Rn. 11 ff.

34 Gleichfalls vertreten ist Equity-Token oder Anlage-Token, *Omlor/Möslein*, in: Ellen-

Ungeachtet dessen orientiert sich die Einordnung stets an einem funktionalen Verständnis der Kryptowerte. Die Identifikationsmethodik knüpft an der Ableitung der Wertposition an. Dementsprechend stellen intrinsische Kryptowerte oder auch natural Token auf der Speicherkette vorhandene Werte dar, wie etwa Kryptowährungen. Extrinsische Kryptowerte bzw. charged Token sind dagegen mit Werten verknüpft, welche außerhalb der Transaktionslogik stattfinden, wie z. B. Wertpapiere, Gesellschaftsanteile, Genussrechte oder Sachen.[35]

2. Zuweisung von Kryptowerten durch das Privatrecht

a) Deutschland

Das deutsche Zivilrecht entbehrt nach wie vor einer originären normativen Einordnung von Kryptowerten. Der Forderung nach einer einheitlichen Verortung im BGB kam der Gesetzgeber bisher nicht nach.[36] Mangels einer solchen Verankerung basiert die Rechtsanwendung bzgl. Kryptowerten daher weiterhin auf einem privatrechtlichen Flickenteppich.

aa) Sacheigentum

Eine Einordnung als Sacheigentum scheitert grundsätzlich an der Gebundenheit der Sache an das Verkörperungserfordernis des § 90 BGB. Zur Begründung der Eigentumsfähigkeit von Token lässt sich insoweit auch nicht auf höchstgerichtliche Entscheidungen verweisen, welche die Sacheigenschaft von Softwareprogrammen vermeintlich anerkannt hätten. Die Präponderanz der Entscheidungen sind im Kontext des Vertragsrechts angesiedelt und behandeln vordergründig die Frage, ob das Kaufrecht auf Verträge über die Überlassung von Computerprogrammen entsprechend anzuwenden ist.[37] Sofern dabei § 90 BGB Beachtung findet, handelt es sich tatbestandlich um einen körperlichen Datenträger als Übergabevehikel der Softwareanwendung und somit nicht den Kern der Ausgangsfrage.[38] Token verbleiben daher außerhalb des Sachenrechts verortet. Ihre Übertragung wird überwiegend als Realakt[39] oder als Übertragung sonstiger subjektiver Rechte per Analogie des Abtretungstatbestandes §§ 398, 413 BGB eingeordnet.[40]

---

berger/Bunte (Hrsg.), Bankrechts-Handbuch, 6. Aufl. 2022, § 34 Rn. 37. Zu Einordnung als Security zudem *Dilek*, RDi 2021, 324.

[35] An dieser Stelle sei bemerkt, dass die Verknüpfung nach den Schranken des Privatrechts verläuft und somit zumeist schuldrechtlicher Natur entspricht.

[36] Ausführlich dazu *Omlor*, NJW 2024, 335 ff.

[37] Unter anderem BGH, NJW 2007, 2394; BGH, NJW 2000, 1514; BGH, NJW1988, 406.

[38] Etwa BGH, NJW 2007, 2394.

[39] *Paulus/Matzke*, ZfPW 2018, 431, 451.

[40] *Omlor/Möslein*, in: Ellenberger/Bunte (Hrsg.), Bankrechts-Handbuch, 6. Aufl. 2022, § 34 Rn. 36.

Die Normsetzung des § 2 Abs. 3 eWpG schuf mit einer Sachfiktion weiterhin eine lediglich auf Inhaberschuldverschreibungen und Fondsanteile wirkende, nicht verallgemeinerungsfähige Nischenregelung. Es besteht letztlich das Bedürfnis allgemeiner Übertragungsregeln für Token, welche der systeminhärenten Transaktionslogik folgen[41] und die Änderung kryptografisch verankerter Zuordnungspositionen imperativ für den Berechtigungswechsel behandeln.[42]

bb) Sonstige rechtliche Verortung

Token entbehren folglich eines umfassenden rechtlichen Schutzes. Eigentums- oder besitzrechtliche Abwehrrechte sind nicht einschlägig. Das Deliktsrecht kann über die Anwendung des § 823 BGB i.V.m. strafrechtlich geprägten Schutzgesetzen hinsichtlich rechtswidriger Datenveränderungen einen lediglich eingeschränkten Schutz entfalten.[43]

Immaterialgüterrechtlich besteht weder ein Schutz des Kryptoregisters nach dem Datenbankherstellerrecht gemäß § 87b UrhG noch am einzelnen Token.[44] Als geborenes Recht des Schöpfers iSv § 7 UrhG ist insoweit bei algorithmisch gesteuerter Entstehung des Token bereits fraglich, wer als Urheber gilt.

Neben dem eWpG finden sich vereinzelt Regelungsansätze auf deutscher oder europäischer Ebene, welche meist den Blickwinkel auf die Perspektive des Kapitalmarktrechts verengen. Insbesondere die Regelungen der MiCAR geben eine möglichst weitgefasste Definition von Kryptowerten, wertreferenzierten Token, E-Geld-Token und Utility-Token,[45] wobei eine deutsche zivilrechtliche Einordnung zwecks sicherer Rechtsanwendung dennoch als Desiderat verbleibt.

b) Portugal

Maßgebliche Rechtsquelle zivilrechtlicher Einordnung von Token ist der Código Civil (CC), als das in fünf Bücher unterteilte Zivilgesetzbuch Portugals.[46] Das somit als Pendant zum Bürgerlichen Gesetzbuch zu bezeichnende Regelwerk gilt in seiner aktuellen Fassung seit 1966.

---

41 Insbesondere im BGB-Kontext des lege ferenda *Omlor,* NJW 2024, 335, 339f.

42 Der somit an den Tatbestand der grundbuchgestützten Immobiliarübertragung (§§ 873, 891 BGB) erinnernde Vorgang weist über die Sachfiktion nach § 2 Abs. 3 eWpG gleichsam Elemente der Mobiliarübereignung auf, *Omlor,* RDi 2021, 371, 373.

43 *Omlor/Wilke/Blöcher,* MMR 2022, 1044.

44 *Omlor,* NJW 2024, 335, 336.

45 Art. 3 Abs. 1 Nr. 5, 6, 7, 9 MiCAR.

46 Seit der Neufassung von 1966 wurde die Aufteilung und der Inhalt vom Zivilrecht Deutschlands (BGB), der Schweiz (Schweizerisches Zivilgesetzbuch) und Italiens (Codice civile) geprägt. Insofern zur Entstehung des CC und insbesondere zur Rechtssetzung im Nachhinein der Unrechtssysteme Deutschlands und Italiens: Correia de Mendonça, Análise Social, 18 (1982), No. 72–74, 829ff.

Das portugiesische Sachenrecht zeigt sich gegenüber dem BGB weniger starr. Die Einordnung als Sache ist in den Art. 202 bis 216 CC geregelt. Nach Art. 202 Nr. 1 CC ist eine Sache alles, was Gegenstand einer Rechtsbeziehung sein kann.[47] Neben der klassischen Unterteilung in bewegliche und unbewegliche Sachen (coisas móveis und cosais imóveis) finden sich weitere Kategorien, wie u.a. die verbrauchbaren (cosais consumíveis), teilbaren (cosais divisíveis) oder zukünftigen Sachen (cosais futuras).[48]

Anders als § 90 BGB normiert der Código Civil kein Verkörperungserfordernis, sondern erkennt auch körperlose Sachen als coisas incorpóreas an. Die Anknüpfung findet stattdessen nach Art. 204 CC über die Fähigkeit statt, den Bezugspunkt einer Rechtsbeziehung zu bilden.[49] Weiterhin definiert Art. 204 CC die Kategorie unbeweglicher Dinge als z.B. Gewässer, Gebäude oder andere fest mit dem Erdboden verbundene Objekte. Der Auffangtatbestand Art. 205 Abs. 1 CC bezeichnet sodann die nicht unter den Vorparagraphen fallenden Sachen als bewegliche. Dieser weite Umriss erlaubt es, auch Token als bewegliche Sachen einzuordnen, da an ihnen etwa eine Verbindlichkeit begründet werden kann und sie keine der gesondert normierten Sachkategorien entsprechen.

Allerdings findet dennoch eine Annäherung an die deutsche Normlogik dinglicher Rechte statt, da Eigentumsrechte nach Art. 1302 CC an die Körperlichkeit beweglicher oder unbeweglicher Sachen gekoppelt sind. Grundsätzlich als bewegliche Sachen zu klassifizierende, aber nicht körperliche Gegenstände fallen somit aus der Regelungssystematik der Eigentumsschutzrechte nach Art. 1302 ff. CC heraus. Damit verbunden ist ebenfalls eine Einschränkung der Besitzrechte nach Art. 1251 CC, denn Besitz wird durch Machtausübung manifestiert, welche dem Eigentümer oder Inhaber sonstiger dinglicher Rechte an der Sache gleicht.

Token gelten somit im portugiesischen Zivilrecht als eine bewegliche Sache, welche mangels ihrer Körperlichkeit allerdings ebenfalls wie im BGB unter eingeschränkten Schutz gestellt ist.

[47] *Müller-Bromley*, Portugiesisches Zivilrecht, Bd. 1, Teilband 2: Sachenrecht, 2013, S. 15. Insofern bestimmt Art. 202 Nr. 2 CC ausgehend von diesem extensiven Sachbegriff einschränkend, dass Sachen nicht am Verkehr teilnehmen, an denen keine privaten Rechte bestehen können oder die sich im Eigentum öffentlicher Hand befinden und somit nicht zur Aneignung geeignet sind.

[48] *Müller-Bromley*, Portugiesisches Zivilrecht, Bd. 1, Teilbd. 2: Sachenrecht, 2013, S. 16.

[49] *Müller-Bromley*, Portugiesisches Zivilrecht, Bd. 1, Teilbd. 2: Sachenrecht, 2013, S. 15.

3. Rechtsgeschäfte beim Einsatz von Token als Kreditsicherheit

a) Deutschland

aa) Pfandrecht an Kryptowerten

Pfandrechte können nach § 1204 BGB an beweglichen Sachen oder gemäß § 1273 BGB an Rechten bestellt werden. Die Verwertung kommt durch den Verkauf der Sache (§ 1228 BGB) über einen vollstreckbaren Titel in das verpfändete Recht nach § 1277 BGB zu Stande, wobei oftmals von diesem gesetzlichen Leitbild durch Verwertungsabreden abgewichen wird.[50] Obligatorische Entstehungsvoraussetzungen des Pfandrechts sind die Einigung sowie die Übergabe der Sache als Realakt[51] bzw. die Übertragung der Forderung nach den Regeln der Abtretung gemäß § 1274 BGB sowie das Bestehen der zu sichernden Forderung hinsichtlich der Akzessorietät des Pfandrechts[52]. Der Abschluss der fakultativen Sicherungsabrede als Kausalgeschäft bietet sich gleichwohl zur Ausgestaltung des Vertragsverhältnisses an, z.B. zur Regelung der Rückgabe bzw. Rückübertragung oder des Verwertungsfalles.[53]

Ein Pfandrecht an Kryptowerten selbst scheitert zwar an ihrer Sacheigenschaft, da weder eine Eigentümer- noch eine Besitzerstellung[54] begründbar ist, die (teilweise) übertragungsfähig wäre.[55] Allerdings finden Kryptowerte längst in der wirtschaftlichen Realität auch ohne sachenrechtliche Verankerung statt, sodass aus der Token-Inhaberschaft abgeleitete Rechte geeignete Sicherungsmittel bilden.[56] So könnte etwa der Anspruch auf den Staking-Reward gegenüber den Betreiber*innen einer Kryptobörse verpfändet werden, genauso wie der offensichtlichere Rückübertragungsanspruch.[57]

---

[50] BeckOK BGB/*Schärtl*, 69. Ed. 01.11.2022, BGB § 1277 Rn. 5; BeckOGK/*Leinenweber*, 01.02.2023, BGB § 1277 Rn. 2.

[51] Insofern auch zur Parallelität der Übereignung nach §§ 929 ff. BGB, MüKoBGB/*F. Schäfer*, 9. Aufl. 2023, BGB § 1205 Rn. 2.

[52] *Merkel*, in: Ellenberger/Bunte (Hrsg.), Bankrechts-Handbuch, 6. Aufl. 2022, § 72 Rn. 217.

[53] Als Verfügungsgeschäft ist die Einigung über die Entstehung des Pfandrechts zwingende Voraussetzung, nicht aber die schuldrechtliche Rahmenstellung, BeckOGK/*Förster*, 01.01.2024, BGB § 1204 Rn. 14 ff. Zur Sicherungsabrede *Brünink*, in: Gehrlein/Graewe/Wittig (Hrsg.), Das Recht der Kreditsicherung, 11. Aufl. 2023, § 10 Rn. 19 ff. sowie Rn. 95.

[54] Vgl. BeckOGK/*Götz*, 01.01.2024, BGB § 854 Rn. 31.

[55] Es kann auch kein besitzloses Pfandrecht am Datenbankeintrag bestehen: Mangels der Sacheigenschaft kann weder Eigentum noch Besitz am Token und somit auch kein Pfandrecht begründet werden, anders allerdings Bülow, WM 2019, 1141.

[56] Vgl. insofern auch zur Abtretung von Immaterialgüterrechten als Pfandsicherheit, *Freyer*, Urheberrechte als Kreditsicherheit, 2018, S. 29.

[57] Die Grenze der Verpfändbarkeit von Herausgabeansprüchen des § 985 BGB wird naturgemäß bei Kryptowerten nicht erreicht, da diese an das Sacheigentum geknüpft ist, vgl. MüKoBGB/*F. Schäfer*, 9. Aufl. 2023, § 1273 Rn. 3. Im Rahmen vertraglicher Einordnung im Übrigen für eine treuhändische Geschäftsbesorgung mit Aspekten einer unregelmäßigen Verwahrung plädieren *Meier/Schneider/Schinerl*, BKR 2023, 365, 369.

bb) Grundsicherungsmittel an Kryptowerten

Auch wenn die registerbasierte Übertragung von Kryptowerten in gewissen Zügen an das die Eigentumsverhältnisse an unbeweglichen Sachen ausweisende Grundbuch erinnert, ist eine direkte oder entsprechende Anwendung des Immobiliarsachenrechtes auf Kryptowerte nicht möglich. Ihr Einsatz als Grundsicherungsmittel scheidet daher aus.

cc) Sicherungsübertragung von Kryptowerten

Die Sicherungsübereignung und der Eigentumsvorbehalt setzen eine Eigentumsfähigkeit des Sicherungsmittels voraus, sodass der Einsatz von Kryptowerten ausscheidet. Ein anderes Ergebnis wird auch nicht dadurch erreicht, dass einzelne vermögensreferenzierte Kryptowerte eine Verknüpfung zu Realgegenständen aufweisen sollen, da diese Verknüpfung nur durch schuldrechtliche Vereinbarung, nicht aber durch gesetzliche Akzessorietät hergestellt wird.[58] Diese – mittelbar – mit den Kryptowerten verbundenen Rechte können allerdings Gegenstand einer Sicherungsübertragung sein. Diese ist wie die Sicherungsübereignung ein gekorenes Sicherungsmittel, welches wie bereits die Verpfändung des Pfandrechts die vollwertige Übertragung nach den Abtretungsregeln beinhaltet.[59] Daneben sind naturgemäß das Vertragsverhältnis der zu besichernden Forderung sowie die Sicherungsabrede vorhanden.[60]

dd) Begründung eines Treuhandverhältnisses

Bisher konnte gezeigt werden, dass der Vermögenswert von Kryptowerten zumindest teilweise zur Absicherung des Ausfallrisikos eingesetzt werden kann. Allen bisher untersuchten Möglichkeiten war dabei gemein, dass zumindest mittelbar subjektive Rechte an den Kryptowerten bestehen, welche zur Sicherheit auf die Sicherungsnehmer*innen übertragen oder zumindest an diese verpfändet werden können. Wie bereits ausgeführt fehlt es aber an einer isolierten Zuweisung durch subjektive Rechte. Mag das gesetzliche Leitbild der Sicherung auch das Pfandrecht darstellen, welches auf die Existenz subjektiver Rechte angewiesen ist, hat sich in der Praxis ein weiteres Instrument zur Sicherung entwickelt, bei dem erstmalig subjektive Rechte begründet werden: die Treuhand. Es ist daher zu untersuchen, ob sich das Institut der Treuhand auch für die Besicherung rechtlich nicht zugewiesener Güter wie Kryptowerte operationalisiert werden kann. Dabei ist zunächst zu konstatieren, dass das Institut der Treuhand weder auf positive Regelungen, noch auf einen hegemonialen Diskurs in-

---

[58] Vgl. *Fritsche*, Die Zwangsvollstreckung in Token, 2023, S. 153 ff.
[59] *Huber*, Die Sicherungsabtretung, 2011, Rn. 4/554.
[60] *Huber*, Die Sicherungsabtretung, 2011, Rn. 4/568.

nerhalb der Jurisprudenz verweisen kann.[61] Welche Anforderungen ein Treuhandverhältnis folglich erfüllen muss, ist insofern nicht ausgemacht.[62] Die deutsche Judikative erklärt zwar die kumulative Existenz von schuldrechtlicher und dinglicher Komponente als maßgeblich für die Treuhand.[63] Infolgedessen könnten rechtlich nicht zugewiesene Kryptowerte mangels Übertragbarkeit eines subjektiven Rechts nicht zum Gegenstand einer Treuhandabrede gemacht werden. Allerdings erfordern Treuhandverhältnisse nach vorzugswürdiger Auffassung nicht zwingend eine dingliche Komponente.[64] Auch tatsächliche Positionen wie Kryptowerte oder Buchgeld[65] können damit grundsätzlich Gegenstand einer Treuhandabrede sein.[66] Es ist erforderlich aber auch ausreichend, wenn eine Position eingeräumt wird, welche eine unmittelbare Beeinflussung des Treugutes ermöglicht und daher eine schuldrechtliche Beschränkung im Innenverhältnis erforderlich werden lässt.[67] Die beschriebene Position besteht bei Kryptowerten in der faktischen Zugriffsmöglichkeit. Anstatt eines subjektiven Rechts an dem Sicherungsgut erwerben die Sicherungsnehmer*innen nur einen Anspruch auf Übertragung der Kryptowerte nach Eintritt des Sicherungsfalles. Die Verpflichtung der Sicherungsgeber*innen, den Sicherungsnehmer*innen nach Eintritt des Sicherungsfalles den Zugriff auf die Kryptowerte zu verschaffen, genügt allerdings nicht, um die Sicherungsnehmer*innen zu Treuhänder*innen der Sicherungeber*innen zu machen. Denn mangels subjektiver Rechte an Kryptowerten erweitert sich der Anspruch nicht um die Interaktionsmöglichkeit in Bezug auf die gegenständlichen Kryptowerte. Damit unterscheidet sich die Konstellation von den übrigen Fällen der Sicherungsübertragung. Nicht die Sicherungsnehmer*innen werden zu Treuhänder*innen der Sicherungsgeber*innen, sondern genau umgekehrt. Die Sicherungsgeber*innen halten die Kryptowerte in Zukunft für die Sicherungsgeber*innen, sind also deren Treuhänder*innen.[68]

---

[61] *J. f. Hoffmann*, Prioritätsgrundsatz und Gläubigergleichbehandlung, 2016, S. 246 ff.; MüKoInsO/*Ganter*, 4. Aufl. 2019, InsO § 47 Rn. 356d.

[62] *J. f. Hoffmann*, Prioritätsgrundsatz und Gläubigergleichbehandlung, 2016, S. 246.

[63] BGHZ 155, 227, 233; in letzter Zeit hat der BGH die Zwei-Komponenten-Rechtsprechung allerdings deutlich aufgeweicht, vgl. MüKoInsO/*Ganter*, 4. Aufl. 2019, InsO § 47 Rn. 356d.

[64] *Bitter*, Rechtsträgerschaft für fremde Rechnung, 2006, S. 278–282; *Löhnig*, Treuhand, 2006, S. 832.

[65] Zu Treuhandkonten siehe BGH, NJW 1954, 190, 191; *Canaris,* NJW 1973, 825, 831; *Lange*, NJW 2007, 2513, 2514.

[66] Vgl. *Löhnig*, Treuhand, 2006, S. 833.

[67] MüKoInsO/*Ganter*, 4. Aufl. 2019, InsO § 47 Rn. 355 verwendet den Begriff der „Verfügungsmacht". Vorzugswürdig ist demgegenüber eine Terminologie, welche auf den Verfügungsbegriff verzichtet, um nicht den Anschein des Bestehens subjektiver Rechte hervorzurufen. Siehe etwa *Löhnig*, Treuhand, 2006, S. 832, wo von „Machtmitteln" gesprochen wird.

[68] Es wäre theoretisch denkbar, den Sicherungsnehmer*innen die Kryptowerte zu übertragen, ihnen also den faktischen Zugriff zu ermöglichen. Dies hätte allerdings gewichtige Konsequenzen. Die Übertragung würde nämlich, ebenso wie die spätere Rückübertragung,

Obwohl kein sachenrechtliches Bestimmtheitsgebot existiert, sollte auf eine genaue Beschreibung des Sicherungsguts geachtet werden, damit zu jeder Zeit klar ist, welche Kryptowerte für die Kreditforderung der Sicherungsnehmer*innen haften. Das ist insbesondere dann wichtig, wenn nicht der gesamte Bestand der Sicherungsgeber*innen als Sicherheit herangezogen werden soll. Sofern es sich allerdings nicht um Unikate handelt, sollte die mengenmäßige Bezeichnung genügen. Anders als bei der Vollrechtsübertragung, bei welcher die Sicherungsgeber*innen den Sicherungsgeber*innen fiduziarisch subjektive Rechte übertragen, verlieren die Sicherungsgeber*innen bei der Sicherungsübertragung von Kryptowerten zunächst nichts. Sie sind bis zum Eintritt des Sicherungsfalls in der Lage, die Kryptowerte auf andere Personen zu übertragen. Die Treuhandabrede verpflichtet sie aber – vorbehaltlich expliziter Parteivereinbarungen – dazu, jede, die Sicherungsnehmer*innen potenziell beeinträchtigende Interaktion, zu unterlassen. Sie sind also grundsätzlich verpflichtet, die in der Sicherungsabrede bezeichneten Kryptowerte zu halten.[69]

b) Portugal

Im portugiesischen Recht divergieren die Kreditsicherungsmittel von der sachenrechtlichen Dogmatik des BGB. Der im Grundsatz verkörperte Sachbegriff wie auch die vom Kausalgeschäft getrennte Übereignung[70] sind dem Código Civil fremd. Gleichsam bildet der notarielle Kaufvertrag als öffentliche Urkunde (escritura pública) bereits den Übereignungstatbestand einer Immobilie inter partes, wohingegen erst der antragsgebundene[71] Grundbucheintrag (averbamento) die erga omnes Wirkung herbeiführt.[72] Ein Konstitutivtatbestand in Fasson von § 873 BGB ist dem CC fremd. Dennoch besteht zwischen den Parteien der Immobiliarübertragung das wesentliche Bedürfnis rechtssicheren Erwerbs. Bereits aus diesem Grund wird die Eintragung des Rechts den Regelfall darstellen und faktisch eine Erwerbsvoraussetzung bilden, wie z. B. auch hinsichtlich der Bestellung von Sicherheiten am Grundstück. Als Realsicherheiten kommen das Pfandrecht, die Hypothek und die Hinterlegung von Einkünften

---

erhebliche Transaktionskosten verursachen. Aus diesem Grund ist eine Sicherungskonstruktion vorzugswürdig, welche keine aus der DLT-Technologie resultierende Transaktionskosten verursacht und daher auf On-Chain-Übertragungen verzichtet.

[69] Denkbar wäre allerdings auch, die Sicherungsnehmer*innen zur sachgerechten Verwaltung und damit zum potentiellen Auswechseln einzelner Kryptowerte aus dem Sicherheitsportfolio zu verpflichten.

[70] Das portugiesische Recht unterscheidet sich in der Eigentumsübertragung insofern, als dass das Verpflichtungs- und Erfüllungsgeschäft lediglich einen Rechtsakt darstellen, *Rathenau*, Einführung in das portugiesische Recht, 2013, S. 141.

[71] Insofern die Parallele zu § 13 GBO.

[72] Lediglich die Hypothek bildet die Ausnahme der sonst deklaratorischen Eintragungswirkung, *Wollmann* in: Frank/Wachter (Hrsg.), Immobilienrecht in Europa, 2. Aufl. 2015, Rn. 268.

aus registerbasierten Sachwerten in Betracht. Mangels der Möglichkeit der Begründung mittelbaren Besitzes scheiden allerdings Sicherungsmittel wie die Sicherungsübereignung aus.

aa) Pfandrecht

Die Möglichkeit der Pfandrechtsbestellung (penhor) zur Sicherung einer künftigen oder bereits bestehenden Forderung richtet sich nach den Art. 666ff. CC.[73] Ebenfalls wie das BGB unterscheidet der Código Civil die Verpfändung beweglicher Sachen gemäß Art. 669 bis 678 CC sowie die Verpfändung von Rechten nach den Art. 679 bis 685 CC. Letzteres mit der Einschränkung des Art. 680 CC, wodurch nur solche Rechte zulässiger Vertragsgegenstand sind, die an beweglichen Sachen begründet werden können und übertragbar sind.[74]

Neben dem schuldrechtlichen Sicherungsvertrag bedarf es als Entstehungsvoraussetzung der Übergabe der Sache bzw. der Übertragung des Rechtes.[75] Die Verwertung des Pfandrechts erfolgt gemäß Art. 675 CC durch den gerichtlich erwirkten Verkauf, wobei die Sicherungsabrede abweichende Regelungen zur Verwertung bestimmen kann. Als teilweise akzessorisches Sicherungsrecht ist das Pfandrecht vom Bestand der Forderung abhängig,[76] kann allerdings separat übertragen werden, Art. 676 CC.

Grundsätzlich erscheint die Verpfändung des Token selbst denkbar. Art. 666 Abs. 1 CC trifft lediglich die Einschränkung der beweglichen, nicht aber der körperlichen Sache. Ebenfalls kann der Token so übertragen werden, dass die ausschließliche Verfügungsmacht per Zuweisung zur Public Adress des Sicherungsnehmers iSv Art. 669 CC Abs. 1 besteht.

Allerdings wird anhand der Formulierung und der Regelungssystematik der Pfandvorschriften des zweiten Unterabschnitts („Penhor de coisas" – „Pfandrecht der Dinge") deutlich, dass die Körperlichkeit des Pfandobjektes vorausgesetzt wird. Die Rechte des Pfandgläubigers als Besitzer erlauben die Abwehr von Zugriffen Dritter (Art. 670 lit. a CC „defesa da posse"). Bereits sprachlich wird die Parallele zum gleichnamigen, allgemeinen Besitzschutz der

---

[73] *Müller-Bromley*, Portugiesisches Zivilrecht, Bd. 1, Teilbd. 2: Sachenrecht, 2013, S. 74.

[74] Die Verpfändung von Rechten unterliegt parallel zur Verfügung über Rechte nach deutschem Recht dem Prioritätsgrundsatz, Supremo Tribunal de Justiça, 04.28.2021, Processo: 1377/17.4T8OAZ-D.P1.S1.

[75] Siehe Art. 669 CC, der auch die Ausstellung einer Begründungsurkunde über die Entstehung des Pfandrechts ausreichen lässt, wenn sie ausschließliche Verfügungsbefugnis bescheinigt, *Müller-Bromley*, Portugiesisches Zivilrecht, Bd. 1, Teilbd. 2: Sachenrecht, 2013, S. 75.

[76] Das Pfandrecht wird zwar als akzessorisch verstanden, sodass mit Erlöschen der Forderung auch das Sicherungsrecht untergeht, *Müller-Bromley*, Portugiesisches Zivilrecht, Bd. 1, Teilbd. 2: Sachenrecht, 2013, 74. Allerdings ist nach Art. 676 Abs. 1 CC die getrennte Übertragung von Forderung und Pfandrecht zulässig. Daher ist die Bindung lediglich teilweise akzessorisch.

Art. 1276ff. CC deutlich, welcher nach Art. 1251 CC an die Eigentumsfähigkeit der Sache anknüpft. Zugleich verpflichtet sich der Sicherungsnehmer die Sache wie ein sorgfältiger Eigentümer zu erhalten (Art. 671 lit. a CC „como um proprietário"), wodurch der Gleichlauf zum Eigentumsrecht noch deutlicher wird.

Letztlich ist wie nach deutschem Recht aber die Verpfändung von Rechten möglich, die von Token abgeleitet werden. Dem steht auch Art. 680 CC nicht entgegen, wonach lediglich Rechte verpfändet werden können, welche sich auf bewegliche Dinge beziehen. Token sind als solche einzuordnen. Vorherige Argumente des Besitzschutzes stehen der Verpfändbarkeit nicht entgegen, weil die Rechtspfändung nach Art. 679ff. CC als eigener Unterabschnitt hinsichtlich des Pfandgegenstandes gesondert beurteilt wird.

bb) Hypothek

Die Möglichkeit der Besicherung der Forderung mittels einer Hypothek besteht nach den Art. 686ff. CC.[77] Die Registereintragung ist konstitutiv gemäß Art. 687 CC und wirkt rangwahrend. Ebenso wie das Pfandrecht ist sie teilakzessorisch.[78] Während die Grundschuld als gläubigerfreundlicheres Sicherungsmittel die deutsche Kreditpraxis bestimmt, bildet die Hypothek in Portugal das wichtigste Mittel zur Forderungssicherung durch Grundstücke.[79] Hinsichtlich des vorliegenden Untersuchungsthemas ist sie allerdings von kleiner Relevanz, da Token im Kontext der Hypothek keinen Einsatz finden können.

c) Hinterlegung von Einkünften aus Immobilien Art. 656ff. CC

Das portugiesische Recht erweitert dingliche Sicherungsrechte über das deutsche Verständnis hinaus auf Einkünfte, welche aus unbeweglichen oder bestimmten beweglichen Sachen[80] gezogen werden und nach Art. 656ff. CC an einen Dritten fließen. Hinsichtlich der hier untersuchten Materie besteht allerdings keine Anwendungsmöglichkeit auf Token, da unkörperliche Sachen im Vergleich zu registerbasierten Immobilien keinen geeigneten Vertragsgegenstand darstellen.[81]

---

[77] Ausführlich zur Materie: *Meneres Campos/Morais Carvalho*, EuCML 2017, 219ff.

[78] Art. 727 CC erlaubt die von der Forderung getrennte Übertragung, gleichwohl erlischt mit der Forderung auch die Hypothek nach Art. 730 lit. a CC.

[79] *Rathenau*, Einführung in das portugiesische Recht, 2013, S. 101.

[80] Registrierungspflichtige Sachen sind etwa Pkw, Schiffe oder Flugzeuge.

[81] Denkbar wäre lediglich eine Analogie der Art. 656ff. CC hinsichtlich des Anwendungsbereichs auf Token als unkörperliche Gegenstände mit Registrierungserfordernis. Zu beachten ist allerdings der numerus clausus des portugiesischen Sachenrechts, welcher ebenfalls wie das BGB die Analogiefähigkeit registerbasierter Übertragungen einschränken wird, vgl. Art. 1306 CC sowie zu den Analogievoraussetzungen generell Tribunal da Relação do Porto, 10.07.2013, Processo: 1900/11.8TBPVZ-F.P1.

4. Schranken der Sicherheitsbestellung

Bisher wurde herausgearbeitet, auf welche Weise Kryptowerte zum Gegenstand der Kreditsicherung gemacht werden können. Dabei wurde deutlich, dass diese sowohl in Deutschland als auch in Portugal grundsätzlich als Sicherungsmittel geeignet sind. Im Folgenden ist nun von Interesse, welchen rechtlichen Schranken die Besicherung von Kryptowerten unterliegt.

a) Deutschland

Eine Untersuchung des deutschen Kreditsicherungsrechts kann das Phänomen der Sittenwidrigkeitskontrolle von Kreditsicherheiten nicht außer Acht lassen. Für Sicherungsgeschäfte bildet die Sittenwidrigkeit im Sinne des § 138 BGB ein besonders relevantes Wirksamkeitshindernis. Traditionell wird bei der Sittenwidrigkeitskontrolle zwischen der Schulder*innenknebelung,[82] dem Zusammentreffen mehrerer Sicherungsgestaltungen,[83] sonstigen Fälle der Gefährdung anderer Gläubiger*innen[84] und schließlich der Übersicherung[85] differenziert. Da aber die ersten drei genannten Fallgruppen im Kontext von Kryptowerten keine Besonderheiten aufweisen, die eine nähere Darstellung rechtfertigen würden, soll nur auf die Übersicherung kurz eingegangen werden.

aa) Grundsätze

Nach den allgemeinen Grundsätzen des Sicherungsrechts setzt eine anfängliche Übersicherung voraus, dass bereits im Zeitpunkt des Vertragsschlusses ein auffälliges Missverhältnis zwischen dem realisierbaren Wert des Sicherungsguts und der besicherten Forderung besteht.[86] Subjektiv muss das Auseinanderklaf-

---

[82] Zu dieser Fallgruppe Staudinger/*Wiegand*, 2020, Anhang zu §§ 929–931 Rn. 152f. m.w.N; Es sei angemerkt, dass die Knebelung zwar eine eigene Fallgruppe bildet, im Kern aber gleichfalls die wirtschaftliche Betätigungsfreiheit des Sicherungsgebers geschützt werden soll. Dies insbesondere durch Bewahrung freier Vermögensstücke, ohne durch den Sicherungsnehmer „ausgesaugt" zu werden, vgl. *Ganter*, in: Ellenberger/Bunte (Hrsg.), Bankrechts-Handbuch, 6. Aufl. 2022, § 69 Rn. 405 ff.

[83] Hierzu etwa MüKo-BGB/*Oechsler*, 9. Aufl. 2023, Anhang nach §§ 929–936, Rn. 18 ff. m. w. N.; Beim Einsatz von Kryptowerten als Kreditsicherung bedarf es schon deswegen keiner Korrektur des Prioritätsprinzips durch die Annahme einer Sittenwidrigkeit (Vertragsbruchtheorie) des zeitlich vorrangigen Sicherungsgeschäfts, da diese nicht als „Ware" unter verlängertem Eigentumsvorbehalt geliefert werden (können). In Bezug auf Kryptowerte fehlt also das für jene Fallgruppe charakteristischen Zusammentreffen von Geldkreditgeber*innen und besonders schutzwürdigem Warenkreditgeber*innen.

[84] Staudinger/*Wiegand*, 2020, Anhang zu §§ 929–931 Rn. 158 ff. m. w. N., insbesondere auch zum Vorrang der Anfechtung gegenüber einer Nichtigkeit wegen Sittenwidrigkeit in derartigen Konstellationen.

[85] Siehe hierzu *Seeker*, Die Übersicherung des Geldkreditgebers bei Sicherungsübertragungen, 1993, passim.

[86] BeckOGK/*Jakl*, 01.01.2024, BGB § 138 Rn. 369 m. w. N.

fen von Verbindlichkeitsumfang und Wert der Sicherheit auf einer verwerflichen Gesinnung der Sicherungsnehmer*innen beruhen. Sofern das Verdikt der anfänglichen Übersicherung ausgesprochen ist, hat dies die (vollständige) Unwirksamkeit des Sicherungsgeschäfts zur Konsequenz.[87] Zur Konkretisierung des auffälligen Missverhältnisses schlägt die Literatur Prozentschwellen vor, deren Überschreitung eine Übersicherung indiziert.[88] Die Judikative hat bis zum heutigen Zeitpunkt einen Schwellenrichtwert zu Gunsten des Abstellens auf die Einzelfallumstände zu Recht abgelehnt. Folge einer anfänglichen Übersicherung ist jedenfalls die Nichtigkeit der Sicherungsabrede zur Gänze.[89]

Denselben deskriptiven Anknüpfungspunkt des nicht mehr hinnehmbaren Missverhältnisses von Sicherungswert und besichertem Risiko hat auch die nachträgliche Übersicherung. Sowohl bei der konkreten Bestimmung einer solchen als auch bei den Rechtsfolgen divergieren die beiden Fallkonstellationen aber erheblich. Die Judikative hat in einer Grundsatzentscheidung zum einen Schwellenwerte für die nachträgliche Übersicherung vorgegeben,[90] die seither jedenfalls für die Praxis maßgeblich sind.[91] Es herrscht daher bei der nachträglichen Übersicherung insoweit größere Rechtssicherheit als bei der anfänglichen. Eine Übersicherung ist danach gegeben, wenn die „Deckungsgrenze" überschritten ist, weil der im Verwertungsfall realisierbare Wert der Sicherheiten die gesicherte Forderung um mehr als 10% übersteigt.[92] Der 10%-Zuschlag gegenüber der Höhe der besicherten Forderung dient hierbei der Deckung von Feststellungs-, Verwertungs- sowie gegebenenfalls Rechtsverfolgungskosten.[93]

---

[87] BGH, NJW 1998, 671, 674; MüKoBGB/*Oechsler*, 9. Aufl. 2023, Anh. §§ 929–936, Rn. 33; *Gehrlein*, MDR 2008, 1069, 1074; *Tetzlaff* ZIP 2003, 1826, 1836; *Lwowski*, FS Schimansky, 1999, S. 389ff.; *Nobbe*, FS Schimansky, 1999, S. 433, S. 443.

[88] *Nobbe*, FS Schimansky, 1999, S. 433, 450ff. etwa will die vom Bundesgerichtshof für die nachträgliche Übersicherung entwickelte Deckungsgrenze von 150% des Nennwerts des Sicherungsgegenstandes (dazu sogleich) verdoppeln und gelangt so zu einer Übersicherung, wenn der Nominalwert der Sicherheit mehr als 300 % der gesicherten Forderung erreicht; *Lwowski*, FS Schimansky 1999, S. 389, 390f. stellt hingegen auf den realisierbaren Wert der Sicherheiten ab und nimmt Sittenwidrigkeit an, wenn dieser mehr als 200 % der gesicherten Forderung beträgt; für die Bestimmung des realisierbaren Sicherungswerts sind dabei insbesondere künftige Risiken einzukalkulieren, wie sie etwa aus einer Krise der Schuldner*innen oder der Marktentwicklung resultieren können. *Tetzlaff*, ZIP 2003, 1826, 1831ff. votiert für eher einen zweistufigen Ansatz: sollte der Nominalwert der Sicherheiten 300 % der gesicherten Forderung erreichen, bestehen Anhaltspunkte für eine Übersicherung. Dann ist der realisierbare Wert der Sicherheiten – in Abhängigkeit insbesondere von ihrer Rechtsnatur – zu ermitteln, der grundsätzlich nicht mehr als das Doppelte der gesicherten Forderung betragen darf.

[89] BGH, NJW 1998, 2047, 2047f.; *Tetzlaff*, ZIP 2003, 1826, 1836f.

[90] BGH, NJW 1998, 671, 674.

[91] Mit umfangreichen N. zu den Kontroversen vor der Entscheidung des Großen Senats etwa *Wenzel/Gratias*, in: BuB 168. Ed. Stand 02.2024, Rn. 4/156.

[92] BGH, NJW 1998, 671, 674. Zustimmend etwa *Imping*, MDR 1998, 550, 552.

[93] BGH, NJW 1998, 671, 674, auch zur Bedeutung von § 171 InsO für die Festlegung des 10%-Zuschlags sowie zu steuerlichen Fragen.

Die Bewertung der sichernden Gegenstände, also die Bestimmung ihres realisierbaren Wertes, ist indes nahezu immer mit Unsicherheiten verbunden, wodurch die Einholung von Sachverständigengutachten erforderlich wäre und die Geltendmachung des Freigabeanspruches durch den Sicherungsgeber gefährdet würde.[94] Daher ergänzt der Große Senat die 110%-Deckungsgrenze um eine Regel zur Bewertung des Sicherungsgutes: Gestützt auf den Rechtsgedanken des § 237 S. 1 BGB besteht demnach die widerlegliche Vermutung, dass auf den Nominalwert des Sicherungsgegenstandes ein Abschlag von einem Drittel angemessen ist.[95] In diesem Drittelabschlag auf den Nominalwert des Sicherungsgutes ist zugleich der 10 %-Zuschlag enthalten, den die Judikative bei Berechnung auf Grundlage des tatsächlich realisierbaren Wertes zur Deckung von Verwertungs- und anderen Kosten gewährt. Im Ergebnis ist eine nachträgliche Übersicherung also anzunehmen, wenn der Nominalwert des Sicherungsgutes 150% der gesicherten Forderung ausmacht. Besonderheiten bei der Bestimmung des Sicherungswertes können in Abhängigkeit von der Natur des Sicherungsgegenstandes gelten, etwa ein Abzug vorrangiger Sicherungsrechte oder zusätzliche Abschläge bei Auslandsforderungen.[96] Unbenommen bleibt den Parteien auch der Nachweis, dass im konkreten Fall eine andere Berechnungsweise geboten ist.[97] Besteht nach diesen Maßstäben eine nachträgliche Übersicherung, so führt sie allerdings nicht zur Gesamtnichtigkeit des Sicherungsgeschäftes.[98] Es entsteht lediglich ein Anspruch der Sicherungsgeber*innen auf Freigabe von Sicherungsgegenständen in einem die Übersicherung beseitigenden Volumen.[99] Die Freigabe darf nicht vom freiem Ermessen der Gläubiger*innen abhängen.[100] Diese haben aber – in den Grenzen von Treu und Glauben (§ 242 BGB) – gemäß § 262 BGB und in Übereinstimmung mit dem Rechtsgedanken des § 1230 S. 1 BGB die Wahl, welche Sicherungsgegenstände sie freigeben.[101] Eine Ausnahme von der Freigabeverpflichtung kann dann gelten, wenn die Übersicherung nur vorübergehend ist.[102] Umgekehrt besteht für den Fall

[94] BGH, NJW 1998, 671, 676.

[95] BGH, NJW 1998, 671, 676, auch im Einzelnen dazu, wann für Waren Markt- oder Einkaufspreis als Nominalwert zu gelten haben.

[96] Hierzu BeckOK BGB/*Rohe*, § 398 Rn. 23 m. w. N. Allgemein zu Abschlägen *Lwowski/Fischer/Langenbucher*, Das Recht der Kreditsicherung, 10. Aufl. 2017, S. 90 f.

[97] BGH, NJW 1998, 671, 677.

[98] BGH, NJW 1998, 671, 676.

[99] BGH, NJW 1998, 671, 672.

[100] BGH, NJW 1998, 671, 672; *Wenzel/Gratias*, in: BuB 168. Ed. Stand 02.2024, Rn. 4/157. A.A. *Reinicke/Tiedtke*, Kreditsicherung, 5. Aufl. 2006, Rn. 742 ff., wonach Sicherungsabrede und Sicherungsübertragung unwirksam sind, wenn die Parteien ausdrücklich einen ermessensabhängigen Freigabeanspruch vorgesehen haben – diese Auffassung ist indes abzulehnen, weil sie u.U. diejenigen Sicherungsnehmer*innen, die immerhin in irgendeinen Freigabemechanismus gewilligt haben, schlechter stellt als diejenigen, die zu keinerlei Freigabe bereit waren.

[101] BGH, NJW 1998, 671, 672 f.; *Wenzel/Gratias*, in: BuB 168. Ed. Stand 02.2024, Rn. 4/158.

[102] BGH, NJW 1998, 671, 672.

der nachträglichen „Untersicherung", wenn also die Sicherheiten im Wert derart sinken, dass der Drittelabschlag auf den Nominalwert ihren realisierbaren Wert nicht mehr ausreichend abbildet, ein Ergänzungsanspruch der Sicherungsnehmer*innen, für den die Rechtsprechung § 240 BGB ins Felde führt.[103]

Beide Ansprüche, seien sie auf Freigabe oder auf Ergänzung gerichtet, bestehen ungeachtet expliziter Parteivereinbarungen.[104] Sie werden als Element des treuhänderischen Charakters des Sicherungsgeschäfts in das Rechtsverhältnis hineingelesen.[105] In dieser Operation – die man als ergänzende Vertragsauslegung begreifen kann – besteht auch das zentrale dogmatische Instrument zur Umsetzung der Rechtsprechungsvorgaben.[106] Resultiert die Übersicherung aus Abreden in Form von AGB-Klauseln, lässt sich § 306 Abs. 2 BGB als dogmatische Basis für die Implementierung einer angemessenen Freigaberegelung heranziehen.[107] Ist die übersichernde Abrede Individualvereinbarung, so gilt dasselbe für § 157 BGB.[108]

bb) Sonderregelungen für den kryptowertspezifischen Kontext?

Es dürfe ohne weiteres einsichtig sein, dass Sicherungsgeber*innen auch für den Fall, dass Kryptowerte als Sicherheit eingesetzt werden sollen, eines Schutzes vor Übersicherung bedürfen.[109] Indes könnten die wirtschaftlichen Eigenheiten, insbesondere die zum Teil sehr hohe Volatilität von Kryptowerten, eine auf den Bereich der Kreditsicherung angepasste Handhabung nahelegen. Erwägenswert ist vor allem, was erstmals *Picht*[110] vorgeschlagen hat, den Zwecküber-

[103] BGH, NJW 1998, 671, 676.

[104] BGH, NJW 1998, 671, 673, auch zur Unwirksamkeit speziell einer ermessensabhängigen Freigabeklausel gemäß § 9 AGBGB a. F. (heute § 307 BGB); zustimmend *Wenzel/Gratias*, in: BuB 168. Ed. Stand 02.2024, Rn. 4/157; Erman BGB/*Westermann*, 16. Aufl. 2020, § 398 Rn. 19a; A.A. etwa *Tiedtke,* DStR 2001, 257, 258, wonach bei Vereinbarung einer (nur) ermessensunabhängigen Freigabeklausel Sicherungsabrede und Sicherungsübereignung unwirksam seien, weil ansonsten der Parteiwille, übergangen werde, der nun einmal gegen eine ermessensunabhängige Freigabe gerichtet sei; in diese Richtung auch *Imping,* MDR 1998, 550, 551 f.

[105] BGH, NJW 1998, 671, 672; ebenso etwa Erman BGB/*Westermann*, 16. Aufl. 2020, § 398 Rn. 19a.

[106] A.A. *Rombach*, Die anfängliche und nachträgliche Übersicherung bei revolvierenden Globalsicherheiten, 2001, S. 53 ff., wonach der Freigabeanspruch nicht das Ergebnis ergänzender Vertragsauslegung, sondern der Entwicklung ungeschriebenen objektiven Rechts sei; *Wenzel/Gratias*, in: BuB 168. Ed. Stand 02.2024, Rn. 4/157, stützen das Ergebnis auf eine ungeschriebene Treuepflicht aus dem Sicherungsvertrag.

[107] *Wenzel/Gratias*, in: BuB 168. Ed. Stand 02.2024, Rn. 4/159; BGH, NJW 1998, 671, 673, auch dazu, weswegen hierin kein Verstoß gegen das Verbot der geltungserhaltenden Reduktion liegt.

[108] BGH, NJW 1998, 671, 672.

[109] Vgl. *Ballestrem*, Die Sicherungsübertragung von Patent- und Gebrauchsmusterrechten, 2009, S. 205 f.

[110] *Picht*, Vom materiellen Wert des Immateriellen, 2018, S. 207 f.

tragungsgrundsatz als Instrument gegen anfängliche Übersicherung zu operationalisieren. Betrachtet man die Erfüllung des Sicherungsbedarfes als Zweck des Sicherungsgeschäfts, lässt sich hieraus eine Beschränkung des Geschäftsumfangs auf den Sicherungsbedarf der Sicherungsnehmer*innen ableiten, sofern die Bestimmung des Sicherungsgutes durch die Parteien Auslegungsspielraum lässt. Eine Anwendung der §§ 138, 307 BGB ist dann zum Schutz der Sicherungsnehmer*innen nicht erforderlich. Vielmehr kann und sollte ein ausgewogenes, die Interessen beider Parteien berücksichtigendes Ergebnis erzielt werden, sofern jedenfalls keine gezielte Übersicherung durch die Sicherungsnehmer*innen vorliegt.

Die besondere Volatilität von Kryptowerten mag zwar das Bedürfnis der Gläubiger*innen nach Risikoaufschlägen auf den Sicherungswert erhöhen.[111] Es wäre allerdings verfehlt, deswegen eine Anpassung der allgemeinen Schwellenwerte nach oben oder gar die vollständige Aufgabe solcher Schwellenwerte vorzuschlagen.[112] Denn es darf nicht übersehen werden, dass die Rechtsprechung explizit die Möglichkeit einer spezifischen Bewertung je nach Sicherungsgegenstand zugelassen hat.[113] Der Bundesgerichtshof selbst hat eine Einzelfallanpassung der 150 % Schwelle für die nachträgliche Übersicherung dadurch ermöglicht, dass diese Vorgabe lediglich eine widerlegliche Vermutung darstellt. Auch beim Einsatz von Kryptowerten als Kreditsicherheit bleibt der Nachweis konkreter Tatsachen unbenommen, wonach ein höherer Abschlag erforderlich sei, um die berechtigten Sicherungsinteressen der Sicherungsnehmer*innen zu erfüllen.[114] Der Verweis auf die besondere Volatilität bestimmter Kryptowerte in der Vergangenheit kann hierfür unter Umständen bereits ausreichend sein.

Insbesondere die allgemeinen Regeln über den Umgang mit einer nachträglichen Übersicherung eignen sich daher, um bei der Besicherung mithilfe von Kryptowerten zu sach- und interessengerechten Ergebnissen zu kommen. Denn neben dem Absinken der besicherten Forderung bilden erhebliche Wertschwankungen des Sicherungsgutes ebenso eine Ursache für nachträgliche Übersicherung, wie die veränderliche Zusammensetzung eines Sicherheitenportfolios. Unsicherheiten bei der Bestimmung künftiger Wertentwicklungen sind für Kryptowerte aber typisch. Können sich diejenige Personen, welche

---

111 Vgl. *Solbach,* AG 2024, 237, 240.

112 Siehe bereits zu Non-Fungible Token, *Denga,* BKR 2022, 288, 294; vgl. auch *Ballestrem*, Die Sicherungsübertragung von Patent- und Gebrauchsmusterrechten, 2009, S. 205 f., wonach eine generelle Indizwirkung einer 300%-Schwelle für die anfängliche Übersicherung bestehen soll, welche aber um eine Einzelfallbetrachtung zu ergänzen ist und *ders.*, Die Sicherungsübertragung von Patent- und Gebrauchsmusterrechten, 2009, S. 199, wonach bestimmte Güter keinen auf den Verwertungszeitpunkt prognostizierbaren Marktpreis haben und damit die 110% Grenze der Rechtsprechung ungeeignet sein soll.

113 Zu diesem Ansatz etwa *Tetzlaff*, ZIP 2003, 1826, 1832 ff. m. w. N.

114 Dies betont auch *Picht*, Vom materiellen Wert des Immateriellen, 2018, S. 208 f. für andere besonders volatile Güter.

Kryptowerte als Kreditsicherheit akzeptieren, verhältnismäßig einfach mit einer nachträglichen Übersicherung konfrontiert sehen, ist es umso begrüßenswerter, dass der Bundesgerichtshof eine Lösung entwickelt hat, die sie vor der Totalnichtigkeit des Sicherungsgeschäfts bewahrt.[115] Der Kompromiss zwischen Schuldner*innen- und Gläubiger*innenschutz in Gestalt einer Freigabeverpflichtung, die dem Sicherungsgeschäft notfalls implantiert wird, leistet einen wichtigen Beitrag dazu, dass Kryptowerte trotz ihrer charakteristischen Unwägbarkeiten attraktive Sicherheiten sein können. Es ist sogar zu erwägen, auch bei Fällen der (potentiellen) anfänglichen Übersicherung allein aus einem scheinbaren, auf unsicherer Schätzung bzw. auf einer großzügigen „Sicherheitsmarge" beruhenden Missverhältnis von Sicherungswert und Kreditvolumen noch nicht zwangsläufig eine Übersicherung abzuleiten und stattdessen mit den Regeln für eine nachträgliche Übersicherung abzuhelfen. Das flexiblere und weniger eingriffsintensive Instrument der Freigabeverpflichtung, hergeleitet vor allem auch aus dem Zweckübertragungsgrundsatz, schützt dann die Sicherungsgeber*innen, ohne dass die Sicherungsnehmer*innen durch die Furcht vor einer Totalnichtigkeit wegen anfänglicher Übersicherung vor einer Kreditgewährung überhaupt abgeschreckt werden.

b) Portugal

Die Wirksamkeit von Sicherungsverträgen richtet sich auch im portugiesischen Recht nach allgemeinen Grundregeln. So bestimmt Art. 280 Abs. 1 CC die Unwirksamkeit von Geschäften, deren Gegenstand bereits unmöglich, gesetzeswidrig oder unbestimmbar ist. Entsprechend wurde die Verpfändung eines Rechts in Gestalt einer Apothekerlizenz daher bereits als unwirksam erachtet, da die Lizenzvergabe an den tatsächlichen Betrieb sowie die Inhaberschaft der Apotheke knüpfen und eine Abtretung bzw. Verpfändung somit unmöglich ist.[116] Die öffentliche Ordnung und die guten Sitten sind nach Art. 280 Abs. 2 CC ebenfalls ein Nichtigkeitsgrund. Sollte lediglich der Zweck des Rechtsgeschäfts einen solchen Verstoß erfüllen, so bedarf es zur Nichtigkeit nach Art. 281 CC der Vorwerfbarkeit für beide Vertragsteile.

Der Begriff „gute Sitten" bildet auch im portugiesischen Zivilrecht einen unbestimmten Rechtsbegriff, der erst durch die Rechtsprechung Konturen erhält. Danach stellt die Sittenwidrigkeit einen Verstoß gegen die Werteordnung der vorherrschenden sozialen Moral und Werte dar, deren Inhalt nicht gleichbleibend definiert ist, sondern veränderlich ist und im Einzelfall bestimmt werden muss.[117] Innerhalb der Rechtsgeschäftslehre wird ein solcher Verstoß bejaht,

---

[115] Siehe vor allem BGH, NJW 1998, 671, 673, wonach gerade Sicherungsgeschäfte über schwankungsanfällige Sicherheiten vor einer Gesamtnichtigkeit geschützt werden müssen.

[116] Tribunal da Relação de Coimbra, 04.27.2017, Processo: 9791/15.3T8CBR-B.C1.

[117] Supremo Tribunal de Justiça, 27.01.2004, Processo: 03A3043; Tribunal da Relação do

wenn ein unangemessenes Verhältnis zwischen Leistung und Gegenleistung in Form der gravierenden Unter- oder Überschreitung des gehandelten Verkehrswerts des Vertragsgegenstandes vorliegt.[118] So ist auch im Bereich der Kreditsicherheiten den portugiesischen Gerichten an einem ausgeglichenen Verhältnis des Forderungs- und Sicherungswerts gelegen.[119] Die Absicherung eines Darlehens kann somit unzulässig sein, wenn die Sicherheit etwa den dreifachen Wert der Darlehenssumme aufweist.[120] Anders als im deutschen Recht fehlt es aber an der Differenzierung zwischen anfänglicher und nachträglicher Übersicherung. Zur Verhinderung des Nichtigkeitsverdikts sind also explizite Vereinbarungen erforderlich, um die mangelnde Adäquanz im Vertragsverhältnis durch (sukzessive) Freigabe der Sicherheit bei Ablöse zu gewährleisten. Zumindest für den Fall der Verpfändung mehrerer Kryptowerte wäre die Vereinbarung einer aufschiebenden Bedingung nach Art. 270 CC vorstellbar.[121]

V. Insolvenz der Sicherungsnehmer*innen

Die Bedeutung der insolvenzrechtlichen Dimension für unsere Untersuchung liegt auf der Hand. Die Bewährungsprobe jeder Kreditsicherheit ist die Insolvenz der Sicherungsgeber*innen.[122] Würden die zur Sicherung der Kreditforderung eingesetzten Kryptowerte allen Gläubiger*innen gleichermaßen zur Befriedigung zur Verfügung stehen, könnten sie ihren Hauptzweck – die Kompensation des Ausfallrisikos – nicht erfüllen. Stattdessen wären die Kreditgeber*innen ebenso wie die restlichen Gläubiger*innen auf eine quotale Befriedigung zu verweisen. Die Analyse bezieht daher nachfolgende Kernfragen der Insolvenz im Besicherungskontext von Kryptowerten ein. In einem ersten Schritt ist zu untersuchen, ob Kryptowerte überhaupt in die Insolvenzmasse fallen und daher theoretisch zur Befriedigung aller Insolvenzgläubiger*innen genutzt werden können. Sofern diese Frage bejaht wird, ist anschließend zu überprüfen, ob die Sicherungsnehmer*innen von der Insolvenzmasse abgesonderte Befriedigung verlangen oder sogar eine eigenmächtige Verwertung durchführen können.

Porto, 12.01.2021 Processo: 632/18.0T8AVR.P1; Tribunal da Relação do Porto, 06.27.2018, Processo: 8/17.7T8GDM.P1.

118 Vgl. zum zwanzigmal höheren und dadurch sittenwidrigen Verkauf einer Immobilie, Supremo Tribunal de Justiça, 21.03.2013, Processo: 637/1999. Die Unterschreitung ist ebenso nach deutschem Recht ein Fall der Sittenwidrigkeit, BGH, DNotZ 2016. 471, 472.

119 Vgl. Tribunal da Relação do Porto, 09.26.2022, Processo: 1276/18.2T8VLG.P1.

120 Tribunal da Relação do Porto, 09.26.2022, Processo: 1276/18.2T8VLG.P1.

121 Vgl. zum deutschen Recht BGH, NJW 2022, 2544, 2545.

122 *Decker*, Geistiges Eigentum als Kreditsicherheit, 2012, S. 149; *Picht*, Vom materiellen Wert des Immateriellen, 2018, S. 449.

1. *Massezugehörigkeit von Kryptowerten*

Wird über das Vermögen der Sicherungsgeber*innen das Insolvenzverfahren eröffnet, ist zunächst von Interesse, inwieweit die als Sicherheit eingesetzten Kryptowerte Teil der Insolvenzmasse und damit vom Verwertungsrecht der Insolvenzverwaltung erfasst werden.

a) Deutschland

Gemäß § 35 InsO erfasst das Insolvenzverfahren „das gesamte Vermögen" der Schuldner*innen. Eine bedeutsame Einschränkung enthält vor allem § 36 InsO für unpfändbare Gegenstände. Überraschenderweise wird die Massezugehörigkeit von Kryptowerten, obwohl sie keinen sondergesetzlichen Schutz genießen, entweder gar nicht erst in Zweifel gezogen oder jedenfalls unter Hinweis auf ihren wirtschaftlich realisierbaren Wert bejaht.[123] Aus der Erwähnung des Unternehmens in § 35 Abs. 2 InsO und vor allem aus § 80 Abs. 1 Alt. 1 InsO, wonach die Insolvenzverwaltung zum Abschluss von Verträgen mit Wirkung gegenüber den Insolvenzschuldner*innen berechtigt ist, ergibt sich insofern, dass die Insolvenzmasse nicht nur pfändbare Rechte, sondern auch alle sonstigen vermögenswerten Güter umfasst, die zum Gegenstand von Verpflichtungsgeschäften gemacht werden können.[124] Infolgedessen sind Kryptowerte im Zugriffsbereich der Schuldner*innen Teil der Insolvenzmasse.

b) Portugal

Wie in Deutschland umfasst die Insolvenzmasse gem. Art. 46 Abs. 1 CIRE das gesamte Vermögen der Schuldner*innen zum Zeitpunkt der gerichtlichen Feststellung der Insolvenzlage sowie das Vermögen, was diese während des Insolvenzverfahrens erwerben. Ebenfalls analog zum deutschen Recht wird zudem eine Konkordanz des unpfändbaren Vermögens in Einzel- und Gesamtvollstreckung hergestellt, indem Art. 46 Abs. 2 CIRE die nach dem Zivilprozessrecht unpfändbaren Gegenstände vom Insolvenzbeschlag ausnimmt. Anders als in Deutschland haben die Insolvenzschuldner*innen auch die Möglichkeit, unpfändbares Vermögen freiwillig herauszugeben und damit auf den Pfändungsschutz zu verzichten. Die Vermögensbestandteile werden damit Teil der Insolvenzmasse.[125]

---

[123] BeckOK InsR/*Kirchner*, 34. Ed. 15.01.2024, InsO § 35 Rn. 37a; *Strauch/Handke*, in: Maume/Maute (Hrsg.), Rechtshandbuch Kryptowerte, 2020, § 10 Rn. 38; MüKoInsO/*Peters*, 4. Aufl. 2019, InsO § 35 Rn. 407; *Kütük/Sorge*, MMR 2014, 643, 645; ausführlich erstmals *Heine*, Kryptowerte in Einzel- und Gesamtvollstreckung, in: Meier (Hrsg.), Handbuch MiCAR – Europäische Regulierung der Kryptowerte, Rn 53 (im Erscheinen).

[124] *Heine*, Kryptowerte in Einzel- und Gesamtvollstreckung, in: Meier (Hrsg.), Handbuch MiCAR – Europäische Regulierung der Kryptowerte, Rn. 57 (im Erscheinen).

[125] *Maria do Rosário Epifânio*, Manual de Direito da Insolvência, 8. Aufl. 2022, S. 321; Zur

Im Gegensatz zur deutschen Rechtslage differenziert Art. 46 CIRE explizit zwischen Gütern und den an diesen Gütern bestehenden Rechten. Die Zugehörigkeit von Kryptowerten zur Insolvenzmasse lässt sich daher ohne ausführliche dogmatische Überlegungen bejahen.

2. *Sonderbehandlung der Sicherungsnehmer*innen*

a) Deutschland

Für Sicherungsrechte bilden die §§ 50, 51 InsO die Zentralvorschriften für die Insolvenz der Sicherungsgeber*innen. Nach § 50 Abs. 1 InsO sind die Inhaber*innen eines Pfandrechts zur abgesonderten Befriedigung berechtigt. Dieselbe Sonderbehandlung kommt gemäß § 51 Nr. 1 InsO Personen zu, denen das Eigentum an beweglichen Sachen zur Sicherheit übertragen wurde.[126] Die Absonderungsberechtigung bedeutet dabei eine den jeweils berechtigen Personen haftungsrechtliche Zuweisung des belasteten Vermögensgegenstandes, welche dem Insolvenzverfahren grundsätzlich standhält.

Die Reduzierung der Sicherungsnehmer*innen auf den Rang anderer zur Absonderung berechtigten Personen[127] hat zur Konsequenz, dass die Inhaber*innen nicht befugt sind, die Herausgabe der zur Sicherheit übereigneten Sache zu verlangen. Vielmehr werden sie aus dem Verwertungserlös des Gegenstandes gemäß § 170 Abs. 1 S. 2 InsO vorrangig befriedigt.[128] Ein danach etwa noch verbleibender Resterlös fließt in die Insolvenzmasse und steht den übrigen Gläubiger*innen zur quotalen Befriedigung zur Verfügung.[129] Da an Kryptowerten keine subjektiven Rechte bestehen, die zu Sicherungszwecken auf die Sicherungsnehmer*innen übertragen werden könnten, finden die §§ 50, 51 InsO keine unmittelbare Anwendung. Die Sicherung der Gläubiger*innen kann in diesem Fall nur durch die treuhänderische Verwahrung selbst gewahrt werden. Diese verschafft den Sicherungsnehmer*innen zumindest eine der treuhänderischen Übertragung von subjektiven Rechten vergleichbare Position. Der Rechtsgedanke des § 51 Nr. 1 InsO, die aus dem Sicherungsvertrag resultierende Bindung auch für den Fall der Insolvenz aufrecht zu erhalten,[130] lässt sich aller-

Frage, ob ein Verzicht rückgängig gemacht werden kann, siehe *Fernandes/Labareda*, Código da Insolvência e da Recuperação de Empresas Anotado, 3. Aufl. 2015, S. 292.

[126] Zu den Implikationen dieser gesetzgeberischen Gestaltungsentscheidung für die Rechtsnatur des Sicherungseigentums MüKoInsO/*Ganter*, 4. Aufl. 2019, InsO § 51 Rn. 4ff.

[127] Es wird häufig übersehen, dass § 51 Abs. 1 Nr. 1 InsO eine Ausnahmevorschrift zu § 47 InsO darstellt, also theoretisch auch ein Aussonderungsrecht besteht, vgl. statt aller MüKoInsO/*Ganter*, 4. Aufl. 2019, InsO § 51 Rn. 4f.

[128] MüKoInsO/*Kern*, 4. Aufl. 2019, InsO § 170 Rn. 14.

[129] MüKoInsO/*Kern*, 4. Aufl. 2019, InsO § 170 Rn. 20.

[130] *Gerhardt*, GS Arens, S. 127, 129; *Henckel*, FS Zeuner, S. 193, 196; zur historischen Begründung der Sonderregelung RGZ 124, 73, 75; BGHZ 72, 141, 146; zur sog. Umwandlungslehre siehe *Serick*, Deutsche Mobiliarsicherheiten, 1988, S. 130ff.

dings ohne weiteres auf Fälle übertragen, in denen sich ein Aussonderungsrecht zwar nicht aus absolutem, aber aus persönlichem Recht herleiten lässt und dieser Anspruch der Sicherung eines Kredites dient.[131] Ob der zur Sicherheit begründete Anspruch dennoch zur abgesonderten Befriedigung aus den als Sicherheit vorgesehenen Kryptowerten berechtigt, setzt damit voraus, dass sich ein Aussonderungsrecht theoretisch begründen ließe. Ein solches Aussonderungsrecht wird in der deutschsprachigen Literatur auch sehr verbreitet für andere Fälle angenommen, in denen Kryptowerte für andere Personen verwahrt werden. Normative Grundlage ist dabei fast ausschließlich das Institut der Treuhand.[132] Der Einstimmigkeit, mit der das Bestehen eines Aussonderungsrechts behauptet wird, diametral entgegenstehend, ist jedoch das völlige Fehlen einer substantiierten Begründung.[133] Die Unanwendbarkeit des Instituts der Treuhand lässt sich für die hier verhandelten Fälle jedenfalls nicht mit dem Unmittelbarkeitsprinzip begründen. Zwar hatte das Reichsgericht in der Befürchtung, das Institut der Treuhand könnte ansonsten „völlig ins Unbestimmte zerfließen" ein Aussonderungsrecht der Treugeber*innen auf solche Güter beschränkt, die unmittelbar aus dem Vermögen der Treugeber*innen in das Vermögen der Treunehmer*innen übertragen wurden.[134] Die Notwendigkeit einer restriktiven Anwendung des Institut der Treuhand wurde auch von Seiten des Bundesgerichtshof stets betont,[135] welcher das Erfordernis einer unmittelbaren Vermögensverschiebung bis heute nicht ausdrücklich aufgegeben hat.[136] Gleichzeitig wurde die Anwendbarkeit der Treuhand aber auf Fälle erweitert, in denen Güter auf fremde Rechnung erlangt wurden und dieser Fremdbezug durch Separation von Eigen- und Fremdvermögen offenkundig war.[137] Insofern scheint es, dass das Unmittelbarkeitsprinzip durch das Erfordernis der Vermögensseparation ersetzt wurde.[138] Die Entwicklung in der Rechtsprechung ist

[131] Für die theoretische Möglichkeit von Aussonderungsrechten an Kryptowerten siehe *Bauer*, Die effektive Einzel- und Gesamtvollstreckung von Blockchain-basierten Kryptowährungen, 2023, S. 227; Für die analoge Anwendung von § 51 InsO für den Fall, dass digitale Informationen als Kreditsicherheit eingesetzt werden siehe *Ferling*, Digitale Informationen als Kreditsicherheit, 2023, S. 308.

[132] *Skauradszun/Schweizer/Kümpel,* ZIP 2022, 2101, 2108 f.; *Schröder/Triantafyllakis,* BKR 2023, 12, 15 f.; *Haneke,* NZI 2023, 529, 530; *Meier/Schneider/Schinerl,* RDi 2023, 257, 260, 263; *d'Avoine/Hamacher,* ZIP 2022, 2214, 2217.

[133] Erstmalig auf die Grundlagen der Treuhand im Zusammenhang mit Kryptowerten eingehend *Heine,* Kryptowerte in Einzel- und Gesamtvollstreckung, in: Meier (Hrsg.), Handbuch MiCAR – Europäische Regulierung der Kryptowerte, Rn. 61 (im Erscheinen).

[134] RGZ 84, 214, 216 ff.; 91, 12, 14; 133, 84, 87; Für einen ausführlichen Überblick über die Rechtsprechung siehe *Bitter*, Rechtsgeschäft für fremde Rechnung, 2006, S. 51 ff.

[135] BGH, NJW 2002, 3253, 3255.

[136] BGHZ 155, 227, 231.

[137] BGHZ 11, 63; ausführlich hierzu *Bitter*, Rechtsgeschäft für fremde Rechnung, 2006, S. 89 ff.

[138] *Skauradszun/Schweizer/Kümpel,* ZIP 2022, 2101, 2108 f.; *Schröder/Triantafyllakis,* BKR 2023, 12, 15 f.; *Haneke, NZI 2023, 529, 530; Meier/Schneider/Schinerl,* RDi 2023, 257,

grundsätzlich überzeugend, da sich das künstlich anmutende Erfordernis der Unmittelbarkeit durch bloßes Hin- und Herschieben des Treuguts leicht umgehen lassen würde, ohne dass damit ernsthaft etwas gewonnen wäre.[139] Der Weg, auf dem das Treugut zu den Treuhänder*innen gelangt, kann für den Insolvenz- und Vollstreckungsschutz der Treugeber*innen nicht entscheidend sein.[140] Im Ergebnis lässt sich eine Sonderbehandlung der Sicherungsnehmer*innen aber dennoch auf das Institut der Treuhand und damit auch nicht auf eine analoge Anwendung von § 51 Abs. 1 Nr. 1 InsO stützen. Überprüft man nämlich die vermeintlichen dogmatischen Grundlagen der Sonderbehandlung der Treugeber*innen in der Insolvenz auf ihre Stichhaltigkeit, verbleibt als einzig plausibler normativer Anknüpfungspunkt die Erwähnung des persönlichen Rechts in § 47 InsO.[141] Es wurde allerdings bereits der Nachweis erbracht, dass die Erwähnung des persönlichen Rechts in § 47 InsO nicht den Schutz der obligatorisch Berechtigten selbst, sondern ausschließlich den Schutz der dinglich Berechtigten intendiert. Die Erweiterung des Kreises der zur insolvenzrechtlichen Intervention berechtigten Personen um persönlich Berechtigte sollte lediglich deren Schutz intensivieren. Daraus folgt dann aber, dass eine Intervention, welche ausschließlich persönlich Berechtigte schützen soll, mit dem geltenden Recht nicht in Einklang zu bringen ist. Eine Aussonderung von Kryptowerten über das ungeschriebene Konzept der Treuhand ist daher nicht möglich.

b) Portugal

Die Befriedigung der Gläubiger*innen ist in Artikel 172–184 CIRE geregelt, und ihre rechtliche Regelung hängt von einer grundlegenden vorläufigen Unterscheidung zwischen den Masseschulden und den Insolvenzforderungen ab.[142] Masseforderungen werden als erstes befriedigt. Die Insolvenzverwaltung muss hierfür von der Insolvenzmasse die zu ihrer Befriedigung erforderlichen Vermögenswerte oder Rechte abziehen und dabei auch die Schulden berücksichtigen, die bis zur Beendigung des Verfahrens voraussichtlich entstehen werden (Artikel 172 Absatz 1 CIRE). Darüber hinaus werden die Nachlassverbindlichkeiten aus dem Nachlasseinkommen beglichen und der Überschuss in angemessenem Verhältnis dem Erlös jedes beweglichen oder unbeweglichen Vermögensgegenstands zugerechnet. Diese Anrechnung darf jedoch 10 % des Wertes des

260, *263; d'Avoine/Hamacher*, ZIP 2022, 2214, 2217. Für alternative Konzeptionen aus der Literatur vgl. *Bitter*, Rechtsträgerschaft für fremde Rechnung, 2006, S. 141 ff.

[139] MüKoInsO/*Ganter*, 4. Aufl. 2019, InsO § 47 Rn. 357; *Heinsius*, FS-Henckel, 1995, S. 387, 393.

[140] *Bitter*, Rechtsträgerschaft für fremde Rechnung, 2006, S. 80.

[141] Vgl. Hierzu und zum folgenden *Heine*, Kryptowerte in Einzel- und Gesamtvollstreckung, in: Meier (Hrsg.), Handbuch MiCAR – Europäische Regulierung der Kryptowerte, Rn. 58 (im Erscheinen).

[142] *Barraca*, Código da Insolvência e da Recuperação de Empresas, 9. Aufl. 2022, S. 102; *Rosário Epifânio*, Manual de Direito da Insolvência, 8. Aufl. 2022, S. 348.

Vermögensgegenstandes nicht überschreiten, wenn es sich um einen mit einer dinglichen Sicherheit belasteten Vermögensgegenstand handelt (Artikel 172 Absatz 2). Schließlich werden die Schulden der Insolvenzmasse unabhängig vom Stand des Verfahrens zu den Zeitpunkten ihrer Fälligkeit beglichen (Artikel 172 Absatz 3).

Im Anschluss daran erfolgt eine Befriedigung der Insolvenzschuldner*innen. Gegenüber der deutschen Rechtslage stellt sich diejenige im portugiesischen Recht verhältnismäßig einfach dar. Dort werden die Forderungen der Gläubiger durch Art. 47 Abs. 4 lit. a-c CIRE in vier Arten unterteilt, die für die Rangfolge der Gläubigerbefriedigung von Relevanz sind.[143] Den ersten Rang nehmen dabei Forderungen ein, welche durch ein dingliches Sicherungsrecht wie ein Pfandrecht oder eine Hypothek abgesichert sind.[144] Danach folgen privilegierte Forderungen, welche sich nicht auf eine bestimmte Sache beziehen, sondern allgemein vorrangig zu befriedigen sind. Darunter fallen etwa Steuerforderungen des Fiskus oder Sozialversicherungsausgaben.[145] An dritter Stelle stehen sonstige Forderungen, welche weder privilegiert noch benachteiligt sind.

Die durch ein Pfandrecht an Kryptowerten gesicherten Forderungen unterfallen dabei der Kategorie der dinglich gesicherten Forderungen gem. Art. 47 Abs. 4 lit. a CIRE. Als solche werden sie nach Artikel 174 CIRE unmittelbar nach Verwertung des belasteten Vermögens befriedigt. Die Befriedigung erfolgt, sobald der mit der Sicherheit belastete Vermögenswert verwertet wurde. Sie führt den vollen durch die Verwertung erzielten Erlös, abzüglich der jeweiligen Kosten, den jeweiligen Gläubiger*innen zu. Für den Fall, dass der durch die Verwertung erzielte Betrag die Höhe der Insolvenzforderung nicht erreicht, werden die entsprechenden Restbeträge den gemeinsamen Forderungen zugerechnet, welche nach Art. 176 CIRE quotal befriedigt werden, sobald sämtliche gesicherten und privilegierten Forderungen erfüllt sind.

VI. Zusammenfassung

In Portugal wie auch in Deutschland bereitet der Einsatz von Kryptowerten als Kreditsicherheit insofern keine Probleme, wie lediglich die Verpfändung von Rechten an Token erfolgt. Token sind zwar im portugiesischen Recht als bewegliche Sachen zu behandeln, erfahren durch das Körperlichkeitserfordernis aber Einschränkungen in ihrem rechtlichen Schutz.

Für das deutsche Recht hat sich demgegenüber gezeigt ist, dass die legislativ explizierten und auch die von der Kautelarjurisprudenz geschaffenen Siche-

---

143 *Barraca*, Código da Insolvência e da Recuperação de Empresas, 9. Aufl. 2022, S. 104; *Rosário Epifânio*, Manual de Direito da Insolvência, 8. Aufl. 2022, S. 349.

144 *Rosário Epifânio*, Manual de Direito da Insolvência, 8. Aufl. 2022, S. 349.

145 *Rosário Epifânio*, Manual de Direito da Insolvência, 8. Aufl. 2022, S. 349.

rungsinstitute sich nicht systemkonform auf Kryptowerte anwenden lassen. Das Fehlen subjektiver Rechte an Kryptowerten lässt sich jedenfalls in der Insolvenz nicht durch Parteivereinbarungen kompensieren.

Tokenisation of bankruptcy claims: legal and regulatory framework for debt tokens

Madalena Perestrelo de Oliveira

I. General remarks: the market for bankruptcy claims and the OPNX case

Tokens are values[1] or registries in a data base, which are exclusive, unique and cannot be replicated.[2] Tokenisations describes the process by which rights and claims are embedded in tokens rather than in documents. It "*refers to the concept, sometimes referred to as reification, of a single thing embodying rights in something else*"[3], which means there is a legal link between the token and the asset or right that it represents.[4]

In this paper I discuss the possibility of tokenising bankruptcy claims, the conditions under which this tokenisation could take place and what the legal framework would be, focusing on the European and Portuguese legal frameworks.

Trading in bankruptcy claims has a long history, driven by the uncertainty of whether these claims will be paid. This has led to the development of an over-the-counter market for bankruptcy claims where creditors sell their claims to

[1] *Matzke*, in: Möslein/Omlor (eds.), FinTech-Handbuch, 3rd ed. 2024, § 10 Rn. 1.

[2] *Kaulartz/Matzke*, NJW 2018, 3278.

[3] *Dick/Odinet/Tosato*, University of Pennsylvania Law Review (forthcoming 2024), 1 ff., 31 (available at https://ssrn.com/abstract=4694629).

[4] *Omlor/Möslein*, in: Ellenberger/Bunte (eds.), Bankrechts-Handbuch, Bd. I, 6th ed. 2022, 39.

investors, typically at a discounted price. Critics argue that these markets suffer from a lack of transparency, resulting in information asymmetries and price distortions. Furthermore, trading in bankruptcy claims is often considered an elite activity, accessible primarily to creditors and investors with legal counsels who can navigate the complexities of insolvency proceedings and claims trading. These factors collectively contribute to the lack of liquidity in such markets.

The negotiation and circulation of insolvency claims elicit mixed reactions. Some view it with trepidation, fearing that high creditor turnover can destabilise insolvency negotiations, heighten conflicts among creditors, and increase litigation, ultimately delaying or derailing the reorganisation of insolvent entities. However, empirical data does not support these concerns. On the contrary, many argue that claims negotiation enhances the efficiency of the insolvency process. By concentrating claims in the hands of fewer creditors, negotiations are simplified, leading to quicker reorganisations. Selling claims also offers an exit strategy for creditors who wish to avoid the complexities and uncertainties of insolvency or reorganisation proceedings. This can positively impact the availability of capital, as creditors may be more willing to extend credit if they know there is a market for insolvency claims. Additionally, the involvement of activist investors, who purchase insolvency claims, can facilitate business recovery, and help preserve enterprise value as a going concern.[5]

The tokenisation of insolvency claims holds the potential to democratise these markets. By converting bankruptcy claims into digital tokens, they could be traded on cryptocurrency exchanges, making them accessible to a broader range of investors. The insolvencies of Voyager Digital Holdings Inc., Celsius Network LLC, and FTX Trading Ltd. created unique conditions for the emergence of tokenised insolvency claims.[6] Many individual clients of these crypto platforms were locked out of their accounts and unable to access their digital assets following the insolvency declarations. To avoid waiting through a tumultuous and legally uncertain process, solutions were developed to settle these claims. One such solution was to tokenise the claims, allowing them to be sold on the open market.

However, the tokenisation solutions for bankruptcy claims that have emerged in the market have not set a good precedent or created a positive reputation for this type of tokenisation. In 2023, a Decentralised Autonomous Organisation (DAO) called DebtDAO offered a token representing FTX insolvency claims.[7]

---

[5] *Dick/Odinet/Tosat*, University of Pennsylvania Law Review (forthcoming 2024), 13 and 14 (available at https://ssrn.com/abstract=4694629).

[6] *Dick/Odinet/Tosato*, University of Pennsylvania Law Review (forthcoming 2024), 21 ff. (available at https://ssrn.com/abstract=4694629).

[7] Crypto exchange HTX announced it would be listing FUD tokens. According to its website, "FUD (FTX Users' Debt) is a bond token for the highest quality creditors in the

However, it was neither authorised by FTX nor did it actually represent FTX claims.[8]

Similarly, in April 2023, Su Zhu and Kyle Davis, co-founders of the insolvent crypto hedge fund Three Arrows Capital (3AC), along with Mark Lamb, CEO of the failed exchange CoinFLEX, launched OPNX (Open Exchange).[9] OPNX aimed to tokenise Celsius' insolvency claims, offering creditors the possibility of selling them on the market at a fair price as an alternative to lengthy and complicated insolvency proceedings. However, in February 2024, OPNX closed due to lack of liquidity. Despite the market finding the idea of the platform interesting, the founders' reputations contributed to its failure.[10]

Beyond reputational issues, there are legal doubts about whether the platform genuinely tokenised the credits as claimed. Diane Lourdes Dick, Christopher K. Odinet and Andrea Tosato[11] scrutinised the platform's operations using publicly available information, to conclude that insolvency claims were assigned to OPNX, which issued tokens representing these claims. Essentially, creditors did not hold a claim on the FTX insolvency itself. Instead, the legal ownership of the underlying claim was assigned to a trust, while token holders maintained the economic rights attached to the token. However, it remains unclear in whose favour the trusts were established, and there is little evidence to suggest they were established in favour of the token holders. These holders had no direct relationship with Heimdall, OPNX's partner entity responsible for the technological solution to create the tokens and set up the funds. This represents the first point of failure: the token holders were not actual creditors of the bank-

FTX event issued by DebtDAO, and is the top quality FTX debt asset that HTX is exclusively offering. It has been confirmed through a contract provided by DebtDAO that the debt is in the tens of millions of dollars. The early bird issuance phase will sell FTX the debt at a discount. [...] After FTX restores the database or FTX officially confirms the actual debt of the creditor, DebtDAO will issue secondary public offering based on the actual amount of the debt and issue airdrops to all FUD holders [...]", see "HTX Will List FUD (FTX Users' Debt) on February 5, 2023" (available at https://www.htx.com/support/94929888216783).

[8] *Benedict*, "FTX Warns Users Against Scam Debt Token Issued by Huobi Exchange", 19.02.2023 (available at https://coinfomania.com/ftx-warns-users-against-scam-debt-token/).

[9] The company that created OPNX is Open Technology Markets Ltd, incorporated under the laws of the Republic of Seychelles. To start the tokenisation process a customer must create an account with OPNX and FTX Customer Claims Portal, which is a system for submitting a proof of claim in FTX's chapter 11 proceedings. Although 1.2 million FTX claim holders are US customers, people from the US cannot create an account. Once the claim has been verified by the OPNX system and a transfer agreement has been signed, users can convert the claim into reOX or oUSD tokens. A partner (Heimdall) provides the back-end technology for the tokenisation. Heimdall collates claims into dedicated trusts and then tokens are issued against the vehicle and made tradable on OPNX. *Dick/Odinet/Tosato*, University of Pennsylvania Law Review (forthcoming 2024), 23 ff.

[10] *Wan*, "Here's Why OPNX Exchange Is Closing: 3AC Strikes Again?", 02.02.2024 (available at https://dailycoin.com/heres-why-opnx-exchange-is-closing-3ac-strikes-again/).

[11] *Dick/Odinet/Tosato*, University of Pennsylvania Law Review (forthcoming 2024), 23 ff.

ruptcy estate but were merely creditors of the token issuer (OPNX). This critical information was not clearly and unequivocally disclosed to the market.

On the other hand, according to information provided by the platform, users could convert bankruptcy claims into reOX or oUSD tokens. Although the public was informed that the oUSD token represented a 1:1 ratio with the US dollar, the reality was different. oUSD could only be redeemed for USDT, another stablecoin, and there was no guarantee that oUSD could be redeemed for USDT at any given time. Instead, the conversion depended on there being enough USDT available to ensure redemption. Thus, the token related to the FTX insolvency claim was not necessarily redeemable in USDT.

In essence, OPNX did not create genuine debt tokens. The token holders never became creditors of the FTX insolvency; rather, they were creditors against a pool of bankruptcy claims held by a third-party service provider of OPNX. Additionally, OPNX could not guarantee the ability to convert these tokens into dollars at any time.[12] This setup introduced several risks that were not clearly identified in the information available to the public.

Despite this failed and unclear model, the tokenisation of insolvency claims remains an intriguing concept. It offers a potential solution for creditors who wish to avoid being entangled in prolonged insolvency proceedings. By converting claims into digital tokens, creditors could liquidate their claims quickly and move on, thus injecting liquidity into an otherwise stagnant process. This approach could democratise access to bankruptcy markets, making it easier for a wider range of investors to participate. While current implementations have shown significant flaws, the underlying idea holds promise for future developments in the financial landscape.

II. How to effectively implement the tokenisation of bankruptcy claims

1. The spectrum of intermediation

Under the legal framework of the United States, Dick, Odinet and Tosato outline four strategies for tokenising bankruptcy claims,[13] all of which could be adapted for implementation in the European Union, albeit within a specific regulatory framework.

The first hypothesis, which is fully disintermediated and peer-to-peer, involves the bankruptcy creditor entering into an agreement with the bankruptcy trustee or administrator to tokenise its claim. In the United States, this claim would be represented by a controllable electronic record (CER) that would be minted, with the trustee paying the liquidated claim to the CER's holder. CERs

[12] *Dick/Odinet/Tosato*, University of Pennsylvania Law Review (forthcoming 2024), 35.
[13] *Dick/Odinet/Tosato*, University of Pennsylvania Law Review (forthcoming 2024), 45 ff.

were introduced in 2022 as part of the amendments to the Uniform Commercial Code (UCC), a comprehensive set of laws governing commercial transactions in the United States.[14] These amendments were made to better accommodate emerging technologies, including crypto-assets and distributed ledger technology (DLT). The prefatory note to article 12, which addresses CERs, states that

"article 12 creates a legal regime that is meant to apply more broadly than to electronic (intangible) assets that are created using existing technologies such as distributed ledger technology (DLT), including blockchain technology, which records transactions in bitcoin and other digital assets. It also aspires to apply to electronic assets that may be created using technologies that have yet to be developed, or even imagined".

This new regime acknowledges the significant role of DLT in e-commerce, highlighting two key phenomena: the attribution of economic value to some electronic records independent of extrinsic rights, and the use of records to transfer rights to real assets.

For instance, electronic records can be used to transfer the right to fulfilment (e.g., in cash, services, delivery of goods) or other rights (such as ownership of a particular asset). The amendments to the UCC are designed to pre-emptively address future disputes likely to arise from these phenomena. According to UCC Article 12(1), a CER is defined as a record stored in an electronic medium that can be subjected to control. CERs have three key characteristics:

(i) Record, in the sense that information is stored in a medium and retrievable in a perceivable form;
(ii) Electronic, meaning any technology having electrical, digital, magnetic, wireless, electromagnetical or similar capabilities;
(iii) Control, which exists when a person has the power to avail itself of substantially all the benefit from the electronic record and exclusive power to prevent others from benefiting similarly. It also allows the person to readily identify themselves by various means, such as name, identifying number, cryptographic key, office, or account number, as having this power.

Having established the concept of CER, let's return to the tokenisation of insolvency claims. A creditor could mint the CER, creating a controllable account[15] that can be assigned to monetise the claim. In Europe, this solution would be

[14] In the words of the Uniform Law Commission (available at https://www.uniformlaws.org/acts/ucc), "the Uniform Commercial Code (UCC) [...] is not a federal law, but a uniformly adopted state law. Uniformity of law is essential in this area for the interstate transaction of business. Because the UCC has been universally adopted, businesses can enter into contracts with confidence that the terms will be enforced in the same way by the courts of every American jurisdiction".

[15] According to Section 9–102 of the UCC, an account is "a right to payment of a monetary obligation for property that [...] has been or is to be sold, leased, licensed, assigned [...] or otherwise disposed or for services rendered or to be rendered".

viable even without the specific concept of a CER, by minting a non-fungible token (NFT), although that solution would not generate a dynamic and liquid market for bankruptcy claims.

A second hypothesis, which is not entirely peer-to-peer,[16] involves a third party to assist in creating the controllable account or token and facilitating its monetisation through sale. This third party could offer technical support for the creation of the CER/token, provide digital wallet services and manage the transfer of control of the CER/token to purchasers.

In a third scenario, this entity can develop a network specifically designed to tokenise creditor claims. Additionally, it would act as the creditor's agent, negotiating with the bankruptcy trustee to convert its claims into controllable accounts, and ensuring the minting of CERs/tokens.

These three scenarios correspond to tokenisation *proprio sensu*, wherein tokenholders become creditors of the bankruptcy estates, as explained below. However, due to some practical difficulties with this approach, a fourth and final hypothesis of pseudo-tokenisation, which is more intermediated, could be considered.

As Dick, Odinet and Tosato point out,[17] it is possible to create a special purpose vehicle (SPV) that acquires bankruptcy claims from one insolvency, or aggregates claims from several different insolvencies to diversify the risk. In a second step, the SPV would mint tokens backed by the pool of acquired bankruptcy claims. Each token would grant its holder the right to *pro rata* distributions corresponding to the tokenised claims and could be sold on crypto exchanges. In this case, similar to the structure of OPNX, the token holders only have a claim on the entity issuing the tokens, rather than on the bankruptcy estate itself. Thus, there is no real tokenisation of bankruptcy claims.

All these scenarios are admissible and viable, although they have different advantages and disadvantages and require the application of distinct legal frameworks.

2. *Civil law framework: assignment of claims via sale of tokens?*

Under Portuguese law, the sale of debt tokens representing claims against an insolvent company trigger, from a civil law perspective, an assignment of claims. If the claim is divided into multiple tokens, each sale of a token constitutes a partial assignment of that credit.

The Portuguese credit assignment regime supports the conclusion that the sale of debt tokens is accompanied by the assignment of the underlying credit. Article 577 of the Portuguese Civil Code states that "the creditor may assign

---

[16] We continue to follow the explanation of *Dick/Odinet/Tosato*, University of Pennsylvania Law Review (forthcoming 2024), 46.

[17] *Dick/Odinet/Tosato*, University of Pennsylvania Law Review (forthcoming 2024), 46.

part or all of the credit to a third party, regardless of the debtor's consent, provided that the assignment is not prohibited by law or agreement of the parties and the credit is not, by the very nature of the instalment, linked to the person of the creditor." This means that the assignment of claims is generally permitted and does not require the debtor's consent.

However, the assignment of credits is always causal; there must be an underlying legal transaction that justifies the assignment from the assignor to the assignee. This underlying transaction can be any that is capable of transferring the claim.[18] This means that the assignment of credits does not constitute an autonomous type of contract, but merely a discipline of legal effects that can be triggered by any transaction capable of transferring the claim. Consequently, the requirements and effects of the assignment between parties are determined by the nature of the underlying transaction. Specifically, the form required for the assignment of credits must follow the form of the underlying legal transaction (Article 578 of the Portuguese Civil Code). On the blockchain, the purchase and sale contract is typically the legal transaction that transfers the tokens and legitimises the assignment of credits. In the case of buying and selling a token representing a bankruptcy claim, the contract can be concluded without any special form.[19]

Under Portuguese law, when a token representing a credit right is sold, the conclusion of the sale and purchase agreement necessarily results in the assignment of the credit. In legal terms, when the token holder issues an order to sell his token there is an offer to the public which is subsequently accepted by those who place an order to buy. As Kaulartz and Matzke point out,[20] it is reasonable to view the authorisation or placement of the token sale order on the blockchain as a conclusive behaviour indicating an offer regarding the assignment of the credit right represented by the token. The purchase order represents, in turn, the acceptance of the offer. This framework should be clearly stated in the token's whitepaper, or in the information provided by the platform or network where these tokens are traded.

---

[18] *Menezes Leitão*, Cessão de créditos, 2005, 291.

[19] In fact, according to the Portuguese Civil Code, the contract for the sale of immovable property is only valid if it is concluded by public deed or by a notarised private document (article 875). In other cases, namely when the object of the contract is movable property, or when there is no special provision stating otherwise, as is the case with the sale of credit rights, the purchase and sale contract does not require a special form (article 219 of the Portuguese Civil Code).

[20] *Kaulartz/Matzke*, NJW 2018, 3278, 3280. The authors argue that, under German law, the contract can be understood to be concluded without acceptance by the purchaser of the token, as per § 151 of the BGB, which allows for a contract to be concluded without acceptance if customary practice dispenses with such acceptance. However, under Portuguese law, the placing of the order to purchase the token could be interpreted as an acceptance, without the need for the buyer to communicate this acceptance to the seller.

One might question whether it is expected, from the declarant's perspective, that the token transaction would imply the assignment of the credit, especially given that tokens are often traded purely for speculative purposes. The answer is, in principle, positive. The issue lies in the interpretation of the contract. The technological context does not exempt the parties' declarations from interpretation or suggest a return to the maxim *in claris non fit interpretatio* (no interpretation is needed when the words are clear). Generally, the standard civil regime applies. For contracts governed by Portuguese law, Article 236 of the Portuguese Civil Code dictates interpretation according to the "impression of the declarant". This means the declaration is valid based on the meaning a typical person, in the position of the actual declarant, would deduce from the declarant's behaviour. The goal is to discover the significant behaviour of the parties to determine the "contractual norm that resolves the case".[21] Insofar as the value of the token is conditioned by the value of the credit right represented, the recipient could not reasonably expect the token to be traded separately from the credit right.[22]

That said when there is no contract in natural language and the contract is only embedded in code, the result is a totally depersonalised contractual relationship. Given the absence of direct party intervention and relevant external circumstances, it can also be argued that the objective meaning of the contract must be interpreted from the perspective of a "reasonable programmer".[23] In this context, the interpretative criteria derived from the Civil Code are not applicable; one cannot use the methods for interpreting human language to determine the meaning of computer code.[24] In such cases, the interpretation of the contract is reduced to its effects: if the smart contract specifies that the sale of the token assigns the bankruptcy claim, this will be the consequence of its execution.

Furthermore, trading on a DLT network does not eliminate the risk that the transferor might simultaneously transfer the credit both on the blockchain and off-chain, under incompatible terms. In such scenarios, generally, the assignment that is first notified to or accepted by the debtor prevails.[25]

---

[21] *Frada*, in: Miranda/Canotilho/Sousa e Brito/Nogueira de Brito/Lima Rego/Múrias (orgs.), vol. II 2012, Estudos em homenagem a Miguel Galvão Telles, 976.

[22] *Kaulartz/Matzke*, NJW 2018, 3278, 3280.

[23] *Ana Perestrelo de Oliveira*, Smart contracts, risk and codification of disengagement or negotiation modification, 2023, 58.

[24] *Ana Perestrelo de Oliveira*, Smart contracts, risk and codification of disengagement or negotiation modification, 2023, 58. If, however, there is a divergence between the meaning of the code and its execution, it is possible to appeal to the meaning of the code for the "reasonable coder". This is a new concept that has not yet been explored, but it is worth developing insofar as experts say that code does not have only one possible meaning.

[25] Article 584 of the Portuguese Civil Code.

Three additional aspects related to the assignment of claims should be considered: one related to civil law, another one to procedural law, and the last to the obligations between debtors and creditors.

Firstly, it is crucial to distinguish between the transfer of the claim, which takes effect between the assignor and assignee merely by the conclusion of the contract, and the production of effects in relation to the insolvent debtor. The assignment of claims only becomes effective vis-à-vis the debtor from the moment it is communicated to him.[26] In practice, this means that the enforceability of the assignment against the debtor necessarily depends on off-chain behaviour. To address this, tokenisation may be accompanied by the signing of a mandate with the issuing entity that manages the network. This mandate would enable the entity, in the name and on behalf of the assignee, to make the necessary notifications and manage and collect the credit. However, identifying the conclusion of a mandate contract is challenging in scenarios where the transferee acquires the token from the seller, without entering into any contract with the issuing entity. Nonetheless, there is nothing that prevents the issuer from making access to the platform conditional on entering into the mandate contract, a possibility that may effectively address this issue.

Secondly, the procedural aspects of the assignment of claims should be considered. If a bankruptcy claim is assigned, the assignee must be authorised in the proceedings by form of a qualification of the assignee (in Portuguese: *habilitação de cessionário)*. The other creditors and the debtor are summoned to object. Although the time limits for the qualification are short, procedural experience in Portugal shows that some authorisations are decided within a month, while others can take up to six months. The process is cumbersome from a bureaucratic standpoint and poses a significant challenge to the tokenisation of insolvency claims. It is not feasible to initiate a process for the qualification of the assignee each time the token is transferred on the DLT network.

However, if an entity acquires the credit and subsequently issues tokens linked to the bankruptcy claim, this burden is eliminated, since the authorisation of the assignee only has to be requested once, at the point when the credit is transferred to the entity that issues the tokens. In this case the tokens would not grant its holders a right to directly demand payment to the debtor, but only a right against the issuer entity, that serves as an intermediary.

Thirdly, it is important to emphasise that the negotiation of credits on the market, despite having the potential to increase the distance between creditors and the insolvent debtor, does not diminish the debtor's duties of loyalty towards creditors. During financial distress, whether in pre-insolvency or insol-

[26] According to Portuguese law, the assignment of credits also takes effect from the moment the debtor accepts it or from the moment the debtor becomes aware of the assignment (article 583 of the Portuguese Civil Code).

vency, there is often a shift in the fiduciary duties of the company and its directors. The duties of loyalty that bound them are redirected from shareholders to creditors.[27] However, rather than a shift, one could say this represents an intensification of duties towards creditors. These duties are bilateral: creditors are also bound by duties of loyalty towards the insolvent debtor, which become particularly relevant when voting on the debtor's insolvency or reorganisation plan.[28] Additionally, the creditor is bound by any restructuring of credit rights that occurs during the insolvency process, since, according to the Portuguese Bankruptcy Code, the insolvency plan is binding on all creditors, including those who did not participate in or voted against the plan.

3. Regulatory framework: debt tokens as financial instruments under MiFID II[29] or crypto-assets under MiCAR?

The specific characteristics of debt tokens raise doubts about their classification as transferable securities and, consequently, their subjection to the securities regulation. Generally, when tokens represent a claim against the bankruptcy estate, they should not be classified as securities, regardless of whether they are tokenised in a centralised or decentralised manner. However, if the tokens minted represent a claim against the issuer of the tokens (rather than directly against the bankruptcy estate), they will likely be classified as securities. This conclusion is broadly applicable whether we are considering the United States, the European Union, or Portugal specifically.

To clarify this further, I will first analyse the concepts of securities and crypto-assets, and then evaluate the specific case of debt tokens.

In the US, the legal discussion surrounding the crypto ecosystem, in particular the qualification of tokens has evolved rapidly. If in 2017 the question was whether a crypto-asset should be considered a security, shortly Decentralised Autonomous Organisations and DeFi have led to discussions about whether decentralisation could change the conclusions reached in the meantime. In fact, in the US, not only securities (stocks and bonds) but also investment contracts must be subject to securities regulation. This notion is particularly important as it allows both the federal courts and the SEC to assess whether investments and instruments that are new to the market and unparalleled in previously known figures should qualify as securities.

The concept of an investment contract was densified by the Supreme Court in 1946,[30] through the Howey Test, according to which an investment contract is

[27] *Campbell/Frost*, 32(3) Journal of Corporation Law 2007, 492.

[28] *Madalena Perestrelo de Oliveira*, Limites da autonomia dos credores na recuperação da empresa insolvente, 2013, 65 ff.

[29] Directive 2014/65/EU of the Parliament and of the Council of 15 May 2014 on markets in financial instruments and amending Directive 2002/92/EC and Directive 2011/61/EU.

[30] See SEC v. W.J. Howey Co., 328 U.S. 293, 301 (1946). Fundamental in an investment

one that (i) involves an investment (ii) in a common activity (iii) with a reasonable expectation of profit (iv) resulting from the efforts of others. These four criteria are cumulative: failing one, there is no investment contract and therefore securities regulations are not applicable. The test, which is flexible enough to adapt to new realities, allows for the possibility of classifying some crypto-assets as financial instruments, reaffirming the application of the fundamental principles of US securities regulation even to new paradigms. In this regard, the publication of a report by the SEC, on July 25, 2017,[31] in which it analysed the DAO tokens[32] and opted for their qualification as securities, insofar as they fulfilled the assumptions of the Howey Test, was remarkable. As can be read in the conclusions of the SEC report:

"The registration requirements are designed to provide investors with procedural protections and material information necessary to make informed investment decisions. These requirements apply to those who offer and sell securities in the United States, regardless of whether the issuing entity is a traditional company or a decentralised autonomous organisation, regardless of whether those securities are purchased using U.S. dollars or virtual currencies, and regardless of whether they are distributed in certificated form or through distributed ledger technology."[33]

In the European context, the US concept of investment contract is not recognised as a prevailing legal framework. As is well known, MiFID II considers transferable securities to be "classes of securities which are negotiable on the capital market, with the exception of instruments of payment", namely, shares "and other securities equivalent to shares" and "bonds or other forms of securitised debt" and any other securities giving the right to acquire or sell any such securities or giving rise to a cash settlement, determined by reference to transferable securities, currencies, interest rates or yields, commodities or other indices or measures (article 4/1 (44) of MiFID II). However, MiFID II does not include a one-size-fits-all definition of all types of financial instruments. On the contrary, financial instruments are defined as those instruments specified in Section C of Annex I of MiFID II, including instruments issued by means of distributed ledger technology (article 4/1 (15) of MiFID II).

According to ESMA's consultation paper on the draft guidelines on the conditions and criteria for the qualification of crypto-assets as financial instruments, the classification of crypto-assets as financial instruments should be considered on a case-by-case basis, adopting a "substance over form" approach,

---

contract "is the presence of an investment in a common venture premised on a reasonable expectation of profits to be derived from the entrepreneurial or managerial efforts of others".

31 Available at https://www.sec.gov/litigation/investreport/34-81207.pdf.

32 The DAO ICO was one of the first and most considerable in this industry and aimed to implement a completely decentralised corporate governance system by offering DAO tokens, which grant the possibility to decide and vote on DAO activities.

33 See https://www.sec.gov/litigation/investreport/34-81207.pdf, 18.

which also implies a technology neutrality approach. In practical terms, this means that the assessment of the qualification of a token should consider the specific features of the token, regardless of whether it is issued by means of a Distributed Ledger Technology or not. In ESMA's words "the legal qualification of the product should not be determined by its technological envelope".[34] According to ESMA's interpretation of MiFID II, a crypto-asset should be deemed as a transferable security if it is a part of a class of securities, negotiable on the capital market and is not an instrument of payment. However, as ESMA rightly notes, "the different approaches to the national transposition of MiFID across Member States mean that there is no commonly-adopted application of the definition of 'financial instrument' under MiFID in the EU",[35] which may lead to some difficulties when national competent authorities are setting boundaries between crypto-assets and securities.

In Portugal, these criteria are also followed by the Portuguese Securities Market Authority (CMVM – Comissão do Mercado de Valores Mobiliários) to qualify a crypto-asset as a financial instrument. Since 2004, the Portuguese Securities Code has provided for an open or non-exhaustive list of securities (*numerus apertus*). The open list is intended, on the one hand, to address concerns related to flexibility and the defence of financial innovation.[36] On the other hand, it aims to ensure that, as a result of the prospectus passport regime, Portugal is not placed at a competitive disadvantage because securities that are only recognised in other countries are offered to the public in Portugal.[37] Therefore, Portugal recognises the following as securities: shares, bonds, participation certificates, units in collective investment undertakings, autonomous warrants, detached rights (provided the detachment covers the entire issue or series or is provided for in the issuance), and documents representing homogeneous legal situations, provided they are capable of being transferred on the market. In 2004, two requirements for qualifying as securities were removed from the Portuguese Securities Code: the instrument no longer needs to be aimed at financing companies or be issued for distribution to the public.

[34] ESMA, Consultation paper on the draft Guidelines on the conditions and criteria for the qualification of crypto-assets as financial instruments, 29 January 2024, ESMA75-453128700-52, 9 (available at https://www.esma.europa.eu/sites/default/files/2024-01/ESMA75-453128700-52_MiCA_Consultation_Paper_-_Guidelines_on_the_qualification_of_crypto-assets_as_financial_instruments.pdf).

[35] ESMA, Consultation paper on the draft Guidelines on the conditions and criteria for the qualification of crypto-assets as financial instruments, 29 January 2024, ESMA75-453128700-52 (available at https://www.esma.europa.eu/sites/default/files/2024-01/ESMA75-453128700-52_MiCA_Consultation_Paper_-_Guidelines_on_the_qualification_of_crypto-assets_as_financial_instruments.pdf).

[36] This is the motivation presented in the preamble to Decree-Law 66/2004 of 24 March, which allowed the creation of atypical securities.

[37] *Câmara*, Manual de Direito dos Valores Mobiliários, 4th ed. 2018, 114.

The open-ended list means that, under Portuguese law, recognising the existence of a security is up to the interpreter rather than being explicitly defined by law or any public authority. Identifying a security requires: (i) a documentary form, (ii) representation of homogeneous legal positions, and (iii) the ability to be transferred on the market.[38] Additionally, some Authors in Portugal identify an implicit criterion: functional comparability with legally typical securities. This means there must be a clear identity between the characteristics of the securities provided for by law and other legal situations represented by different titles.[39] In Portugal, the digital representation of securities is widely accepted, as is the representation and circulation of securities on a DLT network.

---

[38] *Barreto Menezes Cordeiro*, Manual de Direito dos Valores Mobiliários, 2nd ed. 2018, 138 ff.; *Câmara*, Manual de Direito dos Valores Mobiliários, 4th ed. 2018, 114.

[39] *Barreto Menezes Cordeiro*, Manual de Direito dos Valores Mobiliários, 2nd ed. 2018, 130; *Rolo*, in: Menezes Cordeiro/Ana Perestrelo de Oliveira/Diogo Pereira Duarte (coord.), Fintech. Novos Estudos sobre tecnologia financeira, 2019, 249 ff., 282. On the other hand, *Câmara*, Manual de Direito dos Valores Mobiliários, 4th ed. 2018, is silent on the criterion of functional comparability, which seems to indicate that the Author does not take this into account as a criterion for classification as a security. From my point of view, the criterion of functional comparability is particularly important in the context of technological developments that make it possible to identify market instruments that have characteristics close to traditional securities, but which are not comparable to those securities. Consider the case of governance tokens issued by Decentralised Autonomous Organisations, where decentralisation has reached a level where it is no longer possible to establish a relationship between issuer and investor in terms comparable to a traditional security. More specifically, from an investor's perspective, owning a share and owning a governance token generate different expectations that cannot be compared or assimilated. The rights and obligations of a shareholder are derived from the law, in such a way that it is possible to identify a *status socii* based on a specific relationship established between the shareholder and the issuing company. In the case of trading on a regulated market, it is possible to go further and identify an investor status that appears as a plus compared to the shareholder position, and that legitimises additional expectations related to increased transparency obligations borne by the issuer and in favour of the integrity of the markets (see *Madalena Perestrelo de Oliveira*, Tutela do investidor perante o emitente no mercado de capitais. Um modelo dinâmico de protecção, Coimbra, 2021). On the contrary, the content of governance tokens is exclusively determined by a contract, without it being possible to identify a debtor of these obligations. When a token is issued, it appears on the market with a certain content. However, the expectations of its holders are diametrically different from those of a shareholder. In decentralised communities, there is no issuing entity that is bound to fulfil certain obligations towards token holders. All holder rights are derived from smart contracts, the content of which is defined by the community supporting the Decentralised Finance (DeFi) project. There is no one who centrally decides the future of a project. Even if the initiators or promoters of the DeFi project could be identified as debtors – which is highly questionable in itself – there would always be an insurmountable legal obstacle: the basic principle of the Law of Obligations is that no one can be obliged to do the impossible (*ad impossibilia nemo obligatur*). Now, as it is the community that decides the fate of the DeFi project and the application of its assets, the initiators cannot consider themselves legally bound by any right that may be represented in the content of the tokens offered and traded on the market. This is the conclusion reached by *Kaulartz*, in: Möslein/Omlor (eds.), FinTech-Handbuch, 3rd ed. 2024, 60. In governance tokens, therefore, the legal relationship (or other equivalent) between investor and issuer that is established with the ownership of a security is not identifiable. The token is just a private cryptographic key that, by itself, does not

Although the Portuguese Securities Code requires securities to be in documentary form (*documento*), this requirement does not prevent a token to be classified as a security. In fact, the documentary form requirement is generally incompatible with the existence of book-entry securities. In addition, Decree-Law no. 12/2021 of 9 February, on electronic identification and trust services for electronic transactions, equates electronic documents with other documents, making it possible for securities to be materialised digitally.[40]

Regarding homogeneity, the legal situations represented by the security must be fungible, enabling the instrument to be negotiable on the market. In other words, for a token to qualify as a security, it is sufficient for each token in the same category to grant its holder identical rights, subject to the same rules and characteristics.

Susceptibility to transmission and trading on the market means that the instrument must have the abstract potential to circulate on the market, even if this transmissibility is to be guaranteed in concrete terms.[41] As noted by ESMA, national competent authorities should interpret the concept of negotiability broadly to include crypto-assets capable of being transferred or traded on capital markets, over-the-counter markets or other electronic and/or voice trading platforms where buying and selling interest in securities meet.[42]

The criterion of functional comparability also seems to have been adopted by the Portuguese Securities Regulator (CMVM). In 2018, the CMVM published a statement addressed to entities involved in launching Initial Coin Offerings, stating that "a token will be a security if, taking into account the legal situations represented, it is comparable to typical securities".[43] In this communication, the Portuguese Securities Market Commission refers to functional comparability

---

grant rights to its holder. If the token holder does not get the rights they were promised when they bought the token, there may be a legal problem, but only at a contractual level. Therefore, I believe that the expectations of a holder of securities and a holder of tokens are different and difficult to compare. In the latter case, the typical relationship between investor and issuer, on which the entire archetype of securities regulation is based, is not established. Concerning German law but using arguments that can be applied to Portuguese law, see *Möslein/Kaulartz/Renning*, RDi 2021, 517, Rn. 37.

[40] *Rolo*, in: Menezes Cordeiro/Ana Perestrelo de Oliveira/Diogo Pereira Duarte (coord.), Fintech. Novos Estudos sobre tecnologia financeira, 2019, 283.

[41] *Câmara*, Manual de Direito dos Valores Mobiliários, 4th ed., 2018, 120; European Commission, Q&As published by the Commission on MiFID Directive 2004/39/EC, 22 (available at https://finance.ec.europa.eu/system/files/2020-01/mifid-2004-0039-commission-questions-answers_en_0.pdf).

[42] European Commission, Q&As published by the Commission on MiFID Directive 2004/39/EC, 12 (available at https://finance.ec.europa.eu/system/files/2020-01/mifid-2004-0039-commission-questions-answers_en_0.pdf).

[43] Portuguese Securities Market Commission, CMVM notice to entities involved in the launch of Initial Coin Offerings (ICOs) regarding the legal qualification of tokens, 23.07.2018 (available at https://www.cmvm.pt/PInstitucional/Content?Input=05AF6F952933642E6E45 66B809270A6D3517011E37020DBD21EF5AB21BF6D993).

as the existence of an "obligation on the part of the issuer to carry out conducts resulting in an expected return for the investor", which closely resembles the American Howey test. This requirement is unusual since the notion of "expectation of profit" is not used to qualify a financial instrument under MiFID II. ESMA states that it "could be understood as the transformation of an economic function into a qualification criterion"[44] but this requirement has no legal basis in European regulation.

With this framework in place, it is possible to question whether debt tokens should be categorised as securities. To answer this question, it is important to distinguish between various tokenisation scenarios (*proprio sensu* or otherwise).

If the bankruptcy creditor creates the debt token and sells it on the market, thereby assigning its claim, the investor/assignee provides funds to the original assignor/seller/creditor and becomes a creditor of the bankruptcy estate. In this scenario, the typical characteristics of securities are not verified: the token will qualify as a crypto-asset, specifically a non-fungible token (NFT), following outside the scope of EU Markets in Crypto-Assets Regulation (MiCAR)[45].

In a second scenario, an entity assists in the tokenisation of the claims, which can be fractioned into multiple tokens. The debt tokens will not be considered debt securities under Portuguese law if the following conditions are met: (i) the third entity acts solely as a manager of the claims in the bankruptcy estates and does not have any ownership rights over the assets in such estates and (ii) payments from the distribution of the estate's assets are made directly by the insolvency administrator to the token holders' accounts and not distributed by the agent as the issuer of the tokens. If this is the case, the token should not be qualified as a security, namely as a bond. According to the Portuguese Companies Code, "a bond represents a credit right over the issuer". This means the bondholder, the holder of the security, must be a creditor vis-à-vis the issuer, with the issuer and the debtor being the same entity. The bondholder provides funds to the issuer, who is obligated to repay the amount lent, fulfilling a financing purpose for the issuer. These criteria are not met with these debt tokens.

Although it might be theoretically possible to categorise these debt tokens as atypical securities, their characteristics align them more closely with crypto-assets. In fact, there is no functional comparability between these tokens and typical securities. Debt tokens minted under the above conditions do not grant

---

[44] ESMA, Consultation paper on the draft Guidelines on the conditions and criteria for the qualification of crypto-assets as financial instruments, 29.01.2024, ESMA75-453128700-52, 10 (available at https://www.esma.europa.eu/sites/default/files/2024-01/ESMA75-453128700-52_MiCA_Consultation_Paper_-_Guidelines_on_the_qualification_of_crypto-assets_as_financial_instruments.pdf).

[45] Regulation (EU) 2023/1114 of the European Parliament and of the Council of 31 May 2023 on markets in crypto-assets, and amending Regulations (EU) No 1093/2010 and (EU) No 1095/2010 and Directives 2013/36/EU and (EU) 2019/1937.

their holders an expectation of return based on the issuer's actions. Instead, payments to token holders come from distribution of the assets in the bankruptcy estates, establishing a direct link between such estates and the tokenholders. The distribution is made directly to the holders' accounts, bypassing the platform.

In my opinion, debt tokens minted under the terms explained above would not qualify as securities under Portuguese law or MiFID II, but rather as crypto-assets. Minting and offering these tokens may trigger licensing requirements applicable to virtual assets service providers (VASPs) in Portugal. Additionally, from July 30, 2024, the MiCAR will also apply. However, it should not be subject to securities regulation or to licensing requirements set out in MiFID II. We further elaborate on this conclusion in the next section.

In scenarios where a third-party entity acquires the claims and subsequently issues tokens referencing the bankruptcy claims, whether or not it places them for trading on a specific network for insolvency claims, the tokens can be understood as having the characteristics of securities. In fact, this operation closely resembles the securitisation of credits.[46] Making these issues subject to the securities regime is of limited interest, because the law imposes restrictions on assignors and assignees. In Portugal, only specific vehicles can be authorised to securitise credits: securitisation companies, which are public limited companies that issue bonds to finance the acquisition of assets, and securitisation funds, which are autonomous assets (patrimónios autónomos), similar to investment funds, that issue securitisation units to finance the acquisition of assets. Moreover, only certain entities are permitted to assign credits for securitisation purposes. These include the state and other public legal persons, credit institutions, financial companies, insurance companies, pension funds, pension fund management companies and other legal persons whose accounts for the last three financial years have been legally certified by an auditor registered with the Portuguese Securities Market Commission.

4. Minting and negotiating debt tokens that qualify as crypto-assets under Portuguese law: triggering of licencing requirements?

If the debt tokens are not qualified as securities, they will be classified as crypto-assets under Portuguese and European law, since they are digital representations of value which can be transferred and stored electronically on a DLT network. The value represented by the debt token is the title to a claim in a bankruptcy proceeding, which can be transferred in a specific platform. The debt tokens will then represent a claim over the insolvency estate. The underlying agreement represented by the issuance and subsequent trading of these tokens is

---

[46] In Portugal, credit securitisation is provided for in Decree-Law no. 453/99, of 5 November.

essentially the assignment of the credits previously held by the original creditor over the insolvency estate, which are then subsequently assigned to the token holders, as explained above.

Under the current legal framework applicable in Portugal, the issuance and trading of crypto-assets by a service provider established in Portugal require prior registration as a crypto-asset service provider with the Portuguese Banking Authority (the Bank of Portugal), for the sole purpose of complying with AML regulations. According to the current legal regime,[47] when carried out in Portugal, the following activities with virtual assets require prior registration with the Bank of Portugal: (i) exchange services between virtual assets and fiat currencies or between one or more virtual assets; (ii) services involving the transfer of virtual assets from one address or *wallet* to another; or (iii) safekeeping services or safekeeping and administration of virtual assets or instruments that enable control, holding, storage, or transfer of these assets, including private cryptographic keys.

The Bank of Portugal's powers are limited to monitoring compliance with preventive duties related to money laundering and terrorist financing. These powers do not extend to the prudential or behavioural oversight.[48] Registration is mandatory only for crypto-asset service providers with a local presence in Portugal (through a subsidiary, branch, or establishment). If the service is provided on a pure cross-border basis, registration is not required. Authorisation is required only if the activities are carried out in Portugal, which is understood to apply to (i) legal persons or equivalent entities incorporated in Portugal for the purpose of carrying out activities with virtual assets, (ii) natural persons, legal persons or equivalent entities domiciled or established in Portugal for the purpose of carrying out activities with virtual assets; (iii) other natural persons, legal persons or similar entities who, due to the exercise of activities with virtual assets, are obliged to submit a declaration of beginning of activity to the Tax and Customs Authority.

Additionally, since 30 June 2024 MiCAR's Title III applies to the minting and offering of these tokens.[49] Debt tokens would likely qualify as asset reference tokens (ARTs), defined as a type of crypto-asset that is not an electronic money token[50] and that purports to maintain a stable value by referencing another value or right or a combination thereof, including one or more official currencies (ar-

[47] Article 112-A of Law no. 83/2017, of 18 August, which establishes measures to combat money laundering and terrorist financing and Bank of Portugal Notice no. 3/2021, of 23 April.

[48] *Banco de Portugal*, Perguntas frequentes sobre ativos virtuais (accessible at https://www.bportugal.pt/perguntas-frequentes/8196).

[49] From 30.12.2024, MiCAR will also apply to the authorisation and operating conditions for providing crypto-asset services related to debt tokens that qualify as crypto-assets.

[50] A type of crypto-asset that purports to maintain a stable value by referencing the value of one official currency (article 3 (7) of MiCAR).

ticle 3(6) of MiCAR). Among other obligations, offering debt tokens to the public requires the issuer of the ART to be a legal person or other undertaking established in the Union and authorised by the competent authority of its home Member State or to be a credit institution. A white paper with detailed information, namely about the ART and the issuer, must be published.

One of the most significant obligations for the issuer of ARTs is to constitute and at all times maintain a reserve of assets (article 36(1) of MiCAR). This reserve shall be segregated from the issuer's estate and from the reserve of assets of other tokens. Additionally, the issuer must implement and maintain custody policies for that reserve. This requirement mitigates the risk faced by token holders, a risk highlighted by Dick, Odinet and Tosat[51] in the context of the United States, in scenarios where tokenisation does not grant the token holder a claim against the bankruptcy estate.

Under MiCAR, the reserve of assets shall be composed and managed to cover the risks associated with the assets referenced by the ART and to address the liquidity risks associated with the permanent rights of redemption of the holders. This legal framework may make the minting of debt tokens as crypto-assets impractical or unappealing.

III. Concluding remarks

Based on the analysis carried out in this paper, it is possible to conclude that bankruptcy claims can be tokenised under Portuguese and European legal framework. Tokenisation can take on various models, ranging from scenarios where the token holders hold credit rights against the insolvent debtor to scenarios where the entity that tokenises the credits is the sole creditor of the insolvency. Both models of structuring the tokenisation are admissible but are subject to different regulatory frameworks. In the first scenario, the token will be categorised as a crypto-asset and is subject to the MiCAR regime. In the second scenario, the securities regime will apply. In either scenario, from a Portuguese civil law perspective, the circulation of insolvency claims on a DLT network does not, in principle, pose any problems.

---

[51] *Dick/Odinet/Tosato*, University of Pennsylvania Law Review (forthcoming 2024), *passim* (available at https://ssrn.com/abstract=4694629).

Wertpapiere und Tokenisierung in Portugal und Deutschland

Eine vergleichende Betrachtung aus dem Zivil- und Aufsichtsrecht

Derwis Dilek und Alexander Schneider

I. Einleitung

Die Tokenisierung von auf Finanzmärkten handelbaren Vermögenswerten wird in der Finanzbranche seit Jahren heiß diskutiert. Zunehmend finden sich weltweit konkrete Umsetzungen. Bspw. wickelt das in den USA beheimatete FinTech Broadridge monatlich ca. 1 Billionen US-Dollar in tokenisierten Repogeschäften auf ihrer hauseigenen DLT ab. Großbanken wie die UBS oder Société Générale stellen dabei bedeutende Akteure da.[1] Im Februar 2023 hat Hong Kong den ersten tokenisierten Green-Bond emittiert.[2] In Singapur steht Standard Chartered kurz vor einem tokenisierten Rentenfonds, der in Singapur Dollar denominiert ist.[3] Auch in der Europäischen Union gibt es erste Emissionen tokenisierter Wertpapiere.[4] Einen der weltweit attraktivsten Standorte für Protokollentwickler und Unternehmen der Kryptoszene stellt Portugal mit seiner Hauptstadt Lissabon dar. Einer Umfrage des Kryptofonds Greenfield Capital zufolge führt Lissabon unter Gründern mit einem stark europäisch ausgerichteten Geschäftsmodell vor New York City und Berlin die Liste der global wichtigsten Standorte an.[5] Neben einer ausgeprägten DeFi Szene kann dies auf steuerliche Vorteile zurückgeführt werden. Beides stellt einen globalen Pull-Faktor dar, der letztlich zu einer hohen Konzentration von Kompetenzen führen kann, was seinerseits wiederum wettbewerbsstärkend wirkt.[6] Derzeit nimmt außerdem das Thema Regulierung einen ganz bedeutenden Platz auf der Agenda der Kryptoszene ein. Während die EU mit der MiFID II[7] und nunmehr auch der MiCAR[8] einen vornehmlich aufsichtsrechtlich harmonisierten Rahmen für Kryptowerte bereitstellt, verbleiben sowohl die Umsetzung von Richtlinien als auch die zivilrechtlichen Regelungen im Kompetenzbereich der Mitgliedstaaten. Für die Möglichkeit und Ausgestaltung der Implementierung und des Handels von tokenisierten Wertpapieren können sich insofern nationale Abweichungen ergeben.

Im Folgenden soll daher untersucht werden, inwiefern die Tokenisierung von Wertpapieren in Portugal und Deutschland bereits de lege lata umsetzbar ist und welche Rollen die nationalen Aufsichtsbehörden dabei einnehmen.

---

[1] https://www.broadridge.com/article/capital-markets/dlr-transacts-1-trillion-a-month. Diese und alle folgenden Internetquellen wurden zuletzt am 28.03.2024 abgerufen.

[2] https://www.hkma.gov.hk/eng/news-and-media/press-releases/2023/08/20230824-3/.

[3] https://www.theblock.co/post/263035/standard-chartered-sc-ventures-tokenization-libeara.

[4] https://www.eqs-news.com/de/news/corporate/erste-tokenisierung-von-aktien-nyala-digital-asset-ag-gibt-e-aktien-aus/1985571.

[5] https://greenfield.xyz/wp-content/uploads/2023/04/23_Greenfield_State-of-European-Crypto_no1.pdf, S. 10.

[6] https://greenfield.xyz/wp-content/uploads/2023/04/23_Greenfield_State-of-European-Crypto_no1.pdf, S. 10, 19.

[7] Richtlinie 2014/65/EU.

[8] Verordnung (EU) 2023/1114.

II. Wertpapierrecht in Portugal – Überblick

Das portugiesische Wertpapiergesetz, der *Código dos Valores Mobiliários* (CVM)[9], stellt einen zentralen Bestandteil des Wertpapierrechtsrahmens in Portugal dar, das im Zuge einer bedeutenden Reform im Jahr 1999 verabschiedet und seit dem 1. März 2002 weitestgehend in Kraft ist. Neben dem Aufsichtsrecht enthält es auch zivilrechtliche Übertragungsnormen für Wertpapiere. Durch den CVM wurde das erste portugiesische Gesetz zum Wertpapiermarkt von 1991, der *Código do Mercado de Valores Mobiliários* (CdMVM)[10] ersetzt. Der CVM wurde im Zuge der portugiesischen Umsetzung der Gesetzgebung der Europäischen Union mehrfach umfassend geändert.[11]

Der CVM bündelt nicht das gesamte portugiesische Wertpapierrecht in einem Gesetz, sondern wird durch weitere Gesetze ergänzt.[12] Dazu zählen bspw. das Gesellschaftsgesetzbuch (*Código das Sociedades Comerciais* – CSC)[13] und der allgemeine Rechtsrahmen für Kreditinstitute und Finanzunternehmen (*Regime Geral das Instituições de Crédito e das Sociedades Financeiras*)[14]. Dem portugiesischen Wertpapierrecht schließen sich zudem die Verordnungen, Anweisungen und Ministerialerlasse sowie Empfehlungen und Bewertungen der portugiesischen Wertpapieraufsichtsbehörde (*Comissão do Mercado de Valores Mobiliários* – CMVM)[15] an.

Die CMVM wurde erst durch den CdMVM von 1991 eingerichtet, wodurch ihr regulatorische Befugnisse übertragen wurden, die zuvor die Regierung selbst ausgeübt hat.[16] Sie ist zuständig für die Regulierung und Überwachung der Wertpapiermärkte, öffentlicher Wertpapierangebote sowie der Abwicklungs- und zentralen Wertpapiersysteme.[17]

Unterstellt ist die CMVM dem Finanzministerium, das auch die Aufsicht sowie die Regulierung der Wertpapiermärkte zwischen öffentlichen Behörden koordiniert.[18]

---

[9] Decreto-Lei n. 486/99.

[10] Decreto-Lei n. 142-A/91.

[11] Dazu *Enriques/Câmara*, in: CMVM (Hrsg.), Cadernos do Mercado de Valores Mobiliários 20 anos do Código dos Valores Mobiliários, 2021, 25 ff.

[12] Dazu *Enriques/Câmara*, in: CMVM (Hrsg.), Cadernos do Mercado de Valores Mobiliários 20 anos do Código dos Valores Mobiliários, 2021, 25, 26.

[13] Decreto-Lei n. 262/86.

[14] Decreto-Lei n. 298/92; Decreto-Lei n. 94-B/98.

[15] https://www.cmvm.pt.

[16] *Geraldes/Sobreira*, in: Campbell (Hrsg.), International Securities Law and Regulation, 2. Aufl. 2015, POR-2.

[17] *Geraldes/Sobreira*, in: Campbell (Hrsg.), International Securities Law and Regulation, 2. Aufl. 2015, POR-2.

[18] *Geraldes/Sobreira*, in: Campbell (Hrsg.), International Securities Law and Regulation, 2. Aufl. 2015, POR-2.

III. Rechtsnatur von Token

1. Deutschland

Die Rechtsnatur von Token im Privatrecht ist in Deutschland breit diskutiert worden. Es handelt sich bei ihnen mangels Körperlichkeit nicht um Sachen i.S.d. § 90 BGB, außerhalb des eWpG mangels Anerkennung durch die Rechtsordnung nicht um subjektive Rechte und ihnen kommt auch kein immaterialgüterrechtlicher Schutz zu.[19] Allenfalls können sie mit derartigen externen Rechten schuldrechtlich verbunden werden, was allerdings nichts an der fehlenden Erfassung des Token selbst durch das Sachenrecht ändert.

2. Portugal

In Portugal sind Token derzeit nicht spezialgesetzlich geregelt. Sie dürften jedoch – mit ernüchternden Folgen – als Sachen i.S.d. portugiesischen Sachenrechts zu werten sein. Der Begriff der Sache (*coisa*) ist in Art. 202 I des portugiesischen Zivilgesetzbuches, dem *Código Civil* (CC)[20] legaldefiniert. Darin heißt es ins Deutsche übersetzt: „Sache ist alles, was Gegenstand von Rechtsbeziehungen sein kann."[21] Dass diese Definition besonders weitgefasst ist, drängt sich auf.[22] Art. 203 II CC unterteilt Sachen wiederum in verschiedene Gruppen, bspw. in bewegliche und unbewegliche Sachen.[23] Eine Unterscheidung zwischen körperlichen und nicht körperlichen Sachen erfolgt im Gesetz nicht ausdrücklich, weswegen beide Formen erfasst werden.[24] Da es – im Gegensatz zum deutschen § 90 BGB – gerade nicht auf die Körperlichkeit ankommt, fallen grds. auch Token unter den Begriff der Sache.[25]

Eine Unterscheidung von körperlichen und unkörperlichen Sachen findet sich jedoch zumindest indirekt in Art. 1302 CC. Darin heißt es, dass nur kör-

---

[19] *Engelhardt/Klein*, MMR 2014, 355, 357 ff.; *Omlor*, in: Omlor/Link (Hrsg.), Kryptowährungen und Token, 2. Aufl. 2023, Kap. 6, Rn. 34, 46, 77; Vgl. auch *Birne*, Das Allgemeine Privatrecht der Token, 2023, 47 ff.

[20] Decreto-Lei n. 47344.

[21] „Diz-se coisa tudo aquilo que pode ser objecto de relações jurídicas."

[22] Dazu *de Medeiros Nóbrega*, Die Entwicklung des portugiesischen Sachenrechts, 2015, 65 ff.; *Müller-Bromley*, Portugiesisches Zivilrecht, Bd. 1, Teilbd. 2: Sachenrecht, 2013, 15 ff.; *Fernandes*, Teoria geral do direito civil, Bd. II, 5. Aufl. 2010, 547: „Als Sache gilt demnach jede eigenständige Realität, die keine Person im juristischen Sinne ist, über die verfügt und von einem Menschen beherrscht werden kann" (übersetzt aus dem Portugiesischen).

[23] Daneben gibt es u. a. noch Unterscheidungen zwischen einfachen und zusammengesetzten, zwischen vertretbaren und nicht vertretbaren, verbrauchbaren und nicht verbrauchbaren sowie gegenwärtigen und zukünftigen Sachen.

[24] *de Medeiros Nóbrega*, Die Entwicklung des portugiesischen Sachenrechts, 2015, 69; *Müller-Bromley*, Portugiesisches Zivilrecht, Bd. 1, Teilbd. 2: Sachenrecht, 2013, 15 ff.

[25] Zur Unkörperlichkeit von Token auch im deutschen Sachenrecht siehe *Birne*, Das Allgemeine Privatrecht der Token, 2023, 47 ff.

perliche Sachen Gegenstand des Eigentumsrechts (*direito de propriedade*) sein können. Unkörperliche Sachen sind demnach grds. nicht eigentumsfähig, sodass auch – mit wenigen Ausnahmen[26] – Sachenrechte an unkörperlichen Sachen i. S. d. Art. 202 I CC nicht bestehen können. Mithin dürfte es Token prinzipiell an der Eigentumsfähigkeit fehlen.

Eine Ausnahme findet sich insoweit, dass eine eingeschränkte Anwendung der Regelungen des allgemeinen Sachenrechts auf jedenfalls das geistige Eigentum ermöglicht wird. Grds. unterliegt das geistige Eigentum zwar gem. Art. 1303 I CC den für sie vorgesehenen Spezialgesetzen. Die Regelungen des allgemeinen Sachenrechts sind nach Art. 1303 II CC aber dann subsidiär anzuwenden, wenn sie mit der Natur des geistigen Eigentums vereinbar sind und nicht im Widerspruch zu den für das geistige Eigentum vorgesehenen Spezialregelungen stehen.

Überlegenswert ist es daher, die Vorschriften des portugiesischen allgemeinen Sachenrechts entsprechend auf Token anzuwenden, was mit Blick auf die sich die Token zu Eigen machenden Eigenschaften (Übertragbarkeit, Zuordenbarkeit, Publizität durch Blockchain etc.) durchaus und mit Blick auf den Rechtsgedanken des Art. 1303 II CC insb. auch anbieten würde. Gleichwohl fehlt es einer ausdrücklichen Rechtsgrundlage hierfür.

IV. Wertpapierbegriff

1. Dichotomie des Wertpapierbegriffs

Der Begriff des Wertpapiers ist sowohl in Deutschland als auch in Portugal nicht eindimensional. In Portugal ist das Wertpapierrecht stark durch die italienische und deutsche Lehre geprägt, was eine ähnliche Ausgestaltung begründet.[27] Eine Legaldefinition für den zivilrechtlichen Wertpapierbegriff bzw. die portugiesischen *títulos de crédito* existiert nicht. Der aufsichtsrechtliche Wertpapierbegriff bzw. die portugiesischen *valores mobiliários* weisen aufgrund der europarechtlichen Prägung weitläufig einen gemeinsamen Anwendungsbereich auf. Terminologisch lässt sich festhalten, dass die Dichotomie Portugals die Vorzüge der sprachlichen Präzision sowie der sprachlichen Adaption an die tatsächlichen Gegebenheiten genießt, in der die Zirkulation von Finanzprodukten entmaterialisiert erfolgt.

Während in Deutschland die zentrale Differenzierung auf den beiden Perspektiven des Zivil- und Aufsichtsrechts basiert und beide Wertpapierbegriffe

---

[26] Dazu *de Medeiros Nóbrega*, Die Entwicklung des portugiesischen Sachenrechts, 2015, 69 ff.

[27] *Mattos Filho*, Direito dos Valores Mobiliários, Capítulo 3, 2015, 152 (unter https://ssrn.com/abstract=3505312); *Lehmann*, Finanzinstrumente, 2009, 156 m. w. N.

daher keiner Exklusivität unterliegen, ist diese Frage im Hinblick auf *títulos de crédito* und *valores mobiliários* uneindeutig. Beide Termini sind seit Jahrzehnten Bestandteil des portugiesischen Rechts. Allerdings ist eine semantische Entwicklung zu verzeichnen.[28] Im ersten Zivilgesetzbuch v. 1868 findet sich der Begriff der *valores mobiliários* noch im literalen Sinne „beweglicher (Vermögens-)Werte". Er umfasste bspw. Möbel, Gemälde und Schmuck, aber auch *títulos de crédito* und stellte somit einen umfassenden Begriff für materielle und immaterielle Vermögenswerte dar. Der Begriff *„títulos"* war hingegen speziell für Papiere im Handelsverkehr bestimmt.[29] Erst Ende der 1950er Jahre findet der Terminus *„valores mobiliários"* seine Bedeutung als handelbares Wertpapier in der portugiesischen Rechtsordnung.[30] Diese semantische Entwicklung aufgreifend erfolgt im neuen Zivilgesetzbuch v. 1966 die Verwendung von *valores mobiliários* nunmehr lediglich im wertpapierrechtlichen Kontext, losgelöst von seiner Funktion als Oberbegriff für materielle und immaterielle Vermögenswerte. Im Rahmen der Vermögenszuordnung zwischen Ehegatten (Art. 1728 II CC) fungieren *valores mobiliários* als Oberbegriff für sämtliche Wertpapiere, woraus sich indes keine allgemeine Aussage treffen lässt.[31] In den 1970er Jahren konkretisierte sich die Bedeutung von *valores mobiliários* in mehreren Gesetzen schließlich in Richtung börsenfähiger Wertpapiere, wobei die Abgrenzung zu *títulos de crédito* in ihrer Handelbarkeit gesehen wurde.[32] Spätestens mit dem CdMVM von 1991 sind sie nicht mehr vom Handel auf dem Kapitalmarkt zu trennen. Seitdem ist die Ansicht herrschend, *títulos de crédito* seien verbriefte bilaterale Rechtsbeziehungen, die nicht für den Kapitalmarkt vorgesehen sind, während *valores mobiliários* solche Rechte bezeichnet, die gerade für den Kapitalmarkt bestimmt sind.[33] Die Theorie des strikten Exklusivitätsverhältnis erhält allerdings nach wie vor Gegenwehr, was darauf zurückzuführen sein dürfte, dass die – sogleich aufzuzeigende – definitorische Grundlage der Qualifikation als *título de crédito* auch einzelnen *valores mobiliários* i.S.d. CVM zugrunde liegt.[34] Es kann daher festgehalten werden, dass *valores mobiliários* im Einzelfall im Kern einen *título de crédito* darstellen können, um den der Mantel der Fungibilität und des Kapitalmarkts gelegt ist, in deren Folge ein gesondertes Registrierungs- und Übertragungsregime Anwendung findet.

---

[28] Dazu und zum Nachfolgenden *Menezes Cordeiro*, RDS VIII (2016), 309, 310ff.

[29] Art. 175, 315, 320 Código Comercial v. 1833.

[30] Art. 53 Decreto-Lei n. 42 641; Art. 2, 4 Decreto-Lei n. 46 342.

[31] *Menezes Cordeiro*, RDS VIII (2016), 309, 315.

[32] *Menezes Cordeiro*, RDS VIII (2016), 309, 316ff.

[33] *Antunes*, Revista FDUP 2008, 87, 93; *Menezes Cordeiro*, RDS VIII (2016), 309, 341; *da Rocha/Lima*, Revista de Direito Mercantil 2000, Nr. 119, 137, 138f.

[34] *Mattos Filho*, Direito dos Valores Mobiliários, Capítulo 3, 2015, 152f. (unter https://ssrn.com/abstract=3505312).

Aufgrund der divergierenden Abgrenzung besteht keine Deckungsgleichheit der Wertpapierbegriffe in Deutschland und Portugal. Materiell gibt es jedoch deutliche Nähen zwischen dem zivilrechtlichen Wertpapierbegriff und *títulos de crédito* sowie zwischen dem aufsichtsrechtlichen Wertpapierbegriff und *valores mobiliários.* Sie sollen deshalb im Folgenden jeweils kollektiv betrachtet werden.

2. *Zivilrechtlicher Wertpapierbegriff und títulos de crédito*

a) *Traditionell*

Die portugiesischen *títulos de crédito* gehen auf den Italiener *Cesare Vivante* zurück, der den romanischen Rechtsraum mit seiner Definition nachhaltig geprägt hat.[35] In Anlehnung an den Wertpapierbegriff von *Brunner* versteht *Vivante* unter einem *titolo di credito* „ein Dokument, das für die Ausübung des darin genannten wörtlichen und autonomen Rechts erforderlich ist".[36] Damit stellt er auf drei Aspekte ab: eine Dokumentation, das Prinzip der Wörtlichkeit und das Prinzip der Autonomie.[37]

Ein *título de crédito* stellt ein Dokument dar, das ein privates wirtschaftliches Recht repräsentiert und einer bestimmten Funktion dient. Zentral ist wie beim allgemeinen Wertpapierbegriff die Notwendigkeit der Vorlegung zur Geltendmachung des verkörperten Rechts. Mit der Inhaberschaft des Dokuments geht daher eine Legitimations- sowie Liberationsfunktion einher. Außerdem erfüllt es gleichermaßen eine Transport- und Beweisfunktion.

Zudem gilt das Prinzip der Wörtlichkeit. Das gewährte Recht muss danach umfassend und abschließend in dem Dokument genannt und ausgeführt werden. Bei Schecks und Wechseln ist dieses Kriterium streng zu beachten. Aufgrund ihrer internationalen Bedeutung existieren, wie auch im deutschen Recht, Spezialgesetze mit expliziten Vorgaben für ihre Ausgestaltung.[38]

Schließlich gilt das Prinzip der Autonomie. Damit wird die Unabhängigkeit der Rechtsinhaberschaft von den Rechtsverhältnissen früherer Inhaber mit dem Schuldner beschrieben. Im Kern geht es darum, dass der Schuldner dem neuen Inhaber des Dokuments keine Einwendungen und Einreden entgegenhalten kann, die ihm gegen frühere Inhaber zustehen. Im deutschen Recht findet sich dieser Grundsatz bspw. in § 796 BGB (vgl. auch Art. 22 ScheckG, Art. 17 WG).

---

[35] *Mattos Filho*, Direito dos Valores Mobiliários, Capítulo 3, 2015, 152 (unter https://ssrn.com/abstract=3505312).

[36] „un documento necessario per esercitare il diritto letterale ed autonomo che vie è menzionato" *Vivante*, Trattato di Diritto Commerciale, 1929, 123.

[37] Dazu *Hernández/Espinosa*, Revista Académica de Investigación 2019, 138, 141 ff.

[38] Abkommen über das einheitliche Wechselgesetz v. 7. Juni 1930 und Abkommen über das einheitliche Scheckgesetz v. 19. März 1931, ratifiziert Decreto-Lei n. 23721; vgl. auch Art. 8, 11 Decreto.-Lei n. 352/86.

Unter *títulos de crédito* fallen klassische Handelspapiere wie Schecks und Wechsel. Schuldtitel und Aktien werden mitunter allerdings auch darunter gefasst.[39]

b) Tokenisiert

Bis zur Einführung des eWpG war die Tokenisierung zivilrechtlicher Wertpapiere in Deutschland nicht möglich. § 793 I 1 BGB setzt eine „Verfügung über die Urkunde" voraus. Da ein Token allerdings weder eine Sache, noch ein subjektives Recht oder immaterielles Gut darstellt, kann keine Verfügung i. S. d. § 793 I 1 BGB über einen Token stattfinden und er unterfällt nicht dem Urkundenbegriff. Die physische Verbriefung ist gleichermaßen für die weiteren Inhaber- und Orderpapiere vorgesehen. Mit Einführung des eWpG ist nunmehr die Begebung von bestimmten Wertpapieren (Inhaberschuldverschreibungen, Aktien und Fondsanteile) auch in elektronischer Form in einem Register und damit ohne physische Verbriefung möglich. Explizit ist auch die Erfassung in einem Kryptowertpapierregister und daher eine tokenisierte Verbriefung möglich. Der tokenisierten Erfassung weiterer Wertpapierarten fehlt es an der erforderlichen Kodifikation bzw. – infolge des eWpG – einer planwidrigen Regelungslücke. *De lege lata* ändert auch eine funktionale Vergleichbarkeit mit physisch verbrieften Wertpapieren nichts an dieser Einschätzung.[40] Herkömmliche Handelspapiere wie Schecks, Wechsel und Lagerscheine sind daher *de lege lata* nicht tokenisierbar.[41]

Im Hinblick auf die Entmaterialisierung von *títulos de crédito* in Portugal erfolgte „erst"[42] Ende der 1980er Jahre ein einschneidender Schritt, indem Portugal Aktiengesellschaften die Begebung buchmäßiger Aktien, Anleihen und anderer *„títulos"*[43] ermöglichte. Das Gesetzesdekret erklärte buchmäßige Wertpapiere zu Rechtsobjekten, die Gegenstand dinglicher Rechte sein können und sah einen speziellen Übertragungstatbestand vor. Als *valores mobiliários* i. S. d. aktuellen CVM zu qualifizierende *títulos de crédito* können buchmäßig begeben werden (Art. 46 I, 61 ff. CVM). Inwiefern eine Tokenisierung dieser möglich ist, wird sogleich beurteilt.

Außerhalb des CVM verbleiben die herkömmlichen Handelspapiere. Sie unterliegen spezialgesetzlicher Regelungen, die historisch bedingt eine physische Dokumentation voraussetzt. Mag es vereinzelt Bestrebungen für eine Demate-

---

[39] *Almeida/Gomes/Geraldes*, O Direito dos Negócios e Societário, 2007, 40 ff.
[40] A.A. *Ribak*, Wertpapierrecht der Security Token Offerings, 2022, 285 ff.
[41] Zum elektronischen Konnossement *Saive*, Das elektronische Konnossement, 2020.
[42] „apenas no final", *Antunes*, Revista FDUP 2008, 87, 99 Fn. 40.
[43] Art. 15 Decreto-Lei n. 229-D/88.

rialisierung bzw. Tokenisierung der Handelspapiere geben, hat sie bis dato – soweit ersichtlich – nicht stattgefunden.[44]

3. Aufsichtsrechtlicher Wertpapierbegriff und valores mobiliários

Aufgrund der Europäisierung des Finanzmarktaufsichtsrechts sind beide Rechtsordnungen europarechtlich durchdrungen und werden von europäischen Normen, wie der MiFID II, Prospekt-VO[45], CSDR[46] und MAR[47] ergänzt. Zentral für den aufsichtsrechtlichen Wertpapierbegriff in Deutschland ist der entwicklungsoffene § 2 I WpHG. Die Parallelnorm in Portugal, welche sich mit der Aufgabe der rechtlichen und administrativen Typizität[48] im Jahr 2004 zu einem innovationsoffenen Wertpapierbegriff entwickelt hat, findet sich in Art. 1 I CVM.

a) Europäische Entwicklung

Hinsichtlich der Tokenisierung von Wertpapieren ist die Entwicklung auf europäischer Ebene zu berücksichtigen, was insb. die Einführung der MiCAR meint. Sie stellt das global erste umfassende primär aufsichtsrechtliche Regelwerk zu Kryptowerten dar, das als Ergänzung der bestehenden kapitalmarktrechtlichen Regulierung etwaige Lücken schließen soll. Das in Art. 2 IV lit. a MiCAR angeordnete Exklusivitätsverhältnis bringt die Herausforderung der Abgrenzung zwischen Finanzinstrumenten i. S. d. MiFID II und Kryptowerten i. S. d. MiCAR mit sich. Da auf nationaler Ebene sowohl das WpHG als auch der CVM lediglich die Umsetzung der MiFID II betreffen und die MiCAR ob ihres Verordnungscharakters unmittelbare Geltung beansprucht, betrifft die Abgrenzung auch den Wertpapierbegriff des WpHG und des CVM. Im Januar 2024 hat die ESMA einen Entwurf der Guidelines über die Bedingungen und Kriterien für die Qualifikation eines Kryptowertes als Finanzinstrument (Art. 2 V MiCAR) veröffentlicht, der eine einheitliche Verwaltungspraxis in den europäischen Mitgliedsstaaten bezweckt.[49] Wie sich zeigen wird, konfligiert der Entwurf inhaltlich sowohl mit der gegenwärtigen Praxis der BaFin als auch mit der Praxis der CMVM.

---

44 Die Dematerialisierung von Konnossementen klingt an bei *Almeida/Gomes/Geraldes*, O Direito dos Negócios e Societário, 2007, 31 f.

45 Verordnung (EU) 2017/1129.

46 Verordnung (EU) 909/2014.

47 Verordnung (EU) 596/2014.

48 Vgl. Erwägungsgründe Decreto-Lei n. 66/2004.

49 ESMA, Consultation Paper, ESMA75-453128700-52 v. 29.01.2024.

b) Traditionell

Aus der zirkelschlussartig anmutenden Wertpapierdefinition in § 2 I WpHG ergibt sich zunächst, dass die physische Verbriefung des privaten Rechts kein konstitutives Kriterium darstellt. Damit werden einerseits die bestehenden mitgliedsstaatlichen Differenzen des nationalen Privatrechts überwunden und an die Realität angepasst. Andererseits hat das Kapitalmarktrecht den Schutz der Finanzmärkte und seiner Teilnehmer zum Gegenstand.[50] Die Verbriefung ist dahingehend ohne Bedeutung, sofern sie nicht nach nationalem Recht für die Rechtsbegründung konstitutiv ist.

In Portugal betitelt Art. 1 I lit. g CVM neben klassischen Fremd- und Eigenkapitalprodukten als *valores mobiliários* „andere Dokumente, die rechtlich homogene Situationen repräsentieren, sofern sie auf dem Markt übertragen werden können".[51] Die Dokumentation muss nicht physisch erfolgen. Dies zeigt sich bereits daran, dass die Entmaterialisierung von Wertpapieren im CVM ausdrücklich anerkannt ist (Art. 46 I CVM).[52] *Valores mobiliários* können sowohl buchmäßig als auch mittels eines Papierdokuments (*„documentos em papel"*) erfasst werden. Der Wortlaut von lit. g ist daher auch nicht auf *„documentos em papel"* oder *„títulos"* beschränkt.[53]

Erstes wesentliches[54] Kriterium bildet somit die Standardisierung des Rechts, welche im Merkmal der „Gattungen" von Wertpapieren zum Ausdruck kommt. Folglich muss es sich um austauschbare und mithin vertretbare Rechte handeln, die keine individuellen Ausgestaltungsbedürfnisse beinhalten.[55] Erfasst werden daher insb. Aktien, aktienähnliche Anteilsscheine und Schuldverschreibungen. Schecks und Wechsel mangels Vertretbarkeit hingegen nicht.[56] Dieses Kriterium entspricht materiell rechtlich der portugiesischen Anforderung nach der Homogenität des Rechts.

Sodann bedarf es jeweils der Eignung zur Handelbarkeit auf den Finanzmärkten (WpHG) bzw. auf dem Markt (CVM). Auf einen Handelsplatz i. S. d. § 2 Abs. 22 WpHG wird kein Bezug genommen. Der Begriff der Finanzmärkte kann daher umfassend verstanden werden und bezieht sämtliche Märkte ein,

---

50 Armout et al. (Hrsg), Principles of Financial Regulation, 2016, 61 ff.

51 „Outros documentos representativos de situações jurídicas homogéneas, desde que sejam susceptíveis de transmissão em mercado".

52 *Ascensão*, ROA 2001, 5, 20.

53 Fragwürdig ist daher die Begründung zur alten Rechtslage nach *Basílio*, RDFMC 2019, 127, 160; *Antunes*, Revista FDUP 2008, 87, 91.

54 Zur fraglichen Bedeutung des Merkmals der Übertragbarkeit *Assmann*, in: Assmann/Schneider/Mülbert (Hrsg.), WpHR, 7. Aufl. 2018, § 2 Rn. 14.

55 *Zickgraf*, in: Maume/Maute/Fromberger (Hrsg.), The Law of Crypto Assets, 2021, § 7 Rn. 38.

56 *Seiler/Geier*, in: Ellenberger/Bunte (Hrsg.), Bankrechts-Handbuch, 6. Aufl. 2022, § 84 Rn. 13.

auf denen Wertpapierhandel betrieben werden kann.[57] Die Möglichkeit des gutgläubigen Erwerbs fordert die h.M. nicht.[58] Gleichermaßen weit erfolgt die Auslegung in Portugal, die ebenfalls keinen Bezug auf einen Handelsplatz i.S.d. Art. 198 CVM nimmt und lediglich allgemein von „mercado" spricht.[59]

Schließlich bedarf es in beiden Rechtsordnungen einer funktionalen Vergleichbarkeit des Rechts mit den jeweils expressis verbis angeordneten Wertpapieren.[60] Das Recht muss somit einem typisierenden Wertpapierrecht vergleichbar sein. Dies ist insb. bei Ansprüchen auf Zins- oder Gewinnauszahlung sowie einer wirtschaftlichen Eigentümerstellung gegeben. Stimm- und Verwaltungsrechte können ergänzend ebenfalls eine Vergleichbarkeit begründen.

c) Tokenisiert

Die Qualifikation von Token unter den aufsichtsrechtlichen Wertpapierbegriff des § 2 I WpHG bzw. *valores mobiliários* i.S.d. Art. 1 I lit. g CVM ist möglich.

Die elektronische Erfassung des Rechts auf der Blockchain genügt in beiden Rechtsordnungen der Dokumentation.[61]

Das Merkmal der Standardisierung bzw. Homogenität des Rechts ist erfüllt, sofern die Ausgabe einer Vielzahl Token erfolgt, die identische Rechte abbilden. Bei Security Token, die keine NFTs darstellen, ist die Ausgabe einer Vielzahl gleichartiger, austauschbarer Kryptowerte Usus. Gleichermaßen ist die Handelbarkeit auf einem Markt erfüllt, sofern nicht im Ausnahmefall technische Beschränkungen den Kauf und Verkauf verhindern.[62]

Im Zentrum der Diskussion über die Qualifikation als Wertpapier wird somit typischerweise die funktionale Vergleichbarkeit und damit die Ausgestaltung des dem Token zugrundeliegenden Rechts stehen. Zwar kommt es stets auf die Ausgestaltung im Einzelfall an. Klassische Utility und Payment Token fallen allerdings mangels gewährter Beteiligungs- und Auszahlungsrechte aus dem Anwendungsbereich jeweils heraus, können künftig indes von MiCAR

57 Für die Erfassung von Kryptobörsen auch BaFin Hinweisschreiben, WA 11-QB 4100-2017/0010, 2.

58 Vgl. *Rennig*, Finanztechnologische Innovationen im Bankaufsichtsrecht, 2022, 337f. m.w.N.

59 *Garcia Rolo*, in: Cordeiro et al. (Hrsg.), FinTech II – Novos Estudos sobre Tecnologia Financeira, 2019, 4.3.3; *Vieira dos Santos*, in: Cordeiro et al. (Hrsg.), FinTech II – Novos Estudos sobre Tecnologia Financeira, 2019, 4.b).

60 *Garcia Rolo*, in: Cordeiro et al. (Hrsg.), FinTech II – Novos Estudos sobre Tecnologia Financeira, 2019, 4.3.4; *Catarino*, Inovação financeira e ICOs: Mercados privados alternativos?, 2019, 64ff.

61 Comunicado da CMVM, ICOs, 23.07.2018; *Catarino*, Inovação financeira e ICOs: Mercados privados alternativos?, 2019, 67; *Vieira dos Santos*, in: Cordeiro et al. (Hrsg.), FinTech II – Novos Estudos sobre Tecnologia Financeira, 2019, 4.b). Art. 61ff. CVM erlangt erst auf Rechtsfolgenebene Bedeutung.

62 *Garcia Rolo*, in: Cordeiro et al. (Hrsg.), FinTech II – Novos Estudos sobre Tecnologia Financeira, 2019, 4.3.3.

erfasst werden.[63] Security Token mit Dividendenansprüchen und Stimmrechten werden dagegen typischerweise als Wertpapier im aufsichtsrechtlichen Sinne bzw. als *valor mobiliário* zu qualifizieren sein.[64]

aa) Hybride Token

Regelmäßig lassen sich Token jedoch nicht eindeutig klassifizieren. Sie erscheinen als Hybride, die bspw. neben einer Nutzungs- zugleich eine Zahlungs- oder Anlagefunktion erfüllen. Nach Ansicht der BaFin kommt es bei hybriden Token auf den Schwerpunkt der jeweiligen Funktion an.[65] Dafür müssen die Einzelfallumstände herangezogen werden.

Für die Behandlung hybrider Token stellt die CMVM keine öffentlichen Leitlinien bereit. Ob sie sich der Schwerpunkt-Methodik der BaFin anschließt, kann daher nicht beurteilt werden. Vereinzelt scheint in der portugiesischen Literatur allerdings die Qualifikation einer Vielzahl hybrider Token als Wertpapiere befürwortet zu werden.[66]

Die mit der Schwerpunkt-Methodik der BaFin im Einzelfall einhergehende Rechtsunsicherheit liegt auf der Hand. Ermöglicht ein Token bspw. den Zugang zu einer Plattform für die Erstellung von bestimmten Kryptowerten und gewährt dem Inhaber zugleich einen jährlichen Anspruch an den Gewinnen des Plattformbetriebs, lässt sich bereits über die Gewichtung beider Funktionen streiten. Aus Anlegersicht mag sich die Folge einer ausbleibenden Einordnung als Wertpapier nur unwesentlich auswirken, da selbst im Falle fehlender Wertpapiereigenschaft – vorbehaltlich des Inkrafttretens des FinMaDiG[67] – die Qualifikation als Vermögensanlage i.S.d. § 1 II Nr. 1 VermAnlG in Betracht käme und auf diesem Wege ebenfalls ein Verkaufsprospekt zu veröffentlichen ist. Allerdings könnte im Einzelfall auch die Qualifikation als Vermögensanlage ausscheiden, was letztlich gar keine Prospektpflicht mit sich führe. Aus der Perspektive eines Emittenten ist Rechtsklarheit ohnehin wünschenswert.

Aus der Exklusivitätsformulierung des Art. 2 IV lit. a MiCAR sowie Erwägungsgrund 9 der MiCAR folgt bei hybriden Token nicht zwingend eine Zwei-

---

[63] *Catarino*, Inovação financeira e ICOs: Mercados privados alternativos?, 2019, 68 f.; *Vieira dos Santos*, in: Cordeiro et al. (Hrsg.), FinTech II – Novos Estudos sobre Tecnologia Financeira, 2019, 4.b).

[64] BaFin Merkblatt, WA 51-Wp 7100-2019/0011, 6; *Garcia Rolo*, in: Cordeiro et al. (Hrsg.), FinTech II – Novos Estudos sobre Tecnologia Financeira, 2019, 4.3.4.

[65] BaFin Merkblatt, WA 51-Wp 7100-2019/0011, 6.

[66] *Vieira dos Santos*, in: Cordeiro et al. (Hrsg.), FinTech II – Novos Estudos sobre Tecnologia Financeira, 2019, 4.b).

[67] Art. 17 FinMaDiG sieht die Änderung des VermAnlG vor, sodass es subsidiär zur MiCAR Anwendung finden soll. Die Einordnung von (Security) Token als Vermögensanlage dürfte in der Folge kaum noch relevant werden. Der Erhalt des Anlegerschutzes wird insb. durch die Krypto-Whitepaper Regelungen der MiCAR gewährleistet, dazu *Schneider*, in Miernicki/Schinerl (Hrsg.), Handbuch Kryptowerte, 2024 (in Veröffentlichung).

felsvermutung zugunsten der Einordnung eines Kryptowertes als Finanzinstrument und damit gegen die Anwendung der MiCAR. Der Entwurf der ESMA über die Bedingungen und Kriterien für die Qualifikation eines Kryptowertes als Finanzinstrument propagiert indes einen hierarchischen Ansatz, nach dem insb. hybride Kryptowerte, die lediglich in einer Komponente einem Finanzinstrument ähneln insgesamt als Finanzinstrument einzuordnen sein sollen.[68] Dieser, die Rechtssicherheit bei hybriden Token stärkende Ansatz divergiert von der bisherigen Schwerpunkt-Methodik der BaFin und führt im Einzelfall zu unterschiedlichen Ergebnissen. Die BaFin wäre daher angehalten, eine Änderung ihrer Verwaltungspraxis vorzunehmen, sofern die ESMA an der Hierarchie festhält.

bb) Governance Token

Ein gesonderter Blick sollte zudem sog. Governance Token zukommen, die mit unterschiedlichen Rechten verknüpft sein können. Sind sowohl Stimm- und Mitwirkungsrechte als auch Gewinnauszahlungsansprüche in einem Governance Token abgebildet, ist eine funktionale Vergleichbarkeit angelegt und die Qualifikation als Wertpapier kann angenommen werden.[69] Indes müssen Governance Token nicht zwingend mit einem Dividendenanspruch verknüpft, sondern können auch lediglich Stimm- und Mitwirkungsrechte nicht aber Gewinnansprüche beinhalten. Es fragt sich dann, ob das Recht auf monetäre Zuwendungen (z.B. Zins- oder Dividendenansprüche) gegenüber dem Emittenten eine zwingende Voraussetzung für die Einordnung als Wertpapier bzw. *valor mobiliário* darstellt. Gegen dieses Erfordernis könnte sprechen, dass die mit der Einordnung ausgelösten Rechtsfolgen (z.B. Prospektpflicht) gleichermaßen zum Schutze von Anlegern reiner Mitwirkungstoken erforderlich seien. Die Schutzbedürftigkeit wäre jedenfalls dann gegeben, wenn die Qualifikation als Wertpapier eine Gewinnerwartung des Anlegers schützen soll, die auf eine bloße Wertsteigerung des Token auf dem Sekundärmarkt zurückzuführen sein kann.

Tatsächlich erklärt die CMVM in einer Mitteilung vom Juli 2018 über die Einstufung von Kryptowerten als *valores mobiliários*, dass sie für die Beurteilung der funktionalen Vergleichbarkeit eines Token mit einem Wertpapier berücksichtigt, ob sich der Emittent zu einem Verhalten verpflichtet, das eine Renditeerwartung des Anlegers begründet. Beispielhaft nennt sie das Recht auf monetäre Zuwendungen sowie die Durchführung von Handlungen durch den Emittenten, die geeignet sind, den Wert des Tokens zu steigern.[70] Welche Handlungsverpflichtungen unter letztere Alternative fallen können, erwähnt die

[68] ESMA, Consultation Paper, ESMA75-453128700-52 v. 29.01.2024, Rn. 79.

[69] *Zickgraf*, in: Maume/Maute/Fromberger (Hrsg.), The Law of Crypto Assets, 2021, §7 Rn. 48.

[70] Comunicado da CMVM, ICOs, 23.07.2018.

CMVM nicht. In der Literatur wird gemutmaßt, dass Rückkaufprogramme, Air Drops und die Zerstörung vorhandener Token (sog. *burning*) zur Wertsteigerung erfasst sein sollen.[71] Somit solle die Qualifikation als *valor mobiliário* möglich sein, wenn eine Verpflichtung des Emittenten (mit)ursächlich für die Erwartung des Anlegers, eine finanzielle Rendite zu erzielen, ist. Mit dieser Rechtsanwendung nähert sich die CMVM offenbar einem Kriterium an, das international zuvörderst durch den sog. Howey-Test der US-amerikanischen Börsenaufsicht SEC bekannt ist.[72] Danach soll für die Qualifikation als Wertpapier das Bestehen einer Renditeerwartung des Anlegers erforderlich sein. Die CMVM lässt allerdings nicht eine abstrakte Hoffnung auf Rendite ausreichen. Eingrenzend fordert sie, dass sich der Emittent zu einem Verhalten verpflichtet, das die abstrakte Hoffnung auf Rendite zu einer Erwartung erstarken lässt.

Das Kriterium der Renditeerwartung für die Qualifikation als Wertpapier ist der BaFin sowie der deutschen Literatur hingegen fremd. Für sie ist ausschließlich die Gewährung wertpapierähnlicher Rechte relevant, nicht hingegen, ob der Anleger infolge einer nichtfinanziellen Verhaltenspflicht des Emittenten – vermeintlich begründet – auf eine Wertsteigerung des Token auf dem Sekundärmarkt hoffen darf.

Dass die CMVM nicht die einzige nationale Aufsichtsbehörde ist, die das Kriterium einer „non-enforceable expectation of profit“ heranzieht, stellt die ESMA im bereits angesprochenen Entwurf fest.[73] Dabei erteilt sie dieser Praxis eine klare Absage, indem sie darauf verweist, dass es keine Rechtsgrundlage in der MiFID II gebe, aus der sich das konstitutive Kriterium einer abstrakten, rechtlich nicht durchsetzbaren Gewinnerwartung des Anlegers für die Qualifikation als Wertpapier ergibt.

In der Tat deutet in Art. 4 I Nr. 44 MiFID II nichts darauf hin, dass die Anlegererwartung ein relevantes Kriterium darstellt. Die funktionale Vergleichbarkeit ist vielmehr aufgrund der Vergleichbarkeit gewährter Rechte zu beurteilen. Darüber hinaus müsste sich beurteilen lassen, welche Verhaltenspflichten des Emittenten eine Gewinnerwartung des Anlegers begründen und umgekehrt, welche Pflichten so unwesentlich sind, dass der Anleger lediglich auf einen Gewinn hoffen ihn aber nicht erwarten darf. Bereits die in der portugiesischen Literatur genannten Beispiele eines Air Drops oder eines *burning* scheinen bestenfalls marginal den Wert des Token auf dem Sekundärmarkt steigern zu können. Bedeutung kann diesen Mechanismen ohnehin nur zukommen, wenn das mit dem Token verfolgte Projekt verbreitet Anerkennung erhält und die individuelle Tokennachfrage konstant bleibt. Angesichts der hohen Marktdynamik

[71] *Vieira dos Santos*, in: Cordeiro et al. (Hrsg.), FinTech II – Novos Estudos sobre Tecnologia Financeira, 2019, 4.b).

[72] So auch *Garcia Rolo*, in: Cordeiro et al. (Hrsg.), FinTech II – Novos Estudos sobre Tecnologia Financeira, 2019, 4.3.4; zum Howey-Test *Dilek*, RDi 2021, 324.

[73] ESMA, Consultation Paper, ESMA75-453128700-52 v. 29.01.2024, Rn. 26.

und großer Unsicherheiten über die Entwicklung des Marktes für Kryptowerte im Einzelfall von einer Gewinnerwartung auszugehen, mit der Folge, Token dem MiFID-Regime zu unterwerfen, erscheint sehr fraglich. Auch für die CMVM dürfte daher künftig eine Anpassung ihrer Aufsichtspraxis geboten sein.

Zudem folgt daraus, dass die bloße Hoffnung, dass der Token auf dem Sekundärmarkt im Wert steigt, nicht vom Schutzzweck der Qualifikation als Wertpapier erfasst ist.[74]

Allerdings soll das Finanzmarktrecht unabhängig davon Informationsasymmetrien beheben und Anleger in die Position versetzen, eine „fundierte Anlageentscheidung" treffen zu können.[75]

Informationsasymmetrien können angesichts der Komplexität der gewährten Partizipationsrechte und aufgrund der Wissensüberlegenheit des Emittenten hinsichtlich des zugrundeliegenden Codes auch bei Token mit bloßen Mitwirkungsrechten bestehen. Um eine aufgeklärte, wohlüberlegte Anlageentscheidung treffen zu können, ist für den Anleger auch die Zukunftsfähigkeit des mit dem Token verfolgten Projekts und in diesem Zusammenhang die finanzielle Situation des Emittenten nicht unerheblich.[76]

Zugleich ist jedoch anzuerkennen, dass die typisierte Aufzählung in der Ausgangsnorm des Art. 4 I Nr. 44 MiFID II ausschließlich rechtliche Konstrukte mit Zahlungsansprüchen gegen den Emittenten erfasst.[77] Dies deutet daraufhin, dass erst ein Rechtsverhältnis mit finanziellem Zahlungsanspruch eine besondere Nähe zwischen Anleger und Emittent konstituiert, das eine Qualifikation als Wertpapier rechtfertigt. In diesem Fall werden die Interessen des Anlegers in Partizipationstoken zudem hinreichend durch die MiCAR gewahrt, welche subsidiär zur Anwendung kommt und in Art. 4 ff. MiCAR unter anderem eine spezifische auf Kryptowerte bezogene Whitepaperpflicht vorsieht.[78]

Für die Qualifikation als Wertpapier bzw. *valor mobiliário* sollte es daher eines (durchsetzbaren) Rechts auf monetäre Zuwendung bedürfen. Daraus folgt, dass reine Mitwirkungstoken, ohne Zahlungsansprüche nicht unter den Wertpapierbegriff zu fassen sind, und lediglich die Einordnung als Kryptowert i. S. d. MiCAR in Betracht kommt.[79]

---

[74] *Fromberger*, in: Maume/Maute/Fromberger (Hrsg.), The Law of Crypto Assets, 2021, § 1 Rn. 71.

[75] Erwägungsgrund 7 Verordnung (EU) 2017/1129.

[76] A.A. *Zickgraf*, in: Maume/Maute/Fromberger (Hrsg.), The Law of Crypto Assets, 2021, § 7 Rn. 49.

[77] *Zickgraf*, in: Maume/Maute/Fromberger (Hrsg.), The Law of Crypto Assets, 2021, § 7 Rn. 49.

[78] *Schneider*, in Miernicki/Schinerl (Hrsg.), Handbuch Kryptowerte, 2024 (in Veröffentlichung).

[79] A.A. BaFin Merkblatt, WA 51-Wp 7100-2019/0011, 8.

V. Registrierung

Neben der Qualifikation als Wertpapier im aufsichtsrechtlichen Sinne bzw. als *valor mobiliário* müssen die Token auch gem. der nationalen Regelungen registriert werden. Mit dem eWpG existiert in Deutschland mittlerweile ein spezifisch auf den Einsatz der Blockchain-Technologie zugeschnittener Rechtsrahmen. In Portugal fehlt es bislang an einem vergleichbaren Gesetz. Es gilt daher zu untersuchen, inwiefern die Nutzung der Blockchain-Technologie unter dem traditionellen Rechtsregime umgesetzt werden kann.

1. Europäische Vorgaben

Auf europäischer Ebene schreibt Art. 3 II CSDR vor, dass Geschäfte mit übertragbaren Wertpapieren, die an einem Handelsplatz ausgeführt werden, in das Effektengiro bei einem Zentralverwahrer einzubuchen sind. Für den börslichen Handel wird damit europarechtlich eine Zentralisierung vorgeschrieben, welche offenkundig dem Gedanken der DLT zuwiderläuft. Nichtsdestotrotz nehmen europäische Rechtsakte grds. einen technologieneutralen Standpunkt ein. Sofern die Nutzung der Blockchain-Technologie mit den für Zentralverwahrern maßgeblichen rechtlichen Vorgaben aus der CSDR sowie insb. der Finalitätsrichtlinie im Einklang steht, könnte eine nationale Aufsichtsbehörde eine solche blockchainbasierte Infrastruktur als Wertpapierliefer- und -abrechnungssystem i. S. d. Art. 2 I Nr. 10 CSDR anerkennen.[80] Angesichts der rechtlichen Verantwortung, die der Zentralverwahrer zu tragen hat (Art. 2 lit. p FinalitätsRL[81]) sowie der strengen Anforderungen der CSDR (z. B. Art. 37 ff. CSDR) und der Finalitäts-RL kommen dafür am ehesten permissioned Blockchain-Lösungen in Betracht.

Selbst bei einer Qualifikation einer DLT-Lösung als Wertpapierliefer- und -abrechnungssystem i. S. d. CSDR kann das Potential der DLT im bestehenden Rechtsrahmen allerdings nicht entfaltet werden.[82] Um daher die Praktikabilität und Zweckmäßigkeit der Verwendung einer DLT-Lösung in den Handels- und Abwicklungsphasen zu fördern, schafft das DLT Pilot Regime[83] einen experimentellen Rechtsrahmen mithilfe dessen die Implementierung einer DLT erleichtert werden und ihr Potential zur Geltung kommen soll.

---

[80] Vgl. *Priem*, Financial Innovation 2020, Vol. 6, Art. 11, 17 ff.

[81] Richtlinie 98/26/EG.

[82] Z.B. sieht Art. 2 lit. f FinalitätsRL eine Begrenzung des Teilnehmerkreises am Abrechnungssystem vor, sodass der Anleger nicht unmittelbar damit interagieren kann.

[83] Verordnung (EU) 2022/858.

2. Deutschland

Das eWpG ermöglicht in Deutschland seit 2021 die Begebung von Kryptowertpapieren, die in einem Kryptowertpapierregister zu führen sind (§ 4 III eWpG). Ein solches Register kann dezentral auf einer Blockchain geführt werden.[84] Die von den Inhabern (oder auch Berechtigten) vorgenommenen Verfügungen über Kryptowertpapiere dürften aufgrund der erforderlichen dezentralen Struktur, die dem Kryptowertpapierregister zugrundeliegen muss, beachtliche Parallelen zu solchen haben, welche im Rahmen eines herkömmlichen Peer-to-Peer-Netzwerks möglich sind. Gleichwohl gibt es auch bei Kryptowertpapierregistern mit der registerführenden Stelle einen zentralen Akteur. Dieser ist etwa für die Sicherheit, jederzeitige ordnungsgemäße Wiedergabe der tatsächlichen Rechtslage im Register verantwortlich (§ 7 I, II eWpG) und gewährleistet die Vollständigkeit des Registers entsprechend der inhaltlichen Vorgaben aus § 17 eWpG. Welche genaue technische Stellung die registerführende Stelle bei Verfügungen über Kryptowertpapiere hat, macht das eWpG nicht deutlich, sodass diesbezüglich Unklarheiten bestehen.[85] Die registerführende Stelle nimmt jedenfalls entsprechend des Wortlauts des § 18 eWpG auf Weisung des Inhabers bzw. Berechtigten des Wertpapiers Änderungen am Kryptowertpapierregister vor. Infolge der Möglichkeit einer Einzeleintragung (§ 8 II Nr. 2 eWpG) können Anleger zwar unmittelbar am Wertpapierhandel teilnehmen. Da die Eintragung im Register für die Wirksamkeit von Verfügungen konstitutiv ist,[86] sind Verfügungen über Wertpapiere aber im dezentral angehauchten Kryptowertpapierregister nicht gänzlich ohne zentrale Stelle möglich.

Im Unterschied zum Zentralregister (§ 12 eWpG) stellt die Eintragung in einem Kryptowertpapierregister grds. jedoch keine Einbuchung im Effektengiro dar (arg ex. § 12 III eWpG). Der börsliche Handel bleibt Inhabern von Kryptowertpapieren entsprechend verwehrt, sodass sie lediglich im weniger bedeutenden OTC-Handel tätig werden können.[87] Damit fehlt es Kryptowertpapieren an einem weitreichenden Sekundärmarkt.

3. Portugal

In Portugal sehen die Vorschriften des CVM über die Registrierung von buchmäßigen Wertpapieren stets eine zentralisierte Form vor (Art. 61 ff. CVM). Die Nutzung der Blockchain-Technologie ist damit zwar nicht prinzipiell unter-

---

84 Dazu *Dilek*, Das Internationale Privatrecht digitaler Werte, 2024, S. 162 ff.

85 Dazu Conreder/Meier eWpG/*Reiter*, 2022, § 26 Rn. 18; *Ribak*, Wertpapierrecht der Security Token Offerings, 2022, 212.

86 Conreder/Meier eWpG/*Meier*, 2022, § 24 Rn. 48 f.

87 BaFin, Jetzt auch elektronisch: Wertpapiere, 2021 (unter https://www.bafin.de/SharedDocs/Veroeffentlichungen/DE/Fachartikel/2021/fa_bj_2107_eWpG.html#:~:text=Am%2010.,das%20dazugeh%C3%B6rige%20Aufsichtsrecht%20grundlegend%20reformiert); dazu auch *Brauneck*, WM 2023, 860, 867.

sagt, die Wertpapiere müssen indes stets auf einem Konto bei einer zentralen Stelle (Zentralverwahrer, Finanzintermediär oder Emittent) geführt werden.[88] Diese nimmt unter anderem Eintragungen im Register vor, stellt die Aufnahme vorgeschriebener Informationen im Register sicher (Art. 68 CVM), blockiert bestimmte Wertpapiere (Art. 72 CVM), weist Eintragungsanfragen zurück (Art. 77 CVM) und übt somit letztlich die tatsächliche Kontrolle über den Inhalt der Konten aus.[89] Auf die Mitwirkung einer zentralen Stelle kann daher ebenfalls nicht verzichtet werden, sodass die Registrierung tokenisierter Wertpapiere lediglich intermediärsbasiert erfolgen könnte.

In Betracht kann indes die Nutzung der Blockchain-Technologie (direkt oder über einen smart contract) zu Speicherzwecken durch die zentrale Stelle kommen, sofern die Erfüllung der wertpapierrechtlichen Vorgaben dadurch sichergestellt ist.[90] In der Tat scheint eine gewisse dezentrale Speicherung sogar funktional in Art. 65 II CVM angelegt zu sein. Danach müssen Kopien von elektronisch geführten Aufzeichnungen von der zentralen Stelle „an einem anderen Ort als dem der Aufzeichnungen"[91] aufbewahrt werden. Zwar klingt die gesetzgeberische Vorstellung eines zentralen Speicherortes der Aufzeichnungen an. Zugleich wird dieser Zustand eines Single-Point-of-Failure vom Gesetzgeber jedoch als nicht ideal erachtet. Der zum Ausdruck kommende Wunsch nach einem zusätzlichen Speicherort könnte durch die Verwendung der Blockchain-Technologie auf eine ähnlich funktionale Weise erfüllt werden.

VI. Übertragung von Wertpapieren

Auch wenn nach der portugiesischen Rechtsordnung grds. keine Sachenrechte an Token begründet werden, könnte etwas anderes gerade für solche Token gelten, bei denen es sich zugleich um Wertpapiere i. S. d. CVM handelt. Dann würden sie trotz ihrer Unkörperlichkeit eigentumsfähig[92] werden, sodass sich die Übertragung des Eigentums an solchen Token nach den für Wertpapiere geltenden Übertragungsregeln des CVM richten würde.

---

[88] *Vieira dos Santos*, in: Cordeiro et al. (Hrsg.), FinTech II – Novos Estudos sobre Tecnologia Financeira, 2019, 6.

[89] Die Kontrolleigenschaft kommt deutlich in Art. 72 IV und 77 CVM zum Ausdruck.

[90] Das Kundenkonto muss bspw. Einträge für sowohl evtl. Kredititerungen als auch Debitierungen ausweisen, Art. 71 I CVM.

[91] „As entidades que efectuem os registos em suporte informático devem utilizar meios de segurança adequados para esse tipo de suporte, em particular cópias de segurança guardadas em local distinto dos registos."

[92] Zur Eigentumsfähigkeit von *valores mobiliários Antunes*, Revista FDUP 2008, 87, 91 Fn. 12 m. w. N.

1. Grundlagen

Die Übertragung von Wertpapieren variiert zum einen abhängig davon, in welcher Form die Wertpapiere bestehen – als Bucheintrag oder als verbriefte Urkunde (Art. 46 I CVM) – und zum anderen, ob sie sich in einem sog. zentralisierten System gem. Art. 88–94 CVM finden.[93] Rechte an Wertpapieren unterliegen gem. Art. 103 CVM denselben Übertragungsregeln wie die Wertpapiere selbst.[94]

Mittels Bucheintrag begebene Wertpapiere, die zum Handel an einem regulierten Markt, in einem multilateralen oder organisierten Handelssystem zugelassen sind, werden gem. Art. 62 CVM in ein sog. zentralisiertes System integriert. Bei zentralisierten Wertpapiersystemen handelt es sich gem. Art. 88 I CVM aus miteinander verbundenen Kontensätzen, über die die Einrichtung und Übertragung von Wertpapieren abgewickelt wird und die sowohl die Anzahl der im Umlauf befindlichen Wertpapiere als auch die damit verbundenen Rechte kontrollieren. Die Eintragungen im integrierten zentralisierten System finden gem. Art. 65 I CVM in elektronischer Form statt.

Wann immer Wertpapiere nicht in ein zentralisiertes System integriert sind, müssen diese gem. Art. 63 I CVM bei einem einzigen Finanzintermediär registriert werden, wenn es sich um Wertpapiere handelt, die im Rahmen öffentlicher Angebote verteilt wurden, von mehr als einer Institution gemeinsam ausgegeben wurden oder wenn es sich um Anteile an einer gemeinsamen Anlage handelt. Wertpapiere, die nicht in ein zentralisiertes System integriert oder nicht bei einem einzigen Finanzintermediär registriert sind, müssen gem. Art. 64 I CVM beim Emittenten registriert werden.

2. Übertragung

Die Übertragung buchmäßig begebener Wertpapiere erfolgt gem. Art. 80 I CVM durch eine entsprechende Kontobuchung, bei der das Wertpapier vom Konto des Übertragenden auf das Konto des Empfängers umgetragen wird.[95] Das Gleiche gilt gem. Art. 105 CVM für verbriefte Wertpapiere, die in ein zentralisiertes System integriert sind.[96] Ansonsten erfolgt die Übertragung von verbrieften Wertpapieren gem. Art. 102 I CVM durch eine Übertragungserklärung, die auf dem Wertpapier vermerkt und beim Emittenten oder einem Finanzintermediär, der den Emittenten vertritt, in einem Register eingetragen wird.

Die Übertragung von buchmäßig verwalteten Wertpapieren und von Wertpapieren, die in einem zentralisierten System gehalten werden, werden mit Eintra-

---

[93] Eingehend zur Übertragung siehe *Câmara*, Manual de Direito dos Valores Mobiliários, 4. Aufl. 2018, 365 ff.

[94] Dazu *da Fonseca*, O Penhor de Acções, 2. Aufl. 2007, 67 ff.

[95] Dazu *Câmara*, Manual de Direito dos Valores Mobiliários, 4. Aufl. 2018, 363 ff.

[96] Dazu *da Veiga*, CadMVM 2002, Vol. 15, 167; *Vidal*, CadMVM 2002, Vol. 15, 287.

gung im Register wirksam, wenn gem. Art. 66 I, 69 I CVM die Eintragung von Amts wegen erfolgt. Soll die Eintragung im Register auf Veranlassung der Beteiligten gem. Art. 66 II, 69 II CVM erfolgen, so wird die Übertragung schon mit der Einreichung des Antrags auf Eintragung in das Register wirksam. Die Übertragung von verbrieften Wertpapieren wird gem. Art. 102 V CVM erst dann wirksam, wenn die Eintragung im Register erfolgt ist.[97]

Damit weisen Wertpapiere, die gem. Art. 88 I CVM in ein zentralisiertes System integriert sind, beachtliche Parallelen zu den elektronischen Wertpapieren i. S. d. deutschen eWpG auf. Für beide ist eine elektronische Eintragung in ein Register erforderlich. Auch ist nach beiden Rechtsordnungen die Eintragung im Register für den Eigentumserwerb konstitutiv.[98] Im Gegensatz zu Art. 80 I CVM erfordert dagegen das deutsche eWpG neben der Umtragung im Register zusätzlich die Einigung zwischen dem Berechtigten und dem Erwerber darüber, dass das Eigentum übergehen soll (§ 25 I eWpG).[99] Die höchstrichterliche Rechtsprechung in Portugal hat jedoch klargestellt, dass auch im portugiesischen Recht für eine wirksame Übertragung von Wertpapieren neben der Einhaltung der Übertragungsvorschriften des CVM jedenfalls auch ein entsprechendes Kausalgeschäft zwischen dem Berechtigten und dem Erwerber erforderlich ist.[100] Vor Eintragung und bei bestehendem Kausalgeschäft hat der Erwerber lediglich einen Anspruch auf die Übertragung des Wertpapiers.[101] Nach deutschem Recht bedarf es wegen des Trennungs- und Abstraktionsprinzips für die wirksame Eigentumsübertragung elektronischer Wertpapiere gerade keines Kausalgeschäfts.[102]

3. Erwerb vom Nichtberechtigten

Der wirksame Erwerb vom Nichtberechtigten erfordert gem. Art. 58 CVM die Gutgläubigkeit des Erwerbers hinsichtlich der Berechtigung des Verfügenden sowie einer Übertragung entsprechend der herkömmlichen Regelungen des CVM. Im Gegensatz zum gutgläubigen Erwerb bestimmter anderer dingliche Rechte im portugiesischen Recht, wird der gutgläubige Erwerb von Wertpapieren nicht auf eine Publizität (z. B. des Wertpapierregisters) gestützt, da die Eintragungen von buchmäßig begebenen Wertpapieren gerade nicht öffentlich (Art. 304 IV, 86 CVM) sind.[103] Das Register kann demnach – anders als das

---

97 Dazu *Almeida Costa/Mendes*, RLJ 2009, 66.

98 Zum eWpG Conreder/Meier eWpG/*Meier*, § 24 Rn. 48 f.; *Omlor*, RDi 2021, 371, 375.

99 Conreder/Meier eWpG/*Meier*, § 25 Rn. 5 ff. m. w. N.

100 Oberster Gerichtshof Portugal (*Supremo Tribunal de Justiça*), Urt. v. 15.05.2008 – 08B153; Appellationsgericht Guimarães (*Relação de Guimarães*), Urt. v. 24.10.2013 – 3770/12.0TBBRG:C. G1.

101 *Câmara*, Manual de Direito dos Valores Mobiliários, 4. Aufl. 2018, 369 m. w. N.

102 Conreder/Meier eWpG/*Meier*, § 25 Rn. 6.

103 *Câmara*, Manual de Direito dos Valores Mobiliários, 4. Aufl. 2018, 371 m. w. N.

elektronische Wertpapierregister nach dem deutschen eWpG[104] – auch nicht als Rechtsscheinträger dienen.[105] Durch den gutgläubigen Erwerb soll vielmehr die Integrität des Wertpapierregisters und dadurch der Schutz des Wertpapiermarktes gewährleistet werden.[106] Auch hier – wie nach dem deutschen § 26 eWpG[107] – liegt damit der Verkehrsschutz im Vordergrund.

Ein guter Glaube i.S.d. Art. 58 CVM setzt voraus, dass der Erwerber keine Kenntnis von der fehlenden materiellen Berechtigung des Veräußerers hat.[108] Hierfür ist nicht erforderlich, dass der Erwerber sich über die Berechtigung des Veräußerers vergewissert.[109] Denn Nachforschungen hinsichtlich der Eigentümerstellung des Veräußerers wären für potenzielle Erwerber ohnehin kaum möglich, da etwa die Einsicht in das Wertpapierregister wegen der Geheimhaltung, der sie unterliegt, kaum möglich ist. Damit sind die Möglichkeiten des Erwerbers von Wertpapieren – ähnlich wie bei deutschen elektronischen Wertpapieren[110] –, sich über die Berechtigung des Verfügenden zu vergewissern, begrenzt, sodass dadurch die Schwelle zur Gutgläubigkeit des Erwerbers deutlich herabgesetzt wird. Wegen dieses Umstandes verlangten einige Stimmen in der Literatur sogar, dass auf das Merkmal der Gutgläubigkeit bei der Übertragung von Wertpapieren durch einen Nichtberechtigten gänzlich verzichtet werden kann.[111]

Zwar kann ein potenzieller Erwerber unter gewissen Voraussetzungen nach Art. 78 CVM von einer registerführenden Stelle beantragen, dass letztere einen Nachweis über den Eigentümer eines im Register aufgenommenen Wertpapiers bereitstellt.[112] Allerdings muss die als Eigentümer eingetragene Person nicht der materiellen und damit tatsächlichen Rechtslage entsprechen, sodass auch diese mit Aufwand verbundene und damit der Funktionsfähigkeit des sich durch eine Vielzahl von schnellen Übertragungen auszeichnenden Wertpapiermarkts entgegenstehende Maßnahme wenig effektiv bleibt.

Damit bringt der CVM deutlich zum Ausdruck, dass er von der Richtigkeit des Wertpapierregisters und der materiellen Rechtsinhaberschaft des im Register als Eigentümer eingetragenen Veräußerers ausgeht. Letzteres wird etwa dadurch bekräftigt, dass nur der als Eigentümer Eingetragene eine Umtragung des Wertpapiers und damit eine Eigentumsübertragung veranlassen kann. Gleich-

[104] Dazu Conreder/Meier eWpG/*Bialluch-von Allwörden*, 2022, § 10 Rn. 2.

[105] *Câmara*, Manual de Direito dos Valores Mobiliários, 4. Aufl. 2018, 371.

[106] *Câmara*, Manual de Direito dos Valores Mobiliários, 4. Aufl. 2018, 371 m.w.N.

[107] Conreder/Meier eWpG/*Meier*, § 26 Rn. 1.

[108] *Câmara*, Manual de Direito dos Valores Mobiliários, 4. Aufl. 2018, 375.

[109] *Câmara*, Manual de Direito dos Valores Mobiliários, 4. Aufl. 2018, 375.

[110] Conreder/Meier eWpG/*Meier*, § 26 Rn. 22.

[111] Ausdrücklich noch auf die ältere Fassung des CVM bezogen: *Costa e Silva*, ROA 1998, 860; kritisch auch *Câmara*, Manual de Direito dos Valores Mobiliários, 4. Aufl. 2018, 371 ff.

[112] Dazu *Ferreira*, Valores Mobiliários Escriturais. Um novo modo de representação e circulação de direitos, 1997, 322.

wohl kann es zu einem Auseinanderfallen von tatsächlicher (materieller) und nur aufgrund von Eintragungen im Register bestehender (formeller) Eigentumsstellung kommen. Für die Umtragung des Wertpapiers im Register und damit für die Legitimation des Verfügenden genügt es aber, wenn der Verfügende als Eigentümer formal im Register eingetragen ist. Insoweit unterscheidet das portugiesische Recht mit Blick auf in einem Register eingetragene Wertpapiere zwischen materieller Eigentumsstellung und Legitimation des Verfügenden kraft Eintragung im Register.[113]

Diesbezüglich zeigen sich beachtliche Parallelen und zugleich dezente Unterschiede zum gutgläubigen Erwerb von elektronischen Wertpapieren nach dem deutschen eWpG. Auch nach § 26 eWpG gilt beim gutgläubigen Erwerb der Inhalt des elektronischen Wertpapierregisters als vollständig und richtig sowie der als Inhaber Eingetragene als Berechtigter.[114] Zwar stellt der CVM anders als § 27 eWpG nicht ausdrücklich eine Eigentumsvermutung der im Wertpapierregister als Eigentümer eingetragenen Person auf, sondern erfordert für die wirksame Übertragung von Wertpapieren lediglich, dass der Verfügende als Eigentümer im Register eingetragen ist. Allerdings wird nach beiden Rechtsordnungen die Legitimität des im Register Eingetragenen bei der Übertragung von Wertpapieren begründet. Zudem decken sich die Rechtsfolgen des gutgläubigen Erwerbs elektronischer Wertpapier nach sowohl deutscher als auch portugiesischer Rechtsordnung, da nach beiden eine Eigentumsübertragung durch die als Eigentümer im jeweiligen Wertpapierregister eingetragene Person ermöglicht wird, auch wenn es sich bei dieser nicht um den tatsächlichen Eigentümer handelt.

Dagegen schließt Art. 58 CVM im Gegensatz zum § 26 eWpG die Gutgläubigkeit des Erwerbers nicht bereits dann aus, wenn diesem die Nichtberechtigung des Verfügenden wegen grober Fahrlässigkeit unbekannt ist. Nachforschungsobliegenheiten – denen etwa gem. § 26 eWpG Erwerber deutscher elektronischer Wertpapiere unterliegen können („infolge grober Fahrlässigkeit")[115] – bestehen für Erwerber von Wertpapieren nach portugiesischem Recht nicht. Bei Art. 58 CVM kommt es allein auf die Kenntnis und nicht das Kennenmüssen des Erwerbers hinsichtlich der Berechtigung des Verfügenden an.

[113] *Câmara*, Manual de Direito dos Valores Mobiliários, 4. Aufl. 2018, 375.
[114] Dazu Conreder/Meier eWpG/*Meier*, § 26 Rn. 1.
[115] *Omlor*, RDi 2021, 371, 376; Conreder/Meier eWpG/*Meier*, § 26 Rn. 27.

VII. Zusammenfassung und Schlussfolgerungen

Damit bleibt festzuhalten:

1. Allgemein

- Portugiesische *título de crédito* entsprechen dem in Deutschland herrschenden allgemeinen Wertpapierbegriff.
- In Portugal erkannte man bereits in der zweiten Hälfte des 20. Jahrhunderts die Realität der Immobilisierung und Entmaterialisierung des Effektengiro an und erreichte mit den entwicklungsoffenen *valores mobiliários* – im Gegensatz zu Deutschland – neben der aufsichtsrechtlichen auch eine zivilrechtliche Erfassung dieser.
- Mit dem eWpG zieht Deutschland knapp 40 Jahre später nach. Da entmaterialisierte Wertpapiere insoweit jedoch einem (wenn auch umfangreichen) enumerativen sachlichen Anwendungsbereich unterliegen, wird hinsichtlich dessen nicht die identische Innovationsoffenheit wie in Portugal erzielt. Es könnte darüber nachgedacht werden, den Anwendungsbereich des eWpG *de lege ferenda* an den aufsichtsrechtlichen Wertpapierbegriff zu knüpfen.
- Bei Token handelt es sich nach portugiesischem Sachenrecht um Sachen i.S.d. Art. 202 II CC. Allerdings können aufgrund ihrer Unkörperlichkeit keine dinglichen Rechte an ihnen begründet werden, sodass sie gerade nicht eigentumsfähig sind. Mit Blick auf dingliche Rechtspositionen an Token liegt daher ein ähnlich fragmentarischer Charakter vor wie im deutschen Sachenrecht.

2. Tokenisierung von Wertpapieren

- *Títulos de crédito* bzw. klassische Handelspapiere sind – soweit ersichtlich – in beiden Ländern an eine physische Verbriefung gebunden und können daher grds. nicht tokenisiert werden.
- Für Wertpapiere des Kapitalmarkts sehen beide Rechtsordnungen zwar eine Entmaterialisierung vor, die insb. in Deutschland auch eine Tokenisierung umfasst. Jedoch ist zugleich die Mitwirkung einer zentralen Stelle erforderlich, was den Nutzen einer DLT infrage stellt.

3. Übertragung von elektronischen Wertpapieren

- Nach sowohl der deutschen als auch portugiesischen Rechtsordnung ist die Eintragung im Register für den Eigentumserwerb von elektronisch begebenen Wertpapieren konstitutiv. Im Gegensatz zu Art. 80 I CVM erfordert dagegen das deutsche eWpG ausdrücklich neben der Umtragung im

Register zusätzlich die Einigung zwischen dem Berechtigten und dem Erwerber darüber, dass das Eigentum übergehen soll (§ 25 I eWpG). Nach portugiesischem Recht ist für eine wirksame Übertragung von Wertpapieren neben der Einhaltung der Übertragungsvorschriften des CVM jedenfalls auch ein entsprechendes Kausalgeschäft zwischen dem Berechtigten und dem Erwerber erforderlich.
- Im Vergleich zum deutschen Recht zeigt das portugiesische Recht ähnliche Prinzipien beim gutgläubigen Erwerb von elektronischen Wertpapieren, jedoch besteht ein Unterschied darin, dass der CVM die Gutgläubigkeit des Erwerbers nicht aufgrund grober Fahrlässigkeit ausschließt, sondern nur aufgrund tatsächlicher Kenntnis.

4. Verwaltungspraxis der BaFin und CMVM

- Sowohl die gegenwärtige Verwaltungspraxis der BaFin als auch der CMVM stehen nicht voll im Einklang mit dem ESMA-Entwurf bzgl. der Guidelines über die Bedingungen und Kriterien für die Qualifikation eines Kryptowertes als Finanzinstrument i. S. d. MiFID II. Für beide Aufsichtsbehörden könnte daher zukünftig eine Adaption geboten sein.
- Für die Qualifikation hybrider Token greift die BaFin auf die Schwerpunkt-Methodik zurück, während die ESMA einen der Rechtssicherheit förderlichen hierarchischen Ansatz propagiert.
- Die CMVM greift im Rahmen der Beurteilung auf das Kriterium der Gewinnerwartung des Anlegers durch eine bloße Wertsteigerung des Token zurück. Dieses Kriterium ist in der MiFID II indes nicht angelegt und wird von der ESMA daher berechtigterweise zurückgewiesen.

Tokenisierung im polnischen Gesellschaftsrecht

Erste Erfolge und grundlegende Herausforderungen.

Anne-Marie Weber

I. Einleitung

Der kontinuierliche und ubiquitäre Digitalisierungsfortschritt wirft fortwährend neue Herausforderungen für Rechtssysteme weltweit auf.[1] Dies erwirkt einerseits für die Rechtsanwendung einen permanenten Anpassungsbedarf an neue materielle Fragestellungen. Andererseits werden durch rechtspolitische Diskussionen und Initiativen Maßnahmen ergriffen, um den regulierungsbedürftigen Aspekten der Digitalisierung effektiv zu begegnen.

Die Blockchain-Technologie[2] gilt als eine der „Triebfedern der Digitalisierung"[3] und stellt einen entscheidenden Baustein zahlreicher Innovationsschübe in verschiedenen Sektoren dar. Die Problematik der Blockchain-Token[4] wird dadurch zunehmend ein prominentes Thema der Rechtspraxis und -wissen-

---

[1] Zur Problematik des Zusammenspiels von Innovation und Recht siehe *Hoffmann-Riem*, Recht und Innovation: Recht im Ensemble seiner Kontexte, 2016.

[2] Zu Arten und Funktionsweisen von Blockchains *A. Varmaz/N. Varmaz/Günther/Poddig, in:* Omlor/Link (Hrsg.), Kryptowährungen und Token, 2021, 13–18.

[3] *Möslein*, in: Martini/Möslein/Rostalski (Hrsg.), Recht der Digitalisierung, 2024, 17.

[4] Nachfolgend ersatzweise auch: „Kryptowerte" oder „Token".

schaft.[5] Trotz anfänglicher Dominanz von regulatorischen Belangen des Finanzmarktrechts und der Geldwäschebekämpfung rücken privatrechtliche Fragen in diesem Diskurs immer mehr in den Vordergrund.[6] Mit wenigen Ausnahmen, hat sich jedoch in den meisten Rechtsordnungen noch kein kohärentes Kryptowerte-Privatrecht ausgebildet.[7] Im Hinblick auf das Gesellschaftsrecht stellt sich insbesondere die Frage, ob und inwieweit Blockchain-Technologie zu der digitalen Darstellung von Aktien, Geschäftsanteilen und Rechten in Personengesellschaften genutzt werden kann.

Dieser Beitrag setzt sich mit dem Thema der Tokenisierung aus der Perspektive des polnischen Gesellschaftsrechts auseinander. Ziel ist es zu klären, ob der gegenwärtige Rechtsrahmen die Tokenisierung zulässt und – falls dies zutrifft – darzustellen, inwieweit Durchführung und Konsequenzen der Tokenisierung regulatorisch erfasst wurden.

Die Aktualität der Untersuchung ergibt sich einerseits aus der Präsenz der behandelten Fragestellung im internationalen akademischen und öffentlichen Diskurs.[8] Andererseits ist die Erörterung auch vor dem Hintergrund einer kürzlich vorgenommenen Reform des polnischen Aktienrechts, durch die ein neues Dematerialisierungsregime für Aktien eingeführt wurde, besonders relevant.[9]

Der Beitrag trägt zur polnischen rechtswissenschaftlichen Debatte bei, die bisher in Bezug auf den behandelten Themenbereich nur beschränkten Ertrag hervorgebracht hat. Darüber hinaus soll ein Grundstein für zukünftige rechtsvergleichende Forschung gelegt werden, die sich mit der Tokenisierung von Aktien und Geschäftsanteilen in verschiedenen Ländern auseinandersetzen wird. Diese prognostizierte Weiterverarbeitung dieses Beitrags könnte sich sowohl als Inspiration als auch als „Warnung" vor bestimmten Problemfeldern für die Rechtsentwicklung in anderen Ländern anbieten.

Der Analyserahmen umfasst Handelsgesellschaften (poln. *spółki handlowe*), deren Errichtung, Funktionsweise und Auflösung im Gesetzbuch über die Handelsgesellschaften vom 15.09.2020 (*Kodeks spółek handlowych*, nachfolgend: KSH) geregelt wurde. Ausgenommen ist somit die Gesellschaft bürgerlichen Rechts (poln. *spółka cywilna*), die in Polen als rein vertragliches Verhältnis im Zivilgesetzbuch reguliert wurde. Aufgrund des stark unional harmonisier-

---

[5] *Allen*, in: Chiu/Deipenbrock (Hrsg.), Routledge Handbook of Financial Technology and Law, 2021, 309: „cryptoassets are becoming a mainstream lawerly concern".

[6] *Omlor*, NJW 2024, 335; *Lehmann*, 21 Minnesota Journal of Law, Science & Technology 2019, 93; *Allen*, European Property Law Journal 2019, 64; *Górniak*, Kwartalnik Prawa Prywatnego, (3) 2019, 1.

[7] Zu Deutschland: *Omlor*, NJW 2024, 335; *Omlor*, in diesem Band, S. 27ff.

[8] Dazu umfassend *Omlor*, in: Omlor/Link (Hrsg.), Kryptowährungen und Token, 2021, 257ff.; *Maute*, in: Maume/Maute (Hrsg.), Rechtshandbuch Kryptowerte: Blockchain, Tokenisierung, Initial Coin Offerings, 2020, 110ff.

[9] Dazu *Dybiński/Weber* ECFR 2022, 203; *Weber/Dybiński* BKR 2021, 292.

ten und finanzmarktrechtlich komplexen Regulierungsrahmens einer börsennotierten S.A. (poln. *spółka akcyjna*) oder S.K.A. (poln. *spółka komandytowo-akcyjna*), wird die Frage der Zulässigkeit der Tokenisierung in Bezug auf solche Gesellschaften nicht weiter erörtert. Gleichzeitig muss betont werden, dass die Erörterung eines „digitalen Updates" des EU-Rechtsrahmens für börsennotierte Aktiengesellschaften durchaus wissenschaftlich interessant ist und in künftige Forschungsvorhaben integriert werden sollte.

Der Beitrag gliedert sich in fünf Teile. Auf die Einleitung folgt im zweiten Teil ein kurzer Überblick über das Gefüge der Rechtsformen im polnischen Gesellschaftsrecht, der eine Begriffseinordnung ermöglichen soll. Es folgt eine Skizze des jüngst eingeführten Dematerialisierungsregimes für Aktien, das einen Existenzrahmen für die „Kryptoaktie" in Polen geschaffen hat. Im dritten Teil wird der Rechtsrahmen für die Tokenisierung von Aktien in Polen erörtert. Der vierte Teil widmet sich im Hinblick auf Geschäftsanteile und Recht in Personengesellschaften derselben Fragestellung. Ein Fazit und ein Umriss möglicher weiterführender Reformansätze beschließen den Beitrag.

II. Architektur des gesellschaftsrechtlichen Rahmens

1. Das Gefüge der Rechtsformen

Die grundlegende Rechtsquelle des polnischen Gesellschaftsrechts ist das KSH, dass die vorhandenen Rechtsformen der Handelsgesellschaften einheitlich kodifiziert. Das KSH folgt einer dichotomischen Klassifizierung der Gesellschaftsformen in die Kategorie der Personengesellschaften (poln. *spółki osobowe*) und der Kapitalgesellschaften (poln. *spółki kapitałowe*).[10]

Das Regelungskonzept der Personengesellschaften stützt sich auf die Offene Gesellschaft (poln. *spółka jawna*, abgekürzt sp.j.), die mit Hilfe der Verweisungstechnik als „Skelett" für die anderen Personengesellschaften dient. Charakteristisch sind die persönliche und uneingeschränkte Haftung der Gesellschafter mit ihrem Privatvermögen[11] sowie die Selbstorganschaft der Gesellschafter.[12] Gesellschafter einer Partnerschaftsgesellschaft (poln. *spółka partnerska*, abgekürzt sp.p.)[13] kann nur eine natürliche Person sein, die einen freien Beruf ausübt.[14] Die Regelung der Kommanditgesellschaft (poln. *spółka komandytowa*, abgekürzt: sp.k.) weicht insbesondere in Bezug auf den Kommanditisten von der sp.j. ab.[15] Die Kommanditgesellschaft auf Aktien (poln.

[10] Vgl. Art. 4 § 1 KSH.
[11] Vgl. Art. 22 § 2 KSH.
[12] Vgl. Art. 29 § 1 und 39 § 1 KSH.
[13] Vgl. Art. 86 ff. KSH.
[14] Vgl. Art. 87 KSH.
[15] Vgl. Art. 102 ff. KSH.

spółka komandytowo-akcyjna, abgekürzt: S.K.A.)[16] wird, anders als im Unionsrecht, durch den polnischen Gesetzgeber nicht als Kapitalgesellschaft, sondern als Personengesellschaft in die Systematik des KSH eingeordnet.

Vor kurzem wurde die Auswahl der in Polen verfügbaren Gesellschaftsformen um die Einfache Aktiengesellschaft (poln. *prosta spółka akcyjna*, abgekürzt: P.S.A.)[17] bereichert.[18] Die P.S.A. schließt sich als dritte Kapitalgesellschaft der Gesellschaft mit beschränkter Haftung (poln. *spółka z ograniczoną odpowiedzialnością*, abgekürzt: sp. z o.o.)[19] und der Aktiengesellschaft (poln. *spółka akcyjna*, abgekürzt: S.A.)[20] an. Sowohl bei der P.S.A. als auch bei der sp. z o.o. handelt es sich um geschlossene Kapitalgesellschaften (eng. *close companies*). Nur der S.A. und der S.K.A. steht der Börsengang frei (Kapitalmarktoffenheit).

2. *Ein neues Aktien-Dematerialisierungsregime*

In Polen besteht gegenwärtig ein duales Dematerialisierungsregime für Aktien. Am organisierten Markt gehandelte Aktien wurden bereits seit der Einführung des Gesetzes vom 21. August 1997 über den öffentlichen Handel mit Wertpapieren („GHW")[21] der Dematerialisierung unterworfen. Das im GHW enthaltende Modell blieb im nachfolgenden Gesetz vom 29. Juli 2005 über den Handel mit Finanzinstrumenten[22] („GHF") erhalten und bildet zurzeit die geltende Rechtsgrundlage zur zwingenden Dematerialisierung aller Aktien börsennotierter Gesellschaften.[23] In einem zweistufigen Registrierungssystem werden die entmaterialisierten Wertpapiere durch den Zentralverwahrer[24] und durch Investmentfirmen[25] in für die Wertpapierinhaber geführten Wertpapierdepot-

---

[16] Vgl. Art. 125 ff. KSH.

[17] Vgl. Art. 300[1] ff. KSH.

[18] Gesetz vom 19.07.2019 über die Abänderung des Gesetzbuches über die Handelsgesellschaften und anderer Gesetze, Gesetzesblatt 2019, Position 1655.

[19] Vgl. Art. 151 ff. KSH.

[20] Vgl. Art. 125 ff. KSH.

[21] Gesetz über den öffentlichen Handel mit Wertpapieren vom 21.08.1997, abrufbar unter https://isap.sejm.gov.pl/isap.nsf/DocDetails.xsp?id=WDU19971180754; dazu: *Weber/Dybiński*, ECFR 2022, 203, 210–213.

[22] Gesetz über den Handel mit Finanzinstrumenten vom 29.07.2005, abrufbar unter https://isap.sejm.gov.pl/isap.nsf/DocDetails.xsp?id=wdu20051831538.

[23] Siehe ausführlich: *Weber*, in: Segna/Möslein/Omlor/von Buttlar (Hrsg.), eWpG, 2024, [im Erscheinen].

[24] Krajowy Depozyt Papierów Wartościowych S.A. – der polnische Zentralverwahrer, der für die Verwaltung und Überwachung des Verwahr-, Clearing- und Abrechnungssystems zuständig ist.

[25] Der Begriff der Investmentfirma bezeichnet im Nachgang die Finanzinstitutionen, die berechtigt sind, Wertpapierdepotkonten zu führen.

konten (*rachunki papierów wartościowych*)[26] abgebildet. Die herrschende Meinung bezeichnet diese Aktien als Registeraktien.[27]

Durch das Zusammenspiel der Verabschiedung des Gesetzes vom 19. Juli 2019, dass die P.S.A. als neue Rechtsform einführte[28] und des Gesetzes vom 30. August 2019, dass sich auf die Aktien der S.A. und die S.K.A. bezog,[29] wurde ein Dematerialisierungsregime für Aktien nicht börsennotierter Gesellschaften eingeführt (nachfolgend: „die Reform")[30]. Das neue Dematerialisierungsmodell beruht auf einer einstufigen[31] elektronischen (digitalen) Registrierung unverbriefter Aktien im Aktionärsregister (poln. *rejestr akcjonariuszy*).[32] Diese Eintragung ist sowohl als Legitimationsquelle für die Ausübung der Aktionärsrechte[33] als auch als Wirksamkeitsvoraussetzung für die Übertragung der Neuen Registeraktien[34] von fundamentaler Bedeutung.

Betroffen sind die Aktien der P.S.A.[35] sowie Aktien der S.A. und der S.K.A., sofern diese Gesellschaften nicht börsennotiert sind. Das Aktionärsregister wird im Auftrag der Gesellschaft geführt und enthält wesentliche Informationen wie ihren Namen, den Sitz, die Anschrift und die Nummer der Eintragung im Unternehmensregister. Darüber hinaus beinhaltet das Aktionärsregister Daten zur Identifizierung der von der Gesellschaft ausgegebenen Aktien, wie beispielsweise das Ausgabedatum, die Aktienserie und deren Anzahl, sowie, falls bestehend, Angaben zu den mit den Aktien verbundenen Sonderrechten. Zusätzlich werden Informationen über Verfügungsbeschränkungen von Aktien, die Deckung der Aktien durch Einlagen und die mit den Aktien verbundenen Verpflichtungen gegenüber der Gesellschaft erfasst. Schließlich enthält das

---

[26] Diese Konten sind nicht zu verwechseln mit den Depotkonten die der Zentralverwahrer als „Sammelkonten" für die jeweiligen Maklerhäuser führt (*konta depozytowe*). Näher zu dem Entmaterialisierungssystem laut GHF: *Romanowski*, Uniform Law Review 2005, 285.

[27] Siehe unter anderem *Dybiński/Weber*, ECFR 2022, 203; ausführlich monografisch *Jastrzębski*, Pojęcie papieru wartościowego wobec dematerializacji, 2009.

[28] Hierzu *Weber*, in: Fleischer (Hrsg.), Rechtsformneuschöpfungen im in- und ausländischen Gesellschaftsrecht, 2024, § 19; *Oplustil*, in: Winner/Cierpial-Magnor (Hrsg.), Neue Regelungen für Start-ups und Investoren in MOE, 2021, 117; *Mazgaj/Mucha*, European Company Law 2020, 46.

[29] Hierzu *Weber/Dybiński*, BKR 2021, 203, 292.

[30] *Weber/Dybiński*, ECFR 2022, 203, 210–213; *Weber*, in: Segna/Möslein/Omlor/von Buttlar (Hrsg.), eWpG, 2024, [im Erscheinen].

[31] *Jarecka*, in: Sikorska-Lewandowska/Kłoda (Hrsg.), Prosta spółka akcyjna, 2023, 83, 94.

[32] Irreführend ist die gewählte Bezeichnung. Es handelt sich beim Aktionärsregister um ein Wertpapierregister (Register der Aktien) und nicht um ein Register der Aktionäre: *Weber*, in: Segna/Möslein/Omlor/von Buttlar (Hrsg.), eWpG, 2024, [im Erscheinen].

[33] *Dybiński/Weber*, ECFR 2022, 203, 232.

[34] *Dybiński/Weber*, ECFR 2022, 203, 228. Abgrenzend zu den Registeraktien börsennotierter Aktiengesellschaften wird im Nachgang der Begriff der „Neuen Registeraktien" verwendet, um diejenigen Aktien zu bezeichnen, die dem durch die Reform eingeführten Dematerialisierungsregime unterliegen.

[35] Aktien der P.S.A. wurden explizit vom Handel am organisierten Markt ausgeschlossen.

Aktionärsregister detaillierte Daten zur Identifizierung der einzelnen Aktionäre und deren Aktien.

Die Führung des Aktionärsregisters beruht auf vertraglicher Basis.[36] Das daraus resultierende Rechtsverhältnis besteht zwischen der registerführenden Stelle und der Gesellschaft. Die Aktionäre verfügen somit über keine vertraglichen Ansprüche gegenüber der registerführenden Stelle.[37] Grundlegend wurde die Führung des Aktionärsregisters Investmentfirmen[38] überlassen. Nur in Bezug auf die P.S.A., kann das Aktionärsregister auch durch Notare geführt werden. Diese Unterscheidung zwischen den Gesellschaftsarten wird dadurch begründet, dass die P.S.A. einer geschlossenen Kapitalgesellschaft (*close company*) entspricht und somit typischerweise eine kleinere Aktionärszahl in Hinblick auf die Registerpflichten eines Notars vertretbar sei.[39] Vor dem Hintergrund, dass das analysierte neue Entmaterialisierungsregime in Bezug auf die S.A. und die S.K.A. ohnehin nur auf nicht-börsennotierte Gesellschaften zutrifft, ist das Argument jedoch schwer nachvollziehbar. Die Divergenz der Kostenpunkte der Registerführung durch einen Notar und eine Investmentfirma wirft die Frage auf, warum die Kompetenz zur Registerführung nicht einheitlich für die von dem Entmaterialisierungsregime betroffenen Gesellschaftsformen geregelt wurde.[40]

Durch die Reform wurde ein weiterer bedeutender Schritt in der rasch voranschreitenden Digitalisierungsagenda des polnischen Wertpapierrechts vollzogen.[41] Die Tiefe des Eingriffs in den geltenden Rechtsrahmen darf dabei nicht unterschätzt werden. Der Verzicht auf die Verbriefung von Aktien wurde nicht als „Option" in die Rechtsordnung aufgenommen: Der polnische Gesetzgeber entschied sich für eine zwingende und komplette Abkehr von der verbrieften Aktie. Von dem neuen Regime wurden somit nicht nur zukünftige Begebungen umfasst, sondern auch bereits begebene, existierende Aktien.

Die Umwandlung von verbrieften Aktien in Neue Registeraktien wurde in einem komplexen Regulierungsrahmen niedergelegt.[42] Betont werden muss, dass die Partizipation der Aktionäre in dem Umwandlungsprozess durch die

---

[36] Näher zur Rechtsnatur dieses Vertrages siehe: *Izdebski*, Przegląd Prawa Handlowego, (2) 2021, 51.

[37] Zu potentiellen Ansprüchen *ex delicto* siehe: *Izdebski*, Przegląd Prawa Handlowego, (2) 2021, 51, 58.

[38] Der Begriff der Investmentfirma bezeichnet nachfolgend diejenigen Finanzinstitutionen, die berechtigt sind, Wertpapierdepotkonten im Entmaterialisierungsregime des organisierten Marktes zu führen; hierzu auch: *Weber*, in: Segna/Möslein/Omlor/von Buttlar (Hrsg.), eWPG, 2024, [im Erscheinen].

[39] *Opalski*, Przegląd Prawa Handlowego, (12) 2019, 5.

[40] *Dybiński/Weber*, ECFR 2022, 203, 224.

[41] Zu den Etappen der Digitalisierung im polnischen Wertpapierrecht siehe: *Weber*, in: Segna/Möslein/Omlor/von Buttlar (Hrsg.), eWpG, 2024, [im Erscheinen].

[42] Siehe ausführlich: *Dybiński/Weber*, ECFR 2022, 203, 234; *Weber*, in: Segna/Möslein/Omlor/von Buttlar (Hrsg.), eWpG, 2024, [im Erscheinen].

Androhung des Verlustes rechtlicher Signifikanz der Urkunde als Träger der in der Aktie inkorporierten Aktionärsrechte *de facto* als obligatorisch ausgestaltet wurde. Am 01. März 2021 verloren alle existierenden verbrieften Aktien ihre Rechtskraft, sodass die Ausübung von jeglichen Aktionärsrechten ohne eine entsprechende Umwandlung in Registeraktien unmöglich wurde.

III. Ein Rechtsrahmen für Kryptoaktien

Das Aktionärsregister wird in elektronischer Form geführt. Laut des gesetzlichen Wortlautes kann die Führung des elektronischen Aktionärsregister auch in Form einer „verteilten, dezentralisierten Datenbank" erfolgen.[43] Das bedeutet, dass das Aktionärsregisters mittels Blockchain-Technologie geführt werden kann.[44] Die digitale Darstellung von Aktien in Form eines Eintrags im Blockchain-Aktionärsregister kann als eine „Kryptoaktie" oder „Tokenisierte Aktie" bezeichnet werden. Durch die ausdrückliche Einbeziehung der Blockchain-Technologie in die Festlegung der Funktionsmodalitäten des Aktionärsregisters legte die Reform den Grundstein für die Existenz von Kryptoaktien in Polen.

Die Anerkennung, dass das Aktionärsregister in DLT-Form geführt werden kann, stellt die einzige aus der Reform folgende Bezugnahme auf Kryptoaktien dar. Trotz der eindeutigen Absicht, die Kryptoaktie in das polnische Gesellschaftsrecht einzuführen, ist es erstaunlich, dass im Rahmen der Reform keine weiteren Anpassungen des Rechtsrahmens an Kryptoaktien als erforderlich erachtet wurden. Vor allem hat es der Gesetzgeber versäumt die Kryptoaktien in einen kohärenten zivilrechtlichen Rahmen zu integrieren.[45]

Es muss somit angenommen werden, dass generell auf Kryptoaktien das „Standardregime" der Neuen Registeraktien Anwendung findet. Auch deren privatrechtliche Erfassung ist jedoch lediglich fragmentarisch. Daraus ergeben sich für Kryptoaktien Problemfelder, welche im Zuge der nachfolgenden Darlegung der Eckpunkte des anwendbaren Rechtsrahmens näher erläutert werden.

1. Registerführung

Die das Aktionärsregister führende Stelle hat die Sicherheit und Integrität der darin enthaltenen Daten zu gewährleisten.[46] Diese Anforderung muss in Bezug

---

[43] Vgl. Art. 328 § 3 KSH (anwendbar auf die S.A. und gemäß Art. 126 § 1 KSH entsprechend auch auf die S.K.A.) und Art. 300[31] § 3 KSH (anwendbar auf die P.S.A.).

[44] *Opalski*, Przegląd Prawa Handlowego, (12) 2019, 5; *Sójka*, Przegląd Prawa Handlowego, (1) 2020, 8.

[45] Dies betrifft alle Neuen Registeraktien – nicht nur die Kryptoaktien, so auch *Dybiński/Weber*, ECFR 2022, 203, 228.

[46] Vgl. Art. 328[1] § 4 KSH (S.A. und S.K.A.) und Art. 300[31] KSH (P.S.A).

auf Kryptoaktien unter Berücksichtigung der spezifischen, mit der Blockchain-Technologie verbundenen Risiken ausgelegt werden. Vor diesem Hintergrund muss insbesondere geklärt werden, ob die registerführende Stelle sowohl eine private als auch eine öffentliche Blockchain für die Registerführung verwenden kann. Eine einschlägige Regelung durch den Gesetzgeber fehlt diesbezüglich. Allerdings lässt sich ein Interpretationshinweis aus dem beschränkten Transparenzgrundsatz ableiten, der auf das Aktionärsregister Anwendung findet. Demnach haben die Gesellschaft sowie jeder Aktionär ein Einsichtsrecht in das Register, das mit einem Recht auf die Anforderung von Registerauszügen einhergeht.[47] Folglich unterliegt das Aktionärsregister keiner uneingeschränkten Publizität, wie sie beispielsweise für Unternehmensregister gilt.[48] Es sollte daher angenommen werden, dass ein Blockchain-Aktionärsregister unter Verwendung einer privaten Blockchain geführt werden sollte, um den Zugang zu den darin enthaltenen Informationen auf die gesetzlich identifizierten Berechtigten zu beschränken.[49]

Aus der Führung des Aktionärsregisters unter Verwendung der Blockchain-Technologie ergeben sich spezifische Risiken, die im Hinblick auf das Sicherheits- und Integritätsgebot besondere Maßnahmen seitens der Registerführenden Stelle mit sich bringen sollten. Beispielsweise, sollte vor allem einer Aufspaltung der Blockchain (*fork*) wirksam vorgebeugt werden.[50] Sollte es dennoch zu einer Aufspaltung kommen, muss die Aktionärsregisterstelle in der Lage sein, in den Inhalt der vorgenommenen Einträge einzugreifen, um eine einheitliche Kette von Transaktionen wiederherzustellen.[51]

2. *Entstehung der Kryptoaktie*

Die im Aktionärsregister eingetragene Person wird von der Gesellschaft als Aktionär anerkannt.[52] Der Eintrag in das Blockchain-Aktienregister stellt jedoch keinen ausreichenden Umstand für die Entstehung der Kryptoaktie dar. Eine entsprechende Grundlage für die Entstehung der Kryptoaktie muss vielmehr aus den gesellschaftsrechtlichen Rahmenbedingungen hervorgehen, gemäß denen Aktionärsrechte entstehen. Die Begebung neuer Kryptoaktien im Zuge der Gesellschaftsgründung oder einer neuen Emission erfordert somit zuerst eine entsprechende konstitutive Eintragung im Unternehmensregister, um die Ent-

---

[47] Vgl. Art. 328^5 § 4 KSH (S.A. und S.K.A.) und Art. 300^{35} KSH (P.S.A).

[48] So auch *Langer/Pinior*, Przegląd Ustawodawstwa Gospodarczego, (10) 2023, 14.

[49] *Sójka*, Przegląd Prawa Handlowego (1) 2020, 10; anderer Ansicht *Jarecka*, in: Sikorska-Lewandowska/Kłoda (Hrsg.), Prosta spółka akcyjna, 2023, 83, 97.

[50] *Sójka*, in: FS Strzępka, S. 525, 529.

[51] *Sójka*, in: FS Strzępka, S. 525, 531.

[52] Vgl. Art. 300^{35} § 1 KSH (P.S.A.) und Art. 343 § 1 KSH (S.A. und S.K.A).
Der Eintrag der Kryptoaktie in das Aktionärsregister dient somit als Legitimationsquelle für den Aktionär.

stehung von Aktionärsrechten zu ermöglichen.[53] Die darauffolgende Registrierung im Blockchain-Aktionärsregister bezeugt die Existenz dieser Rechte und führt erst zur Entstehung der Kryptoaktie. Somit handelt es sich bei der Kryptoaktie um ein deklaratorisches Wertpapier.[54]

Folglich sollte angenommen werden, dass es trotz einer Eintragung in das Blockchain-Aktionärsregister *nicht* zur Entstehung von Kryptoaktien kommt, wenn dieser Eintrag auf einem nichtigen Rechtsgeschäft basiert, beispielsweise einem nichtigen Beschluss über die Aktienemission.[55] Ein solcher Eintrag kann lediglich als eine Art Scheinrecht eingeordnet werden.[56]

3. Übertragung der Kryptoaktie

Von einer komplexen Erfassung der Übertragungstatbestände im Hinblick auf Kryptoaktien durch die Reform kann keine Rede sein. Vielmehr hat sich der Gesetzgeber für einen punktuellen Lösungsansatz entschieden. Festgelegt wurde, dass grundsätzlich der Erwerb einer Kryptoaktie mit dem Zeitpunkt der Eintragung des Erwerbers, sowie der Anzahl, Art, Serie und Nummer der erworbenen Kryptoaktien, in das Aktionärsregister, wirksam wird[57]. Der Eintrag des Kryptoaktienerwerbs in das Aktionärsregister hat somit eine rechtsgestaltende (konstitutive Wirkung).[58]

Es sollte angenommen werden, dass vor dem Eintrag des Erwerbs in das Blockchain-Aktionärsregister eine zivilrechtliches Verfügungsgeschäft bezüglich der Kryptoaktie abgeschlossen werden muss. Obgleich dies nicht direkt durch den Gesetzgeber ausbuchstabiert wurde, kann die Notwendigkeit einer Verfügung aus der Regulierung des Erfordernisses der Urkundenform für dieses Rechtsgeschäft abgeleitet werden.[59] Demnach stellt die Eintragung der Übertragung der Kryptoaktie in das das Blockchain-Aktionärsregister eine gesetzliche Wirksamkeitsvoraussetzung (*conditio iuris*) für das Verfügungsgeschäft dar.[60]

---

[53] Vgl. Art. 330^{28} § 2 KSH (P.S.A.) und Art. 328^{5} (S.A. und S.K.A).

[54] *Sójka*, in: Winner/Cierpial-Magnor (Hrsg.), Neue Regelungen für Start-ups und Investoren in MOE, 2021, 140; *Sójka*, (13) Monitor Prawniczy 2020, 668.

[55] *Sójka*, Przegląd Prawa Handlowego, (1) 2020, 10.

[56] *Sójka*, Przegląd Prawa Handlowego, (1) 2020, 10.

[57] Vgl. Art. 300^{37} § 1 KSH (P.S.A) und Art. 328^{9} KSH (S.A. und S.K.A). Dies folgt aus dem Rechtsrahmen, der auf alle Neuen Registeraktien Anwendung findet. Ausnahmen betreffen Tatbestände in denen der Erwerb *ex lege* eintritt (z.B. geerbte Aktien, Verschmelzungen) – Vgl. Art. 300^{37} § 2 KSH (P.S.A) und Art. 328^{9} KSH (S.A. und S.K.A).

[58] *Dybiński/Weber*, ECFR 2022, 203, 229.

[59] Vgl. Art. 300^{36} § 4 KSH (P.S.A). Das Erfordernis der Urkundenform für die Verfügung von Kryptoaktien gilt nicht für die S.A. und die S.K.A. In der Praxis muss jedoch die Begründung eines Antrags des Berechtigten auf Eintragung der Verfügung im Aktionärsregister die Vorlage eines Nachweises umfassen. Aus praktischer Perspektive könnte daher angenommen werden, dass ein analoges Erfordernis auch für S.A. und P.S.A. besteht.

[60] *Dybiński/Weber* ECFR 2022, 203, 229.

Grundsätzlich ist zu bejahen, dass der Abschluss und die Ausführung eines Verfügungsgeschäftes über die Kryptoaktie auch elektronisch und automatisch durch eine geeignete Funktionalität des Blockchain-Aktionärsregisters erfolgen kann.[61] Ein solcher „Transfer" des Verfügungsgeschäftes auf die Aktionärsregister-Blockchain würde einer Variante eines Smart Contracts[62] entsprechen.[63] Es lässt sich argumentieren, dass somit das Erfordernis der Urkundenform erfüllt wäre.[64] Die Wirksamkeit der Übertragung wäre, wie bei der Durchführung der Verfügung außerhalb der Blockchain, mit dem Eintrag in das Blockchain-Aktionärsregister verknüpft.

Ein potenzielles Hindernis für auf Smart Contracts basierende automatisierte Verfügungsgeschäfte bezüglich der Kryptoaktien könnte sich aus dem Finanzmarktrechtlichen Rahmen ergeben. Es besteht das Risiko, dass bestimmte Arten von Smart Contracts, die den Handel mit Kryptoaktien gestalten, die Kriterien für ein Multilaterales Handelssystem (MTF) erfüllen könnten.[65]

4. Gutgläubiger Erwerb der Kryptoaktie

Die Problematik des gutgläubigen Erwerbs von Kryptoaktien wurde von der Reform nicht erfasst.[66] Keinesfalls lässt sich dies durch fehlende Tatbestände überzeugend begründen. Vorstellen kann man sich beispielsweise den Erwerb einer Kryptoaktie von einer Person, die die Eintragung in das Blockchain-Aktionärsregister aufgrund eines gefälschten Vertrages erlangt hat.[67] Die fehlende Integration der Kryptoaktie in einen zivilrechtlichen Rahmen war auch kein Zufall: Der Dokumentation des Gesetzgebungsverfahrens kann man entnehmen, dass der Gesetzgeber angenommen hat der geltende Rechtsrahmen würde Anwendung finden.[68] Diese Annahme wurde jedoch nirgends im ausgearbeiteten Gesetzestext der Reform bestätigt.

Eine rechtsdogmatische Analyse legt nahe, dass die Anwendbarkeit des Rechtsrahmens für den gutgläubigen Erwerb von verbrieften Wertpapieren auf Kryptoaktien kritisch hinterfragt werden muss.[69] Grundsätzlich findet im pol-

---

[61] *Sójka*, Przegląd Prawa Handlowego, (1) 2020, 10.

[62] Ausführlich zu Smart Contracts: *Fries*, in: Möslein/Omlor (Hrsg.), FinTech-Handbuch, 2024, 205; *Möslein*, in: Chiu/Deipenbrock (Hrsg.), Routledge Handbook of Financial Technology and Law, 2021, 27; für eine konzise Zusammenfassung siehe: *Möslein*, in: Martini/Möslein/Rostalski (Hrsg.), Recht der Digitalisierung, 2024, 167, Rn. 3–34.

[63] *Sójka*, Przegląd Prawa Handlowego, (1) 2020, 10.

[64] *Sójka*, Przegląd Prawa Handlowego, (1) 2020, 10.

[65] *Sójka*, Przegląd Prawa Handlowego, (1) 2020, 10; *Langer/Pinior*, Przegląd Ustawodawstwa Gospodarczego, (10) 2023, 9.

[66] Dies wurde während des Gesetzgebungsverfahrens kritisiert, u. a. in der Stellungnahme der „Rada Legislacyjna" (Gesetzgebungsrat) vom 29.03.2017, 3.

[67] *Dybiński/Weber* ECFR 2022, 203, 230.

[68] Hierzu ausführlich in Bezug auf alle Neuen Registeraktien: *Dybiński/Weber*, ECFR 2022, 203, 229.

[69] In Bezug auf alle Neuen Registeraktien siehe *Weber/Dybiński*, BKR 2021, 292, 296;

nischen Zivilrecht für die Übertragung verbriefter Wertpapiere das Sachenrecht Anwendung. Konsequenterweise gilt somit auch der sachenrechtliche Schutzrahmen für den gutgläubigen Erwerb verbriefter Wertpapiere.[70] Obwohl intuitiv und funktional verständlich, scheint eine Schlussfolgerung über die Anwendbarkeit auf Kryptoaktien unter Berufung auf Auslegungskriterien[71] oder eine Rechtsanalogie[72] jedoch als zu weitgehend.[73]

IV. Tokenisierung in anderen Gesellschaftstypen außerhalb des Aktienrechts

Im Gegensatz zum Aktienrecht wurde die Tokenisierung in Bezug auf die Geschäftsanteile an einer sp. z o.o. und die Rechte in einer Personengesellschaft nicht durch den polnischen Gesetzgeber behandelt. Auch in der polnischen rechtswissenschaftlichen Debatte hat das Thema bislang nur geringes Interesse erweckt.[74]

Ein Grund für eine fundamentale Ablehnung des Erörterungszwecks dieser Fragestellung *a priori* liegt nicht vor. Viele der Argumente, die die nationale und internationale Tokenisierungsdebatte im Aktienrecht begleiten, gelten nämlich gleichermaßen für andere Rechtsformen des Gesellschaftsrechts.[75] Besonders interessante Anwendungsszenarien würden sich vor allem dann ergeben, wenn man sich gedanklich von dem Konzept der Registerpublizität, das für die Kryptoaktie eingeführt wurde, distanziert. Ein weitaus größeres Ausgestaltungspotential würde sich insbesondere dann entfalten, wenn die rechtliche Zuordnung des die Gesellschaftsanteile bzw. -rechte repräsentierenden Tokens durch die tatsächliche Verfügungsbefugnis, basierend auf dem Zugriff auf den Private Key, beruhen würde.[76]

Dybiński/Weber, ECFR 2022, 203, 229; in Bezug auf dematerialisierte Aktien börsennotierter Gesellschaften siehe *Opalski*, in: Opalski (Hrsg.), Kodeks spółek handlowych. Tom IIIA. Spółka akcyjna. Komentarz, 2016, Art. 169 Rn. 9–10.

[70] Vgl. Art. 69 KC.

[71] In Bezug auf die Aktien einer P.S.A. siehe *Sójka*, in: Winner/Cierpial-Magnor (Hrsg.), Neue Regelungen für Start-ups und Investoren in MOE, 2021, 146; in Bezug auf dematerialisierte Aktien börsennotierter Gesellschaften siehe *Godlewski*, Monitor Prawniczy 2017, 362 sowie *Jastrzębski*, Pojęcie papieru wartościowego wobec dematerializacji, 2009, S. 367.

[72] *Górniak*, in: Osajda/Borysiak (Hrsg.), Kodeks cywilny. Komentarz, 2024, Art. 169 Rn. 613–619.

[73] In Bezug auf alle Neuen Registeraktien siehe *Weber/Dybiński,* BKR 2021, 292; *Dybiński/Weber,* ECFR 2022, 203, 229.

[74] *Langer/Pinior,* Przegląd Ustawodawstwa Gospodarczego, (10) 2023, 9.

[75] Hierzu aus der Perspektive des deutschen Kapitalgesellschaftsrechts *Möslein/Omlor/Urbach,* ZIP 2020, 2149, 2153.

[76] So kritisch in Bezug auf das Modell der Kryptoaktie im Zukunftsfinanzierungsgesetz *Maume,* BKR 2023, 282.

Technisch sowie rein funktional ist die digitale Abbildung von Geschäftsanteilen oder Rechten in Personengesellschaften in Form eines Blockchain-Tokens kein allzu exotischer Gedanke. Schließlich verkörpern sowohl der Geschäftsanteil der sp. z o.o. als auch die Rechte des Gesellschafters einer Personengesellschaft Beteiligungsrechte. Eine digitale Abbildung dieser Beteiligungsrechte auf einer Blockchain scheint somit nicht *per se* in ihre Rechtsnatur einzugreifen. Die Herausforderung liegt vielmehr in der konkreten Ausgestaltung der Funktionalität dieser Blockchain und der adäquaten privatrechtlichen Erfassung eines solchen neuen Sachverhalts. Die Frage nach der Zulässigkeit der Tokenisierung von Geschäftsanteilen und Rechten in Personengesellschaften scheitert in Bezug auf den geltenden Rechtsrahmen an letzterem.

Kernproblem ist, dass die digitale Abbildung von Geschäftsanteilen oder Rechten in Personalgesellschaften als Kryptotoken nicht eine gesetzlich erfasste Verkörperung dieser Beteiligungsrechte darstellt und somit nicht einschlägig als ein Eigentumsrecht an dem Token identifiziert werden kann.[77] In anderen Worten, soweit Kryptotoken gesetzlich nicht explizite die Eigentumsfähigkeit zuweisen wird, kann diese Fähigkeit nicht angenommen werden. Ein Kryptotoken, der einen Geschäftsanteil in einer sp. z o.o. digital auf der Blockchain abbildet, würde somit lediglich auf eine vertragliche Vereinbarung zwischen Tokeninhaber (Gesellschafter) und Tokenemittent (Gesellschaft) hinauslaufen. Das gleiche würde für Personengesellschaften gelten.

In Bezug auf Geschäftsanteile ergibt sich ein weiteres Hindernis aus dem Verbriefungsverbot und der Verhinderung der uneingeschränkten Fungibilität durch das Erfordernis der notariellen Beglaubigung des Verfügungsgeschäftes.

V. Fazit

Die Untersuchung des polnischen Gesellschaftsrechts im Hinblick auf die Zulässigkeit der Tokenisierung von Beteiligungsrechten in Handelsgesellschaften hat ergeben, dass zurzeit eine rechtsichere Tokenisierung nur in Bezug auf die Aktien der S.A., der P.S.A. und der S.K.A. durchgeführt werden kann.

Den Grundstein für die Etablierung der Kryptoaktie im polnischen Gesellschaftsrecht wurde durch eine komplexe Dematerialisierungsreform im Aktienrecht gelegt. Trotz durchaus positiv zu qualifizierender Absichten muss die Durchführung der Integration der Kryptoaktie in das polnische Gesellschaftsrecht kritisch begutachtet werden. Vor allen hat es der Gesetzgeber versäumt,

[77] Anders aber nicht in Bezug auf das Gesellschaftsrecht *Górniak*, Kwartalnik Prawa Prywatnego, (3) 2019, 1, der argumentiert, dass bereits *de lege lata* ein Eigentumsrecht an Token in der polnischen Rechtsordnung besteht.

die Kryptoaktien in einen kohärenten zivilrechtlichen Rahmen einzubetten.[78] Die Rechtsunsicherheit, insbesondere im Hinblick auf Übertragungstatbestände, stellt ein Problem dar. Identifiziert wurde, dass die Anwendbarkeit sachenrechtlicher Schutzmechanismen auf Kryptoaktien nicht eindeutig aus der Rechtsordnung hervorgeht, sondern lediglich auf Auslegungskriterien beruht.

Außerhalb des Aktienrechts besteht momentan kein geeigneter Rechtsrahmen für die digitale Abbildung von Beteiligungsrechten an einer sp. z o.o. oder an Personengesellschaften auf einer Blockchain.

Im Hinblick auf diese Ergebnisse liegt die Forderung nach der Einführung eines kohärenten Privatrechts der Kryptowerte Nahe. Die Gesetzgebungsmethode „Augen zu und durch", die von der Erwartung geprägt ist, dass der geltende Rechtsrahmen „irgendwie" funktionell ausgelegt werden kann, ist in langfristiger Perspektive nicht haltbar.

Trotz der divergierenden materiellen Ausprägungen des Konzepts der Kryptoaktie in Polen und Deutschland[79] offenbart sich eine gemeinsame Herausforderung: die punktuelle Eingriffsmethodik des Gesetzgebers und das Fehlen einer umfassenden Herangehensweise im gegenwärtigen privatrechtlichen Rahmen für Kryptowerte.[80] Dadurch ergeben sich klare Parallelen zu den rechtswissenschaftlichen Postulaten für weitere Reformansätze.

---

[78] Dies betrifft alle Neuen Registeraktien – nicht nur die Kryptoaktien, so auch *Dybiński/Weber*, ECFR 2022, 203, 228.

[79] Zu Deutschland *Maume*, BKR 2023, 282.

[80] Hierzu *Omlor*, NJW 2024, 335; *Omlor/Wilke/Blöcher*, MMR 2022, 1044.

Tokenisierung von Geschäftsanteilen in Österreich

Digitale Aktien, GmbH-Anteile, FlexCo-Anteile und Unternehmenswert-Anteile

*Fabian Aubrunner**

I. Einleitende Bemerkungen

Gründer und Gründerinnen stehen am Anfang ihrer Tätigkeit vor einer entscheidenden Weggabelung. Sie müssen für ihr Geschäftsmodell die Rechtsform wählen, die am besten ihren Bedürfnissen und Anforderungen entspricht. Typischerweise nehmen neben steuerlichen und haftungsrechtlichen Überlegungen auch die Kosten- und Kapitalintensivität sowie psychologische Aspekte eine herausragende Rolle ein.[1] Geprägt von einer Vielfalt an Ausgestaltungsmöglichkeiten kommt bei vielen Gründerteams der Wunsch nach dem Einsatz neuester Technologien auf. Die Implementierung innovativer Prozesse stellt eine nachhaltige Perspektive dar, die vor allem bei Kapitalmaßnahmen neue Anreize für die Geschäftsleitung und (zukünftige) Gesellschafter setzen könnte. Darunter fällt die Digitalisierung, oder im Rahmen dieses Beitrags die Tokenisierung von Geschäftsanteilen, die eine – so zumindest die Erwartungshaltung – kostengünstigere Anteilsübertragung[2] ermöglichen soll,[3] und darauf aufbauend einen funktionierenden Sekundärmarkt etablieren könnte. Wie kann aber nun die (digitale) Übertragung im Rahmen der gesetzlichen Vorgaben so einfach wie möglich gestaltet werden? Zusätzlich stellen sich Fragen der Gesellschafterstruktur: Wer soll und darf Anteile an meinem Unternehmen halten? Nur externe Investoren oder sogar die eigene Belegschaft?

Die Öffnung der Gesellschaft für externen Investoren, zumeist in Rahmen mehrerer Finanzierungsrunden, kommt vor allem bei Kapitalgesellschaften in Betracht.[4] Es gibt folgende drei[5] Möglichkeiten in Österreich: I) Die Gesellschaft mit beschränkter Haftung (GmbH), II) die Aktiengesellschaft (AG) und III) seit 01.01.2024 die Flexible Kapitalgesellschaft (FlexKapG), auch Flexible Company (FlexCo) genannt. Die Unternehmerlandschaft in Österreich zeigt dabei ein klares Bild: Das Firmenbuch hält bei fast 200.000 GmbH-Eintragungen; die Anzahl von AG beträgt hingegen nur einen Bruchteil davon (1.253 Ein-

---

* Der Autor bedankt sich recht herzlich bei den Herausgeber*innen, und allen voran bei Prof. Möslein für den Forschungsaufenthalt im Jänner und Februar 2024 an der Phillips-Universität in Marburg, der im Rahmen des ToFi-Projekts ermöglicht worden ist.

[1] Vgl. *Kalss/Bergmann*, in: Kalss/Bergmann (Hrsg.), Rechtsformwahl, 2020, Rn. 1/4 f.; *Birnbauer/Aghdam*, Unternehmensbesteuerung und Rechtsformwahl, 3. Aufl. 2023, Kap. 1.2.1.; *Nimmervoll*, in: Zankl (Hrsg.), Rechtshandbuch der Digitalisierung, 2021, Rn. 19.4 f.

[2] Auch die Mobilität von Anteilen (sowie Nachfolgeregelung) ist für die Rechtsformwahl relevant; vgl. dazu *Durstberger*, in: Kalss/Bergmann (Hrsg.), Rechtsformwahl, 2020, Rn. 2/25 f.

[3] Siehe dazu unter Kap. II.1.

[4] *Nimmervoll*, in: Zankl (Hrsg.), Rechtshandbuch der Digitalisierung, 2021, Rn. 19.3, 19.45 f.; das ist insbesondere bei der neuen Anteilsklasse der FlexCo – die Unternehmenswert-Anteile – der Fall, siehe dazu Kap. VI.1 und 3.

[5] Zudem gibt es mit der *Societas Europaea* (SE) eine europäische Aktiengesellschaft, die in Österreich jedoch nur eine untergeordnete Rolle spielt.

tragungen).[6] Die neue FlexCo ist – aufgrund der in der Praxis noch andauernden Erprobungsphase – mit 224 Eintragungen (Stand: 10.05.2024) überschaubar, während im gleichen Zeitraum über 1.000 GmbH gegründet worden sind.[7]

Alle Kapitalgesellschaftsformen vereint eine beschränkte Haftung der Gesellschafter, wobei sich die einzelnen Geschäftsanteilsklassen grundlegend unterscheiden.[8] Der nachfolgende Beitrag untersucht das Potenzial von tokenisierten Geschäftsanteilen im österreichischen Kapitalgesellschafts- sowie Wertpapierrecht (unter II.) unter Berücksichtigung der einzelnen Rechtsformen. Neben der Tokenisierung (unter III.) des GmbH-Anteils (unter IV.) und der Aktie (unter V.) werden die beiden „neuen" Geschäftsanteile der jungen FlexCo (unter VI.) analysiert. Zu den einzelnen Fällen werden die wertpapier- und gesellschaftsrechtlichen Grenzen und Möglichkeiten der österreichischen Rechtsordnung aufgezeigt.

II. Wieso Digitalisierung?

1. Der Inkubator: Digitalisierung als Innovationstreiber

Der Zweck der Digitalisierung liegt in der Generierung von Vorteilen und (zumeist ökonomischer) Effizienzgewinnung gegenüber analogen Lösungen.[9] Digitalisierung beeinflusst generell nicht nur Unternehmen aller Branchen, sondern auch die Gesellschaft als Ganzes. Das fordert neben den Staat als Rechtssetzer ebenso den Rechtsanwender.[10] Zuletzt galt die COVID-19-Pandemie als Treiber der Digitalisierung und stellte die Unternehmen vor zahlreichen Herausforderungen.[11] In der Wissenschaft wurden diverse Digitalisierungsperspektiven im Gesellschaftsrecht bereits ausführlich diskutiert. Themen sind z. B. die Übernahme der Leitung durch künstliche Intelligenz (KI), Einordnung von *Decentralized Autonomous Organizations* (DAO), Digitalisierung von internen Prozessen oder die vereinfachte Übertragung von Geschäftsanteilen mittels

---

[6] Vgl. *Kodek*, PSR 2024, 25. Ende 2023 war die GmbH mit 196.299 Firmenbuch-Eintragungen die in Österreich mit Abstand meist gewählte Gesellschaftsform (Stichtag: 31.12.2023); die nicht eingetragenen Einzelunternehmen wurden jedoch nicht berücksichtigen. Generell wird das Einzelunternehmen am häufigsten für den Einstieg in die Selbstständigkeit gewählt, vgl. dazu *Konwitschka/Perner/Petritz-Klar*, ecolex 2013, 852, 852.

[7] Aktuelle Firmenbuchabfrage mit Stand 10.05.2024.

[8] Dazu näher in Kap. IV., V. und VI.

[9] Vgl. dazu *Möslein*, in: Omlor/Möslein/Grundmann (Hrsg.), Elektronische Wertpapiere, 2021, 181.

[10] Vgl. *Martinetz/Dipplinger*, in: Zankl (Hrsg.), Rechtshandbuch der Digitalisierung, 2021, Rn. 2.1 und 2.7.

[11] Viele Unternehmer*innen sahen einen Nachholbedarf im Bereich der Digitalisierung; siehe dazu *Balog*, in: Zankl (Hrsg.), Rechtshandbuch der Digitalisierung, 2021, Rn. 1.16.

disruptiver Technologien; letzteres ist zugleich der Schwerpunkt dieses Beitrags.[12]

Im Fall einer tokenisierten – also digitalisierten – Ausgestaltung eines Geschäftsanteils können sich wertvolle Vorteile für alle Beteiligten ergeben. Davon ist nicht nur die direkte Digitalisierung und das Halten des Geschäftsanteils an sich betroffen, sondern auch die daran anknüpfende Verbesserung interner Verwaltungsprozesse der Gesellschaft. Im Kern handelt es sich um positive Folgewirkungen von „traceable shares"[13]. Dabei werden eine leichtere Gesellschafteridentifikation sowie -kommunikation ermöglicht und es können Gesellschafterrechte vereinfacht wahrgenommen und durchgesetzt werden, wie z.B. die Teilnahme an der Gesellschafterversammlung, die Ausführung des Stimmrechts oder Gewinnausschüttung.[14] Nicht zu vernachlässigen sind im Fall von (tokenisierten) Aktien ebenso der Wegfall von Druck- und Verwahrkosten von Urkunden sowie die Möglichkeit einer automatisierten Führung des Aktienbuches.[15] In der Praxis scheinen diese Vorteile bereits erkannt zu werden, nicht ohne Grund wurden in den letzten Jahren Geschäftsanteile – in und mit unterschiedlicher Form und Wirkung[16] – „tokenisiert".[17] Ein Erfolgsrezept konnte sich – soweit ersichtlich – in der Praxis bis dato noch nicht durchsetzen. Das bedeutet aber nicht, dass zukünftig keine Emissionen digitaler Wertpapiere geplant sind, vielmehr könnten der Markt und auch die Aufsichtsbehörden im Rahmen der zuletzt eröffneten europäischen Möglichkeiten[18] vor einer Welle an neuen Token-Emissionen stehen.

---

[12] Zu allen Themen siehe z.B. in Österreich *Mofidian/Smets*, in: Piska/Völkel (Hrsg.), Blockchain rules, 2. Aufl. 2023, Rn. 5.131 ff.; *Nicolussi*, GesRZ 2021, 304; *Kalss*, GesRZ 2022, 7; dazu bereits früh in Deutschland *Paal*, ZGR 2017, 590; siehe auch z.B. *Beurskens*, in: FS Seibert, 2019, 71; *Maume*, NZG 2021, 1189; *Mienert*, Dezentrale autonome Organisationen (DAOs) und Gesellschaftsrecht, 2022; *Möslein*, in: FS Windbichler, 2020, 887, 892 ff.; *Möslein/Omlor/Urbach*, ZIP 2020, 2149; in der Schweiz z.B. *Von der Crone/Baumgartner*, SZW 2021, 351.

[13] Zum Begriff näher *Geis*, NULR 2018, 227, der bereits früh im amerikanischen Raum das Potenzial disruptiver Technologien im Gesellschaftsrecht adressiert hat.

[14] Vgl. *Beurskens*, in: FS Seibert, 2019, 71, 89 f.; *Möslein*, in: Omlor/Möslein/Grundmann (Hrsg.), Elektronische Wertpapiere, 2021, 181 und 186 f.; *Eisenschmidt*, NZG 2023, 825, 829.

[15] Aktien werden typischerweise in physischen (Sammel-)Urkunden gedruckt. Für Ausführungen zur digitalen Aktie siehe näher *Maume/Fromberger*, ZHR 2021, 507, 515, 547 ff. m.w.N.

[16] Es kann zwischen wertpapierrechtlicher und schuldrechtlicher Tokenisierung unterschieden werden; siehe dazu sogleich in Kap. III.

[17] Siehe dazu die ersten tokenisierten Aktien in Österreich der Daura AG, die jedoch nicht wertpapierrechtlich ausgestaltet waren (unter https://www.conda.at/conda-fuehrt-die-aller erste-digitalisierung-von-aktien-auf-der-ethereum-blockchain-in-oesterreich-durch/, zuletzt abgerufen am 10.05.2024); für Praxisbeispiele aus Deutschland und der Schweiz siehe näher *Möslein*, in: Omlor/Möslein/Grundmann (Hrsg.), Elektronische Wertpapiere, 2021, 197 ff.

[18] Die EU hat mit der Markets in Crypto-Assets Regulation (MiCAR), VO (EU) 2023/1114, und der DLT-Pilotregelung, VO (EU) 2022/858, zwei Rechtsakte erlassen, die im Rahmen der Tokenisierung einen unionsweiten aufsichtsrechtlichen Rahmen für Kryptower-

2. Der Hemmschuh: Die schwierige Ausgangslage in Österreich

In Theorie kann ein Voranschreiten der Digitalisierung den Wirtschaftsstandort attraktiver gestalten und zudem den internationalen Wettbewerb erhöhen. Zumindest in der österreichischen Innenpolitik gibt und gab es Tendenzen, die Digitalisierung als Treiber für eine wichtige Vorreiterrolle in der EU nutzen zu wollen.[19] In den letzten Jahren war der österreichische Gesetzgeber im Bereich des Gesellschafts- und Wertpapierrechts zumindest im engen Rahmen tätig; z.B. wurde das durch die COVID-19-Pandemie eingeführte Instrument der virtuellen Hauptversammlung ins Dauerrecht überführt,[20] die digitale GmbH-Gründung ermöglicht,[21] sowie die digitale Schuldverschreibung als alternative Begebungsform eingeführt.[22] Auch die Öffnung weiterer technischer Infrastrukturlösungen sollte und darf in Zukunft nicht ausgeschlossen werden; das trifft vor allem bei der Tokenisierung zu. Zumal der Effektenverkehr bereits in elektronischer Form durchgeführt wird,[23] kann die legislative Bezugnahme auf z.B. die Blockchain-Technologie grundsätzlich bei der Rechtsentwicklung weiterhelfen.[24]

Derzeit ist die Realität aber eine andere: Es fehlt ein (privatrechtlicher) Regelungsrahmen disruptive Technologien im Rahmen der Tokenisierung rechtssicher einsetzen zu können; damit sind im Kern (technisch) flexible, wertpapier-

---

te bieten sowie einen Sekundärmarkt für DLT-Finanzinstrumente schaffen; für einen Überblick über das gesamte MiCAR-Regime siehe *Aubrunner/Tatschl*, GesRZ 2022, 347; zur DLT-Pilotregelung siehe näher F. Ebner, GesRZ 2022, 271.

[19] Siehe dazu das zuletzt veröffentlichte Strategiepapier des Bundesministeriums für Finanzen, Strategie digitale Kompetenzen Österreich, 15.06.2023 (unter https://www.digitalaustria.gv.at/dam/jcr:e84a42c3-f2e7-4642-9ca0-76d7e8c61216/Strategie-Digitale-Kompetenzen-Oesterreich-PDF-UA-1.pdf); oder ebenso den Strategiebericht 2023-2026 des Bundesministeriums für Finanzen, 02.10.2020, 174 (unter https://www.bundeskanzleramt.gv.at/dam/jcr:d645a9e7-e2d9-4048-b6c6-c0b86d47021d/32_21_beilage.pdf); auch das Regierungsprogramm 2020 – 2024 spricht von einem „Masterplan für Blockchain-Technologie" sowie davon, dass „innovative Technologien [...] in ihrer Frühphase mit Blick auf europäische und internationale Entwicklungen in einem wettbewerbsneutralen Rahmen [...] erprobt werden [sollen], wenn ihre Anwendung sonst rechtlich nicht gedeckt ist (z.B. innovative Start-ups [...], die neue Geschäftsmodelle, Technologien [...] vertreiben wollen", 62, (unter https://www.bundeskanzleramt.gv.at/dam/jcr:7b9e6755-2115-440c-b2ec-cbf64a931aa8/RegProgramm-lang.pdf).

[20] Virtuelle Gesellschafterversammlungen-Gesetz – VirtGesG, BGBl. 2023 I Nr. 79; für einen Überblick siehe *G. Ebner/Simonishvili*, GES 2023, 168.

[21] Der notwendige Notariatsakt kann bei der digitalen Gründung auch elektronisch unter Nutzung einer elektronischen Kommunikationsmöglichkeit, also per Videokonferenz und nicht mehr mit physischer Teilnahme vor Ort, aufgesetzt werden; siehe dazu *Robertson*, ecolex 2021, 328.

[22] Siehe dazu *F. Ebner/Kalss*, GesRZ 2020, 369.

[23] *F. Ebner/Kalss*, GesRZ 2020, 369, 369.

[24] Dies zeigte zuletzt auch der Unionsgesetzgeber mit der Verabschiedung der MiCAR und der DLT-Pilotregelung, bei denen explizit auf die Verwendung einer Technologie abgestellt wird.

rechtliche Regelungen gemeint. Das Nichtvorhandensein von Regelungen führt zu einer Rechtsunsicherheit und hat eine schwierige Ausgangssituation (und zugleich einen unattraktiven Wirtschaftsstandort) zur Folge. Österreichs Nachbarstaaten sind hier zwei, wenn nicht sogar mehrere Schritte voraus.[25] Die Etablierung von digitalen Geschäftsanteilen steht vor Hürden, die auch durch Rechtsfortbildung nur schwer zu bewältigen sind.[26] Wie sich zeigen wird, liegt das Ausgangsproblem in dem Verständnis des Wertpapiers und der gesetzlichen Begebenheiten, denn in Österreich können Wertpapiere nur sehr eingeschränkt digitalisiert begeben werden.

III. Tokenisierung

1. Technisch: Blockchain als technische Infrastrukturlösung

Digitalisierung benötigt eine technische Basis, auf der Applikationen ausgeführt werden können. Die *Distributed-Ledger*-Technologie (DLT) kann aufgrund kryptografischer Verfahren vertrauenswürdige Intermediäre ausschalten. Das führt zu effizienteren und kostengünstigeren Prozessen, da es kein Kontrahenten- und Ausfallsrisiko mehr gibt. Das Vertrauen liegt nicht mehr in einem einzigen Akteur, sondern vielmehr in der Technologie.[27] Mit *Smart Contracts* können Token kreiert (= ausgegeben) und im besten Fall mit einer dahinterstehenden Rechtsposition verknüpft werden (z.B. Ausschüttung von 1.000 Token, die jeweils einen Dividendenanspruch und ein Stimmrecht repräsentieren), die weiters verschiedenen Inhabern zugewiesen und einfach übertragen werden können.[28] Solch eine Verknüpfung erinnert an den Verbriefungsprozess im tradierten Wertpapierrecht.[29] Token können daher als „digitale Urkunden" in Betracht kommen, weil sie sich aufgrund ihrer Unveränderbarkeit von einfachen Datensätzen unterscheiden und eher mit einem einzigartigen Stück Papier (= Urkunde) verglichen werden können.[30]

---

[25] Siehe dazu näher in Kap. III.2.b.

[26] Siehe dazu in Kap. III.2.b.

[27] Vgl. dazu nur *Voshmgir*, Token Economy, 2. Aufl. 2020, 53; *Völkel*, in: Piska/Völkel (Hrsg.), Blockchain rules, 2. Aufl. 2023, Rn. 1.82.

[28] Vgl. *Völkel*, in: Piska/Völkel (Hrsg.), Blockchain rules, 2. Aufl. 2023, Rn. 19.20f.

[29] Siehe dazu sogleich; vgl. auch *Völkel*, in: Artmann/Rüffler/Torggler (Hrsg.), Unternehmensfinanzierung, 2023, 41, 47f.; *Miernicki*, ÖJZ 2023, 582, 583.

[30] Zur Unterscheidung siehe näher *Miernicki*, ÖJZ 2023, 582, 586.

2. Rechtlich: Modernes Wertpapierrecht als Pfadabhängigkeit der Tokenisierung

a) Allgemeines zum österreichischen Wertpapierrecht

Abgekoppelt von der technischen Möglichkeit, Rechtspositionen mit einem Token verknüpfen zu können, steht nun die rechtliche Frage der Zulässigkeit einer solchen Tokenisierung („digitale Verbriefung") an vorderster Stelle. Die Tokenisierung kann grundsätzlich nur mit einem wertpapierrechtlichen Unterbau ihr volles Potenzial entfalten.[31] Es kommt daher auf das österreichische Wertpapierrecht an, ob diese Möglichkeiten überhaupt bestehen und die besonderen Übertragungsregelungen auch für Token gelten können. Konkret heißt das folgendes: Ist eine Übertragung von Rechten bereits mit einem simplen Tokentransfer von Wallet A zu Wallet B möglich, oder muss ein zusätzlicher Übertragungsakt hinzutreten? Bei Ersterem könnten „Geschäftsanteils-Token" begeben werden, die den physischen Wertpapieren (Inhaber- und Orderpapieren) mit deren Wirkungen gleichstehen. Bei Zweiterem kann jedoch keine vollständige *digitale Verbriefung* vorliegen, da die Übertragung von Rechten an weitere Voraussetzungen gekoppelt ist. Im Kern sind damit schuldrechtliche Konstellationen gemeint, die mit den zessionsrechtlichen Regeln nach §§ 1392f. ABGB[32] gelöst werden.[33]

Ein wertpapierrechtlicher Unterbau ist für die Rechtssicherheit essenziell. Hintergrund ist, dass mit Zessionsvereinbarungen die Handelbarkeit von Rechten enorm erschwert wird. Die Unsicherheiten ergeben sich aus der ungewissen Inhaberschaft am Recht sowie dem Bestand und Inhalt des Rechts. Die Regeln des Gutglaubenserwerbs sind nicht anwendbar, und das steht einem funktionierenden Sekundärmarkt entgegen.[34] Das Wertpapierrecht setzt genau an dieser potenziellen Fehlerquelle an und ermöglicht durch die Verknüpfung eines subjektiven (unkörperlichen) privaten Rechts mit einer (körperlichen) Urkunde eine erleichterte Handelbarkeit mit Rechten.[35] Die Verbriefung hat sachenrechtliche Wirkung und erhöht die Verkehrsfähigkeit eines Rechts,[36] da das Wertpapier dementsprechend besondere Funktionen erfüllt (z.B. Transport-, Sperr-,

---

[31] So auch *Miernicki*, ÖJZ 2023, 582, 583.

[32] Soweit in diesem Beitrag einschlägige Bestimmungen genannt werden, beziehen sich diese auf österreichische Gesetzesgrundlagen.

[33] Dazu unten in Kap. III.3.

[34] Vgl. *Miernicki*, ÖJZ 2023, 582, 583; *Micheler*, Wertpapierrecht zwischen Schuld- und Sachenrecht, 2004, 13f.; *Aicher/Schuhmacher*, in: Krejci (Hrsg.), Unternehmensrecht, 5. Aufl. 2014, 541, 542.

[35] Vgl. *Kalss/Schauer/Winner*, Unternehmens- und Wertpapierrecht, 4. Aufl. 2022, Rn. 13/2; vgl. auch *Aubrunner*, Wertpapierrecht – Allgemeines, LexisNexis Briefing 2024.

[36] Vgl. dazu *Aicher/Schuhmacher*, in: Krejci (Hrsg.), Unternehmensrecht, 5. Aufl. 2014, 541, 549; *H. Keinert*, Handbuch des Wertpapierrechts I, 2014, Rn. 35.

oder Legitimationsfunktion).[37] Im Fall der Aktie können Vermögens- (z.B. Dividendenanspruch) und Verwaltungsrechte (z.B. Teilnahmerecht an einer Hauptversammlung) in einer Urkunde verbrieft und anschließend mit körperlicher Übergabe einfach übertragen werden;[38] so zumindest der Grundfall.

b) Anwendung des Wertpapierrechts auf Token (Wertpapierrechtliches Modell)

Unerfreulicherweise hat Österreich kein eigenes „Wertpapiergesetz" und es fehlt auch eine Legaldefinition des Wertpapiers.[39] Die (noch) h.M.[40] folgt der *Brunner*'schen[41] Theorie, die ein Wertpapier als eine Urkunde ansieht, deren Innehabung für die Geltendmachung notwendig ist. Aus dem historischen Begriffsverständnis ist daher weiterhin die körperliche Urkunde notwendig (sog. „Verkörperungstheorie"), auch wenn im Effektengeschäft bereits auf einen tatsächlichen Urkundenhandel verzichtet wird.[42] Es ist hervorzuheben, dass in Österreich auch unkörperliche Gegenstände (z.B. Token) unter den weiten Sachbegriff i.S.d. § 285 ABGB fallen.[43] Weiterentwicklungen des Wertpapierbegriffs (und zugleich eine Durchbrechung der Verkörperungstheorie) sind daher angemessen.

Im Vergleich zu Österreich haben die deutschsprachigen Nachbarländer die technischen Entwicklungen bereits legislativ aufgegriffen und ihr Wertpapierrecht modernisiert. Deutschland erlaubt seit 2021 die Digitalisierung von Schuldverschreibungen, Investmentanteilsscheinen und seit Dezember 2023

---

[37] Für einen Überblick der Wertpapierfunktionen siehe *Aicher/Schuhmacher*, in: Krejci (Hrsg.), Unternehmensrecht, 5. Aufl. 2014, 541, 552ff.

[38] Vgl. *Aicher/Schuhmacher*, in: Krejci (Hrsg.), Unternehmensrecht, 5. Aufl. 2014, 541, 657.

[39] Vgl. *Kalss/Schauer/Winner*, Unternehmens- und Wertpapierrecht, 4. Aufl. 2022, Rn. 13/1; *Aicher/F. Schuhmacher*, in: Krejci (Hrsg.), Unternehmensrecht, 5. Aufl. 2014, 541, 547; *H. Keinert*, Handbuch des Wertpapierrechts I, 2014, Rn. 5.

[40] *Aicher/F. Schuhmacher*, in: Krejci (Hrsg.), Unternehmensrecht, 5. Aufl. 2014, 541, 548; *Kalss/Schauer/Winner*, Unternehmensrecht und Wertpapierrecht, 4. Aufl. 2022, Rn. 13/3; *H. Keinert*, Handbuch des Wertpapierrechts I, 2014, Rn. 15ff.; *H. Keinert/E. Keinert*, Lehrbuch Wertpapierrecht, 2023, Rn. 13f.; *Roth*, Grundriß des österreichischen Wertpapierrechts, 2. Aufl. 1999, 12f.

[41] *Brunner*, in: Endemann (Hrsg.), Handbuch des deutschen Handels-, See- und Wechselrechts II, 1882, 140, 147.

[42] Vgl. dazu u.a. *Miernicki*, ÖJZ 2023, 582, 584; ausführlich und mit Ausführungen zur Überwindung der Verkörperungstheorie *Micheler*, Wertpapierrecht zwischen Schuld- und Sachenrecht, 2004; zust. *Völkel*, in: Piska/Völkel (Hrsg.), Blockchain rules, 2. Aufl. 2023, Rn. 19.62 ff und 65ff.

[43] Dadurch können technologische Entwicklung t.w. eingefangen werden; vgl. *Völkel*, in: Piska/Völkel (Hrsg.), Blockchain rules, 2. Aufl. 2023, Rn. 3.92. Zu erwähnen ist, dass es eine Unterscheidung zwischen körperlichen und unkörperlichen Sachen gibt, und sich daraus andere Rechtsfolgen (z.B. Gutglaubenserwerb nur bei körperlichen Sachen – § 367 ABGB) ergeben.

auch Aktien im eWpG[44].[45] Die Schweiz kannte bereits vor der Implementierung des DLT-Mantel-Gesetzes[46] digitale Wertpapiere in Form von sog. (depotverwahrten) Bucheffekten.[47] Seit 2021 wurden zusätzlich Registerwertrechte ins Obligationenrecht (chOR)[48] eingeführt und das Wertpapierrecht vollständig entmaterialisiert.[49] Es wurden bereits „DLT-Aktien" ausgegeben.[50] Das Fürstentum Liechtenstein reformierte ebenso sein Wertpapierrecht und hat darüber hinaus ein autonomes Regime für Token (TVTG[51]) geschaffen.[52] Der Token, der jedes Recht repräsentieren kann, dient als digitale Urkunde (sog Token-Container-Model[53]). Es wurden eigenständige Übertragungs- und Eigentumsregelungen für Token eingeführt.[54]

Seit 2021 gibt es in Österreich wieder[55] digitale Wertpapiere in Form des digitalen Bundesschatzscheins (§ 1 Abs. 1 BundesschatzscheinG)[56] und auch der („verwahrten") digitalen Sammelurkunde (§ 1 Abs. 4 DepotG)[57]. Die Neuerungen im Depotrecht waren jedoch nur kleine Schritte in Richtung Entmaterialisierung des Wertpapierrechts: Es können nämlich bloß sammelurkundliche Schuldverschreibungen oder Investmentzertifikate digital begeben werden; Aktien oder andere Geschäftsanteile sind bereits vom Wortlaut nicht umfasst. Die Anlegung des elektronischen Datensatzes muss dabei verpflichtend bei der

---

44 Gesetz über elektronische Wertpapiere, dBGBl. 2021 I S. 1423, zuletzt geändert durch dBGBl. 2023 I Nr. 354.

45 Zu den digitalen Aktien siehe z. B. *Omlor*, RDi 2024, 19; *Möslein*, in: Möslein/Omlor (Hrsg.), Kryptoaktien, 2024, 93.

46 Bundesgesetz zur Anpassung des Bundesrechts an Entwicklungen der Technik verteilter elektronischer Register, chAS 2021/33.

47 Bucheffektengesetz (BEG), chAS 2009/3577.

48 Bundesgesetz betreffend die Ergänzung des Schweizerischen Zivilgesetzbuches (Fünfter Teil: Obligationenrecht), chAS 27 317.

49 Art. 973d ff chOR; die Registerwertrechte haben dieselben wertpapierrechtlichen Wirkungen wie traditionelle Wertpapiere (Art. 973e chOR); der Fokus liegt hierbei vor allem auf die Tokenisierung von Forderungs- und Mitgliedschaftsrechten, siehe dazu *Kramer/Meier*, GesKR 2020, 60, 61; *Schurr/Layr*, ZVglRWiss 2022, 33, 37.

50 Art. 622 Abs. 1 chOR; *Von der Crone/Baumgartner*, SZW 2021, 354 f.; der Plattformbetreiber „daura" führt eine Plattformlösung für die Ausgabe von DLT-Aktien an. Die DLT-Infrastruktur „Swiss Trust Chain" wird von der Swisscom sowie der Schweizer Post betrieben und fungiert als Wertrechteregister.

51 Gesetz über Token und VT-Dienstleister (TVTG), lieLGBl 2019 Nr. 301. Das TVTG gilt als weltweit erstes Blockchain-Gesetz.

52 In § 81a SchlT PGR, lieBGBl. 1926 Nr. 4, wurden die Wertrechte eingeführt.

53 Vgl. BuA 2019/54, 59 f.

54 Art. 6 f. TVTG.

55 Bis 2001 war es möglich, Bundesanleihen in ein Bundesschuldbuch (vom Staat geführtes Register) einzutragen; vgl. dazu Bundesschuldbuchverordnung, BGBl. 1948 Nr. 162 (bereits außer Kraft).

56 BGBl. 1991 Nr. 172, zuletzt geändert durch BGBl. I 2021 Nr. 149.

57 BGBl. 1969 Nr. 424, zuletzt geändert durch BGBl. I 2021 Nr. 51.

Wertpapiersammelbank (WSB oder CSD)[58] erfolgen (§ 1 Abs. 4 Satz 2 DepotG), d.h. ein Dritter ist bei Übertragungen stets zwischengeschalten. Ob auch die Blockchain-Technologie verwendet werden darf ist offen,[59] und steht derzeit – soweit ersichtlich – nicht zur Diskussion, eröffnet aber einen Raum für weitere Debatten. Es hat den Anschein, dass sich diese beiden „einzigen“ Rechtsgrundlagen digitaler Wertpapiere nicht für die Tokenisierung von Geschäftsanteilen eignen. Aber was nun?

Nach zutreffender h.M.[60] können Wertpapiere nicht ohne gesetzliche Grundlage geschaffen werden (*numerus clausus*),[61] und Token gelten aufgrund der Verkörperungstheorie grundsätzlich nicht automatisch als Wertpapiere (historischer Wertpapierbegriff). Dem ist m.E. aufgrund der zuletzt legislativen Entwicklung auch zuzustimmen, da der Gesetzgeber nur im Bereich des mediatisierten Wertpapiersystems die digitale Sammelurkunde zugelassen hat. Außerhalb des Effektensystems gibt es auch keine andere spezifische, gesetzliche Grundlage für die Begebung *tokenisierter* Wertpapiere; ein Durchbruch der besagten Theorien würde den Bogen der Interpretation überspannen. Die Einführung der digitalen Sammelurkunde führt eben nicht zu einer Modifikation des traditionellen Wertpapierbegriffs, da dem Gesetzgeber keine umfassenden Änderungsabsichten im gesamten Wertpapierbereich unterstellt werden können.[62]

Nichtsdestotrotz können Token nach weiterentwickelter Meinung *in einem ersten Schritt* doch digitale Wertpapiere darstellen. Dogmatisch ist das nachvollziehbar: Sollten Datensätze mit entsprechender technischer Ausgestaltung eine Funktionsäquivalenz zu Urkunden aufweisen, könnten sie zu (körperlosen) Trägern von Information werden. Das ist i.d.R. bei Token der Fall:

– Erste (technische) Voraussetzung dafür ist, dass Token urkundenähnlich sind. Ein „Eintrag“ im Token ist i.d.R. wie der niedergeschriebene Inhalt auf einer Urkunde unveränderbar. Das Original der Urkunde ist einzigartig und Kopien davon gelten nicht als Wertpapier. Gleiches gilt für die Token. Die Informationen (z.B. Zinsanspruch i.H.v. 4 %) können im Nachhinein nicht manipuliert werden, da der Emittent nicht mehr eingreifen kann (die Verfügungsmacht über die Urkunde liegt wie beim Token beim Inhaber).

---

[58] Auch CSD oder *Central Securities Depositories* genannt. Die WSB in Österreich ist die OeKB CSD GmbH.

[59] Siehe dazu näher f. Ebner/*Kalss*, GesRZ 2020, 369, 369f.; *Miernicki*, ÖJZ 2023, 582, 584f.

[60] Vgl. *H. Keinert/E. Keinert*, Lehrbuch Wertpapierrecht, 2023, Rn. 24; *Aicher/F. Schuhmacher*, in: Krejci (Hrsg.), Unternehmensrecht, 5. Aufl. 2014, 541, 656; *Kalss/Schauer/Winner*, Allgemeines Unternehmensrecht und Wertpapierrecht, 4. Aufl. 2022, Rn. 15/42; *Miernicki*, ÖJZ 2023, 585; mehr Nachweise in *ders.*, Kryptowerte im Privatrecht, 2023, 723f., 745f.

[61] Das entspricht dem Gedanken des *numerus clausus*; siehe dazu am Ende dieses Kap.

[62] So auch *Miernicki*, ÖJZ 2023, 582, 583 m.w.N.

- Zweitens zur wertpapierrechtlichen Seite: Token müssen generell die Sperrfunktion und dazu die weiteren wesentlichen Funktionen[63] von Inhaber- und Orderpapieren erfüllen können.[64] Das tun sie i.w.S.,[65] z.B. können auch Token eingelöst (Übertragung auf andere Wallet) werden (ähnlich zur Vorlage der Urkunde).
- Drittens darf das generell anerkannte Unterschriftenerfordernis bei Wertpapieren[66] nach § 886 ABGB[67] nicht gelten, da die Unterschriftlichkeit von Token nicht erfüllt werden kann.[68] Ein Argument gegen das Vorliegen eines allg. Formerfordernisses ist, dass der Begriff „Wertpapiere" – entgegen § 793 BGB –im Gesetzeswortlaut nicht vorkommt. Zudem kann der Emittent in vielen Fällen ohnehin auf andere Art identifiziert werden. Ebenso ist die Warnfunktion durch Unterzeichnung des Öfteren entbehrlich.[69]

Die neue Meinung stellt zumindest auf verbriefte Rückzahlungsansprüche ab (Inhaberschuldverschreibungen wie z.B. Anleihen), auch weil es in Österreich keine einschlägige Rechtsgrundlage für deren Begebung gibt.[70] Fraglich ist jedoch, wie es sich mit anderen Rechten verhält und zwar solche, die in diesem Beitrag von Bedeutung sind: Mitgliedschaftsrechte aus Kapitalgeschäftsanteilen.

Folgt man der bejahenden Äquivalenz-Ansicht wären wertpapierrechtliche Bestimmungen *generell* – also auf *erster Ebene* – in Österreich auch ohne eindeutige Rechtsgrundlage auf Token analog anwendbar.[71] Token würden hierbei auch nicht gegen den wertpapierrechtlichen *numerus clausus* (Typenzwang) verstoßen, sofern dieser nur Fragen der Digitalisierung von Wertpapierurkunden und nicht dessen Inhalt betrifft. Es kommt beim *numerus clausus* in erster Linie daher nicht auf die Form des Informationsträgers an, sondern vielmehr, ob dieses Recht auch tatsächlich in ein Wertpapier verbriefbar ist und der Ge-

[63] Ansonsten wäre das Instrument nur ein Rektapapier mit schwächeren wertpapierrechtlichen Wirkungen.

[64] Mit Hinweisen zur Unkörperlichkeit und Rechtsscheinwirkung siehe *Miernicki*, ÖJZ 2023, 582, 586f.

[65] Fraglich ist jedoch, ob bei Orderpapieren auch das „Indossament" abgebildet werden kann; *Kogler*, JBl 2021, 685, 694.

[66] Dazu bereits *Eccher*, ÖJZ 1974, 337, 338; *H. Keinert*, Handbuch des Wertpapierrechts I, 2014, Rn. 102, 112; *Roth*, Grundriß des österreichischen Wertpapierrechts, 2. Aufl. 1999, 6.

[67] § 886 ABGB lautet: „Ein Vertrag, für den Gesetz oder Parteiwille Schriftlichkeit bestimmt, kommt durch die Unterschrift der Parteien [...] zustande. [...] Eine Nachbildung der eigenhändigen Unterschrift auf mechanischem Wege ist nur da genügend, wo sie im Geschäftsverkehr üblich ist.".

[68] So *Miernicki*, ÖJZ 2023, 582, 588.

[69] Zutr. zu beiden Argumenten *Miernicki*, ÖJZ 2023, 582, 588 m.w.N.; *H. Keinert*, Handbuch des Wertpapierrechts I, 2014, Rn. 102, 533.

[70] Vgl. *Miernicki*, ÖJZ 2023, 582, 588.

[71] Dazu ausführlich *Miernicki*, ÖJZ 2023, 582, 585ff. m.w.N.

setzgeber ein Wertpapier schaffen wollte. Dieser Ansatz ist m.E. begrüßenswert, da auch Analogieschlüsse im Wertpapierrecht grds. nicht verboten sind und sein sollen. Nichtsdestotrotz muss auf die besonderen Gegebenheiten jedes Wertpapiertyps abgestellt werden (siehe dazu sogleich).

Im Nachgang, also *im zweiten Schritt*, könnten jedoch weitere Hürden der tokenisierten Begebung entgegenstehen, und zwar in den einschlägigen Materiengesetzen. Dazu zählen wertpapiergesetzliche Formvorschriften (die Urkunde betreffend) oder Verbriefungsverbote im Gesellschaftsrecht, aber eben auch der oben erörterte wertpapierrechtliche *numerus clausus*, der sich i.d.R. – vorbehaltlich materiengesetzlicher Modifikationen – nicht auf die Form, sondern auf den „Inhalt“ des Wertpapiers, also dem verbrieften Recht, bezieht.[72] Der Typenzwang der Inhaber- und Orderpapiere ist ein Ausfluss aus dem Sachenrecht und auf ein erhöhtes Verkehrsschutzbedürfnis zurückzuführen.[73] D.h. Wertpapiere (i.S.v. Verkehrspapieren) sollen nur mit einer gesetzlichen Grundlage geschaffen werden können. Dabei ist auch zwischen den einzelnen Arten von Rechten zu unterscheiden, wie z.B. die Aktie nach dem AktG (mitgliedschaftsrechtliches Wertpapier), unternehmerische Wertpapiere nach UGB oder Wechsel nach WechselG (beide schuldrechtliche Wertpapiere) oder Investmentzertifikat nach InvFG 2011[74] (sachenrechtliches Wertpapier). Dieser *zweite Schritt* wird in den nächsten Kapiteln näher untersucht.

c) Schuldrechtliches Modell

Da (wohl) nicht in jedem Anlassfall wertpapierrechtliche Wirkungen hervorgerufen werden können, könnte sich die Tokenisierung von Geschäftsanteilen aber im Korsett schuldrechtlicher Ausgestaltungen bewegen. Zumeist wurde in der Praxis bei der Digitalisierung von Geschäftsanteilen auf genussrechtliche oder treuhänderische Lösungen zurückgegriffen, wobei bestimmte Risiken, wie z.B. das Insolvenzrisiko des Treuhänders oder der Missbrauch solcher Konstruktionen, für den Investor bestehen bleiben.[75] Eine (direkte) Gesellschafterstellung wird nicht vermittelt. Es werden vielmehr nur gesellschafterähnliche Rechte gewährt, z.B. basierend auf schuldrechtlichen Verhältnissen (sog. Substanzgenussrechte, wobei sich diese auf Vermögensrechte beschränken; Stimmrechte können kein Gegenstand sein). Im Fall von Treuhandkonst-

---

[72] Vgl. auch *Miernicki*, ÖJZ 2023, 582, 587.

[73] Vgl. dazu näher *H. Keinert/E. Keinert*, Lehrbuch Wertpapierrecht, 2023, Rn. 87ff.; *Kalss/Schauer/Winner*, Unternehmensrecht und Wertpapierrecht, 4. Aufl. 2022, Rn. 13/26; *Aicher/F. Schuhmacher*, in: Krejci (Hrsg.), Unternehmensrecht, 5. Aufl. 2014, 541, 561; *H. Keinert*, Handbuch des Wertpapierrechts I, 2014, Rn. 196ff.

[74] Investmentfondsgesetz 2011, BGBl. I 2011 Nr. 77, zuletzt geändert durch BGBl. I 2023 Nr. 111.

[75] Vgl. *Möslein*, in: Omlor/Möslein/Grundmann (Hrsg.), Elektronische Wertpapiere, 2021, 203; *Maume*, NZG 2021, 1189, 1192; *Miernicki*, ÖJZ 2023, 582, 583, 590.

ruktionen tritt sogar ein Dritter (Treuhänder) hinzu, der als „direkter" Gesellschafter im Firmenbuch eingetragen ist. Dadurch hält der Investor nur „indirekt" den z. B. GmbH-Geschäftsanteil. Der Treuhänder führt im Gegenzug auf Grundlage der dahinterstehenden Vertragsbeziehung unmittelbar die Weisungen des Investors (z. B. Ausführung eines Stimmrechts) aus.[76] Das widerspricht bereits im Vorhinein den Gedanken der Dezentralität, denn nicht der Investor hält selbst die Anteile, sondern der Treuhänder. Beide Varianten können für gesellschaftsinterne Prozesse verwendet werden, ermöglichen aber keine Tokenisierung auf wertpapierrechtlicher Basis. Ähnliches gilt für Verwendungszusagen (§ 880a ABGB), bei denen sich der Verpflichtete „bemühen" (!) muss, eine Leistung des Dritten zu bewirken.[77] Aus dem schuldrechtlichen Modell entstehen Risiken und aufwändige Begleitumstände für die Beteiligten, wie z. B. die im Vorhinein zu vereinbarenden, im Detail komplizierten Vertragsregelungen.

3. Zwischenfazit

Der Megatrend der Digitalisierung, die Vorteile der Tokenisierung für die Beteiligten sowie die internationalen Reformen lassen erkennen, dass die Digitalisierung und Tokenisierung von Wertpapieren auf internationaler Ebene bereits gesetzgeberisch aufgenommen wurde und in der Praxis angekommen ist. Die einzelnen Staaten haben bereits Regelungen implementiert, indem sie ihr Wertpapierrecht novelliert haben und damit DLT-Wertpapiere aufgreifen können. In Österreich besteht auf privatrechtlicher Ebene jedoch noch weiterhin legistischer Anpassungsbedarf im nicht geringen Ausmaß.

In einem *ersten Schritt* konnte nachgewiesen werden, dass wertpapierrechtliche Regelungen durchaus auch für Token geöffnet sein können. In einem *zweiten Schritt* muss jedoch noch untersucht werden, ob es noch weitere Grenzen gibt, die einer Tokenisierung von Geschäftsanteilen entgegenstehen.

IV. Tokenisierte GmbH-Geschäftsanteile

1. Relevanz

Bei allen Geschäftsanteilen von Kapitalgesellschaften handelt es sich im Wesentlichen um eine Bündelung von Mitgliedschaftsrechten und Pflichten der Gesellschafter, die mit der Einlage verknüpft sind.[78] Solche Anteile können – zumin-

---

[76] Vgl. *Maume*, NZG 2021, 1189, 1192.

[77] *Völkel*, in: Piska/Völkel (Hrsg.), Blockchain rules, 2. Aufl. 2023, Rn. 19.39 f. m. w. N.; *Miernicki*, ÖJZ 2023, 582, 589 f.

[78] Vgl. *Nowotny*, in: Doralt/Nowotny/Kalss (Hrsg.), Österreichisches Gesellschaftsrecht, 2. Aufl. 2017, Rn. 4/41; *Schopper/Moser*, in: Kalss/Bergmann (Hrsg.), Rechtsformwahl, 2020, Rn. 20/1; *Koppensteiner*, wbl 2015, 301, 313.

dest in der AG –in Urkunden verbrieft werden und als Wertpapiere gelten.[79] Fraglich ist daher, ob eine Verbriefung auch nach dem GmbHG möglich ist.

Die GmbH ist die in Österreich meistgewählte und beliebteste Kapitalgesellschaftsform[80] – sei es für Klein- und Mittelbetriebe (KMU), Familienunternehmen, im Konzern oder sogar für internationale Milliardenunternehmen[81]. Umso relevanter ist eine mögliche Tokenisierung (i. S. e. wertpapierrechtlichen Modells) von GmbH-Geschäftsanteilen.

In der kapitalistisch-geprägten GmbH herrscht der Grundsatz der freien Übertragbarkeit, die eine vereinfachte Übertragung der Geschäftsanteile (ohne Zustimmung sämtlicher Gesellschafter) möglich macht.[82] Es sind auch privatautonome Gestaltungsmöglichkeiten möglich, die zu einer Beschränkung der Übertragbarkeit (z.B. in Form von Vinkulierungsvereinbarungen oder Aufgriffsrechten) führen.[83] Einer „kompletten Freiheit" der Übertragbarkeit wird jedoch ein Riegel vorgeschoben (siehe dazu sogleich).

2. *GmbH-rechtliche Zulässigkeit de lege lata*

§ 76 Abs. 2 Satz 1 GmbHG gibt eine strenge Formvorschrift vor. Die Verpflichtungs- und Verfügungsgeschäfte, die bei Übertragungen abgeschlossen werden müssen, bedürfen nach h.M.[84] die Form eines Notariatsakts. Der Fall der Tokenisierung von GmbH-Geschäftsanteilen stellt generell keine mögliche Ausnahme[85] der Formpflicht dar. Die Beiziehung einer externen Person, nämlich die eines Notars, bezweckt eine nahezu Immobilisierung der Geschäftsanteile; das entspricht auch dem Zweck, die GmbH kapitalmarktfern zu halten.[86] Dem Formgebot kommt eine Beweis-, Klarstellungs- sowie eine (in der Lit. teils strittig diskutierte) Übereilungsschutzfunktion zu.[87] Eine Nichteinhaltung des

---

[79] Siehe dazu unten Kap. V.

[80] Dazu bereits Kap. I.

[81] Ein Beispiel dafür ist die Red Bull GmbH mit Sitz in Fuschl am See (Salzburg).

[82] *Schopper*, in: Gruber/Harrer (Hrsg.), GmbHG, 2. Aufl. 2018, § 76 Rn. 3; *Schopper/Moser*, in: Kalss/Bergmann (Hrsg.), Rechtsformwahl, 2020, Rn. 20/78 f.

[83] Vgl. *Schopper*, in: Gruber/Harrer (Hrsg.), GmbHG, 2. Aufl. 2018, § 76 Rn. 2; *Schopper/Moser*, in: Kalss/Bergmann (Hrsg.), Rechtsformwahl, 2020, Rn. 20/79 und 85.

[84] Z.B. *Brugger*, NZ 2012, 257, 258; *Walch*, NZ 2015, 126; *Artmann/Rüffler*, Gesellschaftsrecht, 2. Aufl. 2020, Rn. 1067; *Nowotny*, in: Kalss/Nowotny/Schauer (Hrsg.), Österreichisches Gesellschaftsrecht, 2. Aufl. 2018, Rn. 4/307; a. A. *Schummer*, ecolex 1991, 319; siehe auch *Auer*, NZ 2021, 522.

[85] Siehe dazu *Schopper*, in: Gruber/Harrer (Hrsg.), GmbHG, 2. Aufl. 2018, § 76 Rn. 44 ff.

[86] Vgl. dazu *Nowotny*, in: Kalss/Nowotny/Schauer (Hrsg.), Österreichisches Gesellschaftsrecht, 2. Aufl. 2018, Rn. 4/358.

[87] *Schopper*, in: Gruber/Harrer (Hrsg.), GmbHG, 2. Aufl. 2018, § 76 Rn. 34; *Mofidian/Smets*, in: Piska/Völkel (Hrsg.), Blockchain rules, 2. Aufl. 2023, Rn. 5.133; *Auer*, JBl 2002, 441, 442 ff.; *ders.*, JBl 2011, 361; vgl. auch *P. Bydlinski*, ecolex 1992, 634; *Brugger*, NZ 2012, 257, 258.

Formgebots hat eine Unwirksamkeit der Anteilsübertragung zur Folge.[88] Ohne Notariatsakt funktioniert die Übertragung also nicht.

Entgegen der Auffassung, dass die Tokenisierung nur aufgrund des Notariatsakts nicht möglich sei,[89] ist m.E. vielmehr der Verbriefungsausschluss in § 75 Abs. 3 GmbHG gegen eine Tokenisierung einzuwenden. Eine Formvorschrift erschwert zwar eine Tokenisierung, macht sie aber nicht gänzlich unmöglich, sondern erschwert nur die Übertragung, da ein Extraakt (Notariatsakt über das Verpflichtungs- und Verfügungsgeschäft) notwendig ist.[90] GmbH-Geschäftsanteile können jedoch generell gar nicht in Urkunden verbrieft und daher nicht als Wertpapiere ausgegeben werden. Hier wird die Bedeutung des *numerus clausus* markant, da der Gesetzgeber in bestimmten Fällen auf keinen Fall eine Verbriefung zulassen will. Daraus folgt, dass auch der Verbriefungsausschluss für digitale Wertpapiere, also Token, gelten muss.[91] Eine wertpapierrechtliche Tokenisierung ist daher im Vorhinein ausgeschlossen.

Darüber hinaus, jedoch außerhalb dieses Beitrags zu behandeln, ist auch auf die firmenbuchrechtliche Wirkung hinzuweisen, bei der nur die im Firmenbuch ausgewiesene Person als Gesellschafter gegenüber der Gesellschaft gilt und nicht diejenige, die eine Urkunde oder einen Token (sofern möglich) in den Händen hält (§ 78 Abs. 1 GmbHG).

3. Ergebnis

Es gibt ein gesetzliches Verbriefungsverbot im GmbH-Recht. Eine Tokenisierung mit wertpapierrechtlichen Wirkungen scheidet aus den oben genannten Gründen aus. In der Praxis wird bei GmbH-Geschäftsanteilen zumeist auf tokenisierte Schuldverschreibungen, wie z. B. auf genussrechtliche Ausgestaltungen (nur Vermögensrecht) oder Treuhandkonstruktionen zurückgegriffen. Eine direkte und „volle" Gesellschafterstellung durch Tokenisierung wird damit jedoch nicht erreicht.

---

[88] OGH 29.11.2007, 2 Ob 134/07f.; *Reich-Rohrwig*, Das österreichische GmbH-Recht, 2. Aufl. 1996, 617; *Schopper*, in: Gruber/Harrer (Hrsg.), GmbHG, 2. Aufl. 2018, § 76 Rn. 50f.

[89] Vgl. *Mofidian/Smets*, in: Piska/Völkel (Hrsg.), Blockchain rules, 2. Aufl. 2023, Rn. 5.133; vgl. dazu auch *Maume*, NZG 2021, 1189, 1191.

[90] Vgl. *Möslein*, in: Omlor/Möslein/Grundmann (Hrsg.), Elektronische Wertpapiere, 2021, 200, mit Anmerkungen zum *„Zugang zur GmbH-Blockchain über den Notar"*; siehe dazu auch *ders./Omlor/Urbach*, ZIP 2020, 2149, 2158.

[91] Vgl. auch *Miernicki*, ÖJZ 2023, 582, 589.

V. Tokenisierte Aktien

1. Die Wahl zwischen Namens- und Inhaberaktien

Die Aktie ist eines der bekanntesten Beispiele für Wertpapiere, die für den breiten Handel und den Massenverkehr gedacht sind. Als sog. Verkehrspapier kann die Aktie – im Gegensatz zum GmbH-Anteil – grundsätzlich ein Inhaber[92]- oder Orderpapier[93] sein. Die Ausgestaltung hat mehrere Folgewirkungen. Es macht daher Sinn, zwischen diese beiden Typen im Vorhinein zu unterscheiden. Im Gegensatz zu Deutschland (eWpG) gibt es in Österreich jedoch keine gesetzliche Grundlage für die Tokenisierung von Aktien. Die Aktie ist jedoch das klassische Beispiel für einen idealen Anwendungsfall der Tokenisierung, da auch im Aktienrecht eine schnelle und leichte Handelbarkeit der Anteile im Vordergrund steht.

Aktiengesellschaften hatten noch vor dem GesRÄG 2011[94] die Wahl, entweder Inhaber- oder Namensaktien auszugeben. Ein Unterschied zwischen diesen beiden Formen ist die zugrundeliegende wertpapierrechtliche Übertragungsform.[95] Mit dem GesRÄG 2011 wurde die Wahlfreiheit zwischen diesen beiden Typen nun beseitigt, um gegen Geldwäsche und Terrorismusfinanzierung präventiv vorgehen zu können. In einem Report aus 2009 stellt die Financial Action Task Force (FATF) fest, dass die Identifikation des wirtschaftlichen Eigentümers bei Beibehaltung der (frei handelbaren) Inhaberpapiere behindert werden würde, da die Spur bei einer theoretischen Auslieferung verloren gehen könnte. Die Lösung war folglich, Namensaktien nur bei nichtbörsennotierten Gesellschaften vorzusehen und das Führen eines Aktienbuchs einzuführen sowie bei Inhaberaktien eine verpflichtende Verbriefung in einer Sammelurkunde[96] sowie CSD-Zwangsverwahrung und einen Ausschluss des Ausfolgungsanspruchs anzuordnen (sog. Immobilisierung der Inhaberaktie).[97] Aktionäre sollen stets identifizierbar sein.

Nach § 9 Abs. 1 AktG müssen Aktien nun grundsätzlich auf den Namen lauten (Namensaktien). Auch eine Ausgabe von Zwischenscheinen (Interimsscheine) ist seit dem GesRÄG 2011 nicht mehr zulässig; sie wurden früher vor der Ausgabe der Aktien den Aktionären erteilt (sog. vorläufige Verbriefung der

---

92 Gesellschaftsrechtlich ist das eine Inhaberaktie.

93 Gesellschaftsrechtlich ist das eine Namensaktie.

94 Gesellschaftsrechtsänderungsgesetz, BGBl. I 53/2011.

95 Zum Unterschied zwischen Inhaber- und Orderpapier siehe *H. Keinert*, Handbuch des Wertpapierrechts I, 2014, Rn. 51 ff und 59 ff.

96 Siehe dazu sogleich.

97 *FATF*, Report 2009, Rn. 1040 ff.; ausf. dazu *Kollik/Pöch*, ÖBA 2017, 32, 32 ff.

Mitgliedschaft).[98] Zudem sind Übertragungsbeschränkungen bei Namensaktien (z.B. Vinkulierung), wie bei der GmbH, erlaubt.[99]

Nur in Ausnahmefällen kann eine Aktiengesellschaft von Namensaktien absehen (§ 10 Abs. 1 AktG).[100] Bei einem (geplanten) Börsengang oder MTF-Listing besteht für Aktiengesellschaft die Möglichkeit, aber nicht die Pflicht, Inhaberaktien zu emittieren. Freilich ist die gleichzeitige Ausgabe beider Aktientypen zulässig.[101] Es stellt sich nun die Frage, ob im Rahmen des AktG *generell* Aktien tokenisiert werden können.

2. Aktienrechtliche Zulässigkeit de lege lata

a) Gleichbehandlungsgebot

Zuallererst muss nach § 47a AktG dem Gebot der Gleichbehandlung Rechnung getragen werden. Kein Aktionär darf unberechtigterweise benachteiligt werden, solange es die Ausgabeform betrifft. Inhaber von physischen Aktien und Inhaber von digitalen Aktien werden gleichbehandelt, sofern ihre Rechte nicht berührt werden (Gegenbeispiel: Aktionärsrechte können nur im Internet mit einer digitalen Aktie ausgeübt werden). Eine Tokenisierung widerspricht daher generell nicht dem Gleichbehandlungsgebot und würde daher in der Praxis keine Hürde darstellen.[102]

b) Verbriefungserfordernis und Verbriefungszwang

In Österreich ist das (einzige) mitgliedschaftliche Wertpapier die verbriefte Aktie einer AG. Die Aktie als Mitgliedschaftsrecht beinhaltet verschiedene Verwaltungs- (Stimmrecht, Teilnahmerecht) und Vermögensrechte (z.B. Dividendenanspruch, Anspruch auf Liquidationserlös, Bezugsrecht). Sie befähigt den Aktionär zur Ausübung seiner Rechte.[103]

Entgegen den Bestimmungen zum GmbHG, öffnet das AktG die Verbriefung von Aktien explizit (§§ 9f. AktG). Hier ist der *numerus clausus* aus dem AktG ersichtlich. Fraglich ist, ob der *numerus clausus* auch die digitale Begebung umfasst (= analoge Anwendung auf Token) oder ggf. modifiziert werden

---

[98] Vgl. *H. Keinert*, Handbuch des Wertpapierrechts I, 2014, Rn. 55; *Kalss*, in: Kalss/Nowotny/Schauer (Hrsg.), Österreichisches Gesellschaftsrecht, 2. Aufl. 2017, Rn. 3/121.

[99] *Haberer/Zehetner*, in: Artmann/Karollus (Hrsg.), AktG I, 6. Aufl. 2018, § 62 Rn. 8.

[100] Der Wortlaut des § 10 Abs. 1 AktG lautet: „Aktien können auf Inhaber lauten, wenn […]"; vgl. dazu auch § 9 Abs. 3 letzter Halbsatz AktG.

[101] *Kalss*, in: Kalss/Nowotny/Schauer (Hrsg.), Österreichisches Gesellschaftsrecht, 2. Aufl. 2017, Rn. 3/114.

[102] *Maume/Fromberger*, ZHR 2021, 5; vgl. auch *Kulnigg/Simonishvili*, GesRZ 2018, 278, 282.

[103] Vgl. *Kalss/Schauer/Winner*, Unternehmensrecht und Wertpapierrecht, 4. Aufl. 2022, Rn. 13/8.

muss.[104] Die Mitgliedschaftsrechte bestehen auch unabhängig ihrer Verbriefung. Die Aktie ist demnach ein deklaratives Wertpapier.[105]

Das bedeutet, es gibt auch unverbriefte Aktien. Die Konsequenz der Verbriefung oder Nichtverbriefung ist jedoch enorm: Werden die Mitgliedschaftsrechte nicht verbrieft, kommen der unverbrieften Aktie keine wertpapierrechtlichen Wirkungen (Transportfunktion, etc.) zu.[106] Diesem Gedanken zufolge müssten Namensaktien jedoch *generell* tokenisiert werden können, da *generell* eine (urkundlich) Verbriefung vorgesehen ist und somit wertpapierrechtliche Wirkungen ausgelöst werden können. Anstelle einer Aktienurkunde könnte ein (unkörperlicher) Aktien-Token ausgestellt werden, so zumindest die Idee. Die Frage, die sich nun stellt, ist die Weite der Interpretation des Begriffs der *Verbriefung* im AktG.

Die Begebung von Inhaberaktien ist – wie oben angemerkt – nur in den Ausnahmefällen möglich. Sollte einer dieser Fälle eintreffen, so sind die Inhaberaktien nach § 10 Abs. 2 AktG verpflichtend (!) in eine Sammelurkunde zu verbriefen und anschließend bei der Wertpapiersammelbank (WSB) zu verwahren. Es handelt sich hierbei um eine Zwangsverbriefung und -verwahrung. Die Verbriefung ist nach dem Wortlaut der Bestimmung zwingend physischer Natur; eine digitale Form lässt die Auslegung m.E. nicht zu (vgl. § 10 Abs. 2 zweiter Satz AktG: „Inhaberaktien [...] sind in einer, gegebenenfalls in mehreren Sammelurkunden zu verbriefen und bei einer Wertpapiersammelbank nach § 1 Abs. 3 Depotgesetz zu hinterlegen"). Aus diesem Grund scheidet schon im Vorhinein eine digitale Verbriefung (Tokenisierung) solcher Inhaberaktien aus, weil es keine Möglichkeit gibt von der gedruckten Sammelurkunde abzusehen.[107]

Demgegenüber ist bei der Begebung von Namensaktien mehr Flexibilität gegeben. Hier kann (!) eine Verbriefung in Einzel- oder (verwahrten) Sammelurkunden erfolgen, eine Verwahrung ist nicht zwingend vorgesehen.[108] Die Verbriefung kann aber auch ausgeschlossen werden (§ 9 Abs. 3 AktG) und das könnte wiederum für die Tokenisierung relevant sein. Die Verbriefung in ein Orderpapier ist jedoch der gesetzliche Regelfall und wird zu Recht als Verurkundung des Rechts in einen physischen (!) Informationsträger verstanden.[109] Eine Verbriefung i. S. d. AktG stellt daher – wie bei der Inhaberaktie – auf die Ausstellung einer physischen Urkunde ab. Das Erfordernis des physischen Elements wird anhand der zwingenden Formvorschriften in § 13 Abs. 1 AktG verdeutlicht. Die Regelung spricht von der „Unterzeichnung von Aktienurkun-

[104] Siehe dazu die Ausführungen in Kap. III.2.b.

[105] *Kalss/Schauer/Winner*, Unternehmensrecht und Wertpapierrecht, 4. Aufl. 2022, Rn. 13/32.

[106] Siehe dazu bereits Kap. III.2.a. und b.

[107] Vgl. *Micheler*, in: Doralt/Nowotny/Kalss (Hrsg.), AktG, 3. Aufl. 2021, § 9 Rn. 15; *Miernicki*, ÖJZ 2023, 582, 589.

[108] Vgl. *Schopper*, in: Artmann/Karollus (Hrsg.), AktG I, 6. Aufl. 2021, § 9 Rn. 21, 25.

[109] Vgl. *Kulnigg/Simonishvili*, GesRZ 2018, 278, 279.

den". Nach h.M. gilt diese Bestimmung richtigerweise nur für verbriefte Aktien, also physischen Informationsträgern, da bei der Tokenisierung keine Unterzeichnung i.S.d. § 13 Abs. 1 AktG erfolgen kann. Das AktG enthält zwar über die „technische" Gestaltung der Urkunde keine besonderen Vorschriften,[110] ausufernde Analogieschlüsse auf Token stehen mit Blick auf den Gesetzgeberwillen dennoch auf wackeligen Füßen und sind daher nicht zuzulassen. Bei unverbrieften Aktien müssen die Formvorschriften zwar nicht beachtet werden, jedoch werden dadurch für die Tokenisierung negative Rechtsfolgen ausgelöst (siehe sogleich).[111] Der *numerus clausus* umfasst daher nicht die Begebung einer digitalen Namensaktie.

c) Folgen: Übertragungsformen von verbrieften Aktien

Inhaberaktien sind verpflichtend zu verbriefen und die Sammelurkunde zu unterschreiben. Das bedeutet, die Inhaberaktie ist stets mit wertpapierrechtlichen Wirkungen ausgestattet, wobei die Übertragung im sog. Effektengiro erfolgt, d.h. durch (elektronische) Buchung und Gutschrift nach dem DepotG[112]. Das ermöglicht eine raschere und kostengünstigere Transaktionsabwicklung, da die Übertragung der zwangsverwahrten Urkunden (durch Besitzanweisung) in einem elektronischen Buchungssystem erfolgt und nicht durch die körperliche Übergabe der Urkunden.[113] Das trägt zur Entmaterialisierung des Wertpapierrechts bei.[114] Eine körperliche Übergabe bei Inhaberpapieren scheitert deswegen, weil sie verschlossen im Tresor der WSB liegen.[115]

Verbriefte Namensaktien sind Orderpapiere. Aufgrund dieser Eigenschaft erfolgt eine Übertragung nach wertpapierrechtlichen Regelungen, und zwar durch Indossament und Übergabe der Urkunde (§ 62 Abs. 1 AktG).[116] Unverbriefte (und daher auch digitalisierte) Namensaktien können hingegen nach der Leitidee des AktG nur durch zessionsrechtliche Übertragungsregelungen über-

---

[110] Im § 70 a.F. BörseG 1989, BGBl. 1989 Nr. 555, in der Fassung von BGBl. 2001 Nr. 97, gab es jedoch von der österreichischen Finanzmarktaufsichtsbehörde veröffentlichte Druckrichtlinien; siehe dazu *Micheler*, in: Doralt/Nowotny/Kalss (Hrsg.), AktG, 3. Aufl. 2021, Rn. 7. Derzeit gibt es z.B. Mustersammelurkunden für Namensaktien, die der österreichische Zentralverwahrer (OeKB CSD GmbH) auf seiner Homepage zur Verfügung stellt (abrufbar im Download-Center unter https://www.oekb-csd.at/download-center.html, zuletzt abgerufen am 10.05.2024).

[111] Vgl. *Micheler*, in: Doralt/Nowotny/Kalss (Hrsg.), AktG, 3. Aufl. 2021, § 13 Rn. 1; *Miernicki*, ÖJZ 2023, 582, 589.

[112] BGBl. 1969 Nr. 424, zuletzt geändert durch BGBl. 2021 Nr. 51.

[113] Vgl. *H. Keinert/E. Keinert*, Lehrbuch Wertpapierrecht, 2023, Rn. 666 a.E.; *Kalss/Schauer/Winner*, Unternehmensrecht und Wertpapierrecht, 4. Aufl. 2022, Rn. 13/70.

[114] Ausführlich dazu *Iro*, in: Apathy/Iro/Koziol (Hrsg.), Österreichisches Bankvertragsrecht II: Konto und Depot, 2. Aufl. 2008; Rn. 4/112 ff. m.w.N.

[115] Vgl. dazu § 10 Abs. 2 AktG und die obigen Ausführungen.

[116] Vgl. *Micheler*, in: Doralt/Nowotny/Kalss (Hrsg.), AktG, 3. Aufl. 2021, § 9 Rn. 15; es kann aber zessionsrechtlich übertragen werden.

eignet werden.[117] Das hat gravierende Folgen für die Tokenisierung, denn so kann das Mitgliedschaftsrecht nicht nur (wertpapierrechtlich) mit dem Tokentransfer übertragen werden.[118]

d) Zwischenergebnis

Es wurde dargestellt, dass bei Inhaberaktien eine (wertpapierrechtliche) Tokenisierung aufgrund der (physischen) Zwangsverbriefung und -verwahrung bereits im Vorhinein ausgeschlossen ist. Hingegen erscheint eine Tokenisierung von Namensaktien auf den ersten Blick möglich, da auf die physische Urkunde grundsätzlich verzichtet werden kann. Aus diesem Verbriefungsausschluss folgen aber weitreichende Konsequenzen hinsichtlich der Übertragung. Es ist keine wertpapierrechtliche Übertragung mehr möglich, sondern nur mehr per Zession.[119] Die Konsequenz daraus ist ein fehlender Verkehrsschutz und die weiteren Unsicherheiten, die bei zessionsrechtlichen Übertragungen einhergehen.[120] Fraglich bleibt, ob ein Recht nicht doch auf andere Weise, z. B. durch besondere Satzungsvereinbarungen, mit einem Token (rechtssicher) verknüpft werden kann.

3. „Echte" tokenisierte Namensaktien durch satzungsmäßige Ausgestaltungen?

a) Generell zur Satzungsstrenge

Wie oben angemerkt, kann die Verbriefung nach § 9 Abs. 3 AktG bei Namensaktien ausgeschlossen werden. Bei einer „Tokenisierung" ist ein Verbriefungsausschluss auch unbedingt notwendig und dieser muss dabei in der Satzung verankert werden.[121] Die Satzung ist dabei die Verfassung der Aktiengesellschaft und konkretisiert die Bestimmungen des AktG näher. Eine gesetzlich verankerte Satzungsstrenge, wie es das deutsche Aktienrecht in § 23 Abs. 5 dAktG vorgibt, gibt es in Österreich jedoch nicht. Bei nicht-börsennotierten Unternehmen ist die Flexibilität der Ausgestaltung auch größer. Es sind somit nicht nur etwaige Abweichungen vom AktG in der Satzung zulässig, wo das Gesetz ausdrücklich keine abschließenden Regelungen trifft, sondern auch dort, wo nicht gegen zwingendes Recht sowie gegen das Wesen der Aktiengesellschaft verstoßen wird.[122] Deswegen sind Regelungen, die der Tokenisierung von Namensaktien gelten, grundsätzlich zulässig.[123]

---

[117] Siehe zum Risiko bereits Kap. III.2.b.

[118] So auch *Miernicki*, ÖJZ 2023, 582, 589.

[119] Vgl. *Micheler*, in: Doralt/Nowotny/Kalss (Hrsg.), AktG, 3. Aufl. 2021, § 62 Rn. 2.

[120] Vgl. *Reheis*, Aktie als Wertpapier, 2022, 280.

[121] Da der Ausschluss eben nicht den gesetzlichen Regelfall darstellt; vgl. dazu *Kulnigg/Simonishvili*, GesRZ 2018, 278, 280 f.

[122] *Kulnigg/Simonishvili*, GesRZ 2018, 278, 280 f.

[123] So auch *Kulnigg/Simonishvili*, GesRZ 2018, 278, 281.

Wie bereits in Kap. III näher behandelt, dient die Urkunde im österreichischen Wertpapierrecht noch als zentraler Anknüpfungspunkt und als Grundlage für die Anwendung von sachenrechtlichen Bestimmungen.[124] Ein Wesensmerkmal des Wertpapiers ist dabei die Transportfunktion. Sie sorgt dafür, dass bei der Übertragung der Urkunde auch das in ihr verbriefte Recht automatisch auf den Erwerber übergeht.[125] Im Laufe der Zeit ist vor allem im Effektenbereich jedoch das Element der Urkunde zurückgedrängt worden und stellt vielmehr ein Hindernis dar.[126] Es darf daher zurecht hinterfragt werden, ob eine starre Verbindung zwischen Token und Mitgliedschaftsrecht bloß durch eine Satzungsvereinbarung möglich ist.

b) Numerus clausus des Wertpapierrechts

Bei diesem Gedanken können mehrere Aspekte problematisch sein. Unverbriefte, also auch tokenisierte, Aktien sind, wie oben festgestellt, nur (!) mit Zession übertragbar.[127] Ziel ist daher, die Übertragungsregelung der Zession (*off-chain*) auszuschließen, und stattdessen die Rechtsübertragung an den Tokentransfer (*on-chain*) zu koppeln bzw. eine Regelung in der Satzung zu verankern.

So schön diese Überlegung wäre, sie wird sich als unzulässig herausstellen. Die Übertragung eines Aktien-Tokens *on-chain* kann u.U. zwar eine konkludente Abtretung der Aktie darstellen,[128] jedoch erlaubt sie m.E. aufgrund des fehlenden Verkehrsschutzes und den weiterhin bestehenden zessionsrechtlichen Unsicherheiten *per se* keine Verbindung von Recht und Urkunde.[129] In der Satzung kann aber m.E. eine Bedingung, die zusätzlich zur Abtretung tritt, zusätzlich ergänzt werden,[130] dennoch bleiben die Risiken (z.B. der Doppelabtretung) für den Erwerber aufrecht. Im Ergebnis darf die Abtretung nicht komplett ausgeschlossen werden. Ein gänzlicher Ausschluss der zessionsrechtlichen Übertragungsbestimmungen hätte bei gleichzeitiger Einführung der gesonderten Übertragungsform (in diesem Fall nur durch Tokenübertragung) eine Aushöhlung des Wertpapierrechts zur Folge, und das darf m.E. nicht ermöglicht werden.[131] Im Kern handelt es sich dabei um dogmatische Fragestellungen des wertpapierrechtlichen *numerus clausus*. Dieser ist aufgrund der sachenrechtlichen Wirkung streng auszulegen: Nur wenn der Gesetzgeber die Ausgabe von

---

[124] Vgl. *Reheis*, Aktie als Wertpapier, 2022, 279.

[125] Für *H. Keinert*, Handbuch des Wertpapierrechts I, 2014, Rn. 191, ist diese Funktion entbehrlich, da sie nur eine Auswirkung der Gutglaubensschutzfunktion ist.

[126] Vgl. dazu nur *Lehmann*, Finanzinstrumente, 2009, 48f.

[127] Siehe bereits oben Kap III.2.c.

[128] *Kulnigg/Simonishvili*, GesRZ 2018, 278, 279f.

[129] Zutr. *Reheis*, Aktie als Wertpapier, 2022, 280; *Miernicki*, ÖJZ 2023, 582, 589.

[130] Z.B., dass die Übertragung nur gültig ist, wenn auch der Token mitübertragen wird.

[131] Vgl. aber RIS-Justiz RS0032662.

Wertpapieren bestimmt, können Urkunden mit wertpapierrechtlichen Wirkungen emittiert werden.[132] Die privatautonome Schaffung von Wertpapieren im Rahmen des *numerus clausus* ist somit eingeschränkt und zielt bei näherer Betrachtung darauf ab, welche wertpapierrechtlichen Funktionen überhaupt privatautonom vereinbart werden können.[133] Nicht jede Wertpapierfunktion kann durch bloße vertragliche Vereinbarung – in diesem Fall in der Satzung – herbeigeführt werden. Die Vertragsparteien können über dingliche Wirkungen (= Transportfunktion) nicht wirksam disponieren.[134]

4. Fazit

Der wertpapierrechtliche *numerus clausus* stellt im Aktienrecht auf verbriefte Wertpapiere ab,[135] jedoch ist die Ausgabe von unverbrieften Wertpapieren im eingeschränkten Bereich möglich. Die Digitalisierung von Bundesschatzscheinen[136] und digitale Sammelurkunden, sowie ggf. die Tokenisierung von Schuldverschreibungen, öffnet aber nicht die Tokenisierung von Aktien.[137] Das AktG schweigt generell zur digitalen Ausgabe von Aktien. Im Ergebnis dürfte aufgrund einer fehlenden Rechtsgrundlage eine Rechtsfortbildung zu digitalen Wertpapieren nicht gelingen.[138]

Eine unmittelbare Tokenisierung von Inhaber- und Namensaktien mit wertpapierrechtlichen Wirkungen ist derzeit in Österreich nicht möglich. Dagegen sprechen einerseits gesetzliche Verbriefungserfordernisse sowie Formvorschriften, die in physischen Urkunden erfolgen müssen, und andererseits die wertpapierrechtliche Dogmatik. Zu beachten ist jedoch, dass bei den Namensaktien – ähnlich wie beim GmbH-Anteil – nur die Person als Gesellschafterin zählt, die im (nicht öffentlichen) Aktienbuch der Gesellschaft eingetragen ist, und nicht diejenige, die über die Aktienurkunde verfügt (§ 61 Abs. 2 AktG).

---

[132] Vgl. *H. Keinert*, Handbuch des Wertpapierrechts I, 2014, Rn. 199 und 202; *Kalss/Schauer/Winner*, Unternehmensrecht und Wertpapierrecht, 4. Aufl. 2022, Rn. 15/10.

[133] Vgl. *Rastegar/Jenny*, VbR 2021, 123, 125.

[134] So *Pisko*, Lehrbuch des österreichischen Handelsrechtes, 1923, 308; vgl. auch *Rastegar/Jenny*, VbR 2021, 123, 125.

[135] Z.B. die Verbriefung in Aktien in §§ 9, 10 AktG, der Wechsel nach WechselG 1955, BGBl. 1955 Nr. 49, zuletzt geändert durch BGBl. 2010 Nr. 58, oder Pfandbriefe nach dem PfandBG, BGBl. I 2021 Nr. 199.

[136] Siehe § 2 Abs. 3 BundesschatzscheinG, BGBl. 1991 Nr. 172, zuletzt geändert durch BGBl. I 2021 Nr. 149.

[137] Zur digitalen Sammelurkunde siehe *Reheis*, Aktie als Wertpapier, 2022, 280f. Die Implementierung der DLT als Register würde im derzeitigen Effektengirosystem aufgrund der Zentralverwahrung jedoch keine nennenswerten Vorteile bringen.

[138] Vgl. *Reheis*, Aktie als Wertpapier, 2022, 281.

VI. Tokenisierte FlexCo-Geschäftsanteile und Unternehmenswert-Anteile

1. Regelungskonzept und Hintergrund

Seit 01.01.2024 hat Österreich eine neue Kapitalgesellschaftsform. Mit der Flexiblen Kapitalgesellschaft (FlexKapG), auch Flexible Company (FlexCo) genannt,[139] hat der Gesetzgeber ein Hybridmodell zwischen GmbH und AG eingeführt, das vor allem durch ihre „Flexibilität" für Neugründungen attraktiv sein soll. Die Einführung der Rechtsform hat einen politisch hohen Stellenwert,[140] in der Lit. wird die FlexCo jedoch größtenteils (m.E. zurecht) kritisiert. Der Gesetzgeber hätte sich, so eine Vielzahl der Stimmen, mit einer Reform des GmbH-Rechts auseinandersetzen sollen,[141] denn z.B. hätten die Regelungen zum Erwerb eigener Anteile sowie Instrumente der Kapitalerhöhungsmaßnahmen (bedingte Kapitalerhöhung und genehmigtes Kapital)[142] auch der GmbH gutgetan.[143]

Manche (begrüßenswerten) Neuerungen sind auch in das GmbHG durchgedrungen, wie die Herabsetzung des Stammkapitals auf 10.000 €[144]; manche Besonderheiten der FlexCo werden hingegen aufgrund legistischer Schwächen kritisiert. Eine davon betrifft die Einführung einer neuen Anteilsklasse namens „Unternehmenswert-Anteile" (in Folge: UWA),[145] die neben den gewöhnlichen „FlexCo-Anteilen" bestehen. Konzeptionell hatte der Gesetzgeber die Mitarbeiterbeteiligung vor Augen und wollte UWAs durch steuerliche Begleitmaßnahmen[146] attraktiv gestalten. Die Ausgabe von UWA ist dabei aber nicht an die Belegschaft beschränkt, sondern auch für externe Investoren geöffnet.[147] Eine erleichterte Handelbarkeit dieser Anteilsklasse liegt zumindest nahe, auch wenn der Gesetzgeber darüber schweigt. Die aus den UWAs entspringenden Mitgliedschaftsrechte sind auf ein Mindestmaß zurückgedrängt worden. Mit anderen Worten ist der UWA ein Geschäftsanteil zweiter Klasse, da der Unter-

---

139 Mit Blick auf die Firmenbucheintragungen scheint sich das Kürzel „FlexCo" in der Praxis durchzusetzen.

140 Die Politik erhofft sich einen Zuzug von Gründerteams aus dem Ausland; siehe ErläutRV. 2320 Blg.NR 27. GP. 1.

141 Vgl. nur *Rüffler*, in: Kalss/Torggler (Hrsg.), Reform des Gesellschaftsrechts, Beiträge zum 9. Wiener Unternehmensrechtstag, 2022, 113; *Kalss/Schauer*, Die Reform des Österreichischen Kapitalgesellschaftsrechts, 16. ÖJT Bd. II/1, 2006.

142 Dazu *Jaritz*, GesRZ 2023, 351.

143 Siehe dazu nur *Kalss*, GesRZ 2023, 337; *dies.*, GesRZ 2023, 345, 345.

144 Mit Herabsetzung des Stammkapitals von 35.000 € auf 10.000 € entfiel gleichzeitig die Regelung zur Gründungsprivilegierung nach § 10a GmbHG i.d.F. vor BGBl. 2023 I Nr. 179.

145 Krit. dazu *Eckert/Sternig*, ecolex 2023, 917.

146 Die Bestimmung § 67a EStG wurde neu eingeführt; ist aber für alle Kapitalbeteiligungen geöffnet und wird auch teilweise kritisiert; ausf. dazu *Novak/Aspalter*, ecolex 2023, 923, 926.

147 Vgl. ErlRV. 2320 BlgNR 27. GP, 4.

nehmenswert-Beteiligte (in Folge: UWB) nur vereinzelt Vermögens-, aber kaum Verwaltungsrechte hat; insbesondere kommt ihm kein generelles Stimmrecht zu.[148]

2. *Tokenisierte FlexCo-Geschäftsanteile*

FlexCo-Geschäftsanteile entsprechen den üblichen GmbH-Geschäftsanteilen.[149] Das ergibt sich aus dem Generalverweis in § 1 Abs. 2 FlexKapGG. Neu ist, dass für die Übertragung kein Notariatsakt mehr notwendig ist, vielmehr reicht eine Privaturkunde eines Anwalts oder auch Notars (§ 12 Abs. 1 FlexKapGG) aus. Auch wenn für die Übertragung von FlexCo-Geschäftsanteilen das FlexKapGG alternative Formerfordernisse für das Verpflichtungs- und Verfügungsgeschäft vorsieht, die jedoch auch die Beiziehung einer externen Person bedürfen,[150] bleibt weiterhin das Verbriefungsverbot (§ 75 Abs. 3 GmbHG i. V. m. § 1 Abs. 2 FlexKapGG) bestehen. FlexCo-Anteile sind daher nicht mit wertpapierrechtlichen Wirkung tokenisierbar. Treuhänderische und andere schuldrechtliche Ausgestaltungen sind jedoch möglich.[151] Es kann auf die Ausführungen in Kap. IV verwiesen werden.

3. *Tokenisierte Unternehmenswert-Anteile*

Die UWA sind eine Sonderform von Geschäftsanteilen der FlexCo und in §§ 9 – 11 FlexKapGG geregelt. Bemerkenswert ist, dass vereinzelt Bestimmungen des Namensaktienrechts in § 9 FlexKapGG übernommen worden sind und der UWA mit Blick auf die erfassten Rechte eher einer stimmrechtslosen Vorzugsaktie als einem GmbH-Geschäftsanteil gleicht.[152] Unter diesem Gesichtspunkt liegt eine Behandlung als „Aktie" und damit als Wertpapier zumindest nahe. Auch wenn sich UWA deutlich von FlexCo-Geschäftsanteilen unterscheiden, wird im FlexKapGG die sinngemäße Anwendung des GmbHG festgelegt, sofern sich aus den §§ 9–11 FlexKapGG nichts Gegenteiliges ergibt. § 9 Abs. 1 FlexKapGG enthält dabei – parallel zu § 1 Abs. 2 FlexKapGG – einen Generalverweis zu den Bestimmungen für GmbH-Geschäftsanteile (§§ 75 ff. GmbHG). Der Gesetzgeber schafft hiermit bewusst die Nähe zum GmbH-Geschäftsanteil, wobei im Kern alle wesentlichen Bestimmungen modifiziert worden sind.[153] Die UWA-Regelungen greifen aber nicht immer auf das GmbH-Recht zurück; z. B. sind die Bestimmungen für das Aktienbuch nach AktG sinngemäß

---

148 Zu den obigen Ausführungen siehe ausführlich *Aubrunner/Fürst*, GesRZ 2023, 359.
149 Es ist daher auf die Ausführungen zur GmbH in Kap. IV zu verweisen.
150 Siehe dazu bereits Kap. IV.2.
151 Siehe dazu bereits Kap. III.2.c.
152 Vgl. *Eckert/Sternig*, ecolex 2023, 917, 917.
153 Dazu im Detail *Ke. Rastegar/Ka. Rastegar/R. Rastegar*, in: Ke. Rastegar/Ka. Rastegar/R. Rastegar (Hrsg.), FlexKapGG-ON, 2024, § 9 Rn. 171.

anwendbar, da auch die FlexCo-Geschäftsleitung ein „Anteilsbuch“ führen muss.[154] Die UWB werden im Gegensatz zu den anderen FlexCo-Gesellschaftern auch nicht direkt in das Firmenbuch eingetragen, sondern nur der gesamte UWA-Ausgabebetrag (von max. 24,99 % des Stammkapitals nach § 9 Abs. 1 FlexKapGG). Die Legitimation ergibt sich wie bei Namensaktien aus dem Anteilsbuch.[155] Die Gesellschaft muss jedoch eine „Gesellschafterliste“ führen, die aus zwei Teilen (Namensliste und Anteilsliste) besteht und dem Firmenbuch zu melden ist, um den transparenzrechtlichen Vorgaben Rechnung zu tragen. Die Namensliste wird dabei in die (öffentliche) Urkundensammlung aufgenommen, wobei die Anteilsliste (nur) dem Firmenbuch-Akt beigelegt wird.[156] Der UWA steht somit zwischen GmbH-(bzw. FlexCo-)Geschäftsanteil und Namensaktie. Es kommt daher auf die gegenständliche „Materie“ an, wo der UWA zu verorten ist.

Die Frage ist nun, wo der UWA wertpapierrechtlich einzuordnen ist. Generell kann ein UWB seine Anteile auch an Dritte verkaufen. Das heißt, es könnte sich theoretisch ein neuer Markt bilden, sofern ein Bedürfnis für den Handel solcher Anteile besteht. Diese Überlegung im Hinblick auf den Zweck (erleichterte Handelbarkeit) könnte wiederum für eine wertpapierrechtliche Einordnung sprechen. Dagegen könnte eingewendet werden, dass die FlexCo wie die GmbH weiterhin eine kapitalmarktfremde Gesellschaft bleiben soll, und *generell* eine erhöhte Handelbarkeit vom Gesetzgeber nicht erwünscht ist. M.E. spricht dennoch nichts gegen die Verbriefung, da auch ein Handel außerhalb des Kapitalmarkts entstehen könnte; außerdem ist das Formgebot zu beachten (siehe dazu sogleich). In Bezug auf die konkrete Verbriefung (und Tokenisierung) von UWA in Urkunden stellen sich aber erneut die zwei bekannten Fragen auf *zweiter Stufe*: Einerseits die Vorgabe von spezifischen Formvorschriften und andererseits ein mögliches Verbriefungsverbot bzw. *numerus clausus*. Bei UWA gibt es – im Gegensatz zum FlexCo-Geschäftsanteil – keine strengen Formvorschriften betreffend Anteilsübertragung. Es reicht bereits die einfache „Schriftform“ i. S. d. § 886 ABGB für die „Übernahme und Übertragung“ der UWA aus (§ 9 Abs. 6 FlexKapGG) und es muss – im Gegensatz zum GmbH- und Flex-Co-Geschäftsanteil – keine externe Person (Notar oder Rechtsanwalt) beigezogen werden. Allein deswegen ist mit Blick auf den GmbH-Geschäftsanteil[157] hier m.E. noch weniger von einem generellen Verbriefungshindernis auszugehen, da dies nicht den (digitalen) Handel mit Urkunden (und auch Token) beeinträchtigen würde. Es spricht betreffend die Formvorschrift nichts *per se* gegen

---

154 Vgl. den teils unbestimmten, weil pauschal formulierten Wortlaut des § 9 Abs. 7 FlexKapGG: „Im Übrigen gelten für das Anteilsbuch die Bestimmungen über das Aktienbuch einer Aktiengesellschaft sinngemäß.“.

155 *Aubrunner/Fürst*, GesRZ 2023, 359, 362.

156 Zu allem ausführlich *Aubrunner/Fürst*, GesRZ 2023, 359, 360 ff.

157 Vgl. dazu bereits oben unter Kap. IV.2.

eine Verbriefung und Tokenisierung. Die wertpapierrechtliche Eignung ist bis hier gegeben.

Jedoch können UWA aus einem anderen Grund nicht als Inhaber- oder Orderpapiere ausgegeben werden. Mit dem Verweis auf das GmbHG (§ 1 Abs. 2 i. V. m. § 9 Abs. 1 FlexKapGG i. V. m. § 75 ff. GmbHG) werden explizit die Bestimmungen zum GmbH-Geschäftsanteil für anwendbar erklärt, sofern das FlexKapGG in § 9 nichts anderes bestimmt. Da § 9 FlexKapGG sowie die Erläuterungen zum Wertpapierrecht gänzlich schweigen, kann der Verbriefung auch keine andere Bedeutung als im GmbHG beigemessen werden. Das Verbriefungsverbot in § 75 Abs. 3 GmbHG verhindert gesetzlich auch bei den UWAs eine Verbriefung in Urkunden. Aufgrund des strengen wertpapierrechtlichen *numerus clausus* bei Mitgliedschaftspapieren ist daher m.E. eine Verbriefung der UWA in Urkunden nicht ohne Einschreiten des Gesetzgebers möglich.[158] Da keine Verbriefung umsetzbar ist, scheidet auch die Tokenisierung von UWA aus.

4. Fazit

Das Ergebnis bei der FlexCo ist wenig überraschend das gleiche wie bei den GmbH-Geschäftsanteilen. Aus den gleichen Gründen, nämlich dem strikten und gesetzlich verordneten Verbriefungsverbot von GmbH-Geschäftsanteilen können beide FlexCo-Anteilsklassen nicht tokenisiert werden. Zumindest für die UWA würde sich m.E. eine wertpapierrechtliche Einordnung durchaus eignen, da sie den (stimmrechtslosen) Namensaktien sehr nahestehen und auch für externen Investoren zugänglich sein sollen. Eine erleichterte Handelbarkeit würde diese Anteilsklasse attraktiver gestalten. Die Kapitalmarktfähigkeit der UWA müsste jedoch ausgeschlossen werden, wobei das (schwache) Formgebot u.U. ausreichend sein könnte.

VII. Schlussfolgerungen

Die Kapitalgesellschaft eignet sich grundlegend aufgrund ihrer höheren Mobilität für die Übertragung von (digitalen) Anteilen besser als Personengesellschaften. Die Tokenisierung, eine „digitale“ Weiterentwicklung der Verbriefung, von Geschäftsanteilen könnte dabei wertvolle Vorteile für alle Beteiligten bringen, wie insbesondere eine einfache Übertragung oder Effizienzgewinne bei internen Verwaltungsprozessen.

---

[158] So bereits *Aubrunner/Fürst*, GesRZ 2023, 359, 360. Das zählt im Übrigen m.E. auch für Genossenschaften.

Um die Vorteile der Tokenisierung in ihrer vollen Wirkung entfalten zu können, müssen wertpapierrechtliche Grundsätze auf Token Anwendung finden. Dies ist in mehreren Schritten zu prüfen:

1. Ebene: Stehen grundsätzlich wertpapierrechtliche Hürden in der österreichischen Rechtsordnung einer Tokenisierung entgegen und sind Analogieschlüsse möglich?

2. Ebene: Stehen gesellschaftsrechtliche Hürden und Bestimmungen der Materiengesetze einer Tokenisierung entgegen?

Wie der Beitrag veranschaulicht hat, ist die österreichische Ausgangslage nicht die Fortschrittlichste. Die Entmaterialisierung des Wertpapierrechts ist zwar bereits im internationalen Effektenverkehr und insbesondere in den Nachbarländern weit vorangeschritten, aber in Österreich noch nicht angekommen. Unter Umständen gelingt eine analoge Anwendung wertpapierrechtlicher Regelungen auf Token, jedoch erlauben gesetzlich verankerte Verbriefungsverbote, der wertpapierrechtliche *numerus clausus* und auch Verbriefungsvorgaben keine umfangreiche Tokenisierung von Mitgliedschaftsrechten mit wertpapierrechtlichem Unterbau. Tokenisierung mit schuldrechtlichen Ausgestaltungen sind jedoch u.U. möglich, wobei hierbei mit wesentlichen Risiken für den Erwerber zu rechnen ist.

Der österreichische Gesetzgeber sollte zumindest die Tokenisierung von Namensaktien öffnen; für Unternehmenswert-Anteile kann dieser Schritt aufgrund der Nähe zu Namensaktien auch überlegt werden. Generell sei eine Öffnung von digitalen Wertpapieren auf Basis der Blockchain-Technologie zu empfehlen, wobei die Praxis z.T. nicht unbedingt auf ein Tätigwerden des Gesetzgebers hofft, auch weil nach einer Stimme die derzeitige Rechtswissenschaft bereits für die Begebung von (anderen) digitalen Wertpapieren gerüstet sei.[159] Die Rechtsunsicherheit bleibt dennoch bestehen. Aus Gründen der (fehlenden) Rechtssicherheit ist m.E. eine Novellierung des Wertpapierrechts jedoch empfehlenswert und auch dringend notwendig, insbesondere da im Bereich des Gesellschaftsrecht das AktG (sowie bei den Unternehmenswert-Anteilen der FlexKapGG) strenge Schranken für die Ausgabe und Übertragung von Aktien vorgibt. Digitalisierte Wertpapiere sind nicht nur Zukunftsmusik, sondern bereits in Gebrauch. Es braucht daher einen geeigneten Rechtsrahmen für die Begebung, Verwaltung und Übertragung von digitalen – oder besser tokenisierten – Wertpapieren. Hoffentlich wartet der Gesetzgeber nicht allzu lange auf die nächste Wertpapier- und Depotrechtsnovelle, da die Digitalisierung weiterhin auf dem Vormarsch ist.

---

[159] Vgl. *Völkel*, in: Artmann/Rüffler/Torggler (Hrsg.), Unternehmensfinanzierung, 2023, 45.

Equity Tokenization

Tokenisierung der Gesellschaft mit beschränkter Haftung mithilfe von Equity Crowdfunding in Italien und Deutschland

Anjuli v. Hülst und Kira Franke

I. Einführung

1. Problemstellung

Tokenisierung ist das Schlagwort, wenn es um Effizienzsteigerung, Kostensenkung und Schnelligkeit von Prozessen geht. Dies gilt auch in Unternehmen: Die Vielzahl von entstandenen *decentralized autonomous organizations* (Dezentralisierte Autonome Organisationen, DAOs)[1] zeigt, dass ein faktisches Bedürfnis dahingehend besteht, die Teilnahme an Gesellschaften nicht nur zu digitalisieren, sondern in erster Linie zu vereinfachen und Hemmschwellen zu beseitigen. Das hat inzwischen auch der Gesetzgeber erkannt, der immer häufiger hinterfragt, ob und wenn ja, wie die bestehenden Rechtsformen digitalisiert werden können und müssen.[2] Dabei geht es nicht allein um die Digitalisierung des Gesellschaftsrechts, sondern vor allem darum, die Innovationskraft und das Unternehmertum zu stärken und wirtschaftlich langfristig wettbewerbsfähig zu bleiben. Einfache und schnelle Finanzierungsmöglichkeiten sind für derartige Vorhaben wichtig und unumgänglich.[3]

---

[1] Bei der DAO handelt es sich um eine virtuelle Organisation, deren Struktur und Regeln codiert in Smart Contracts auf einem Distributed Ledger gespeichert sind, automatisch ausgeführt werden und mithin autonom funktionieren. Es existiert kein zentrales Management, sondern alle Maßnahmen werden den teilnehmenden Anteilseignern überlassen. Letztere halten die virtuellen Anteile der DAO, sogenannte Equity Token, die frei übertragbar sind und Eigentümer- sowie Stimmrechte vermitteln. Das von ihnen in der Regel initial eingezahlte Kapital wird von der Gesamtheit der Tokeninhaber bzw. Anteilseigner gemäß den selbstausführenden Regeln des auf der DLT implementierten Programmcodes transparent und öffentlich einsehbar verwaltet. Dazu treffend und eingängig: *Spindler,* RDi 2021, 309, 311 sowie *Thöni,* GES 2018, 371, 372.

[2] Während der Referentenentwurf des Bundesministeriums der Finanzen und des Bundesministeriums der Justiz, Entwurf eines Gesetzes zur Finanzierung von zukunftssichernden Investitionen (Zukunftsfinanzierungsgesetz – ZuFinG) vom 12. April 2023 (unter https://www.bundesfinanzministerium.de/Content/DE/Gesetzestexte/Gesetze_Gesetzesvorhaben/Abteilungen/Abteilung_VII/20_Legislaturperiode/2023-04-12-ZuFinG/1-Referentenentwurf.pdf?__blob=publicationFile&v=1, zuletzt abgerufen am 12.12.2023) noch von „komplexe[n] gesellschaftsrechtliche[n] Fragen" sprach (S. 92), hat sich der Gesetzgeber mit dem anschließenden Gesetzesentwurf der Bundesregierung, Entwurf eines Gesetzes zur Finanzierung von zukunftssichernden Investitionen (Zukunftsfinanzierungsgesetz – ZuFinG) vom 10. September 2023 dazu entschieden, „Aktienemissionen auf der Grundlage der Blockchain-Technologie zu ermöglichen", um „de[n] Standort Deutschland attraktiver sowohl für nationale als auch für internationale Unternehmen und Investoren" sowie „zu einem rechtssicheren Standort für diese Zukunftstechnologie zu machen" (S. 66), BT-Drs. 20/8292.

[3] Vgl. insoweit ebenfalls den Gesetzesentwurf der Bundesregierung, Entwurf eines Gesetzes zur Finanzierung von zukunftssichernden Investitionen (Zukunftsfinanzierungsgesetz – ZuFinG) vom 10. September 2023, demzufolge „[i]nsbesondere Start-ups, Wachstumsunternehmen sowie kleinen und mittleren Unternehmen (KMU) als Treiber von Innovation [...] der Zugang zum Kapitalmarkt und die Aufnahme von Eigenkapital erleichtert werden [soll]", da sich „[n]ur so [...] unter den sich verändernden Bedingungen unser Wohlstand gesichert [werden kann] und [...] gleichzeitig Gesellschaft und Wirtschaft zügig auf Digitalisierung und Klimaschutz eingestellt werden [können]" BT-Drs. 20/8292 (S. 65).

Diese Bestrebungen sind jedoch kein rein deutsches Phänomen. Auch in Italien wurden die vielzähligen Möglichkeiten diskutiert, die die neu gewachsene Internet- und Digitalwirtschaft insoweit hervorgebracht – und letztendlich sogar früher und progressiver umgesetzt – hat als in Deutschland.[4] Der italienische Gesetzgeber hat schon früh erkannt, dass eine Verbriefung von Gesellschaftsanteilen durchaus Vorteile mit sich bringen kann, soweit sie digital erfolgt. Das sogenannte Equity Crowdfunding[5] wurde bereits seit 2012 durch das Gesetzesdekret Nr. 179 vom 18. Oktober 2012 ermöglicht: Den *società di responsibilità limitata* (Gesellschaften mit beschränkter Haftung, *s.r.l.*) wurde als „start-up innovative" in Abweichung von den regulären Vorschriften erlaubt, dass sie Gesellschaftsanteile öffentlich über Kapitalbeschaffungsplattformen anbieten. Damit war es möglich, durch großangelegte Online-Kampagnen Kapitalgeber zu suchen, die jeweils zwar nur wenig, in ihrer Gesamtheit aber dennoch beträchtliche Summen zur Verfügung stellen.[6]

Tokenisierung und Crowdfunding zielen letztendlich also beide auf die Nutzbarmachung neuer Technologien für die Kapitalgewinnung ab. Aus diesem Grund hat sich der Europäische Gesetzgeber bei der Harmonisierung des Rechtsrahmens für Crowdfunding auch gezwungen gesehen, zu der Frage der Tokenisierung von Gesellschaftsanteilen Stellung zu nehmen. In Erwägungsgrund 15 der *Regulation on European Crowdfunding Service Provider* (Schwarmfinanzierungsverordnung, *ECSP-VO*)[7] legt er dar, dass die „Ausgaben neuer virtueller Krypto-Token [...] das Potenzial [haben], KMU, innovative neugegründete Unternehmen und expandierende Unternehmen zu finanzieren, und [...] den Technologietransfer beschleunigen [können]". Die Tokenisierung von Gesellschaftsanteilen soll durch Erweiterung des Anwendungsbereichs der

---

[4] Zur Entscheidung der Regierung, die Regelungen einheitlich für alle Crowdfunding-Plattformen zu gestalten und auch das Equity Crowdfunding zu normieren, Ministero dello Sviluppo Economico e del Ministero dell'Economia e delle Finanze (Ministerium für wirtschaftliche Entwicklung und Wirtschaft und Finanzen, MEF), Gesetzesentwurf für ein Gesetzesdekret zur Umsetzung der Verordnung (EU) 2020/1503 über europäische Anbieter von Crowdfunding-Dienstleistungen für Unternehmen und zur Änderung der Verordnung (EU) 2017/1129 und der Richtlinie (EU) 2019/1937, Erläuternder Bericht, 1 (unter http://documenti.camera.it/apps/nuovosito/attigoverno/Schedalavori/getTesto.ashx?file=0013_F001.pdf&leg=XIX, zuletzt abgerufen am 12.12.2023); dazu m. w. N. *Capelli,* L'equity based crowdfunding e la c.d. „dematerializzazione" delle quote di s.r.l., in ODCC 2/2016, 537 Fn. 1.

[5] Vgl. insoweit Europäische Kommission, Equity crowdfunding, o.D. (unter https://single-market-economy.ec.europa.eu/access-finance/guide-crowdfunding/different-types-crowdfunding/equity-crowdfunding_en, zuletzt abgerufen am 12.12.2023).

[6] Zum Crowdfunding allgemein und den verschiedenen Unterformen ebenfalls Europäische Kommission, Equity crowdfunding, o.D. (unter https://single-market-economy.ec.europa.eu/access-finance/guide-crowdfunding/different-types-crowdfunding/equity-crowdfunding_en, zuletzt abgerufen am 12.12.2023).

[7] Verordnung (EU) 2020/1403 des Europäischen Parlaments und des Rates vom 07.10.2020 über Europäische Schwarmfinanzierungsdienstleister für Unternehmen und zur Änderung der Verordnung (EU) 2017/1129 und der Richtlinie (EU) 2019/1937, L 347/1.

ECSP-VO aber ausdrücklich nicht geregelt werden. Vielmehr werden unmittelbar im Anschluss die Unterschiede der Tokenisierung im Vergleich zum Crowdfunding betont: „ihre Merkmale [unterscheiden sich] erheblich von den in dieser Verordnung geregelten Schwarmfinanzierungsdienstleistungen".

2. *Vorgehensweise*

Bei der Regulierung des Crowdfundings durch die ECSP-VO steht das Crowdfunding in Form des Peer-to-Peer Lendings bzw. Crowdlendings im Vordergrund. Dabei handelt es sich letztlich um eine verzinste Kapitalbereitstellung, bei der keine Gesellschaftsanteile ausgegeben werden.[8] Dadurch sollen solche Unternehmen harmonisiert werden, die die neuen Möglichkeiten des *web2* (Web 2.0) nutzen, um in Europa professionelle Schwarmfinanzierungsdienstleistungen anzubieten. Nach den neuen Vorgaben der ECSP-VO benötigen sie nunmehr eine Lizenz der national zuständigen Aufsichtsbehörde, durch die die Umsetzung von Anleger- und Verbraucherschutzvorschriften sichergestellt werden soll. Ob die Mitgliedstaaten die Regelungen auch für das Equity Crowdfunding anwenden, wurde ihnen jedoch offengelassen. Dies tangiert nämlich das nationale Gesellschaftsrecht in seinem wesentlichen Kern, da hierbei im Gegenzug für das eingesammelte Kapital Gesellschaftsanteile ausgegeben werden. Den einzelnen Mitgliedstaaten soll insoweit nicht die Regelungskompetenz entzogen werden.

Der italienische Gesetzgeber hat von dieser Ermächtigung Gebrauch gemacht. Im Rahmen dieses Beitrags soll daher untersucht werden, inwieweit hieran im italienischen Recht angeknüpft werden kann, um eine Tokenisierung von Gesellschaftsanteilen zu ermöglichen. Dafür werden in einem Grundlagenteil (II) zunächst noch einmal die Vorteile einer Tokenisierung von Gesellschaftsanteilen herausgearbeitet (1), bevor vertieft auf die Ausgangslage im deutschen (2) und im italienischen Recht (3) eingegangen wird. Anschließend wird die Tokenisierung der s.r.l.-Anteile im italienischen Recht im Einzelnen untersucht (III), wofür zunächst die s.r.l. als Rechtsform vorgestellt wird (1) und anschließend sowohl die Möglichkeiten einer Tokenisierung ohne Rückgriff auf die Crowdfunding Regelungen (2) als auch mit deren Einbeziehung (3) analysiert werden. Nach einem rechtsvergleichenden Zwischenfazit (4) werden sodann die *lessons learned* für den deutschen Gesetzgeber herausgearbeitet (IV) und ein abschließendes Fazit gezogen (V).

Auch wenn eine Tokenisierung auf Grundlage der ECSP-VO – so viel kann vorweggenommen werden – *de lege lata* nicht umsetzbar ist, ist der Blick auf die italienischen Regelungen zum Equity Crowdfunding aber dennoch überaus

[8] Vgl. Europäische Kommission, Peer-to-peer lending, o.D. (unter https://single-market-economy.ec.europa.eu/access-finance/guide-crowdfunding/different-types-crowdfunding/peer-peer-lending_en, zuletzt abgerufen am 12.12.2023).

aufschlussreich – nicht nur für die Tokenisierung von s.r.l.-Anteilen im italienischen Recht selbst, sondern auch für entsprechende (zukunftsträchtige) Überlegungen zur Tokenisierung von Anteilen an Gesellschaften mit beschränkter Haftung (GmbHs) in Deutschland.

II. Tokenisierung von Gesellschaftsanteilen: Ausgangslage

1. Vorteile und Ziele der Tokenisierung von Gesellschaftsanteilen

Bevor genauer auf die derzeitige Regelungslage in Deutschland und Italien eingegangen wird, sollen die Vorteile der Anteilsverwaltung mittels der Distributed Ledger Technology (DLT) aufgezeigt werden. Diese gehen über die des reinen Equity Crowdfundings hinaus, sodass den immanenten Vorteilen der DLT eine eigene Bedeutung zukommt. Die Zielsetzung, die der Tokenisierung zugrunde liegt, unterscheidet sich somit von derjenigen, die beim Crowdfunding im Mittelpunkt steht – und diese Unterschiede müssen bei der Frage, ob für die Tokenisierung an das Equity Crowdfunding angeknüpft werden kann, berücksichtigt werden.

Gemeinsam ist beiden Finanzierungsmöglichkeiten, dass durch die digitale Verbriefung der Gesellschaftsanteile Informationen leichter zugänglich sind, wodurch diese nicht nur kostengünstiger und schneller verwaltet, sondern sogar in Echtzeit abgerufen werden können.[9] Dieser Informationsaspekt kann durch den dezentralen Ansatz der DLT noch weiter verstärkt werden. Denn während das Crowdfunding auf zentrale Vermittler-Plattformen angewiesen ist, sind Inhaberinformationen dank der Dezentralität der DLT von vornherein allgemein zugänglich und transparent. Die digitale Verbriefung ist schon auf technischer Ebene einmalig ausgestaltet und nicht nur ein bloßer Eintrag in der Datenbank der Vermittler-Plattform.[10]

Ferner wird die direkte und unmittelbare Ausübung von Rechten am Unternehmen nicht nur von einer entsprechend vertrauensbedürftigen Vermittler-Plattform versprochen, sondern vom jeweiligen Anteilsinhaber im Distributed Ledger gleichfalls transparent und zudem unveränderbar und sicher vorgenommen. Eine Tokenisierung der Gesellschaftsanteile würde also die her-

---

[9] *Poli,* in: Carrière/de Luca/de Mari/Gasparri/Poli (Hrsg.), Tokenizzazione di azioni e azioni tokens, Consob Quaderni giuridici 2023, 117, 124ff. sowie *Piattelli/Caruso/Cimino*, Dematerializzazione e digitalizzazione: binari paralleli o possibile interazione?, 28.03.2024 (unter https://www.lcalex.it/dematerializzazione-e-digitalizzazione-binari-paralleli-o-possibile-interazione/); zum Equity Crowdfunding *de Luca,* in: Cian/Sandei (Hrsg.), Diritto del Fintech, 2020, 409, 420.

[10] Siehe dazu auch die Überlegungen zur Einmaligkeit von Token, die durch die DLT erstmals digital umgesetzt wird und aufgrund der den Token sogar eine gewisse Sachfähigkeit zugesprochen werden kann, *v. Hülst,* Absoluter Schutz von Blockchain-Token, 2023, S. 61ff.

kömmlichen Mechanismen zur Ausübung von Gesellschaftsrechten verbessern.[11] Darüber hinaus ermöglicht diese Transparenz eine gewisse Rückverfolgbarkeit und Überprüfbarkeit der Transaktionen bei gleichzeitiger Unveränderbarkeit, was nicht nur den Spielraum für menschliche Fehler verringert, sondern auch das Risiko von Marktmanipulationen.[12]

2. Ausgangslage im deutschen Recht

Anders als in Italien gab es für Unternehmen in Deutschland weder vor noch gibt es nach der ECSP-VO die Möglichkeit, Anteile digital zu vermarkten. Der deutsche Anwendungsbereich der ECSP-VO bezieht sich – entsprechend der direkt geltenden Vorschriften – nur auf das Peer-to-Peer Lending; von der Erweiterung für Equity Crowdfunding in Art. 2 Abs. 1 lit. n) ECSP-VO hat der deutsche Gesetzgeber bewusst keinen Gebrauch gemacht.[13]

Vielmehr hat der Deutsche Bundestag bereits während der Entwicklung des Begleitgesetzes zur Schwarmfinanzierungsdienstleistung zum Ausdruck gebracht, dass die GmbH klar von der Aktiengesellschaft zu unterscheiden sei. Nur erstere gewähre durch das Formerfordernis der notariellen Beurkundung ein gewisses Schutzniveau, welches nicht durch eine Ausweitung der Crowdfunding-Vorschriften unterlaufen werden dürfe:

> „Durch [das] Formerfordernis [der notariellen Beurkundung] wird insbesondere die Rechtssicherheit gestärkt und eine ausreichende Beratung der Beteiligten gewährleistet. Diese Beratung ist gerade bei der Übertragung von GmbH-Geschäftsanteilen von besonderer Bedeutung, weil die Rechte und Pflichten der Gesellschafter einer GmbH in weitem Maße durch die Satzung ausgestaltet werden können. Aus diesem Grund ist die GmbH auch nicht als Publikumsgesellschaft geeignet. Der Handel von GmbH-Geschäftsanteilen über eine Schwarmfinanzierungsplattform wäre deshalb von vornherein nicht sachgerecht.“[14]

In der Literatur kam es stattdessen zu unterschiedlichen Überlegungen im Hinblick auf die Verwendung der DLT und die Tokenisierung bei GmbH.[15] Auch

---

[11] Vgl. insoweit, wenn auch nicht zu den Vorteilen des Crowdfundings abgrenzend, *Poli,* in: Carrière/de Luca/de Mari/Gasparri/Poli (Hrsg.), Tokenizzazione di azioni e azioni tokens, Consob Quaderni giuridici 2023, 117, 124ff. sowie *Piattelli/Caruso/Cimino*, Dematerializzazione e digitalizzazione: binari paralleli o possibile interazione?, 28.03.2024 (unter https://www.lcalex.it/dematerializzazione-e-digitalizzazione-binari-paralleli-o-possibile-interazione/, zuletzt abgerufen am 26.06.2024).

[12] *Piattelli/Caruso/Cimino*, Dematerializzazione e digitalizzazione: binari paralleli o possibile interazione?, 28.03.2024 (unter https://www.lcalex.it/dematerializzazione-e-digitalizzazione-binari-paralleli-o-possibile-interazione/, zuletzt abgerufen am 26.06.2024).

[13] BT-Drs. 19/27410, 55; darauf verweisend auch *Eckhold/Schäfer,* in: Assmann/Schütze/Buck-Heeb (Hrsg.), Handbuch des Kapitalanlagerechts, 6. Aufl. 2024, § 16 Rn. 26; *Rennig,* RDi 2022, 1, 4f.

[14] BT-Drs. 19/27410, 55.

[15] *Maume,* NZG 2021, 1189, passim; *Möslein/Omlor/Urbach*, ZIP 2020, 2149, passim; *Rennig,* RDi 2022, 1, passim.

wenn *de lege lata* nicht per se die Tokenisierung einer GmbH ausgeschlossen ist, erscheint nach derzeitiger deutscher Rechtslage eine vollumfängliche Blockchain-basierte GmbH (noch) nicht möglich. Grund dafür ist das Erfordernis der notariellen Beurkundung zur Übertragung von Gesellschaftsanteilen sowie dem damit einhergehenden Tätigwerden eines Notars.[16] Eine zentrale dritte Stelle als Intermediär ist damit für die GmbH unabdingbar – und widerspricht damit gerade der Idee, die hinter der Verwendung von DLT-Strukturen steht. Nichtsdestotrotz wurde die Implementierung eines Notars in der Blockchain ausgiebig diskutiert, letztendlich aber mangels Mehrwerts abgelehnt.[17] Die Beibehaltung der bewusst vom Gesetzgeber vorgenommenen Differenzierung einer Aktiengesellschaft zur GmbH scheint auch auf der Blockchain zwingend erforderlich.[18]

Vereinzelt lassen Autoren aber durchscheinen, dass ihnen die jetzige Umsetzung der ECSP-VO nicht ausreicht. Um Crowdfunding für Unternehmen europaweit einfacher nutzbar zu machen, fordern sie sogar eine Tokenisierung der GmbH-Anteile, die über das bloße Equity Crowdfunding hinausgeht.[19] Es wurde unter anderem eine treuhänderische Lösung diskutiert, mithilfe der die GmbH-Anteile DLT-basiert übertragen werden können.[20] Ein Treuhänder soll dabei als „Halter und Inhaber" aller Gesellschaftsanteile agieren und den Investoren im Gegenzug Token zur Verfügung stellen. Diese Token verkörpern die jeweiligen Anteilsrechte an der Gesellschaft, was jedoch nur schuldrechtlich abgebildet werden kann – auf der einen Seite steht der das Recht innehabende, aber nicht als Gesellschafter eingetragene Gesellschafter und auf der anderen Seite der Treuhänder. Zwar ist der Treuhänder weisungsgebunden und hat bei Übertragung der Token an einen neuen Tokeninhaber diesem auch alle Rechte und Gewinne einzuräumen. Trotzdem werden bei diesem Modell keine GmbH-Anteile übertragen, sondern nur bestimmte Aspekte der Mitgliedschaft handelbar gemacht.[21] Zudem müsste bereits in der Gesellschaftssatzung geregelt sein, wie die Tokenübertragung dem Treuhänder nachzuweisen ist.[22] Eine Tokenisierung von GmbH-Anteilen wird auf diese Weise somit nicht erreicht.[23]

---

[16] *Möslein/Omlor/Urbach*, ZIP 2020, 2149, 2159; *Maume*, NZG 2021, 1189, 1191 f.

[17] *Maume*, NZG 2021, 1189, 1191 f.

[18] *Maume*, NZG 2021, 1189, 1191 f.

[19] *Heidenfelder*, Neue Crowdfunding-Regulierung soll europäischen Kapitalmarkt vereinheitlichen, 31.05.2021 (unter https://www.vc-magazin.de/blog/2021/05/31/neue-crowdfunding-regulierung-soll-europaeischen-kapitalmarkt-vereinheitlichen/, zuletzt abgerufen am 11.12.2023); *Rennig*, RDi 2022,1, 4 f.

[20] Dazu *Maume*, NZG 2021, 1189, 1192.

[21] *Maume*, NZG 2021, 1189, 1192.

[22] Dies selber einräumend auch *Maume*, NZG 2021, 1189, 1193.

[23] Vielmehr weist eine derartige Vertragsgestaltung Ähnlichkeiten mit den Strukturen einer DAO auf, die in Form einer GbR oder OHG grundsätzlich als Rechtsobjekt anerkannt ist. Anders als der Treuhänder handelt es sich dabei allerdings nicht um eine eigenständige, wenn auch weisungsgebundene natürliche Person, von der übliche Intermediärsrisiken wie

3. Ausgangslage im italienischen Recht

Wie bereits in der Einleitung angedeutet, hat der italienische Gesetzgeber hingegen von der in der ECSP-VO vorgesehenen Ermächtigungsgrundlage Gebrauch gemacht und den Anwendungsbereich der Verordnung bereits 2012 auf das Recht der s.r.l. erweitert. Damit wurden einheitliche Regelungen für beide Formen des Crowdfundings geschaffen und insbesondere das Peer-to-Peer Lending bzw. Crowdlending erstmals erlaubnispflichtig erfasst.

Erforderlich war dafür eine Neuregelung des Art. 100-*ter* des *Testo Unitario della Finanza* (Konsolidiertes Finanzgesetz, *TUF*). Der neue Art. 100-*ter* TUF stellt den s.r.l. ein alternatives Regelungsregime zur Verfügung, für welches sie im Rahmen der Crowdfunding-Kampagne optieren können. Wird das alternative Regelungsregime gewählt, wird der ausgegebene Gesellschaftsanteil nicht – wie nach dem traditionellen Regime eigentlich vorgesehen – auf den investierenden Kapitalgeber umgeschrieben, sondern auf eine Intermediärsgesellschaft, die sogenannte *società di intermediazione mobiliare* (Anlagevermittler, *SIM*).[24] Die SIM hält die Gesellschaftsanteile dann treuhänderisch, ist aber im italienischen Handelsregister *Registro delle Imprese* entsprechend als Eigentümerin eingetragen.[25] Wollen die Investoren ihre Gesellschaftsanteile übertragen, müssen sie dies lediglich gegenüber der SIM anzeigen. Die SIM ist dazu verpflichtet, ein Transparenzregister zu führen, mit dem sodann die eigentliche Inhaberschaft über die Gesellschaftsanteile nachgewiesen werden kann.[26] Nichtsdestotrotz sind die Gesellschaftsanteile, die auf Grundlage dieses alternativen Regelungsregimes ausgegeben werden, deutlich verkehrsfähiger. Investitionsmöglichkeiten werden insgesamt flexibler und aufgrund wegfallender Notar- und Eintragungskosten auch wesentlich günstiger.

Da mit der ECSP-VO aber gerade keine Regelungen zur Tokenisierung geschaffen werden sollten, bleibt weiterhin offen, ob die DLT genutzt werden kann, um Gesellschaftsanteile abzubilden – einschließlich aller damit einhergehenden Vorteile hinsichtlich Effizienz, Unmittelbarkeit der Rechtsausübung und Kostenersparnis. Im Moment steht dem insbesondere noch das Erfordernis einer notariellen Beurkundung und der Eintragung in das *Registro delle Imprese* entgegen.[27]

---

der Missbrauch oder Insolvenzfall ausgehen, sondern um einen Programmcode, der vollkommen automatisiert ist. Zur rechtlichen Einordnung einer DAO siehe *Mienert,* Dezentrale autonome Organisationen (DAOs) und Gesellschaftsrecht, 2023, S. 80ff.; *Franke,* Decentralized Finance (DeFi), im Erscheinen, S. 137ff.

[24] Im Überblick dazu siehe statt aller *Capelli,* L'equity based crowdfunding e la c.d. „dematerializzazione" delle quote di s.r.l., in: ODCC 2/2016, 537, 543f.

[25] *Capelli,* L'equity based crowdfunding e la c.d. „dematerializzazione" delle quote di s.r.l., in: ODCC 2/2016, 537, 545.

[26] Vgl. dazu *de Luca/de Mari,* in: Carrière/de Luca/de Mari/Gasparri/Poli (Hrsg.), Tokenizzazione di azioni e azioni tokens, Consob Quaderni giuridici 2023, 95, 97f.

[27] Auf die Grenzen dessen im Hinblick auf eine Entmaterialisierung hinweisend auch *Ca-*

Andererseits wird deutlich, dass sich der italienische Gesetzgeber bereits seit 2012 grundsätzlich offen dafür zeigt, Gesellschaftsanteile und deren Übertragung flexibler und verkehrsfähiger auszugestalten. Während der deutsche Gesetzgeber dies derzeit nur für die Aktiengesellschaft erwägt, deren Anteile von Natur aus verkehrsfähiger ausgestaltet sind, scheint eine Tokenisierung in Italien auch für s.r.l. denkbar. Dies soll im Folgenden genauer untersucht werden. Denn letztendlich würde der italienische Gesetzgeber damit dem Wunsch nachkommen, insbesondere kleinen und mittleren Unternehmen flexiblere Kapitalbeschaffungsmöglichkeiten zu eröffnen – ein Ziel, dem sich auch der deutsche Gesetzgeber ausdrücklich verschrieben hat.[28]

III. Tokenisierung von s.r.l.-Anteilen im italienischen Recht

Damit kann nun zu der eigentlichen Fragestellung übergegangen werden, nämlich ob die DLT nicht auch genutzt werden kann, um Gesellschaftsanteile zu tokenisieren und diese dadurch verkehrsfähiger zu machen. Der Fokus liegt hier auf der s.r.l., die als niedrigschwellige Gesellschaftsform insbesondere für die kleineren und mittleren Unternehmen interessant ist, die als Innovationstreiber besonders gefördert werden sollen.[29]

1. Die italienische s.r.l.

Die s.r.l. ist die am wenigsten aufwändige und am weitesten verbreitete Kapitalgesellschaftsform in Italien. Sie ähnelt somit der deutschen GmbH und eignet sich insbesondere für kleine und mittlere Unternehmen (KMUs).[30]

---

pelli, L'equity based crowdfunding e la c.d. „dematerializzazione" delle quote di s.r.l., in: ODCC 2/2016, 537, 546.

[28] *Bundesfinanzministerium*, BMF Monatsbericht, Das Zukunftsfinanzierungsgesetz, August 2023, 9f. (unter https://www.bundesfinanzministerium.de/Monatsberichte/2023/08/Inhalte/Kapitel-2a-Schlaglicht/schlaglicht-zukunftsfinanzierungsgesetz-pdf.pdf?__blob=publicationFile&v=1, zuletzt abgerufen am 10.05.2024).

[29] Vgl. *Riccio*, La dematerializzazione delle quote srl cambia il gioco nel mercato dei capitali, Il Sole 24 Ore, 14.03.2024 (unter https://ntplusdiritto.ilsole24ore.com/art/la-dematerializzazione-quote-srl-cambia-gioco-mercato-capitali-AFUEbD3C#, zuletzt abgerufen am 06.05.2024).

[30] So wie auch die deutsche GmbH, stellt die s.r.l. als Kapitalgesellschaft eine juristische Person mit eigenständiger Rechtspersönlichkeit dar, die über ein eigenes abgegrenztes Gesellschaftsvermögen verfügt, siehe dazu auch *Süß/Knaier*, in: Michalski/Heidinger/Leible/J. Schmidt (Hrsg.), GmbH-Gesetz, 4. Aufl. 2023, Systematische Darstellung 7, Die GmbH im Rechtsvergleich, Rn. 127.

a) Gründung

Ebenso wie die GmbH entsteht die s.r.l. erst mit der Eintragung des notariell beurkundeten Gesellschaftsvertrages im Handelsregister, dem *Registro delle Imprese*.[31] Kennzeichen der s.r.l. ist die umfassende Flexibilität der Gestaltungsmöglichkeit der Gesellschaft im Rahmen ihrer Satzung, die sogar über die für deutsche GmbHs gewährte Flexibilität hinausgeht. Anders als im deutschen Recht gibt es nämlich nur wenige Mindestvoraussetzungen für die Satzung einer s.r.l.;[32] nach Art. 2463 Abs. 2 Nr. 4 des *codice civile* (Bürgerliches Gesetzbuch, *c.c.)* ist lediglich ein Mindestkapital von 10.000 € erforderlich.[33] Erst ab einem Gesamtvolumen von 120.000 € oder nach Überschreiten bestimmter buchhalterischer Schwellen nach Art. 2435-*bis* c.c. bedarf die Gesellschaft zudem eines Aufsichtsrats, einem *collegio sindicale*.[34]

Seit der Umsetzung der Europäischen Digitalisierungsrichtlinie[35] ins italienische Recht 2020 kann die s.r.l. auch online gegründet werden. Aufgrund der nach wie vor notwendigen notariellen Vertragsbeurkundung, der erforderlichen Publizität sowie der obligatorischen Eintragung der Stammeinlagen in das Handelsregister ist eine Anonymität der Gesellschafter untereinander dabei allerdings ausgeschlossen.

b) Übertragung von Gesellschaftsanteilen

Übertragen werden die Anteile an einer s.r.l. unmittelbar bei Abschluss eines entsprechenden schuldrechtlichen Vertrags. Dieser wirkt zunächst nur *inter partes* zwischen den Beteiligten.[36] Gegenüber der Gesellschaft wird die Übertragung wegen Art. 2470 Abs. 1 c.c. hingegen erst in dem Moment wirksam, in dem der neue Gesellschafter in die Gesellschafterliste, dem *Libro dei Soci*, ein-

[31] Ergibt sich aus Art. 2463 Abs. 1 c.c. i. V. m. Art. 2331 c.c.; *Jung/Mondini*, in: Jung/Krebs/Stiegler (Hrsg.), Gesellschaftsrecht in Europa, 2019, Teil 4, § 14 Rn. 405, 407.

[32] *Jung/Mondini*, in: Jung/Krebs/Stiegler (Hrsg.), Gesellschaftsrecht in Europa, 2019, Teil 4, § 14 Rn. 406.

[33] *Jung/Mondini*, in: Jung/Krebs/Stiegler (Hrsg.), Gesellschaftsrecht in Europa, 2019, Teil 4, § 14 Rn. 445.

[34] *Süß/Knaier*, in: Michalski/Heidinger/Leible/J. Schmidt (Hrsg.), GmbH-Gesetz, 4. Aufl. 2023, Systematische Darstellung 7, Die GmbH im Rechtsvergleich, Rn. 152.

[35] Richtlinie (EU) 2019/1151 des Europäischen Parlaments und des Rates vom 20.06.2019 zur Änderung der Richtlinie (EU) 2017/1132 hinsichtlich der Nutzung digitaler Werkzeuge und Verfahren im Gesellschaftsrecht, L 186/80; in Italien umgesetzt durch das Gesetzesdekret Nr. 76 vom 16.07.2020, in Kraft getreten am 16.09.2020 (auch bekannt als *Decreto Semplificazioni*); in Deutschland umgesetzt durch das Gesetz zur Umsetzung der Digitalisierungsrichtlinie (DiRUG) vom 20.08.2020, in Kraft getreten am 01.08.2022.

[36] Grund für die unmittelbare Wirkung des schuldrechtlichen Vertrags ist das im italienischen Zivilrecht geltende Konsensprinzip, das anders als das deutsche Trennungs- und Abstraktionsprinzips einen schuldrechtlichen Vertrag ausreichen lässt, um dingliche Wirkung zu begründen; dazu aus deutscher Sicht im Überblick *v. Hülst*, Absoluter Schutz von Blockchain-Token, 2023, S. 304 ff.

getragen wird. Dafür muss der notariell beurkundete Übertragungsakt (der schuldrechtliche Vertrag) beim *Registro delle Imprese* hinterlegt werden. Erst dadurch kann die schuldrechtliche Vertragsverpflichtung als vollständig erfüllt erachtet werden, denn Art. 2470 Abs. 3 c.c. sieht vor, dass bei einer Veräußerung an mehrere Personen derjenige bevorzugt wird, der die Übertragung als Erster gutgläubig ins Handelsregister eingetragen hat.[37]

2. DLT-basierte s.r.l.-Anteile ohne Rückgriff auf Crowdfunding-Konstruktionen

a) DLT-basierte oder tokenisierte s.r.l.-Anteile

Die Ausgabe von DLT-basierten s.r.l.-Anteilen ist im italienischen Recht derzeit nicht möglich. Zum einen ist bereits die Darstellung der Gesellschaftsanteile an einer s.r.l. in Aktien ausdrücklich verboten; dies ist nur für die *società per azioni* (Aktiengesellschaft, *s.p.a.*) vorgesehen, die das italienische Pendant zur deutschen Aktiengesellschaft darstellt.[38]

Zum anderen ist auch die nachgelagerte Tokenisierung der Gesellschaftsanteile mit den bestehenden rechtlichen Regelungen unvereinbar. Denn diese verweisen an verschiedenen Stellen auf das Handelsregister und folgen somit einer gewissen zentralisierten Struktur, die mit der dezentralen Struktur des Distributed Ledgers unvereinbar ist.[39] So ist – wie wir oben bereits gesehen haben – nach Art. 2470 Abs. 2 c.c. beispielsweise erforderlich, dass der beglaubigende Notar die Übertragungsurkunde beim Handelsregister einreicht und eine Eintragung erwirkt, damit diese der Gesellschaft gegenüber wirksam wird.[40] Zwar könnte eine Tokenisierung von s.r.l.-Anteilen dadurch erreicht werden, dass das Handelsregister auf dem Distributed Ledger repliziert wird. Letztendlich würde es sich dabei aber aufgrund der beschriebenen Regelungen nur um eine Kopie ohne weitergehende rechtliche Relevanz handeln, die allenfalls aus Marketingzwecken sinnvoll wäre. Rechtlich maßgeblich bleibt jedoch – wie auch im deutschen Recht – stets die im Handelsregister eingetragene Rechtslage oder zumindest der Rechtsschein, der sich hieraus ergibt.[41]

---

[37] *Süß/Knaier,* in: Michalski/Heidinger/Leible/J. Schmidt (Hrsg.), GmbH-Gesetz, 4. Aufl. 2023, Systematische Darstellung 7, Die GmbH im Rechtsvergleich, Rn. 140.

[38] *De Luca,* in: Cian/Sandei (Hrsg.), Diritto del Fintech, 2020, 409, 419; *Lener/Furnari*, Company law during the blockchain revolution, The rise of „CorpTech", in: Open Review of Management, Banking and Finance 2020, 33, 37 f.

[39] *De Luca,* in: Cian/Sandei (Hrsg.), Diritto del Fintech, 2020, 409, 425.

[40] *Lener/Furnari*, Company law during the blockchain revolution, The rise of „CorpTech", in: Open Review of Management, Banking and Finance 2020, 33, 38; darauf verweisend auch *De Luca,* in: Cian/Sandei (Hrsg.), Diritto del Fintech, 2020, 409, 419 m. w. N.

[41] *Lener/Furnari*, Company law during the blockchain revolution, The rise of „CorpTech", in: Open Review of Management, Banking and Finance 2020, 33, 39; ähnlich argumentierend und auf eine gesteigerte Fehleranfälligkeit bei Synchronisierung des Handelsregisters mit

b) Decreto FinTech: DLT-basierte Schuldtitel einer s.r.l.

Allerdings wurde – völlig losgelöst von einem etwaigen Crowdfunding – in Italien mit dem sogenannten *Decreto FinTech*[42] am 17. März 2023 ein Rechtsrahmen für die Ausgabe und den Handel mit Aktien, Anleihen oder anderen Finanzinstrumenten in digitaler Form geschaffen, der an die DLT anknüpft. Das Gesetzesdekret sieht vor, dass die digitalen Finanzinstrumente durch entsprechende Einträge in ein DLT-geführtes Register emittiert werden müssen, knüpft also an *Security Token Offerings* (STO) an und begründet für diese ein eigenes Emissions- und Übertragungssystem.[43] Die dadurch gewonnene Rechtssicherheit ermöglicht es, Interoperabilität der bereits bestehenden DLT-Infrastrukturen mit denen des traditionellen Finanzsystems zu gewährleisten.[44]

Das Decreto FinTech wurde im Zuge der EU-Verordnung zum DLT Pilot Regime erlassen, da – wie schon bei der ECSP-VO – eine Erweiterung des Anwendungsbereichs als notwendig erachtet wurde. Während das DLT Pilot Regime selbst nur für Finanzinstrumente gilt, die auf einem DLT-basierten Multilateralen Handelssystem (*Multilateral Trading Facility*, *MTF*) gehandelt werden, ermöglicht das Gesetzesdekret auch die Erfassung anderer DLT-basierten Finanzinstrumente, indem es das TUF ändert und den Begriff der Finanzinstrumente ausdrücklich auf solche erweitert. Neben Aktien sind Schuldtitel, die von s.r.l. ausgegeben werden, sowie Anteile an OGAW-Investmentfonds erfasst.[45] Es handelt sich also um einen wichtigen regulatorischen (wenn auch nationalen) Ansatz zur Öffnung des Finanzsektors für Token, die traditionelle Anlageklassen repräsentieren.[46]

Die Consob wurde dabei in Art. 28 Abs. 2 lit. b) des Decreto FinTech dazu ermächtigt, den Katalog der Finanzinstrumente durch eine eigene Verordnung

---

dem Distributed Ledger hinweisend *De Luca,* in: Cian/Sandei (Hrsg.), Diritto del Fintech, 2020, 409, 425 f.

[42] Decreto Legge vom 17.03.2023, Nr. 25.

[43] *Messore/Dagnino/Bonardi,* Il governo introduce un regime innovativo per l'emissione e la circolazione di strumenti finanziari digitali tramite DLT, 23.03.2023, 1 (unter https://www.lexia.it/wp-content/uploads/2023/03/Lexia-Alert-Strumenti-Finanziari-DLT-ITA.pdf, zuletzt abgerufen am 27.03.2024); diese digitalen Finanzinstrumente als dritte Gattung einordnend *La Sala/Guelfi,* Emissione e circolazione di strumenti finanziari in forma digitale: profili legali e fiscali, in: Le Società 11/2023, 1235, 1237 f.

[44] *Piattelli/Caruso/Cimino,* Dematerializzazione e digitalizzazione: binari paralleli o possibile interazione?, 28.03.2024 (unter https://www.lcalex.it/dematerializzazione-e-digitalizzazione-binari-paralleli-o-possibile-interazione/ zuletzt abgerufen am 26.06.2024).

[45] *Messore/Dagnino/Bonardi,* Il governo introduce un regime innovativo per l'emissione e la circolazione di strumenti finanziari digitali tramite DLT, 23.03.2023, 2 (unter https://www.lexia.it/wp-content/uploads/2023/03/Lexia-Alert-Strumenti-Finanziari-DLT-ITA.pdf, zuletzt abgerufen am 27.03.2024).

[46] *Ferraguto,* Da Consob un ulteriore passo verso la digitalizzazione finanziaria, DirittoBancario, 14.12.2023 (unter https://www.dirittobancario.it/art/da-consob-un-ulteriore-passo-verso-la-digitalizzazione-finanziaria/, zuletzt abgerufen am 29.03.2024).

zu erweitern. Mit Beschluss[47] Ende vor letzten Jahres hat sie jedoch lediglich die gesetzlichen Vorgaben präzisiert – etwa die Bedingungen für die Zulassung und den Betrieb der neuen Figur des Registerführers und die damit verbundene Haftungsregelung.[48] Den Katalog von Finanzinstrumenten hat die Consob entgegen aller Erwartungen[49] hingegen nicht auf s.r.l.-Anteile erweitert.[50] Damit werden Gesellschaftsanteile an s.r.l. von dem Decreto FinTech nach wie vor nicht erfasst. Sie gelten nicht als Finanzinstrumente und können folglich nicht auf Grundlage des TUF in tokenisierter Form begründet werden. Das bedeutet, dass die Gesetzesänderung weder die Tokenisierung von s.r.l.-Anteilen noch die Gründung einer s.r.l. unmittelbar im Distributed Ledger ermöglicht.

Nichtsdestotrotz ist das geschaffene System in seinen Einzelheiten durchaus interessant. Für die Emission sind in Art. 12 des Decreto FinTech beispielsweise für jedes Finanzinstrument ausdifferenzierte Detailbestimmungen vorgesehen. In jedem Fall aber müssen die eindeutig mit dem Finanzinstrument verbundenen Informationen in elektronischer Form zur Verfügung gestellt und jederzeit zugänglich gemacht werden – ggf. über das Distributed Ledger selbst.[51] Gleichzeitig sollen über die Inhaberschaften im Distributed Ledger auch die Berechtigungen zur Teilnahme an Aktionärsversammlungen, zur Ausübung von Stimmrechten sowie zur Auszahlung von Gewinnen und anderen Ausschüttungen abgebildet werden, wie das Gesetz in Art. 7 f. des Decreto FinTech ausdrücklich bestimmt.[52]

---

[47] *Consob*, Delibera Nr. 22923 vom 06.12.2023.

[48] Zum Beschluss siehe *Diritto Bancario*, Regolamento Consob sui responsabili dei registri per la circolazione digitale, 11.12.2023 (unter https://www.dirittobancario.it/art/regolamento-consob-sui-responsabili-dei-registri-per-la-circolazione-digitale/, zuletzt abgerufen am 25.04.2024); kommentierend *Piattelli/Caruso/Cimino*, Dematerializzazione e digitalizzazione: binari paralleli o possibile interazione?, 28.03.2024 (unter https://www.lcalex.it/dematerializzazione-e-digitalizzazione-binari-paralleli-o-possibile-interazione/, zuletzt abgerufen am 26.06.2024.

[49] Siehe etwa *Piattelli/Caruso/Cimino*, Dematerializzazione e digitalizzazione: binari paralleli o possibile interazione?, 28.03.2024 (unter https://www.lcalex.it/dematerializzazione-e-digitalizzazione-binari-paralleli-o-possibile-interazione/, zuletzt abgerufen am 26.06.2024) und *La Sala/Guelfi*, Emissione e circolazione di strumenti finanziari in forma digitale: profili legali e fiscali, in: Le Società 11/2023, 1235, 1240 f.

[50] Zur Begründung *Poli*, MiCA, Pilot Regime e Decreto Fintech: la regolazione del fenomeno crypto e le difficoltà di inquadramento nel sistema finanziario, DirittoBancario, 13.12.2024 (unter https://www.dirittobancario.it/art/mica-pilot-regime-e-decreto-fintech-la-regolazione-del-fenomeno-crypto-e-le-difficolta-di-inquadramento-nel-sistema-finanziario/, zuletzt abgerufen am 29.04.2024).

[51] *Messore/Dagnino/Bonardi*, Il governo introduce un regime innovativo per l'emissione e la circolazione di strumenti finanziari digitali tramite DLT, 23.03.2023, 5 (unter https://www.lexia.it/wp-content/uploads/2023/03/Lexia-Alert-Strumenti-Finanziari-DLT-ITA.pdf, zuletzt abgerufen am 27.03.2024).

[52] *Messore/Dagnino/Bonardi*, Il governo introduce un regime innovativo per l'emissione e la circolazione di strumenti finanziari digitali tramite DLT, 23.03.2023, 5 (unter https://www.lexia.it/wp-content/uploads/2023/03/Lexia-Alert-Strumenti-Finanziari-DLT-ITA.pdf, zu-

In erster Linie hat die Eintragung in das Distributed Ledger nach Art. 5 Abs. 1 und 2 des Decreto FinTech aber zur Folge, dass der jeweilige Inhaber vollständig und ausschließlich berechtigt ist, einerseits über das digitale Finanzinstrument zu verfügen und andererseits die darin verkörperten Rechte bestimmungsgemäß auszuüben. Die Überprüfung der Berechtigung zur Ausübung der mit den DLT-basierten Finanzinstrumenten verbundenen Rechte erfolgt durch den Emittenten auf Grundlage der Eintragungen im Distributed Ledger.[53] Interessanterweise unterliegt ein gutgläubiger Inhaber, zugunsten dessen eine Rechtsposition ins Distributed Ledger eingetragen wurde, nach Art. 5 Abs. 4 des Decreto FinTech keinerlei Ansprüchen früherer Inhaber[54] – erlangt also nach deutschen Maßstäben gutgläubig Eigentum. Damit ist das Gesetz ein ungemein wichtiger erster Schritt dahingehend, dass das Distributed Ledger als ein Rechtsschein begründendes Register anerkannt wird.

c) DDL Capitali: Entmaterialisierte s.r.l.-Anteile

Auch wenn die Consob den Katalog der Finanzinstrumente (bislang) nicht auf s.r.l.-Anteile erweitert hat, besteht Hoffnung für eine Tokenisierung von s.r.l.-Anteilen. Denn mit einem am 12. März 2024 in Kraft getretenen Gesetz, dem sogenannten DDL Capitali,[55] hat der italienische Gesetzgeber einen weiteren wichtigen Schritt in Richtung Entmaterialisierung der s.r.l.-Anteile gewagt. Demnach sollen zukünftig auch s.r.l.-Anteile ohne verbriefende Urkunde ausgegeben werden können und nur noch als Buchung existieren – womit von der eigentlich geltenden Notarbeurkundungspflicht gemäß Art. 2470 Abs. 2 c.c. abgewichen werden kann.[56] Dies gilt zwar nur für KMUs, soll für diese aber den Umlauf ihrer Gesellschaftsanteile einfacher und schneller gestalten, da die Notwendigkeit der physischen Ausgabe in Papierform entfällt. Kosten und Verwaltungsaufwand sollen reduziert werden, was wiederum die Entwicklung des Kapitalmarktes fördern soll.[57]

---

letzt abgerufen am 27.03.2024); *La Sala/Guelfi,* Emissione e circolazione di strumenti finanziari in forma digitale: profili legali e fiscali, in: Le Società 11/2023, 1235, 1244.

[53] *Messore/Dagnino/Bonardi,* Il governo introduce un regime innovativo per l'emissione e la circolazione di strumenti finanziari digitali tramite DLT, 23.03.2023, 5 (unter https://www.lexia.it/wp-content/uploads/2023/03/Lexia-Alert-Strumenti-Finanziari-DLT-ITA.pdf, zuletzt abgerufen am 27.03.2024).

[54] *La Sala/Guelfi,* Emissione e circolazione di strumenti finanziari in forma digitale: profili legali e fiscali, in: Le Società 11/2023, 1235, 1244.

[55] Decreto Legge vom 05.03.2024, Nr. 21, veröffentlicht in der *Gazzetta Ufficiale* vom 12.03.2024, Nr. 60.

[56] Darauf ebenfalls ausdrücklich hinweisend *Riccio,* La dematerializzazione delle quote srl cambia il gioco nel mercato dei capitali, Il Sole 24 Ore, 14.03.2024 (unter https://ntplusdiritto.ilsole24ore.com/art/la-dematerializzazione-quote-srl-cambia-gioco-mercato-capitali-AFUEbD3C#, zuletzt abgerufen am 06.05.2024).

[57] *Camera dei deputati,* Dossier vom 23.02.2024, Interventi a sostegno della competitività dei capitali, 16 (unter http://documenti.camera.it/leg19/dossier/Pdf/FI0027c.pdf); vgl. Ferner

Ermöglicht wird das mithilfe des bereits existierenden Art. 83-*bis* TUF, der die zentrale Verwaltung entmaterialisierter Wertpapiere regelt – und nun auch für s.r.l.-Anteile für anwendbar erklärt wird. Hiernach sind die Gesellschaften verpflichtet, ein Register über die Anteilseigner zu führen und es zu aktualisieren, wenn ein Intermediär dies beantragt, Art. 83-*undecies* TUF. Dieser Intermediär ist gemäß Art. 83-*novies* TUF erforderlich, um u. a. die mit den s.r.l.-Anteilen verbundenen Rechte im Namen und für Rechnung des Inhabers auszuüben.[58]

Angesichts des ein Jahr zuvor in Kraft getretenen Decreto FinTech stellt sich allerdings die Frage, inwieweit beide Gesetzesregime nebeneinander Anwendung finden können und wie insbesondere die jeweiligen Anwendungsbereiche voneinander abzugrenzen sind.[59] Während sich das neuere DDL Capitali ausschließlich auf die Entmaterialisierung der s.r.l.-Anteile fokussiert, befasst sich das Decreto FinTech primär mit der Digitalisierung der s.r.l.-Anteile. Eine Kombination beider Vorhaben wurde dabei anscheinend überhaupt nicht angedacht – oder bewusst vermieden. Es bestehen nunmehr zwei gesonderte Alternativ-Rahmenwerke, für die sich eine s.r.l. proaktiv entscheiden kann: entweder Tokenisierung der von ihr ausgegebenen Schuldtitel oder Entmaterialisierung ihrer s.r.l.-Anteile.[60]

Gründe für diese Entweder-Oder-Gestaltung sollen unter anderem darin liegen, dass der italienische Gesetzgeber das s.r.l.-Gesellschaftsrecht schon strukturell als unvereinbar mit einer Öffnung für den Kapitalbeschaffungsmarkt erachte. Eine solche Öffnung habe Auswirkungen auf Organisation und Funktionsweise der s.r.l. sowie auf die Transparenzmechanismen und die Effizienz des Finanzmarktes im Allgemeinen. Hätte die Consob von ihrer Ermächtigung

---

Riccio, La dematerializzazione delle quote srl cambia il gioco nel mercato dei capitali, Il Sole 24 Ore, 14.03.2024 (unter https://ntplusdiritto.ilsole24ore.com/art/la-dematerializzazione-quote-srl-cambia-gioco-mercato-capitali-AFUEbD3C#, zuletzt abgerufen am 06.05.2024).

[58] Vgl. *Piattelli/Caruso/Cimino*, Dematerializzazione e digitalizzazione: binari paralleli o possibile interazione?, 28.03.2024 (unter https://www.lcalex.it/dematerializzazione-e-digitalizzazione-binari-paralleli-o-possibile-interazione/, zuletzt abgerufen am 26.06.2024).

[59] Dazu insbesondere auch *Piattelli/Caruso/Cimino*, Dematerializzazione e digitalizzazione: binari paralleli o possibile interazione?, 28.03.2024 (unter https://www.lcalex.it/dematerializzazione-e-digitalizzazione-binari-paralleli-o-possibile-interazione/, zuletzt abgerufen am 26.06.2024); ebenso *Di Ciommo,* Tra tokenizzazione e dematerializzazione: l'inesorabile mutazione delle quote di S.r.l., in Impresa e mercato: Numeri e computer Science, XV Convegno ODC, S. 18.

[60] Kritisch *Piattelli/Caruso/Cimino*, Dematerializzazione e digitalizzazione: binari paralleli o possibile interazione?, 28.03.2024 (unter https://www.lcalex.it/dematerializzazione-e-digitalizzazione-binari-paralleli-o-possibile-interazione/); zu möglichen Gründen für eine Differenzierung beider Regelungsregime *Poli,* MiCA, Pilot Regime e Decreto Fintech: la regolazione del fenomeno crypto e le difficoltà di inquadramento nel sistema finanziario, DirittoBancario, 13.12.2024 (unter https://www.dirittobancario.it/art/mica-pilot-regime-e-decreto-fintech-la-regolazione-del-fenomeno-crypto-e-le-difficolta-di-inquadramento-nel-sistema-finanziario/, zuletzt abgerufen am 29.04.2024).

Gebrauch gemacht und das Decreto FinTech punktuell auf s.r.l. ausgeweitet, ohne dass dies mit einer umfassenden und tiefgreifenden Reform einhergegangen wäre, hätte dies die eigentliche Natur der s.r.l. ungewollt verändert.[61] Ob eine solche umfassende und tiefgreifende Reform durch die Entmaterialisierung von s.r.l. nunmehr erfolgt ist, kann diskutiert werden. Interessanterweise soll dieses Gesetzesvorhaben allerdings insbesondere von Equity-Crowdfunding-Plattformen unterstützt worden sein. Denn für sie dürfte eine mögliche, mit der Entmaterialisierung einhergehende Liquiditätssteigerung des KMU-Sektors von Vorteil sein, da damit ein allgemeines Wachstumspotenzial des gesamten Sektors verbunden ist.[62] Ferner dürfte sich das Interesse der Equity-Crowdfunding-Plattformen auch schon allein aufgrund ihrer Plattformstruktur mehr auf den Entmaterialisierungs- als auf den Digitalisierungsaspekt konzentrieren, da letzterer das Bestehen einer zentralen Intermediärsplattform ja gerade langfristig obsolet machen soll. Nichtsdestotrotz ist den Kritikern zuzustimmen, dass die unabgestimmte Parallelität der beiden alternativen Regelungsregime bei den – in der Regel kleinen und mittleren s.r.l. – jedenfalls für erhebliche Verwirrung führen dürfte.[63]

3. DLT-basierte s.r.l.-Anteile durch Rückgriff auf Crowdfunding-Konstruktionen

Damit stellt sich – trotz der verschiedenen neu erlassenen Gesetze – doch wieder die Ausgangsfrage, inwieweit eine Tokenisierung der s.r.l.-Anteile durch Rückgriff auf den Regelungsrahmen des Equity Crowdfundings und dem bereits 2012 eingeführten Art. 100-*ter* TUF erreicht werden könnte. Denn die gesetzgeberische Intention ist bei Erweiterung des Anwendungsbereiches der EC-SP-VO jedenfalls klar formuliert worden.

Die italienische Rechtswissenschaft hat insoweit verschiedene Überlegungen angestellt. Denn immerhin erlaubt Art. 100-*ter* TUF den s.r.l. ausdrücklich (wenn auch nur über bestimmte Portale), öffentlich Kapital zu beschaffen und im Gegenzug dafür s.r.l.-Anteile auszugeben.[64] Wenn die SIM die Inhaberschaft

---

[61] Ausführlich *Poli*,MiCA, Pilot Regime e Decreto Fintech: la regolazione del fenomeno crypto e le difficoltà di inquadramento nel sistema finanziario, DirittoBancario, 13.12.2024 (unter https://www.dirittobancario.it/art/mica-pilot-regime-e-decreto-fintech-la-regolazione-del-fenomeno-crypto-e-le-difficolta-di-inquadramento-nel-sistema-finanziario/, zuletzt abgerufen am 29.04.2024).

[62] *Riccio,* La dematerializzazione delle quote srl cambia il gioco nel mercato dei capitali, Il Sole 24 Ore, 14.3.2024 (unter https://ntplusdiritto.ilsole24ore.com/art/la-dematerializzazione-quote-srl-cambia-gioco-mercato-capitali-AFUEbD3C#, zuletzt abgerufen am 06.05.2024).

[63] *Piattelli/Caruso/Cimino*, Dematerializzazione e digitalizzazione: binari paralleli o possibile interazione?, 28.03.2024 (unter https://www.lcalex.it/dematerializzazione-e-digitalizzazione-binari-paralleli-o-possibile-interazione/).

[64] Treffend *Ferraguto,* Da Consob un ulteriore passo verso la digitalizzazione finanziaria,

der ausgegebenen s.r.l.-Anteile mithilfe eines Distributed Ledger verwaltet, wären die Gesellschaftsanteile nicht nur tokenisiert, sondern den jeweiligen Inhabern könnten sogar direkte Zugriffsrechte gewährt werden.

a) DLT-basiertes Equity Crowdfunding

Die Crowdfunding-Plattform, bzw. die sogenannte SIM, könnte die Inhaberschaft der ausgegebenen s.r.l.-Anteile mithilfe eines Distributed Ledger verwalten. Dadurch wären die Gesellschaftsanteile nicht nur tokenisiert, sondern die Crowdfunding-Plattform könnte den jeweiligen Inhabern darüber hinaus sogar Zugriffsrechte gewähren.[65]

2019 hatte die Consob darauf hingewiesen, dass Crowdfunding-Plattformen keinen wie auch immer gearteten Handelsplattformaktivitäten nachgehen dürfen. Insbesondere sollen sie keine technologischen Systeme oder Regelwerke nutzen dürfen, die die Abstimmung von Angebot und Nachfrage ermöglichen.[66] Eine Nutzung der DLT wurde dadurch für Crowdfunding-Plattformen unmöglich, da ein Distributed Ledger gerade den automatischen Abschluss der Übertragung von in Token verbrieften Finanzinstrumenten ermöglicht.[67]

Mit dem Gesetzesdekret Nr. 25 vom 17. März 2023 und der Ausweitung des DLT Pilot Regimes auf von s.r.l. ausgegebene Schuldscheine, ist diese Position der Consob nun überholt.[68] Denn eine s.r.l. könnte DLT-basierte Schuldscheine emittieren, die dann über einen Crowdfunding-Plattformvermittler verwaltet und verkehrsfähig gemacht werden. Den Nutzern der Crowdfunding-Plattform wird es regelmäßig egal sein, ob sie tatsächlich Anteile an der s.r.l. halten oder ob sie nur Schuldscheine erlangen, die die s.r.l. zuvor ausgegeben hat.

DirittoBancario, 14.12.2023, Fn. 71 (unter https://www.dirittobancario.it/art/da-consob-un-ulteriore-passo-verso-la-digitalizzazione-finanziaria/, zuletzt abgerufen am 29.03.2024); *Capelli,* L'equity based crowdfunding e la c.d. „dematerializzazione" delle quote di s.r.l., in: ODCC 2/2016, 537, 538.

[65] Aufwerfend auch *Lener/Furnari*, Company law during the blockchain revolution, The rise of „CorpTech", in: Open Review of Management, Banking and Finance 2020, 33, 40.

[66] *Consob*, Relazione Illustrative (Erläuternder Bericht) vom 18.10.2019, S. 9 (unter https://www.consob.it/o/PubblicazioniPortlet/DownloadFile?filename=/documenti/Regolamentazione/lavori_preparatori/rel_Illustr_crowdfunding_20191018.pdf, zuletzt abgerufen am 29.03.2024).

[67] *Corso,* Il Regolamento europeo sui fornitori di servizi di crowdfunding: prime considerazioni, in: Le nuove leggi civili commentate 3/2021, 501, 528.

[68] So wohl auch *Lener/Furnari*, Company law during the blockchain revolution, The rise of „CorpTech", in: Open Review of Management, Banking and Finance 2020, 33,40 f., denen zufolge die SIM sich das zugrundeliegende technologische System selbst aussuchen könne; schon zuvor anmerkend, dass es noch zu verfrüht wäre, aufgrund dieser Position der Consob die Möglichkeit eines DLT-basierten Equity Crowdfundings endgültig zu verneinen, *Corso*, Il Regolamento europeo sui fornitori di servizi di crowdfunding: prime considerazioni, in: Le nuove leggi civili commentate 3/2021, 501, 528 f.

Trotzdem sind von s.r.l. ausgegebene Schuldscheine strikt von s.r.l.-Anteilen zu unterscheiden. Im Rahmen des alternativen Regimes des Art. 100-*ter* TUF werden nur Regelungen zu s.r.l.-Anteilen getroffen. Gleichzeitig ist es nicht möglich, die ausgegebenen s.r.l.-Anteile in im Umlauf befindliche Wertpapiere umzuwandeln. Stattdessen ist lediglich vorgesehen, dass die Crowdfunding-Plattform verpflichtet ist, auf Antrag eine Inhaberbescheinigung über den jeweiligen s.r.l.-Anteil auszustellen. Im Rahmen des Equity Crowdfundings hat der italienische Gesetzgeber ausdrücklich vorgeschrieben, dass die Crowdfunding-Plattform formal Inhaber der s.r.l.-Anteile bleiben muss und nur die Ansprüche hieraus an seine Nutzer weitergeben darf. Im Handelsregister wird daher auch nur die Crowdfunding-Plattform als Gesellschafter eingetragen. Selbst wenn die Crowdfunding-Plattform ihr Register DLT-basiert führt und den einzelnen Nutzern Token hierüber ausstellt, dürfen diese Token nicht übertragen werden. Aus diesem Grund müssen die Inhaberbescheinigungen, die die Crowdfunding-Plattformen ausstellen dürfen, stets auf den Namen des Inhabers lauten.[69] Damit wären die Token nur Kommunikationsmedium gegenüber der Crowdfunding-Plattform, würden aber keine s.r.l.-Anteile gegenüber der Gesellschaft oder gegenüber Dritten verbriefen. Die Sinnhaftigkeit und der Mehrwert einer solchen Tokenisierung ist vor diesem Hintergrund fraglich.[70]

b) Treuhänderische Tokenverwaltung im Equity Crowdfunding

Alternativ wird von der italienischen Rechtswissenschaft vorgeschlagen, die mittels Crowdfunding ausgegebenen und anschließend tokenisierten s.r.l.-Anteile treuhänderisch für die eigentlichen Anteilseigner zu verwalten. Wie zuvor werden die nach der ECSP-VO herauszugebenden Inhaberbescheinigungen auf einen Treuhänder ausgestellt, die SIM. Die SIM tokenisiert die Ansprüche der einzelnen Investoren, die ihr gegenüber bestehen – also keine Tokenisierung der s.r.l.-Anteile selbst, sondern nur von deren Inhalt.

Ähnlich wie bei einem Treuhandvertrag wird dies aber ergänzt um eine weitere vertragliche Absicherung, nämlich eine mit der s.r.l. selbst. Die s.r.l. verpflichtet sich gegenüber den Investoren schuldrechtlich, dass sie deren Token unabhängig vom Handelsregister als Nachweis über ihre Inhaberschaft von s.r.l.-Anteilen anerkennt. Die Investoren sind dann als Tokeninhaber die wirtschaftlichen Anteilseigner, auch wenn sie im Handelsregister nicht als solche

[69] *De Luca,* in: Cian/Sandei (Hrsg.), Diritto del Fintech, 2020, 409, 426f.; *Ferraguto,* Da Consob un ulteriore passo verso la digitalizzazione finanziaria, DirittoBancario, 14.12.2023 (unter https://www.dirittobancario.it/art/da-consob-un-ulteriore-passo-verso-la-digitalizza zione-finanziaria/, zuletzt abgerufen am 29.03.2024).

[70] *De Luca,* in: Cian/Sandei (Hrsg.), Diritto del Fintech, 2020, 409, 427; a. A. *Lener/Furnari,* Company law during the blockchain revolution, The rise of „CorpTech", in: Open Review of Management, Banking and Finance 2020, 33, 41ff., die auf diesen Aspekt einer möglichen Umgehung jedoch überhaupt nicht eingehen.

formal registriert sind. Damit die s.r.l. nicht mit jedem Investor einen eigenen Vertrag abschließen muss, soll sich dieser Anspruch der Tokeninhaber aus der Vertragsbeziehung der Crowdfunding-Plattform mit der s.r.l. selbst ergeben – letztere stellt insoweit also einen Vertrag zugunsten Dritter dar. Vertragsrechtliche Grundlage dieser Struktur ist somit ein Treuhandvertrag der Crowdfunding-Plattform (als Treuhänderin) mit der s.r.l., über den ein eigener Anspruch der Tokeninhaber gegenüber der Gesellschaft begründet wird.[71]

Durch dieses Treuhandmodell kann die Einschränkung, dass die Crowdfunding-Plattform nur *un*übertragbare Inhaberbescheinigungen herausgeben darf, umgangen werden. Gegenstand des Tokens kann dann aber auch nur eben dieser schuldrechtliche Anspruch sein. Auch wenn dieser von der Gesellschaft selbst (durch einen weiteren schuldrechtlichen Vertrag) anerkannt wurde, ist es nicht die Inhaberschaft an dem s.r.l.-Anteil selbst, die tokenisiert wird.

Zwar scheint eine solche vertragliche Absprache zwischen s.r.l. und treuhänderisch agierende Crowdfunding-Plattform vor dem Hintergrund der Vertragsfreiheit nicht von vornherein ausgeschlossen, obwohl sie über die gesetzlichen Vorgaben hinausgeht. Grundsätzlich aber ist die s.r.l. verpflichtet, ihre tatsächliche Eigentumsstruktur im Handelsregister offenzulegen, was im italienischen Recht als öffentliche Verpflichtung ausgestaltet ist. Zudem ist eine Selbsteintragung nach Art. 2474 c.c. auch ausdrücklich verboten.[72] Die Ausnahme, die der Gesetzgeber im Rahmen des alternativen Regimes des Art. 100-*ter* TUF vorgesehen hat, gilt jedenfalls dann nicht mehr, wenn dessen eigene Einschränkungen de facto umgangen werden. Denn derartige Ausnahmen sollen wegen des Rechtsgedanken des Publikationsprinzips und des *Numerus Clausus* gerade nur vom Gesetzgeber für alle gleich beschlossen werden können – wie er es im Hinblick auf das Equity Crowdfunding ja auch getan hat, allerdings nur unter den vorgegebenen Einschränkungen.[73] Ein Treuhandvertrag wäre also stets unwirksam, sodass das für die Tokenisierung von s.r.l.-Anteilen vorgeschlagene Konstrukt nicht überzeugt.

c) Equity Tokenization dank Entmaterialisierung der s.r.l.-Anteile

Zu guter Letzt soll überlegt werden, ob durch die Entmaterialisierung der s.r.l.-Anteile nicht nunmehr doch eine Tokenisierung auf Grundlage des Equity Crowdfunding möglich wird. Bei näherem Blick wird allerdings schnell deutlich, dass die Hindernisse eines DLT-basierten Equity Crowdfundings bestehen bleiben – auch wenn keine Urkunde über den s.r.l.-Anteil mehr erforderlich

[71] Vgl. *De Luca,* in: Cian/Sandei (Hrsg.), Diritto del Fintech, 2020, 409, 427.

[72] Dies letztendlich auch anerkennend *De Luca,* in: Cian/Sandei (Hrsg.), Diritto del Fintech, 2020, 409, 427.

[73] Auch unabhängig dieser Regelungen können aber noch weitere Argumente angebracht werden, die einer solchen Treuhandlösung auch im Hinblick auf s.p.a. entgegenstehen, *De Luca,* in: Cian/Sandei (Hrsg.), Diritto del Fintech, 2020, 409, 427f.

ist. Denn die differenzierten Regelungen des alternativen Regelungsregimes des Art. 100-*ter* TUF erfordern nach wie vor, dass die SIM die Inhaberschaft über s.r.l.-Anteile mit unübertragbaren Namenspapieren bescheinigt.

Diese Regelung mag zwar überholt scheinen, da sie teleologisch im Widerspruch zu der nunmehr ermöglichten Entmaterialisierung über den Art. 83-*bis* TUF steht. Systematisch ist sie jedoch nach wie vor im Zusammenhang mit den übrigen Vorgaben des Regelungsregimes für Equity Crowdfunding zu lesen: Diese übertragen die Publizität der s.r.l.-Inhaberschaft zu einem nicht unerheblichen Teil auf die SIM. Somit erhöht sich die Verkehrsfähigkeit der s.r.l.-Anteile nicht Entmaterialisierung, sondern vielmehr dadurch, dass die Publizität auf eine breiter und aktiver agierende Intermediärsgesellschaft verlagert wird.

Eine Änderung des Rechtsschein schaffenden Mediums erfolgt hingegen nicht. Zwar steht es der SIM frei, wie sie ihr Register zur Verwaltung der s.r.l.-Anteile führt, und sie ist auch nur auf Nachfrage verpflichtet, Bescheinigungen über die Inhaberschaft – also Urkunden – auszustellen. Zwingend ist die digitale Registerführung aber erst durch Anpassung im Zuge des DDL Capitali geworden,[74] sodass bis dahin auch wenn überhaupt nur von einer beginnenden Entmaterialisierung gesprochen werden konnte.[75]

Selbst bei digitaler Registerführung besteht für die SIM mangels konkreter Vorteile keinerlei Anreiz, das Register DLT-basiert zu führen: Die mit einer Tokenisierung normalerweise einhergehende Steigerung der Verkehrsfähigkeit wird durch das Erfordernis von unübertragbaren Namenspapieren rechtlich wieder eingefangen.[76]

Dieses Zusammenspiel von digitaler Registerführung und Einschränkung der Verkehrsfähigkeit ändert sich auch nach Inkrafttreten des DDL Capitali nicht. Es kann stets nur das alternative Regelungsregime in seiner Gesamtheit gewählt und für anwendbar erklärt werden. Einzelne Regelungen können hiervon nicht ausgenommen werden – auch dann nicht, wenn sie in Anbetracht neuer Gesetze überholt erscheinen mögen. Der italienische Gesetzgeber hat die Entmaterialisierung somit klar von einer Digitalisierung der Urkunden getrennt und damit – wie bereits dargelegt – parallel existierende Regelungsregime geschaffen.

---

[74] Der italienische Gesetzgeber hat im Rahmen des DDL Capitali auch den Wortlaut des Art. 100-*ter* TUF angepasst: Das Equity-Crowdfunding-Regelungsregime wird nunmehr nicht nur alternativ zu Art. 2470 Abs. 2 c.c. eingeführt, sondern gilt zudem ausschließlich nur für s.r.l.-Anteile, die über Art. 83-*bis* TUF entmaterialisiert ausgegeben werden; vgl. insoweit *N.N.*, Società quotate: semplificate, le partecipazioni alle assemblee, in: Guida al Diritto, Dossier 01/2024, vom 22.02.2024, 6, 8.

[75] Davor konnte eben aus diesem Grund allenfalls von einer teilweisen Entmaterialisierung die Rede sein, vgl. *Capelli,* L'equity based crowdfunding e la c.d. „dematerializzazione" delle quote di s.r.l., in: ODCC 2/2016, 537, 549f.

[76] Siehe oben a).

4. *Rechtsvergleichendes Zwischenfazit: Entmaterialisierung statt Tokenisierung*

Zusammenfassend kann festgehalten werden, dass eine Tokenisierung von s.r.l.-Anteilen nach derzeitiger Gesetzeslage auch im italienischen Recht nicht ohne Weiteres möglich ist. Nicht ohne Grund hat der italienische Gesetzgeber bereits verschiedene Gesetzesvorhaben für notwendig erachtet, auch wenn diese mit dem Inkrafttreten des DLT Pilot Regimes einhergingen und gerade nicht auf s.r.l.-Anteile ausgeweitet wurden. Damit hat er sich zwar an der Spitze der Digitalisierung der Finanzmärkte positioniert,[77] gleichzeitig wollte der italienische Gesetzgeber aber die Besonderheiten der s.r.l. beibehalten. Insbesondere sollte die Unterscheidung zwischen s.r.l. und s.p.a. nicht ausgehöhlt werden, weshalb er von einer vollständigen Abschaffung des Verbots, s.r.l.-Anteile in Aktien verbriefen zu können, abgesehen hat.[78]

Durch die Ausweitung der ECSP-VO auf s.r.l. und dem DDL Capitali ist eine Angleichung von s.r.l. und s.p.a. dennoch in Teilen geschehen.[79] Sobald eine s.r.l. für das alternative Regelungsregime in Art. 100-*ter* TUF optiert, werden die s.r.l.-Anteile nämlich letztendlich durch Bucheintragungen übertragen – so wie es auch bei entmaterialisierten Aktien der Fall ist.[80] Eine vollständige Angleichung wird lediglich dadurch vermieden, dass sich die Art und Weise der Legitimation bei Ausübung der Gesellschafterrechte unterscheidet. Denn während Aktien frei übertragbare Inhaberpapiere darstellen, sind für die s.r.l. in Art. 100-*ter* TUF nur unübertragbare Namenspapiere erlaubt.[81] Eine vollständige Ent-

---

[77] So treffend formuliert *Riccio,* La dematerializzazione delle quote srl cambia il gioco nel mercato dei capitali, Il Sole 24 Ore, 14.03.2024 (unter https://ntplusdiritto.ilsole24ore.com/art/la-dematerializzazione-quote-srl-cambia-gioco-mercato-capitali-AFUEbD3C#, zuletzt abgerufen am 06.05.2024).

[78] Spätestens hierdurch würde die Unterscheidung zwischen s.r.l. und s.p.a. vollständig verschwinden, *Ferraguto,* Da Consob un ulteriore passo verso la digitalizzazione finanziaria, DirittoBancario, 14.12.2023 (unter https://www.dirittobancario.it/art/da-consob-un-ulteriore-passo-verso-la-digitalizzazione-finanziaria/, zuletzt abgerufen am 29.03.2024); ähnlich auch *Capelli,* L'equity based crowdfunding e la c.d. „dematerializzazione" delle quote di s.r.l., in: ODCC 2/2016, 537, 553 f.

[79] So durchaus kritisch *Ferraguto,* Da Consob un ulteriore passo verso la digitalizzazione finanziaria, DirittoBancario, 14.12.2023 (unter https://www.dirittobancario.it/art/da-consob-un-ulteriore-passo-verso-la-digitalizzazione-finanziaria/, zuletzt abgerufen am 29.03.2024); von einer teilweisen Entmaterialisierung bereits durch die Erweiterung der ECSP-VO sprechend *Capelli,* L'equity based crowdfunding e la c.d. „dematerializzazione" delle quote di s.r.l., in: ODCC 2/2016, 537, 547 m. w. N.

[80] *Ferraguto,* Da Consob un ulteriore passo verso la digitalizzazione finanziaria, DirittoBancario, 14.12.2023 (unter https://www.dirittobancario.it/art/da-consob-un-ulteriore-passo-verso-la-digitalizzazione-finanziaria/, zuletzt abgerufen am 29.03.2024); sowie *Di Ciommo,* Tra tokenizzazione e dematerializzazione: l'inesorabile mutazione delle quote di S.r.l., in: Impresa e mercato: Numeri e computer Science, XV Convegno ODC, S. 3 ff.

[81] Anders *Capelli,* L'equity based crowdfunding e la c.d. „dematerializzazione" delle quote di s.r.l., in: ODCC 2/2016, 537, 554, die die Verbriefung als solche als Gemeinsamkeit ausreichen lässt; kritisch dazu *Ferraguto,* Da Consob un ulteriore passo verso la digitalizzazione

materialisierung für s.r.l.-Anteile, wie man sie von Aktien kennt, wird hingegen nur durch das mit dem DDL Capitali für s.r.l. eingeführte alternative Regelungsregime in Art. 83-*ter* ff. TUF ermöglicht, welches dann aber gerade nicht mit dem Equity Crowdfunding kombinierbar ist.[82]

Darüber hinaus scheint aber auch die Kombination der Tokenisierungsüberlegungen mit den bestehenden Equity Crowdfunding Regelungen nicht die finale Wunderlösung zu sein. Auf den ersten Blick mag eine Tokenisierung nach dem Vorbild des Equity Crowdfundings, also eine Tokenisierung mithilfe einer Intermediärsgesellschaft, zwar die Kombination der Vorteile beider Herangehensweisen ermöglichen. Nach genauerer Untersuchung wird jedoch deutlich, dass die Regelungen zum Equity Crowdfunding – auch wieder aufgrund der Beschränkung auf unübertragbare Namenspapiere – nicht direkt anwendbar sind. Eine treuhänderische Lösung zur Umgehung der vom Gesetzgeber vorgesehenen Restriktionen ist rechtlich fragwürdig und wäre zudem unnötig komplex und unhandlich.

Überdies wären die wesentlichen Vorteile der DLT – soweit sie über die des Equity Crowdfundings hinausgehen – weitestgehend marginalisiert. Vor allem die Dezentralität der DLT wird wegen der Erforderlichkeit einer Intermediärsgesellschaft im Rahmen des Equity Crowdfundings erheblich eingeschränkt. Will man sich im Rahmen der Tokenisierung von GmbH-Anteilen trotzdem am Equity Crowdfunding orientieren, sollte also zumindest versucht werden, die Dezentralität an anderen Stellen so weit wie möglich beizubehalten.

Gleichzeitig zeigen die Überlegungen, dass eine Tokenisierung von s.r.l.-Anteilen nicht ohne ein Mindestmaß an Zentralität möglich sein wird, da nur so eine gewisse Marktintegrität und Marktstabilität gewährleistet werden kann. Eine vollständige Angleichung der s.r.l. an die s.p.a. würde eine Regulierung an anderer Stelle erforderlich machen, was ebenfalls ein Grund dafür sein könnte, dass diese Unterscheidung vom italienischen Gesetzgeber keinesfalls aufgegeben werden soll.

Trotz allem hat der italienische Gesetzgeber deutlich mehr Spielraum im Hinblick auf s.r.l. gezeigt, als es der deutsche Gesetzgeber bislang getan hat. Hintergrund dieser gesetzgeberischen Schwerpunktsetzung wird sein, dass die italienische s.r.l. maßgeblich darauf ausgelegt ist, sich möglichst flexibel an die Bedürfnisse des Marktes anpassen zu können. In Deutschland steht bei GmbHs demgegenüber die Privatheit der Unternehmensfinanzierung im Vordergrund: Die GmbH unterliegt bewusst keiner Satzungsstrenge, sondern einer Satzungs-

finanziaria, DirittoBancario, 14.12.2023 (unter https://www.dirittobancario.it/art/da-consob-un-ulteriore-passo-verso-la-digitalizzazione-finanziaria/, zuletzt abgerufen am 29.03.2024).

[82] So wohl auch *Ferraguto,* Da Consob un ulteriore passo verso la digitalizzazione finanziaria, DirittoBancario, 14.12.2023 (unter https://www.dirittobancario.it/art/da-consob-un-ulteriore-passo-verso-la-digitalizzazione-finanziaria/, zuletzt abgerufen am 29.03.2024).

autonomie, damit sich die bestehenden Gesellschafter vor einer Überfremdung durch andere Gesellschafter schützen können. Sie sollen die Gesellschaftsanteile durch entsprechende Satzungsregelungen hochindividuell ausgestalten können.[83] Die für die deutsche GmbH gewährte Flexibilität soll also primär ein gewisses Vertrauen schaffen, wohingegen flexible Mechanismen zur Unternehmensfinanzierung nicht im Vordergrund stehen.

IV. Lessons Learned für den deutschen Gesetzgeber

Es stellt sich nunmehr die Frage, welche Schlussfolgerungen sich aus dem oben Gesagten für das deutsche Recht ergeben. Mangels eines Equity Crowdfundings für GmbH-Anteile stellen sich die aufgeworfenen Fragen selbstverständlich nicht in identischer Weise auch für das deutsche Recht. Wohl aber lassen sich aus der äußerst aktiven Debatte in der italienischen Rechtswissenschaft Erkenntnisse ableiten, die für den deutschen Gesetzgeber im Hinblick auf mögliche Tokenisierungsbestrebungen bei GmbHs interessant sein dürften. Denn der Wunsch nach mehr Flexibilität für die Übertragung von GmbH- und s.r.l.-Anteilen, die unter anderem mit einer möglichen Dezentralisierung und der Tokenisierung auf der DLT-Plattform einhergehen, zeigt sich in Italien wie in Deutschland in gleicher Weise.

1. Offenheit für innovative Finanzierungsformen

Unübersehbar zeigt sich der italienische Gesetzgeber offener gegenüber innovativen Finanzierungsformen. Auch wenn er sich bis zuletzt nicht gänzlich für eine Tokenisierung von s.r.l.-Anteilen ausgesprochen hat, hat er sich zumindest die Vorteile, die mit der Digitalisierung und zunehmenden Dezentralisierung einhergehen, teilweise zunutze gemacht, indem er die Rechtsordnung punktuell geöffnet hat. Der deutsche Gesetzgeber muss dieses Vorgehen nicht eins zu eins kopieren, er sollte es aber in jedem Fall beobachten, um seine eigenen Schlussfolgerungen daraus zu ziehen. Denn es wird deutlich, dass die italienische Wirtschaft der KMUs von dieser erweiterten Flexibilität profitiert haben: Auch wenn das gesamte Investitionsvolumen von Crowdfunding-Plattformen in Italien deutlich geringer ist als in Deutschland, hat Italien Deutschland bereits 2021 in der Anzahl der Crowdfunding-Kampagnen überholt und dieser Trend soll sich in den kommenden Jahren noch weiter verstärken.[84]

---

[83] *Heckschen/Weitbrecht*, NZG 2019, 721,722, die treffend darauf hinweisen, dass die Aktie einer Aktiengesellschaft demgegenüber aufgrund der Satzungsstrenge ein durchweg standardisiertes Produkt darstellt.

[84] *Statista Market Insights*, Crowdinvesting – Deutschland, Italien (unter https://de.statista.com/outlook/dmo/fintech/digital-capital-raising/crowdinvesting/custom?currency=EUR&locale=de&token=sbSt9UtLciFFn6RuigfQ4foRmYzKjaa4SuBbiu7agRjgLr_gSs

Die Lösung des italienischen Gesetzgebers, einen speziellen Regelungsrahmen für innovative, kleinere Unternehmen zu schaffen, ist der deutschen Rechtsordnung bislang eher fremd.[85] Zudem dürfte sich auch der deutsche Gesetzgeber auf das hohe Schutzniveau der GmbH und deren strenge Transparenzregelungen berufen und diese nur ungern aufgeben wollen. Der Kompromiss in Italien – spezieller Regelungsrahmen beim Crowdfunding, aber keine vollständige Öffnung im Zuge der Tokenisierung – beweist aber, dass dies zumindest ein möglicher gangbarer Weg wäre, bei dem diese Prinzipien nicht vollständig aufgegeben werden: Innovation kann gezielt gefördert werden, indem nur punktuell für KMUs die Eintrittsbarrieren und insbesondere der Zugang zu Startkapital heruntergesetzt werden.

Diese Überlegung lässt sich auf die Idee der Tokenisierung von GmbHs übertragen. Durch einen speziellen Regelungsrahmen für innovative kleinere Unternehmen können die Vorteile fruchtbar gemacht werden, ohne das bestehende Gesellschaftsrecht dem Grunde nach zu revolutionieren. Es reicht, wenn der Regelungsrahmen es bestimmten Unternehmen erlaubt, neue Technologien wie DLT zur Kapitalbeschaffung zu nutzen, ohne dass dabei die strengen Anforderungen des GmbH-Rechts eingehalten werden müssen.[86]

2. *Balance zwischen Flexibilität und Vertrauen*

Trotz der vielen Vorteile und der unstreitig gesteigerten Flexibilität einer tokenisierten s.r.l. oder GmbH, sollte der Vertrauensaspekt nicht aus dem Blickfeld geraten. Es ist einer der wesentlichen Vorteile einer GmbH, dass durch strenge Formvorschriften und dem Tätigwerden eines Notars eine gewisse Vertrauensbasis zwischen Gesellschaftern geschaffen wird. Durch das Erfordernis der Registereintragung und der notariellen Beurkundungspflicht werden berechtigte und sinnvolle Interessen sichergestellt, nämlich etwa, dass die Gesellschaft und die darin enthaltenen Investitionen überhaupt existieren. Dies ist spätestens im Insolvenzfall unabdingbar, verringert aber auch allgemein das Missbrauchsrisiko.[87] Bei vollständiger Dezentralisierung existiert ein vergleichbares Vertrauen so nicht; Tokeninhaber können lediglich in den Protokollcode und auf die automatisierte Durchsetzung durch Smart Contracts vertrauen.

6WKjaMtY79vq6VE3BTTk6BvphyM-IP1PTVvnUmGsTPJNyWXg%3D%3D, zuletzt abgerufen am 05.05.2024).

[85] Kritisch zunächst auch noch in der italienischen Rechtswissenschaft, siehe etwa *Capelli,* L'equity based crowdfunding e la c.d. „dematerializzazione" delle quote di s.r.l., in: ODCC 2/2016, 537, 559f.

[86] Ähnlich schließend, wenn auch stärker im Zusammenhang mit DAOs, *Zetzsche*, ZGR 2022, 698, 722.

[87] Hierzu im Zusammenhang mit der teilweisen Entmaterialisierung durch die Ausweitung des Equity Crowdfundings *Capelli,* L'equity based crowdfunding e la c.d. „dematerializzazione" delle quote di s.r.l., in: ODCC 2/2016, 537, 549f.

Dieses Dilemma zwischen Flexibilität und Vertrauen muss auch – bzw. erst recht – bei einer Tokenisierung einer s.r.l. oder GmbH durch eine möglichst ausgewogene Rechtsordnung aufgelöst werden. In Italien gilt die s.r.l. als diejenige Rechtsform, die sich möglichst flexibel an die Entwicklungen des Marktes anpassen können soll.[88] Der deutsche Gesetzgeber verfolgt hingegen von vornherein einen mehr auf Privatheit ausgerichteten Ansatz[89] und stellt das Vertrauen bewusst in den Vordergrund.

Diese Wesenszüge müssen bei den Schlussfolgerungen des Rechtsvergleichs berücksichtigt werden, da sie nicht zuletzt mit der Kultur des Landes einhergehen. Sie sollten umgekehrt aber auch nicht Ausrede dafür sein, den Rechtsrahmen gar nicht anzupassen oder zu öffnen. Vielmehr sollte sich der jeweilige Gesetzgeber bewusst für eine ausgewogene Balance zwischen beiden Faktoren entscheiden.

Die von der italienischen Rechtswissenschaft vorgeschlagenen Treuhandlösungen sind insoweit jedenfalls unzureichend. Diese würden eine solche Positionierung des Gesetzgebers umgehen und keinen Raum für die Entwicklung alternativer sicherer Mechanismen bieten, durch die Vertrauen und Flexibilität vereint werden könnten. Demgegenüber ist keinem Gesellschafter mit der digitalen Darstellung und Übertragbarkeit seiner Gesellschaftsanteile geholfen, wenn das Missbrauchs- und damit auch einhergehende Verlustrisiko steigt.

3. Technologieneutralität für Rechtssicherheit

Unzweifelhaft hat der italienische Gesetzgeber stets sehr zügig auf technologische Entwicklungen reagiert und die rechtlichen Rahmenbedingungen angepasst. Das Signal, das er dadurch an den Markt gegeben hat, ist nicht zu unterschätzen. Gleichzeitig ist noch nicht absehbar, ob die alternativen Regelungsrahmen viel genutzt werden oder der italienische Gesetzgeber nicht vielleicht doch vorschnell agiert hat. Dies wird sich erst in den kommenden Monaten zeigen, wenn im Jahr nach Inkrafttreten des Regelungsregimes erste Zahlen und Statistiken verfügbar sind.

Allerdings zeigen die Erfahrungen in Italien – insbesondere die vielen verschiedenen Einzelgesetze und die durch sie entstandene Parallelität von Equity Crowdfunding und Tokenisierung – bereits jetzt, dass eine gewisse technologische Neutralität sinnvoll und notwendig ist, um anpassungsfähig zu bleiben. Denn der Trend des Equity Crowdfundings scheint im Vergleich zur Tokenisierung fast schon wieder überholt, weil die DLT vergleichbare, aber zugleich weitergehende Vorteile bietet (Stichwort Dezentralität). Der starke Fokus des itali-

[88] Historisch einordnend *Di Ciommo,* Tra tokenizzazione e dematerializzazione: l'inesorabile mutazione delle quote di S.r.l., in: Impresa e mercato: Numeri e computer Science, XV Convegno ODC, S. 7ff., 11.

[89] Siehe 4.

enischen Rechts auf Equity Crowdfunding könnte inzwischen fast schon wieder als Hemmnis gewertet werden. Es ist ein Regelungsregime in der Welt, das nicht mehr rückgängig gemacht werden kann; gleichzeitig wird mit dem DLT Pilot Regime und dem DDL Capitali jeweils nochmal ein eigenes Regelungsregime geschaffen, die jeweils nur punktuell wirken und letztendlich zu einer unüberschaubaren Parallelität führen. Diese stiftet zu Recht Verwirrung und führt dadurch langfristig leider doch wieder zu einer eigentlich zu vermeidenden Rechtsunsicherheit. Da Innovation aber stets auf einen klaren Rechtsrahmen und eine hohe Rechtssicherheit angewiesen ist, muss eine solche Parallelität dringend vermieden werden.

Der deutsche Gesetzgeber sollte aus dieser Erfahrung Schlüsse ziehen und einen möglichst technologieneutralen und zeitlosen Ansatz verfolgen. Denn auch wenn Flexibilität und Innovation wichtig sind, sind effektive Schutzmechanismen essentiell, um das Vertrauen der Investoren und die Stabilität des Marktes zu sichern. Schutzmechanismen sind jedoch nicht mit Unveränderbarkeit gleichzusetzen, denn auch das würde im Ergebnis nicht zu einer gesteigerten Rechtssicherheit führen.

Vielmehr könnte aber auch der deutsche Wirtschaftsstandort von einer stärkeren Flexibilität profitieren, wenn das Recht für GmbHs punktuell geöffnet wird. Diese punktuelle Öffnung sollte sich stärker auf die Tatsache der breitflächigen und verteilten Finanzierung durch Kleinanleger konzentrieren, was durch einen stärkeren Fokus auf eine Tokenisierung anstatt auf das nach wie vor zentralisierte Equity Crowdfunding sichergestellt werden könnte. Denn während letzteres spezialisierte Intermediärsgesellschaften bzw. Crowdfunding-Plattformen voraussetzt, knüpft die Tokenisierung lediglich an die Idee der dezentralen Verteilung an. Ob diese dann auf Grundlage der DLT erfolgt, kann und sollte im Rahmen der Gesetzgebung bewusst offengelassen werden. Stattdessen ist vielmehr sicherzustellen, dass mögliche Regelungen *de lege ferenda* zum Schutz der Investoren beitragen und gleichzeitig Betrug und Missbrauch verhindern – das ist nämlich, was Innovation *und* Rechtssicherheit gewährleistet.

4. Grenzüberschreitender Ansatz

Ferner wird deutlich, dass die durch die Digitalisierung entstehenden Möglichkeiten – sei es Equity Crowdfunding oder Tokenisierung – über die Landesgrenzen hinausgehen. Sie zeigen sich in allen Rechtsordnungen auf ähnliche Weise. Länderübergreifende Trends sollten daher frühzeitig aufgegriffen und soweit möglich harmonisiert werden.

Eine vollständige und ausgewogene Harmonisierung ist jedoch unzweifelhaft ein langwieriger Prozess, sodass die nationalen Bestrebungen in Hinblick auf KMUs dennoch zu begrüßen sind. Es darf nicht vergessen werden, dass diese Unternehmen perspektivisch wachsen und auch wachsen sollen. Die Rechtsordnung muss insoweit mitwachsen – und dies am besten grenzüberschreitend. Deutschland kann also durch die Schaffung einer expliziten gesetzlichen Grundlage für die Tokenisierung von GmbH-Anteilen vielleicht kurzfristig Klarheit schaffen. Die Positionierung Deutschlands als attraktiver Standort für Start-ups und technologieorientierte Unternehmen wird aber erst dann wirklich bedeutsam, wenn dieser Schritt von Anfang an bei der Gesetzgebung mitgedacht wird.

V. Fazit und Ausblick

Das Ob einer Tokenisierung von GmbH-Anteilen scheint angesichts der vielen Vorteile zunächst eindeutig. Schwieriger gestaltet sich hingegen das Wie. Die verschiedenen Überlegungen insoweit führen am Ende aber doch wieder zu der Frage nach dem Ob, denn eine Tokenisierung der GmbH scheint der Natur der GmbH dem Grunde nach zu widersprechen. Gewisse Eigenschaften der GmbH sollten gar nicht aufgegeben werden, wie nicht zuletzt durch die zögerliche Haltung des eigentlich sehr innovationsfreudigen italienischen Gesetzgebers deutlich wird. Vor diesem Hintergrund stellt sich die Frage, worin dann überhaupt noch der Mehrwert einer Tokenisierung liegen soll.

Bei näherer Betrachtung des alternativen Regelungsrahmens für Equity Crowdfunding wird jedoch deutlich, dass es vielmehr der Rechtsträger ist, der digitaler, effizienter und kostengünstiger gestaltet wird. Der Eintrag im Handelsregister wird zu einer bloßen Formalia degradiert, während eine private Intermediärsgesellschaft dessen eigentliche Aufgabe übernimmt. Die DLT ermöglicht dies nunmehr sogar ohne Intermediäre, sodass dies doch eigentlich der Warnschuss dafür ist, das Handelsregister zu digitalisieren, um es schneller, sicherer, transparenter, kostengünstiger und effizienter zu gestalten.

Diese Überlegung bestätigt sich einmal mehr, wenn man über die Anerkennung der DAO als normierte Rechtsform nachdenkt. Denn das wäre im Hinblick auf die Effizienz der Gesellschaftsanteilsverwaltung eigentlich der Idealfall. Sie müssen nicht erst in einem sekundären Schritt tokenisiert werden. Vielmehr ergibt sich eine solche bereits originär aus dem der Gesellschaft inhärenten Register. Dies verkennt jedoch nicht nur die Transnationalität von DAOs,[90] sondern insbesondere auch die Vorteile des Handelsregisters, dem nochmal eine eigene rechtliche Dimension zukommt. Denn anders als das Distributed Ledger einer DAO enthält das Handelsregister eine gewisse rechtliche Wertung, die

---

[90] Vgl. etwa *Carrière,* Cripto-attività quali rappresentazioni „originarie“ o „derivative“, Profili di diritto societario e dei mercati finanziari, in: Carrière/de Luca/de Mari/Gasparri/Poli (Hrsg.), Tokenizzazione di azioni e azioni tokens, Consob Quaderni giuridici 2023, 47, 93.

unabhängig von den faktischen und im Protokollcode festgeschriebenen Governance-Regelungen besteht. Diese normative Ebene ist diejenige, in der rechtliche Schutzmechanismen implementiert werden können, indem sie zwingend für alle Gesellschaften gelten. Ein vollständiger Verzicht auf diese normative Ebene des Handelsregisters käme zu kurz; eine Doppelung des Handelsregisters durch eine nachgelagerte Tokenisierung der GmbH wäre überflüssig.[91]

Somit bleibt nur, das Distributed Ledger um eine normative Ebene zu ergänzen – etwa durch Führung des Handelsregisters auf DLT-Ebene, das dann mithilfe von Schnittstellen und *Oracles* anschlussfähig ausgestaltet ist. Dies mag derzeit jedenfalls in der Umsetzung noch utopisch erscheinen, der deutsche Gesetzgeber sollte sich aber bereits jetzt Gedanken machen, ob dies nicht das passendere Ziel der *Tokenized Finance* ist.

[91] Ähnlich *Di Ciommo,* Tra tokenizzazione e dematerializzazione: l'inesorabile mutazione delle quote di S.r.l., in: Impresa e mercato: Numeri e computer Science, XV Convegno ODC, S. 23, der dafür plädiert, einen ständigen Informationsfluss zwischen tokenisierter s.r.l. und dem Handelsregister herzustellen.

The implementation of Pilot Regime on DLT financial instruments in Italy: scope and players

Silvia Corso

I. Introduction

On 17th of March 2023 the Italian Government decided to implement the EU Regulation on a "Pilot Regime for Market Infrastructure based on DLT Technology" (reg. 2022/858/EU) and issued a Decree-Law (D.L. n.25/2023) containing provisions on emission and trading of certain financial instruments in digital form. The Decree was later converted into law by the Parliament with some amendments (L. n. 52 of 10th of May 2023, which entered into force on 16th of May 2023) and contains provisions that replaced, according to European Pilot Regime Regulation, an Italian previous discipline on FinTech.[1]

To the purpose of implementing European regulation, the approach of Italian lawmakers has been not to amend the previous regulatory sandbox, but to introduce a new regime according to the scope and definitions provided by the EU Pilot Regime. The introduction of new provisions has been deemed necessary to comply with European regulation, avoiding competitive disadvantage for Italian operators. Given this approach, the Government's choice to use an emergency legislation tool, such a Decree-Law, is in many respects questiona-

[1] In Italy there has been in place since 2019 a regulatory sandbox introduced by Decree Law (D.L. n. 34/2019, Art. 36, comma 2-bis).

ble, as it leads to solutions that are not sufficiently thought out in relation to their impact on existing regulatory framework, particularly on financial services regulation and on corporate law. D.L. n. 25/2023 seeks to adapt and combine the existing discipline of dematerialized shares and central accounting systems (contained in articles 83-*bis* ff. TUF, Consolidated Text on financial intermediation) with some exemptions and rules specifically tailored for digital ecosystem.[2] This approach has its advantages, as it perhaps immediately reduces learning costs, but it has also significant drawbacks, not allowing to fully exploit the opportunities of DLT technology, especially with regards to small and medium issuers.

The following paragraphs try to provide an illustration of this new regulation, highlighting its scope of application and focusing on general rules regarding the issuance and trading of digital financial instruments. Particular attention will be paid to the role of the DLT register and its interaction with corporate law context, which will be explored in § II. Furthermore, § III will try to shed some light on the wide range of players involved in DLT register keeping and collateral services, examining in particular the figure of the "responsible of DLT register", who is specific to Italian Pilot Regime. Lastly, in § IV some concluding remarks will be presented on major interpretative issues arising from new regulation within the existing regulatory framework.

II. DLT financial instruments in D.L. n. 25/2023

1. Scope of application

In defining the scope of Italian Pilot Regime, D.L. n. 25/2023 seeks to adapt the definition of DLT financial instruments, provided by European Regulation (art. 3, par. 1, reg. 2022/858/EU) to Italian landscape of financial instruments. In particular, the Decree admits to tokenization, in addition to shares and corporate bonds of joint-stock companies (*azioni* of *s.p.a.*), the debentures issued by limited liability companies (i.e. *titoli di debito* of *s.r.l.*)[3] and other form of debt

[2] See *Corso/Laudonio*, Le s.r.l. aperte al mercato tra crowdfunding e sperimentazione di nuovi ambienti digitali, in: ODC, 2024, 148 ff.; *Furnari*, La finanza decentralizzata. Cripto-attività, protocolli, questioni giuridiche aperte, in: Saggi di Minerva bancaria 2023, 111 ff.; *Malvagna*, Digital securities: prime note sul decreto di attuazione del DL Pilot, 2023, 1 ff., available at www.dirittobancario.it; *Fava*, La nuova forma di "incorporazione" digitale degli strumenti finanziari, in: Banca borsa titoli di credito, 2024, 118 ff.; *Capelli*, Questioni aperte in tema di circolazione anche digitale della quota di s.r.l.: dalle operazioni di crowdfunding alla Distributed Ledger Technology, in: ODC, 2024, 93 ff.; *De Luca*, Strumenti finanziari digitali e principi cartolari, in: *Cian/Sandei*, Diritto del Fintech, Padova, Cedam, 2024, 223 ff.

[3] Art. 2, comma 1, lett. c), d) D.L. n. 25/2023. According to Italian civil code's provision (Art. 2483 c.c.), companies adopting the form of *s.r.l.* can issue debt securities which can only be subscribed by professional investors. The latter are responsible for the solvency of the issu-

securities recognized by Italian legislation (*i.e.* mini-bonds issued by companies not listed in regulated markets or in MTFs; covered bonds issued by banks; governments bonds; notes and basket bonds issued by securitization vehicles), as well as debt securities issued by foreign companies. There are also mentioned depositary receipts (referred to bonds and other debt securities), money market instruments and units in collective investment undertakings. In all these cases, the Decree refers to limits on the size of emissions and to overall market caps settled by reg. 2022/858/EU according to the policy of DLT Pilot Regime, which is to provide a temporary regulatory sandbox for testing solutions based on DLT technology in a controlled environment with limited systemic risk.

Moreover, D.L. 25/2023 envisages the future extension of Pilot Regime to shares of *società a responsabilità limitata* ("*s.r.l.* shares"), giving to CONSOB (Italian Stock Exchange Commission and Market Supervisory Authority) the power to introduce specific rules derogating from the provisions of civil code regarding transfer of shares of limited liability companies.[4] Insofar Consob has decided not to introduce *ad hoc* provisions extending the DLT Pilot Regime to "*s.r.l.* shares".[5] Indeed, the attribution of this extensive regulatory power to CONSOB has raised some criticism as it allows the Supervisory Authority to introduce a new fully digitalized regime of emission and trading for "*s.r.l.* shares" in contrast with civil code provisions and without any reference to these types of shares being contained in European regulation.[6] Moreover, the issue of "*s.r.l.* shares" tokenization is controversial in Italy as the inclusion of these shares into the definition of financial instruments is still discussed. It must be admitted that significant steps forward in this direction have been taken with art. 100-ter TUF, which now allows all limited liability companies to offer their shares to the public, even – but not only – via crowdfunding platforms. Furthermore, it has been recently introduced the possibility to dematerialize "*s.r.l.* shares" depending on company's choice.[7]

On the other hand, it's well known that there are different approaches across Member States regarding the transposition of MiFID and there is no commonly adopted application of financial instruments' definition under MiFID regulation in Europe.[8] The Italian financial market regulation (TUF) provides, in ad-

---

er towards subsequent buyers (if buyers are not themselves professional investors). See *Zanarone*, La s.r.l. A vent'anni dalla riforma del diritto societario, 2023, 374f.

[4] Art. 28 D.L. n. 25/2023.

[5] See *Rodi*, Il regolamento Consob sull'emissione e circolazione in forma digitale di strumenti finanziari, in: Bancaria, 2024, 83ff.

[6] See *Corso/Laudonio*, Le s.r.l. aperte al mercato, 157f.

[7] See Art. 100-ter, par. 1, TUF and Art. 3, L. n. 21/2024 on "Interventions to support the competitiveness of capital markets" (so-called "*Legge Capitali*"). See *Cian*, Le quote dematerializzate di s.r.l., in: Rivista di diritto civile, 2024, 291ff.

[8] See ESMA, Consultation Paper on the draft Guidelines on the conditions and criteria for the qualification of crypto-assets as financial instruments, 2024, 6. See *Carrere*, The Italian

diction to financial instruments' notion, a definition of "financial products", which includes any "form of financial investment". It's a broader notion which certainly encompasses *s.r.l.* shares, but it's still under discussion if these shares can be treated as "transferable securities" (*i.e.* "*valori mobiliary*") and eventually as "financial instruments" in the sense of MiFID regulation.[9] As ESMA recently pointed out in its draft Guidelines on the "criteria for the qualification of crypto-assets as financial instruments", the definition of transferable securities in MiFID II encompasses a wide range of instruments and interpretation varies significantly from one State to another. The qualification of crypto-assets as transferable securities depends on different features and to this purpose it's important to assess, for example, if they grant rights similar to shares and if they are part of a class of securities and also tradable on capital markets.[10] From this perspective one may ask what happens if shares of a limited liability company were tokenized, despite of the absence of an express legal provision allowing to do so.[11] In this regard it can be noted that if shares are issued in a standardized form, as it's now possible for shares of "*s.r.l.* SMEs" (*i.e.* "*s.r.l.* small and medium enterprises") and if they are traded on capital markets (e.g. "crowdfunding platforms"), the crypto-assets representing them should be considered financial instruments.

Regulatory Approach to Crypto-Assets and the Utility Tokens'ICOs, in: Baffi CAREFIN Centre Research Paper, n. 2019-113, 1 ff.

[9] According to Art. 100-ter TUF it's possible to offer s.r.l. shares on crowdfunding platforms and to this purpose they are considered "instruments", but it's still not clear whether they can be further qualified as "financial instrument" tradable, for example, in other trading venues, such as SME's Growth Markets. In this regard see *Benazzo*, Categorie di quote, diritti di voto e governance della "nuovissima" s.r.l.: quale ruolo e quale spazio per la disciplina azionaria nella s.r.l.-P.M.I. aperta?, in: Rivista delle società, 2018, 1459; *Cian*, Dalla S.r.l. a base personalistica alle quote "finanziarie" e alla destinazione ai mercati: tante S.r.l.?, in: Studium iuris, 2019, 1425; *Cusa*, Le quote di s.r.l. possono essere valori mobiliari, in: Rivista delle società, 2019, 675 ff.; *Sciuto*, Le quote di partecipazione, in: Ibba/Marasà (eds.), Le società a responsabilità limitata, 2020, 543 f.

[10] ESMA, Consultation Paper on the draft Guidelines on the conditions and criteria for the qualification of crypto-assets as financial instruments, 2024, §§ 30 ff., suggests a broad interpretation of both the notion of being "negotiable" (with regard to the capability of crypto assets being transferred or traded on capital markets) and the term "capital market" (which should encompass various trading venues as well as over-the-counter markets and electronic trading platforms). See *Cian*, La nozione di criptoattività nella prospettiva del MiCAR. Dallo strumento finanziario al token, e ritorno, in: ODCC, 2022, 64 f.; *Annunziata*, Speak, if you can: what are you? An Alternative Approach to the qualification of Tokens and Initial Coin Offerings, Bocconi Legal Studies Research Paper Series n. 2636561, February 2019, 6 ff. (electronic copy available at: https://ssrn.com/abstract=3332485).

[11] See, before D.L. 25/2023 came into force, *Annunziata*, La disciplina delle trading venues nell'era delle rivoluzioni tecnologiche: dalle criptovalute alla distributed ledger technology, in: ODC, 2018, 50; *Abriani*, Rappresentazione e circolazione di partecipazioni sociali mediante la tecnologia DLT, in: ODCC, 2022, 373. After entering into force of D.L. 25/2023 see *Malvagna*, Digital securities, 3.

However, the ambiguities and uncertainties regarding qualification of *s.r.l.* shares as financial instruments or transferable securities should be hopefully overcome by legislator as well as their inclusion within the scope of application of Pilot Regime. Some signals in this direction come from *Legge "Capitali"* (L. n. 21/2024), recently entered into force, containing provisions on dematerialization of limited liability companies shares,[12] based on the premise of their previous standardization. Both these features – standardization of shares and their issuance in a dematerialized form – should be considered as elements in support of the qualification of "*s.r.l.* shares" as financial instruments.[13]

In any case, the European Regulation envisages the future extension of the scope of Pilot Regime to other species of financial instruments, depending on the assessment on cost and benefits after three years of testing period.[14] The inclusion of "*s.r.l.* shares" into DLT Pilot regime, particularly in relation to shares that are traded in capital markets (e.g. SMEs Growth Markets or crowdfunding platforms), can be then considered at the expire of regulatory sandbox period.[15]

2. General provisions for issuance and trading of digital financial instruments

a) "Registro per la circolazione digitale" (DLT register) and corporate law context: the identification of shareholders

According to Art. 3 D.L. n. 25/2023 the issuance and trading of digital financial instruments are executed through entries in a "register for digital circulation" (*i.e. "registro per la circolazione digitale"* defined by reference to Art. 2, par. 2, reg. 2022/858/EU). The "register for digital circulation" is therefore the same "distributed ledger" mentioned in the EU Pilot Regulation and so it must have the features of "an information repository that keeps records of transactions and that is shared across, and synchronized between, a set of DLT network nodes using a consensus mechanism". The DLT technology is mentioned in Decree n. 25/2023 only by reference to reg. 2022/858/EU[16].

---

[12] See Art. 3, L. n. 21/2024, which introduces the possibility to dematerialize only the shares of small and medium enterprises adopting the *s.r.l.* corporate form.

[13] About qualification of s.r.l. shares as financial instruments, see *Cian*, Le quote dematerializzate, 304 f.; *Corso*, Le s.r.l. aperte al mercato tra governance societaria e diritti dei soci investitori, Milano, 2021, 28 ff.; *Brizzi*, S.r.l. PMI e offerta al pubblico di quote di partecipazione, Torino, 2022, 142 ff.; *Cusa*, Le quote di s.r.l., 675 ff.

[14] See Art. 14, par. 2, reg. 2022/858/EU "Pilot Regime".

[15] See *Rodi*, Il regolamento Consob, 85.

[16] A more specific definition of DLT technologies, but likely to be overcome by European Pilot Regime regulation, is provided by Art. 8-ter, par. 1, Decree n. 135/2018, which designates them as "technologies and computer protocols that use a shared, distributed, replicable, simultaneously accessible register, architecturally decentralized on cryptographic bases, allowing the recording, validation, updating, and storage of data both in plaintext and further protected by encryption verifiable by each participant, unalterable and non-modifiable".

The register must be structured in a way to ensure integrity, authenticity, immutability, accessibility, non-duplicability and validity of the records attesting ownership and trading of financial crypto-assets.[17] Some of these characteristics should be intrinsically related to DLT technology, but D.L. 25/2023 expressly requires these features to guarantee the reliability of the entire process of issuance and trading of DLT financial instruments.[18]

The EU Pilot Regulation doesn't settle specific requirements for the distributed ledger, nevertheless the structure and characteristics of DLT registers are crucial when it comes to regulating crypto securities according to existing corporate law framework. To this purpose, Decree n. 25/2023 sets forth the necessity for the register to ensure identification of digital financial instruments' holders, showing type and number of instruments held by each owner, as well as possible restrictions on the owner's rights in favor of third beneficiaries.[19] In this regard, it must be considered that in Italy there is a mandatory "nominative" regime for shares[20] (with very limited exceptions) and so it's not up for debate, unlike in Germany, the potential issuance of bearer shares in crypto form.[21] In Italian corporate law, shareholders' anonymity is not allowed and therefore the identification of shareholders is crucial and it's required not only to the purpose of exercising shareholders' rights, but also to ensure the validity of trading operations.[22]

As is known, in many DLT settings the identification of shareholders may be difficult due to the use of pseudonyms by users operating in the network, unless special processes (e.g. whitelisting and other validation mechanisms) are put in place. Decree n. 25/2023 establishes that DLT register must be structured in a way to ensure "direct or indirect identification" of the holders of financial instruments recorded in the distributed ledger. The distributed technology needs to be adapted to corporate law context and to anti-money-laundering regulation.[23]

---

[17] See Art. 4 D.L. n. 25/2023.

[18] See, in particular, Art. 4, par. 1, c-bis) D.L. n. 25/2023. The provision requires that register is structured in a way to prevent loss or unauthorized modification of data and records relating to financial crypto assets during their entire life cycle. See *Furnasari*, La finanza decentralizzata, 112.

[19] See Art. 4, par. 1, b) D.L. n. 25/2023.

[20] See Art. 1 r.d.l. n. 1148/1941.

[21] See *Lübke*, in: Möslein/Omlor (eds.) Kryptoaktien, 2024, 39ff.

[22] Furthermore, the "know-your-shareholder"-principle is set forth in Shareholders' rights Directives 2007/36/EU and 2017/828/EU.

[23] See *Valiante/Lamandini/Ramos Munoz*, The European Strategy on Digital Finance and Its Interplay with Capital Market Integration in the EU, in: Cambridge Handbook on European Monetary, Economic and Financial Market Integration, 2022, 532; *Panisi/Buckley/Arner*, Blockchain and Public Companies: A Revolution in Share Ownership Transparency, Proxy Voting and Corporate Governance?, Stanford Journal of Blockchain Law & Policy, 2019, 2(2), 189ff. (*electronic copy available at* https://ssrn.com/abstract=3389045*); Blems/*

From this perspective, it's necessary to implement technical solutions that increase share ownership transparency, while, at the same time, maintaining an appropriate level of privacy and data protection as one of the main advantages guaranteed by pseudonymity in DLT registers.[24] In this regard, CONSOB has issued implementing regulation, following the entry into force of Decree n. 25/2023, in which the entity responsible of DLT register is required to describe the characteristics of technological infrastructure and how it works with respect to identification of users operating on the ledger. The responsible of the register must also disclosure if he has outsourced the identification activity to third parties (*i.e.* "identity service providers").[25]

As emerges from solutions devised in many jurisdictions, the implementation of EU Pilot regime at national levels has often occurred through the centralization of DLT register keeping under the responsibility of an entity in charge of maintaining the ledger. As will be better explained in § III, in Italy this activity can be carried out by various players with regards to their own financial instruments or those issued by other entities in the same group or by third parties.

In theory, the technological infrastructure can be designed in both forms of *a*) permissioned DLT, in which only selected participants are allowed to access the register and validate transactions and *b*) permissionless DLT, where the ledger is open to all participants that can interact and participate in consensus validation.[26] It's also possible the adoption of hybrid DLT forms in which some tasks are carried out in permissionless and others in permissioned form (e.g. a DLT network with unrestricted access but restricted participation in validation process).[27]

Guegan, Initial crypto-assets offerings (ICOs), tokenization and corporate governance, CES Working Papers n. 2019.04, 19.

24 See *Panisi/Buckley/Arner*, Blockchain and Public Companies, 14. It must be considered that a new European legal framework on electronic identification processes and digital identity was recently approved (reg. 2024/1183/EU amending reg. 2014/910/EU) and it contains harmonized provisions on electronic identification schemes and electronic ledgers (DLT technologies are not expressly mentioned in reg. 2024/1183, but definition of electronic ledger is sufficiently broad to encompass also DLT registers). According to Art. 5 reg. 2024/1183/EU the use of pseudonyms – chosen by users – in electronic transactions must be allowed and they can be stored in European Digital Identity Wallets (Art. 5.a, par. 4).

25 See All. 2, lett. A.6.iii), reg. Consob 22923/2023. See *Rodi*, Il regolamento Consob, 84f.

26 See All. 2, par. A.2.i), reg. Consob 22923/2023.

27 In case of adoption of a hybrid DLT form, the register keeper must provide further details in a technical report attached to registration form. According to ESMA, Report on the DLT Pilot Regime, 27.09.2022, 12, "each DLT is designed with specific rules for accessing the blockchain and for performing tasks such as entering and validating information on the blockchain". The ESMA Report illustrates the distinction between: a) "public DLT" as a DLT network in which virtually anyone can access and participate in the validation and consensus process (so-called "unrestricted DLT"); b) "private DLT" as a DLT network limiting access and participation in the validation and consensus process to selected participants ("restricted DLT"); *c)* "permissioned DLT" as "a DLT network with unrestricted access (*i.e.* similar to a

However, the Decree establishes a series of requirements, which will inevitably impact on the characteristics of technological infrastructure (e.g. type of blockchain; architecture of network and characteristics of the platform software; methods of custody of cryptographic keys).[28] In this regard, the adoption of a fully decentralized, public, unrestricted DLT doesn't seem compatible with the centralization of the register keeping and the need to ensure accessibility only to selected parties.[29]

Indeed, D.L. n. 25/2023 requires accessibility to DLT register both by the holders of digital financial instruments and the National Supervisory Authorities (*i.e.* CONSOB and Banca d'Italia). Instead, it's not necessary to ensure accessibility by any interested third parties such as potential buyers, as established in Germany by eWpG.[30]

According to Art. 5, comma 3, Decree n. 25/2023, the issuer must verify the shareholders' entitlement to exercise voting rights through the DLT register entries, but in the event he is not in charge of DLT register maintenance or he has outsourced identification activity to an "identity service provider", he can't assess "in real time" the entitlement of its shareholders with possible inefficiencies due to reliance on verification conducted by third parties.

Moreover, accessibility to DLT ledger it's not by law guaranteed for the issuer and sometimes he must negotiate his access with the register keeper.

The centralization of DLT register activity on specific gatekeepers has its advantages connected to a more supervised "environment" in which it's easier to identify personal liabilities, but it seems to partially contradict the distributed nature of the ledger. Following an approach more in line with DLT principles, the register should have been distributed among the different users involved (*i.e.* issuer, intermediaries, shareholders), distinguishing certain nodes with specific functions (so-called "golden nodes")[31] within the network.

b) DLT register and company register of members

Keeping activity of DLT register needs to be coordinated with maintenance of register of members of the issuing company. According to Art. 10 D.L. 25/2023 the issuer is responsible for updating the register of members in accordance with

---

public DLT on access), but with restricted participation in the validation and consensus process (*i.e.* similar to a private DLT on validation and consensus)".

28 See *Malvagna*, Digital securities, 3.

29 See *Corso/Laudonio*, Le s.r.l. aperte al mercato, 151. The need of a permissioned form of DLT in which an authorization is required to access the register and to modify the records on it was pointed out, before the issuance of EU Pilot Regime Regulation, by *Möslein*, Blockchain Applications and Company Law, in: Legal technology transformation. A practical assessment, 2020, 241. See also *Panisi/Buckley/Arner*, Blockchain and Public Companies, 11.

30 See § 10 Abs. 1–2 eWpG.

31 See *Corso/Laudonio*, Le s.r.l. aperte al mercato, 151.

"book entries" resulting from DLT register.[32] This solution is, in some ways, sub-optimal as it prevents to fully exploit the potential of DLT technology and imposes a burden on the issuer, but nevertheless it's necessary to comply with corporate law provisions.

To partially overcome this inconvenience D.L. 25/2023 allows the issuer to form and maintain the register of members (and the bondholders' register) through DLT register (*i.e. "registro per la circolazione digitale"*), thus it seems possible to combine both registers into one or, at least, to ensure automatic updating of company register according to the entries in DLT ledger.[33] This is an interesting option to exploit the advantages of DLT technology within corporate environment, as it reduces burdens for the issuer and simplifies shareholders' identification in view of exercising voting rights, especially when issuer is responsible for register keeping.

Indeed, the exercise of voting and profits rights depends on the assessment based on book entries resulting from DLT register. According to Art. 7 D.L. n. 25/2023, the entitlement to participate in shareholders meeting and exercise voting rights is determined with reference to "register entries" recorded at the end of a day previously settled in issuer's articles of association.

As is well known, the record-date mechanism is adopted for listed companies,[34] but has its drawbacks as it can lead to empty voting and discrepancy between recorded shareholders and beneficial shareholders. This mechanism is closely connected with the adoption of an electronic account-based system maintained by central depositaries, which is mandatory for listed companies and involves shareholders and intermediaries in a long holding chain.[35]

DLT technologies have the potential to revolutionize the mechanism of shareholders identification, overcoming its drawbacks and enabling real-time identification thanks to the ability to constantly track share ownership throughout the whole trading and settlement cycle.[36] However, the Italian approach

[32] According to Art. 2355 c.c. the updating of members' register is not necessary to validate the transfer of shares and makes it enforceable against the company. The verification of buyer's right to vote is carried out based on an endorsement written on the share certificate. However, in case of dematerialized shares, the shareholder's entitlement to vote is certified by a communication from the intermediary to the issuer in accordance with "book entries" resulting in his account (Art. 83-sexies, comma 1, TUF).

[33] See Art. 10 D.L. 25/2023. Moreover, the possibility to draft and update in electronic form the company books is already allowed by Art. 2215-bis c.c. and in this regard DLT technology has potentially many advantages, compared to other techniques, in terms of simultaneous updating, inalterability of records, constant identifiability of members and traceability of trading operations. See *Laudonio*, Distributed ledger technology e ICOs (una favola giuridica sisifea sul diritto dei mercati finanziari e l'innovazione), in: Rivista di diritto bancario, 2023, 97 f.

[34] See Art. 83-sexies, comma 2, TUF.

[35] See *Paech*, Securities, intermediation and the blockchain: an inevitable choice between liquidity and legal certainty?, in: 21 Unif. L. Rev., 2016, 629.

[36] The literature places particular emphasis on these advantages of DLT compared to ac-

seems to underestimate the potential of DLT and rely instead on more tested solutions developed in electronic accounting systems provided for dematerialized shares.

D.L. 25/2023 requires the issuer to fix the "record-date" in its articles of association and thus one of the advantages of distributed ledger technology – *i.e.* the possibility of real-time identification of crypto-assets owners – has been substantially neutralized.[37] On the other hand, simultaneous representation of "book entries" in the DLT register and company register of members could reduce the term of (or even overcome) the record-date mechanism and is beneficial for the exercise of corporate rights.

Using the same technological infrastructure, both for DLT ledger and company register of members, should allow the automatic updating of the latter, with enforceable effects against the issuer.[38]

c) DLT Pilot regime and electronic centralized accounting system

As mentioned above, the DLT Pilot regime represents an alternative to other more tested techniques, such as dematerialization of securities through account-based systems maintained by central depositaries. D.L. 25/2023 makes it clear that provisions regulating issuance and transfer of dematerialized shares do not apply to digital financial instruments:[39] the two regimes are therefore conceived as alternative, even if they are functionally equivalent.

The exemption from the whole system of rules envisaged for dematerialized shares in financial market legislation (Art. 83-bis ff. TUF) should allow large issuers, listed on regulated markets, to issue DLT financial instruments and trade them on DLT market infrastructures without adopting a book-entry form and subjecting them to a centralized accounting system[40]. However, DLT technical infrastructure needs to be adapted in order to comply with corporate law provisions.

---

count-based centralized systems, although remaining aware of potential risks. See *Panisi/Buckley/Arner*, Blockchain and Public Companies, 11; *Geis*, Traceable Shares and Corporate Law, 113 Northwestern Un. L. Rev., 2018, 262; *Mooney jr./Keijser*, in: Gullifer/Payne (eds.), Intermediated Securities Holding Systems Revisited: A View Through the Prism of Transparency, in Intermediation and Beyond, 2019, 309 ff.; *Green/Snagg*, Intermediated Securities and Distributed Ledger Technology, in: Intermediation and Beyond, 337 ff.; *Mooney jr.*, Beyond Intermediation: A New (FinTech) Model for Securities Holding Infrastructures, 22 Un. Penn. J. Bus. L., 2020, 386 ss., 404 ff.; *Marjosola*, Security Tokens and the Future of EU Securities Law: Rethinking the Harmonisation Project, Eur. Comp. Fin. Law Rev., 5, 2022, 254 ff.

[37] See *Corso/Laudonio*, Le s.r.l. aperte al mercato, 152.

[38] See *Fava*, La nuova forma di "incorporazione" digitale, 135.

[39] See Art. 3, par. 2, D.L. 25/2023.

[40] See *Malvagna*, Digital securities, 2.

To this purpose D.L. 25/2023 transplants, in digital ecosystem, some rules which are typical of dematerialized shares. With particular regard to legal effects of DLT "book entries", articles 5–6 D.L. 25/2023 transpose to digital context the "bona fide" purchasing rule contained in Art. 83-quinquies TUF. The provisions of the Decree regarding buyer protection and entitlement to exercise corporate rights are equivalent to those provided by regulation on paper and dematerialized securities.[41]

From a conceptual point of view, there are no substantial differences: DLT technology can be designed to attribute to the holder of digital financial instruments a *jus excludendi omnes alios* which is equivalent to possession of paper share certificates or ownership of an electronic account in centralized accounting systems.[42] Moreover, it can be noted that crypto shares are registered in the name of an owner and associated with him exclusively, but they cannot be physically held by him, as they are accessible only by using a private cryptographic key connected to an electronic wallet.

As is known, the digital financial instrument is an intangible asset linked to public address of a person who subscribed or purchased it. The transfer of crypto-asset and the possibility to exercise corporate rights related to it depends on the use of a private cryptographic key, which gives access to DLT financial instrument and can be held by the owner himself or by an intermediary ("custodial wallet provider") on behalf of the owner.[43]

Decree n. 25/2023 envisages the case of using an intermediary (bank or investment firm) as a direct holder of crypto-assets – *i.e.* as a nominee – on behalf of investors. In this case the register entries are not made in the name of the ultimate investors but in that of the intermediaries and thus there's a discrepancy between recorded and beneficial shareholders (*i.e.* indirect holding system). D.L. n. 25/2023 recalls in this case the rules provided for dematerialized shares (Art. 83-*quater* ff. TUF): the entitlement to corporate rights is verified through entries in intermediary accounts in which investors' names are recorded (Art. 11).

---

[41] Indeed, from a technical point of view, any modification of the owner's name in DLT register can be executed only through techniques defined in DLT infrastructure and therefore the formalities established for transfer of paper securities cannot be applied (*De Luca*, Documentazione crittografica e circolazione della ricchezza assente, in: Rivista di diritto civile, 2020, 113).

[42] See *Laudonio*, Distributed ledger technology e ICOs, 112; *Fava*, La nuova forma di "incorporazione" digitale, 128. Similar opinions in relation to German regulation of electronic and crypto shares (eWpG, as amended in 2023 by ZuFinG) were expressed by *Omlor*, RDi 2024, 19, 20ff.

[43] See ESMA, Advice on Initial Coin Offerings and Crypto-Assets, 09.01.2019, 9 No. 7; see *Ciocca*, Servizi di custodia, negoziazione e regolamento di cripto-attività, in: ODCC, 2022, 80.

Consequently, the rules provided in DLT Pilot regime don't apply here, as they are replaced by articles 83-*quater* – 83-*decies* TUF which normally operate in accounting systems maintained by central depositaries. However, in DLT infrastructure there isn't a central depositary, so the context is quite different,

even though the "register for digital circulation" is not as "distributed" as the underlying technology would suggest.

According to Art. 11, the application of provisions on dematerialized shares to DLT financial instruments must occur within the limit of compatibility and this may entail the risk of some uncertainty in identifying applicable rules. D.L. 25/2023 seeks to achieve coordination between the two regimes, although much will be left to interpretation on a case-by-case basis as various issues may arise.

III. Players involved in Italian DLT Pilot Regime: the "responsible of DLT register"

In European approach to DLT emerges a broad awareness about potential benefits of distributed ledger technology in terms of combining trading and settlement of crypto-assets in near real-time. In this perspective, EU Regulation on Pilot Regime provides for a dedicated DLT market infrastructure – namely, the DLT TSS – which combines activities normally performed by multilateral trading facilities and securities settlement systems.

According to present landscape of financial market infrastructures, the combination of trading and post-trading activities within a single entity is not compatible with the existing legal framework, due to policy choices related to risk specialization. The Pilot Regime doesn't intend to overhaul the traditional separation of trading and post-trading activities, but introduces, within the regulatory sandbox, the possibility to combine services that can be provided by incumbents already known in financial services ecosystem (*i.e.* traditional qualified intermediaries) or by new market operators specifically authorized for these activities.[44] To this scenario D.L. 25/2023 adds a further figure of intermediary: the responsible of DLT register ("*responsabile del registro per la circolazione digitale*") which must be appointed for each issue of digital financial instruments carried out outside a DLT market infrastructure regulated by EU Pilot Regime. The responsible oversees the maintenance and update of DLT register, subject to registration in a specific list kept by CONSOB[45]. Following this provision, the Supervisory Authority has issued implementing regulation to clarify

[44] See reg. 2022/858/EU, whereas n. 7, 11 and 14. Traditional intermediaries, already operating in financial services landscape, such as trading venues, investment firms, central depositaries and central counterparties, can be authorized to provide a combination of trading and settlement services related to DLT financial instruments ("DLT TSS").

[45] See Art. 19, D.L. 25/2023.

the requirements needed to be subscribed in the list as "*responsabile del registro per la circolazione digitale*".[46]

According to Art. 3 of the Decree, register keeping activity can be carried out by the responsible of DLT register or by entities operating a DLT market infrastructure, such as a SS DLT or a TSS DLT.[47] Despite the intention to open the entry of new players of digital ecosystem, the Italian Pilot regime, similarly to European regulation, retains a central role for traditional intermediaries, allowing bank, investment firms and trading venues to apply to be registered as responsible of DLT register in an appropriate list, according to Art. 19, comma 1 lett. a), D.L. 25/2023.

Other types of intermediaries, such as payment institutions, insurance companies and electronic money institutions, can also apply to be included in the list, but their activity on DLT register can be provided only in relation to digital financial instruments issued by themselves or by members of group to which they belong.[48] An innovation in Italian Pilot Regime consists in including the issuers among those who can apply to be responsible of the register, provided that they carry out this activity with regard to the instruments they issue.[49]

In this way issuer can manage issuing phase and subsequent trading operations on digital financial instruments, thus establishing a direct relationship with its own shareholders, especially if he also keeps shareholders' register through DLT.[50]

Italian central depositaries, who intend to carry out register keeping activity on an ancillary basis,[51] are automatically registered in the list and it's debated whether central depositories can use solutions based on DLT technology also for listed financial instruments subject to dematerialization.[52]

The answer can be positive if representation of shares in digital form is conceived, similarly to the approach adopted by German legislator in eWpG (as amended by ZuFinG), as a species of dematerialized form, where the latter is a

---

46 See Art. 8 and All. 1, reg. Consob 22923/2023.

47 They are traditional intermediaries or new market operators authorized to provide, in the digital context, settlement services (SS DLT) or a combination of trading and settlement services (TSS DLT), as allowed in EU Pilot Regime.

48 See Art. 19, comma 1, lett. b), D.L. 25/2023.

49 See Art. 19, comma 1, lett. c), D.L. 25/2023.

50 However, without specific technological skills, the issuer is likely to outsource certain tasks to third parties (e.g. companies providing IT services). Moreover, the issuers applying as responsible of DLT register need to be a joint-stock company ("*società per azioni*") with a minimum capital of 150,000 euros and an audit system for certification of financial statements (Art. 20, comma 4, lett. a-b), D.L. 25/2023). Therefore, it's actually not possible for limited liability companies ("*s.r.l.*"), issuing DLT debentures, to form and maintain their own DLT register. See *Corso/Laudonio*, Le s.r.l. aperte al mercato, 158.

51 The reference to the "ancillary" nature of the activity raised doubts as the keeping of DLT register overlaps with the main activity of central depositories. See *Malvagna*, Digital securities, 6.

52 See *Malvagna*, Digital securities, 5.

more general definition that encompasses both electronic (dematerialized) and digital (tokenized) form. As mentioned above, D.L. 25/2023 seeks to coordinate the two regimes of dematerialization and tokenization of shares (Art. 11) and sometimes transplants solutions from one system to the other (Art. 5–6): the similarities between the two regimes should make it easier to achieve their mutual integration, even if interpretative issues may arise.

Some more considerations may concern the duties incumbent on the responsible of DLT register pursuant to Decree n. 25/2023. Italian Pilot regime distinguishes between some more general duties that apply to both the responsible of DLT register and the intermediaries operating a market DLT infrastructure (Art. 13) and more specific duties which apply only to former (Art. 23–24).

According to Art. 13, the responsible of DLT register and the intermediary operating a SS DLT or a TSS DLT must guarantee the conformity of the register with characteristics prescribed in Art. 4 D.L. 25/2023 and in implementing provisions issued by CONSOB.[53] Moreover, they must ensure the correctness, completeness and constant updating of information related to the issuance of DLT financial instruments.

They also need to adopt, describe and disclosure a clear, detailed, "transition strategy" in case it's necessary to transfer records from a DLT register to another ledger or in the event of changes in form and regime of financial instruments if another register is not available (Art. 14). This strategy must be implemented in the event of termination of DLT register or cancellation of the register keeper from the list of responsible. A change in form and trading regime of DLT financial instruments can also be decided by the issuer, according to Art. 15, as long as the instruments belong to the same issue and company's articles of association allow it.[54]

Further obligations of the responsible of DLT register are envisaged in articles 23–24 D.L. 25/2023, considering the need to establish some technical and organizational safeguards for players who are not subject to MiFID regulation. According to Art. 23 the responsible of the register must act in a transparent, diligent and correct manner. Moreover, he needs to adopt mechanisms and devices adequate: a) to "prevent the use of digital financial instruments by parties other than those authorized"; b) to "ensure continuity and recovery of the activity, including external security of information"; c) to ensure that "the overall number of digital financial instruments belonging to a single issue is not modifiable".

[53] In addition to characteristics already mentioned in § II.2.a, the DLT register must be configure in a way to "prevent loss or unauthorized modification of data and records relating to digital financial instruments" (Art. 4, comma 1, lett. c-bis), D.L. 25/2023).

[54] See Art. 15, comma 1, D.L. 25/2023. Under the same conditions the issuer may decide to convert instruments originally subject to a different circulation regime into digital financial instruments, provided that they belong to the same issue (Art. 15, comma 2).

Regarding corporate governance safeguards, the duties are different depending on the type of operator who is responsible of the register. The issuers maintaining DLT register with regards to their own financial instruments must adopt appropriate policies for identification, disclosure and management of conflicts of interest.[55] Instead, the companies who intend to provide DLT register keeping activity on behalf of third parties must establish a clear organizational structure with well-defined responsibilities and effective internal control systems and ICT systems, as well as appropriate accounting procedures and policies for identification, disclosure and management of conflicts of interest.[56]

According to these duties Art. 26 establishes that responsible of DLT register is liable for damages resulting from register keeping activity towards the issuer – if he is different from who's in charge of it– and towards those resulting from entries on DLT ledger (or persons on whose behalf the records should have been carried out), unless he provides proof of having adopted all appropriate measures to avoid the damage. Moreover, there's a further and more general liability towards investors (as well as towards those resulting from register entries) for damages caused by false or misleading information or by omission of required information, without prejudice to proof of having used due diligence to ensure correctness and completeness of information.[57]

IV. Concluding remarks

As highlighted above, the Italian approach to implementation of EU Pilot regime seeks to integrate into existing regulatory framework on issuance and trading of financial instruments new rules specifically tailored for digital ecosystem. In doing so, Decree-Law n. 25/2023 tries to adapt and transplant to DLT context some rules actually governing issuance and trading of dematerialized shares through accounting systems maintained by central depositaries.

As already noted, this approach has its advantages as it refers to more tested solutions, reducing uncertainties on legal effects of crypto-assets trading, thus decreasing learning costs for operators, but it has also its drawbacks, not allowing to fully exploit opportunities and potentialities of DLT technology.

Moreover, there are many issues regarding compatibility of the two regimes on dematerialization and tokenization of shares, which are impossible to address in this paper, but which need to be faced on a case-by-case basis: to state a few, the possibility of combining the register held by central depository with DLT register in case digital financial instruments are registered in the name of

[55] See Art. 24, comma 3, D.L. 25/2023.
[56] See Art. 24, comma 2 D.L. 25/2023.
[57] See Art. 26, comma 2 D.L. 25/2023.

intermediaries and the subsequent complex interplay of two regimes in this case.

There are also a few issues arising from interaction between DLT Pilot Regime and corporate law context, which can be partially addressed by carefully designing technological infrastructure and by exploiting opportunities related to maintenance of DLT register in combination with company register of members. Some corporate law issues also involve the identification of crypto securities owners and compliance with mandatory nominative regime for shares, as well as the accessibility of DLT register in order to verify the entitlement to exercise voting rights.

Moreover, the policy choice to rely on record-date mechanism raises doubts, as it seems to underestimate the potential of DLT in enabling real-time identification of shareholders, overcoming the inefficiencies of record-date and the risk of empty voting.

Lastly, some interpretative issues arise regarding the scope of Italian Pilot regime, particularly the possibility of including limited liability companies shares ("*s.r.l.* shares") among digital financial instruments subjected to regulatory sandbox. In this regard, the existing uncertainty about qualification of *s.r.l.* shares as financial instruments and transferable securities should be hopefully overcome by legislator, preferably after the qualification of crypto-assets as financial instruments is addressed at European level in light of ESMA recent guidelines.

Ultimately, the path towards construction of a discipline on tokenization of financial instruments has just begun and will require essential adaptations at the expire of sandbox period, as well as careful coordination with MiCAR regulation on crypto-assets that are not financial instruments.

Die Innovationsoffenheit des US-Gesellschaftsrechts im Vergleich

Möglichkeiten der Tokenisierung von Gesellschaftsanteilen

Daniel Ostrovski und Leander Bücken

I. Problemstellung[1]

Ziel der Tokenisierung ist die Verknüpfung DLT-basierter Token mit externen Werten oder Rechten. Die Tokenisierung ermöglicht nicht nur die Handelbarkeit der verknüpften Werte oder Rechte über eine DLT, sondern auch die Integration dieser in automatisierte Geschäftsprozesse, die mit Hilfe der DLT und Smart Contracts ausgeführt werden. Mit Blick auf das Gesellschaftsrecht eröffnet die Tokenisierung zwei verknüpfte Problemkreise: Zum einen stellt sich die Frage, inwiefern eine rechtssichere Verknüpfung von Gesellschaftsanteilen und Token möglich ist sowie die Möglichkeit des rechtssicheren Einsatzes von Token als Gesellschaftsanteile in den gesellschaftsrechtlichen Prozessen. Hinsichtlich der Verknüpfung von Token und Rechten wurde der dt. Gesetzgeber mit dem Gesetz über elektronische Wertpapiere (eWpG) bereits tätig, welches er kürzlich durch das Zukunftsfinanzierungsgesetz (ZuFinG) auf Aktien erweiterte. Der andere Problemkreis behandelt die rechtliche Erfassung neuer, DLT-basierter Organisationsformen, die sich nicht passgerecht ins geltende (Gesellschafts-) Recht einordnen lassen, namentlich sog. „Decentralized Autonomous Organizations" („DAOs"). Zu beiden Problemkreisen bietet das US-Recht, teils ohne spezielle Regulierung, erste Antworten: So lässt sich die Tokenisierung von Gesellschaftsanteilen mit den *uncertificated securities* des UCC abbilden. Auch DAOs können bereits als LLCs sowie mit speziellen Regulierungen wie dem Wyoming DAO Supplement in den USA gesellschaftsrechtlich erfasst werden. Ein rechtsvergleichender Blick über den Atlantik könnte daher wertvolle Erkenntnisse für eine *lex ferenda* bieten. Im folgenden Beitrag werden zunächst einige tatsächliche Betrachtungen angestellt (Abschn. II.), um die Potentiale der DLT sowie die zusammenhängenden Problemkreise zu beschreiben. Sodann werden zunächst das deutsche Recht (Abschn. III.) und anschließend das entsprechende US-Recht dargestellt (Abschn. IV.). Schließlich wird ein abschließender Vergleich der Rechtsordnungen für rechtspolitische Überlegungen genutzt (Abschn. V.).

II. Potentiale der DLT im Gesellschaftsrecht

Mit Aufkommen der DLT entfachte sowohl in der deutschen als auch internationalen rechts- und wirtschaftswissenschaftlichen Literatur eine Diskussion über die möglichen Potentiale der DLT in verschiedenen Lebensbereichen. Während sich die Hauptdiskussion bislang um die Einsatzfelder im Finanzmarkt dreht, nimmt die Diskussion im Gesellschaftsrecht stetig Fahrt auf. Auf-

[1] Alle im Folgenden zitierten Internetseiten wurden am 15.11.2024 zuletzt abgerufen.

grund der starken Verzahnung von Gesellschaftsrecht und Finanzmarkt stellt dies keine Überraschung dar.

1. Tokenisierung im Gesellschaftsrecht

Im Allgemeinen bietet die DLT die Möglichkeit, losgelöst von einer zentralen Instanz Aufzeichnungen vorzunehmen, die unveränderlich und – je nach Ausgestaltung – transparent dargestellt werden.[2] DLT kann daher überall dort eingesetzt werden und Potentiale bieten, wo Aufzeichnungen und Transaktionen vorgenommen werden sollen.

Mit Blick auf das Gesellschaftsrecht liegt das offensichtlichste Potential der DLT in der Aufzeichnung der Zugehörigkeit von Gesellschaftsanteilen: Gesellschaftsanteile können auf der DLT aufgesetzt und transferiert werden und so die Zuordnung von Rechten in einer digitalen Umgebung abbilden. Durch eine digitale Abbildung auf der DLT kann der Übertragungsprozess sicherer und effizienter durchgeführt werden.[3] Insbesondere dort, wo in klassischen Übertragungsprozessen Intermediäre eingebunden werden (insb. beim Clearing und Settlement börsengehandelter Wertpapiere), können durch Nutzung der DLT die Anzahl eingebundener Intermediäre reduziert und Effizienzvorteile gewonnen werden.[4]

Darüber hinaus lassen sich durch die Tokenisierung auch Prozesse im Rahmen des „Corporate Housekeepings" digital abbilden und dadurch zum Teil automatisiert und effizienter durchführen. Ein Anwendungsfeld ist – als Annex zur Anteilsübertragung – die Identifizierung von Gesellschaftern durch die Gesellschaft bzw. ihre Geschäftsführung.[5] Auf Basis der DLT ließen sich Gesellschafter durch die Inhaberschaft des Anteilstokens identifizieren und so (jedenfalls technisch) Gesellschafterlisten i. S. v. § 40 Abs. 1 GmbHG oder Aktienregister i. S. v. § 67 Abs. 1 AG auf Basis der DLT einfacher und effizienter erstellen und laufend führen.[6]

Zum „Corporate Housekeeping" gehören auch verschiedene Prozesse zur Ausübung von Gesellschafterrechten sowie zur Steuerung des Unternehmens. Geldwerte Ansprüche der Gesellschafter, wie Gewinnausschüttungen bzw. Dividendenzahlungen, ließen sich auf der DTL abbilden und automatisieren.[7] Durch die Tokenisierung der Gesellschafteranteile ließen sich auch die Mitspra-

---

[2] *Fill/Härer/Meier,* in: Fill/Meier (Hrsg.), Blockchain, Grundlagen, Anwendungsszenarien und Nutzungspotentiale, 2020, 4.

[3] *Matzke,* in: Möslein/Omlor (Hrsg.), FinTech-Handbuch, 3. Aufl. 2024, § 10 Rn. 39 ff.; *Möslein/Omlor/Urbach,* ZIP 2020, 2149; *Maume,* NZG 2021, 1189, 1189.

[4] *Matzke,* in: Möslein/Omlor (Hrsg.), FinTech-Handbuch, 3. Aufl. 2024, § 10 Rn. 34; ähnlich *Lenski,* LTZ 2022, 24, 28.

[5] *Möslein/Omlor/Urbach,* ZIP 2020, 2149, 2154; *Maume,* NZG 2021, 1189, 1189, 1192; *Omlor,* DNotZ 2021, 855.

[6] *Möslein/Omlor/Urbach,* ZIP 2020, 2149, 2157 ff.; *Maume,* NZG 2021, 1189, 1192.

[7] *Möslein/Omlor/Urbach,* ZIP 2020, 2149, 2155.

cherechte der Gesellschafter in (digitalen) Gesellschafterversammlungen ausüben und dadurch transparent und fälschungssicher aufzeichnen.[8] Auch Entscheidungsfindungen auf Vorstands- bzw. Geschäftsführungsebene ließen sich auf der DLT abbilden.[9] Insgesamt ließe sich die gesellschaftsinterne Dokumentation und Kommunikation auf einer DLT abbilden und dadurch die Ausübung von Gesellschafterrechten automatisieren und die Transparenz gesellschaftsinterner Vorgänge erhöhen.[10]

Das Gesellschaftsrecht steht in Anbetracht der DLT vor der Herausforderung, die Potentiale der DLT zu erfassen und ohne ungerechtfertigte Hürden zuzulassen. Zu untersuchen ist daher, inwiefern das deutsche Gesellschaftsrecht bereits jetzt für die DLT offen ist und wo eine weitere Öffnung möglich wäre. Ein rechtsvergleichender Blick in die USA und die dortige rechtliche Etablierung von DLT in unternehmerische Prozesse kann dazu eine erkenntnisreiche Perspektive bieten.

2. *Originäre DLT-Organisationsformen*

Vor Herausforderungen wird das Gesellschaftsrecht auch durch die Entstehung neuer DLT-basierter Organisationsformen gestellt. Smart Contracts ermöglichen neue Wege der Kooperation und Entscheidungsfindung in einer dezentralen Umgebung, die bis hin zur Steuerung ökonomischer Aktivitäten reichen.[11] So entstehen auf der DLT organisatorische Zusammenschlüsse, die gemeinhin als „Decentralized Autonomous Organizations" („DAOs") bezeichnet werden. DAOs sind in ihrer Entscheidungsfindung dezentral, es fehlen klassische hierarchische Entscheidungsstrukturen. Ersetzt werden diese durch Mehrheitsentscheidungen der Teilnehmer der DAO (Inhaber sog. „Governance–Token"), die so demokratisch die Steuerung der jeweiligen Unternehmung übernehmen.[12] Eine Trennung zwischen Teilhaber und Leitungsebene fehlt bei DAOs. Damit wollen DAOs u.a. klassische Governance-Probleme, wie insbes. das *„Principal-Agency-Problem"*, lösen.[13] Zusätzlich sollen die Aktivitäten z.T. autonom (also algorithmisch) durch die zugrundeliegenden Smart Contracts gesteuert werden; der Autonomiegrad einzelner DAOs kann aber variieren, wobei voll-

---

[8] *Möslein/Omlor/Urbach,* ZIP 2020, 2149, 2155; *Maume,* NZG 2021, 1189, 1190.

[9] *Möslein/Omlor/Urbach,* ZIP 2020, 2149, 2155; *Maume,* NZG 2021, 1189, 1190.

[10] *Möslein/Omlor/Urbach,* ZIP 2020, 2149, 2156, 2161 ff.

[11] *De Filippi/Wright,* The Future of Organizations, 2018, 131.

[12] *De Filippi/Wright,* The Future of Organizations, 2018, 137; vgl. auch *Mienert,* RDi 2021, 384, 384.

[13] Vgl. grundlegend zum Principal-Agency-Problem *Jensen/Meckling,* Journal of Financial Economics 3 (1976), 305; zur Problemlösung durch die Dezentralisierung auch *Zetsche,* ZGR 2022, 698, 709, der jedoch eine volle Dezentralisierung für praktisch nicht vorhanden ansieht.

autonome DAOs bisher wohl eher ein theoretisches Konzept sind.[14] Die Zwecke von DAOs reichen von der Kapitalbeschaffung bzw. -sammlung bis hin zur Umsetzung und Steuerung komplexer Vorhaben.[15] Eine besondere Bedeutung haben DAOs dabei im Kontext der Steuerung von „Decentralized Finance" („DeFi")[16] Anwendungen.[17]

Die rechtliche Erfassung dieser neuen Organisationsform sowie die Anwendung der *lex lata* auf solche neuen Formen gestaltet sich mit Blick auf den *numerus clausus* Grundsatz im dt. Gesellschaftsrecht als schwierig.[18] Eine rechtsvergleichende Untersuchung dieses Phänomens könnte daher neue Erkenntnisse für eine mögliche *lex ferenda* liefern.[19] Der Fokus einer solchen Untersuchung muss in der rechtssicheren Erfassung von DAOs liegen, die die Grundideen und Funktionsweisen dieser Organisationsform nicht konterkariert. Untersuchungsgegenstand ist daher vor allem der Erhalt von Rechtspersönlichkeit durch DAOs (damit diese eigenständig am Rechtsverkehr teilnehmen können), rechtliche Hürden für die Teilnahme an einer DAO und schließlich die Wahrung der Identität von DAOs trotz gesellschaftsrechtlicher Strukturierung. [20] Eine solche rechtliche (und ermöglichende) Erfassung von DAOs ist sowohl aus ökonomischen Gründen als auch aus der tatsächlichen Erkenntnis, dass DAOs bereits existieren und agieren, vom Recht aber bislang nicht ausreichend erfasst werden, geboten.[21]

---

[14] Zu beachten ist, dass aktiv durch die Teilhaber gesteuerte Organismen auch als „Decentralized Organisations" bezeichnet werden, da ihnen der Autonomiegrad fehlt; in diesem Beitrag wird nicht zwischen „Dos" und „DAOs" unterschieden; vgl. zu all dem *Mienert,* Dezentrale autonome Organisationen (DAOs) und Gesellschaftsrecht, 2022, 50ff.; vgl. auch *De Filippi/Wright,* The Future of Organizations, 2018, 148.

[15] Ähnlich *Hahn,* NZG 2022, 684, 684.

[16] DeFi steht für einen Finanzmarkt, in dem klassische Bank- und Finanzdienstleistungen in einem (DLT-basierten) dezentralen Netzwerk erbracht werden, sodass klassische Intermediäre durch automatisch und autonom agierende Smart Contracts ersetzt werden können, vgl. Deutsche Bundesbank, Krypto-Token und dezentrale Finanzanwendungen, Monatsbericht Juli 2021, 33 (abrufbar unter https://www.bundesbank.de/resource/blob/869610/fe7fd8b5aef8053b1f0a823da5dc58a9/mL/2021-07-kryptotoken-data.pdf); anknüpfend *Möslein/Kaulartz/Rennig,* RDi 2021, 517.

[17] Vgl. ausführlich *Möslein/Ostrovski,* in: Perestrelo de Oliveira/Rolo (Hrsg.), Decentralised Autonomous Organisation (DAO) Regulation: Principles and Perspectives for the Future, 2024, 107ff.

[18] Vgl. dazu auch *Grieger,* Die Tokenisierung von Kapitalgesellschaftsanteilen, 2023, 85.

[19] Vgl. zum Regelungsbedürfnis auch *Möslein/Omlor/Urbach,* ZIP 2020, 2149, 2150; *Maume,* NZG 2021, 1189.

[20] Zu den Anforderungen an eine DAO-Regulierung im Einzelnen auch *Schwemmer,* AcP 221 (2021), 555, 576ff.; *Fleischer,* ZIP 2021, 2205, 2213.

[21] Vgl. dazu *Nielsen,* Utah Law Review 19 (2019), 1105, 1122.

III. Tokenisierung im deutschen Gesellschaftsrecht

Nachfolgend wird das deutsche Recht auf die obigen zwei aufgeworfenen Problemkreise, die Tokenisierung im Gesellschaftsrecht und die Tokenisierung des Gesellschaftsrechts, untersucht. Vor der Klammer ist zu klären, ob Gesellschaftsanteile *lege lata* überhaupt tokenisiert werden können (Abschn. III. 1.), um sodann die tokenisierte Mitgliedschaft in klassischen und neuen Organisationen zu untersuchen (Abschn. III. 1. und 2.).

1. Tokenisierung von Mitgliedschaftsrechten

Unabhängig von Einzelfragen des Gesellschaftsrechts, bedarf die Tokenisierung einer rechtssicheren Ausgestaltung, damit ihr Potential gänzlich ausgeschöpft werden kann, ohne durch den Faktor Recht limitiert zu werden. Ziel soll es daher sein, eine dingliche Tokenisierung zu schaffen, also einen tatsächlichen sachenrechtlichen Eigentumsübergang an dem zugrunde liegenden Vermögensgegenstand durch Übertragung des Tokens auf der Blockchain zu ermöglichen. Funktionell handelt es sich daher bei der Tokenisierung um eine „digitale Weiterentwicklung des klassischen Wertpapierrechts".[22] Für diese Weiterentwicklung fehlt es jedoch an einer entsprechenden Normierung. Insbesondere lässt sich die Verknüpfung zwischen Recht und Token nicht unter bestehende sachenrechtliche sowie wertpapierrechtliche Normen subsumieren, weshalb bislang allein das Konzept einer schuldrechtlichen Tokenisierung möglich erscheint.[23] Eine Ausnahme gilt jedoch für den Bereich des eWpG, das bereits *de lege lata* eine dingliche Tokenisierung ermöglicht.

a) Die Aktiengesellschaft im eWpG

Mit dem eWpG hat die Tokenisierung von Mitgliedschaftsrechten – namentlich der AG – weitere Fahrt aufgenommen. Grundsätzlich ermöglicht das eWpG die Begebung von elektronischen Wertpapieren, also Wertpapieren die begeben werden können, ohne dass es einer („Papier-") Urkunde bedarf, vgl. § 2 Abs. 1 S. 1 eWpG. In der ursprünglichen Fassung erstreckte sich das eWpG noch allein auf Inhaberschuldverschreibungen, mithin nicht auf Aktien.[24] Mit Verkündung des „Zukunftsfinanzierungsgesetzes"[25] wurde dies jedoch geändert: Seit dem

---

[22] *Omlor,* in: Omlor/Link (Hrsg.), Kryptowährungen und Token, 2. Aufl. 2023, Kap. 6 Rn. 93.

[23] Siehe hierzu ausführlich *Omlor,* in: Omlor/Link (Hrsg.), Kryptowährungen und Token, 2. Aufl. 2023, Kap. 6 Rn. 102 ff.

[24] Vgl. § 1 eWpG a. F.; vgl. zu den Problemen bei der analogen Anwendung des eWpG a. F. auf tokenisierte Aktien *Grieger,* Die Tokenisierung von Kapitalgesellschaftsanteilen, 2023, 73 ff.

[25] BGBl. 2023 I Nr. 354.

15.12.2023 erfasst der Anwendungsbereich des eWpG neben Inhaberschuldverschreibungen auch Aktien. Zudem findet sich in § 10 Abs. 5 AktG n.F. nun die Möglichkeit, den Anspruch des Aktionärs auf Verbriefung seines Anteils auszuschließen oder einzuschränken. Bei elektronischen Aktien ist dieser Ausschluss gem. § 10 Abs. 6 AktG n. F. zwingend. Die Tokenisierung von Aktien ist damit keine Zukunftsmusik mehr, sondern rechtliche Realität.

Elektronische Wertpapiere und damit nun auch Aktien können nicht allein auf Basis der DLT als Token, also als sog. „Kryptowertpapiere" begeben werden, sondern auch in zentralen Registern als „Zentralregisterwertpapiere", § 4 Abs. 1 eWpG. Während Aktien grundsätzlich gem. § 10 Abs. 1 AktG sowohl als Inhaber- als auch als Namensaktien begeben werden können, schränkt das eWpG die Begebung von elektronischen Aktien als Kryptowertpapier auf die Namensaktien ein: Gem. § 1 Nr. 3 eWpG werden Inhaberaktien zwar vom eWpG erfasst, jedoch nur wenn sie in einem zentralen Register eingetragen werden, mithin nicht in einem Kryptowertpapierregister. Die Tokenisierung der Aktie ist daher auf die Namensaktie beschränkt.[26]

Anerkannt ist, dass das Kryptowertpapierregister, welches gem. § 16 Abs. 1 eWpG auf einem „fälschungssicheren Aufzeichnungssystem geführt werden [muss], in dem Daten in der Zeitfolge protokolliert und gegen unbefugte Löschung sowie nachträgliche Veränderung geschützt gespeichert werden" unter Nutzung einer DLT geführt werden kann.[27] Die registerführende Stelle, die gem. § 16 Abs. 2 eWpG vom Emittenten benannt wird, muss sodann sicherstellen, dass das Kryptowertpapierregister die in § 17 eWpG erforderlichen Angaben enthält. Die Besonderheit des eWpG liegt darin, dass auch spezielle sachenrechtliche Vorschriften enthalten sind, sodass eine dingliche Tokenisierung für Inhaberschuldverschreibungen und Namensaktien ermöglicht wird. So gilt ein elektronisches Wertpapier zunächst als Sache i. S. d. § 90 BGB und öffnet damit grundsätzlich die Anwendbarkeit der sachenrechtlichen Regelungen aus dem BGB. Daher sind für die Übertragung elektronischer Wertpapiere in Sammeleintragung die sachen- bzw. depotrechtlichen Grundsätze anwendbar.[28] Für elektronische Aktien in Sammeleintragung bedeutet dies, dass sie nach den allgemeinen Regeln für verbriefte Wertpapiere durch Abtretung nach §§ 413,

[26] Siehe zur Kritik an der Nichtzulassung der Begebung von Inhaberaktien als Kryptowertpapier *Lübke*, in: Möslein/Omlor (Hrsg.), Kryptoaktien, 2024, 39, 48 ff.

[27] BT-Drs. 19/26925, 59 f., wobei jedoch auch klargestellt wird, dass eine Festlegung auf die Distributed Ledger Technologie nicht bezweckt ist und ein Aufzeichnungssystem auf dieser Basis stets die gesetzlichen Anforderungen erfüllt.

[28] Siehe zu der Frage, ob die Namensaktie überhaupt als elektronische Aktie in Sammeleintragung begeben werden kann BeckOGK AktG/*Vatter*, Stand 01.10.2024, § 10 Rn. 73.

398 BGB oder durch Übertragung des Miteigentumsanteils[29] nach §§ 929 ff. BGB übertragen werden.[30]

Ferner regeln die §§ 24 ff. eWpG Verfügungen über das elektronische Wertpapier in Einzeleintragung. Nach § 25 Abs. 1 eWpG ist es zur Übertragung des Eigentums an einem elektronischen Wertpapier in Einzeleintragung – und damit auch an einem Kryptowertpapier – erforderlich, dass das elektronische Wertpapier auf Weisung des Berechtigten auf den Erwerber umgetragen wird und beide sich darüber einig sind, dass das Eigentum übergehen soll. Die Umtragung im Register wird wiederum in § 4 Abs. 8 eWpG als Ersetzung des bisherigen Inhabers im Register durch einen neuen Inhaber definiert. Auch enthält § 26 eWpG Regelungen für einen möglichen gutgläubigen Erwerb.

Das eWpG ermöglicht also unter den Voraussetzungen der §§ 16 ff. eWpG die Tokenisierung jedenfalls der Namensaktie, sodass ein erster Schritt zur Tokenisierung von Mitgliedschaftsrechten unternommen wurde; materiell stellt das eWpG die digitale Weiterentwicklung des Wertpapierrechts dar, die sich in der Tokenisierung zeigt.

b) Gesellschaft mit beschränkter Haftung

Anteile an einer GmbH weisen eine weitaus geringere Verkehrsfähigkeit auf als die Aktien einer AG. Dies ist Ausfluss des rechtspolitischen Motivs, die GmbH als eine Gesellschaft mit kleinem Kreis von Gesellschaftern auszugestalten; entsprechend ist es rechtspolitisch nicht gewollt, die Handelbarkeit von GmbH-Anteilen zu erhöhen und damit ggf. auch spekulative Geschäfte zu ermöglichen.[31] Daher wird die Frage aufgeworfen, ob die Tokenisierung von GmbH-Anteilen überhaupt sinnvoll ist, wenn diese typischerweise nicht gehandelt werden.[32] Mit Blick auf die Handelbarkeit ist dem zuzustimmen – wie oben angesprochen bietet eine Tokenisierung aber über die Handelbarkeit hinausgehende Potentiale, die sogleich näher zu untersuchen sind.

Anders als bei der AG, gibt es bei der GmbH keine Möglichkeit der wertpapierrechtlichen Verbriefung der Mitgliedschaftsrechte; „verbriefte" GmbH-Anteile verkörpern also nicht die dahinterstehenden Mitgliedschaftsrechte. Wird ein GmbH-Anteil gleichwohl „verbrieft", handelt es sich nach h.M. um eine Beweisurkunde, deren Übereignung nicht die Übertragung der Geschäftsanteile zur Folge hat.[33] Die Übertragung der Geschäftsanteile richtet sich allein nach

---

[29] Der Miteigentumsanteil wird gem. § 9 Abs. 1 S. 2 eWpG fingiert: „Die Berechtigten der eingetragenen inhaltsgleichen Rechte gelten als Miteigentümer nach Bruchteilen an dem eingetragenen elektronischen Wertpapier".

[30] *Lübke*, in: Möslein/Omlor (Hrsg.), Kryptoaktien, 2024, 39, 56 ff.

[31] *Möslein/Omlor/Urbach,* ZIP 2020, 2149, 2157 f.; *Maume,* NZG 2021, 1189, 1191 f.; *Lenski,* LTZ 2022, 24, 27.

[32] *Lenski,* LTZ 2022, 24, 29.

[33] OLG Köln, GmbHR 1995, 293; BeckOK GmbHG/*Ziemons*, Stand 01.05.2024, § 5

§ 15 GmbHG: Die Geschäftsanteile werden qua Abtretung nach §§ 413, 398 BGB übertragen. Dabei bedürfen sowohl das Verpflichtungs- als auch das Verfügungsgeschäft der notariellen Beurkundung, § 15 Abs. 3, 4 S. 1 GmbHG. Da es schon allgemein an der Verbriefungsmöglichkeit der GmbH-Anteile fehlt, ist auch eine tokenisierte Verbriefung der Anteile in Analogie zu den Vorschriften des eWpG nicht denkbar.

Denkbar ist aber eine „Tokenisierung im weiteren Sinne“, um eine digitale DLT-basierte Abbildung des Gesellschaftsanteils zu ermöglichen: § 15 Abs. 5 GmbHG sieht die Möglichkeit vor, im Gesellschaftsvertrag die Abtretung des Gesellschaftsanteils an weitere Voraussetzungen zu knüpfen. Nach allgemeiner Auffassung könnte auch die Übertragung eines Tokens zu einer solchen Voraussetzung gemacht werden.[34] Schließlich kann auch die Übertragung des Anteilscheins als Beweisurkunde zur Voraussetzung gemacht werden.[35] Dadurch würde erreicht werden, dass Gesellschaftsanteil und Token bei der Übertragung des Gesellschaftsanteils nicht auseinanderfallen und so das Token in den Prozessen der Gesellschaft nutzbar gemacht werden kann.

2. *Tokenisierung im Kapitalgesellschaftsrecht*

Soweit also eine Tokenisierung in der einen oder anderen Form bei AG und GmbH denkbar ist, sollen weiter die Möglichkeiten und Grenzen der Tokenisierung von Gesellschaftsanteilen im Kapitalgesellschaftsrecht[36] in Bezug auf die sich aus dem Gesellschaftsanteil ergebenden Mitgliedschaftsrechte herausgestellt werden, die sich außerhalb des eWpG ergeben. Dies gilt insbesondere vor dem Hintergrund der praktisch sehr bedeutsamen Gesellschaftsform der GmbH.

Mit der Gesellschafterstellung in einer GmbH oder AG geht auch die Ausübung der Mitgliedschaftsrechte einher. Unterschieden wird hier zwischen den Vermögens- und Verwaltungsrechten.[37] Zu den Vermögensrechten zählen etwa das Gewinnbezugsrecht oder das Dividendenrecht bei einer AG.[38] Klassische Verwaltungsrechte sind das Recht auf Teilnahme an der Gesellschafterversammlung sowie die Ausübung von Stimmrechten.[39] Aufgezeigt werden soll

---

Rn. 81; *Altmeppen,* GmbHG, 11. Aufl. 2023, § 14 Rn. 9; *Bayer,* in: Lutter/Hommelhoff (Hrsg.), GmbH-Gesetz, 21. Aufl. 2023, § 14 Rn. 13.

[34] *Maume,* NZG 2021, 1189, 1192; *Lenski,* LTZ 2022, 24,29.

[35] *Ebbing,* in: Michalski/Heidinger/Leible/J. Schmidt (Hrsg.), GmbH-Gesetz, 4. Aufl. 2023, § 15 Rn. 162; *Altmeppen,* GmbHG, 11. Aufl. 2023, § 14 Rn. 9.

[36] Im Folgenden soll sich auf die AG und GmbH beschränkt werden.

[37] Siehe für die AG MüKoAktG/*Heider,* Bd. 1, 6. Aufl. 2024, § 11 Rn. 11 ff. und für die GmbH *Verse,* in: Henssler/Strohn (Hrsg.), Gesellschaftsrecht, 6. Auf. 2024, GmbHG § 14 Rn. 43; MüKoGmbHG/*Weller/Reichert,* Bd. 1, 4. Aufl. 2022, § 14 Rn. 75 ff.

[38] MüKoAktG/*Heider,* Bd. 1, 6. Aufl. 2024, § 11 Rn. 12; *Verse,* in: Henssler/Strohn (Hrsg.), Gesellschaftsrecht, 6. Aufl. 2024, GmbHG § 14 Rn. 43.

[39] MüKoAktG/*Heider,* Bd. 1, 6. Aufl. 2024, § 11 Rn. 13; *Verse,* in: Henssler/Strohn (Hrsg.),

nun, wie diese Rechte im Falle einer Tokenisierung ausgeübt werden können und welche Möglichkeiten, aber auch Friktionen die Tokenisierung mit sich bringt.

a) Gesellschaft mit beschränkter Haftung

Der ggf. auch automatisierten Abwicklung von Vermögensrechten über eine DLT bei der GmbH steht nichts entgegen. An die Modalitäten der Ausschüttung von Gewinnen stellt das GmbHG keine Anforderungen, sodass auch eine automatisierte Ausschüttung – unter Zugrundelegung der entsprechenden Voraussetzungen für die Ausschüttung wie insb. § 29 GmbHG sowie dem Gesellschaftsvertrag – möglich ist.

Anforderungen stellt das Gesetz dagegen an die Ausübung der Verwaltungsrechte. Die Gesellschafterversammlung einer GmbH muss gem. § 51 Abs. 1 S. 1 GmbHG durch Einladung mittels eingeschriebenen Briefes[40] einberufen werden. Es gilt eine Frist von einer Woche, § 51 Abs. 1 S. 2 GmbHG. Aus § 45 Abs. 2 GmbHG geht jedoch hervor, dass die Vorschriften der §§ 46–51 GmbHG dispositiv sind und damit auch von der Einladung mittels eingeschriebenen Briefes abgewichen werden kann.[41] Dabei sind Regelungen, die die Vorschriften zur Einberufung verschärfen und die Gesellschafterrechte stärken, weitgehend zulässig.[42] Hingegen ist bei Erleichterungen der Einberufungsmodalitäten zu beachten, dass die Gesellschafterrechte nicht unangemessen beeinträchtigt werden.[43] Erleichterungen der Form der Einberufung werden von der herrschenden Meinung aber zutreffend als weitgehend zulässig angesehen, sodass auch moderne Kommunikationsmittel – etwa E-Mail – genutzt werden können.[44] Damit kann – bei entsprechenden Satzungsregelungen – auf der Blockchain eine Nachricht mit dem Inhalt gespeichert werden, dass auf einem separaten Server eine Einladung als PDF bereitliegt.[45] Ferner ist es möglich, dass sich jeder Gesellschafter über seinen Public Key legitimiert, sodass eine Abstimmung auch über

---

Gesellschaftsrecht, 6. Auf. 2024, GmbHG § 14 Rn. 43; MüKoGmbHG/*Weller/Reichert*, Bd. 1, 4. Aufl. 2022, § 14 Rn. 78 ff.

[40] Damit ist das sog. Übergabeeinschreiben gemeint. Der Zusteller muss dem Empfänger, seinem Bevollmächtigten oder einem anderen Empfangsberechtigten die Sendung grds. übergeben, s. zur Form der Einberufung ausführlich MüKoGmbHG/*Liebscher*, Bd. 2, 4. Aufl. 2023, § 51 Rn. 22 ff.

[41] So auch MüKoGmbHG/*Liebscher*, Bd. 2, 4. Aufl. 2023, § 51 Rn. 69; BeckOK GmbHG/*Schindler*, Stand 01.08.2023, § 51 Rn. 3.

[42] MüKoGmbHG/*Liebscher*, Bd. 2, 4. Aufl. 2023, § 51 Rn. 69.

[43] MüKoGmbHG/*Liebscher*, Bd. 2, 4. Aufl. 2023, § 51 Rn. 69.

[44] BeckOK GmbHG/*Schindler*, Stand 01.08.2024, § 51 Rn. 4; MüKoGmbHG/*Liebscher*, Bd. 2, 4. Aufl. 2023, § 51 Rn. 73 m. w. N.; *Müther*, GmbHR 2000, 966, 971; a. A. *Römermann*, in: Michalski/Heidinger/Leible/J. Schmidt (Hrsg.), GmbH-Gesetz, Bd. 2, 4. Aufl. 2023, § 51 Rn. 36 ff., der einen Verzicht auf das Erfordernis des eingeschriebenen Briefes für unzulässig erachtet.

[45] *Maume*, NZG 2021, 1189, 1193.

die DLT stattfinden kann.[46] Erfolgt die Abstimmung nicht im Rahmen einer (virtuellen oder physischen) Gesellschafterversammlung, läge eine Abstimmung i.S.v. §48 Abs. 2 GmbHG vor. Diese kann nach h.M.[47] stets in Textform erfolgen, sodass eine Stimmabgabe über eine DLT den Anforderungen genügt.[48]

b) Aktiengesellschaft

Auch in einer AG bietet die DLT Vorteile bei der Ausübung von Aktionärsrechten. So könnten auch bei der AG Leistungen der Gesellschaft an die Aktionäre automatisch ausgezahlt werden, indem der Smart Contract auf der DLT entsprechend programmiert wird.[49] Dies gilt etwa für Dividendenzahlungen,[50] Abfindungszahlungen an die Aktionäre (etwa gem. §207b UmwG) oder durch einen Mitaktionär (etwa gem. §§305b, 320b Abs. 1 S. 3 Var. 2, 327b AktG).[51]

Anders als bei der GmbH kann eine börsennotierte AG ihre Aktionäre jedoch nicht allein via Blockchain zur Hauptversammlung einladen. Dies gilt bereits vor dem Hintergrund des §49 Abs. 1 S. 1 Nr. 1 WpHG, wonach die Einberufung der Hauptversammlung unverzüglich im Bundesanzeiger zu veröffentlichen ist.[52] Jedenfalls bei nicht börsennotierten Gesellschaften kann die Blockchain eine Erleichterung für die Mitteilung nach §125 AktG bieten, da diese bislang regelmäßig postalisch versendet wird.[53] Denn gem. §121 Abs. 4 S. 2 AktG ist es in der Satzung möglich, die Form der Einberufung zu bestimmen.[54] Zwar sind die Einträge auf der Blockchain mittels des Public Keys pseudonymisiert, jedoch muss die registerführende Stelle gem. §17 Abs. 1 Nr. 4 eWpG Kenntnis über die tatsächliche Identität des Inhabers haben,[55] sodass eine eindeutige Zuordnung trotz Pseudonymisierung möglich ist.

Die Satzung kann gem. §118 Abs. 1 S. 2 AktG vorsehen oder den Vorstand dazu ermächtigen, dass Aktionäre ihre Stimmen auch ohne an der Versamm-

---

46 *Maume*, NZG 2021, 1189, 1193.

47 MüKoGmbHG/*Liebscher*, Bd. 2, 4. Aufl. 2023, §48 Rn. 185 m.w.N.

48 Die Wahrung der Textform nach §126b BGB ist jedoch str., wie hier *Kipker/Birreck/Niewöhner/Schnorr*, MMR 2020, 50, 511; a.A. *Kollmann*, MMR 2024, 137, 139 m.w.N.

49 *Guntermann*, AG 2021, 449, 453; *Beurskens*, NZG 2021, 353, 354; *Möslein/Omlor/Urbach*, ZIP 2020, 2149, 2155; *Reger/Langheld/Haagen*, RDi 2021, 8, 85, 92.

50 Der Gewinnverwendungsbeschluss kann gem. §58 Abs. 5 AktG bei entsprechender Satzungsregelung eine Sachausschüttung zulassen, sodass die Dividende in Form von Kryptowährungen ausgeschüttet werden kann, siehe *Lübke*, in: Möslein/Omlor (Hrsg.), Kryptoaktien, 2024, 39, 72.

51 *Guntermann*, AG 2021, 449, 453.

52 Siehe auch *Guntermann*, AG 2021, 449, 453; so auch *Lübke*, in: Möslein/Omlor (Hrsg.), Kryptoaktien, 2024, 39, 67.

53 Siehe zu den Anforderungen ausführlich *Guntermann*, AG 2021, 449, 453f.

54 So auch *Reger/Langheld/Haagen*, RDi 2021, 83, 91; *Lübke*, in: Möslein/Omlor (Hrsg.), Kryptoaktien, 2024, 39, 67.

55 Dies gilt bereits aus Gründen der Geldwäsche-Prävention, siehe BT-Drs. 19/26925, 56, 61.

lung teilzunehmen, schriftlich oder im Wege elektronischer Kommunikation abgeben dürfen. Zudem richtet sich die Form der Stimmabgabe gem. § 134 Abs. 4 AktG nach der Satzung, sodass auch eine Stimmabgabe auf der Blockchain möglich erscheint.[56]

Festzuhalten ist aber auch, dass die Nutzung der DLT kein Selbstzweck ist und nicht stets einen Mehrwert bietet. Dies wird etwa bei der Zugangskontrolle zur Hauptversammlung ersichtlich. Eine virtuelle Hauptversammlung ist gem. § 118 Abs. 1 S. 2, Abs. 2 AktG möglich und wird praktisch durch einen Zugang zu einem Online-Hauptversammlungsportal meist von Drittanbietern ermöglicht, für welches die Aktionäre individuelle Zugangsdaten erhalten. Nutzt man hierzu stattdessen eine DLT, ist es erforderlich, sich durch die Eingabe des Public und Private Keys zu legitimieren, woraus jedoch kein direkter Mehrwert im Vergleich zur Eingabe der Zugangsdaten ersichtlich ist. Gleiches gilt für eine Abstimmung via Blockchain, da auch hier bereits eine virtuelle Abstimmung mit automatischer Berücksichtigung von Stimmrechtsausschlüssen durch Hauptversammlungs-Tools möglich ist.[57]

Dennoch ist herauszustellen, dass, auch wenn die Legitimierung mittels Token für sich genommen keinen entscheidenden Mehrwert im Vergleich zu bestehenden Hauptversammlungs-Tools bietet, die ganzheitliche Nutzung von Tokens und DLT für alle Gesellschaftsprozesse eine Abwicklung ohne Medienbrüche und ohne zusätzlichen Aufwand in der Legitimierung über verschiedene Kanäle bietet.

3. DAOs im Gesellschaftsrecht

Wie oben beschrieben, wirft die Tokenisierung nicht nur Fragen bei gesellschaftsrechtlich anerkannten Rechtssubjekten auf, sondern stellt das Aufkommen möglicher neuer Rechtssubjekte ins Licht. Dabei stoßen diese neuen Organisationsformen, namentlich die oben beschriebenen DAOs, an die Grenzen des im Gesellschaftsrecht geltenden *numerus clausus* der Rechtssubjekte. Jeder nach außen auftretende Personenverband ist nach dem *numerus clausus* einer gesetzlichen Rechtsform zuzuordnen.[58] Der *numerus clausus* gebietet also eine gesellschaftsrechtliche Erfassung, ohne DAOs einer bestimmten Gesellschaftsform zuzuordnen.

a) Personengesellschaften

Einzelfallabhängig, aber doch regelmäßig, wird zwischen den Teilnehmern einer DAO ein vertragliches Verhältnis zustande kommen, das auf die Förde-

---

[56] *Reger/Landhheld/Haagen*, RDi 2021, 83, 92.
[57] *Reger/Landhheld/Haagen*, RDi 2021, 83, 91 f.
[58] *K. Schmidt*, Gesellschaftsrecht, 4. Aufl. 2002, 96.

rung eines gemeinsamen Zwecks – nämlich die Steuerung und Partizipation an einem konkreten Projekt – ausgerichtet ist; mithin wird einer DAO regelmäßig ein Gesellschaftsvertrag zugrunde liegen.[59] Ohne weiteres Zutun entsteht also im Grundfall zwischen den Teilnehmern einer DAO eine GbR i.S.d. §§705ff. BGB. DAOs sind regelmäßig auch nicht darauf ausgerichtet, nur das Innenverhältnis der Gesellschafter zu regeln, sondern nehmen aktiv am Rechtsverkehr teil, sodass diese eine Außen-GbR nach §705 Abs. 2 Alt. 1 BGB darstellen und daher Rechtsfähigkeit erlangen.[60] Die Erlangung der Rechtsfähigkeit erfolgt unabhängig einer Eintragung im neu geschaffenen Gesellschaftsregister nach §707 BGB, da die Eintragung keine konstitutive Wirkung für die Rechtsfähigkeit der GbR hat und auch sonst nur obligatorisch für die GbR ist.[61] Soweit eine DAO ein Handelsgewerbe i.S.v. §1 Abs. 2 HGB betreibt, würde sie zudem automatisch zur OHG nach §105 Abs. 1 HGB werden. Häufig werden DAOs, die Projekte im DeFi-Bereich steuern, gewerblich handeln und damit ein Handelsgewerbe betreiben.[62] Für die Qualifikation als OHG und die damit einhergehende Rechtsfähigkeit der DAO kommt es ebenfalls nicht auf eine Anmeldung im Handelsregister an, da die Anmeldung zwar verpflichtend, aber lediglich deklaratorisch ist.[63]

DAOs können also zunächst unproblematisch den *numerus clausus* als Personengesellschaften – namentlich GbR oder OHG – erfüllen. Bereits nach dem Status quo können sie qua Rechtsfähigkeit am Rechtsverkehr teilnehmen. Die jeweiligen Haftungsverfassung machen aber die GbR und OHG zu ungeeigneten Gesellschaftsformen für DAOs: Gesellschafter der GbR und OHG haften gem. §721 BGB bzw. §126 HGB persönlich für die Verbindlichkeiten der Gesellschaft. Dabei haben die Gesellschafter als einzelne Person häufig keinen wesentlichen Einfluss auf die Geschäftstätigkeit der DAO, da diese – je nach Autonomiegrad – vollständig autonom durchgeführt wird oder auf Basis von Mehrheitsentscheidungen erfolgt, auf die der einzelne Teilnehmer keinen maßgeblichen Einfluss hat.[64] Auch aus Sicht potentieller Gläubiger ist die persönliche Haftung der Teilnehmer der DAO ein „Luftgriff": Aufgrund der Vielzahl von Teilnehmern, die ggf. nur pseudonym partizipieren und ggf. im Ausland wohnhaft sind bzw. ihren Sitz haben, ist eine Haftungsinanspruchnahme

[59] Im Detail vgl. *Mienert,* Dezentrale autonome Organisationen (DAOs) und Gesellschaftsrecht, 2022, 103ff.; s. auch *Zetsche,* ZGR 2022, 698, 715; *Mann,* NZG 2017, 1014, 1016f.; *Fleischer,* ZIP 2021, 2205, 2207; *Schwemmer,* AcP 221 (2021), 555, 571.

[60] Noch zur alten Rechtslage *Mienert,* Dezentrale autonome Organisationen (DAOs) und Gesellschaftsrecht, 2022, 134.

[61] MüKoBGB/*Schäfer,* Bd. 7, 9. Aufl. 2024, §707 Rn. 1.

[62] Vgl. im Allg. *Mienert,* Dezentrale autonome Organisationen (DAOs) und Gesellschaftsrecht, 2022, 137f.; auch *Zetsche,* ZGR 2022, 698, 715f.

[63] *Steitz,* in: Henssler/Strohn (Hrsg.), Gesellschaftsrecht, 6. Aufl. 2024, HGB §106 Rn. 48.

[64] *Schwemmer,* Acp 221 (2021), 555, 571.

faktisch stark eingeschränkt.[65] Betrachtet man die Teilnehmer einer DAO als Anleger, sprechen auch Anlegerschutz-Gesichtspunkte gegen eine persönliche Haftung der Teilnehmer, da diese mit einer persönlichen Haftung nicht rechnen werden oder jedenfalls von einer Teilnahme absehen würden.[66] Gerade der ökonomische Anreiz einer Partizipation an einer Unternehmung ist aber einer der wesentlichen Motive für die Gewährung von Haftungsbeschränkungen.[67] Eine Beschränkung der persönlichen Haftung der Gesellschafter ist zwar durch Gestaltung als KG nach § 161 Abs. 1 HGB denkbar. Die KG bedürfte jedoch gleichwohl eines persönlich haftenden Komplementärs. Die Bestimmung eines solchen „herausgehobenen" Gesellschafters ist der dezentral und anti-hierarchisch angelegten DAO fremd, sodass sich die KG als gesellschaftsrechtliches Vehikel nicht eignet.[68] Personengesellschaften sind also der gesellschaftsrechtliche Grundtypus für DAOs, eignen sich aber für deren rechtliche Erfassung nur bedingt.

b) Kapitalgesellschaften

Die deutschen Kapitalgesellschaften sehen dagegen im Grundsatz eine Haftungsabschirmung der Gesellschafter vor, sodass eine Kapitalgesellschaft sich als gesellschaftsrechtliches Vehikel für DAOs eignen könnte.

Die potentiell hohe Zahl möglicher Teilnehmer der DAO, und somit potentieller Gesellschafter, sowie die Handelbarkeit der DAO-Anteile (der sog. „Governance-Token") rückt die DAO jedenfalls hinsichtlich der Ausgestaltung der Gesellschaftsanteile in die Nähe der AG. Die Gesellschafter der AG sind gem. § 1 Abs. 1 S. 2 AktG von einer persönlichen Haftung ausgeschlossen, sodass sich die Haftungsproblematik der Personengesellschaften nicht stellt. Die AG eignet sich aber aufgrund ihrer zentralistischen Governance-Struktur nicht als Vehikel für eine DAO: § 76 ff. AktG sehen verpflichtend die Bestellung eines Vorstands, bestehend aus natürlichen Personen, vor, der die Leitung und Geschäftsführung der AG übernimmt. Eine gemeinschaftliche Geschäftsführung durch die Aktionäre bzw. damit die Hauptversammlung ist daher nicht vorgesehen und lässt sich auch nicht durch Satzungsgestaltung umsetzen, wie sich aus § 23 Abs. 5 AktG ergibt.[69] Durch Satzungsgestaltung kann der Vorstand auch nicht an die Weisungen der Hauptversammlung gebunden werden, außerhalb gesetz-

---

[65] *Schwemmer,* AcP 221 (2021), 555, 571; *Nielsen,* Utah Law Review 19 (2019), 1105, 1115 f.; ähnlich *Fleischer,* ZIP 2021, 2205, 2207.

[66] Vgl. *Mienert,* RDi 2021, 384, 388; *Fleischer,* ZIP 2021, 2205, 2207; *Schwemmer,* Acp 221 (2021), 555, 557 f.

[67] *Lieder,* in: Michalski/Heidinger/Leible/J. Schmidt (Hrsg.), GmbH-Gesetz, Bd. 1, 4. Aufl. 2023, § 13 Rn. 336.

[68] Vgl. *Mann,* NZG 2017, 1014, 1017; a. A. *Zetsche,* ZGR 2022, 698, 715, 721.

[69] S. *Wentrup,* in: Münchener Handbuch des Gesellschaftsrechts, Bd. 4, 6. Aufl. 2024, § 19 Rn. 14; vgl. auch BeckOGK AktG/*Fleischer,* Stand 01.10.2024, § 76 Rn. 1.

lich vorgesehener Fälle.[70] Nur umgekehrt kann der Vorstand im Einzelfall die Entscheidung über eine Geschäftsführungsangelegenheit an die Hauptversammlung übertragen, vgl. § 119 Abs. 2 AktG. Die verpflichtende Governance-Struktur der AG steht damit diametral der auf Dezentralität ausgelegten DAO entgegen, sodass eine AG als Struktur für DAOs nicht in Betracht kommt.

Ähnliche Probleme stellen sich auch bei der GmbH. Vergleichbar mit der AG muss für die GmbH gem. § 6 Abs. 1 GmbHG eine natürliche Person als Geschäftsführer bestellt werden. Die Ausgestaltung der Leitungs- und Geschäftsführungsbefugnisse ist in der GmbH zwar gem. § 45 Abs. 1 GmbHG flexibler: Nach § 45 Abs. 1 GmbHG obliegt es dem Gesellschaftsvertrag die Kompetenzverteilung zu regeln; ausdrücklich gilt dies auch für die Geschäftsführungsbefugnisse. In der Literatur besteht aber Streit über die Frage, ob die Rolle des Geschäftsführers auf ein rein ausführendes Organ reduziert werden kann oder ob dem Geschäftsführer ein Entscheidungsspielraum verbleiben muss.[71] Selbst wenn man mit einer Ansicht den Geschäftsführer auf die Ausführung von Gesellschafterbeschlüssen reduziert, verbleibt diesem aber unabdingbar die Vertretungsmacht der Gesellschaft im Außenverhältnis gem. § 35 GmbHG, die sich auch nicht im Außenverhältnis einschränken lässt.[72] Die damit einhergehende Zentralisierung der Vertretung der Gesellschaft steht der Dezentralität von DAOs entgegen.[73] Der Strukturierung einer DAO als GmbH stehen zudem die Anforderungen an die Begründung und Übertragung der Gesellschafterstellung entgegen: Während DAO Anteile auf eine Handelbarkeit ausgelegt sind, will § 15 GmbHG diese, auch durch die erforderliche notarielle Mitwirkung, verhindern (vgl. oben Abschn. III. 1. b).

Es lässt sich mit obigen Ausführungen eins der wesentlichen Probleme für die Strukturierung von DAOs als Kapitalgesellschaft erkennen: Geschäftsführung und Vertretung der Gesellschaft unterliegen bei Kapitalgesellschaften dem Fremdorganschaftsprinzip. Anders als bei Personengesellschaften, kann die Gesellschaft nicht durch ihre Mitglieder qua Mitgliedschaft vertreten werden, auch nicht durch die Gesamtheit ihrer Mitglieder.[74] Wie gezeigt wurde, ist auch die Einflussmöglichkeit der Teilhaber auf die Geschäftsführung teilweise stark eingeschränkt. DAOs wollen diese hierarchische Trennung aber gerade aufbrechen, sodass ihnen die Bestellung einer zentralen Leitungsebene fernliegt.[75] Aus

[70] *Bungert*, in: Münchener Handbuch des Gesellschaftsrechts, Bd. 4, 6. Aufl. 2024, § 35 Rn. 65.

[71] Vgl. *Römermann*, in: Michalski/Heidinger/Leible/J. Schmidt (Hrsg.), GmbH-Gesetz, 4. Aufl. 2023, § 45 Rn. 35 m. w. N.

[72] BFHE 169, 322 = DStR 1993, 128; BeckOK GmbHG/*Wisskirchen/Zoglowek*, Stand 01.08.2024, § 35 Rn. 11.

[73] Ablehnend daher auch *Mienert*, Dezentrale autonome Organisationen (DAOs) und Gesellschaftsrecht, 2022, 125; *Mann*, NZG 2017, 1014, 1017.

[74] S. MüKoBGB/*Leuschner*, Bd. 1, 9. Aufl. 2021, § 26 Rn. 5.

[75] *Mienert*, RDi 2021, 384, 387.

diesem Grund eignen sich auch andere Körperschaften wie der Verein oder die Stiftung nicht als Gestaltungsoptionen für DAOs.[76]

c) Zwischenergebnis

DAOs stehen im Spagat zwischen den unterschiedlichen Wesen der deutschen Gesellschaftsformen: Während die Personengesellschaft von der Individualität ihrer Gesellschafter abhängt, zeichnet sich die Körperschaft durch ihre „überindividuelle Verselbständigung" aus.[77] Diese Unterschiede spiegeln sich in den Entscheidungsstrukturen wider: Während Personengesellschaften durch ihre Gesellschafter gesteuert werden, verselbständigt sich die Steuerung der Körperschaften in Leitungsorganen, sodass die Gesellschafter nur mittelbaren, und zum Teil eingeschränkten, Einfluss auf die Leitung haben. DAOs sollen hingegen direkt durch ihre Teilnehmer gesteuert werden, wobei gleichwohl eine Verselbständigung der DAO erfolgt, auch abhängig von ihrem Autonomiegrad.[78] Weder die Personengesellschaft noch die Körperschaft sind daher in der Lage, DAOs sachgerecht zu erfassen.

IV. US-Gesellschaftsrecht

Das US-Recht ist durch einen starken Föderalismus geprägt. Privat-, Wertpapier- sowie Gesellschaftsrecht gehören daher nicht zu den Bundeskompetenzen, sondern bestimmen sich nach dem kodierten Recht und *common law* der Bundesstaaten.[79] Eine Betrachtung der Gesamtrechtsordnung gestaltet sich daher als kompliziert. Um den praktischen Schwierigkeiten im Wirtschaftsleben durch eine solche Rechtszersplitterung entgegenzuwirken, erarbeitet die „Uniform Law Commission" Modellgesetze, die durch die Bundesstaaten in ihren jeweiligen Rechtsordnungen teilweise umgesetzt werden.[80] Den nachfolgenden Überlegungen liegen daher im Wesentlichen die Modellgesetze sowie das einschlägige Fallrecht zugrunde. Soweit Bezug auf bundesstaatliche Einzelregelungen genommen werden, wird dies gesondert herausgestellt.

---

[76] Vgl. zu all dem *Mienert,* Dezentrale autonome Organisationen (DAOs) und Gesellschaftsrecht, 2022, 117ff.; genauso *Fleischer,* ZIP 2021, 2205, 2207; *Schwemmer,* AcP 221 (2021), 555, 572ff.

[77] *K. Schmidt,* Gesellschaftsrecht, 4. Aufl. 2002, 46, der aber ausdrücklich darauf verweist, dass die Unterscheidung zwar dogmatisch richtig, aber nicht in Reinform vorzunehmen ist.

[78] Ähnlich *Mienert,* Dezentrale autonome Organisationen (DAOs) und Gesellschaftsrecht, 2022, 221; hinsichtlich dieser „Zwitterstellung" auch *Schwemmer,* AcP 221 (2021), 555, 578.

[79] S. *Hay,* US-Amerikanisches Recht, 7. Aufl. 2020, Rn. 284, 564.

[80] Vgl. *Hay,* US-Amerikanisches Recht, 7. Aufl. 2020, Rn. 284.

1. Tokenisierung von Gesellschaftsrechten

Entscheidende Normen für die Einordnung von Token in das Privat- bzw. Wertpapierrecht sind die Regelungen des Uniform Commercial Code (UCC), der in allen 50 Bundesstaaten der USA in weiten Teilen implementiert wurde.[81] Die wertpapierrechtliche Verbriefung von Gesellschaftsanteilen fällt dabei unter die Regelungen zu *investment securities* nach UCC Art. 8.[82] Anders als das deutsche Recht (vor eWpG), kennt das US-Recht schon seit 1977 Wertpapiere, die nicht in Urkunden verbrieft werden, als sog. *uncertificated securities*, vgl. § 8–102 Abs. 18 UCC. Ganz allgemein wird in der Literatur festgestellt, dass DLT-basierte Gesellschaftsanteile als *uncertificated securities* unter die Regeln für *investment securities* fallen und daher deren Übertragung sich nach Art. 8 UCC richtet.[83] Wie gleich gezeigt wird, ist dies im Grundsatz richtig, es bedarf aber einer Differenzierung: Art. 8 UCC regelt die Kontrolle und Übertragbarkeit von Wertpapieren als *certificated* und *uncertificated securities.* Mangels physischer Urkunde handelt es sich bei Token nicht um *certificated securities.* Sie stellen gleichzeitig selbst nicht *uncertificated securities* dar, da es sich gerade um unverbriefte Wertpapiere handelt; ein Token ersetzt also nicht die Verbriefung.[84] Das Token selbst muss unter dessen eigenem Regelungsregime beurteilt werden.[85] Zudem muss beachtet werden, dass es dem Recht des jeweiligen Bundesstaats obliegt, zu bestimmen, ob Gesellschaftsanteile überhaupt als *uncertificated securities* begeben werden können.[86]

Bevor sich die Frage stellt, inwiefern die Tokenisierung in Art. 8 UCC eingeordnet werden kann, stellt sich die Frage, ob Gesellschaftsanteile nach Art. 8 UCC überhaupt als Wertpapiere begeben werden können. Dies wird in § 8–103 UCC geregelt: Unproblematisch können Anteile an einer *corporation* stets als *securities* begeben werden, § 8–103 lit. a UCC. Anteile an einer LLC stellen dagegen im Grundsatz keine *securities* dar, § 8–103 lit. c UCC. Dies ist nicht verwunderlich, da die LLC im Grundtypus auf einen kleinen Gesellschafterkreis angelegt ist, bei dem die Gesellschafter sich gegenseitig kennen und ihre Mitge-

---

[81] Vgl. die Liste unter https://en.wikipedia.org/wiki/Uniform_Commercial_Code_adoption.

[82] Die (bundesstaatlich) umgesetzten Regeln von Art. 8 UCC sind dabei alleine maßgeblich für die Übertragung der Inhaberschaft der Rechte, sodass auch andere *common law* Grundsätze über die Inhaberschaft und Übertragung solcher Rechte nicht greifen, vgl. *Atlas Biologicals, Inc. v. Kutrubes* 50 f.4th 1307 (2022).

[83] *Ryan/Donohue*, Business Lawyer 73 (2017), 85, 95.

[84] Vgl. dazu die Kommentare zu Art. 8 UCC der Uniform Law Commission nach Vorschlag des neuen Art. 12 UCC zu *electronic records*, Uniform Commercial Code Amendments (2022), 83 ff.

[85] Vgl. Art. 12 UCC der Uniform Law Commission, der *electronic records* kodiert und sich nach den Kommentaren ausdrücklich auf DLT-Token bezieht, Uniform Commercial Code Amendments (2022), 229 ff.

[86] So *Schroeder*, University of Miami Business Law Review 24 (2016), 1, 70.

sellschafter aussuchen können, sodass es einer wertpapierrechtlichen Verbriefung nicht bedarf.[87] Gleichwohl ist die Begebung von LLC-Anteilen als *securities* gem. § 8–103 lit. c UCC in drei Fällen möglich: Die LLC-Anteile sind an einem (Wertpapier-) Sekundärmarkt handelbar, es handelt sich bei dem Anteil um eine *investment company security* oder die LLC macht von einem ausdrücklichen „opt-in" Gebrauch, indem sie in ihren *terms* festlegt, dass es sich bei den Anteilen um *securities* handelt. Jedenfalls im Wege des „opt-in", der im *operating agreement* der LLC vorgenommen werden kann,[88] kann ein LLC-Anteil zu einer *security* nach Art. 8 UCC werden.

Securities können stets sowohl verbrieft (*certificated*) als auch unverbrieft (*uncertificated*) begeben werden. *Uncertificated securities* können begeben und übertragbar gemacht werden, wenn der Emittent über die Inhaberschaft an den *securities* ein Register führt, vgl. § 8–102 Abs. 18 i. V. m. Abs. 15 lit. i UCC. Die Übertragung von *uncertificated securities* erfolgt im Register des Emittenten. Inhaber der *uncertificated security* ist die jeweils im Register eingetragene Person. Der Eingetragene ist entsprechend auch stets die verfügungsbefugte Person („appropriate person"), § 8–107 lit. a Nr. 2 UCC. Zur Übertragung der *security* an einen Erwerber, muss der Erwerber ins Register statt dem vorherigen Inhaber eingetragen werden. Dies erfolgt auf Weisung (*instruction*) der verfügungsbefugten Person an den Registerführer, vgl. § 8–401 lit. a UCC. Die *instruction* definiert § 8–102 lit. a Nr. 12 UCC als „a notification communicated to the issuer of an uncertificated security which directs that the transfer of the security be registered or that the security be redeemed."

Die Inhaberschaft an der *uncertificated security* und damit an den darin verkörperten Rechten, ergibt sich also allein aus dem Register. Eine „Tokenisierung" im engeren Sinne einer Verknüpfung zwischen Gesellschaftsanteil und Token (wie durch das eWpG geschaffen), ist also auch nach Art. 8 UCC nicht möglich. Gleichwohl kann das Token in die Übertragung eingebunden werden: Wird der Gesellschaftsanteil durch das Token repräsentiert, stellt die Übertragung des Tokens die *instruction* an den Registerführer dar, eine Übertragung der Inhaberschaft im Register vorzunehmen.[89] Daraus ergibt sich zwar keine unmittelbare Tokenisierung des Gesellschaftsanteils, gleichwohl kann eine rechtssichere Übertragung mithilfe von Token bewirkt werden. Im Übrigen dürfte die Übertragung des Tokens zugleich auch die Umtragung der Inhaberschaft im Register bewirken: Art. 8 UCC stellt keine konkreten Anforderungen an die Ausgestaltung des Registers. Die Literatur geht davon aus, dass das Register auch als DLT geführt werden kann.[90] Eine Übertragung des Tokens auf

[87] Vgl. *Rhee,* LLCs, Partnerships, and Corporations, 2021, 13.

[88] Vgl. *In re Strata Title, LLC,* WL 2456399 Bkrtcy.D.Ariz. Lexis 2315 (2013).

[89] So auch die Uniform Law Commission in ihren Kommentaren zu Art. 8 UCC; vgl. auch *Schroeder,* University of Miami Business Law Review 24 (2016), 1, 73.

[90] *Schroeder,* University of Miami Business Law Review 24 (2016), 1, 70, 74; *Schroeder*

einen neuen Inhaber würde daher zugleich auch die Umtragung im Register bewirken. Die Eintragung des neuen Inhabers bewirkt dann den Erwerb der gesamten Rechtsposition, die dem zuvor Eingetragenen aus dem Wertpapier zustand, § 8–302 lit. a UCC. Eine dingliche Verknüpfung zwischen Token und Gesellschaftsanteil kann also nach Art. 8 UCC nicht erfolgen, letztlich kann die *uncertificated security* aber so gestaltet werden, dass eine faktische Tokenisierung erfolgt.

2. *Tokenisierung bei LLCs und Corporations*

Nachdem die Tokenisierung im Allgemeinen und die Übertragbarkeit von Gesellschaftsanteilen im US-Recht dargestellt wurde, soll nun die Tokenisierung an zwei Gesellschaftsformen dargestellt werden: der *Limited Liability Company* (LLC) und der *Corporation*. Beide Gesellschaftsformen weisen in ihrer Struktur und ihrem Haftungsregime gewisse Ähnlichkeiten zu der bereits oben erläuterten GmbH sowie AG auf.

a) Limited Liability Company

Als gesetzliches Fundament der LLC lässt sich der Uniform Limited Liability Company Act heranziehen, welcher im Jahr 2006 überarbeitet wurde und seitdem als Revised Limited Liability Company Act (RULLCA) bezeichnet wird. Dieser wurde in 24 U.S. Staaten umgesetzt, darunter etwa Wyoming,[91] und stellt daher eines der wichtigsten legislativen Fundamente der LLC dar. § 102 Abs. 8 RULLCA definiert die LLC als Gesellschaft, die nach diesem Gesetz – der RULLCA – gegründet wurde.

aa) Strukturen der LLC

Die LLC bietet die Möglichkeit einer weitgehenden (gesellschafts-)vertraglichen Gestaltungsfreiheit,[92] was – wie die nachfolgenden Ausführungen zeigen werden – einer Tokenisierung der Gesellschaftsanteile zugutekommt. Die Haftung ist in § 304 lit. a RULLCA kodifiziert, wonach stets nur die Gesellschaft in Anspruch genommen werden kann, die einzelnen Gesellschafter aber nicht persönlich haften.

---

verweist auch auf die sehr weite Interpretation der Registerführungspflicht, sodass eine *uncertificated security* nach Ansicht des New York Court of Appeal selbst dann vorliegen kann, wenn ein solches Register gar nicht geführt wurde, vgl. *Highland Capital Mgmt., LP v. Schneider,* 460 F 3d 308, 313–14 (2d Cir. 2006); vgl. auch *Ryan/Donohue,* Business Lawyer 73 (2017), 85, 96.

[91] Siehe zu Details unter https://www.uniformlaws.org/committees/community-home?CommunityKey=bbea059c-6853-4f45-b69b-7ca2e49cf740.

[92] S. *Rhee*, LLCs, Partnerships, and Corporations, 2021, 19.

Von herausragender Bedeutung für die LLC ist das sog. *operating agreement*, § 105 RULLCA. Es regelt die Beziehungen der Gesellschafter untereinander sowie der Gesellschafter zur Gesellschaft und ist von dem Prinzip der Vertragsfreiheit geprägt, weshalb die LLC in diesem Zusammenhang auch als „creature of contract“ bezeichnet wird.[93] Daher handelt es sich bei bundesstaatlichen Regelungen und Uniform Acts lediglich um sog. *default rules*, welche disponibel sind und von denen im *operating agreement* abgewichen werden kann.[94] Jedwede oben angesprochenen Fragen der DLT-basierten Durchführung von Gesellschaftsprozessen, also sowohl die Abwicklung der Vermögensrechte (*economic rights*) als auch die Ausübung der Verwaltungsrechte (*governance rights*), lassen sich daher durch entsprechende Regelungen im *operating agreement* darstellen.

Praktisch sehr bedeutend und daher besonders hervorzuheben ist der Delaware Limited Liability Companies Act (DLLCA). Denn häufig werden LLCs unter dem Recht Delawares gegründet,[95] was insbesondere damit zusammenhängt, dass der DLLCA als besonders flexibel gilt und weitgehende Gestaltungsmöglichkeiten zulässt. Dies zeigt sich bereits in § 18–1101 lit. b DLLCA: „It is the policy of this chapter [– gemeint ist Kapitel 18, welches die LLCs regelt –] to give the maximum effect to the principle of freedom of contract and to the enforceability of limited liability company agreements.“[96] Bei den Regelungen im DLLCA handelt es sich grds. um dispositives Recht, welches die Parteien im *operating agreement* abbedingen bzw. modifizieren können, wie etwa § 18–1101 lit. c DLLCA zeigt, wonach die Pflichten der *member*, *manager* oder Dritter grds. frei abbedungen werden können. Eine Ausnahme nennt § 18–1101 lit. c DLLCA nur für die im *operating agreement* stets stillschweigend vereinbarte Pflicht zur Einhaltung des Grundsatzes von Treu und Glauben (*good faith*) und zu fairem Handeln.

Auch nach dem DLLCA ist strukturell eine sog. *member-managed* LLC sowie eine sog. *manager-managed* LLC möglich. Bei *member-managed LLCs* sind die Gesellschafter in den Betrieb der Gesellschaft eingebunden. Jeder Gesellschafter ist sog. *agent* und kann für die Gesellschaft handeln. Hingegen wird bei *manager-managed* LLCs die Leitung der Gesellschaft an Dritte, die keine Gesellschafter sind, delegiert. Dabei sind die Gesellschafter insbesondere keine *agents* und vertreten die Gesellschaft nicht.

---

93 *SolarReserve CSP Holdings, LLC v. Tonopah Solar Energy, LLC*, WL 1291638 Del. Ch. LEXIS 96 (2020); *Exchange Point LLC v. United States SEC,* 100 f. Supp. 2d 172 (1999).

94 Siehe etwa § 102 Abs. 19 RULLCA comments, 17 f. „Because LLC statutes make the operating agreement the principal way to override statutory default rules [...]“.

95 *Gevurtz*, Oregon Law Review 91 (2012), 57, 59, 70.

96 Auch die Rechtsprechung erkennt die Gestaltungsfreiheit an, siehe *Fisk Ventures, LLC v. Segal*, WL 1961156 Del. Ch. LEXIS 158 (2008) „Contractual language defines the scope, structure, and personality of limited liability companies“.

bb) Übertragbarkeit von LLC-Anteilen

Besonderes Augenmerk bedarf bei der LLC aber die Übertragbarkeit der LLC-Anteile. Grundsätzlich gelten zwar die obigen Ausführungen zu Art. 8 UCC. Bei einer LLC ist jedoch nach der Art der Gesellschaftsanteile zu unterscheiden. Der Gesellschaftsanteil an einer LLC enthält regelmäßig sowohl *governance rights* als auch *economic rights.*[97] Um übertragen werden zu können, muss es sich bei dem Gesellschaftsanteil um ein *transferable interest* handeln. § 102 Abs. 24 RULLCA definiert *transferable interest* als „the right, as initially owned by a person in the person's capacity as [an owner], to receive distributions". Auch handelt es sich gem. § 501 RULLCA standardmäßig nur bei *transferable interest* um *personal property* und kann daher als einziger Anteil an außerhalb der LLC stehende Dritte übertragen werden.[98] Aufgrund der Flexibilität der LLC ist es den Gesellschaftern möglich, Regelungen zum *transfer of interest* im *operating agreement* aufzunehmen. Nur wenn dies nicht der Fall ist, gilt das Recht des jeweiligen Bundesstaates und damit etwa § 502 lit. a Nr. 3 RULLCA, wonach mit der Übertragung der *transferable interests* nicht das Recht zur Teilnahme an der Geschäftsführung der Gesellschaft einhergeht. Daher sind *economic rights* grundsätzlich frei übertragbar, wohingegen die Übertragung von *governance rights* oftmals Restriktionen unterliegt.[99] Denn mit den *governance rights* geht etwa das Stimmrecht einher. Bei einer freien Übertragbarkeit dieser Rechte wären die übrigen Gesellschafter gezwungen, eine Partnerschaft mit jemandem einzugehen, den sie nie ausgewählt haben. Unter *transferable interest* i. S. d. § 102 Abs. 24 RULLCA fallen standardmäßig demnach nur die *economic rights.* Ferner bedarf es zur Übertragung der LLC-Anteile keiner besonderen Form, wie dies etwa bei einer deutschen GmbH nach § 15 Abs. 3 GmbHG erforderlich ist. In der Praxis kommt es jedoch regelmäßig dazu, dass die bundesstaatlichen Regelungen durch Regelungen aus dem *operating agreement* verdrängt werden. Gleichwohl hängt es vom Einzelfall ab, ob und wie *economic rights* und *governance rights* übertragen werden können.

In Bezug auf LLCs, die nach dem Recht von Delaware gegründet wurden, ist es nicht verwunderlich, dass sich die Flexibilität der Vorschriften auch auf die Übertragung von LLC-Anteilen durchschlägt. Nach § 18–702 lit. a DLLCA können LLC-Anteile ganz oder teilweise abgetreten werden. Zudem wird nicht nach *transferable interest* unterschieden. Grundsätzlich stellt §18–702 lit. b DLLCA zwar heraus, dass die Abtretung eines LLC-Anteils den Zessionar nicht dazu berechtigt, Rechte oder Befugnisse der Gesellschafter auszuüben

---

[97] *Rhee*, LLCs, Partnerships, Corporations, 2021, 469.

[98] Siehe § 501 RULLCA comment: „Absent a contrary provision in the operating agreement or the consent of the members, a „transferable interest" is the only interest in an LLC which can be transferred to a person who is not already a member".

[99] So etwa in § 18–702 lit. a, b DLLCA; ferner *Gomtsian*, Villanova Law Review 60 (2015), 955, 972 ff.

und stellt damit auf die Übertragung allein der *economic rights* ab. Gleichzeitig steht § 18–702 lit. b DLLCA ausdrücklich unter dem Vorbehalt, dass im *operating agreement* keine anderweitige Regelung getroffen wurde und erkennt damit das *operating agreement* als maßgebliches Regelungsinstrument an, sodass im *operating agreement* unproblematisch auch die Übertragung der *governance rights* geregelt werden kann.

b) Corporation

Die *corporation* im US-Recht ist vergleichbar mit der Aktiengesellschaft im deutschen Recht. So wird sie durch einen *board of directors* geleitet, der etwa in § 141 lit. a DGCL[100] verankert ist und gewisse Parallelen zum Vorstand i. S. d. §§ 76 ff. AktG aufweist.[101] Zudem gilt auch bei der Corporation das Prinzip der beschränkten Haftung.[102] Demnach haften die Gesellschafter nicht für die Schulden und Verpflichtungen der Gesellschaft.[103] Gesellschafter der *corporation* sind die *shareholder*, welche grds. den Aktionären einer AG nach deutschem Recht entsprechen. *Shareholder* gelten als Investoren und nehmen grundsätzlich eine passive Rolle ein, weshalb sie regelmäßig auch keine treuhänderischen Verpflichtungen treffen. Diese obliegen lediglich den Leitungsgremien der Corporation wie dem *board of directors*. Zurückzuführen ist diese Zweiteilung der Verpflichtungen auf die Trennung zwischen Inhaberschaft und Kontrolle in der Gesellschaft.[104]

aa) Übertragung von Anteilen an Corporations

Die Gesellschaftsanteile der Corporation sind in sog. *shares of stock* aufgeteilt. Im Gegensatz zu LLC-Anteilen verkörpert der *stock* die gesamte Inhaberschaft eines Gesellschafters und damit sowohl die *economic rights* als auch die *governance rights*.[105] Damit gehört der gesamte *stock* zum *personal property*,[106] sodass der Inhaber des *share of stock* frei über diesen verfügen kann,[107] vgl. § 159 DGCL. Daher werden regulatorisch Restriktionen für die Handelbarkeit ver-

---

100 Delaware General Corporation Law.

101 So leitet der Board of Directors die Geschäfte und Angelegenheiten der Corporation und kann gem. § 141 lit. b DGCL aus einer oder mehreren natürlichen Personen bestehen, die selber nicht Gesellschafter sein müssen. Dies entspricht grds. dem Konzept des Vorstands einer AG als Leitungsorgan nach § 76 AktG.

102 *Rhee*, LLCs, Partnerships, Corporations, 2021, 13.

103 *Rhee*, LLCs, Partnerships, Corporations, 2021, 13.

104 Vgl. *Rhee*, LLCs, Partnerships, Corporations, 2021, 132.

105 *Rhee*, LLCs, Partnerships, Corporations, 2021, 469.

106 f.*B.I. Farms, Inc. v. Moore*, 798 N.E.2d 440, 445 (2003).

107 *Rhee*, LLCs, Partnerships, Corporations, 2021, 469.

boten, wie etwa in § 6.27 lit. c MBCA (2016).[108] Auch die Gerichte betrachten Restriktionen der freien Handelbarkeit kritisch.[109]

bb) Tokenisierung von Anteilen an Corporations

In Bezug auf die Frage einer Tokenisierung von *corporation*-Anteilen ist ebenso wie bei der LLC Art. 8 UCC heranzuziehen. *Corporation*-Anteile sind gem. § 8–103 lit. a UCC stets *securities* und können somit ebenfalls als *uncertificated securities* begeben werden. Daher bedarf es eines Registers, welches entsprechend den obigen Ausführungen in Form einer Blockchain ausgestaltet werden kann. Innerhalb des *operating agreements* ist dann wiederum die Verfügung über den *stock* an die Übertragung des Tokens zu knüpfen. Im Ergebnis gilt bei Corporation-Anteilen daher nichts anderes als bei LLC-Anteilen. Im Unterschied zu LLC-Anteilen kann eine Tokenisierung der Anteile jedoch noch einfacher umgesetzt werden, da es bereits keines „opt-in" innerhalb des *operating agreements* bedarf.

Möglicherweise könnte jedoch der Grundsatz der freien Handelbarkeit des *stock* ein Hindernis für die Tokenisierung darstellen. Denn durch die Bedingung, den Token auf der Blockchain zu übertragen, könnte die Handelbarkeit des *stock* beschränkt werden. Dem lässt sich jedoch entgegenhalten, dass § 8–102 Abs. 18 i. V. m. Abs. 15 lit. i UCC eine Registerpflicht für den Emittenten statuiert. Da im Fall der Tokenisierung der Gesellschaftsanteile die Blockchain das erforderliche Register darstellt, ist eine Eintragung der Transaktion auf der Blockchain zwingend, um den Anforderungen an eine *uncertificated security* zu genügen. Durch die im *operating agreement* festgelegte Bedingung der Übertragung des Tokens auf der Blockchain wird daher gerade die Einhaltung der gesetzlichen Vorgaben sichergestellt. Dadurch stellt diese Bedingung im *operating agreement* jedenfalls einen *reasonable purpose* dar und ist folglich zulässig.

In Delaware wurde als Teil der Delaware Blockchain Initiative[110] eine Änderung zum DGCL erlassen. Dieser erlaubt nun ausdrücklich eine Begebung des *stock* unter Nutzung der DLT. Denn § 159 DGCL regelt, dass die *shares of stock* jeder *corporation personal property* sind und verweist für dessen Übertragbar-

---

[108] Siehe hierzu *Rhee*, LLCs, Partnerships, Corporations, 2021, 13: „permitting restriction on transferability to maintain a corporation's particular status, preserve exemptions under securities laws, and for any other reasonable purpose".

[109] *Grynberg v. Burke*, 378 A.2d Del. Ch. 139, 143 (1977), wonach Restriktionen in einem erforderlichen und angemessenen Verhältnis zum besten Interesse der Gesellschaft stehen müssen.

[110] Die Delaware Blockchain Initative wurde im Mai 2016 durch den damaligen Gouverneur Jack Markell vorgestellt, siehe weitergehend *Song*, Bullish on Blockchain: Examining Delaware's Approach to Distributed Ledger Technology in Corporate Governance Law and beyond, Harvard Business Law Review Online, Vol. 8 (2017-2018), S. 9 (abrufbar unter: https://heinonline.org/HOL/Page?public=true&handle=hein.journals/hblro8&div=3&start_page=9&collection=journals&set_as_cursor=0&men_tab=srchresults.

keit auf Art. 8 des Untertitel 1 des Titel 6 und damit auf den UCC. Damit können die Anteile der *corporation* als *uncertificated security* begeben werden, über die in diesem Fall ein Register geführt werden muss (s. § 8–102 Abs. 18 i. V. m. Abs. 15 lit. (i) UCC). § 224 DGCL regelt wiederum die Form der Aufzeichnungen in diesem Register. Um die Möglichkeit der Nutzung einer DLT zu gewährleisten, wurde § 224 DGCL im Rahmen der Delaware Blockchain Initiative angepasst. So findet sich nicht mehr der Begriff *officers*, die für das Register oder die von der Gesellschaft geführten[111] Aufzeichnungen zuständig sind. Enthalten ist nun der Passus „administered by or on behalf of the corporation", sodass die Möglichkeit einer dezentralen Registerführung geschaffen wurde und so die Nutzung der DLT ermöglicht wurde. Damit kann das für *uncertificated securties* erforderliche Register auf Basis der DLT geführt werden, was eine Begebung von DLT-*stock* ermöglicht. Freilich entbindet dies die Gesellschaft nicht davon, in ihrem *operating agreement* entsprechende Regelungen aufzunehmen.

3. DAOs im US-Recht

a) Allgemeines US-Gesellschaftsrecht

Das US-amerikanische Recht kennt eine Gesellschaftsform, die allein durch vertragliche Vereinbarung zwischen den Gesellschaftern entsteht. Die sog. *general partnership* stellt die „Rückfalloption" des US-amerikanischen Rechts für Personenverbände dar, die nicht für eine andere Gesellschaftsform optieren.[112] Diese *general partnership* findet sich im „Uniform Partnership Act" („UPA") und wurde in den meisten US-Bundesstaaten umgesetzt. Eine *general partnership* liegt schon bei einem Personenverband von zwei oder mehr Personen vor, die sich als gemeinsame Inhaber einer gewinnorientierten Unternehmung zusammentun.[113] DAOs erfüllen regelmäßig die Voraussetzungen einer *general partnership.*[114] Dies wurde mittlerweile auch von der Rechtsprechung bestätigt.[115] Die Folge der Qualifikation als *general partnership* ist eine unbeschränk-

---

[111] Ursprünglich wurde der Begriff *maintained* genutzt.

[112] S. *Blaszczyk,* North Dakota Law Review 99 (2024), 107, 114.

[113] Vgl. die *partnership* Definition in § 102 Abs. 11 UPA.

[114] *Blaszczyk,* North Dakota Law Review 99 (2024), 107, 114; *Conway,* Campbell Law Review 45 (2022), 127, 143; *Brunson,* Georgia Law Review 57 (2023), 603, 614; *Wright,* Stanford Journal of Blockchain Law & Policy 4 (2021), 152, 167; *Metjahic,* Cardozo Law Review 39 (2018), 1533; auch *Reyes,* George Washington Law Review 87 (2019), 373, 389 f., die jedoch argumentiert, dass auch eine Strukturierung als *common law business trust* in Betracht kommen kann; im Einzelfall krit. *Shenk/Van Kerckhoven/Weinberger,* Stanford Journal of Blockchain Law & Policy 6 (2023), 244.

[115] Vgl. *Sarcuni v. bZx DA,* 115 Fed. R. Serv. 3d (Callaghan) 935 U.S. Dist. St. Cal. LEXIS 52245 (2023).

te persönliche Haftung der Gesellschafter, mithin der Teilnehmer der DAO, vgl. § 306 lit. a UPA.

Der Qualifikation als *general partnership* versuchen sich einige DAOs in den USA zu entziehen, indem sie für Gesellschaftsformen mit Haftungsabschirmung optieren und sich in sog. *legal wrappers* begeben.[116] Viele DAOs entscheiden sich dabei für eine Organisation als LLC, insbesondere nach dem Statut des Bundesstaats Delaware.[117] Wie oben gezeigt, stellt die LLC eine flexible Gesellschaftsform dar, die sich durch vertragliche Gestaltung an die Bedürfnisse der einzelnen Organisation anpassen kann. Die LLC bietet ihren Teilhabern eine Haftungsabschirmung, vgl. § 304 RULLCA. Zudem sind die Anteile an einer LLC (sowohl hinsichtlich ökonomischer Rechte als auch Mitwirkungsrechte, vgl. oben) jedenfalls in Delaware übertragbar und eignen sich daher für die Handelbarkeit von DAO-Anteilen. Schließlich können LLCs sowohl als *member-managed* LLC als auch als *manager-managed* LLC strukturiert werden. *Member-managed* LLCs haben keine zentrale Leitungsebene, sondern werden durch ihre Mitglieder gleichberechtigt gesteuert, § 407 lit. b RULLCA. DAOs als *member-managed* LLC können dadurch ihre Dezentralität wahren. Anzumerken ist auch, dass einzelne Autoren in den USA vertreten, dass eine voll-algorithmische Steuerung einer LLC nach geltender US-Rechtslage bereits denkbar ist, sodass auch DAOs mit hohem Autonomiegrad bereits als LLC erfasst werden könnten.[118] Die einzige Zentralisierungsebene stellt die Bestellung und Benennung sog. *registered agents* dar. LLC Gesetzgebung aller US-Bundesstaaten schreibt vor, dass ein *registered agent* bestellt werden muss. Der *registered agent* hat aber in der Steuerung der LLC keinen Einfluss, sondern eine rein formale Funktion: Er fungiert als Zustellungsbevollmächtigter der LLC in dem Sitz-Bundesstaat der LLC. Die Bestellung eines solchen greift die Dezentralität der DAO nicht an, da er als solcher nicht in die Entscheidungsprozesse der DAO eingebunden ist. Die *member-managed* LLC steht der Dezentralität einer DAO daher nicht entgegen und bietet zugleich die Rechtsfähigkeit sowie erforderliche Haftungsabschirmung für die DAO Teilnehmer.[119]

b) DAO Sonderregime im US-Recht

Obwohl die LLC in einigen Bundesstaaten bereits weitestgehend für DAOs zur Verfügung steht, gehen einige Bundesstaaten voran und schaffen eigene Regime für DAOs. Dies dürfte sich wohl mit einem Wettbewerb der Jurisdiktionen erklären, indem einzelne Bundesstaaten sich versuchen als „Hubs“ für DAOs zu

[116] Vgl. zu den *legal wrapper* auch *Möslein/Ostrovski,* in: Perestrelo de Oliveira/Rolo (Hrsg.), Decentralised Autonomous Organisation (DAO) Regulation: Principles and Perspectives for the Future, 2024, 102 ff.

[117] *Blaszczyk,* North Dakota Law Review 99 (2024), 107, 120.

[118] Grundlegend *Bayern,* Autonomous Organizations, 2021.

[119] I. Erg. auch *Nielsen,* Utah Law Review 19 (2019), 1105, 1117 ff.

etablieren.[120] Einen ersten Aufschlag machte Vermont mit der Einführung von *Blockchain Based Limited Liability Companies* (BBLLC) in 2018, gefolgt von Wyoming mit der Einführung von DAO LLCs bzw. sog. „LAOs".[121] Auch Tennessee hat ausdrücklich die Strukturierung von DAOs als LLC ermöglicht.[122] 2023 folgte sodann Utah mit einem eigenen DAO Act, der keine Anpassungen für LLCs vorsieht, sondern eher eine eigene Entität für DAOs schafft.[123] Im Folgenden soll beispielhaft auf das Wyoming DAO Statut eingegangen werden sowie den DAO Act von Utah: Der Wyoming Ansatz steht dabei beispielhaft für die Anpassungen in Vermont und Tennessee, da alle drei gemeinsam haben, dass sie die rechtliche Einordnung den LLCs entlehnen. Der Utah DAO Act schafft dagegen eine neue Entitätsform, die sich zwar ebenfalls den LLCs entlehnt, aber einen besonderen Fokus auf die Eigenheiten von DLT, Smart Contracts und DAOs legt.

aa) Wyoming DAO LLC Statut

Regelungstechnisch handelt es sich bei dem Wyoming DAO LLC Statut um eine Ergänzung des bestehenden LLC Acts; die Regelungen des LLC Acts gelten insoweit weiter, als dass das DAO Supplement nichts anderes regelt, § 17-31-103 lit. a Wyo. Stat. Die Regelungen des DAO Supplements werden auf solche LLCs angewendet, die sich aktiv (und freiwillig, vgl. § 17-31-103 lit. b Wyo. Stat.) dafür entscheiden, sich als LAO zu formen, indem sie einen entsprechenden Hinweis in ihren *articles of organization* aufnehmen, § 17-31-104 lit. c Wyo. Stat. Eine LAO wird errichtet, indem die *articles of organization* bei der zuständigen Stelle des Bundesstaats eingereicht werden. Der Einreichende muss dabei – parallel zur Errichtung einer LLC – nicht Mitglied der DAO sein, sondern es kann sich auch um einen Dritten handeln, § 17-31-105 lit. a Wyo. Stat.

Die LAO eignet sich als Gesellschaftsform für DAOs, da diese, wie auch eine klassische LLC, die Mitglieder der LAO von einer Haftung für die Verbindlichkeiten der Gesellschaft abschirmt, § 17-31-103 i. V. m. § 17-29-304 lit. a Wyo. Stat. Zudem etabliert das DAO Supplement eine Governance-Struktur, die sich für DAOs sinnvoll adaptieren lässt: Im Grundfall, also ohne entsprechende gesellschaftsvertragliche Regelung, sind LAOs wie auch klassische LLCs *member-managed*, § 17-31-104 lit. e Wyo. Stat. Wyoming erkennt aber auch, dass die

[120] Im Detail *Blaszczyk*, North Dakota Law Review 99 (2024), 107.

[121] Sixty-Sixth Legislature of the State of Wyoming 2021 General Session, Decentralized Autonomous Organization Supplement, File No. SF0038 (abrufbar unter https://www.wyoleg.gov/Legislation/2021/SF0038), § 17-31-101 ff. Wyo. Stat.

[122] House Commerce 1, Amendment No. 1 to HB 2645 (abrufbar unter https://www.capitol.tn.gov/Bills/112/Amend/HA0748.pdf), § 48-250-101 ff. Tenn. Code.

[123] 2023 General Session State of Utah, Decentralized Autonomous Organizations Act, H.B. 357 (abrufbar unter https://le.utah.gov/~2023/bills/static/HB0357.html), § 48-5-101 ff. Utah Code.

Governance einzelner DAOs derart autonom ausgestaltet sein kann, dass die Steuerung einer DAO durch in Smart Contracts programmierte Algorithmen und damit autonom erfolgen kann. Eine DAO kann in einem solchen Fall auch als *algorithmically managed* strukturiert werden, sodass die Steuerung der DAO auch einem Algorithmus überlassen werden kann. Wyoming ermöglicht damit die algorithmische Unternehmenssteuerung, die bislang international jedenfalls stark umstritten ist.[124] Die algorithmische Unternehmenssteuerung darf aber nicht zu einem völligen Kontrollverlust über die Smart Contracts führen, sodass stets eine Veränderbarkeit dieser gewährleistet werden muss, § 17-31-105 lit. d Wyo. Stat.[125] Das Wyoming Supplement öffnet damit ausdrücklich das LLC-Recht für verschiedene Governance-Gestaltungen, die auch vom Autonomiegrad der jeweiligen DAO abhängen können.[126]

Ein zentralistisches Element übernimmt die LAO aber auch von der LLC: Auch die LAO muss einen *registered agent* vorweisen, der als Zustellungsbevollmächtigter der DAO fungiert, vgl. § 17-31-105 lit. b Wyo Stat. Wie aber bereits oben festgestellt, steht ein solcher Zustellungsbevollmächtigter aufgrund seines fehlenden Einflusses auf die Tätigkeiten der LAO nicht der Dezentralität der DAO entgegen.

bb) Utah DAO Act

Wie auch beim Wyoming DAO LLC Supplement, handelt es sich beim Utah DAO Act um eine Ergänzung des Utah LLC Acts: Der DAO Act hat Vorrang vor den Regelungen des LLC Acts, dieser beansprucht aber subsidiäre Geltung, § 48-5-102 Abs. 1 Utah Code. Ausdrücklich legt der DAO Act fest, dass die *by-laws* der DAO ebenfalls Vorrang vor dem LLC Act haben; andererseits geht der DAO Act ausdrücklich den *by-laws* der DAO vor, § 48-5-102 Utah Code. Durch den Vorrang des DAO Act vor den *by-laws* werden DAOs strikter den gesetzlichen Regelungen unterworfen als sonst LLCs, bei denen die LLC Acts meist nur dispositives Recht darstellen. Auch wenn der Utah DAO Act sich an der LLC anlehnt, stellt der Gesetzgeber ausdrücklich klar, dass Utah DAOs nicht als LLCs im Rechtsverkehr verstanden werden sollen: Die Verwendung der Bezeichnung LLC (sowie auch *corporation* und *partnership*) ist den DAOs verboten, § 48-5-105 Abs. 8 lit. a Utah Code. Stattdessen müssen DAOs sich bspw. als *limited decentralized autonomous organization* bezeichnen.

Wie sich oben bereits herausstellt, sind die drei wichtigsten Adoptionskriterien für DAOs der Erhalt von Rechtsfähigkeit, die Abschirmung der Mitglieder

---

[124] Vgl. *Mienert*, RDi 2021, 384, 390; zur dt. Diskussion *Lücke*, BB 2019, 1986; auch *Zetsche*, AG 2019, 1, 9f.

[125] Kritisch dazu mit Blick auf die beschworene „Unveränderlichkeit" der DLT *Blaszczyk*, North Dakota Law Review 99 (2024), 107, 120.

[126] Vgl. auch *Mienert*, RDi 2021, 384, 389.

von einer Haftung für die DAO sowie die Strukturmöglichkeiten der Governance. Wie eine klassische LLC erhält auch die Utah DAO durch Registrierung Rechtsfähigkeit, §48-5-104 Utah Code. Grundsätzlich werden in der Utah DAO die Mitglieder auch von einer Haftung abgeschirmt, §48-5-201 Abs.6 i.V.m. §48-5-202 Abs.1 Utah Code. Die Haftungsbeschränkung der Mitglieder gilt aber nicht absolut. Während auch bei klassischen LLCs in bestimmten Fällen eine Durchbrechung der Haftungsbeschränkung erfolgen kann,[127] regelt §48-5-202 Abs.2 Utah Code eine ausdrückliche Durchbrechung der Haftungsbeschränkung: Wird gegen die DAO ein Urteil, eine Verfügung oder ein *award* ausgesprochen und die Durchführung dieses zur Abstimmung in der DAO gestellt, machen sich Mitglieder, die gegen die Ausführung stimmen, persönlich haftbar für entsprechende monetäre Leistungsverpflichtungen, jedoch nur im Verhältnis zu ihrem jeweiligen Anteil an der DAO. Utah verfolgt damit wohl das Ziel, Anreize zu schaffen, damit DAOs sich nicht durchsetzbaren Titeln entziehen.

Auch in Utah muss eine DAO einen *registered agent* benennen, der seinen Sitz in Utah hat, §48-5-106 Utah Code. Dieser *registered agent* ist, wie auch sonst im LLC-Recht, lediglich ein Zustellungsbevollmächtigter. Ergänzend zum klassischen LLC-Recht sieht §48-5-201 Abs.3 lit.h Utah Code vor, dass zu dem *registered agent* ein öffentlich bekannter Kommunikationskanal bestehen muss, der auch Zustellungen ermöglicht. Neben dem *registered agent* sieht der Utah DAO Act aber die Einführung zwei weiterer Personen vor, die eine gewisse Zentralisierung in der DAO bewirken können: Zum einen können – müssen aber nicht – *administrator* durch die DAO eingesetzt werden. Dabei handelt es sich um Personen, denen spezielle Aufgaben zugeordnet werden können. Bedeutender ist aber die verpflichtende Bestellung eines *legal representative*, also eines Stellvertreters, vgl. §48-5-306 Utah Code. Aufgabe dieses Stellvertreters ist die Vornahme von Geschäften, die in der „realen“ Welt, also nicht *on-chain,* vorgenommen werden müssen. Die Ausgestaltung der Stellung des *legal representative* obliegt der DAO, die Bestellung des *legal representative* ist aber verpflichtend. Dadurch führt der Utah DAO Act eine gewisse Zentralisierung in einer Person ein, auch wenn diese in ihrer Tätigkeit abhängig von der Mehrheitsentscheidung der Teilhaber gemacht werden kann.[128]

Der Utah Gesetzgeber nimmt zudem die technische Seite von DAOs genauer in den Blick und macht gewisse technische Anforderungen an die DAO zur Voraussetzung für die gesellschaftsrechtliche Qualifikation. Über alle Ebenen der Technologie, also von der Settlement Ebene (die zugrundeliegende DLT) bis hin zur Anwendungsebene (die auf Nutzer gerichteten Interfaces), fordert der

---

[127] Man spricht von *veil piercing*, vgl. Überblicksartig zur US-Debatte *Rapp,* The Journal of Corporation Law 31 (2006), 1063.

[128] Vgl. §48-5-306 Abs.2 Utah Code, der die Ausgestaltung der Rechte und Tätigkeit des *legal representative* den *by-laws* der DAO überlässt.

Gesetzgeber den Nachweis der Erfüllung verschiedener Anforderungen, damit eine DAO registriert werden kann, vgl. §48-5-201 Abs. 3 Utah Code.[129] Die Anforderungen gehen damit über klassische gesellschaftsrechtliche Anforderungen hinaus zu einer Technologieregulierung, die wohl auch den Anlegerschutz im Blick hat.

V. Rechtsvergleich

1. Tokenisierung im Gesellschaftsrecht

Die Tokenisierung von Gesellschaftsanteilen stößt im deutschen Gesellschaftsrecht auf Hindernisse, weshalb es speziellen Vorschriften – wie etwa aus dem eWpG – bedarf. Hingegen ist das US-amerikanische Gesellschaftsrecht flexibler und lässt weitgehende Gestaltungsmöglichkeiten zu. Anknüpfungspunkt für die gesellschaftsrechtlichen Gestaltungsmöglichkeiten einer LLC und *corporation* ist das *operating agreement*. Das *operating agreement* geht bundesstaatlichen Gesetzen vor und erlaubt Abweichungen von diesen. Dabei erfüllt das *operating agreement* grundsätzlich die Funktion einer Satzung im deutschen Recht, unterliegt jedoch kaum Beschränkungen. Prinzipien wie die Satzungsstrenge bei einer AG gem. §23 Abs. 5 AktG, sind dem US-amerikanischen Recht weitgehend fremd. Dadurch kann eine Tokenisierung von Gesellschaftsanteilen im *operating agreement* vorgesehen werden.

Hinsichtlich der Begebung von Gesellschaftsanteilen setzt das US-amerikanische Gesellschaftsrecht eine Verbriefung der Anteile nicht zwingend voraus. Maßgebliches Regelungswerk ist der UCC, der an die Klassifizierung der Gesellschaftsanteile als *securities* anknüpft. Anteile einer *corporation* sind stets *securities*, wohingegen es bei einer LLC zumindest eines *opt-in* im *operating agreement* bedarf. Weiter lassen sich *securities* in *certificated* und *uncertificated securities* unterteilen, wobei letztere keine Verbriefung erfordern. Dafür bedarf die Begebung von *uncertificated securities* der Führung eines Gesellschafterregisters, dessen Voraussetzungen auch eine DLT als digitale Datenbank erfüllen kann. Im deutschen Recht bedarf es gesonderter Regelungen, um die Anteile unverbrieft als elektronische Wertpapiere begeben zu können, wie es etwa §2 Abs. 1 eWpG zulässt. Dabei sieht das eWpG für elektronische Wertpapiere ebenfalls die Führung eines Registers vor, stellt jedoch in §13 bzw. §17 eWpG weitergehende Anforderungen als das US-Recht.

Insbesondere der Delaware Limited Liability Companies Act erweist sich als besonders flexibel, weshalb eine Vielzahl der LLCs unter dem Recht von Delaware gegründet werden. Durch die Kombination aus fehlenden Verbriefungs-

[129] Vgl. zu den Ebenen im sog. „DeFi Stack" *Schär*, Federal Reserve Bank of St. Louis Review 103 (2021), 153, 155f.

und Formerfordernissen, der Anerkennung der DLT als Gesellschafterregister und freier Gestaltungsmöglichkeiten im *operating agreement*, ist eine Tokenisierung von Mitgliedschaftsrechten im US-Recht *de lege lata* möglich. Hingegen gewinnt das deutsche Recht durch striktere Vorgaben an Rechtssicherheit. Dies hat jedoch zur Konsequenz, dass die Innovationsmöglichkeiten gehemmt werden und es eines längeren Zeitraums bedarf, um auf neue Entwicklungen zu reagieren. Denn während eine Tokenisierung unter dem US-Recht bereits möglich war, musste und muss der deutsche Gesetzgeber im Rahmen des Gesetzgebungsprozesses erst umfangreiche Regelungen zum Umgang mit der Tokenisierung schaffen.

2. *Decentralized Autonomous Organizations*

Entsprechende Erkenntnisse lassen sich auch hinsichtlich der DAOs ziehen. Zunächst im deutschen und US-Recht gleich, werden DAOs ohne dedizierte rechtliche Strukturierung bereits gesellschaftsrechtlich erfasst. Den deutschen GbRs und den US *general partnerships* ist dabei gemeinsam, dass sie zwar den DAOs Rechtsfähigkeit verleihen und damit DAOs am Rechtsverkehr teilnehmen lassen, die Mitglieder aber einer persönlichen Haftung für die Verbindlichkeiten der DAOs ausgesetzt werden. Darüber hinaus bietet das deutsche Recht *lege lata* keine für DAOs geeignete Rechtsform. Während Personengesellschaften mangels der Möglichkeit einer Haftungsbeschränkung (mit Ausnahme der KG) nicht in Frage kommen, scheitern Kapitalgesellschaften am zwingenden Prinzip der Fremdorganschaft und der damit einhergehenden, von den Gesellschaftern bzw. Mitgliedern autonomen, Stellung der Geschäftsführungsorgane. Diese dogmatische Trennung zwischen Personen- und Kapitalgesellschaft wird im US-Recht mit Blick auf die LLC nicht nachvollzogen. Im Vergleich zum deutschen Gesellschaftsrecht, steht die LLC in einer Zwitterstellung zwischen Personen- und Kapitalgesellschaft: Sie hat eigene Rechtspersönlichkeit und gewährleistet eine Haftungsabschirmung für ihre Gesellschafter. Ihre Leitung kann sowohl den Kapitalgesellschaften angenähert werden, indem sie *manager-managed* strukturiert wird, als auch den Personengesellschaften als *member-managed* LLC.[130] Auch sonst ist die LLC ein flexibles Instrument vertraglicher Gestaltung, sodass sie bereits in ihrer Grundform in vielen US-Bundesstaaten, allen voran Delaware, sich als Gesellschaftsform für DAOs eignet und auch sonst für Innovationen – wie die Tokenisierung im Allgemeinen sowie bspw. die Integrierung von Algorithmen in die Unternehmenssteuerung – offener ist; dies ist auch nicht verwunderlich, da das US-Gesellschaftsrecht sich als

[130] Vgl. dazu auch die steuerrechtliche Diskussion um die Einordnung von LLCs bei Tätigkeit in Deutschland, die nach ständiger Rechtsprechung einzelfallabhängig ist, BFH, Beschl. v. 18.05.2021 - I B 75/20 (AdV), BeckRS 2021, 28181.

„enabler" von Innovationen versteht und daher keine hohen Hürden stellen will.[131]

Einzelne US-Bundesstaaten haben zudem bereits spezielle DAO-Regulierung erlassen, die im deutschen Recht bislang fehlt. Diese passen das geltende Gesellschaftsrecht für die Strukturierung von DAOs an und adressieren die von DAOs ausgehenden besonderen Gefahren. In der Lit. wird jedoch gegenüber diesen Sonderregelungen Kritik geäußert, da DAOs sich bereits nach den geltenden LLC-Regularien erfassen lassen und die Sonderregime wie in Wyoming und Utah als restriktiver aufgefasst werden, als das allgemeine LLC-Recht.[132] Die Sonderregime sind gleichwohl vor dem Hintergrund eines innerstaatlichen Jurisdiktionen Wettbewerbs zu verstehen, sodass Kritiker auch die Gefahr eines *race to the bottom* sehen.[133]

Mit Blick auf das deutsche Recht lässt sich folgern, dass es eines ausreichend flexiblen Instruments für die gesellschaftsrechtliche Erfassung von DAOs, sowie auch weiterer technologischer Innovationen wie bspw. algorithmischer Geschäftssteuerung, fehlt. Ob es für das deutsche Recht sinnvoll erscheint, spezielle Vehikel wie eine „DAO GmbH" oder eine neue DAO Gesellschaft zu schaffen, sollte hinterfragt werden.[134] Gerade aus ökonomischen Erwägungen scheint es eher sinnvoll, über eine Flexibilisierung des Gesellschaftsrechts im Allgemeinen nachzudenken.[135] Ansonsten läuft der Gesetzgeber stets Gefahr, Innovationen, die auf das Gesellschaftsrecht durchschlagen, nachzulaufen. So ließe sich (durch Anpassung bestehender oder Schaffung neuer Gesellschaftsformen) eine deutsche Gesellschaft nach LLC-Vorbild andenken, die eine flexiblere Gestaltung der Steuerung der Gesellschaft ermöglicht und gleichzeitig eine Haftungsbeschränkung bietet.[136]

VI. Schlussfolgerungen

Insgesamt zeigt sich, dass das US-Gesellschaftsrecht insbesondere mit der LLC eine Flexibilität bietet, die das deutsche Recht bislang vermisst. Durch vertragliche Gestaltung wird den Gesellschaftern eine weite Gestaltungsfreiheit über-

---

131 Vgl. *Wright*, Stanford Journal of Blockchain Law & Policy 4 (2021), 152, 176.

132 S. *Blaszczyk*, North Dakota Law Review 99 (2024), 107.

133 S. *Blaszczyk*, North Dakota Law Review 99 (2024), 107.

134 Dafür aber wohl *Mienert*, RDi 2021, 384, 392; *Maume*, NZG 2021, 1189, 1195; *Möslein/Omlor/Urbach*, ZIP 2020, 2149, 2152f.

135 Ähnlich *Fleischer*, ZIP 2021, 2205, 2213: „systemimmanente Fortentwicklung des Personengesellschaftsrechts".

136 Dazu *Fleischer*, ZIP 2021, 2205, 2212ff.; ähnlich *Mienert*, Dezentrale autonome Organisationen (DAOs) und Gesellschaftsrecht, 2022, 227, 264; beachtlich ist aber, dass eine solche durch die BuReg. im Gesetzgebungsprozess des MoPeG abgelehnt wurde unter Verweis auf den erforderlichen Regelungsaufwand, vgl. BT-Drs. 19/27635, 165.

lassen, sodass Gesellschaften nach den Bedürfnissen der konkreten Unternehmung passgenau strukturiert werden können. Mit Blick auf die Tokenisierung wird diese Innovationsoffenheit des Gesellschaftsrechts unterstützt durch ein Wertpapierrecht, das unverbriefte Wertpapiere und damit die Abbildung von Gesellschaftsanteilen auf der DLT *lege lata* zulässt. Beide hier angesprochenen Problemkreise, also die Tokenisierung im und des Gesellschaftsrechts, lassen sich daher im US-Recht bereits lösen, stellen das deutsche Recht aber vor einzig gesetzgeberisch zu lösende Probleme.

Kryptowertedienstleister und DAOs in der Insolvenz – USA und Deutschland im Vergleich

Leona Becker und Aurelia Philine Birne

I. Untersuchungsgegenstand[1]

Die rechtliche Behandlung von digitalen Vermögenswerten auf Grundlage der Distributed Ledger Technology (DLT) bzw. der Blockchain-Technologie als besondere Form der DLT ist in der rechtswissenschaftlichen Literatur bereits vielfach diskutiert. Neben Fragen aus dem Aufsichtsrecht, dem allgemeinen Pri-

[1] Internetquellen wurden, sofern nicht anders gekennzeichnet, zuletzt am 24.06.2024 abgerufen.

vatrecht oder auch dem Strafrecht ist die insolvenzrechtliche Behandlung von Kryptowerten als potentieller Teil der Insolvenzmasse von wissenschaftlichem und praktischem Interesse. Da Kryptowerte regelmäßig von Kryptowertedienstleistern oder auch von Decentralized Autonomous Organizations (DAO) verwahrt werden, steht in diesem Beitrag die rechtliche Behandlung von Kryptobeständen in der Insolvenz ihrer Verwahrstelle im Vordergrund der Diskussion. Popularität gewann diese Thematik durch verschiedene Insolvenzverfahren von Kryptowertedienstleistern in den USA. Zu nennen wäre in diesem Zusammenhang insbesondere die Insolvenzanmeldung der Kryptowertedienstleister FTX und Celcius Network, sodass ein Blick auf den US-amerikanischen Umgang mit derartigen Insolvenzverfahren auch für den deutschen Rechtsraum von Relevanz sein kann. Der folgende Beitrag beschäftigt sich daher mit einer rechtsvergleichenden Betrachtung und stellt die Frage auf, ob der deutsche Gesetzgeber und die deutsche Gerichtsbarkeit bereits eigene rechtliche Mechanismen zur Hand haben, ob sie aus den US-Insolvenzverfahren Lehren ziehen können oder Regulierungsmechanismen *de lege ferenda* zu etablieren sind.

Nachfolgend wird zunächst auf die Begrifflichkeit der Kryptowertedienstleister und der DAOs im Allgemeinen eingegangen und daran anknüpfend auf den Status quo der insolvenzrechtlichen Behandlung in Deutschland und den USA mit Fokus auf der Rechtsnatur von Kryptoverwahrern und der möglichen Anwendung relevanter insolvenzrechtlicher Regelungen.

1. Kryptowertedienstleister

Laut Legaldefinition des § 2 Nr. 5 der deutschen nationalen Kryptowertetransferverordnung ist ein Kryptowertedienstleister „ein Unternehmen mit Sitz im In- oder Ausland, das in Bezug auf Kryptowerte im In- oder Ausland Bankgeschäfte i.S.d. § 1 Absatz 1 Satz 2 des Kreditwesengesetzes betreibt, Finanzdienstleistungen i.S.d. § 1 Absatz 1a Satz 2 des Kreditwesengesetzes oder Wertpapierdienstleistungen i.S.d. § 2 Absatz 2 bis 4 des Wertpapierinstitutsgesetzes erbringt.“[2] Kryptodienstleister i.S.d. § 3 Abs. 1 Nr. 8 der EU-Verordnung über Märkte für Kryptowerte (MiCAR)[3] ist „jede Person, deren berufliche oder gewerbliche Tätigkeit darin besteht, eine oder mehrere Krypto-Dienstleistungen geschäftsmäßig für Dritte zu erbringen.“[4] Im US-amerikanischen Raum ist keine einheitliche Definition zu finden; nach Tex. Fin. Code § 160.001 (Texas Finance Code) sind Kryptodienstleister elektronische Plattformen, die den Handel mit digitalen Vermögenswerten im Namen eines Kunden für digitale Ver-

---

[2] Vgl. zur Kryptowertetransferverordnung *Auffenberg*, in: Omlor/Link (Hrsg.), Kryptowerte und Token, 2. Aufl. 2023, Kap. 17 Rn. 93.

[3] EU-VO COM (2020) 593 final.

[4] Vgl. *Michel/Schmitt*, CCZ 2023, 261, 262.

mögenswerte ermöglichen und die digitalen Vermögenswerte des Kunden verwahren.

Unter dem Oberbegriff der Kryptowertedienstleistungen, die von Kryptodienstleistern als Ausführungsstellen angeboten werden, lassen sich verschiedene Aufgaben im Zusammenhang mit der Verwaltung von Kryptowerten zusammenfassen, wozu insbesondere die Verwahrung von Kryptowerten und die Bereitstellung von Handels- und Zahlungsinfrastruktur gehören. Eine Kryptowertedienstleistung i. S. d. Art. 3 Abs. 1 Nr. 16–26 MiCAR umfasst unter anderem die Verwahrung und Verwaltung von Kryptowerten für Kunden, den Betrieb einer Handelsplattform für Kryptowerte, den Tausch von Kryptowerten gegen einen Geldbetrag oder gegen andere Kryptowerte, die Ausführung von Aufträgen über Kryptowerte für Kunden, die Platzierung von Kryptowerten oder die Annahme und Übermittlung von Aufträgen über Kryptowerte für Kunden.

Der Betrieb von Kryptohandelsplattformen als zentrales Dienstleistungsangebot besteht in der Bereitstellung eines Marktplatzes für den Austausch von Kryptowerten gegen Nominalgeldwährung oder den Tausch von Kryptowerten gegen andere Kryptowerte zwischen Käufer und Verkäufer, vgl. hierzu auch §§ 3 Abs. 1 Nr. 9 b), 68 der MiCAR.[5] Als Beispiele für populäre Kryptohandelsplattformen wären hierbei Coinbase, eToro, FTX Ltd. oder Crypto.com zu nennen. Kryptohandelsplattformen bieten neben Handelsmöglichkeiten und der Bereitstellung der hierfür nötigen Infrastruktur insbesondere die Verwahrung von Kryptowerten an.[6] Ein Kryptoverwahrer stellt Verwahrungs- und Sicherungsleistungen der den Kryptonutzern zugeordneten Kryptowerten bereit. Im deutschen Recht ist zumindest das Kryptoverwahrgeschäft in § 1 Abs. 1a S. 2 Nr. 6 KWG legaldefiniert als „die Verwahrung, die Verwaltung und die Sicherung von Kryptowerten oder privaten kryptografischen Schlüsseln, die dazu dienen, Kryptowerte für andere zu halten, zu speichern oder darüber zu verfügen, sowie die Sicherung von privaten kryptografischen Schlüsseln, die dazu dienen, Kryptowertpapiere für andere nach § 4 Absatz 3 des Gesetzes über elektronische Wertpapiere zu halten, zu speichern oder darüber zu verfügen." Unter Verwahrung wird dabei die Inobhutnahme von Kryptowerten als Dienstleistung für Dritte verstanden, unter Verwaltung die Wahrnehmung der Rechte aus dem Kryptowert für den Verwahrungsnehmer und unter Sicherung die online- oder offline Speicherung des privaten Schlüssels.[7] Das US-amerikanische

---

[5] Zur Funktionsweise siehe *Denga*, in: Möslein/Omlor (Hrsg.), FinTech-Handbuch, 3. Aufl. 2024, § 13 Rn. 30 ff.; vgl. für den US-amerikanischen Raum In re Tether & Bitfinex Crypto Asset Litig., 576 f. Supp. 3d 55; Underwood v. Coinbase Global, Inc., 654 f. Supp. 3d 224, Risley v. Universal Navigation Inc., 2023 U.S. Dist. LEXIS 152946, SEC v. Coinbase, Inc., 2024 U.S. Dist. LEXIS 56994.

[6] Vgl. *Siegel*, in: Omlor/Link, Kryptowährungen und Token (Hrsg.), 2. Aufl. 2023, § 34 Rn. 168 ff., 174 ff.

[7] RegBegr., BT-Drs. 19/13827, 109; FSM-KWG/*Schäfer*, 6. Aufl. 2023, KWG § 1 Rn. 176c.

Rechtsverständnis deckt sich mit dem deutschen bzw. europäischen Raum und sieht im Kryptoverwahrer einen Anbieter von Speicher- und Sicherheitsdiensten für Kryptowerten unter Verwahrung der privaten Schlüssel.[8]

Fraglich in Bezug auf die Bereitstellung von Handels- und Verwahrungsleistungen ist insbesondere die Behandlung der verwahrten Kryptowertebestände der Dienstleistungsnehmer im Fall der Insolvenz des Kryptowertedienstleisters, beispielsweise ausgelöst durch einen massiven Hackerangriff oder fehlgeleiteten Eigeninvestitionen.

2. *DAOs*

Dezentralisierte Autonome Organisationen (oder auch DAOs) sind Organisationen, die mithilfe von DLT und oft mehreren Smart Contracts betrieben werden. Es handelt sich um dauerhafte Strukturen, die digital und von den Nutzern selbst verwaltet und ausgeführt werden.[9] Unter dem Konzept der DAOs werden verschiedene Aufgaben im Zusammenhang mit der Verwaltung von dezentralen Vermögenswerten und der Organisation von Community-Governance zusammengefasst. Eine DAO kann beispielsweise die Verwahrung von Vermögenswerten übernehmen und gleichzeitig eine Plattform für den Handel und die Interaktion ihrer Mitglieder bereitstellen. Im Gegensatz zu Kryptowertedienstleistern streben DAOs nach Autonomie und Selbstverwaltung, indem sie die Notwendigkeit traditioneller Hierarchien oder menschlicher Intermediäre eliminieren.

Die rechtliche Erfassung von DAOs ist von zentraler Bedeutung, da sie Auswirkungen auf Haftungsfragen, Regulierung und Steuerpflichten haben kann. In vielen Rechtsordnungen gibt es keine klare Definition von DAOs, und ihre rechtliche Behandlung kann je nach Gerichtsbarkeit variieren. Für das nationale Recht dürfte jedenfalls die MiCAR nicht maßgeblich sein. Entscheidend für diese Annahme ist, dass ErwGr 22 MiCAR die Anwendbarkeit auf vollständig dezentralisiert erbrachte Kryptowert-Dienstleistungen verneint.[10] Eine anderweitige gesetzliche oder auch eine einheitliche Definition der DAO existiert in der Rechtswissenschaft bisweilen ebenfalls nicht. Versuche einer Definition sind erstmals bei der vermeintlich ersten DAO, „The DAO“, aufgekommen.[11] Dabei haben sich die spezifischen Merkmale einer DAO herauskristallisiert, die oftmals bei (generischen) Definitionsversuchen herangezogen werden. Üblicherweise wird auf die Punkte einer Vielzahl von Kapitalgebern, eines selbstständigen Agierens, einer dezentralisierten Organisationsform und einer un-

[8] Vgl. *Wasick/Bass*, Guidance on Accepting Cryptocurrency Payments, Practice Note, LexisNexis 17.11.2023.

[9] Ähnlich *Hahn*, NZG 2022, 684, 685.

[10] Ausf. *Franke*, Decentralized Finance (DeFi) via Blockchain, S. 371 (im Erscheinen).

[11] Zu „The Dao“ und dessen Fehlgehen *Franke*, Decentralized Finance (DeFi) via Blockchain, S. 106 (im Erscheinen) m. w. N.

mittelbaren Verwaltung durch die Kapitalgeber abgestellt.[12] *Hahn* beschreibt sie vereinfacht als „digitale Unternehmen ohne Geschäftsleiter oder Unternehmenssitz mit einer schwer bis gar nicht veränderbaren Geschäftsordnung“[13].

Das US-amerikanische Recht legt mit dem im Juni 2022 vorgeschlagenen Responsible Financial Innovation Act (RFIA)[14], der einen umfassenden Rechtsrahmen für digitale Vermögenswerte („digital assets“) schaffen will, eine Definition der DAO vor. Eine solche wird dort definiert als eine Organisation, die Smart Contracts verwendet, um kollektive Handlungen durchzuführen und dabei auf dezentraler Basis verwaltet wird. Sie soll der je nach Rechtsordnung anwendbaren Vorschriften als dezentralisierte autonome Organisation, Genossenschaft, Stiftung oder ähnliche Einrichtung eingetragen oder organisiert sein.[15]

DAOs können für eine Vielzahl von Zwecken eingesetzt werden, darunter dezentrale Finanzdienstleistungen (DeFi), Abstimmungsprozesse, digitale Identität und mehr.[16] Beispiele für DAOs sind die MakerDAO (ein dezentrales Stablecoin-System), Aragon (eine Plattform zur Erstellung und Verwaltung von dezentralen Organisationen) und Uniswap (eine dezentrale Kryptowährungsbörse). Die Dezentralität von DAOs und das damit einhergehende Fehlen einer zentralen Instanz führt insbesondere bei Haftungsfragen bzw. der Bestimmung einer rechtlich verantwortlichen Stelle zu offenen Fragen, die es im Zusammenhang mit einem möglichen Insolvenzfall einer DAO zu beantworten gilt.

II. Status quo in Deutschland

Nicht nur die Insolvenzen von FTX und Celcius haben die Frage nach einer möglichen Behandlung einer Insolvenz eines Kryptounternehmens in Deutschland aufgeworfen. Auch die Insolvenz der in Berlin ansässigen Nuri GmbH (ehemals Bitwala) im Jahr 2022 hat diese Diskussion angestoßen.[17] Nuri bot

[12] Vgl. verschiedene Definitionsversuche bei *Mann*, NZG 2017, 1014, 1014; *Langheld/Hagen*, NZG 2021, 724, 724 f.; *Steege/Chibanguza*, Metaverse, 2023, § 22 Rn. 5 f.; *Mienert*, Dezentrale autonome Organisationen (DAOs) und Gesellschaftsrecht, 2022, 52 f. m. w. N.; *Simmchen*, MMR 2017, 162, 164.

[13] Hahn, NZG 2022, 684, 684.

[14] Lummis-Gillibrand Responsible Financial Innovation Act, 117th Congress (2021–2022), S. 4356, abrufbar unter www.congress.gov/bill/117th-congress/senate-bill/4356.

[15] Vgl. Sec. 204 (a) RFIA: „[...] an organization which utilizes smart contracts [...] to effectuate collective action for a business, commercial, charitable, or similar entity, governance of which is achieved primarily on a distributed basis, and which is properly incorporated or organized under the laws of a State or foreign jurisdiction as a decentralized autonomous organization, cooperative, foundation, or any similar entity “.

[16] Vgl. dazu bspw. *Siegel*, in: Omlor/Link (Hrsg.), Kryptowährungen und Token, 2. Aufl. 2023, Kap. 3 Rn. 142 f.

[17] AG Charlottenburg, Az. 36n IN 4212/22.

unter anderem den Handel von Bitcoin und Ether als Vermittler an. Im folgenden Abschnitt soll es daher um die mögliche Behandlung zentraler Probleme gehen, die sich im Rahmen der Insolvenz von Kryptowertedienstleistern und DAOs im deutschen Rechtsraum stellen.

1. Rechtsnatur

a) Kryptowertedienstleister

Für die rechtliche Einordnung von Kryptowertedienstleistern ist, wie bereits ausgeführt, primär die MiCAR maßgeblich, die als europäische Verordnung unmittelbar national Anwendung findet. Dadurch existiert seit der Einführung der MiCAR zumindest eine teilweise harmonisierte rechtliche Einordnung von Kryptowertedienstleistern in der EU. Kryptowertedienstleister unterliegen zudem verschiedenen nationalen Regelungen, insbesondere im Wertpapier-, Steuer- und Geldwäscherecht.

Die anwendbaren Regelungen und sonstigen Anforderungen an Kryptodienstleister hängen in erster Linie von der rechtlichen Einordnung von Kryptowerten und der Art der getätigten Dienstleistungen ab. Obwohl Kryptowerte im deutschen Recht derzeit nicht als gesetzliches Zahlungsmittel anerkannt werden und – jedenfalls sofern sie nicht über eine zentrale Ausgabestelle emittiert werden – nicht als Geld im rechtlichen Sinne gelten,[18] hat die BaFin früh betont, dass die meisten „Kryptowährungen“ als Finanzinstrumente betrachtet werden können und daher der Aufsicht der BaFin unterliegen.[19] Mittlerweile können „Kryptowerte“ auch gemäß § 1 Abs. 11 S. 1 Nr. 10 KWG[20] gesetzlich kodifiziert als Finanzinstrumente klassifiziert werden. Damit einher gehen je nach Anwendungsfeld sektorspezifische Vorschriften und Anforderungen an Kryptowertedienstleister. Stellen Kryptowerte insofern beispielsweise einen Handels- oder Anlagegegenstand dar, steht das Geschäft je nach Ausgestaltung nach § 32 Abs. 1 KWG unter Erlaubnisvorbehalt der BaFin.

Ein Erlaubnisvorbehalt der BaFin und eine entsprechende Beaufsichtigung garantieren indes keinesfalls die Vermeidung eines Insolvenzverfahrens (vgl. § 46b KWG i. V. m. §§ 17 ff. InsO). Weder die Capital Requirements Regulation

---

[18] Zur währungs- und geldrechtlichen Einordnung statt aller *Birne*, Das Allgemeine Privatrecht der Blockchain-Token, 2023, S. 169 ff.

[19] BaFin, Merkblatt – Hinweise zum Zahlungsdiensteaufsichtsgesetz (ZAG) vom 22.12.2011, geänd. 31.01.2024, D. I. 1., abrufbar unter https://www.bafin.de/ref/19610236.

[20] Das Finanzmarktdigitalisierungsgesetz (FinmadiG, RegE v. 20.12.2023) passt das deutsche Finanzaufsichtsrecht an die Änderungen der MiCAR an. Unterschieden werden künftig „kryptographische Instrumente“ von „Kryptowerten“, wobei die Definition in § 1 Abs. 11 Nr. 10 KWG angepasst wird. Kryptographische Instrumente dienen insofern als Auffangtatbestand zu den davon ausgenommenen Kryptowerten nach Art. 3 Abs. 1 Nr. 5 MiCAR.

(CRR)[21] noch das KWG legen jedenfalls Mindestanforderungen an das Eigenkapital fest.[22]

b) DAOs

Die rechtliche Einordnung von DAOs ist komplex, da derzeit keine spezifischen gesetzlichen Bestimmungen existieren, die DAOs direkt regeln. Die rechtliche Qualifizierung einer DAO hängt von ihrer genauen Organisation, ihren Handlungsfeldern und rechtlichen Merkmalen ab. Im deutschen Gesellschaftsrecht stellt sich die Frage, welchem Gesellschaftstyp die DAO zugeordnet werden kann, wenn der *numerus clausus* der Gesellschaftsformen berücksichtigt wird. Nicht auszuschließen ist auch, dass die DAO als juristische Person angesehen werden kann und Bestimmungen des GmbH oder des AktG relevant sein können.

Zunächst ist anzunehmen, dass aufgrund einer verbindlichen Willensentscheidung der Tokeninhaber, sich zu einem gemeinsamen Zweck zusammenzuschließen, eine Gesellschaft vorliegt. So setzt die erstmalige Beteiligung an der DAO typischerweise nicht nur den Einsatz wirtschaftlicher Mittel voraus, sondern auch die Einhaltung und Akzeptanz des programmierten regulatorischen Rahmens sowie die Ausübung des mit dem Token verknüpften Stimmrechts.[23] Der erforderliche Rechtsbindungswille dürfte insofern vorliegen.[24]

Die rechtliche Einordnung einer DAO hängt davon ab, ob die Teilnehmer lediglich einen privaten gemeinsamen Zweck verfolgen (gemäß § 705 BGB) oder darüber hinaus die Gesellschaft auf den Betrieb eines Handelsgewerbes ausrichten (gemäß § 105 Abs. 1 BGB). Entsprechend wird die DAO in der Rechtswissenschaft entweder als Gesellschaft bürgerlichen Rechts (GbR) oder als offene Handelsgesellschaft (oHG) eingestuft.[25] Ist die Tätigkeit der DAO nicht nach außen gerichtet und tritt diese nicht nach außen im Rechtsverkehr auf, dürfte es sich bei der Gesellschaft um eine Innen-GbR handeln.[26] Es handelt sich daher um eine Personengesellschaft und nicht um eine Körperschaft, die mangels formaler korporativer Organisation, die für die Gründung einer Körperschaft erforderlich wäre, schon nicht infrage kommt.[27] Auch eine DAO als Kapitalgesellschaft wird diskutiert, wobei als Rechtsträger insbesondere eine

---

[21] VO (EU) Nr. 575/2013.

[22] Dazu *Skauradszun*, RDi 2023, 269 Rn. 3.

[23] Dazu *John/Patz*, BKR 2023, 849, 850; *Teichmann*, ZfPW 2019, 247, 269; insg. *Steege/Chibanguza*, Metaverse, 2023, § 22 Gesellschaftsrecht Rn. 12.

[24] *Langheld/Haagen*, NZG 2021, 724,725; *John/Patz*, BKR 2023, 849, 850.

[25] *Hahn*, NZG 2022, 684, 686; *Mann*, NZG 2017, 1014, 1017; *Spindler*, ZGR 2018, 17, 51; s. auch *Mann*, in: Braegelmann/Kaulartz, Smart Contracts, 2019, Kap. 17 Rn. 12 ff.; *Langheld/Haagen*, NZG 2021, 724, 728 f.

[26] *Hahn*, NZG 2022, 684, 686.

[27] *Hahn*, NZG 2022, 684, 686.

GmbH in Frage kommt.[28] Einen Sonderfall stellen DAOs dar, die nach dem Recht des US-Bundesstaates Wyoming als LLC registriert und im Rahmen der Gründungstheorie anerkannt sind.[29]

Der Pflichtenkatalog wiederum, relevante Vorschriften und rechtlichen Anforderungen an DAOs hängen von der Rechtsnatur der Kryptowerte und der getätigten Geschäfte ab. Wenn eine DAO beispielsweise Wertpapiere ausgibt oder mit Wertpapieren handelt, unterliegt sie wertpapierrechtlichen Vorschriften. Zudem können stets geldwäsche- und steuerrechtliche Vorschriften relevant sein.

2. Relevante Insolvenzrechtliche Regelungen

Vorab stellt sich im Kontext der EU die Frage nach der Anwendbarkeit deutschen Rechts. Gemäß Art. 7 Abs. 1 EuInsVO gilt grundsätzlich das Recht des Staates, in dem das Insolvenzverfahren eröffnet wird (*lex fori concursus*),[30] respektive das Recht des Staates, in dem der Mittelpunkt der hauptsächlichen Interessen des Schuldners liegt (Art. 3 Abs. 1 EuInsVO).[31] Nach diesem Recht wird auch geregelt, welche Vermögenswerte zur Insolvenzmasse gehören.

Nachfolgend soll ein Überblick über bereits bestehende und geplante insolvenzrechtliche Vorschriften im deutschen Rechtsraum gegeben werden, die bei der Behandlung eines insolventen Kryptowertediensteleisters oder einer insolventen DAO relevant sein können.

a) Überblick

Im Ausgangspunkt sind Schuldner nach nationalem Recht gemäß § 15 InsO dazu verpflichtet, einen Insolvenzantrag zu stellen, sobald sie zahlungsunfähig oder überschuldet sind. Damit wird das Insolvenzverfahren eröffnet, etwa das Regelinsolvenzverfahren (bei Unternehmen), das Insolvenzplanverfahren oder als Verbraucherinsolvenzverfahren (bei Privatpersonen). Das Insolvenzverfahren hat gemäß § 1 InsO das Ziel, die Gläubiger eines Schuldners zu befriedigen, indem das gesamte Vermögen verwertet und der Erlös verteilt wird (Liquidation) oder in einem Insolvenzplan abweichende Regelungen getroffen werden. Ein Insolvenzverfahren kann über das Vermögen jeder natürlichen und juristischen Person eröffnet werden, einschließlich einer GbR und einer oHG (vgl.

---

[28] Dazu *Langheld/Haagen*, NZG 2021, 724, 728f. m.w.N.; a.A. *Hahn*, NZG 2022, 684, 686.

[29] *Langheld/Haagen*, NZG 2021, 724, 726; *Steege/Chibanguza*, Metaverse, 2023, § 22 Gesellschaftsrecht Rn. 12.

[30] MüKoInsO/*Reinhart*, 4. Aufl. 2021, VO (EU) 2015/848 Art. 7 Rn. 1.

[31] Zu Schwierigkeiten bei einer DAO als Schuldner *Lehmann*, in: Omlor/Link (Hrsg.), Kryptowährungen und Token, 2. Aufl. 2023, Kap. 5 Rn. 254ff.

§ 11 Abs. 1, 2 InsO). Darunter können entsprechend auch Kryptowertedienstleister sowie DAOs fallen.

Gemäß § 35 Abs. 1 InsO erfasst das Insolvenzverfahren das gesamte Vermögen, das dem Schuldner zum Zeitpunkt der Verfahrenseröffnung gehört und das er während des Verfahrens erwirbt (= Insolvenzmasse), wobei bestimmte unpfändbare Gegenstände herausfallen (§ 36 InsO). Dabei gibt es ein bestimmtes Rangsystem, bei welchem bestimmte Verbindlichkeiten des Schuldners vorrangig befriedigt werden (z. B. sog. Masseverbindlichkeiten, § 53 InsO). Bestandteile der Insolvenzmasse können von Gläubigern nicht zur Befriedigung von Schulden genutzt werden.[32] Hinterfragt werden muss dabei im Folgenden, ob die von Kunden gehaltenen Kryptowerte zur Insolvenzmasse zählen.

Darüber hinaus ist gemäß § 56 InsO ein unabhängiger Insolvenzverwalter zu bestellen, der der Aufsicht des Insolvenzgerichts untersteht (§ 58 InsO). Dieser hat das gesamte zur Insolvenzmasse gehörende Vermögen des Schuldners in Besitz oder Verwaltung zu nehmen. Gemäß den Vorgaben der §§ 218 ff. InsO kann auch ein Insolvenzplan erstellt werden, der der einen Vergleich zwischen Schuldner und Gläubigern vorsieht und dem Insolvenzgericht vom Insolvenzverwalter oder dem Schuldner vorgelegt werden muss.

Eine Gläubigerversammlung entscheidet ferner über die Wahl des Insolvenzverwalters und die Bestätigung eines Insolvenzplans. Insolvenzgläubiger sind persönliche Gläubiger, die einen Vermögensanspruch gegen den Schuldner zum Zeitpunkt der Verfahrenseröffnung haben (§ 38 InsO). Die Gläubiger werden im Zuge einer bestimmten Rangfolge im Insolvenzverfahren befriedigt, wobei beispielsweise Ab- und Aussonderungsberechtigte vorrangig behandelt werden.

b) Aussonderung nach § 47 InsO

Die Insolvenz von Kryptodienstleistern und DAOs ist bislang nur teilweise reguliert. Sofern ein Kunde beispielsweise einem Kryptoverwahrer eigene Kryptowerte anvertraut, geht er mitunter auch das Risiko einer Insolvenz dessen ein. Im Falle eines Insolvenzverfahrens bleibt der Kunde normalerweise lediglich als Gläubiger zurück, dessen Befriedigung nur anteilig erfolgt. Denn während die Insolvenzmasse unter den (priorisierten) Gläubigern aufgeteilt wird, erhält der normale Kunde in der Regel nur einen Bruchteil seines ursprünglichen Investments zurück.[33] Günstig für den Kunden ist es daher, wenn die verwahrten oder verwalteten Kryptowerte nicht in die Insolvenzmasse fallen und verteilt werden, also insbesondere dem Kryptodienstleister insolvenzrechtlich nicht „gehören".[34] Vielmehr ist wünschenswert, dass sie dem Kunden entsprechend der

[32] *Schröder/Triantafyllakis*, BKR 2023, 12, 17.
[33] *Meier/Schneider/Schinerl*, RDi 2023, 257 Rn. 4.
[34] *Schröder/Triantafyllakis*, BKR 2023, 12, 17; s. auch *Skauradzun/Schweizer/Kümpel*, ZIP 2022, 2101, 2107 ff.

schuldrechtlichen Ebene zuzuordnen sind, für den die Kryptowerte auch etwa nur treuhänderisch verwahrt werden.[35]

Die Schlüsselfrage bei der Behandlung von Kunden im Rahmen der Insolvenz betrifft folglich die Aussonderungsfähigkeit von Kryptowerten. Gemäß § 47 InsO ist eine Aussonderung möglich, wenn ein Gegenstand aufgrund eines bestehenden dinglichen oder persönlichen Rechts nicht zur Insolvenzmasse gehört. In diesem Fall fallen sie nicht in den schuldnerischen Haftungsverband gemäß § 35 InsO und sind folglich nicht Teil der insolvenzrechtlichen Gesamtvollstreckung.

Relevant ist dabei auch die Frage danach, ob die auszusondernden Gegenstände bestimmt bzw. bestimmbar sind, was bedeutet, dass gerade bei Sammelkonten Probleme auftreten können, wenn sich Eigen- und Kundenvermögen vermischen.[36] Sonderregelungen wurden nunmehr durch Art. 70 Abs. 1 und 75 Abs. 7 UAbs. 1 MiCAR sowie durch das ZuFinG in § 26b KWG und geschaffen, die eine Vermögenstrennungspflicht beim Verwahrgeschäft vorschreiben. § 46i Abs. 1 und 2 KWG sehen zudem bereits *de lege lata* Aussonderungsrechte vor. *De lege ferenda* sind zudem mit dem FinmadiG Aussonderungsrechte in § 45 Abs. 1 und 2 KMAG geplant.

3. Anwendung insolvenzrechtlicher Regelungen

a) Kryptowertedienstleister

Kryptowertedienstleister können bei einer rechtlichen Organisation als Gesellschaft zunächst Schuldner im Sinne der deutschen Insolvenzordnung sein. In der Folge stellt sich als zentrale Frage die Erfassung von Kryptowerten in der Insolvenzmasse. Als Gegenstände der Insolvenzmasse kommen nicht zwingend nur Sachen i. S. d. § 90 BGB in Betracht, sondern auch Rechte, Forderungen, Wertpapiere und etwa Daten.[37] Kryptowerte als Wirtschaftsgüter dürften grundsätzlich in die Insolvenzmasse fallen.[38] Auch sofern sie als immaterielle Güter eingestuft werden, lassen sie sich durch den weit auszulegenden Begriff der „Gegenstände“ erfassen.[39] Dass Kryptowerte der Pfändung unterliegen, ergibt sich letztlich auch daraus, dass Kryptowerte unter „andere Vermögensrechte“ nach § 857 Abs. 1 ZPO subsumiert werden können.[40]

---

[35] *Schröder/Triantafyllakis*, BKR 2023, 12, 17.

[36] BGH WM 2003, 1641.

[37] *Schröder/Triantafyllakis*, BKR 2023, 12, 17.

[38] Dazu *Meier/Schneider/Schinerl*, RDi 2023, 257 Rn. 7; *Werner*, in: Omlor/Link (Hrsg.), Kryptowährungen und Token, 2. Aufl. 2023, Kap. 7 Rn. 164.

[39] FG Köln BeckRS 2021, 46851 Rn. 49 ff. = RDi 2022, 221 (m. Anm. Fromberger); *Maute*, in: Maume/Maute, Kryptowerte-HdB, 2020, § 4 Rn. 7 ff.; *Skauradszun*, AcP 221 (2021), 353, 364.

[40] Vgl. dazu und zur „Ist-Masse“ *Meier/Schneider/Schinerl*, RDi 2023, 257 Rn. 4 m. w. N.; *D'Avoine/Hamacher*, ZIP 2022, 2214, 2217 f.; BeckOK ZPO/*Riedel*, Stand: 01.03.2024, § 857

Da in der Regel allein der Kryptowertedienstleister die Kenntnis des privaten Schlüssel hat, mit dem über die Kryptowerte verfügt werden kann, stellen sich die aufbewahrten Kryptowerte zunächst als Teil der Ist-Masse des Kryptodienstleisters dar.[41] Es stellt sich mithin die Frage, ob die von Kryptowertedienstleistern verwalteten Kryptowerte aus anderen Gründen im Eigentum der Kunden verbleiben.

Ein Aussonderungsrecht setzt voraus, dass an den Kryptowerten ein persönliches oder dingliches Recht besteht.[42] Dabei wurde dies schon früh in der rechtswissenschaftlichen Literatur mit Blick auf die Aussonderungsfähigkeit von einzelverwahrten Kryptowerten bejaht, während die Aussonderung von sammelverwahrten Kryptowerten umstritten war.[43] Diese Frage der Aussonderungsfähigkeit wird im Einzelfall anhand der Art der Verwaltung der Kryptowerte entschieden. In Deutschland sind dingliche Rechte an Kryptowerten *de lege lata* ausgeschlossen, während persönliche Rechte möglicherweise in Betracht kommen.[44] Da Kryptowerte mangels Sacheigenschaft[45] im insolvenzrechtlichen Sinne nicht als Eigentum betrachtet werden können, werden die zu verwahrenden Kryptowerte etwa als Treugut betrachtet und damit als Gegenstand einer fremdnützigen Treuhand.[46] In diesem Szenario kann der Kunde beispielsweise Treuhandeigentum an den Kryptowerten haben. Das Reichsgericht entschied bereits, dass Treugut nur formell-rechtlich zum Vermögen des Treuhänders gehört, während es materiell-wirtschaftlich dem Treugeber selbst zusteht.[47]

Das Erfordernis der Bestimmbarkeit gilt ebenso bei einer Aussonderung vor dem Hintergrund eines Treuhandverhältnisses.[48] Inwieweit Kryptowerte bestimmbar sind, ist von vertraglichen Vereinbarungen zwischen dem Kryptoverwahrer und seinen Kunden sowie von der Art der Kryptoverwahrung abhängig: Bei einem Einzel-Wallet hat der Kunde einen Anspruch auf Herausgabe sämtlicher darauf gehaltenen Kryptowerte; bei Sammel-Wallets (Omnibus-

Rn. 95; *Werner*, in: Omlor/Link (Hrsg.), Kryptowährungen und Token, 2. Aufl. 2023, Kap. 7 Rn. 164;

[41] *Meier/Schneider/Schinerl*, RDi 2023, 257 Rn. 9.

[42] *Meier/Schneider/Schinerl*, RDi 2023, 257 Rn. 9.

[43] Vgl. statt aller *Skaurandszun*, RDi 2023, 269 Rn. 4 m. w. N.

[44] *Meier/Schneider/Schinerl*, RDi 2023, 257 Rn. 9.

[45] *Omlor*, in: Omlor/Link (Hrsg.), Kryptowährungen und Token, 2. Aufl. 2023, Kap. 6 Rn. 30 ff.; *Guntermann*, RDi 2022, 200, 202 ff.; *Rauer/Bibi*, ZUM 2022, 20, 24 ff.; *Kaulartz/Schmid*, CB 2021, 298, 299 ff.; *Omlor*, ZVglRWiss 119 (2020), 41, 49 ff.; *Richter*, NJW 2022, 3469 Rn. 9; *Birne*, Das Allgemeine Privatrecht der Blockchain-Token, 2023, S. 47 m. w. N.

[46] *Schröder/Triantafyllakis*, BKR 2023, 12, 17 f.

[47] *Rom*, WM 2008, 813 mit Verweis auf RGZ 45, 80; *Schröder/Triantafyllakis*, BKR 2023, 12, 17 f.; insg. zur Treuhand vgl. *Meier/Schneider/Schinerl*, RDi 2023, 257 Rn. 15 ff.

[48] Zu Kryptotoken vgl. *Maute*, in: Maume/Maute Kryptowerte-HdB, 2020, § 4 Rn. 7 ff.; *Skauradszun*, AcP 221 (2021), 353, 364.

Wallets) erstreckt sich sein Anspruch dagegen nur auf seinen Anteil an gehaltenen Kryptowerten entsprechend seines Kryptowertebestands.[49]

In Situationen, in denen Kryptowerte mehrerer Kunden zusammengeführt werden, kann es zu einer Vermischung zwischen Fremd- und Eigenvermögen des Kryptoverwahrers kommen.[50] Eine Bestimmbarkeit von Kryptowerten wegen der fehlenden Vermögenstrennung wäre dann kaum möglich, weil interne Aufzeichnungen ungenau oder gar nicht vorhanden sind mit der Folge, dass die Kryptowerte nicht aussonderungsfähig wären.[51] Das Kryptoverwahrgeschäft unterliegt nunmehr gemäß § 26b KWG einer Vermögenstrennungspflicht. Auch bei Sammelkonten muss demnach gewährleistet sein, dass die Anteile der einzelnen Kunden jederzeit identifizierbar sind. Zusätzlich obliegt es dem Verwahrer sicherzustellen, dass über die Kryptowerte oder privaten Schlüssel der Kunden ohne deren ausdrückliche Einwilligung nicht verfügt werden kann.[52] Infolgedessen spielen jedoch bei Sammelbeständen nach wie vor die internen Vorkehrungen wie das Buchungssystem des Kryptodienstleisters eine entscheidende Rolle.[53]

Entsprechend sieht § 46i KWG vor, dass die für einen Kunden verwahrten Kryptowerte und isoliert verwahrte privaten Schlüssel „als dem Kunden gehörig" gelten, sofern nicht der Kunde darin eingewilligt hat, dass für Rechnung des Verwahrers oder Dritter verfügt werden darf. Hierdurch wird ein Aussonderungsrecht statuiert. Im Falle eines Insolvenzverfahrens trägt der Kunde, sofern er einer Aussonderung durch Übertragung des Verwahrbestands an einen anderen Kryptoverwahrer nicht zustimmt, die Aussonderungskosten. Eine Ausnahme hiervon besteht nur, wenn die Bedingungen des neuen Verwahrers unzumutbar sind.[54] § 46i KWG wurde zumindest in der insolvenzrechtlichen Literatur teilweise als unnötig bzw. überschießend kritisiert.[55]

Das FinmadiG sieht in seiner aktuellen Regierungsentwurfsfassung nunmehr eine Änderung vor, wonach § 26b und § 46i KWG sich künftig ausschließlich auf „kryptografische Instrumente" beziehen sollen. Diese Änderung erfolgt vor dem Hintergrund, dass die Vermögenstrennungspflicht für Kryptowerte nach der MiCAR bereits unmittelbar aus Art. 70 Abs. 1 und 75 Abs. 7 UAbs. 1 MiCAR hervorgeht. Aussonderungsrechte ergeben sich hingegen nicht

[49] *Schröder/Triantafyllakis,* BKR 2023, 12, 17.

[50] *Schröder/Triantafyllakis,* BKR 2023, 12, 17.

[51] *D'Avoine/Hamacher,* ZIP 2022, 2214, 2217.

[52] *John/Patz,* BKR 2023, 849, 854.

[53] Insg. *Schröder/Triantafyllakis,* BKR 2023, 12, 17 f.

[54] Dazu *John/Patz,* BKR 2023, 849, 854; s. auch grundlegend *Skaurandszun,* RDi 2023, 269 Rn. 4 ff. m. w. N.

[55] Statt aller *John/Patz,* BKR 2023, 849, 854 m. w. N.; s. auch *Skauradszun,* RDi 2023, 269 Rn. 10 ff.

explizit aus der MiCAR, sondern werden nach dem FinmadiG in § 45 KMAG statuiert, der inhaltlich weitestgehend dem § 46i KWG entspricht.[56]

Die Verwertung von Kryptowerten im Insolvenzverfahren erfolgt nach § 159 InsO in der Regel durch den freihändigen Verkauf. Das setzt jedoch praktisch voraus, dass der Insolvenzverwalter Zugriff auf den privaten Schlüssel hat. In diesem Zusammenhang dürfte ihm gemäß § 97 InsO ein Auskunftsanspruch gegen den Kryptodienstleister zustehen, dessen Durchsetzung nach § 98 Abs. 2 InsO erzwungen werden kann.[57]

b) DAOs

Zunächst muss geklärt werden, ob überhaupt ein Insolvenzverfahren mit einer DAO als Schuldner eröffnet werden kann, bevor sich beispielsweise Fragen nach einer Aussonderung stellen können. Ist die DAO als oHG oder GbR organisiert, dürfte dies grundsätzlich möglich sein, da die Insolvenzordnung auch juristische Personen als Schuldner erfasst (§ 11 Abs. 1, 2 InsO). Somit ergeben sich an dieser Stelle zunächst in der Theorie keine Schwierigkeiten nach deutschem Recht. Problematisch ist allerdings die praktische Durchsetzbarkeit des Insolvenzverfahrens und die Möglichkeit der Inanspruchnahme der DAO-Teilnehmer.

Bei einer als BGB-Gesellschaft klassifizierten DAO führte die Insolvenz bislang grundsätzlich zur Auflösung gemäß den §§ 730 ff. BGB aF. Dies stand jedoch im Widerspruch zum Ziel der DAO, den vereinbarten Zweck unabhängig von der Mitgliederzahl zu verfolgen.[58] Seit der Reform des Personengesellschaftsrechts tritt anstelle der Auflösung der GbR nunmehr das Ausscheiden des Gesellschafters (§ 723 Abs. 1 Nr. 3 BGB), was ferner ebenso für Handelsgesellschaften gilt (§ 131 Abs. 3 HGB). Dem ausscheidenden DAO-Mitglied steht ein Abfindunganspruch für seine Mitgliedschaft (§ 728 Abs. 1 BGB) zu, wobei insbesondere Höhe und Fälligkeit gesellschaftsvertraglich geregelt werden können. Letztlich eine technische und vertragliche Frage ist der Umgang mit dem Mitgliedschaftstoken des ausscheidenden Gesellschafters, der beispielsweise an die DAO übertragen oder durch „Einziehung" vernichtet werden kann.[59]

Im Falle der Insolvenz einer DAO ist die Einhaltung ordnungsgemäßer Abstimmungsprotokolle unerlässlich, da im Insolvenzfall die Kooperation der Mitglieder entscheidend ist, damit der Insolvenzverwalter seine gesetzlichen Pflichten erfüllen kann. Unter gewissen Bedingungen kann auch ein Insolvenzplan gemäß §§ 218 ff. InsO erstellt werden, der einen Vergleich zwischen Schuld-

---

[56] Zu den Änderungen *John/Patz*, BKR 2023, 849, 854.

[57] *Werner*, in: Omlor/Link (Hrsg.), Kryptowährungen und Token, 2. Aufl. 2023, Kap. 7 Rn. 171.

[58] HK-BGB/*Saenger*, 10. Aufl. 2019, BGB § 736 Rn. 1.

[59] *Langheld/Haagen*, NZG 2021, 724, 727.

ner und Gläubigern vorsieht und von diesen sowie dem Insolvenzgericht genehmigt werden muss. Denkbar wäre einen solchen Plan zuvor soweit möglich in einen Smart Contract zu integrieren. Dennoch bleiben sämtliche Pläne und gerichtlichen Anordnungen wirkungslos, solange keine Kontrolle über die DAO durch die Einhaltung der Abstimmungsprotokolle besteht. Es bedarf daher praktischer und/oder vertraglicher Regelungen. Dabei ist es letztlich unerlässlich, die Kontrolle über die Governance-Token zu erlangen etwa durch eine vorherige Programmierung im Governance-Code.

Auch die Durchsetzung der tatsächlichen Verwertung der Kryptowerte durch den Insolvenzverwalter mittels freihändigem Verkauf gemäß § 159 InsO gestaltet sich schwierig. Hierbei gilt das zuvor Gesagte hinsichtlich des Auskunftsanspruchs gemäß § 97 InsO, der jedoch ohne einen zentralen Anspruchsgegner jedenfalls nur schwer durchsetzbar sein dürfte (§ 98 Abs. 2 InsO).

III. Status quo in den USA

Dieser Abschnitt behandelt die wichtigsten Fragestellungen der möglichen Behandlung von verwahrten Kryptowerten im Insolvenzfall eines Kryptowertedienstleisters oder einer DAO unter Heranziehung anwendbarer insolvenzrechtlicher Regelungen im US-amerikanischen Rechtsraum.

1. Rechtsnatur

a) Kryptowertedienstleister

Eine harmonisierte rechtliche Einordnung von Kryptowertedienstleistern existiert in den USA nicht, jedoch finden verschiedene bundes- wie auch landesrechtliche Regelungen auf diese Anwendung, insbesondere im Wertpapier-, Steuer- und Geldwäscherecht. Kryptowertedienstleister haben in diesem Zusammenhang Registrierungs- bzw. Verhaltenspflichten einzuhalten, beispielsweise müssen sie sich im Financial Crimes Enforcement Network registrieren.[60] Die Anwendbarkeit von relevanten Vorschriften und rechtlichen Anforderungen an Kryptowertedienstleister sind darüber hinaus verknüpft mit der Rechtsnatur der verwahrten und verwalteten Kryptowerte. Diese gelten in den USA zunächst als unkörperliches Eigentum und als Eigentum i. S. d. Steuerrechts.[61] Sie können sich daneben ebenfalls als Wertpapier nach bundesrechtlichen Regelungen qualifizieren, sodass in diesem Fall wertpapierrechtliche Regelungen auch auf Kryptodienstleister Anwendung finden, die solche Kryptowerte ver-

[60] *Wasick/Bass*, Guidance on Accepting Cryptocurrency Payments, Practice Note, LexisNexis 17.11.2023.

[61] *Brockhurst*, Crypto-Assets and Blockchain for Trusts and Estates, Practice Note, LexisNexis 20.03.2023.

walten oder verwahren.[62] Darüber hinaus können sich Kryptowerte auch als „fund" in Form von monetären Vermögenswerten i.S.d. Electronic Fund Transfer Act qualifizieren.[63] Der Electronic Fund Transfer Act (EFTA) ist ein Bundesgesetz, das Transaktionen im Zusammenhang mit elektronischen Geldtransfers (EFTs) („electronic fund transfers") reguliert.[64] Als Geld im Rechtssinne werden Kryptowerte in Form von Kryptowährungen derzeit mangels staatlicher Anerkennung nicht eingeordnet.[65]

Kryptowertedienstleister in Form von Kryptohandelsplattformen stellen grundsätzlich keine den regulatorischen Anforderungen an diese Rechtsform unterlegenen lizensierten Finanzinstitute dar,[66] sondern Gesellschaften („company"),[67] welche sich beispielsweise als Personengesellschaft, Kapitalgesellschaft oder Joint Venture organisieren können.[68] Sie werden aufsichtsrechtlich nicht als Wertpapierbörsen qualifiziert und unterstehen damit nicht der Aufsicht durch die US-Börsenaufsicht („United States Securities and Exchange Commission", SEC). Jedoch hat der derzeitige SEC-Vorsitzende Gary Gensler geäußert, dass es sich bei den meisten Kryptohandelsplattformen um unregistrierte Wertpapierbörsen handelt, da sich die meisten Kryptowährungen als Wertpapiere qualifizieren lassen.[69]

b) DAOs

Decentralized Autonomous Organizations (DAOs) unterliegen zumindest bundesrechtlich keinem Rechtsrahmen. Der RFIA, welcher einen harmonisierten Rechtsrahmen im Bereich der digitalen Vermögenswerte in den USA beinhaltet, schlägt die rechtliche Einordnung von DAOs als business entity i.S.d. des Bundessteuergesetzes („Internal Revenue Code", IRS) durch Änderung der IRC Section 7701 vor, sodass diese als *corporation* oder *partnership* im gesellschaftsrechtlichen Sinne besteuert werden würden.[70] In der rechtswissenschaftlichen Literatur wird indes die Qualifizierung der DAO als *partnership* und damit als Personengesellschaft vorgeschlagen.[71] Nach dem Uniform Partnership Act (UPA) ist eine Partnerschaft die Vereinigung von mindestens zwei Per-

---

62 Vgl. SEC v. Terraform Labs Pte. Ltd., 2023 U.S. Dist.; *McAvoy/Rutenberg*, FinTech (United States), Multilaw Global Guide, 12.01.2022.

63 Rider v. Uphold HQ Inc., 657f. Supp. 3d 491.

64 Vgl. Mohamed v. Bank of Am., N.A., 620f. Supp. 3d 331.

65 In re Celsius Network LLC, 647 B.R. 631 (Bankr. S.D.N.Y. 2023).

66 Vgl. *Aulet*, 19 Pratt's Journal of Bankruptcy Law 19-3-II 2023, 54.

67 *Lubben*, 6 Stan J. Blockchain L. & Pol'y, 2023, 2019; SEC v. Coinbase, Inc., 2024 U.S. Dist. LEXIS 56994.

68 Burns Ind. Code Ann. § 28-2-16-5, „Company defined".

69 *Gensler*, Remarks Before the Aspen Security Forum, Rede vom 03.08.2021, abrufbar unter https://www.sec.gov/news/speech/gensler-aspen-security-forum-2021-08-03.

70 *Kramer/Lutz/Pomierski/Granek*, Banking Law Journal 2022, 516.

71 Vgl. *Metjahic*, 39 Cardozo L. Rev. 2018, 1533, 1554.

sonen, die mit Gewinnerzielungsabsicht ein Unternehmens führen. Die Qualifikation als *partnership* ist unabhängig von der Gründungsabsicht der beteiligten Personen,[72] sodass diese Gesellschaftsform vergleichbar mit der deutschen Gesellschaft bürgerlichen Rechts (GbR) bzw. der offenen Handelsgesellschaft (OHG) ist. In einem solchen Fall würden Mitglieder der DAO persönlich haften.[73]

Anders als auf Bundesebene existieren bereits landesrechtliche Regelungen in Bezug auf DAOs, beispielsweise wurde in Wyoming Mitte 2021 das Wyoming DAO-Zusatzgesetz verabschiedet, welches DAOs als Gesellschaft mit beschränkter Haftung („LLC") qualifiziert,[74] sodass ebenfalls der Wyoming Limited Liability Company Act auf diese Anwendung findet. Aufgrund dessen unterliegen die Mitglieder der DAO dem Gebot des guten Glaubens und des fairen Handels.[75] Als LLC muss die DAO einen im Bundesstaat ansässigen eingetragenen Agenten unterhalten.[76] Der LLC-Agent ist eine natürliche oder juristische Person, die insbesondere berechtigt ist, Zustellungen von Schriftstücken im Namen der vertretenen Gesellschaft entgegenzunehmen.[77]

In Tennessee wurden im Jahr 2022 mit ähnlichen Regeln die Tennessee DAO-Gesetze verabschiedet,[78] wodurch DAOs in diesem Bundestaat dem Tennessee Revised Limited Liability Company Act unterliegen.

2. *Relevante insolvenzrechtliche Regelungen*

An erster Stelle ist festzuhalten, dass *de lege lata* keine speziellen insolvenzrechtlichen Regelungen in Bezug auf den Umgang mit verwahrten Kryptowerten existieren.[79]

Im Jahr 2016 wurde in den USA ein bundeseinheitlicher Rechtsrahmen für die Insolvenz von Unternehmen und Privatpersonen durch die Einführung des U.S. Bankruptcy Code geschaffen, welcher im 11. Abschnitt des United States Code (11 USC) kodifiziert ist. Nachfolgend wird auf möglicherweise einschlägige und relevante insolvenzrechtliche Regelungen in Bezug auf die Insolvenz von Kryptowertedienstleistern und DAOs eingegangen.

a) Überblick

Wird ein Insolvenzverfahren nach dem U.S. Bankruptcy Code eröffnet, führt dies gemäß 11 USC § 541(a)(1) zur Entstehung der Insolvenzmasse, welche aus

[72] *Metjahic*, 39 Cardozo L. Rev. 2018, 1533, 1554.
[73] *Metjahic*, 39 Cardozo L. Rev. 2018, 1533, 1554.
[74] Wyo. Stat. Ann. § 17-31-104.
[75] Wyo. Stat. Ann. § 17-31-110.
[76] Vgl. *Blaszczyk*, North Dakota Law Review, Vol. 99:1 2024, 108, 116.
[77] Vgl. WY – Code of Wyoming Rules, 002-0023-9. Registered Agents Requirements.
[78] Tenn. Code Ann. § 48–250.
[79] Vgl. *Aulet*, 19 Pratt's Journal of Bankruptcy Law 19-3-II 2023, 54.

dem Vermögen des Schuldners zum Zeitpunkt der Einleitung des Insolvenzverfahrens besteht. 11 USC § 101 (13) definiert einen „Schuldner" als eine Person, für die ein Insolvenzverfahren nach den Regelungen des Gesetzes eingeleitet wurde. Eine Person ist dabei jede natürliche Person, Personalgesellschaft und Kapitalgesellschaft, vgl. 11 USC § 101(41). Sobald ein Vermögenswert in das Vermögen des Schuldners und in der Konsequenz in die Insolvenzmasse fällt, kann der Gläubiger diese nicht zur Befriedigung von Schulden nutzen. In diesem Fall wären die Gläubiger lediglich in der Lage, Zugang zu ihren Vermögenswerten durch freiwillige Zusammenarbeit mit dem Schuldner oder über ein gerichtliches Verfahren zu erhalten.[80]

Fallen Vermögenswerte in die Insolvenzmasse, stellt sich die Frage der Rangfolge der Befriedigung der Gläubiger. Der US Bankruptcy Code legt verschiedene Ränge der Gläubigerbefriedigung fest,[81] dabei sind gesicherte Gläubiger solche des ersten Rangs, welche ihre Forderungen durch ein Pfandrecht bzw. einer Sicherheit am Vermögen des Schuldners gesichert haben. Gläubiger des zweiten Rangs sind solche mit Verwaltungsforderungen, d.h. Ansprüche auf die tatsächlichen, notwendigen Kosten und Ausgaben für die Durchführung des Insolvenzverfahrens, vgl. 11 USC § 503. Diesem Rang folgen Prioritätsansprüche und damit beispielsweise Löhne der Mitarbeiter des Schuldners. Die ungesicherten Gläubiger mit Ansprüchen, die nicht unter die aufgezählten Ränge fallen, bilden den letzten Rang der Gläubigerbefriedigung.[82]

Gem. 11 USC § 363 kann der Insolvenzverwalter zudem unter bestimmten Voraussetzungen Vermögenswerte der Insolvenzmasse außerhalb des ordentlichen Geschäftsverlaufs zur Befriedigung der Gläubiger verwenden, verkaufen oder vermieten.[83]

b) Chapter 11 US Bankruptcy Code

Nachdem die großen Kryptohandelsplattformen Celsius Network LLC und Voyager Digit. Holdings Inc. in New York, sowie FTX in Delaware[84] Insolvenzanträge nach Chapter 11 des US Bankruptcy Codes eingereicht haben,[85] ist die Frage nach der rechtlichen Behandlung von Kryptowertedienstleistern und von ihnen verwahrten Kryptowerten in den Fokus gerückt.

---

[80] *Levitin*, Texas Law Review 2023, 877.

[81] Vgl. *Fleming/Prior/Stabile/Walsh*, Bankruptcy, Professional Perspective – Classifying Creditors in Digital Asset Bankruptcy Cases, Practical Guidance, Bloomberg Law, September 2022.

[82] *Fleming/Prior/Stabile/Walsh*, Bankruptcy, Professional Perspective – Classifying Creditors in Digital Asset Bankruptcy Cases, Practical Guidance, Bloomberg Law, September 2022.

[83] Vgl. 11 U.S.C. § 541 (Definition des „property of estate").

[84] FTX Trading Ltd., 22-bk-11068 (Bankr. D. Del. Nov 11, 2022).

[85] In re Celsius Network LLC, 647 B.R. 631 (Bankr. S.D.N.Y. 2023); In re Voyager Dig. Holdings, 649 B.R. 111 (Bankr. S.D.N.Y. 2023).

Chapter 11 des US Bankruptcy Codes setzt den Maßstab, dass ein Unternehmen durch den Involvenzfall neustrukturiert und nicht zwingend liquidiert wird.[86] Auf Antrag des Insolvenzschuldners beim zuständigen Insolvenzgericht ist es diesem erlaubt, seine Schulden über einen Umschuldungsplan selbst zu strukturieren und zu organisieren.[87] Der Schuldner selbst fungiert dabei als Treuhänder bzw. Insolvenzverwalter für die Insolvenzmasse in der Rechtsform eines „Schuldners in Besitz“ (debtor in possession; DIP). Der von den Gläubigern zu genehmigende Insolvenzplan legt insbesondere die Behandlung der verschiedenen Gläubigeransprüche fest und bildet damit das Kernstück des Chapter 11 Prozesses.[88] Im Fall der Unternehmensinsolvenz wird insbesondere festgelegt, ob dieses verkauft, liquidiert oder neu organisiert werden soll.[89] 11 USC § 1123(a) bestimmt dabei zwingende Inhaltsangaben, unter anderem welcher Gläubiger in welcher Höhe befriedigt wird, dass Gläubiger mit ähnlichen Rechten ähnlich behandelt werden und dass Regeln zur Durchführung des Insolvenzplans getroffen werden.[90] Das zuständige Insolvenzgericht hat nach Annahme durch die Gläubiger den Insolvenzplan unter Prüfung der gesetzlichen Anforderungen des 11 USC § 1129 zu bestätigen, insbesondere unter den Gesichtspunkten der Einhaltung der Bestimmungen des US Bankruptcy Codes sowie der Erstellung des Plans in gutem Glauben. Durch den Chapter 11 Prozess soll ein Ausgleich zwischen dem Schuldnerinteresse an der Organisation der Schulden und den Gläubigerinteressen durch Erhöhung der Insolvenzmasse geschaffen werden.[91]

Anzumerken ist, dass auch in Chapter 11 Verfahren unter bestimmten Bedingungen ein unabhängiger Insolvenzverwalter bestellt werden kann, und zwar zu jeder Zeit nach Beginn des Verfahrens, aber vor Bestätigung eines Insolvenzplans, beispielsweise auf Antrag einer betroffenen Partei, vgl. 11 USC § 1104.

c) Chapter 7 US Bankruptcy Code

Anders als im Insolvenzverfahren nach Chapter 11 des US Bankruptcy Code wird im Verfahren nach Chapter 7 ein unabhängiger Dritter und nicht der Schuldner als Insolvenzverwalter für die Verwaltung der Insolvenzmasse einge-

---

[86] *Yadav/Stark*, Vanderbilt Law Research Paper No. 23-43, Southern California Law Review 2023, 101.

[87] Vgl. Fla. Dep›t of Revenue v. Piccadilly Cafeterias, Inc., 554 U.S. 33, 128 S. Ct. 2326 (2008); *Lawniczak*, Representing Secured and Unsecured Creditors, Chapter 11 Proceedings, Practice Note, LexisNexis 22.02.2024.

[88] Chapter 11 Proceedings, Practice Note, LexisNexis 08.05.2023.

[89] Chapter 11 Proceedings, Practice Note, LexisNexis 08.05.2023.

[90] Chapter 11 Proceedings, Practice Note, LexisNexis 08.05.2023.

[91] Vgl. Fla. Dep›t of Revenue v. Piccadilly Cafeterias, Inc., 554 U.S. 33, 128 S. Ct. 2326 (2008), *Lawniczak*, Representing Secured and Unsecured Creditors, Chapter 11 Proceedings, Practice Note, LexisNexis 22.02.2024; L.P. v. Integrated Telecom Express, Inc. (In re Integrated Telecom Express, Inc.), 384 f.3d 108.

setzt und verteilt diese gemäß dem Verteilungsschema des U.S. Bankruptcy Codes, vgl. 11 USC § 507, 11 USC § 726. Ziel ist dabei nicht die Restrukturierung, sondern die Liquidation eines Unternehmens.[92]

Unter bestimmten Voraussetzungen und für bestimmte Personenkreise ist nach diesem Verfahren die Befreiung von Schulden gemäß 11 USC § 727(a) möglich, indem der Schuldner von der persönlichen Haftung befreit wird, jedoch möglicherweise unter Verlust seiner Vermögenswerte.[93]

3. Anwendung insolvenzrechtlicher Regelungen

a) Kryptowertedienstleister

Zunächst ist festzustellen, dass sich Kryptowertedienstleister aufgrund ihrer möglichen Strukturierung als Gesellschaft im rechtlichen Sinne und der Existenz einer zentralen Instanz unproblematisch als Schuldner nach der Definition des US Bankruptcy Code qualifizieren können und demnach auch Eigentumspositionen begründen können.

Fraglich ist hierbei insbesondere, ob Kryptowerte, die der insolvente Kryptowertedienstleister für seine Nutzer verwahrt, in die Insolvenzmasse fallen oder im Eigentum der Nutzer verbleiben.[94] In Insolvenzverfahren nach Chapter 11 des US Bankruptcy Codes kommt es nach US-Rechtsprechung nämlich insbesondere auf die Vertragsvereinbarungen zwischen Krypotdienstleister und Nutzer an.[95]

Die vertragliche Beziehung zwischen Schuldner und Gläubiger kann dabei entweder als Treuhandverhältnis ausgestaltet werden, aber auch als Hinterlegung oder Verkauf. Zudem kann die Qualifizierung des Vermögenswerts als Finanzvermögenswert gemäß Art. 8 des Uniform Commercial Code (UCC) vereinbart werden. Bei einem Verkauf der Vermögenswerte an den Schuldner kann von einem Eigentumsübergang an diesen ausgegangen werden, wobei das Eigentum bei einem Treuhandverhältnis bzw. einer Hinterlegung wohl beim Kunden verbleibt.[96] Nach UCC § 8-503(a) bleibt der Kunde einer Börse der Eigentümer am verwalteten Vermögenswert, wenn dieser auf einem Wertpapierkonto der Börse gutgeschrieben wird, die Börse ein Wertpapiervermittler ist und mit dem Kunden vereinbart wurde, den Vermögenswert als Finanzvermögenswert zu behandeln.[97] Kryptohandelsplattformen fallen mangels Wertpa-

---

[92] *Lawniczak*, Representing Secured and Unsecured Creditors, Practice Note, LexisNexis 22.02.2024.

[93] Chapter 7 Liquidation, Practice Note, LexisNexis 08.02.2024.

[94] *Levitin*, Texas Law Review 2023, 877.

[95] Insbesondere In re Celsius Network LLC, 647 B.R. 631 (Bankr. S.D.N.Y. 2023); In re Voyager Dig. Holdings, 649 B.R. 111 (Bankr. S.D.N.Y. 2023).

[96] *Levitin*, Texas Law Review 2023, 877.

[97] Congressional Research Service, Crypto Assets and Property of the Bankruptcy Estate: An Analysis, Legal Sidebar LSB10832, 28.09.2022.

piervermittlereigenschaft wohl nicht unter die Definition der Börse, sodass die Regelung des UCC § 8-503(a) keine Anwendung findet.[98]

Im Insolvenzverfahren von Celsius Network LLC[99] hat das Insolvenzgericht entschieden, dass die Nutzungsbedingungen zwischen der Kryptohandelsplattform und deren Nutzern einen durchsetzbaren Vertrag darstellen, welcher die Übertragung von Titel und Eigentum an die Kryptohandelsplattform vorsah, sobald der Kryptowert der Nutzer auf das Gewinnkonto der Kryptohandelsplattform übertragen wurde. In der Konsequenz handelte es sich beim Guthaben der Nutzer um Eigentum der Kryptohandelsplattform und damit der Schuldnerin, sodass diese in das Vermögen und damit auch in die Insolvenzmasse der Schuldnerin flossen. Denn mit der Einreichung eines Insolvenzantrags wird die Insolvenzmasse aus allen rechtlichen und vermögensrechtlichen Eigentumsinteressen des Schuldners zum Zeitpunkt des Beginns des Verfahrens gebildet.[100] Kryptowertedienstleister können nach dieser Rechtsprechung die Kryptowerte ihrer Nutzer einfrieren und diese davon abhalten, die zugeordneten Kryptowerte weiterzuübertragen. Den Schuldnern wurde in diesem Zuge zudem erlaubt, Kryptowerte außerhalb des ordentlichen Geschäftsbetriebs zu verkaufen, um Liquidität für das Insolvenzverfahren bereitzustellen.[101] Im Zuge des Chapter 11 Verfahrens ist es demnach möglich, Kryptowerte zu kaufen und zu verkaufen sowie diese an Gläubiger auszugeben als Teil der Restrukturierungsmaßnahmen des Insolvenzplans.[102]

Auch im Insolvenzverfahren von Voyager Dig. Holdings[103] wurde am ersten Verhandlungstag zunächst die vertragliche Beziehung zwischen dem Krytowertedienstleister und seinen Nutzern behandelt, um eine Qualifikation der verwahrten Kryptowerte als Eigentum der Insolvenzmasse zu erörtern.[104]

Verbleiben die Kryptowerte nach der vertraglichen Qualifikation nicht im Eigentum der Nutzer, sondern fallen in die Insolvenzmasse, stellt sich die Frage der Befriedigung der Nutzer, denen der Kryptowert zwar zugeordnet wird, je-

---

[98] Congressional Research Service, Crypto Assets and Property of the Bankruptcy Estate: An Analysis, Legal Sidebar LSB10832, 28.09.2022; *Lubben*, 6 Stan J. Blockchain L. & Pol'y 2023, 219.

[99] In re Celsius Network LLC, 647 B.R. 631 (Bankr. S.D.N.Y. 2023); ausführlich hierzu *Yadav/Stark*, Vanderbilt Law Research Paper No. 23–43, Southern California Law Review 2023, 101, 147 ff.

[100] Cryptocurrency Bankruptcies (Voyager and Celsius): Client Alert Digest, Practice Note, 09.09.2022.

[101] Court Holds Customer Cryptocurrency Deposits Are Property of the Estate: Client Alert Digest, Practice Note, LexisNexis 12.01.2023; In re Celsius Network LLC, 647 B.R. 631 (Bankr. S.D.N.Y. 2023).

[102] In re Voyager Dig. Holdings, 649 B.R. 111 (Bankr. S.D.N.Y. 2023).

[103] In re Voyager Dig. Holdings, 649 B.R. 111 (Bankr. S.D.N.Y. 2023).

[104] Vgl. *Fleming/Prior/Stabile/Walsh*, Bankruptcy, Professional Perspective – Classifying Creditors in Digital Asset Bankruptcy Cases, Practical Guidance, Bloomberg Law, September 2022.

doch ohne daran eine Eigentumsposition zu begründen. Kryptowerte qualifizieren sich gerade nicht als Guthaben auf traditionellen Bankkonten oder als Vermögenswert, der über beaufsichtigte Wertpapierbörsen vertrieben wird, die von staatlichen Einrichtungen überwacht werden, beispielsweise durch die Federal Deposit Insurance Corporation oder die Securities Investor Protection Corporation (SIPC). Nutzer könnten sich aufgrund dieser fehlenden Schutzmechanismen als ungesicherte Gläubiger qualifizieren, sodass sie als Letzte aus der Insolvenzmasse befriedigt werden würden.[105]

Kritische Stimmen fragen sich zudem, ob im Fall der Insolvenz einer Kryptohandelsplattform das Chapter 11 Insolvenzverfahren der gangbarste Weg ist oder ob vielmehr das Chapter 7 Verfahren Vorrang genießen sollte. Dies wird zum einen daran festgemacht, dass es sich bei Kryptohandelsplattformen um unregistrierte Wertpapierbörsen handeln könnte, die gerade nicht für Verfahren nach Chapter 11 zugelassen sind.[106] Darüber hinaus sei ein Bedarf nach einem unabhängigen Insolvenzverwalter in Bezug auf Kryptohandelsplattformen gegeben. Zudem seien Chapter 11 Verfahren darauf ausgelegt, das Unternehmen fortzuführen und gerade nicht zu liquidieren. Im Fall des Handels mit Kryptowährungen würde bei einer an den Wert einer anderen Währung gebundenen Kryptowährung ein Restruktuierungsplan jedoch wenig Abhilfe schaffen können.[107]

b) DAOs

In Wyoming oder Tennessee könnte die DAO aufgrund der entsprechenden Regelungen als *partnership* einen Schuldner nach der Insolvenzordnung darstellen. In Bundesstaaten außerhalb dieser Regelungen herrscht keine Einigkeit über die Klassifizierung der DAO als juristische Person, sodass eine Einordnung unter den Schuldnerbegriff jedenfalls fraglich erscheint.

Auch bei der DAO stellt sich die Frage nach deren Eigentumsinteresse an den jeweiligen verwahrten Kryptowerten und ob diese überhaupt mangels rechtlicher Qualifikation Eigentum begründen können, sodass bereits ein Verkauf von Vermögenswerten nach 11 USC § 363 in Frage steht.

Ebenfalls zu erörtern ist die Frage nach der Sinnhaftigkeit der Einsetzung eines Insolvenzverwalters in einem potentiellen Chapter 7 Verfahren oder auch die Möglichkeit der Aufgabenerfüllung durch den Schuldner als DIP oder einen über 11 USC § 1104 eingesetzten Insolvenzverwalter in einem Chapter 11 Verfahren. Im Insolvenzfall eines Kryptowertedienstleisters als Gesellschaft mit einer identifizierbaren zentralen Stelle kann der Insolvenzverwalter für die Ge-

[105] Congressional Research Service, Crypto Assets and Property of the Bankruptcy Estate: An Analysis, Legal Sidebar LSB10832, 28.09.2022.
[106] *Lubben*, 6 Stan J. Blockchain L. & Pol'y 2023, 2019.
[107] *Lubben*, 6 Stan J. Blockchain L. & Pol'y 2023, 2019.

sellschaft Handlungen vornehmen bzw. deren Handlungen übernehmen. Auch die Gesellschaft als Schuldner kann eigene Entscheidungen als DIP treffen. Im Fall der DAO kann jedoch nur unter Einhaltung der ordnungsgemäßen Abstimmungsprotokolle gehandelt werden, sodass es im Insolvenzfall auf die Kooperation der Mitglieder der DAO ankommt. Ist dies nicht der Fall, kann der Insolvenzverwalter seine gesetzlich auferlegten Pflichten nicht erfüllen.[108]

Zwar kann das Insolvenzgericht über § 105 des US Bankruptcy Codes „jede Anordnung, jeden Prozess oder jedes Urteil erlassen, das zur Durchführung der Bestimmungen dieses Titels erforderlich oder angemessen ist". Jedoch sind jegliche Anordnungen obsolet, solange ohne die Einhaltung der Abstimmungsprotokolle keine Kontrolle über die DAO existiert. Zur Lösung dieses Problems wird vorgeschlagen, Kontrolle über die Governance-Token und/oder den Abstimmungsprozess der DAO zu erlangen, indem der Fall der Insolvenz bereits in den Governance-Code integriert wird und Regeln für die Kontrollbeteiligung der Treuhänder aufgestellt werden.[109]

IV. Rechtsvergleich

Es ist insbesondere festzustellen, dass sich in den USA wie auch in Deutschland ähnliche Fragestellungen in Bezug auf die Behandlung von verwahrten Kryptowerten in der Insolvenz der jeweiligen Verwahrstelle ergeben. So hängt es beispielsweise vom Einzelfall ab, ob Kryptowerte in die Insolvenzmasse fallen. Diese Qualifikation orientiert sich hauptsächlich an den individuellen vertraglichen Vereinbarungen zwischen dem Kryptoverwahrer und den Nutzern. Eine Regelung *de lege ferenda* ist in diesem Fall nicht zwingend notwendig, da die Vertragsparteien mangels Begründung von absoluten bzw. dinglichen Rechten nach deutschem Verständnis am Kryptowert anhand ihrer Privatautonomie selbst Regeln in Bezug auf die Zuordnung von Krypowerten treffen können. In diesem Zusammenhang könnte eine Auslegungshilfe in Form einer gesetzlichen Vermutung Abhilfe schaffen, welche bei einem Treuhandverhältnis oder einem Verwahrvertrag ohne Verkaufselemente der Kryptowerte an den Kryptoverwahrer von dem Verbleib des Kryptobestands beim Nutzer ausgeht, ohne dass dieser in die Insolvenzmasse des Kryptoverwahrers fallen kann.

Im Spezialfall der DAOs ist die Schuldnereigenschaft in Deutschland und den USA nur anzunehmen, wenn sich diese als Personengesellschaft qualifizieren lässt. Die Qualifikation der DAO in Wyoming und Tennessee als *LLC* wird teilweise als mögliches Vorbild für Deutschland und Europa gehandelt,[110] je-

---

[108] 11 U.S.C. § 1106(a)(3).

[109] *Rosenberg*, American Bankruptcy Institute Journal 2022, 51.

[110] *Hahn*, NZG 2022, 684, 685; s. a. *Mienert*, RDi 2021, 384, 392.

doch ist das deutsche Recht zu Personen(handels)gesellschaften durchaus flexibel ausgestaltet, sodass die DAO sich bereits *de lege lata* als eine solche qualifizieren kann. Eine gesetzliche Kodifizierung abgestimmt auf die DAO hätte nur dann einen Mehrwert, wenn sie eine Abweichung von den Entstehungsvoraussetzungen der GbR bzw. OHG vorsehen würde oder aber eine abweichende Gesellschaftsform vorsieht. Es ist jedoch darüber nachzudenken, die Definition der DAO aus dem RFIA ins deutsche bzw. europäische Recht zu übernehmen. Eine derartige Regulierung der DAOs kann durchaus dazu beitragen, Deutschland (und die EU) als attraktiven Innovationsstandort zu positionieren.

In Bezug auf die insolvente DAO erscheint der Vorschlag, den Fall der Insolvenz bereits in den Governance-Code zu integrieren und dabei Regeln für die Kontrollbeteiligung der Treuhänder aufzustellen, ein sinnvolles Mittel, die Governance-Token und den Abstimmungsprozess der DAO zumindest im Ansatz kontrollieren zu können.

Autorenverzeichnis

Aubrunner, Fabian, LL.M. (WU), B.Sc. (WU), Legist in der Finanzmarktaufsichtsbehörde Österreich sowie Lehrbeauftragter und Doktorand am Institut für Unternehmensrecht an der Wirtschaftsuniversität Wien (Prof. Dr. Dr. h.c. Susanne Kalss, LL.M. (Florenz)).

Bartylla, Benedikt, Wissenschaftlicher Mitarbeiter und Doktorand am Institut für das Recht der Digitalisierung (IRDi) an der Philipps-Universität Marburg (Prof. Dr. Sebastian Omlor, LL.M. (NYU), LL.M. Eur.).

Becker, Leona, Dr. iur., Wissenschaftliche Mitarbeiterin am Institut für das Recht der Digitalisierung (IRDi) an der Philipps-Universität Marburg (Prof. Dr. Sebastian Omlor, LL.M. (NYU), LL.M. Eur.) und Rechtsreferendarin am OLG Frankfurt am Main.

Birne, Aurelia Philine, Dr. iur., Wissenschaftliche Mitarbeiterin am Institut für das Recht der Digitalisierung (IRDi) an der Philipps-Universität Marburg (Prof. Dr. Sebastian Omlor, LL.M. (NYU), LL.M. Eur.) und Rechtsreferendarin am OLG Frankfurt am Main.

Blöcher, Tim, Dr. iur., Wissenschaftlicher Mitarbeiter am Institut für das Recht der Digitalisierung (IRDi) an der Philipps-Universität Marburg (Prof. Dr. Sebastian Omlor, LL.M. (NYU), LL.M. Eur.) und Rechtsreferendar am OLG Frankfurt am Main.

Bücken, Leander, Ref. iur., Wissenschaftlicher Mitarbeiter in der Wirtschaftskanzlei Paul Hastings (Europe) LLP, Frankfurt am Main.

Corso, Silvia, Professor of Commercial Law and European Corporate Law at University of Cagliari, Italy.

Dilek, Derwis, Dr. iur., LL.M. (Columbia), Wissenschaftlicher Mitarbeiter am Institut für das Recht der Digitalisierung (IRDi) an der Philipps-Universität Marburg (Prof. Dr. Sebastian Omlor, LL.M. (NYU), LL.M. Eur.) und Rechtsreferendar am OLG Frankfurt am Main.

Franke, Kira, Dr. iur., Rechtsreferendarin am OLG Frankfurt am Main.

Gramlich, Vincent, M.Sc., Wissenschaftlicher Mitarbeiter am Research Lab for Digital Innovation & Transformation (ditlab) der Frankfurt University of Applied Sciences und am Institutsteil Wirtschaftsinformatik des Fraunhofer FIT, Mitglied des Forschungsinstituts für Informationsmanagement FIM.

Grobe, Laura, Studentische Hilfskraft am Forschungsinstitut für Informationsmanagement FIM der Technischen Hochschule Augsburg.

Heine, Jannik, Wissenschaftlicher Mitarbeiter am Institut für das Recht der Digitalisierung (IRDi) an der Philipps-Universität Marburg (Prof. Dr. Sebastian Omlor, LL.M. (NYU), LL.M. Eur.).

Kuhzarani, Zoe, Ref. iur., M.A. (in Business), Rechtsreferendarin am OLG Frankfurt am Main (LG Darmstadt).

Lübke, Julia, Dr. iur., LL.M. (Harvard), o. Professorin für Bürgerliches Recht und Gesellschaftsrecht, Friedrich-Schiller-Universität Jena.

Meier, Johannes, Dr. iur., Akademischer Rat a. Z. am Institut für das Recht der Digitalisierung (IRDi) an der Philipps-Universität Marburg (Prof. Dr. Sebastian Omlor, LL.M. (NYU), LL.M. Eur.).

Möslein, Florian, Dr. iur., Dipl.-Kfm., LL.M. (London), o. Professor für Bürgerliches Recht, Deutsches und Europäisches Wirtschaftsrecht, Gründungsdirektor des Instituts für das Recht der Digitalisierung (IRDi), Philipps-Universität Marburg.

Omlor, Sebastian, Dr. iur., LL.M. (NYU), LL.M. Eur., o. Professor für Bürgerliches Recht, Handels- und Wirtschaftsrecht, Bankrecht sowie Rechtsvergleichung, Gründungsdirektor des Instituts für das Recht der Digitalisierung (IRDi), Philipps-Universität Marburg.

Ostrovski, Daniel, Wissenschaftlicher Mitarbeiter und Doktorand am Institut für das Recht der Digitalisierung (IRDi) an der Philipps-Universität Marburg (Prof. Dr. Florian Möslein, LL.M. (London)).

Perestrelo de Oliveira, Madalena, Dr. iur., Professor at the University of Lisbon School of Law, Researcher at the Research Center for Private Law.

Schneider, Alexander, Wissenschaftlicher Mitarbeiter und Doktorand am Institut für das Recht der Digitalisierung (IRDi) an der Philipps-Universität Marburg (Prof. Dr. Sebastian Omlor, LL.M. (NYU), LL.M. Eur.).

Skauradszun, Dominik, Dr. iur., LL.M., Professor für Bürgerliches Recht, Zivilverfahrensrecht und Unternehmensrecht, Hochschule Fulda, Honorarprofessor für das Recht der Kryptowerte, Nottingham Trent University/England, Richter am Oberlandesgericht, OLG Frankfurt a. M.

Urbach, Nils, Dr. rer. pol., Professor für Wirtschaftsinformatik, insbesondere Digital Business und Mobilität, Direktor des Research Lab for Digital Innovation & Transformation (ditlab), Frankfurt University of Applied Sciences, Direktor am Forschungsinstitut für Informationsmanagement FIM und am Institutsteil Wirtschaftsinformatik des Fraunhofer FIT.

Von Hülst, Anjuli, Dr. iur., LL.M. (Bologna), Rechtsreferendarin am OLG Frankfurt am Main.

Weber, Anne-Marie, Dr. iur., LL.M. (Berkeley), Assistenzprofessorin, Universität Warschau, Polen.

Wrede, Clara, Rechtsassessorin, Wissenschaftliche Mitarbeiterin und Doktorandin, Hochschule Fulda.

Sachverzeichnis

Schriften zum Recht der Digitalisierung

Herausgegeben von
Florian Möslein, Sebastian Omlor und Martin Will

Der rapide voranschreitende Prozess der Digitalisierung macht auch vor dem Recht nicht Halt und stellt dieses vor grundlegende Herausforderungen. Vor diesem Hintergrund bietet die Schriftenreihe *Schriften zum Recht der Digitalisierung* (SRDi) ein Forum für grundlegende wissenschaftliche Arbeiten zu Rechtsfragen der Digitalisierung aus allen Rechtsgebieten. Die einschlägigen Phänomene der Digitalisierung wie etwa künstliche Intelligenz, Blockchaintechnologie oder Plattformökonomie lassen sich häufig nur bei angemessener Berücksichtigung der Bezüge zu anderen Wissenschaften wie etwa der Informatik, den Wirtschaftswissenschaften, der Philosophie oder der Politikwissenschaft verstehen. Der Fokus der Schriftenreihe liegt indes auf den juristischen Implikationen der Digitalisierung, die immer stärker zentrale Bereiche vor allem des Öffentlichen Rechts und des Privatrechts betreffen. Die Schriftenreihe steht gleichermaßen für Habilitationsschriften und herausragende Dissertationen sowie für Monographien offen.

ISSN: 2700-1288
Zitiervorschlag: SRDi

Alle lieferbaren Bände finden Sie unter *www.mohrsiebeck.com/srdi*

Mohr Siebeck
www.mohrsiebeck.com